Police Science

박선영 경찰학

박영사

머리말

Contents

1. 들어가며

경찰대학 졸업 후 14년의 경찰생활을 마감하고 대학에서 경찰학을 강의한 지 10년이 되어갈 때 쯤 간부후보생 채용시험, 경찰 채용시험 등 경찰관련 시험 출제위원으로 문제 출제 요청을 받았고, 유명학원으로부터 모의고사 출제를 의뢰받기도 하였습니다. 하지만 해마다 달라지는 교재와 문제집에 학생들과 교수는 매년 새로운 교재를 접해야 했는데, 이러한 상황을 보며 저자는 채용시험 수준에 맞는 기본서와 기출문제를 한 번에 접할 수 있는 교재의 필요성을 절실히 느꼈습니다.

10년 동안 기출문제를 편집하고 강의내용을 수정하면서, 기본서를 접할 때 막연한 공부로 시간낭비하지 않고 기출문제 수준의 핵심 개념을 파악할 수 있도록 기본서의 양을 최대한 압축하였습니다. 단원 마지막에는 후보생 시험, 승진시험, 경찰 채용시험을 해설과 함께 정리하였습니다. 또한 기출문제는 난이도 중·상 이상의 문제만을 선별하여 수록하였습니다. 고난도의 문제를 해결하다보면 기본문제는 자연스럽게 해결될 것입니다.

2. 출제경향

아래의 표는 2018년 3차 경찰공무원 시험의 경찰학 출제비율입니다. 경찰법학에서 4문제, 생활안전 3문제, 경찰행정학, 교통, 외사 순으로 출제비율이 높다는 것을 확인할 수 있습니다. 따라서 시험을 준비하려는 학생이라면 이러한 출제비율에 맞추어 학습의 비중 역시 달리해야 할 것입니다.

출제비율	총 론	1	경찰과 경찰학	2문제	총 9문제 (45%)
		2	한국경찰의 역사와 제도	1문제	
		3	외국경찰제도	–	
		4	경찰법학	4문제	
		5	경찰행정학	2문제	
		6	경찰통제와 향후과제	–	
	각 론	1	생활안전경찰	3문제	총 11문제 (65%)
		2	수사경찰	1문제	
		3	교통경찰	2문제	
		4	경비경찰	1문제	
		5	정보경찰	1문제	
		6	보안경찰	–	
		7	외사경찰	2문제	
		8	기 타	1문제	

3. 경찰 채용시험 출제의도

경찰 채용시험 등 출제위원의 경험에 비추어 보면 경찰학 시험은 난이도 상(30%), 중(30%), 하(40%) 정도의 배점을 준수해야 합니다. 따라서 경찰 채용시험 기준으로 1차는 남학생 70점대 중반, 여학생 80점대 초반의 점수를 획득하기 위해서는 난이도 중・하의 문제만이라도 정확히 암기하여야 합니다. 그래야 새로운 고난도의 문제에서 실점을 하더라도 체력과 면접, 가점을 통해 합격이 가능하다고 보입니다.

4. 경찰 채용시험의 향후 전망

2020년부터는 경찰대학과 간부후보생의 성 분할모집 폐지로 인해 여학생의 합격비율이 30% 이상에 이를 것으로 보입니다. 이는 필기시험의 합격선 상향을 의미합니다. 향후 순경공채시험도 남녀분할모집을 폐지하는 방향으로 진행될 것입니다. 이렇게 되면 평균 50대 1을 기록하는 여경채용시험 경쟁률이 남성지원자와 합쳐질 경우 전체 경찰 채용시험 경쟁률은 최소 30대 1 이상이 될 것이고 채용시험의 커트라인도 75점 이상으로 높아질 것입니다. 경찰청에서는 체력시험 강화를 통해 여학생 비율을 조정한다고는 하나 성 분할모집이 폐지될 경우 여학생 합격률은 계속 상승할 것으로 보입니다.

5. 맺으며

청춘을 다해 수험생활을 헤쳐 나가고 있는 젊은이들에게 조그만 보탬이 되고자 이 책을 출간합니다. 경찰은 상당한 사명감과 봉사정신을 요구하는 직업입니다. 모쪼록 최선을 다하셔서 꼭 합격하시고 '대한민국 경찰'로 멋진 인생을 살아가시길 기원합니다.

마지막으로 이 책을 출간하는 데 애써준 목원대학교 경찰법학과 전초희 학생에게 감사의 마음을 전합니다.

2019년 새해 11년째 개강을 앞둔 2월

박선영 드림

Chapter 01 경찰학 개념

Chapter 02 한국 경찰의 역사

Chapter 03 경찰과 법

Chapter 04 경찰행정학

Chapter 05 생활안전경찰

Chapter 06 수사경찰

Chapter 07 경비경찰

Chapter 08 교통경찰

Chapter 09 정보경찰

Chapter 10 보안경찰

Chapter 11 외사경찰

박선영 경찰학

Police Science

CHAPTER

경찰학 개념

Police Science

Chapter 01 경찰학 개념

제1절 경찰의 의의

1 대륙법계 경찰개념

(1) **행정법학자**들에 따르면 경찰은 사회공공의 안녕질서 유지를 위하여 **명령적, 강제적, 권력적** 성격을 띠고 있으며, 경찰과 국민은 수직적 관계이다. 기출 대륙법계에서는 독일의 계몽주의와 법치주의의 영향으로 경찰권의 **범위를 축소**시키는 방향으로 나아갔다.

(2) **경찰개념의 변천**

1) **고대 경찰**

경찰의 어원은 라틴어의 'politia'에서 유래했고, 도시국가에 관한 정치와 이상적인 헌법을 의미했다. 기출 **(경찰과 행정의 미분화)**

2) **중세 경찰**(15, 16C)

프랑스 경찰은 15세기 말 독일에 계수되어 교회의 제후가 가지는 교회행정권한을 제외한 **일체의 국가 행정**을 말하고 경찰은 공동체의 질서를 유지하는 모든 활동을 의미하였다. 기출 **(경찰과 행정의 미분화)**

3) **경찰국가 시대**(17C)

국가 작용이 외교, 군사, 재정, 사법 등과 분리되어 경찰은 소극적인 질서유지와 적극적 복지행정을 다루는 **내무행정만을 의미**하는 것으로 **범위가 축소**되었다. 기출 경찰은 소극적 치안유지와 적극적 공공복지 증진을 위해 강제력을 행사하였으며, 국민의 권리관계에 간섭하고 지배하는 체제가 형성되었다. 기출 **(경찰과 행정이 분화된 시기)**

4) **법치국가 시대**(18, 19C)

계몽사상의 영향으로 자연법, 권력분립주의, 자유주의 등 경찰은 적극적 복지경찰이 아닌 **소극적 위험방지** 업무에 한정되었고 **질서경찰**을 의미하게 되었다.

5) **제2차 세계대전 이후**

행정경찰(영업경찰, 위생경찰, 건축경찰) 사무가 **비경찰화**(경찰의 사무를 다른 부서로 이관) 과정으로 경찰은 공공의 안녕과 질서유지 임무에 국한되었다. 기출

(3) 관련법령 및 판례

1) **프로이센 일반란트법**(1794)

공공의 평온, 안녕 및 질서의 유지를 경찰의 책무로 보고, 경찰의 임무는 **소극적 위험방지에 한정**되었다. 기출

2) **프랑스 죄와 형벌법전**(1795)

경찰은 질서, 자유, 재산, 개인의 안전을 유지하는 것을 임무로 한다. **(행정경찰과 사법경찰을 최초로 구분하여 법제화)** 기출

3) **프랑스 지방자치법전**(1884)

경찰의 직무를 소극목적에 한정하고, 위생사무 등 협의의 행정경찰적 사무가 포함되었다. 기출

4) **프로이센 경찰행정법**(1931)

경찰관청은 공공의 안녕과 질서를 위협하는 위험방지를 위해서 현행법의 범위에서 의무에 합당한 재량에 따라 필요한 조치를 하여야 한다고 규정하였다. 기출

5) **크로이츠베르크**(Kreuzberg) **판결**(1882)

베를린 크로이츠베르크 언덕의 전승기념비 조망을 확보하기 위해 주변 건물의 높이를 제한한 베를린 경찰청장의 명령이 정당한가에 대하여 소극적 질서유지가 아닌 적극적 복지 증진을 목적으로 하였으므로 부당하다고 판결하였다. 이 판결은 경찰의 임무가 **소극적 위험방지 분야에 한정**되는 계기가 되었다. 기출

2 영미법계 경찰개념

(1) 영미법계 경찰은 시민으로부터 **자치권**을 위임받았고, 시민을 위해 서비스하는 경찰개념이다. 영미법계 경찰개념은 자치경찰을 중심으로 경찰과 시민의 **친화적 · 수평적** 관계를 지향하며, 경찰의 **역할**과 **기능**을 강조한다. 기출

대륙법계 경찰이 **경찰개념**을 중시한다면 영미법계는 경찰의 **역할과 기능**을 강조한다.

(2) 대륙법계와 영미법계 경찰의 비교 기출

구 분	대륙법계	영미법계
개 념	① 경찰권의 **성질**, 발동 **범위** 중시 ② 경찰이란 무엇인가 ③ 경찰권 발동 범위의 **축소**	① 경찰권의 **역할** 및 **기능** 중시 ② 경찰활동이란 무엇인가 ③ 경찰권 발동 범위의 **확대**
시민과의 관계	경찰과 시민은 **대립**관계	경찰시민은 **동반자** 관계
목 표	공공의 안녕질서유지	질서유지와 범죄수사(당연한 경찰 업무)
수 단	권력적 수단 중시	비권력적 수단 강조
행정, 사법 경찰구분	구분	구분 없음

(3) 우리나라의 경찰개념

1) 프랑스, 독일의 **대륙법계 경찰개념**이 일본에 전수되었고 이러한 일본의 경찰개념은 우리나라 경찰에 전수되었다. 프랑스(죄와 형벌법전) – 일본(행정규칙, 1875년) – 조선(행정경찰장정, 1894년)으로 계수되었다.

2) 1945년 일본의 패전으로 미군정이 실시되었고 **영미법계 경찰개념의 영향**으로 국민의 생명, 신체 및 재산보호라는 민주적 이념이 전수되었다(경찰관 직무집행법 제3조에 반영되었다).

제2절 경찰의 개념과 종류

1 의 의

(1) 형식적 의미의 경찰 기출

실정법상 경찰기관이 담당하는 임무를 달성하기 위해 행하여지는 **모든 경찰활동**을 의미한다. 형식적 의미의 경찰은 실정법상의 보통경찰기관의 **직무와 관련**이 있다.
→ 역사, 제도적인 면에서 정립된 경찰개념

(2) 실질적 의미의 경찰(독일행정법학에서 유래) 기출

직접적으로 사회 공공의 안녕과 질서 유지를 위해 일반통치권에 의거하여 국민에게 명령, 강제하는 **권력작용**을 의미한다. 실질적 의미의 경찰은 타인의 자유와 행동을 규제하는 것과 관련이 있다.
→ **실무상의 개념이 아닌** 이론적, 학문적인 면에서 정립된 개념

(3) 실질적 의미의 경찰은 형식적 의미의 경찰보다 넓은 의미의 형식적 경찰을 모두 포괄하는 **상위개념은 아니다.** 기출

(4) 일반행정경찰도 경찰기능을 담당한다고 할때 경찰기능은 실질적의미의 경찰개념이다. 기출

2 형식적 의미의 경찰과 실질적 의미의 경찰 비교

구 분	형식적 의미의 경찰	실질적 의미의 경찰
내 용	법규정에 경찰이 담당하도록 되어 있는 사항	• 공공질서 유지를 목표로 한다. • **권력적 작용만**을 의미한다. 기출
기 준	**조직** 기준	작용 기준
범 위	**나라마다 차이**가 있다.	• 안녕질서등 사회목적적 작용 • **소극적 목적에 한정**
예 시	사법, 정보, 보안, 경찰서비스 활동	도로경찰, 예방경찰, 공물경찰, 행정경찰(경찰조직과 무관) 등

3 경찰의 종류

(1) 경찰목적에 따른 구분(행정경찰, 사법경찰) 기출

행정경찰과 사법경찰을 최초로 구분한 것은 **프랑스의 죄와 형벌법전**이다. 기출
'행정경찰은 공공질서 유지, 범죄예방을 목적으로 하고 사법경찰은 범죄수사와 체포를 목적으로 한다'고 규정한 데서 비롯되었다. 우리나라는 보통경찰에서 양자를 모두 관장하고 있으며 행정경찰과 사법경찰의 구분이 **명확하지 않다.** 기출

구 분	행정경찰	사법경찰
내 용	질서유지를 위해 일반통치권에 의해 행하는 권력 작용	범죄수사, 범인체포 등 통치작용 (**형식적 의미**의 경찰)
기 준	행정법규 적용	형사소송법 적용
특 징	**예방경찰, 현재 및 장래상태 작용**	**진압**경찰
지 휘	경찰청장	검사

(2) 업무의 독자성에 따른 구분(보안경찰, 협의의 행정경찰)

구 분	보안경찰	협의의 행정경찰
내 용	질서유지를 위해 다른 행정작용을 **수반하지 않고** 독립해서 행해지는 작용	**타 행정작용과 관련**하여 일어나는 질서유지, 위험방지를 위한 작용
소 관	**경찰청장**	**주무장관**
특 징	공안유지를 목표	제도상 경찰로 불리지 않음
예시	교통경찰, 해양경찰, 풍속경찰, 생활안전경찰	산업경찰, 위생경찰, 관세경찰, 건축경찰, 공물경찰, 철도경찰 등

(3) 권한과 책임소재에 따른 구분(국가경찰, 자치경찰) 기출

구 분	국가경찰	자치경찰
내 용	경찰의 권한과 책임이 **국가**에 있다.	경찰의 권한과 책임이 지방자치단체에 분산되어 있다.
조 직	• 중앙집권적, 관료적 제도 등 • 단일화된 명령체계	**지방분권적 조직체계**
수 단	권력적인 명령, 강제	**비권력적**인 수단
장 점	• **능률성**과 **기동성** 확보 • 전국적으로 균등한 서비스 제공 가능 • 타 행정부문과 **긴밀한 협조** 조정	인권보장, 민주성, 자치단체별로 운용되어 조직의 개혁 용이
단 점	• 지역적 특수성 저해 • 관료화로 봉사 망각 • 정부의 특정 정책 수행에 활용되어 본연의 임무수행 곤란	• 타 지방자치단체와의 협력 곤란 • 전국적 · 광역적 활동에 부적합 • 기동성이 약하고, 조직체계 무질서

(4) **경찰권 발동시점에 따른 구분**(예방경찰, 진압경찰) 기출

1) 예방경찰

위해 발생에 앞서 위해 방지를 위한 경찰작용으로 **순찰활동, 총포·화약류 취급제한, 정신착란·만취자 보호 등**

2) 진압경찰

이미 발생한 범죄를 수사하고 피의자를 체포하기 위한 권력작용으로 **사법경찰**과 일치

(5) **위해 정도와 적용법규 및 담당기관 기준에 따른 구분**(평시경찰과 비상경찰) 기출

1) 평시경찰

평시에 일반법규와 보통경찰기관이 행하는 경찰작용

2) 비상경찰

천지지변, 전시, 사변 등 국가 비상사태에 있어 계엄법으로 경찰사무를 관장하는 것

제3절 경찰의 역할

1 관련법령 기출

(1) 경찰법 제3조

① 국민의 생명·신체 및 재산 보호 ② 범죄의 예방, 진압, 수사 ③ 경비, 요인경호, 대간첩, 대테러작전 ④ 치안정보의 수집, 작성, 배포 ⑤ 교통단속, 위해방지, 외국정부기관, 국제기구와 협력 ⑥ 그밖의 공공의 안녕과 질서유지

(2) 경찰관직무집행법 제2조

① 국민의 생명신체 재산보호, ② 범죄의 예방, 진압, 수사 ③ 경비, 요인경호, 대간첩, 대테러작전, ④ 치안정보의 수집, 작성, 배포 ⑤ 교통단속, 위해방지, 외국정부기관, 국제기구와 협력 ⑥ **기타의 공공의 안녕과 질서유지(위해방지 아님)** 기출

(3) 보안업무는 경찰법과 경직법에 명시되어 있지 않다. 경찰의 임무는 소극적 안녕과 질서유지이며 **적극적인 공공복리 증진은 아니다.**

2 경찰의 임무 기출

(1) 위험의 방지

1) 공공의 안녕

개인의 법익이 보호되고 국가, 기관의 집행, 공권력의 시설 등 **국가적 법익**이 침해되지 않는 상태를 의미한다. 공공의 안녕은 생명, 재산, 신체 보호의 상위개념이다. 기출

① **법질서의 불가침성**(제1요소) 기출

㉠ 공법규범에 대한 위반은 공공의 안녕에 대한 침해이고 **경찰의 개입이 허용**된다.

㉡ 사법규범에 대한 위반은 경찰의 개입 없이 법실현이 **무효 혹은 불가능**한 경우 경찰 개입이 허용된다.(**보충성의 원칙**)

② **국가의 존립과 기능성의 불가침**: 사회공공의 안녕과 관련하여 국가 존립을 보호해야 하므로 국가 존립을 위협하는 경우 내란, 외환의 죄를 규정하고 있다. 따라서 가벌성의 범위에 이르지 않더라도 자유와 권리를 침해하지 않는 한도 내에서 수사, 정보, 보안, 외사활동 등을 할 수 있다.

③ **개인의 권리와 법익의 보호**: 경찰은 명예, 생명, 자유, 존엄성 등 개인의 법익뿐 아니라 **사유재산 가치** 혹은 **무형의 권리**도 보호해야 한다. 기출 경찰의 보호는 잠정적 보호이며, **최종적인 판단과 보호**는 **법원**에 의한다.

2) 공공질서 기출

시민으로서 원만한 국가생활을 유지하는 데 필수적인 전제조건이 되는 **불문규범의 총체**를 말한다. 공공질서의 개념은 **상대적, 유동적**이며 절대적이라 볼 수 없다. 오늘날 법제적으로 규범화되어 공공질서의 **적용범위는 점차 축소**되어 가고 있다.

3) 위 험

① 위험은 가까운 장래에 공공의 안녕이나 질서에 손해가 나타날 수 있는 가능성이 충분히 존재하는 상태로, **인간**에 의한 것이든 **자연**에 의한 것이든 상관없다.

② 경찰법상의 손해는 개인이나 공동의 법익의 '정상적 상태의 객관적 감소'이고 보호법익의 **현저한 침해**가 있어야 한다. 단순한 불편함은 위험으로 볼 수 없다.

③ **종 류**

구 분	구체적 위험	추상적 위험
개 념	손해의 발생 **가능성이 충분**히 존재	구체적 위험의 **예상가능성만** 있음
근거조항	근거조항에 의한 경찰활동은 **구체적** 위험을 제거하기 위한 경우만 가능	조직규범 내의 **비권력 활동**의 경우 추상적 위험방지를 위한 것

㉠ **경찰의 개입**은 구체적 위험 내지 추상적 위험이 있을 때 가능하나, **범죄예방의 경우**는 위험방지 행위이므로 추상적 위험이나 구체적 위험을 반드시 필요로 하지는 않는다.

㉡ **위험에 대한 법익**은 경찰개입의 전제이나 위험이 보호받게 되는 법익에 필수적으로 존재해야 하는 것은 아니다.

예 보행자의 통행이 없는 밤에 횡단보도 신호등이 녹색등일 때 정지하지 않고 진행한 경우는 경찰책임이 존재하므로 도로교통법의 침해로 본다.

④ **위험의 인식**: 경찰의 위험의 인식은 사실에 기인하여 향후 발생할 사건의 진행에 관한 추정까지도 의미한다. 즉 **상황판단으로 실제 위험이 없는 경우를 포함하여** 말한다.

위험 혐의	실제로 위험의 가능성은 있으나 **실현이 불확실**한 경우 기출
외관적 위험	경찰이 개입하였으나 **실제로는 위험이 없는** 상태(집안에 아이들이 괴성을 지르며 장난치는 것을 강도사건이 발생한 것으로 오인하여 경찰관이 문을 부수고 들어간 경우) 기출
오상위험 (추정적 위험)	이성적, 객관적으로 보아 위험의 외관이나 혐의가 정당화되지 못함에도 경찰이 위험이 존재한다고 추정한 경우(**손실보상, 손해배상**의 청구가능) 기출 오상위험은 **경찰상 위험이 아니다.**

(2) 범죄의 수사

1) 법정주의

경찰법과 경찰관 직무집행법에서 경찰의 임무로 규정하고 있고, 수사는 형소법 제196조가 '수사하여야 한다'고 규정하고 있어 법정주의 원칙을 나타내고 있다. 따라서 경찰은 범죄행위가 있으며 친고죄 등의 경우를 제외하고는 **수사해야 한다.** (재량권 없음)

2) 경찰의 수사는 **위험방지와 별개가 아니며, 예방**적 위험방지조치뿐만 아니라 위험이 현실화되어 범죄의 구성요건을 충족시킬 때 경찰 **수사**의 대상이 된다.

(3) 서비스 활동

경찰은 소극적 위험방지활동이나 범인체포, 수사 등 법집행 임무 외에도 적극적 서비스 활동이 요구되고 있다. 결국 법집행과 서비스는 별개의 활동이 아니라 경찰이 모두 담당해야 할 임무이다.

3 경찰의 수단(경찰이 임무를 달성하는 데 사용하는 방법)

(1) 권력적 수단(법정주의)

1) 경찰명령

법령, 행정처분에 의하여 개인에게 일정한 작위, 부작위, 수인, 급부의무를 과하는 행위(경찰하명) 또는 개인에게 부과된 의무를 특정한 경우 해제하는 행위(허가, 면제)를 포함한다.

2) 경찰강제

개인의 신체, 가택, 재산에 강제력을 동원하여 경찰목적을 달성하는 것으로 질서유지에 필요한 상태를 실현하는 권력적 사실행위이다.

(2) 비권력적 수단

전통적 수단만으로 경찰목적을 달성할 수 없어 개인의 자유와 권리에 개입하지 않고 구체적 근거규정 없이도 순찰, 정보제공요구 등을 할 수 있는 수단이 점차 확대되고 있다.

(3) 범죄수사를 위한 수단(법정주의)

형사소송법은 **임의수사**(상대방의 동의나 협력을 얻어 행하는 수사)를 원칙으로 영장을 필요로 하는 **강제수사**(요건, 기간등이 법에 명시되어 있는 수사)를 예외적으로 허용하고 있다.

4 경찰권 기출

(1) 협의의 경찰권

1) 의 의

일반통치권에 기초하여 국민에게 명령 및 강제하는 권한을 의미한다. 광의의 경찰권은 **협의의 경찰권에 수사권을 포함**한다(국회의장의 국회 경호권이나 법원의 법정 경찰권과 같이 내부질서를 목적으로 하는 것은 협의의 경찰권에 해당하지 않는다).

2) 대 상

자연인, 법인, 내외국인 모두를 포함하고 **행정기관**이나 행정주체가 공공의 안녕과 질서에 위험을 야기한 경우 적법한 행사가 침해되지 않는 범위 내에서 경찰권이 발동된다. 불특정 다수인을 대상으로 하는 **일반처분도 가능**하다.

(2) 수사권

1) 의 의

형사소송법에 근거하여 경찰에게 부여된 권한으로, **범죄혐의**를 명백히 하고 **공소제기 유지**를 위해 **범인**을 발견하고 **증거**를 수집하는 수사기관의 활동을 의미한다.

2) 대 상

자연인, 법인, 내외국인을 불문하고 피의자, 참고인 등 **형소법에 규정된 관계자** 외에는 행사될 수 없다.

3) 제한 대상

외교사절, 공무수행중인 미군(SOFA: 주한미군지위협정), 대통령(불소추특권), 국회의원(불체포특권)은 수사권 행사의 범위에 제한을 받는다.

5 경찰 관할

(1) 사물관할

경찰이 처리할 수 있고 처리해야 하는 사무내용의 범위로, 경찰권이 발동될 수 있는 범위를 말한다. 영미의 영향으로 **경찰관직무직행법 제2조, 경찰법 제3조**에 범죄 수사가 경찰의 **사물관할**로 되어 있다. 공공서비스의 안녕과 질서유지를 목표로 위험방지와 서비스 영역도 포함된다.

(2) 인적관할

경찰권이 어떤 사람에게 적용되는가의 문제로 대통령, 국회의원, 외교사절, 주한미군의 경우에는 경찰권 행사에 제한이 있다.

(3) 지역관할

경찰권이 행사될 수 있는 지역적 범위로 대한민국의 모든 영역에서 행사된다. 단, 해양에서는 해경이 이를 담당한다.

1) 국 회

국회의장이 **국회운영위원회의 동의**를 얻어 국가경찰 파견을 요청하지만 의장의 지휘를 받아 **회의장 밖에서 경호업무**를 담당한다. 기출

국회 안의 현행범은 경위 또는 국가경찰공무원이 체포한 후 의장의 지시를 받아야 하고 의원은 회의장 안에 있어서는 **의장의 명령 없이 체포할 수 없다.** 기출

2) 법원 내부

법원조직법에 따르면 법정경찰권은 재판장에게 부여하고 있다. 재판장은 질서유지를 위해 관할경찰서장에게 국가경찰공무원 파견을 요청할 수 있다.

3) 치외법권 영역

외교공관이나 외교관의 사택은 불가침이고 승용차, 보트, 비행기 등도 불가침이다. **외교사절의 동의가 없는 한** 경찰관은 출입할 수 없다(단 화재, 감염병처럼 **긴급을 요하는 경우는 예외**). 기출

4) 미군기지내 기출

미군기지내에는 **미군이 경찰권**을 가지고 있으나 미군당국이 **동의**한 경우와 중대한 범죄를 범하고 도주하는 **현행범**을 추적하는 경우에 한해 미군시설 및 구역내 체포가 가능하다. 미군의 동의가 없으면 시설 또는 구역내에서 미국재산에 대해 압수, 수색, 검증할 수 없다.

제4절 경찰의 윤리

1 기본이념 기출

(1) 민주주의

1) 의 의

경찰은 국가의 존립과 안녕을 보호할 책임이 있고, 경찰권은 국민에게 있으며, 경찰권력은 국민으로부터 나온다는 이념이다(**헌법 제1조**). 또한 경찰은 국민에 대한 **봉사자**이며 국민에게 책임을 진다(**헌법 제7조**). 경찰법은 경찰의 민주적인 관리운영과 효율적 업무수행을 위해 경찰 조직 및 직무범위에 필요한 사항을 규정하고 있다(**경찰법 제1조**).

2) 민주화 방안

① 경찰조직 내부의 적절한 권한분배와 민주적 리더십이 필요하다.

② 국민의 경찰에 대한 **민주적 통제와 참여**(경찰위원회, 부패방지 국민권익위원회, 국민감사청구제)가 필요하고 **경찰정보 제공**(공공기관 정보공개에 관한 법률, 행정절차법 등)이 필요하다.

▶ 성과급은 민주화 방안이 아니고 효율성 측면과 관련이 있다.
▶ 민주주의는 정보공개나 행정절차와 관련이 있다.

(2) 법치주의

국민의 **자유와 권리를 제한하는 의무부과**는 국회에서 제정한 **법률**에 근거가 있어야 한다. 제한하는 경우에도 자유와 권리의 본질적인 내용은 침해할 수 없다. 기출 **행정처분, 행정강제**의 경우는 법치주의가 엄격하게 적용되고, 임의활동은 직무범위 내에서 수권규정이 없더라도 행할 수 있다.

(3) 인권존중주의

국가는 개인의 **불가침의 기본적 인권**을 확인하고 이를 보장할 의무를 지며, 경찰은 직무를 수행함에 있어 **헌법과 법률**에 따라 국민의 자유와 권리를 존중해야 한다. 단 국가안전보장, 질서유지, 공공복리를 위하여 필요한 경우는 **법률로써 제한**이 가능한데 이러한 경우에도 자유와 권리의 본질적 내용은 침해할 수 없다(헌법 제37조 제2항). 기출 인간이 평등하게 향유하는 것이고(**보편성**), 특수한 입장에 있는 개인이나 집단의 권리는 다른 사람이나 공동의 이익을 위하여 필요한 만큼 제한된다(**상호의존성**).

(4) 정치적 중립주의

경찰의 정치적 중립은 법률이 정하는 바에 따라 보장되며 국민전체에 대한 봉사자로서 공정중립을 지켜야 한다. 또한 경찰은 정당에 가입할 수 없고 정치운동을 할 수 없다. 따라서 정치적 중립을 훼손하는 상관의 지시에 따를 의무가 없다.

(5) 경영주의

경찰조직을 능률적, 효율적으로 관리하는 것으로 주어진 **인력과 예산 및 장비는 적정하게 배분**되어야 하고 **국민만족**을 추구해야 한다. **성과급제도**의 도입은 경영주의의 예라고 할 수 있다.

2 경찰윤리

(1) **경찰윤리의 필요성**(클라이니히)

1) 강력한 권한행사, 물리력 사용, 재량권

경찰은 시민들의 생활에 영향을 미치며 **국민의 자유와 권리를 침해**하거나 구속한다. 재량에 대한 사전적 통제가 사실상 불가능하므로 경찰관의 **윤리적이고 합리적인 판단**이 중요하다.

2) 비정상적 상황에서의 업무

경찰업무 자체가 비정상적 상황에서 이루지므로 습관적, 일상적, 도덕적 대응만으로는 불충분하고 경찰관으로서의 윤리의식이 필요하다.

3) 신속한 대처능력

경찰은 위기상황이나 순간적 순발력이 필요한 상황에서 업무를 수행한다. 이러한 상황에서의 현명한 대처를 위해서는 도덕적 능력이 필요하다.

4) 배타적 집단형성

경찰은 조직 내외부로부터의 유혹에 노출되어 있다. 집단규범에 동조하라는 압력이 가해지기도 하는데 이때 개개인의 도덕적 노력과 결단이 필요하다.

(2) 법과 윤리

1) 윤리와 법

공동체는 안정된 삶의 유지를 위해 명령성, 금지성의 성격을 띠는 예절과 관습 등을 형성한다(윤리). 윤리질서가 강제성을 띤 형태가 법률이다. '살인을 하지 말라'는 윤리질서가 '사람을 죽이면 사형에 처한다'라는 법률의 형태로 나타난다.

2) 윤리와 악법

① **악법**: 법률이 객관적 윤리질서를 반영하지 못한 경우 악법이라고 본다. 예를 들면 인간의 존엄성을 부정하는 법, 자유와 생명을 부정하는 법, 평등원칙을 부정하는 법 등이다.

② 악법에 대한 태도

법실증주의자	사회나 개인에 대하여 **국가의 우월성**을 강조하고 기본권은 자연권이 아니라 법에 의해 창설되는 것이라는 견해로 객관적 윤리질서보다 **법적안정성**을 강조한다. 정당한 절차에 따라 제정되었다면 **악법도 법**이다(국민의 **저항권 부정**).
자연법론자	국가에 대한 **개인과 사회에 대한 우월성**을 강조하고 기본권은 자연권이라고 보는 견해로, 법적안정성보다 **객관적 윤리질서**에 중점을 둔다(**저항권**은 자연법적으로 승인되고 **보장**되어야 한다).

3) 저항권에 대한 경찰의 입장

민주적·법치적 기본질서를 전면적으로 부인하는 경우, 공권력의 행사가 불법성을 띠고 있는 것이 명백할 때 **최후수단으로 사용**한다. 법이 객관적 윤리질서에 명백히 반할 때 경찰은 시민의 저항권을 저지하기 위해 공권력을 행사할 수 없다.

3 사회계약설 기출

(1) 의 의

사람들이 공동체를 이루어 생활하는 경우 각자의 의견과 이해관계의 차이로 대립을 하게 된다. 따라서 사회의 평화와 질서 유지를 위해서 대립과 분쟁을 조정할 수 있는 권위, 즉 국가가 존재해야 한다. 이에 자연권 행사 대신 **대립과 분쟁의 조정을 제3자에게 의존**하는 정치공동체가 출연하게 된다는 사상이다. 민주경찰의 사상적 토대는 **사회계약설**에서 나온다.

(2) 로크(1632~1704)의 사회계약설 기출

1) 자연법상의 권리 인정

모든 사람은 생명, 자유 및 재산에 대한 자연법상의 권리를 가지고 있다.

2) 내 용

① **자연상태**: 자신의 권리가 침해되었을 경우 스스로 자위권을 발동할 수 있고 자신이 원하는 것을 추구할 자유가 있다. 이때도 **자연법의 제한**은 받는다.

② **사회계약 이행과정**: 자연법이 있다 해도 합의된 기준이 없어 **재판을 할 수 없고**, 안전이 결여되어 있어 개인은 자연권의 일부를 포기하고 그 임무를 국가에 위임한다. 이에 따라 국가는 경찰에게 개인의 생명과 재산을 보호하는 임무를 부여한다.

③ **사회계약 후**(간접민주주의) : 시민들이 자연권의 일부를 포기함에 따라 국가는 실정법을 만들고 경찰은 법집행을 하며 법원은 판결을 선고한다.

(3) 루소(1712~1778)의 사회계약설

루소는 시민은 투표할 때만 자유로울 뿐이고, 일단 투표가 끝나면 노예상태로 되돌아 간다고 주장한다. 따라서 개인의 의사는 대표될 수 없다고 본다(**직접민주주의** 주장).

홉 스	① **만인의 만인에 대한 투쟁**(약육강식의 투쟁상태) ② 사회계약을 통해 폭력보다 평화와 협력을 강조하고 자연권의 일부를 국가에 신탁 ③ 개인의 **자연권 포기** ④ 국왕의 통치에 의한 절대복종(**절대군주정치**)으로 혁명은 절대불가 ⑤ 저서는 『**리바이어던**』
로 크	① 자유롭고 평등한 인간관계가 확대되어 자연권의 유지는 불안한 상태가 된다. ② 자연법이 존재하여 완전히 무질서한 사회는 아님 ③ 국왕의 천부적 자연권이 아니라 개인이 자연권의 일부를 국가 또는 국왕에게 신탁 ④ **제한군주정치**, **시민권**의 확보, 반항권의 유보 ⑤ 입법권과 집행권의 2권분립 ⑥ 저서는 『**시민정부론**』
루 소	① 초기는 자유 · 평등이 보장되다가 강자, 약자의 구별이 생기고 **불평등 형성** ② 모든 사람의 의지를 통합하여 일반의지를 통한 **직접민주정치** 시작 ③ 자연적 자유 대신 **사회적 자유**를 얻게 됨 ④ 국민주권으로 불평등관계가 시정되기 시작 ⑤ 일반의지인 법을 통해 인간의 자연권과 정의 실현 ⑥ 저서는 『**사회계약론**』

4 사회계약설에 근거한 경찰활동 기출(Cohen & Feldberg)

(1) 공정한 접근(Fair Access)의 보장

경찰서비스는 성별, 연령, 전과 유무 등에 구애받지 않고 서비스를 제공해야 한다. **필요성**만이 경찰이 따라야 할 기준이고 **편들기**(동료 경찰관의 음주운전 무마), **서비스 제공 요구 무시**(가난한 동네 순찰 누락) 등은 공정한 접근에 위배된다.

예 갑은 강도가 들어 가까운 지구대에 신고를 하였더니, 지구대에서는 평소에 갑이 협조를 하지 않는다는 이유로 현장 출동을 하지 않았다. 이는 **공정한 접근의 보장에 위배**된다.

(2) 공공의 신뢰확보(Public Trust)

개인이 자신의 권리를 경찰에게 맡겨(**자력구제금지**) 경찰이 강제수단을 통해 질서유지와 수사를 하고 있다. 따라서 경찰관은 시민의 신뢰에 합당한 방식으로 권한을 행사해야 한다. 물리력의 행사는 **필요 최소한**에 그쳐야 하고 사적인 이익을 위해서 지위를 이용해서도 안 된다.

① 김 순경은 순찰중 강도가 칼을 들고 편의점 직원을 위협하는 것을 보고 신변의 위협을 느껴 모른 척하고 지나간다. 이는 공공의 신뢰확보 기준에 어긋난 것이다.

② 경찰관이 절도범 추격중 달아나는 범인의 등 뒤에서 권총을 쏘아 사망하게 한 경우

③ 갑은 자신의 컴퓨터를 잃어버렸고 이웃집 사람이 의심스럽다고 생각했으나 자신이 직접 물건을 찾지 않고 경찰서에 신고하여 범인을 체포한 것은 공공의 신뢰확보와 관련이 있다(**자력구제금지**).

(3) 생명과 재산의 안전

경찰법 집행은 시민의 **생명과 재산의 보호라는 목적**을 달성하기 위한 것이므로 법집행으로 국민의 생명과 재산이 위협을 당해서는 안 된다.

예 도망가는 10대 폭주족을 무리하게 추격하여 폭주족이 다른 자동차를 들이받아 중상을 입은 경우 이는 **생명과 재산의 안전**에 위배된다.

(4) 협동(Team work)

입법, 행정, 사법 등은 분리되어 있으나, 시민의 생명과 재산의 보호라는 국가적인 목표 달성을 위해서는 기관 **상호간의 팀워크가 중요**하다.

(5) 냉정하고 객관적인 자세(Objectivity)

경찰관은 **사회 전체의 이익을 위해서 일**해야 하고 개인감정에 치우치지 말고 냉정하고 객관적인 자세를 유지해야 한다. 기출 따라서 개인적 선호, 지나친 열정, 개인적 편견은 허용되지 않는다.

예 김순경은 절도범을 검거하였는데 과거 도둑맞은 경험이 생각나 피의자에게 욕설과 가혹행위를 하였다. 이는 냉정하고 객관적인 자세에 위반된다.

5 경찰의 전문화 기출

(1) 의 의

미국의 **볼머**에 의해 전문직업화가 추진되었다. 경찰 위상과 사기의 제고, 공중의 존경의 증대, 효율성, 부정부패 척결, 서비스 질의 향상이라는 이점이 있다.

(2) 문제점

1) 부권주의

아버지가 자녀의 적성이나 의사를 고려하지 않고 문제를 결정하듯이 전문가가 상대방의 입장을 고려하지 않고 **일방적인 결정을 하는 것**(**치안서비스의 질의 저하**)

2) 소 외

자신의 분야에만 몰두하여 경찰의 봉사적 역할 등 전체적 목적과 사회관계에 소홀한 것(**숲은 보지 못하고 나무만 보는 것**)

3) 차 별

경제적, 사회적 약자는 **전문가가 되는 기회를 차단**당하는 현상

6 경찰의 일탈 기출

(1) 미끄러지기 쉬운 경사로 이론 기출

1) 셔 먼

공짜 커피, 작은 선물 등 **사소한 호의가 습관화**될 경우 더 **큰 부패와 범죄로 빠진다**는 가설이다.

예 지구대 김순경은 순찰도중 수퍼마켓 주인으로부터 음료수를 받아 마시면서 친분을 유지하다가 폭행사건 무마 청탁을 받고 큰돈까지 받는 경우

2) 펠트버그 기출

경찰관은 사소한 호의와 그를 방해하는 뇌물을 구별할 수 있으므로, 미끄러지기 쉬운 경사로 이론은 위선적이고, 관념적이라고 비판

3) 델라트르

모든 경찰관이 부패행위에 빠지는 것은 아니나 일부 경찰이 부패행위에 빠지게 되므로 **경찰조직의 정책**은 작은 호의를 금지해야 하고 이는 전문가로 대우받기 위해 필수적이라고 본다.

(2) 경찰부패이론

1) 전체사회 가설 기출

윌슨은 시카고 경찰의 부패가 **시민사회의 방관에서 비롯**되었다고 보고, 사회의 작은 호의가 부정부패를 이끌게 된다고 주장했다. 이는 **미끄러지기 쉬운 경사로 이론과 유사**하다.

2) 구조원인 가설

신임경찰관이 **고참동료에 의해 조직의 부패를 습득**해 부패하게 된다는 것으로 침묵의 규범에 의해 조장된다. **니더호퍼**, **로벅**, **바커**가 주장한다. 이들은 부패의 원인을 구조적인 것으로 보고 있다.

예 출장을 가면서 인원을 속여 더 많은 출장비를 수령한 경우

3) 썩은 사과 가설

자질이 없는 경찰관이 모집 단계에서 배제되지 않아, 경찰의 부패가 나타난다는 이론으로, 부패의 원인을 **개인적 결함**으로 보고 있다.

4) 내부고발(Whistle blowing) 기출

동료나 상사의 부패에 대하여 감찰이나 외부 언론에 공표하는 것(**침묵의 규범과 반대**)으로 **클라이니히**가 주장했다. 외부에 공표하기 전에 자신의 의견을 표시하기 위한 내부적 채널을 먼저 활용해야 하고 도덕적 동기에 의해 이루어져야 한다. 성공가능성이 있어야 하고 도덕적 위반이 얼마나 중대한가에 대한 고려가 필요하다.

(3) 냉소주의

1) 원 인

조직의 체계에 **신념이 결여**되어 있고, 위선으로 가득차 있다고 생각하거나 경찰상관이 부하에 대한 무리한 명령을 할 때 나타난다.

2) 폐 해

조직에 대한 **반발과 일탈현상**을 초래한다. 이를 극복하기 위해서는 부하의 의견청취, 커뮤니케이션 과정 개선 및 신뢰회복이 필요하다(**Y이론**에 입각한 조직관리).

3) 회의주의와 구분

① **냉소주의**: **합리적 근거 없이** 신념의 결여로 발생하는 것으로 개선의 의지 없음

② **회의주의**: 합리적 의심하여 비판하는 것으로 **개선의 의지가 있음**

7 경찰윤리 강령 기출

(1) 연 혁

경찰윤리헌장(1966) – **새경찰신조**(1980) – **경찰헌장**(1991) – **경찰서비스헌장**(1998)

(2) 내 용

1) 경찰윤리헌장

1. 우리는 헌법과 법률을 수호하고 명령에 복종하며 각자의 맡은 바 책임과 의무를 충실히 완수한다.
1. 우리는 냉철한 이성과 투철한 사명감을 가지고 모든 위해와 불법과 불의에 과감하게 대결하며 청렴 검소한 생활로써 영리를 멀리하고 오직 양심에 따라 행동한다.
1. 우리는 주권을 가진 국민의 수임자로서 공공의 복리를 증진하고 국민의 자유와 권리를 존중하여 성실하게 봉사한다.
1. 우리는 국민의 신뢰를 명심하여 편견이나 감정에 사로잡히지 않고 공명정대하게 업무를 처리한다.
1. 우리는 이 모든 목표와 사명을 달성하기 위하여 끊임없이 인격과 지식의 연마에 노력할 것이며 민주경찰의 발전에 헌신한다.

2) 새경찰신조

1. 우리는 새 시대의 사명을 완수한다.
2. 우리는 **깨끗**하고 **친절**하게 **봉사**한다.
3. 우리는 **공정**과 소신으로 일한다.
4. 우리는 스스로 **능력**을 개발한다.

3) 경찰헌장

1. 우리는 모든 사람의 **인격**을 존중하고 누구에게나 따뜻하게 **봉사**하는 **친절**한 경찰이다.
1. 우리는 **정의**의 이름으로 진실을 추구하며, 어떠한 불의나 불법과도 타협하지 않는 의로운 경찰이다.
1. 우리는 국민의 **신뢰**를 바탕으로 오직 **양심**에 따라 법을 집행하는 **공정한 경찰**이다.
1. 우리는 건전한 **상식** 위에 전문지식을 갈고 닦아 맡은 일을 **성실**하게 수행하는 근면한 경찰이다.

1. 우리는 화합과 단결 속에 항상 규율을 지키며, 검소하게 생활하는 **깨끗한 경찰**이다.

(3) 문제점

경찰강령은 **법적 강제력이 없고** 상부의 일방적 제정으로 **냉소주의**로 흐를 수 있으므로 경찰강령의 최소 수준만 하면 된다고 본다. 타율적으로 강제되는 현장은 윤리적 불감증으로 흐르게 된다.

Police Science

Chapter 01 경찰학 개념

제1절 경찰의 개념

01 **경찰개념의 변천사 중 타당하지 않는 것은 무엇인가?** 07. 경간

① 고대-경찰의 개념은 라틴어인 'politia'에서 유래하였다.

② 14세기 말 프랑스에서의 경찰은 국가목적 또는 국가작용을 의미하였다.

③ 16세기 독일의 '제국경찰법'에서의 경찰이란 군사, 재무, 외무, 사법을 제외한 내무행정전반을 의미하였다.

④ 18세기 계몽철학의 영향으로 법치국가시대가 도래하여 경찰에서 적극적인 복리증진을 위한 분야가 제외되어서 경찰개념이 소극적 위험방지 분야에 한정되게 되었다.

해설

경찰국가시대에서 경찰이란 외교, 사법, 군사, 재정 등을 제외한 **내무행정만을 의미**하였다.

02 **다음 중 경찰의 직무를 공공의 안녕, 질서유지 등 소극적 목적으로 한정한 것과 관계깊은 것으로 연결된 것은?** 04. 채용

① 프랑스 '경죄처벌법전'- blanco 판결

② 나폴레옹 헌법- 프로이센 '일반란트법'

③ Kreuzberg 판결- 나폴레옹 헌법

④ 프랑스 '경죄처벌법전'- 프로이센 '일반란트법'

해설

경찰의 직무를 소극적 질서유지로 제한한 법률과 판결로는 **프로이센 일반란트법**(1794), **프랑스의 경죄처벌법전**(1795), Kreuzberg**판결**(1882)이 있다.

Answer 1. ③ 2. ④

03 경찰개념의 발달과정에 관한 설명 중 맞는 것은?

10. 승진

① 14세기 말 독일의 경찰개념이 프랑스에 계수되어 양호한 질서를 포함한 국가행정 전반을 포괄하는 의미로 사용되었다.

② 16세기 독일 제국경찰법에서 경찰은 외교, 군사, 재정, 사법을 제외한 내무행정 전반을 의미하였다.

③ 1931년 프로이센 경찰행정법은 '공공의 평온, 안녕 및 질서를 유지하고 또한 공중 및 그의 직무이다' 라고 규정하였다.

④ 1884년 프랑스 지방자치법전은 자치제 경찰은 공공의 질서, 안전 및 위생을 확보함을 목적으로 한다고 규정하였다.

해설

① 14세기 말 프랑스에서 **독일로 계수**되었다.
② 1530년 독일의 제국경찰법 경찰이란 교회행정의 권한을 제외한 **일체의 국가행정**을 의미하였다.
③ 1931년 프로이센 경찰행정법이 아니라 1794년 프로이센 **일반란트법**의 규정이다.

04 대륙법계 경찰개념의 형성과 관련성이 없는 것은?

03. 채용

① 계몽철학이 중요한 의미를 갖는다.
② 경찰의 임무범위를 축소시키는 과정이었다.
③ '경찰활동이란 무엇인가'라는 문제로 경찰개념이 논의되었다.
④ 경찰과 시민을 대립하는 구도로 파악하였다.

해설

영미법계는 **경찰활동에 중심**을 두고, 대륙법계는 '경찰이 무엇인가'에 중점을 두었다.

Answer 3. ④ 4. ③

05 대륙법계의 경찰개념과 영미의 경찰개념에 대한 설명이 바르지 못한 것은? 08. 승진

① 독일에서는 계몽철학이 등장하면서 경찰의 분야에서 적극적인 복지경찰이 축소 또는 제외되어, 소극적인 위험방지에 한정되었다.

② 대륙법계 국가에서 경찰개념은 통치권을 전제로 경찰권 발동의 범위와 성질을 기준으로 형성되었다.

③ 영미의 경찰개념은 자치권한을 위임받은 조직체로서 역할을 중심으로 형성되었다.

④ 대륙법계 국가에서 수사활동은 당연히 경찰의 고유한 임무로 취급되었다.

해설

대륙법계에서는 권력분립주의의 영향으로 수사를 경찰의 고유한 임무로 인정하지 않았다.

06 형식적 의미의 경찰개념과 실질적 의미의 경찰개념에 대한 설명 중 틀린 것은?

96 · 98 · 08. 승진

① 형식적 경찰이란 실정법상 보통경찰기관에 분배되어 있는 임무를 달성하기 위한 경찰 활동을 의미한다.

② 실질적 의미의 경찰개념은 일반통치권에 근거하여 국민에게 명령, 강제하는 권력적 작용이다.

③ 경찰관직무집행법 제2조는 실질적 의미의 경찰을 의미한다.

④ 실질적 의미의 경찰개념은 실무상으로 정립된 개념이 아니라 학문상으로 확립된 개념이다.

해설

경찰관직무집행법 제2조는 경찰의 법적 권한(사물관할)을 의미하기 때문에 **형식적 의미의 경찰**에 해당한다.

Answer 5. ④ 6. ③

07 **실질적 경찰개념에 대한 다음의 설명 중 바른 것은?** 05. 채용

① 실질적 의미의 경찰개념에는 정보경찰, 위생경찰이 포함된다.
② 건축허가는 형식적 의미의 경찰개념에 속한다.
③ 실정법상 보통경찰기관의 분배된 임무를 달성하기 위하여 행하여지는 경찰활동은 실질적 의미의 경찰활동이다.
④ 실질적 의미의 경찰개념은 실무상 확립된 개념은 아니라 학문상 정립된 개념이다.

해설

① 정보경찰은 비권력적 성질을 가지기 때문에 **실질적 경찰에서 제외**된다.
② 건축허가는 실질적 의미의 경찰활동이지만, 경찰에 의해 수행되지는 않기 때문에 형식적 경찰은 아니다.
③ 이는 형식적 경찰에 대한 설명이다.

제 2 절 경찰의 분류

01 **행정경찰과 사법경찰의 차이점에 대한 다음의 설명 중 틀린 것은?** 02. 채용

① 행정경찰은 행정법의 일반원칙과 각종 경찰법에 의하여 작용하지만, 사법경찰은 형사소송법에 의하여 권한을 행사한다.
② 행정경찰은 검사의 지휘를 받고 사법경찰은 경찰청장의 지휘를 받는다.
③ 행정경찰은 실질적 의미의 경찰에 해당하고, 사법경찰은 형식적 의미의 경찰에 해당한다.
④ 행정경찰은 공공질서유지, 범죄예방을 목적으로 하고, 사법경찰은 범죄의 수사, 체포를 목적으로 한다.

해설

행정경찰은 경찰청장(또는 주무장관)의 **지휘를 받고, 사법경찰은 검사의 지휘**를 받는다.

Answer 7. ④ / 1. ②

02 경찰의 개념에 대한 다음의 설명 중 바르지 않은 것은? 02. 채용

① 실질적 의미의 경찰의 개념은 학문상으로 정립된 개념이며, 일반조항을 전제로 하여 경찰관청에 대한 권한의 포괄적 수권과 법치국가적 요청을 조화시키기 위해 구성된 도구 개념이다.

② 경찰관직무집행법에서 규정하는 경찰권 발동의 근거를 규정하고 있는 진압이라는 개념은 예방작용과 진압작용 중 진압작용만을 의미한다.

③ 질서경찰은 보통경찰조직의 직무범위 중에서 강제력을 수단으로 사회공공의 안녕과 질서를 유지하기 위한 법집행을 주로 하는 경찰작용이다.

④ 일반 행정기관에 속하는 행정작용 중에서도 건축경찰과 위생경찰처럼 실질적 의미의 경찰작용에 속하는 것이 많다.

해설

진압이란 집단적 범죄가 일어나려고 하는 것을 방지하거나, 또는 집단적 범죄가 발생한 뒤에도 그 확대를 방지하고 종식시키는 활동을 의미하는 것으로, **예방경찰과 진압경찰의 모두**에 관련되는 개념이다.

03 다음 중 경찰의 개념 형성에 대한 설명으로 타당하지 않은 것은? 06. 승진

① 시민법치국가의 경찰개념 형성에 영향을 미친 것으로는 프로이센 일반란트법, 계몽주의 사상, 권력분립주의, 자유주의 사상, 법치주의 사상 등이 있다.

② 경찰개념의 형성과정에서 경찰의 사무이던 것을 다른 관청의 사무로 이관하는 현상을 비경찰화라 하는데 비경찰화 사무에 해당하는 것으로는 보안경찰, 영업경찰, 건축경찰 등이 있다.

③ 프랑스 경찰개념의 발전과 관련되는 것으로는 경죄처벌법전이 있다.

④ 경찰권 발동은 소극적인 질서유지에 한정된다고 명한 판결은 크로이츠베르크 판결이다.

해설

보안경찰은 비경찰화 사무를 의미하는 것이 아니다.

Answer 2. ② 3. ②

04 대륙법계 국가의 경찰개념에 대한 설명 중 틀린 것은? 09. 채용

① 경찰국가시대에는 외무, 군정, 재정, 사법을 제외한 내무행정 전반을 의미하였다.
② 18C 법치국가시대에는 적극적인 복지경찰 분야가 제외되고 소극적인 위험방지분야에 한정되었다.
③ 2차 세계대전 이후 독일에서는 풍속경찰, 위생경찰 및 건축경찰 등의 경찰사무를 다른 행정관청의 분장사무로 이관하는 비경찰화 과정이 이루어졌다.
④ 행정경찰과 사법경찰의 구별을 처음으로 법제화한 국가는 프랑스이다.

해설

풍속경찰은 보안경찰로서 비경찰화의 대상이 아니다.

05 다음 중 자치경찰제의 단점이 아닌 것은? 05. 승진

㉠ 관료화 우려와 정치적 중립성 취약
㉡ 통일성, 집행력, 기동력이 미약
㉢ 지역의 특성에 맞는 경찰행정이 가능
㉣ 타 기관과의 업무협조가 곤란
㉤ 경찰본연의 임무를 벗어날 우려가 있음

① ㉠ ㉡ ㉢　　② ㉢ ㉣ ㉤
③ ㉠ ㉢ ㉤　　④ ㉡ ㉢ ㉤

해설

㉠, ㉤은 국가경찰의 단점, ㉢은 자치경찰의 장점에 해당한다. ㉡, ㉣은 자치경찰 단점

Answer 4. ③ 5. ③

06 다음의 경찰개념에 대한 설명으로 틀린 것은?

03. 채용

① 형식적 의미의 경찰은 실정법적, 조직법적 기준에서 파악된 개념이다.
② 형식적 의미의 경찰은 사회공공의 안녕과 질서에 대한 위험방지라는 의미에서 실질적 의미의 경찰과 동일하다.
③ 일반행정기관도 실질적 의미의 경찰작용을 하는 경우가 있다.
④ 보통경찰기관의 업무 중에는 실질적 의미의 경찰작용이 아닌 것도 있다.

해설

형식적 의미의 경찰과 실질적 의미의 경찰은 그 범위가 같은 경우도 있고 다른 경우도 있다.

07 다음 경찰개념에 대한 설명으로 옳은 것은?

08. 경찰 1차

① 현대적 입장에서는 경찰개념을 사회공공의 안녕과 질서를 유지하기 위하여 일반통치권에 의거하여 국민에게 명령, 강제하는 권력적 작용으로 본다.
② 2차 세계대전 이후 독일은 항만경찰 등 비범죄화되어 갔다.
③ 수사업무는 영미법계 경찰의 고유한 임무에 속한다.
④ 법치국가시대에 사법이 국가의 특별한 작용으로 인정되기 시작했다.

해설

① 전통적 입장에서는 경찰개념을 사회공공의 안녕과 질서를 유지하기 위하여 일반통치권에 의거하여 국민에게 명령, 강제하는 **권력적 작용**으로 본다.
② 2차 세계대전 이후 독일은 항만경찰 등 **비경찰화**되어 갔다.
④ **경찰국가시대**에 사법이 국가의 특별한 작용으로 인정되기 시작했다.

08 경찰개념에 대한 설명으로 틀린 것은?

07. 경찰 1차

① 사회공공의 안녕과 질서를 유지하기 위하여 다른 행정작용을 동반하지 아니하고 오로지 경찰작용만으로 행정의 일부분을 구성하는 경찰작용은 협의의 행정경찰이다.
② 정보경찰의 활동은 실질적 의미의 경찰보다는 형식적 의미의 경찰과 관련이 깊다.
③ 행정경찰과 사법경찰의 구분은 삼권분립사상이 투철했던 프랑스에서 확립된 것으로 죄와 형벌법전 18조에서 행정경찰은 공공질서유지, 범죄예방목적이다.
④ 영미법계의 경찰개념은 '경찰은 무엇인가'라는 문제보다는 '경찰활동은 무엇인가'와 관련이 깊다.

Answer 6. ② 7. ③ 8. ①

해설

협의의 행정경찰은 **다른 행정작용과 결합**하여 사회적 이익의 보호를 목적하고 부수작용으로서 사회공공의 안녕과 질서를 유지하기 위한 경찰작용을 말한다.

09 **다음은 경찰개념에 대한 설명이다. 틀린 것은 몇 개인가?** 08. 경간

㉠ 17세기 베스트팔렌 조약은 대륙법계에서 외교가 특별한 분야로 인정되기 시작한 계기가 되었다.
㉡ 18세기 계몽철학의 등장으로 법치주의시대가 도래하면서 적극적인 복지경찰 분야가 제외되고, 소극적인 위험방지 분야에 한정되었다.
㉢ 절대군주체제가 강화됨에 따라 경찰로서 통치권의 전반을 행사하는 경찰국가 시대가 실현되었다.
㉣ 경찰국가시대에는 공공복지 증진을 위한 강제적 행사도 경찰이라고 하였다.
㉤ 경찰이라는 용어의 기원은 고대 그리스어인 politia에서 유래되었다.
㉥ 대륙법계 국가에서의 경찰개념은 '경찰활동이란 무엇인가'에 초점을 두고 경찰이 시민을 위해서 수행하는 기능을 중심으로 형성되었다.
㉦ 경찰의 개념은 역사성을 띠고 있다.

① 1개 ② 2개
③ 3개 ④ 4개

해설

㉠ 17세기 베스트팔렌 조약은 대륙법계에서 **사법**이 특별한 분야로 인정되기 시작한 계기가 되었다.
㉤ 경찰이라는 용어의 기원은 **고대 라틴어인 politia에서 유래**되었다.
㉥ 영미법계 국가에서의 경찰개념은 '**경찰활동이란 무엇인가**'에 초점을 두고 경찰이 시민을 위해서 수행하는 기능을 중심으로 형성되었다.

Answer 9. ③/㉠㉤㉥

10 다음 중 경찰의 종류에 대한 설명으로 타당하지 않은 것은? 08. 경간

① 공공의 안녕과 질서에 대한 위해의 정도와 적용법규, 담당기관에 따라 비상경찰과 평시경찰로 구분할 수 있다.

② 천재, 지변이나 전시, 사변, 기타 국가비상사태에 있어서 계엄법에 의하여 군대가 병력으로 공공의 안녕, 질서를 유지할 때 이를 비상경찰이라 한다.

③ 범죄수사, 다중범죄진압, 교통위반자에 대한 통고처분 등은 봉사경찰에 해당한다.

④ 권한과 책임의 소재에 따라 국가경찰과 자치체경찰로 구분할 수 있다.

해설

③ **질서경찰**에 해당하는 설명이다.

11 영미의 경찰개념에 대한 설명으로 옳지 못한 것은? 05. 경찰 2차

① 경찰은 사회의 구성원이자 전문적인 문제해결자로 봄으로써 기능과 기술, 봉사와 협력 요인을 더 강조하는 견해이다.

② 주권자인 시민으로부터 자치권을 위임받은 조직이다.

③ 통치권을 토대로 한 경찰개념이다.

④ 경찰은 시민을 위하여 법을 집행하고 서비스하는 기능이다.

해설

③ 경찰권의 기초로서 대륙법계는 통치권을 기초로 하고 있고, 영미법계는 **자치권을 기초**로 하고 있다.

Answer 10. ③ 11. ③

제3절 경찰의 임무

01 **다음 중 경찰의 기본적 임무에 대한 설명으로 틀린 것은?** 03. 채용

① 경찰의 궁극적 임무는 국민의 생명, 신체 및 재산의 보호이다.
② 대적 개념에 입각한 국방임무는 경찰의 임무가 아니다.
③ 경찰위반의 상태가 범죄의 구성요건을 충족시키는 경우에는 경찰의 수사 대상이 된다.
④ 오늘날 경찰에게는 적극적인 서비스 활동을 통해 국민에게 봉사하는 역할의 중요성이 강조되고 있다.

해설

경찰의 궁극적 임무는 '**공공의 안녕과 질서유지**'로서 이는 '국민의 생명, 신체 및 재산의 보호'를 포괄하는 상위 개념이다.

02 **'공공질서'와 관련한 다음의 설명 중 옳지 않은 것은 몇 개인가?** 09. 승진

㉠ 국민의 생명, 신체, 재산의 보호가 경찰의 책무로 도입된 것은 영미법계의 영향이고, 이를 최초로 규정한 것은 경찰관직무집행법이다.
㉡ 원만한 공동체 생활을 위한 불가결한 전제조건으로 각 개인의 행동에 대한 성문규범의 총체이다.
㉢ 시대에 따라 변화하는 유동적 개념이다.
㉣ 오늘날 공공질서의 사용가능 분야는 점점 증가하고 있다.
㉤ 통치권의 집행을 위한 개입의 근거로서 사용될 수 있는 이 개념은 엄격한 합헌성의 요구를 받는다.

① 1개 ② 2개 ③ 3개 ④ 4개

해설

㉡ 공공질서는 각 개인의 행동에 대한 **불문규범의 총체**이다.
㉣ 오늘날은 규범의 성문화의 요청으로 인해 공공질서의 사용범위는 점차 축소되고 있다.

Answer 1. ① 2. ② / ㉡㉣

03 경찰의 기본적 임무에 대한 설명으로 옳지 않은 것은 모두 몇 개인가? 11. 승진

㉠ 경찰의 임무는 행정조직법상의 경찰기관을 전제로 한 개념으로 공공의 안녕과 질서에 대한 위험의 방지가 경찰의 궁극적 임무이다.
㉡ 공공의 안녕은 법질서, 권리, 각 개인의 법익, 국가 또는 기타 공권력 주체의 기관과 집행의 불가침성을 뜻한다.
㉢ 경찰은 인간의 존엄성, 명예, 생명, 건강, 자유의 개인법익 뿐만 아니라 사유재산적 가치 또는 무형의 권리로 보호한다,
㉣ 오늘날 거의 모든 생활영역에 대한 법적 전면규범화 증가추세에 따라 공공질서 개념의 사용가능 분야도 점점 증가하고 있다.

① 1개　　② 2개
③ 3개　　④ 4개

해설

㉣ 특히 오늘날은 거의 모든 생활영역에 대한 법적 전면규범화(규범의 성문화) 증가추세에 따라 **공공질서의 사용범위는 점차 축소**되고 있다.

04 다음의 사례와 가장 관계가 깊은 것은? 07. 경간, 02. 채용

지구대 직원 甲은 주민 乙로부터 집에 간첩이 있으니 출동하여 달라는 요청을 받았으나, 신고의 신빙성을 의심하여 출동하지 않았다. 乙의 집에는 어머니 丙이 있었는데 乙이 신고하러 간 사이에 간첩으로부터 살해당하고 말았다. 그 후 乙은 국가를 상대로 丙의 사망에 대하여 행정소송을 제기하였고, 법원은 피해자의 손을 들어줬다.

① 반사적 이익론　　② 불확정개념
③ 재량권 0으로의 수축　　④ 비례의 원칙

해설

경찰권의 발동여부는 재량사항이나, 예외적으로 국민의 생명, 신체, 재산에 중대한 침해를 받을 경우, 경찰권이 반드시 발동되어야 하는 상황으로 '**재량권의 0으로의 수축**' 즉 **재량권이 없는 상황**이다.

Answer 3. ① / ㉣　4. ③

05 경찰의 임무 및 수단에 대한 설명으로 맞는 것은?

10. 채용

① 형사소송법은 경찰의 수사를 경찰의 직무로 규정하고 있으나, 경찰법은 이를 명문으로 규정하고 있지 않다.

② 경찰의 의무에 합당한 사려 깊은 판단을 할 때 실제로 위험의 가능성은 예측되나 불확실한 경우를 외관적으로 위험이라고 한다.

③ 경찰권을 행사할지 여부는 원칙적으로 편의주의 원칙이 적용되나, 예외적인 상황에서는 재량권이 0으로 수축하는데, 이 경우에도 오직 하나의 결정만을 하여야 하는 것은 아니다.

④ 경찰임무 중 경비, 요인 경호 및 대간첩작전수행은 경찰관직무집행법과 경찰법에 모두 명시적 규정을 두고 있다.

해설

① 경찰법 제3조는 '범죄의 예방, 진압 및 수사'를 명문으로 규정하고 있다.
② 이는 '위험혐의'에 대한 설명이고, '외관적 위험'이란 위험을 잘못 긍정하는 경우를 의미한다.
③ 재량권이 0으로 수축하면 **오직 하나의 결정(조치)만이 의무에 합당한 재량권 행사로 인정**된다.

06 경찰의 토지관할에 대한 설명으로 맞는 것은?

03. 채용

① 국회의장의 요청으로 경찰관이 파견된 경우에는 회의장 건물 안에서 경호할 수 있다.

② 중대한 죄를 범하고 도주하는 현행범을 추적할 때에는 대한민국 경찰은 미군시설 및 구역 내에서 범인을 체포할 수 있다.

③ 성당은 경찰의 토지관할에서 제외되는 치외법권 지역이다.

④ 치외법권 지역은 경찰의 상태책임의 대상이 될 수 없다.

해설

① 국회의장의 요청으로 경찰관이 파견된 경우는 **회의장 건물 밖에서만** 경호할 수 있다.
③ 성당과 같은 종교시설도 경찰의 **토지관할에 포함**된다.
④ 치외법권 지역도 **화재나 전염병 발생 시**에는 예외적으로 경찰의 상태책임의 대상이 될 수 있다.

Answer 5. ④ 6. ②

07 경찰의 관할에 대한 설명 중 틀린 것은 몇 개인가?

03. 승진

ㄱ 재판의 공정성 확보는 경찰의 사물관할에 속한다.
ㄴ 경찰의 사물관할은 작용법인 '경찰관직무집행법'에 규정하고 있다.
ㄷ 대륙법계 경찰개념의 영향을 받아 범죄수사에 관한 임무가 경찰의 사물관할로 인정되었다.
ㄹ 경찰청장의 관저는 아무런 제한 없이 경찰권이 미친다.
ㅁ 외교관의 개인주택은 치외법권 지역이 아니다.
ㅂ 외교공관에는 화재 등 어떠한 경우에도 들어갈 수 없음이 국제관례이다.

① 2개 ② 3개 ③ 4개 ④ 5개

해설

ㄱ 재판의 공정성 확보는 경찰의 사물관할이 아니다.
ㄷ 영미법계 경찰개념의 영향을 받아 범죄수사에 관한 임무가 경찰의 **사물관할로 인정**되었다.
ㅁ 외교관의 개인주택은 치외법권 지역이다.
ㅂ **화재, 전염병 발생** 등 긴급한 경우에는 외교사절의 동의 없이도 공관에 들어갈 수 있다는 것이 국제관례이다.

제 4 절 경찰윤리

01 J. Kleinig가 주장한 경찰윤리 교육의 목적에 대한 다음의 설명 중 타당하지 않은 것은?

04. 승진

① 클라이니히는 경찰윤리교육의 목적을 도덕적 결의의 강화, 도덕적 감수성의 배양, 도덕적 전문능력의 함양 등 3가지로 분류하였다.
② 다양한 계층의 사람들에게 모두 인간으로서 존중하고 공평하게 봉사하는 것을 도덕적 감수성이라고 한다.
③ 비판적, 반성적 사고방식을 배양하여 조직 내에 관습적으로 내려오는 관행을 비판적으로 검토하여 수용하는 것은 도덕적 전문능력 함양이다.
④ 경찰윤리 교육의 최종 목적은 오직 도덕적 결의의 강화이다.

해설

경찰윤리 교육의 목적은 **도덕적 결의의 강화**와 **도덕적 전문능력**이 되어야 한다.

Answer 7. ③ / ㄱㄷㅁㅂ / 1. ④

02 다음 중 법률이 객관적 윤리질서를 반영하지 못할 때 이 법을 집행해야 할 경찰의 태도를 가장 잘못 설명한 것은?

02 · 04 · 05. 승진

① 어떤 법이 객관적 윤리질서에 반하는 것이 명백하고 정상적인 채널로도 해결이 어렵다면 시민의 저항을 억압해서는 안 된다.
② 민주화된 현시점에서 볼 때, 일부 비판론자는 경찰이 반민주적인 악법에 손을 들어준 경우가 있다고 주장하고 있다.
③ 경찰이 악법에 대하여 자연법론적인 관점을 가지면 악법에 대한 저항을 어느 정도 묵인하는 태도를 취하게 된다.
④ 경찰은 어떤 법이 객관적 윤리질서에 위배되는지 불문명할 때 시민의 저항권을 인정하여 대항하는 시민에게 법을 집행해서는 안 된다.

해설

법이 객관적 윤리질서에 위배되는지가 불분명한 경우, 경찰은 **법에 근거**하여 법을 집행해야 한다.

03 공권력을 행사하는 경찰의 입장에서 시민의 저항권 행사에 경찰이 어떻게 대응해야 하는지에 대한 설명으로 가장 틀린 것은?

03. 승진

① 법이 공동체의 객관적 윤리질서에 반하는 것이 명백하고 정상적인 제도적 채널로 해결이 어려운 상태라면 경찰은 시민의 저항권을 저지하기 위해 공권력을 행사할 수 없다.
② 법이 공동체의 객관적 윤리질서에 위배되는지가 불분명하고 제도적 채널을 통한 해결 가능성이 있다면 경찰은 현실적인 법에 근거하여 법을 집행해야 한다.
③ 시민의 저항권이 발생한 상황이 명백하다면 경찰은 현실적 악법의 저항에 함께 하는 것이 공동체의 한 기관으로서 당연한 책무일 수 있다.
④ 시민의 저항권이 발생한 상황이 불분명하다면 경찰은 자연법에 근거하여 법 집행을 하여야 한다.

해설

시민의 저항권이 발생한 상황이 불분명하다면 경찰은 자연법이 아니라 실정법에 근거하여 법집행을 하여야 한다.

Answer 2. ④ 3. ④

04 경찰의 기본적 임무 중 '공공의 안녕과 질서에 대한 위험의 방지'에 관한 설명으로 가장 옳지 않은 것은?

10. 경찰 2차

① 공공의 안녕이란 국가 등 집단과 관련되어 있음은 물론 개인과도 관련되어 있는 이중적 개념이다.

② 위험은 보호를 받게 되는 법익에 대해 필수적으로 존재해야 하는 것은 아니다.

③ 가벌성의 범위 내에 이르지 않았더라도 국민의 자유와 권리를 침해하지 않는 범위 내에서 기본적인 경찰활동이 가능하다.

④ 사유재산적 가치 또는 무형의 권리는 보호의 대상이 아니다.

해설

사유재산적 가치 또는 무형의 권리도 보호의 대상이다.

05 경찰의 임무에 대한 설명 중 틀린 것은?

07. 여기동대

① 경찰의 개입은 가벌성에 이르렀을 때에만 가능하다.

② 경찰의 임무는 위험방지, 범죄수사 및 대국민서비스 활동이다.

③ '경찰법' 제3조와 '경찰관직무집행법' 제2조에는 국민의 생명, 신체 및 재산의 보호, 공공의 안녕과 질서유지를 규정하고 있다.

④ 경찰이 개입할 수 있는 위험은 개념은 사실에 기인한 주관적 추정이지만, 정당화될 수 있는 일종의 객관화를 요구한다.

해설

경찰활동은 **가벌성의 범위 내에 이르지 않았더라도** 국민의 자유와 권리를 침해한 경우는 경찰개입이 가능하다.

Answer 4. ④ 5. ①

06 **경찰의 기본이념에 대한 설명으로 가장 옳지 않은 것은?** 11. 경위 승진

① 경찰의 중앙과 지방간의 권한 분배, 경찰행정정보의 공개, 성과급 제도 확대는 경찰의 민주성 확보방안이다.

② 경찰의 활동은 사전에 상대방에게 의무를 과함이 없이 행사되는 즉시강제와 같은 경우가 많기 때문에 법치주의 원리가 강하게 요구된다.

③ 국민의 권리, 의무에 제한을 가하는 것은 국가안전보장, 질서유지, 공공복리를 위해 필요한 경우에 한하여 법률로써만 가능하고, 그 경우에도 자유와 권리의 본질적인 내용을 침해할 수 없다.

④ 경찰은 특정 정당 기타 정치단체의 이익이나 이념을 위해 활동해서는 안 되며, 오로지 주권자인 전체 국민과 국가의 이익을 위해 활동해야 한다는 것은 정치적 중립주의이다.

해설

성과급 제도는 민주성보다는 **효과성이나 효율성**과 관계가 있다.

07 **홉스의 사회계약설에 대한 설명으로 타당하지 않은 것은?** 07. 승진

① 사회는 만인의 만인에 대한 투쟁 상태이다.

② 자기보존의 본능은 인간의 천부적 자연권이다.

③ 자기보존을 위해 평화와 협력보다 폭력과 경쟁을 강조한다.

④ 인간의 안전을 도모할 위대한 권력의 필요성을 강조한다.

해설

홉스는 자기보존을 위해서 폭력이나 경쟁보다 **평화와 협력**을 강조하였다.

Answer 6. ① 7. ③

08 다음 중 존 로크의 사회계약설에 대한 설명으로 틀린 것은? 05. 승진

① 자연상태에서도 자연법이 존재하여 개인의 행동에 제약이 따른다.
② 자연법이 있다고 하더라도 합의된 기준이 없고, 자연법을 선고할 재판관도 없으며, 자연법을 집행할 강력한 공권력도 존재하지 않는다.
③ 자연권의 전면적인 양도로 안전에 대한 보장을 정부에게 위임하였다.
④ 국가의 임무는 생명과 재산을 지키는 것인데, 이 내용에 가장 부합하는 공무원은 군인과 경찰이다.

해설

로크의 사회계약설에 따르면 시민은 자연권의 일부를 포기하고 생명과 재산의 임무를 국가에 위탁하고, 국가는 경찰에게 생명과 재산의 보호라는 임무를 부여하였다. 자연권의 전면적 양도가 아니고 **일부양도**이다.

09 다음 중 사상가와 그의 사상을 연결한 내용이 틀린 것은? 10. 승진

① 홉스－자연상태는 만인에 대한 만인의 투쟁 상태
② 루소－사회계약에 의하여 자연권의 일부를 국가위탁
③ 맹자－군주의 폭압이 발생할 경우 혁명권 인정
④ 로크－제한군주정치(2권 분립) 주장

해설

자연권의 일부위탁을 주장한 것은 **로크**이다.

10 다음 중 직업전문화의 문제점에 대한 설명으로 틀린 것은? 05. 승진

① 전문직업적 부권주의는 치안서비스의 질을 저해할 수 있다.
② 전문직업화를 위하여 고학력을 요구할 경우 경제적 약자처럼 교육기회를 갖지 못한 사람의 공직진출 제한이라는 소외 문제가 야기된다.
③ 전문직업적 부권주의는 전문가가 우월한 지식에 근거하여 비전문가의 판단을 전혀 고려하지 않고 자신의 판단으로 대신하려는 윤리적 문제점을 말한다.
④ 경찰이 전문직업화되어 일정한 교육과 전문지식을 요구할 경우 경제적으로 그리고 교육적으로 불리한 위치에 있는 사람들은 경찰에 입문하지 못하게 됨으로써 차별의 문제를 야기한다.

Answer 8. ③ 9. ② 10. ②

해설

경찰이 전문직업화 되어 경제적, 교육적 약자에게 경찰에의 접근을 차단하는 현상이 발생하는 것은 소외의 문제가 아니라 차별의 문제이다.

11 **미국의 셔먼이 주장한 이론으로 '경찰관 사생활의 사소한 잘못이 공무수행의 더 큰 잘못으로 이어질 수 있기 때문에 사생활에 엄격한 제한을 가하여야 한다.'는 이론은?**

01. 승진

① 썩은 사과 이론
② 깨진 유리창 이론
③ 카오스 이론
④ 미끄러지기 쉬운 경사로 이론

해설

① '썩은 사과 이론'은 전체 중 일부가 부패되면 결국 썩은 사과가 모든 사과를 썩게 만들듯이 전체가 부패된다는 이론이다.
② '깨진 유리창 이론'은 자동차의 깨진 유리창을 그대로 방치할 경우 **시민의 준법의식이 결여**되어 큰 범죄를 야기한다는 이론이다.

12 **작은 사례나 호의의 수령에 대한 가장 잘못된 설명은?** 03. 승진

① 前 뉴욕시경 국장 패트릭 머피는 '봉급 이외에 깨끗한 돈이라는 것은 없다.'고 하였다.
② 윌슨은 '경찰인은 어떤 작은 호의도 받도록 허용되어서는 안 된다.'라고 하였다.
③ 경찰이 작은 호의를 받을 경우 그것이 부정부패로 이어질 가능성은 있다.
④ 경찰인의 의식이나 사회적 영향을 볼 때 작은 호의를 수령하는 것은 '비윤리적'이라고 할 수는 없다.

해설

경찰은 국가로부터 보수를 받기 때문에, 경찰이 작은 호의를 받는 것은 **'비윤리적'이라고 할 수 있다.**

Answer 11. ④ 12. ④

13 **클라이니히가 제시한 내부고발의 정당화 요건이 아닌 것은?** 01. 승진

① 부패가 발견되면 제일 먼저 외부에 공개하여야 한다.
② 공표 전 다른 채널을 통하여 의견을 말하여야 한다.
③ 적절한 도덕적 동기에 의하여 이루어져야 한다.
④ 어느 정도 성공할 가능성이 있어야 한다.

해설

외부에 공표하기 전에 내부의 문제는 **내부적 채널을 사용**해 문제 제기를 했어야 한다.

14 **경찰부패에 대한 설명으로 가장 옳지 않은 것은?** 11. 승진

① '미끄러지기 쉬운 경사로 이론'은 셔먼 등에 의하여 주장된 이론으로 공짜 커피, 작은 선물 등 사소한 호의일지라도 엄청난 부패로 이어질 수 있으니, 공짜 커피조차도 경계하라고 한다.
② 윌슨은 시카고 경찰의 부패를 '경찰은 시카고 시민에 의해서 부패되었다'고 주장하는데, 이를 '전체사회 가설'이라고 한다.
③ 클라이니히는 내부고발의 정당화 요건을 제시하면서 내부문제를 외부에 공표하기 전, 조직 내 다른 채널을 통하여 해결할 수 있으면 먼저 내부적 해결을 해야 한다고 한다.
④ 모럴 해저드는 경찰관의 동료나 상사의 부정부패에 대하여 감찰이나 외부의 언론매체에 대하여 공표하는 것을 지칭하는 것이다.

해설

모럴 해저드는 법에 위배되지는 않지만 무언가 **도덕적으로 잘못된 행위를 표현한 것**이다.

Answer 13. ① 14. ④

15 **A 경찰서장은 부정부패를 척결하기 위해 동료의 비위에 대하여 사정첩보를 제출하도록 지시하였으나, 한 건의 사정첩보도 제출되지 않았다. 이런 현상의 원인은?** 02. 승진

① 침묵의 규범 ② 휘슬블로잉
③ 도덕적 해이 ④ 레드테이프

해설

침묵의 규범이란 조직 내부의 문제점을 침묵하는 묵시적인 관행이 이어지는 것을 의미한다.

16 **다음의 냉소주의와 회의주의에 대한 설명으로 타당하지 않은 것은?** 01 · 04 승진

① 냉소주의는 대상이 특정화되어 있지 않다.
② 양자 모두 불신을 바탕으로 한다는 공통점이 있다.
③ 냉소주의는 정치일반, 경찰제도 전반에 대하여 합리적으로 의심한다.
④ 건전한 회의주의 대상을 개선시키겠다는 의지가 있다.

해설

냉소주의란 **합리적 근거 없이** 사회에 대한 신념의 결여로 인해 대안 없이 대상을 경멸하고 무시하는 것이다.

제5절 경찰윤리강경

01 **경찰관이 법집행을 하면서 '성, 나이, 전과의 유무 등에 의한 차별을 해서는 안 된다.'는 코헨과 펠드버그의 사회계약설로부터 도출되는 경찰활동의 기준은?**

01. 채용, 04. 승진

① 공정한 접근의 보장 ② 공공의 신뢰 확보
③ 생명과 재산의 보호 ④ 냉정하고 객관적인 자세

해설

경찰의 법집행 과정에서 성, 나이, 신분 등에 의한 차별을 금지한다는 것은 **공정한 접근**의 보장과 관련이 있다.

Answer 15. ① 16. ③ / 1. ①

02

코헨과 펠드버그가 사회계약론에서 도출한 경찰활동의 기준 중 '공공의 신뢰확보'에 대하여 바른 설명은? 02. 채용

① 경찰관의 업무수행 시 과도한 개입이나 무관심한 태도는 모두 금지된다.
② 성과 연령 및 전과 유무에 따라 서비스 제공에 차별을 두어서는 안 된다.
③ 경찰활동에 있어서 기관 상호간의 협력을 요한다.
④ 경찰의 수사권한은 국민의 신뢰에 합당한 방식으로 공적 기관에 의해 수사 및 공소제기가 되어야 한다.

해설

①은 냉정하고 객관적인 자세, ②는 공정한 접근, ③은 협동과 역할한계와 관련이 있다.

03

코헨과 펠드버그가 주장한 경찰활동의 기준에 대한 설명으로 틀린 것은? 03 · 05. 승진

① 절도범을 발견한 경찰관이 절도범의 덩치에 겁먹어, 짐짓 절도범은 쫓는 척하다가 일부러 놓친 경우-공공의 신뢰 확보
② 법의 정신에만 입각하여 극단적으로 법대로 처리하는 경우-생명과 재산의 안전 보호
③ 형사 甲이 좋은 사람과 나쁜 사람을 가려서 나쁜 사람에 대해서만 적극적으로 혼내줄 때-공공의 신뢰 확보
④ 단속 중인 경찰이 수차례 공격을 받자 통제력을 잃고 과도하게 반격하는 경우-공공의 신뢰 확보

해설

③ '좋은 사람과 나쁜 사람을 구별'하는 것은 판사의 권한, **피의자를 유죄로 단정하는 '역할한계의 오류'**에 해당

Answer 2. ④ 3. ③

04 **코헨과 펠드버그가 제시한 경찰활동의 기준에 따라 분류할 때 가장 성격이 다른 것은?**

10. 채용

① 경찰관 甲은 우범지역인 A거리와 B거리의 순찰업무를 맡았으나 A거리에 가족이 산다는 이유로 A거리에서 순찰 근무시간의 대부분을 할애한 경우
② 경찰관 乙은 절도범을 추격하던 중 도주하는 범인의 등 뒤에서 권총을 쏘아 사망하게 한 경우
③ 경찰관 丙은 동료 경찰관의 음주운전사실을 발견하였으나 단속하지 않은 경우
④ 경찰관 丁은 순찰근무 중 달동네에 가려고 하지 않고 부자 동네만 순찰을 하는 경우

해설

①, ③, ④는 **공정한 접근**과 관련이 있고, ②는 과도한 범인 진압은 공권력에 대한 **공공의 신뢰 확보**를 어렵게 할 수 있다.

05 **1991년 8월 1일 경찰청 출범에 맞추어 경찰청은 '경찰헌장'을 제정 · 선포하게 되었다. 다음 중 '경찰헌장'에서 제시하는 경찰의 목표가 잘못 연결된 것은?** 05. 경간, 08 · 10. 채용

① 정의의 이름으로 진실을 추구하며 어떠한 불의나 불법과도 타협하지 않는 경찰-공정한 경찰
② 건전한 상식 위에 전문지식을 갈고 닦아 맡은 바 일을 성실하게 수행하는 경찰-근면한 경찰
③ 모든 사람의 인격을 존중하고 누구에게나 따뜻하게 봉사하는 경찰-친절한 경찰
④ 화합과 단결 속에 항상 규율을 지키며 검소하게 생활하는 경찰-깨끗한 경찰

해설

①은 의로운 경찰에 해당한다. 공정한 경찰은 국민의 신뢰를 바탕으로 오직 양심에 따라 법을 집행하는 경찰이다.

Answer 4. ② 5. ①

06 **다음은 경찰학의 접근방법들의 특징을 설명한 것이다. 그 설명과 경찰학의 접근방법이 바르게 연결된 것은?** 11. 승진

> ㉠ 경찰현상을 비롯한 사회적 현상도 자연과학과 마찬가지로 엄밀한 과학적 연구가 가능하다고 간주한다. 인간의 주관이나 의식을 배제하여야 하며, 인식론적 근거로 논리실증주의를 신봉하고 있다.
> ㉡ 각종 경찰제도의 진정한 성격과 그 제도가 형성되어 온 특수한 방법을 인식하는 유일한 수단을 제공해 준다. 사회제도 또는 제도의 개혁과 관련된 정책연구에 유용한 시사점을 제공해 주는 것으로 인정되고 있다.
> ㉢ 경찰과정을 바라보는 시각이 편협하고 왜곡되기 쉽다. 또한 기준이나 지침이 명확하지 않은 경우가 많아 정확한 해석이 가능할 것인가에 대한 의문이 있다. 가장 결정적인 단점은 경찰과정의 역동적 측면을 파악할 수 없다는 점이다.

① ㉠ 체제론적 접근방법 ㉡ 법률적 접근방법 ㉢ 제도적 접근방법
② ㉠ 행태론적 접근방법 ㉡ 체제론적 접근방법 ㉢ 제도적 접근방법
③ ㉠ 체제론적 접근방법 ㉡ 제도적 접근방법 ㉢ 역사적 접근방법
④ ㉠ 행태론적 접근방법 ㉡ 역사적 접근방법 ㉢ 법률적 접근방법

해설

역사적 접근방법은 과거, 현재, 미래는 상호 연결되어 있는 순환적 과정으로서 과거를 잘 이해하면 현재의 문제점이나 미래의 상황을 예측할 수 있다는 접근방법이며, **법률적 접근방법**은 경찰현상을 헌법, 법률 및 각종 법령과 연계시켜 연구하는 방법이다. 행태론적 접근방법은 사회적 현상도 자연과학과 마찬가지로 과학적 연구가 가능하다고 전제하고, 이념, 제도, 구조보다는 집단이나 개인의 인간적 요인인 말이나 행동에 초점을 두고 분석하는 기법이다.

Answer 6. ④

07 **코헨과 펠드버그가 제시한 민주경찰이 지향해야 할 내용에 대한 설명으로 가장 옳지 않은 것은?** 11. 경위 승진

① 경찰 서비스에 대한 '공정한 접근'을 보장하기 위해 성별,종교 등에 의해 차별을 해서는 안 된다.

② 경찰관이 직무수행과정에서 적법절차를 준수하고, 필요 최소한의 물리력을 사용해야 하는 것은 '공공의 신뢰'를 확보하기 위한 것이다.

③ 생명과 재산의 안전이 사회계약의 목적이고, 법집행이 궁극적인 목적은 아니므로, 경찰의 법집행은 '생명과 재산의 안전'이라는 틀 안에서 수행되어야 한다.

④ 탈주범이 관내에 있다는 첩보를 입수할 경우, 형사과 직원이 동료직원들과 임무와 역할을 분담하여 검거작전에 나서는 것은 '협동'에 충실한 것이지만, 다른 행정기관과 협조하는 것에 대해서 코헨과 펠트버그는 설명하고 있지 않다.

해설

협력하여야 할 의무는 경찰이 **대내외적**으로 지켜야 할 의무이다.

08 **민주경찰의 윤리표준에 관한 설명 중 틀린 것은?** 10. 경감 승진

① 박 순경은 절도범을 검거하였는데, 경찰이 들어오기 전 집에 도둑맞은 경험이 생각나 피의자에게 욕설과 가혹행위를 하였다면, 이런 행위는 객관성을 저해하는 원인이다.

② 형사계 정 형사는 탈주범이 자기 관내에 있다는 첩보를 입수하고도 이를 상부에 보고하지 않고 단독으로 검거하려다 실패하였다면, 이런 경우는 협동과 팀워크에 위배된다.

③ 음주단속을 하던 A 경찰서 직원이 김 경위를 적발하고도 동료경찰관이라는 이유로 눈감아 주었다면, 이런 태도는 공공의 신뢰를 저해하는 불공정한 행위 중 편들기에 해당한다.

④ 불법 오토바이를 단속하던 최 순경은 정지명령에 불응하는 오토바이를 향하여 과도하게 추격한 결과 운전자가 전신주를 들이받고 사망하였다면, 이런 행위는 시민의 생명과 재산의 안전에 위배된다.

해설

공정한 접근을 저해하는 불공정한 행위 중 편들기에 해당한다.

Answer 7. ④ 8. ③

09 경찰청 출범에 맞추어 경찰청이 제정, 선포한 '경찰헌장'의 내용으로 틀린 것은?

10. 경찰 1차

① 모든 사람의 인격을 존중하고 누구에게나 따뜻하게 봉사하는 친절한 경찰이다.
② 우리는 화합과 단결 속에 항상 규율을 지키며 검소하게 생활하는 깨끗한 경찰이다.
③ 건전한 상식 위에 전문지식을 갈고 닦아 맡은 바 일을 성실하게 수행하는 근면한 경찰이다.
④ 정의의 이름으로 진실을 추구하며 어떠한 불의나 불법과도 타협하지 않는 공정한 경찰이다.

해설

정의의 이름으로 진실을 추구하며 어떠한 불의나 불법과도 타협하지 않는 **의로운 경찰**이다.

제 6 절 경찰부패

01 다음은 경찰의 일탈과 부패에 관련된 설명이다. 틀린 것은?

09. 경찰 1차

① 작은 호의에 대한 허용 여부에 대하여 '사회의 형성재이론'은 '작은 사례나 호의는 시민과의 원만하고 긍정적인 사회관계를 만들어 주는 형성재'라는 이론이다.
② 경찰에게 법은 '양날을 가진 칼'이므로 범법행위를 한사람을 베는 칼이지만, 경찰이 범법행위를 할 경우에는 경찰을 베는 칼이 될 수 있다.
③ 전체사회 가설은 신임경찰관들이 그들의 고참 동료들에 의해 조직의 부패전통 내에서 사회화됨으로써 부패의 길로 들어선다는 입장이다.
④ 썩은 사과 가설은 부패의 원인을 조직의 체계적 원인보다는 개인적 결함으로 본다.

해설

구조원인 가설이 신임경찰관들이 선배 동료들에 의해 조직의 **부패전통을 습득**해 부패의 길로 들어선다는 입장이다.

Answer 9. ④ / 1. ③

02 **최근 경찰의 부패가 언론에 보도되면서 경찰에 대한 신뢰가 많이 저하되고 있다. 이에 따라 경찰의 윤리성 확보 방안이 사회적으로 이슈화되고 있다. 다음 중 경찰의 부패이론과 내부문화에 대한 설명으로 가장 적절하지 않은 것은?** 11. 경찰

① 공짜커피, 작은 선물 등의 사소한 호의가 나중에는 큰 부패로 이어질 수 있다는 것은 '미끄러지기 쉬운 경사로' 이론이다.

② '구조원인 가설'은 신임들이 선임들에 의해 만들어진 조직적인 부패의 전통 내에서 사회화되어 부패의 길로 들어선다는 입장이다.

③ 냉소주의와 회의주의는 모두 불신을 바탕으로 한다는 공통점이 있지만 회의주의는 대상의 특정화되어 있다는 점에서 냉소주의와 차이가 있다.

④ '전체사회 가설'은 클라이니히가 시카고 시민이 경찰을 부패시켰다고 주장하면서 시민사회의 부패가 경찰부패의 주원인이라고 보는 이론이다.

해설

'**전체사회 가설**'은 **윌슨**이 **시민사회의 부패**가 경찰부패의 주원인이라고 보는 이론이다.

03 **경찰부패(일탈)와 관련된 여러 견해에 대한 설명 중 가장 옳지 않은 것은?** 10. 경찰 2차

① 셔먼의 '미끄러지기 쉬운 경사로 이론'은 부패에 해당되지 않는 작은 호의가 습관화 될 경우에 미끄러운 경사로를 타고 내려오듯이 점점 더 큰 부패와 범죄로 빠진다는 이론이다.

② 윌슨은 '전체사회 가설'에서 시카고 시민이 경찰을 부패시켰다고 주장하였는데, 이는 시민사회의 부패가 경찰부패의 주원이라고 보는 이론이다.

③ '내부고발(휘슬블로잉)'이란 경찰관이 동료나 상사의 부정부패에 대하여 감찰에 알리거나 외부의 언론매체에 대하여 공표하는 것을 의미하며, '침묵의 규범'과 반대되는 개념이다.

④ 니더호퍼, 로벅, 바커 등이 제시한 '구조원인 가설'은 부패의 원인은 자질이 없는 경찰관들이 모집단계에서 배제되지 않고 조직 내에 유입됨으로써 경찰의 부패가 나타난다는 이론이다.

해설

니더호퍼, 로벅, 바커 등이 제시한 '**구조원인 가설**'은 **기존의 부패한 경찰**로부터 신임경찰이 물들어 부패하게 된다는 것이다. '**썩은 사과 가설**'은 **자질이 부족한 신입경찰**이 동료나 선배 경찰을 부패시킨다는 이론이다.

Answer 2. ④ 3. ④

박선영 경찰학

Police Science

CHAPTER

한국 경찰의 역사

제1절 갑오경장 이전
제2절 갑오경장 이후
제3절 일제강점기 경찰
제4절 미군정시기 경찰
제5절 정부수립 후 경찰(1948년 8월 15일~1991년 경찰법 제정)
제6절 경찰법 제정(1991년) 이후 경찰

Chapter 02 한국 경찰의 역사

제1절 갑오경장 이전

경찰제도가 **중국**의 영향을 많이 받았고, **행정, 사법, 군사가 분화되지 않았으며**, 경찰은 주로 지배세력이 유지하였다.

1 부족국가시대

(1) **고조선**(BC. 2333) 기출

고조선에는 **8조금법**을 제정하여 사회의 안녕과 질서를 유지하였다. 반고의 **한서지리지**에 3개 항목(살인죄, 상해죄, 절도죄)이 남아 있다.

① 경찰과 재판, 형집행 기능이 **분화되지 아니하고**, 지배세력이 모든 권력을 행사하였다.

② 생명, 신체, 재산 등 **개인적 법익**을 중시하였다. 기출

③ **3조목** 기출

사람을 죽인 자는 즉시 사형에 처한다.(살인죄)

사람을 상해한 자는 곡물로 배상한다.(상해죄)

남의 물건을 훔친자는 노비로 삼되, 자속하려는 자는 돈 50만을 내야 한다.(절도죄)

그 외에 여자들의 정절을 귀하게 여겼다.(간음을 금지하는 가부장적 사회)

(2) 한사군

현에는 위, 경에는 유요, 정에는 정장을 두었음(경찰행정 미분화)

군	문관은 태수
현	현령을 두고 장리인 승과 **위**, 소리인 두식과 좌사를 두어 문치와 도적검거 기출
경	교화 주관, 삼로와 순찰, 도적을 담당하는 '유요'
정	'**정장**'을 두어 '도적'을 잡게 함
리	'이괴'를 두어 풍속 등을 담당 기출

(3) 부족국가

부 여	① 살인한 자는 **사형**에 처하고 가족은 노비로 삼았다. ② 남녀간음을 한 자와 투기를 한 자는 **사형**에 처하였다. ③ 절도죄는 물건의 12배를 배상하는 **일책십이법**을 시행하였다. 기출 ④ **영고**라는 제천행사를 열었는데, 이때는 형옥을 중단하고, 죄인들을 석방하였다.
고구려	① 중대한 범죄는 제가회의에 의하여 사형에 처하고 가족은 노비로 삼았다. ② 절도죄는 12배를 배상하는 **일책십이법**이 있었다. ③ 감옥이 없었다.
옥 저 동 예	① 옥저와 동예는 왕이 없었고 거수들이 읍락을 지배하였다. ② 동예는 경계가 있어 경계를 침범하면 노예, 소, 말로 배상하는 **책화제도**가 있었다. 기출 ③ 살인자는 사형에 처했다.
삼 한	① 78개의 부족국가로 **제사와 정치가 분리**되어 있었다.(제정분리) ② 정치적 지배자인 신지, 견지 등이 있고 **천군**이라는 제사장이 있었다. ③ **소도**는 신관이 다스리도록 하였고, 정치적 군장의 세력이 미치지 못하는 곳으로 죄인이 이곳으로 도망쳐도 잡지 못하였다. 기출

2 삼국시대 기출

삼국시대에는 행정, 군사, 경찰이 통합되어 있었고, 전제왕권하에 전제적 경찰권이 행사되었다. **공무원범죄**가 새롭게 처벌의 대상이 되었다.

(1) 고구려

1) 소수림왕 3년 **율령**의 반포로 중앙집권적 체제를 이루었다. 기출

2) 수상인 대대로에서 선인에 이르는 **14관등제**를 갖추었다. 기출

3) 지방을 **5부**로 나누어 **욕살**을 두어 다스렸다. 기출

4) 모반죄, 반역죄, 전쟁에서 패하거나 항복한 죄, 절도죄, 가축살상죄 등이 있었다. 기출

5) 절도죄의 경우 **12배를 배상**하게 하거나 자녀를 노비로 삼아 상환하게 하였다.

(2) 백 제

1) 수도에는 **5부**를 두어 **달솔**이 다스렸고, 지방에는 **5방제**를 도입하여 **방령**을 두었다. 기출

2) 반역죄, 절도죄, 간음죄, **관인수재죄(공무원범죄를 새로이 처벌)**를 처벌하였다. 기출

3) **6좌평제**로 운영되었고 이중 위사평제, 조정좌평, 병관좌평이 경찰에 해당한 것으로 보인다.

(3) 신 라

1) 지방에 **5주 2소경**을 두고 5주에는 **군주**를 두었다. 2소경에는 사신을 두어 다스리게 하였고, 이들이 군사와 경찰업무를 담당하였다.

2) 반역자는 죽였고, 가족을 노비로 삼았으며 감옥이 있어 범법자는 투옥시켰다.

3 통일신라시대

1) 행정관제는 삼국시대의 것을 그대로 도입하여 병부, 사정부, 이방부로 운용하였으며, **이방부**는 좌우 이방부로 나누어 범죄 수사와 집행을 하였다. 기출

2) **모반죄, 모대역죄, 지역사불고언죄**와 같은 왕권을 보호하기 위한 범죄와 **불휼국사죄, 배공영사죄** 등의 관리들의 직무와 관련된 범죄들이 등장했다. 기출

3) 지방을 9주 5소경으로 나누고 **총관**을 두었으며, 소경에는 **사신** 임명, 경찰기능을 담당하게 하였다.

4 고려시대 기출

(1) 중앙경찰기관

1) 병부: 경찰행정이 군사행정의 일부였다.

2) 형부: **법률과 소송 사법경찰**이 형부에 전속되었다.

3) 중추원: 군사기밀과 왕명출납을 담당하고 **왕궁경비**를 분리하여 독립적으로 관장하였다.

4) 어사대: 관리에 대한 비리를 **감찰**하고 **풍속**경찰의 임무를 수행하였다.

5) 금오위: 수도의 순찰 및 포도업무, 비위예방을 담당하였다. 기출

(2) 지방경찰기관

1) 5도(안찰사) 양계, 주, 부, 군, 현의 장이 행정, 사법, 군사, **경찰**의 기능을 자유재량으로 관장하였다. 기출

2) 위 아

현위의 책임자로 하는 지방기관으로 **위아는 경찰서**, **현위는 경찰서장**으로 보고 있다. 기출

(3) 특수경찰

1) **삼별초**

몽고의 침입시 무단정치를 전담하던 최우가 설치한 독립경찰기관으로 경찰, 전투 등의 공적인 업무를 수행했다.

2) **순마소**(순군만호부)

순찰, 경비를 담당하는 경찰기관으로 **왕궁경비**를 주로 맡았다. 고려에서 왕권보호 등 **정치경찰적** 활동을 했다. 순군만호부가 태종 2년 순위부, 태종 3년 의용순금사, **태종 14년에 의금부**로 개칭되었다.

5 조선시대 기출

(1) 중앙경찰기관

1) **병 조**

군사경찰사무를 담당했고, 순찰 등의 사무가 분리되어 포도청에서 관리했다.

2) **형 조**

사법경찰사무를 담당했다.

3) **의금부**

태종 14년 의금부로 개칭했고, **왕족범죄**, 현직**관리**, 공신, 고위관원의 자제로 관직에 있는 자, 모반, 반역, 사교 금령을 위반한 자, 사헌부에서 탄핵한 사건, **특별범죄**를 관장했다. 기출

4) 사헌부

풍속경찰을 주관하고 **민정**을 살피는 등 권력남용금지와 **행정경찰**의 업무를 담당했다.

5) 한성부

수도의 행정, 도로, 교량, 우마 관장, 투구, 검시, 차량 등의 사무를 수행했다.

6) 수성금화사

소방경찰

7) 위장, 부장

서울 **경비**경찰대장의 역할

(2) 지방경찰기관

지방의 **관찰사**, 부사, 목사, 군수, 현령, 현감이 **행정경찰과 사법경찰을 통괄**하고 포도청이 설치될 때까지 병방, 형방이 경찰사무를 나누어 담당하였다.

(3) 포도청 기출

1) **성종 2년(1471년)에 포도장제**에서 기원했고, 최초의 독립적, 전문적 경찰기관

2) 명칭은 **중종 35년**에 처음 등장

3) 좌포도청은 한양의 동, 남, 중부와 경기좌도를, 우포도청은 한양 북부와 경기우도를 관할

4) 1894년 한성부에 경무청이 설치되면서 **폐지** 기출

5) 여자경찰에 해당하는 '다모'가 여자도적의 체포와 양반집 수색 활동

(4) 암행어사

호족의 횡포 방지와 사찰, 정보경찰의 업무를 수행하고 국가행정의 감독과 감찰업무를 담당하였다. 국왕과 직접 접촉하였으나 경찰이라고 할 수는 없다.

(5) 오가작통법

최초의 국민적 말단 자치조직이고 **예방경찰**로, 전국적 조직이다. 중앙집권적 봉건체제의 정치방편이라는 비판이 있다.

(6) 장예원 기출

형조의 속아문으로 노예의 장적과 노비송사를 담당하였다.

6 갑오경장 이전 경찰의 특징

경찰제도가 **중국**의 영향을 많이 받았고, **행정, 사법, 군사작용이 분화되지 않았다.** 경찰의 기능은 주로 지배세력의 체제유지였다.

제2절 갑오경장 이후

1 근대경찰

(1) 갑오경장

근대화의 출발로 정치, 경제, 사회의 개혁을 실시하였으나 조선의 자율적인 개혁이라기보다는 일본의 정치, 사회, 경제가 한국에 침투되는 계기로 작용했다. 1894년 일본은 한국의 동학란을 빌미로 조선의 내정개혁을 요구하였고 '잠정합동조관'를 체결하여 일본의 요구대로 갑오경장이 시작되었다.

1894년 김홍집내각은 경찰을 각아문제에서 **법무아문 소속**으로 설치하였으며, **내무아문** 소속으로 변경하였다. 경찰의 **조직법적 근거와 작용법적 근거**가 처음으로 마련되었다. 기출

(2) 경무청관제직장

1) 한국경찰 **최초의 조직법**이고, 일본의 경시청관제를 모방한 것으로 경무청관제에 의해 **한성부에 경찰이 창설**되었다. 한성부 오부자 내에 경찰지서를 설치하고, **경무관을 서장**으로 임명하였다.

2) 좌우 포도청을 합쳐 **경무청을 신설** 기출하고, 내무아문에 소속되어 한성부의 경찰사무를 담당하였다. **경무사**를 두어 경찰사무와 감옥사무를 총괄하였고 범인체포와 이송을 담당하였다.

(3) 행정경찰장정 기출

1) 한국경찰 **최초의 경찰작용법**이고, 일본의 행정경찰규칙과 위경죄즉결례를 혼합하여 옮겨놓은 것이다.(최초의 근대적 경찰)

2) 경찰의 목적과 경찰복무요령, 채용방법 등이 있고, 영업, 시장, 회사, 소방, 위생, 결사, 집회, 신문잡지, 도서 등의 **폭넓은 사무**가 포함되어 있다.

(4) 경부경찰체제

1) 1900년 6월 12일 경부관제 내부에서 독립하여 **경부**가 설치되었다. 전국경찰을 관장하고 경찰사를 지휘・감독하였다. 경부는 창설된 지 1년만에 폐지되고 경찰관제로 돌아갔다(1902년 **경무청으로 환원**되었다).

2) 경부는 **한성과 개항시장**에서 경찰업무와 감독사무를 수행하였다. 그외 관찰부에는 **총순**을 두어 관찰사를 보좌하여 치안업무를 수행하였다.

(5) 고문경찰체제

1904년 제1차 한일협약 중 환산중준 경시가 경무아문으로 초빙되어 한국경찰을 통치했다. 한국은 경무에 관한 사무를 환산중준의 동의로 진행하였다.

(6) 경시청체제

1) 1907년 광무 11년 경시청이 설치되었고, 경무서는 경찰서로, 경무분서는 경찰분서로, 지방은 경찰부를 두었다. 경시청에는 경시총감을 두고 내부대신이 지휘감독을 받았고 **감옥업무가 분리**되었으며 **황실 경비, 위생업무**가 추가되었다.

2) 지방의 경찰부는 경시를 부장으로 **경찰, 위생, 이민**에 관한 업무를 담당하였다.

(7) 통감부체제

1910년 6월 24일 경찰사무 위탁에 대한 각서가 체결되어 한국경찰업무가 일본에 위탁되었다. 통감부 산하에 경찰조직을 설립하여, 한국경찰을 직접 장악하였다. 기출

2 한국경찰권의 상실과정 기출

(1) 경찰사무에 관한 취극서(1908년)

경찰사무를 일본관헌의 지휘감독을 받도록 위양

(2) 재한국 외국인에 대한 경찰에 관한 한일협정(1909년)

재한국 외국인에 대한 경찰사무 지휘권을 일본계 한국경찰관이 행사토록 위양

(3) 한국 사법 및 감옥사무 위탁에 관한 각서(1909년)

사법과 감옥의 사무를 일본에 위탁

(4) 한국 경찰사무 위탁에 관한 각서(1910년)

한국 경찰의 사무를 완전히 일본에 넘김

3 갑오개혁부터 한일합병 이전

(1) 일반행정 또는 군기능과 분리

(2) 경찰임무가 감옥, 위생, 소방, 영업 등 광범위

(3) 통치권의 보호와 일본의 제국주의 침략을 확보하는 데 명백

(4) 경찰작용에 대한 행정경찰장정이 제정되었고, 각종 명령을 통한 경찰권이 전제주의적 수준이었다.

(5) 일본의 계획하에 일본화되는 경찰시기

제3절 일제강점기 경찰

1 특 징

식민지 경찰은 일본의 **식민지배의 중추기관**이었고 총독은 제령권(制令權) 행사와 명령권 등을 통한 각종 치안입법으로 전제주의·제국주의적 경찰권의 행사가 가능하였다. 경찰의 대상영역이 특고경찰활동(特高警察活動)을 통해서 인간의 사상이나 이념까지도 통제하는 **사상경찰적** 영역까지 확대되었으며, 중일전쟁 이후에는 경제경찰영역까지 확대되었다.

2 헌병경찰시대

(1) 헌병경찰제도의 시행

1910년 9월 10일 '**조선주차헌병조령**'을 통해 헌병이 일반치안을 담당할 법적근거를 마련하여 경찰직무를 수행하는 것이 가능해졌다. 기출 헌병경찰은 첩보수집·의병토벌이 주임무였고 민사소송 조정·집달관 업무·국경세관 업무·일본어보급·부업장려 등 광범위한 업무를 수행하였다.

(2) 헌병경찰의 배치 기출

헌병경찰은 의병출몰지역이나 군사상 중요한 지역에 배치되었으나, 일반경찰은 개항장이나 도시에 배치되었다. 헌병경찰시대는 1919년 3월 1일을 계기로 **보통경찰제로 전환**하게 되었다.

3 보통경찰시대 기출

(1) 특 징

3·1 운동으로 헌병경찰제도에서 **보통경찰제도로 전환**하여, 총독부 직속의 경부총감부를 폐지하고 경무국을 두어 전국의 경찰사무와 위생사무를 관장하게 하였다. 보통경찰제도로 전환하였으나 치안유지업무 이외에 원조·민사쟁송조정사무·집달리업무 등을 계속 수행하여, **경찰의 직무와 권한에는 큰 변화가 없었다.** 기출

(2) 치안입법의 제정

정치범처벌법을 제정하여 단속을 한층 강화하고, 일본에서 1925년 제정된 **치안유지법**을 통해 탄압적 지배체제를 강화하였으며, 1941년 예비검속법 등을 통해서 독립운동의 탄압을 강화하고, 중일전쟁 이후에는 경찰업무가 경제경찰, 외사경찰까지 확대되었다.

제4절 미군정시기 경찰

1 특 징

조직법적, 작용법적 정비가 이루어졌고 경찰사무의 일부가 다른 관청의 사무로 이관되어 경찰의 활동 영역이 축소되었다. **중앙경찰위원회**를 통해 민주적 요소가 강화되었다.

(1) 경찰제도와 인력개혁의 미흡 기출

'태평양미군총사령부포고 제1호'를 통해 미군정과 구관리의 현직유지가 선포되었고, 경찰은 **일제시대의 경찰조직을 그대로 유지**하였다.

(2) 경찰사무와 조직의 정비

1) 비경찰화(경찰업무의 축소)

위생사무를 위생국으로 이관하고, 경제경찰, 고등경찰, 경찰사법권 등을 폐지하였다. 검열·출판업무를 공보부로 이관하였다. 단, 공연장의 질서유지는 여전히 경찰이 담당하였다. 각종허가권을 이관하였고, 선박 및 선원의 단속, 현장조사 및 수색업무를 이관하였다.

2) 치안입법의 정비

일제강점기의 치안입법은 잘 정리되어, 정치범처벌법, 치안유지법, 예비검속법등이 1945년 폐지되고, 1948년에 보안법이 폐지되며 법적정비가 이루어졌다.

2 경찰제도

(1) 개 요

군정 초기 해방 이후의 혼란에 대비하기 위해 경찰은 일시 국방사령부의 지휘·감독을 받았고, 1946년 3월 29일 경무국을 **'경무부'로 승격·개편**하였다. 1946년 여자경찰 제도를 신설하여 노약자나 부녀자를 보호하고, 14세 미만의 소년범죄를 취급하였다.

(2) 중앙경찰위원회 기출

1947년 6인의 위원으로 구성된 중앙경찰위원회가 설치되었고, 주요 경무정책을 수립하거나 그 운영을 심의·결정하였다. 경찰관리의 소환 및 심문과 임면, 기타 군정 장관이 부의한 사항을 심의하는 등 **경찰의 민주화 조치**가 마련되었다. 하지만 이러한 조치들이 성공을 거두지는 못하였다. 기출

제5절 정부수립 후 경찰(1948년 8월 15일~1991년 경찰법 제정)

1 서 설

정부수립 후 식민지 경찰에 대한 폐해로 경찰의 기능을 축소해야 한다는 분위기가 지배적이었고 한국 역사상 최초로 **자주적 입장에서 경찰을 운용**하게 되었다. 기출 1960년 3·15 부정선거 등 많은 부작용으로 인하여 경찰의 정치적 중립과 경찰기구 독립이 필요했다. 정부수립 이후 1991년 경찰법이 제정될 때까지 경찰체제 근거법은 「**정부조직법**」이다.

2 경찰의 조직

(1) 중앙경찰조직

1) 내무부 치안국

1948년 내무부 치안국을 중앙경찰 행정기구로 하는 국가경찰로 재조직되었고 부(部)에서 국(局)으로 격하되었으며, 치안국장은 내무부장관의 보조기관이었다. 기출

일본정부의 행정조직을 모방하였고, 식민지시대의 경찰에 대한 국민적 반감으로 **경찰조직이 축소**되었다.

2) 치안본부로 확대

1947년 8·15 **문세광 사건**을 계기로 1974년 12월 24일 치안본부로 확대·개편된 후, 1991년 내무부의 외청으로 독립될 때까지 유지되었다.

(2) **지방경찰조직**(시·도 경찰국)

시·도 경찰국장은 1991년 경찰법이 제정될 때까지 관청으로서의 지위를 얻지 못했고 시·도지사의 보조기관에 불과했다.

3 경찰의 정비

① 1949년 10월 18일 경찰병원 설치 기출
② **1953년 12월 14일** 국민의 생명·신체 및 재산 보호라는 영·미법적 사고가 반영된 「**경찰관직무집행법**」이 제정 기출
③ 1953년 12월 14일 **해양경찰대** 설치 기출
④ 1955년 3월 25일 국립과학수사연구소 설립
⑤ 1966년 7월 1일 경찰관 **해외주재관** 제도 신설 기출
⑥ 1966년 **경찰윤리헌장 선포** 기출
⑦ 1967년 9월 1일 시·도에 전투경찰대 발족－대간첩작전을 효과적으로 수행하기 위해 일반경찰로 구성된 전투경찰대 설치
⑧ 1968년 1·21 사태(김신조사건)를 계기로 한 전투경찰대 설치법 제정(1970)－1970년 전투경찰대 설치
⑨ 1969년 1월 7일 「경찰공무원법」 제정－「국가공무원법」의 특별법으로 「경찰공무원법」을 제정하여 경정, 경장 2계급 신설, 2급지 서장을 경감에서 경정으로 격상 기출
⑩ 1974년 12월 24일 내무부치안국을 치안본부로 개편
⑪ 1975년 소방업무가 민방위본부로 이관(소방업무가 경찰업무에서 배제)
⑫ 1979년 「경찰대학설치법」의 제정, 1981년의 경찰대학의 개교 기출
⑬ 1982년 의무경찰제도 도입 기출

제6절 경찰법 제정(1991년) 이후 경찰

1 서 설

(1) 독립관청화

경찰법 제정(1991)으로 내무부의 보조기관이었던 치안본부가 내무부의 외청(外廳)인 **경찰청으로 분리·승격**되었다. 기출 하지만, 정치적 중립을 확보하지 못하였고, 경찰청장과 지방경찰청장을 독립관청화하였다. 기출

(2) 경찰위원회와 치안행정협의회 기출

내무부소속으로 경찰위원회를 두고 지방에는 시·도지사 소속으로 치안행정협의회를 두어, 향후 경찰에 대한 **민주적 통제시스템의 구축**을 위한 토대를 마련했다는 데 의미가 있다.

2 조직 연혁

① 1991년 경찰개혁－내무부에서 독립하여 **정치적 중립성을 확보**가 초점－1991년 8월 1일 치안본부의 **경찰청으로 승격**, 시·도경찰국의 지방경찰청으로 승격
② 1991년 경찰헌장의 제정
③ 1996년 8월 8일 해양경찰청의 해양수산부로 이관
④ 1998년 2월 내무부와 총무처가 합쳐져서 행정자치부로 통합되면서 경찰은 행정자치부의 외청
⑤ 1999년 5월 24일 경찰서에 '청문관제'를 도입 기출
⑥ 1991년 12월 28일 면허시험장을 책임운영기관화하여 청장 직속의 '운전면허시험 관리단'을 신설
⑦ 2005년 7월 5일 경찰청 생활안전국에 여성청소년과 신설
⑧ 2006년 3월 30일 경찰청 외사관리관을 "외사국"으로 확대개편
⑨ 2006년 7월 1일 **제주도 자치경찰** 출범 기출

Police Science

Chapter 02 한국 경찰의 역사

제1절 갑오경장 이전의 경찰제도

01 **다음 중 고대의 경찰제도에 관한 설명으로 틀린 것은?** 02. 일반 7월. 02. 승진유제

① 고구려에서는 지방의 욕살이 경찰권을 행사하였다.
② 백제에는 읍락의 경계를 침범할 경우에 노예나 우마로써 배상하는 책화제도가 있었다.
③ 통일신라는 지방장관으로 총관을 두었고 총관이 경찰기능도 함께 수행하였다.
④ 신라에서는 지방에 주를 두어 군주로 하여금 군무와 함께 경찰업무를 담당하게 하였다.

해설

책화는 **동예**의 제도이다.

02 **다음 한국경찰사에 대한 설명 중 잘못된 것은?** 07. 경간

① 동예: 책화제도를 두어 각 읍락마다 경계가 설정되어 있어서 서로 경계를 침범하는 일이 있으면 노예나 우마로서 배상하였다.
② 백제: 관인수재죄가 있어 뇌물을 받은 관리에게 3배의 배상을 하도록 하는 엄격한 형벌을 가함으로써 국가체제와 사회질서를 유지하였다.
③ 고구려: 일책십이법이 있어 절도죄는 12배로 배상을 하도록 하는 등 엄한 형벌규범으로 사회를 다스렸다.
④ 통일신라: 순군만호부를 두어 왕권보호 등 정치경찰 활동을 수행하게 하였다.

해설

순군만호부는 **고려시대**의 제도이다.

Answer 1. ② 2. ④

03 한국경찰에 대한 다음의 설명 중 틀린 것은?

09. 채용

① 고조선 시대에는 살인・절도・상해죄를 통해서 사유재산의 보호 등이 이루어졌다.

② 한사군 시대에 경(卿)의 유요는 순찰과 도적을 막는 일을 담당하였다.

③ 백제는 처음으로 관인수재죄를 처벌함으로써 공무원에 해당하는 관인을 처벌하였다.

④ 통일신라는 왕권을 보호하기 위하여 모반죄・모역대죄・불휼국사죄 등의 범죄를 처벌하였고, 지역사불고언어죄・배공영사죄 등의 관리들의 직무와 관련된 범죄를 처벌하였다.

해설

모반죄 · 모역대죄 · 지역사불고언어죄 등이 왕권을 보호하기 위한 범죄이고, 불휼국사죄 · 배공영사죄가 관리들의 직무관련 범죄이다.

04 한국경찰의 역사에 대한 설명 중 틀린 것은?

02. 채용

① 신라시대에는 一責十二法(일책십이법)이 있었다.

② 고조선 시대에는 八條禁法(팔조금법)이 있었다.

③ 갑오경장 이전까지는 경찰권이 일원화되지 못하였다.

④ 근대적 경찰개념이 확립된 것은 갑오개혁 이후이다.

해설

일책십이법은 **부여와 고구려**의 제도이다.

05 한국경찰의 제도사에 대한 설명으로 틀린 것은?

06. 채용

① 고구려에서는 절도범에게 12배의 배상을 하도록 하는 일책십이법이 있었다.

② 백제는 지방에 달솔을 파견하여 지방행정과 치안책임을 모두 관장하게 하였다.

③ 통일신라시대에는 지방을 9주 5소경으로 나누어 지방장관에 총관을 두고, 소경에는 사신을 두었다.

④ 고려시대의 어사대는 비위를 규탄하고, 풍속의 교정을 담당하는 풍속경찰의 임무를 수행하는 중앙경찰기관이었다.

해설

백제의 지방장관은 **방령**이었다.

Answer 3. ④ 4. ① 5. ②

06 조선시대의 경찰에 대한 설명으로 옳은 내용은? 03. 채용

① 사헌부는 왕족의 범죄·모역죄·반란죄 등에 관한 범죄를 다루었다.
② 형조는 풍속교정을 담당하는 등 풍속경찰의 임무를 수행하였다.
③ 관찰사 등 지방의 수령은 행정과 경찰의 기능을 함께 수행하였다.
④ 경찰기능이 포도청으로 일원화되었다.

해설

① 의금부에 대한 설명이다.
② 사헌부에 대한 설명이다.
④ 직수아문 제도로 인해 경찰권은 **다원화**되어 있었다.

07 조선시대의 경찰에 대한 설명 중 타당하지 않은 것은? 06. 승진

① 중앙의 의금부는 왕족의 범죄 등 특별범죄를 관장하였다.
② 포도청이란 명칭은 인종 2년에 처음 등장한다.
③ 양반집의 수색과 여자도적 체포를 위해 '다모'라는 여자관비를 두었다.
④ 경찰권은 일원화되지 못하였다.

해설

중종 35년(1540)에 포도청이라는 명칭을 사용하기 시작하였다.

08 갑오경장 이전의 경찰제도가 올바르게 연결된 것은? 03. 승진

① 고구려－욕살·책화제도
② 백제－달솔·팔조금법
③ 고려－금오위·순군만호부
④ 조선－위아·관찰사

해설

① 책화는 동예의 제도이다.
② 팔조금법은 고조선의 법이었다.
④ 위아는 고려시대의 제도이다.

Answer 6. ③ 7. ② 8. ③

09 **한국경찰의 역사에 대한 다음 설명 중 틀린 것은?** 07. 채용

① 절도범에게 12배의 배상을 하도록 한 일책십이법이 시행된 국가는 부여와 고구려였다.
② 조선시대 경찰권은 포도청에 집중되어 있었고, 포도청 소속 하의 관비로서 다모가 있었다.
③ 고구려는 지방의 욕살이, 백제는 지방의 방령이, 신라는 지방의 군주가 경찰권을 행사하였다.
④ 통일신라시대에는 왕권을 보호하기 위하여 지역사불고언죄가 시행되었다.

해설

조선시대에는 **직수아문제도**로 인해 경찰권이 분산되어 각 관청이 소관사무와 관련하여 직권에 의하여 위법자를 체포·구금할 수가 있었다.

10 **다음 중 맞는 지문은 몇 개인가?** 07. 채용

㉠ 갑오경장 때 한성부에 경무청이 설치되면서 포도청이 폐지되고 직수아문 권한도 불허하였다.
㉡ 고려시대 수도경찰의 업무는 중앙군인 2군 6위 중 금오위가 담당하였다.
㉢ 신라의 경우 관인수재죄를 처벌함으로써 공무원에 해당하는 관인들의 범죄가 새롭게 처벌의 대상이 되었다.
㉣ 조선시대 의금부는 고려의 순군만호부가 개칭된 것으로, 왕명을 받들고 국사범이나 왕족 관련 범죄 등 중요한 특별범죄를 담당하였다.
㉤ 통일신라시대의 지방장관인 방령은 중요한 통치조직으로 경찰기능을 수행하였다.

① 2개 ② 3개 ③ 4개 ④ 5개

해설

㉢ 백제가 관인수재죄를 처벌하였다.
㉤ 방령은 백제의 지방장관이었다.

Answer 9. ② 10. ② / ㉠㉡㉣

11 한국경찰의 역사에 관한 설명으로 옳은 것은? 07. 채용

㉠ 고조선의 팔조금법에는 타인의 재물을 손괴한 자는 곡물로써 배상하게 하였다.
㉡ 백제에는 관인수재죄를 처벌함으로써 공무원에 해당하는 관인들의 범죄를 새롭게 처벌 대상으로 삼았다.
㉢ 삼국시대에 지방행정 및 치안을 담당한 자는 고구려의 욕살, 신라의 군주, 백제의 방령이었다.
㉣ 고려시대의 금오위는 범죄의 수사와 집행을 담당하였다.
㉤ 조선시대의 형조는 본래 시정을 논집하고 백관을 감찰함이 본분이나 동시에 풍속경찰을 주관하고 민정을 살펴 이를 국정에 반영케 하고 권력남용을 금지하는 등 행정경찰의 업무도 아울러 행사하였다.

① ㉠ ㉡ ② ㉡ ㉢ ③ ㉢ ㉣ ④ ㉣ ㉤

해설

㉠ 손괴죄의 존재여부는 확인되지 않았고, 상해죄에 대하여는 곡물로써 배상하게 하였다.
㉣ 통일신라의 이방부가 범죄의 수사와 집행을 담당하였다.
㉤ 형조가 아닌 사헌부의 권한이다.

12 한국경찰사에 관한 설명 중 틀린 것은 모두 몇 개인가? 10. 승진

㉠ 삼국시대에는 행정과 군사 및 경찰이 일체를 이루어 경찰기능의 분화는 이루어지지 않았다.
㉡ 통일신라시대에는 모반죄, 불휼국사죄(不恤國事罪), 배공영사죄(背公營舍罪)와 같은 왕권보호 범죄가 등장하였다.
㉢ 고려시대에는 도의 장인 관찰사가 경찰업무를 포함하여 행정, 사법, 군사 등의 사무를 통합적으로 처리하였다.
㉣ 1894년 한국 경찰 최초의 경찰작용법인 경무청관제직장이 제정되었다.
㉤ 백제는 수도에 5방을 두어 달솔로 하여금 다스리게 하였다.

① 1개 ② 2개 ③ 3개 ④ 4개

해설

㉡ 불휼국사죄와 배공영사죄는 관리들의 직무관련 범죄에 해당한다.
㉢ 고려시대 도의 장은 안찰사이다.

Answer 11. ② 12. ④ / ㉡ ㉢ ㉣ ㉤

㉣ 한국 최초의 경찰작용법은 **행정경찰장정**이다.
㉤ 백제는 수도에 5부를 두어 **달솔(達率)**로 하여금 다스리게 하였다.

13 한국경찰의 역사와 관련된 설명으로 가장 옳지 않은 것은? 11. 승진

① 삼국시대에는 고구려의 욕살, 백제의 방령, 신라의 군주 등이 지방행정과 치안책임을 병행하였다.
② 고려시대의 중앙경찰기관으로는 어사대, 형부, 의금부 등이 있었다.
③ 조선시대(갑오경장 이전)의 경찰권은 일원화되지 못한 채, 각 관청이 소관사무와 관련하여 직권에 의하여 범법자를 체포·구금할 수 있었다.
④ 1991년 경찰법이 제정되면서 경찰청과 각 지방경찰청이 독립관청화되었다.

해설

의금부는 **조선시대**의 중앙경찰기관이다.

14 한국경찰의 역사와 제도에 대한 설명 중 옳은 것은 모두 몇 개인가? 11. 경간

㉠ 고구려는 신분관제로 14관등 체계를 갖추고, 지방을 5부로 나누어 욕살(褥薩)이라는 지방장관을 두었고, 경찰권도 이들 지배세력에 의하여 행사되었다.
㉡ 통일신라시대 경찰과 관련되는 조직은 창부, 사정부, 이방부 등이다.
㉢ 조선시대에는 모반·대역죄, 살인죄, 절도죄 등 전통적 범죄 외에 사회발달에 따른 범죄인 공무원범죄, 문서훼손죄, 무고죄, 도주죄, 방화죄, 성범죄, 도박죄, 유기죄, 인신매매죄, 장물죄 등이 새롭게 처벌되었다.
㉣ 통일신라시대에는 모반죄, 불휼국사죄(不恤國事罪), 배공영사죄(背公營舍罪)와 같은 왕권보호 범죄가 등장하였다.
㉤ 백제에는 수도에 5방을 두어 달솔로 하여금 다스리게 하였다.

① 1개 ② 2개 ③ 3개 ④ 4개

해설

㉡ **창부(倉部)는 재정**에 관한 일을 맡아보던 중앙 관아로서 경찰기능과 관련이 없다. 통일신라시대의 경찰과 관련되는 조직은 병부, 사정부, 이방부 등이 있다.
㉢ **공무원범죄, 문서훼손죄, 무고죄, 도주죄, 방화죄, 성범죄, 도박죄, 유기죄, 인신매매죄, 장물죄**가 새롭게 처벌의 대상이 된 때는 고려시대이다.
㉣ 불휼국사죄(不恤國事罪)와 배공영사죄(背公營舍罪)는 관리들의 **직무관련** 범죄이다.
㉤ 백제의 수도에는 5방이 아닌 **5부**를 두었다.

Answer 13. ② 14. ① / ㉠

제2절 갑오경장 이후의 경찰제도

01 **갑오경장 전후 한국경찰에 대한 설명 중 틀린 것은?** 08. 승진

① 한국경찰의 최초의 경찰조직법은 경무청관제직장이고, 최초의 경찰작용법은 행정경찰장정이다.

② 1894년 갑오경장 이후 한성부의 종전 좌・우포도청을 합하여 경무청을 창설하였다.

③ 한국경찰 창설이 결의된 것은 1894년 일본각의에서 조선에 대한 내정개혁요구의 하나로 이루어졌다.

④ 이때부터 경찰업무와 일반행정과의 완전한 분화가 이루어졌다.

해설

갑오경장을 계기로 경찰과 행정의 분화는 이루어졌지만, 경찰업무와 일반행정과의 완전한 분화, 즉 **비경찰화는 미군정 시기**에 이루어졌다.

02 **갑오경장 및 광무개혁 당시 경찰제도에 관한 설명 중 가장 옳지 않은 것은?** 11. 경간

① 1984년에 제정된 경무청관제직장은 한국경찰 최초의 경찰조직법이라고 할 수 있다.

② 1894년에 제정된 행정경찰장정은 한국경찰 최초의 경찰작용법이라고 할 수 있다.

③ 갑오경장 직후 경찰사무는 위생・영업・소방・감옥사무를 포함하여 그 직무 범위가 광범위하였다.

④ 광무개혁 당시인 1902년에 독립된 중앙관청으로 경부가 설치되었다.

해설

경부는 **1900년 12월**에 설치되었고 1902년 2월까지 존속하였다.

Answer 1. ④ 2. ④

03 **갑오경장 이후 일본의 헌병이 조선에 주둔하면서 벌인 경찰활동에 대한 설명으로 가장 타당하지 않은 것은?** 04. 채용

① 처음에는 한성과 부산 간의 군용전신선 보호명목으로 주둔하였다.
② 실제로 헌병은 사찰이나 정탐 등을 주 임무로 하고 있었다.
③ 헌병은 군사경찰업무와 행정경찰업무를 수행하고, 사법경찰업무는 제외하였다.
④ 사회단체의 단속, 항일인사의 체포, 일본관민의 보호 등 고등경찰업무도 수행했다.

해설

일본헌병은 일본의 '헌병조례'에 의해 **군사 · 행정 · 사법경찰 업무를 동시에 수행**하였다.

04 **다음은 식민지시기 경찰의 역사에 대한 설명이다. 틀린 것은?** 08. 경간

① 헌병경찰제도를 지탱해 준 법령으로 보안법 · 집회단속에 관한 법률 · 신문지법 · 출판법 등이 있고, 3 · 1 운동을 기화로 정치범처벌법 · 치안유지법 등을 통해 탄압의 지배체제를 오히려 한층 강화하였다.
② 3 · 1 운동을 계기로 헌병경찰제도에서 보통경찰제도로 전환되었지만 경찰의 직무와 권한에는 변화가 없었다.
③ 일제 식민지기에는 치안수요가 많은 도시나 개항장에 헌병경찰을 주로 배치하였다.
④ 일본헌병은 최초로 한성과 부산 간의 군용전신선 보호명목으로 주둔하였다.

해설

헌병경찰은 **군사경찰상 필요**지나 **의병활동 지역**에 배치하였다.

Answer 3. ③ 4. ③

05 **다음 중 미군정 시대에 발생한 사실로서 옳은 것은?** 03. 채용

① 경무국 위생과가 설치되는 등의 위생사무를 강화하였다.
② 정보업무를 담당할 정보과가 신설되었다.
③ 경제경찰과 고등경찰이 설치되었다.
④ 경찰의 고유영역의 확대로 인하여 출판경찰이 설치되었다.

해설

미군정 시대에는 위생사무와 출판경찰은 이관하였고, **경제경찰과 고등경찰을 폐지**하였다.

06 **다음 중 미군정 시대의 경찰에 대한 설명 중 틀린 것은?** 08. 승진

① 비경찰화 작용의 일환으로 위생사무를 위생국으로 이관하고, 경제경찰과 고등경찰을 폐지하였지만 정보경은 경찰업무에서 제외되지 않았다.
② 1945년 정치범처벌법, 예비검속법, 치안유지법, 출판법, 정치범 보호관찰령, 신사법, 경찰의 사법권 등을 폐지하였고, 군령법령 제183호(1948.4.8.)로 보안법 등이 폐지되었다.
③ 1947년 6인의 위원으로 구성된 중앙경찰위원회가 미군정 시대에 최초로 설치되어 경찰의 민주적 개혁에 성공하였다.
④ 국민의 경찰에 대한 부정적인 태도가 불식되지 않았다.

해설

중앙경찰위원회를 설치, 경찰정책의 수립 및 경찰관리의 임면 등에 관한 사항을 심의하는 등 경찰통제를 통해 경찰의 민주화를 추진하였으나 **실패**하였다.

Answer 5. ② 6. ③

07 한국 경찰의 역사에 관한 설명 중 옳은 것은 몇 개인가?

08. 채용

㉠ 고조선의 팔조금법에 의하면 남의 물건을 손괴한 자가 스스로 속(贖)하기 위해서는 50만전을 내야 했다.
㉡ 통일신라시대는 처음으로 관인수재죄를 처벌함으로써 공무원에 해당하는 관인들의 범죄를 처벌대상으로 삼았다.
㉢ 고려시대의 금오위는 수도의 순찰 및 포도금란의 업무와 비위예방을 담당하였다.
㉣ 조선시대의 경찰권은 일원화되지 못하고 각 관청이 소관사무와 관련하여 직권에 의하여 위법자를 체포·구금할 수가 있었다.
㉤ 한국 최초의 경찰작용법인 행정경찰장정에는 영업·시장·회사 및 소방·위생, 결사·집회, 신문잡지·도서 등 광범위한 사무가 포함되었다.
㉥ 일제강점 하에서 3·1 운동을 계기로 헌병경찰제도에서 보통경찰제도로 전환되었으며, 경찰의 직무와 권한도 크게 축소되었다.

① 1개　② 2개　③ 3개　④ 4개

해설

㉠ 이는 손괴가 아닌 **절도범**에게 적용되었다.
㉡ 관인수재죄를 최초로 처벌한 국가는 **백제**이다.
㉥ 헌병경찰제에서 보통경찰제로 전환되었지만 경찰의 직무나 권한에는 **큰 변화가 없었다.**

08 다음 한국경찰의 역사에 대한 설명 중 틀린 것은?

04. 채용

① 고려시대의 순군만호부는 정치경찰적 활동을 수행하기도 했다.
② 조선시대에는 중앙의 각 기관이 직무와 관련하여 직접 경찰기능을 수행하였다.
③ 일제강점기에는 치안수요가 많은 도시나 개항장에는 헌병경찰을, 지방에는 일반경찰을 주로 배치하였다.
④ 미군정 시대에는 6인의 원원으로 구성된 '중앙경찰위원회'가 설치되어 경찰정책의 수립 및 경찰관리의 임면 등에 대한 사항을 심의하였다.

해설

일반경찰을 개항장이나 도시에 배치하고, 헌병경찰은 **군사경찰상 필요지**나 **의병활동 지역**에 배치하였다.

Answer 7. ③ / ㉢㉣㉤ 8. ③

09 현재의 경찰제도에 대한 설명 중 옳지 않은 것은? 08. 승진

① 1991년 경찰법 제정시 경찰에 대한 민주적 통제를 위하여 경찰위원회 제도를 도입하였다.
② 각 경찰기관 중 지방경찰청을 독립관청화 하지 못한 것은 아쉬움으로 남는다.
③ 경찰청의 모든 업무는 경찰청장이 총괄 지휘·감독한다.
④ 1991년 경찰법 제정의 배경은 경찰의 정치적 중립과 경찰의 기구 독립에의 열망에 따른 것이다.

해설

지방경찰청장을 종래의 보조기관에서 **독립관청**으로 변경하였다.

10 다음은 한국경찰의 역사에 관한 내용이다. 옳지 않은 것은 모두 몇 개인가? 08. 채용

㉠ 고조선시대의 팔조금법은 인간생명 존중사상을 엿볼 수 있다.
㉡ 고구려는 관제로 14관등 체계를 갖추고, 지방을 5부로 나누어 욕살이라는 지방장관을 두었다.
㉢ 조선시대 지방의 관찰사는 행정기능과 경찰기능을 함께 수행하였다.
㉣ 광무개혁에 따라 경찰은 중앙관청으로서 경부 경찰체제로 출범하였는데, 많은 문제점으로 인해 1년여 만에 막을 내렸다.
㉤ 미군정하에서는 경찰사무와 조직에 있어 정비가 이루어져 경제경찰과 정보경찰이 폐지되는 등 비경찰화 작업이 진행되었다.
㉥ 1948년 정부조직법에 의해 내무부 산하의 치안국으로 개편되면서 경찰은 독자적 관청으로서 경찰업무를 시작하게 되었다.

① 1개　② 2개　③ 3개　④ 4개

해설

㉤ 비경찰화 작업으로 위생·경제·고등경찰 등이 경찰업무에서 제외되었지만, 정보업무를 담당할 **사찰과(정보경찰)는 신설**되었다.
㉥ 1948년 만들어진 내무부 치안국장의 지위는 행정관청이 아닌 **보조기관**에 불과하였다.

Answer 9. ② 10. ② / ㉤㉥

11 한국경찰의 역사 변천에 대한 설명 중 틀린 것은 몇 개인가? 09. 경간

> ㉠ 삼한은 책화제도에 의해 개인의 법익을 보호하였다.
> ㉡ 삼국시대는 중앙집권적 정치체제가 발달되었다.
> ㉢ 포도청은 중종 2년의 포도장제에서 유래되었다.
> ㉣ 고려시대로 들어서면서 죄목이 더욱 분화되어 문서손괴죄, 무고죄, 도주죄, 방화·실화죄, 도박죄, 장물죄, 성범죄 등이 새롭게 처벌되었다.
> ㉤ 경무청관제직장에 의하여 한성부의 오부자(五部字) 내에 지금의 경찰서인 경찰지서를 설치하였다.
> ㉥ 고려시대에 현위를 장으로 하는 위아라고 하는 지방기관이 설치되어 있었는데, 이를 현재의 경찰서로 보는 견해가 있다.

① 1개 ② 2개 ③ 3개 ④ 4개

해설

㉠ 책화는 **동예**의 제도이다. ㉢ 포도장제는 **성종 2년**(1471)에 시작되었다.

12 우리나라 경찰과 관련된 연혁을 시간순서별로 바르게 나열한 것은? 11. 경간

> ㉠ 국립과학수사연구소 설치
> ㉡ 내무부 치안국을 내무부 치안본부로 개편
> ㉢ 치안본부 소방과가 내무부 민방위본부 소방국으로 이관
> ㉣ 경찰관 해외주재관 제도의 신설
> ㉤ 경정, 경장의 2계급 신설
> ㉥ 전투경찰대의 설치
> ㉦ 경찰관직무집행법 제정

① ㉠-㉦-㉥-㉣-㉤-㉡-㉢
② ㉦-㉠-㉥-㉣-㉤-㉢-㉡
③ ㉦-㉠-㉣-㉥-㉤-㉢-㉡
④ ㉦-㉠-㉣-㉥-㉤-㉡-㉢

해설

㉠ 1955년 ㉡ 1974년 ㉢ 1975년 ㉣ 1966년 ㉤ 1969년 ㉥ 1968년 ㉦ 1953년

Answer 11. ② / ㉠㉢ 12. ④

박선영 경찰학

Police Science

CHAPTER

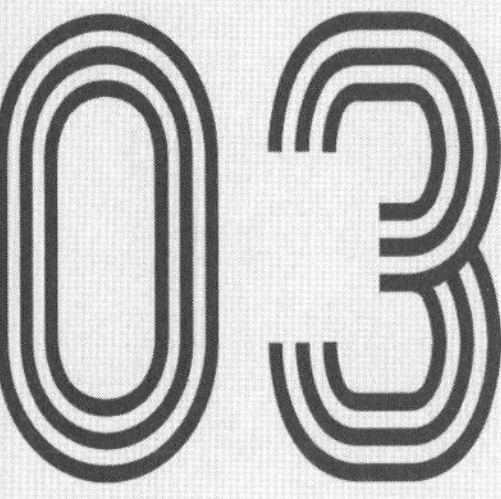

경찰과 법

Police Science

경찰과 법

제1절 서 설

1 법치행정

(1) 의 의

국민의 **권리, 의무**에 관계되는 경찰작용은 국회에서 제정한 **법률**에 의하여야 한다는 원칙으로 '국민의 모든 자유와 권리는 국가안전보장, 질서유지 또는 공공복리를 위해 필요한 경우에 한하여 법률로써 제한할 수 있으며, 제한하는 경우에도 자유와 권리의 본질적 내용을 침해할 수 없다'는 조항(헌법 제37조 제2항)에 근거한다.

(2) 형식적 법치주의와 실질적 법치주의

형식적 법치주의	법의 형식과 절차만을 강조(19세기 후반 독일)
실질적 법치주의	형식적 법치주의 외에 내용의 **헌법적합성**까지 요구

－**형식**적 법치주의에서 **실질**적 법치주의로 발전함

(3) 법치행정의 내용(Mayer)

법규창조력	① 법규는 의회의 법률에 의해서만 만들어진다. ② **행정규칙**에 의해서는 법규를 만들 수 **없다.**
법률우위	① 경찰행정작용이 법률에 위반되어서는 안 된다**(제약규범)**. 기출 ② 법치주의의 **소극적** 측면으로 **모든 경찰작용**에 적용된다.
법률유보	① 경찰권의 행사는 **법률의 근거가 필요**하다(근거규범, 수권규범). 기출 ② 법률유보의 범위에 대해서는 학설의 대립이 있다. 즉 **모든 경찰 작용에 적용되는 것은 아니다.**

법률유보	③ 법률유보 범위에 관한 학설 −침해유보설: 국민의 권리와 자유를 침해하는 작용에 대해서만 법률의 근거를 요한다. −**중요사항유보설**: 국민의 권리나 의무제한시에는 법률의 근거가 필요하다(**다수설**). −급부행정유보설: 급부행정에 있어서도 법률의 근거가 필요하다. −사회적유보설: 복지행정 중 사회보험, 공적부조와 같은 사회보장행정에서도 법적근거가 필요하다. −전부유보설: 모든 행정작용은 법률의 근거가 필요하다. ④ 서비스활동인 **비권력적 작용은 구체적 법적근거 불요**

(4) 법의 경찰활동 규율 형태 기출

조직규범	① 경찰활동은 법률에 의해 정해진 **권한의 범위 내**에서 행해져야 한다(경찰법제3조). ② 권력적, 비권력적 경찰활동 모두 포함
제약규범 기출	① 경찰활동은 법률의 규정을 **위반해서는 안 된다**. ② 법률을 위반하는 것은 **법률우위의 원칙에 위배**
근거규범	① 경찰작용은 일정한 요건의 갖춘 근거규범이 없으면 독창적인 활동을 할 수 없다. ② 근거규범인 국민의 자유와 권리를 제한하고 국민에게 의무를 부과하는 권력적 영역에서 영향력을 발휘한다.

2 경찰법의 법원

(1) 법원(法源)

법원이란 **법의 존재형식**을 의미하는 것으로 '어떠한 형식으로 존재하는가'에 따라 일정한 형식을 가지고 있는 성문법(成文法)과 일정한 형식을 가지고 있지 않는 불문법(不文法)으로 나누어진다. 경찰법은 성문법주의를 따르고 있다.

−**훈령[행정규칙]은 법원이 될 수 없다**는 것이 판례의 입장이다. 기출

−경찰법은 통일된 **단일법전은 없지**만 통일된 **법체계를 가지고 있다**.

(2) **성문법**(원칙)

1) 헌 법

국가의 기본 통치구조와 국가작용의 기본원칙을 정한 부분으로 헌법전 중 행정의 조직이나 작용의 **기본원칙을 정한 부분으로 그 한도 내에서 경찰행정법의 법원**이다. 기출

2) 법 률

국민의 권리의무와 관계된 내용은 법률에 의해 만들어지는데 경찰법의 가장 **중심적인 법원**에 해당한다. 경찰법은 통일된 단일법전의 형식으로 되어 있지 않고 경찰행정에 대하여 각각의 다른 법률로 규정되어 있다.

① **경찰조직법**: 경찰법, 경찰공무원법, 전투경찰대법 등
② **경찰작용법**: 경찰관직무집행법, 경찰직무응원법, 경범죄처벌법, 도로교통법 등
③ **특별경찰행정법**: 건축법, 공중위생법, 폐기물관리법 등

3) 조약, 국제법규

헌법에 의해 **체결, 공포된 조약**과 일반적으로 **승인된 국제법규**는 국내법과 동일한 효력을 가진다(헌법 제6조). 따라서 조약이나 국제법규도 경찰법의 법원이다. 기출
조약과 국제법규를 제정하기 위해서 **별도의 국내법 제정은 필요하지 않다**.

4) 명 령

행정권이 정립하는 일반적, 추상적 규범을 의미하며, 명령의 유형으로 **법규명령과 행정명령(행정규칙)**이 있다. 기출 법규명령은 발동형식에 따라 시행령(대통령령), 시행규칙(총리령, 부령)으로 나누고 내용에 따라 위임명령과 집행명령으로 구분된다. 행정규칙(훈령)은 판례에 따르면 법원성이 부정된다.

구 분	법규명령	행정규칙
권력관계	일반권력관계	특별권력관계
법적근거	상위법령 근거 필요	**법령상 근거 불요**
구 속 력	**양면적, 대외적** 구속력	편면적, 내부적 구속력
재판규범성	인정	불인정
내 용	국민의 권리 및 의무에 관한 사항	행정조직 내부사항이나 특별권력관계 내부에 관한 사항 규율
공 포	**필요**	**불요**

효력발생시기	특별 규정이 없는 한 **공포일로부터** 20일 경과 후	**도달주의**
형 식	요식행위(문서형식 필요)	불요식행위(구두로 가능)
위반시 효력	법규명령 **위반시 위법**(무효, 취소사유)행정소송가능, 징계사유	행정규칙 위반시(**위법 아님**)
표현형식	대통령령, 총리령, 부령	훈령, 지침, 고시, 통첩, 예규 등
한 계	법률우위, 법률유보원칙 적용	**법률우위원칙 적용**

5) 조례와 규칙

① **조례**: **지방자치단체의회**가 법령의 범위 안에서 지방자치권에 의거해서 제정하는 법규를 의미한다. 조례로는 주민의 권리제한·의무부과하거나, 형벌을 부과할 수 없다. 따라서 주민의 권리를 제한하거나 형벌을 부과할 때는 **법률의 위임이 필요**하다. 기출

② **규칙**: **지방자치단체의 장**이 법령 또는 조례가 위임한 범위 안에서 그 권한에 속한 사무에 관하여 제정하는 법 형식이다.

(3) 불문법원(不文法源)

1) 관습법

① 관습법은 국민의 전부 또는 일부에서 다년간에 걸쳐 행해진 관습이 법적 확신을 얻어 법적 규율로 여겨지는 것을 의미한다.

② **성립요건**: 오래된 관행과 일반국민의 법적 확신이 필요하다(국가 승인 불요).

③ **보충적 효력**: 성문법이 없는 경우에만 적용되는 보충적 효력만을 인정한다.

④ 법률의 개정에 의한 행정선례법 변경은 가능하나 법규성이 인정되지 않은 **훈령에 의한 행정선례법의 변경은 불가능**하다.

⑤ **종 류**

행정선례법	행정청의 반복적 관행이 법적 확신을 얻어 형성된 관습법
민중적 관습법	공법관계에서 일정한 관행이 오랫동안 계속되어 성립된 관습법

2) 판례법

판례법은 동일한 내용의 판결이 반복되어 내용이 **법적 승인에 이르는 경우**를 의미한다. **대법원 판례**는 대륙법계 국가에서는 법원성을 **부정**하고 영미법계 국가에서는 법원성을 긍정한다. 하지만 헌법재판소의 위헌결정은 **법원성을 인정**한다.

3) 조 리

일반사회의 정의감에 비추어 인정되는 보편적인 원칙으로 **평등의 원칙, 비례의 원칙, 신의성실의 원칙, 부당결부금지원칙** 등이 있다(최후 보충적법원). 조리에 위반되면 위헌 또는 위법의 문제가 발생한다.

① **평등의 원칙**: 행정작용에서 합리적 사유가 없는 국민을 차별대우해서는 안 된다.

② **과잉금지의 원칙**(비례의 원칙): 행정목적을 달성하기 위한 수단은 목적달성에 유효 적절하고 가능한 최소침해를 가져오는 것이어야 하며 수단의 도입으로 인한 침해가 공익을 능가해서는 안 된다(헌법 제37조 제2항).
'참새를 잡기 위해 대포를 쏘아서는 안 된다' **기출**

예 경찰관이 범인을 검거하면서 가스총을 근접발사하여 발사된 고무마개가 눈에 맞아 실명한 경우 국가배상책임 인정

③ **신뢰보호의 원칙**: 개인의 신뢰가 보호가치가 있는 경우 이를 보호해 주는 원칙으로 영미법상의 '금반언의 법리'도 같은 이념이다. 행정청의 관행에 대하여 일반국민들이 받아들인 때 공익 또는 제3자의 정당한 이익을 현저히 해할 우려가 있는 경우를 제외하고 새로운 해석 또는 관행에 의하여 소급하여 불리하게 처리하여서는 안 된다(행정절차법 제4조 제2항).

④ **부당결부금지의 원칙**: 행정작용에 있어 실질적 관련이 없는 상대방의 반대급부를 결부시켜서는 안 된다는 원칙이다.

예 이륜자동차를 음주운전한 사유만 가지고 1종 대형면허나 보통면허의 취소나 정지를 할 수 없는 것

제2절 경찰조직법

1 경찰조직법

(1) 경찰조직법

경찰 존립근거를 부여하고, 경찰이 설치할 기관의 명칭, 권한, 관청 상호간의 관계나 경찰관청의 임면·신분·직무 등에 대하여 규정하고 있는 법으로 경찰조직에 관한 **기본법은 「경찰법」**(1991)이고 경찰**작용**에 관한 기본법은 **「경찰관직무집행법」**이다.

(2) 행정주체 및 행정기관

1) 행정주체

행정법 관계에서 행정권을 행사하고 그 행위의 **법적효과가 궁극적으로 귀속되는 당사자**로 국가, 지방자치단체 등이 있다. 현행 경찰법은 국가경찰제를 채택하고 있으므로 국가는 경찰행정의 주체로 볼 수 있으나, **자치단체는 주체로 볼 수 없다.** 기출

예외 제주특별자치도는 경찰행정주체에 해당

2) 경찰행정기관의 유형 기출

경찰행정주체인 국가를 위하여 현실적으로 직무를 수행하는 기관으로 경찰행정기관에는 일정 범위의 권한과 책임이 주어지며, 경찰행정기관이 그 권한범위 내에서 행하는 행위의 효과는 법률상 오로지 행정주체인 **국가에 귀속**된다.

경찰행정관청	경찰행정주체를 위하여 경찰에 관한 의사를 결정하여 외부에 표시하는 권한을 가진 경찰행정기관으로 경찰청장 · 지방경찰청장 · 경찰서장이 이에 해당한다.(지구대장은 경찰서장의 보조기관) 기출
경찰자문기관	행정청으로부터 자문을 받아 그 의견을 제시하는 기관으로서 자문기관의 자문은 **법적 구속력이 없다.**(치안행정협의회, **경찰공무원인사위원회**, 경찰발전위원회) 기출
경찰의결기관	행정관청의 의사를 구속하는 의결을 행하는 합의제 행정기관으로서 **의결을 외부에 표시할 수 없다.**(**경찰위원회, 징계위원회, 치안행정위원회**) 기출
경찰집행기관	경찰행정목적을 실현하기 위하여 실력을 행사하는 기관으로 경찰공무원(치안총감, 치안정감, 치안감, 경무관, 총경, 경정, 경감, 경위, 경사, 경장, 순경 등)을 의미한다. 기출
경찰보조기관	조직의 장의 직무를 보조하는 기관(차장, 국장, 부장, 과장 등) 기출
경찰보좌기관	행정기관이 그 기능을 원활하게 수행할 수 있도록 그 기관장이나 보조기관을 보좌함으로써 행정기관의 목적달성에 공헌하는 기관(비서실, 조정실, 담당관 등)

2 경찰행정기관

보통경찰기관	경찰행정관청	보통경찰관청	경찰청장, 지방경찰청장, 경찰서장
		특별경찰관청	해양경찰청장, 지방해양경찰청장, 해양경찰서장
	경찰집행기관	**일반**경찰집행기관	경찰공무원(순경~치안총감)
		특별경찰집행기관	헌병, 소방공무원, 청원경찰 등
	경찰의결기관	경찰위원회, 징계위원회 등	
	경찰자문기관	치안행정협의회, 경찰공무원인사위원회 등	
특별경찰기관	협의의 행정경찰기관－주관행정관청(산림경찰, 위생경찰 등)		
	비상경찰기관－계엄사령관, 위수사령관		

(1) 보통경찰기관

1) 경찰행정관청

경찰에 관한 국가의 의사 또는 판단을 결정하여 **외부에 표시하는 권한**을 가진 경찰행정기관을 말한다. 그 종류는 보통경찰관청으로 경찰청장·지방경찰청장·경찰서장이 있다.

경찰청 설치근거	정부조직법 제34조	치안에 관한 사무를 관장하기 위하여 행정안전부장관 소속하에 경찰청을 둔다. 기출
	경찰법 제2조 제1항	경찰의 기본조직과 직무범위 그 밖에 필요한 사항을 규정하고 치안에 관한 사무를 관장하게 하기 위하여 행정안전부장관 소속으로 경찰청을 둔다.

① 보통경찰관청

㉠ 경찰청장(중앙보통경찰관청, 최상급의 경찰관청)

경찰청장	① 행정안전부의 외청으로서 **독임제**이고, 경찰청장은 경찰에 관한 사무를 통할하고 경찰업무를 관장하며 소속공무원 및 각급 경찰기관의 장을 지휘·감독한다. 기출 ② 경찰청장의 임명: 치안총감으로 보하고, **경찰위원회의 동의를 얻어 행정안전부장관의 제청**으로 국무총리를 거쳐 대통령이 임명한다. 이 경우 국회의 인사청문회를 거쳐야 한다. 기출 경찰청장의 임기는 **2년**이며, **중임**할 수 없다. 퇴직 후 2년 이내라도 정당의 발기인이나 당원이 될 수 있다. 기출
차 장	경찰청에 차장을 **두며**(둘 수 있다 아님) 경찰청장을 보좌하고, 경찰청장이 부득이한 사유로 직무를 수행할 수 없을 때에는 그 직무를 대행한다.
경찰청장 부속기관	경찰대학, 경찰인재개발원, 중앙경찰학교, 경찰병원, 경찰수사연수원 (국립과학수사연구원은 경찰청장 부속기관이 아님)

㉡ 지방경찰청장

소 속	사무를 지역적으로 분담하여 수행하게 하기 위하여 특별시장·광역시장 및 도지사 소속으로 지방경찰청장을 둔다. 기출 인구, 행정구역, 면적, 지리적 특성, 교통 및 그 외의 조건을 고려하여 **시·도지사 소속**으로 2개의 지방경찰청을 둘 수 있다.
지방경찰청장	경찰법은 '지방경찰청장은 치안정감, 치안감 또는 경무관으로 보한다.'라고 규정하고 있다(경찰법 제14조). **경찰청장(시·도지사×)의 지휘·감독**을 받아 관할구역 안의 경찰사무를 관장하고 소속공무원 및 소속 국가경찰기관의 장을 지휘·감독한다. 기출
차 장	지방경찰청에 차장을 둘 수 있다(서울특별시·경기도남부·경기도북부·제주도 지방경찰청에 차장 각 1명을 둔다). 차장은 지방경찰청장을 보좌하여 소관사무를 처리하고 지방경찰청장이 부득이한 사유로 직무를 수행할 수 없을 때에는 그 직무를 대행한다.

㉢ 경찰서장: 경찰서장은 경무관, 총경 또는 경정으로 보한다. 지방경찰청장의 지휘·감독을 받아 관할구역 안의 소관사무를 관장하고 소속공무원을 지휘·감독한다. **경찰서장 소속으로 지구대·파출소**를 두고, 그 설치기준은 치안수요·교통·지리 등 관할구역의 특성을 고려하여 **행정안전부령**으로 정한다. 다만, 필요한 경우에는 **출장소를 둘 수 있다.** 기출

1. 경찰청과 그 소속기관 등 직제 제44조
   ① **지방경찰청장**은 경찰서장의 소관사무를 분장하기 위하여 행정안전부령이 정하는 바에 따라 경찰청장의 승인을 얻어 **지구대 또는 파출소**를 둘 수 있다. 기출
   ② 지방경찰청장은 임시로 필요한 때에는 **출장소**를 둘 수 있다. 기출
   ③ 지구대 · 파출소 및 출장소의 명칭 · 위치 및 관할구역과 기타 필요한 사항은 지방경찰청장이 정한다.
2. 지역경찰의 조직 및 운영에 관한 규칙 제4조
   지방경찰청장은 인구, 면적, 행정구역, 교통 · 지리적 여건, 각종 사건사고 발생 등을 고려하여 경찰서의 관할구역을 나누어 지역경찰관서(**지구대 및 파출소**)를 설치한다. 기출
3. 경찰청과 그 소속기관 조직 및 정원관리규칙 기출
   지방경찰청장이 지구대 또는 파출소를 설치하고자 할 때에는 서류를 첨부하여 경찰청장에게 승인을 요청하여야 한다. 지방경찰청장은 임시로 필요한 때에는 출장소를 둘 수 있으며, 출장소를 설치한 때에는 경찰청장에게 보고하여야 한다. 지역치안을 효율적으로 수행하기 위하여 치안센터를 둘 수 있다. 기출

② **특별경찰관청－해양경찰청장, 지방해양경찰청장, 해양경찰서장**: 해양에서 경찰활동과 해양오염방제에 관한 사무를 위해 해양수산부 내에 해양경찰청을 둔다. 해양경찰청장은 **해양수산부장관의 제청**으로 **국무총리**를 거쳐 **대통령**이 임명한다. 경찰공무원법, 경찰관직무집행법, 경찰직무응원법의 적용은 받으나 **경찰법의 적용은 없다**(해양경찰청장 임명시 **경찰위원회의 동의는 필요없다**). 기출

2) 경찰위원회(독립적 심의 · 의결 기구) 기출

경찰위원회는 경찰의 민주주의와 정치적 중립성을 보장하기 위하여 행정안전부에 설치한 **합의제 의결기관**이다. 대외적인 의사표시 권한까지는 없다는 점에서 행정관청과 구별된다. 경찰위원회는 심의 · 의결이나, **행정안전부장관에게 재의요구권**이 있어 실제로는 의결기관과 자문기관의 중간적인 성질을 가지고 있다고 볼 수 있다.

심의·의결권	① 국가경찰의 **인사, 예산, 장비, 통신** 등에 관한 주요정책 및 국가경찰 업무 발전에 관한 사항 ② **인권보호**와 관련되는 국가경찰의 운영·개선에 관한 사항 ③ 국가경찰의 **부패 방지와 청렴도 향상**에 관한 주요 정책사항 기출 ④ 국가경찰 임무 외에 다른 국가기관으로부터의 업무협조 요청에 관한 사항 기출 ⑤ 제주특별자치도의 자치경찰에 대한 국가경찰의 지원·협조 및 협약체결의 조정 등에 관한 주요 정책사항 ⑥ 그 밖에 **행정안전부장관 및 경찰청장**이 중요하다고 회의에 부친 사항 ⑦ 행정안전부장관은 제1항에 따라 심의·의결된 내용이 적정하지 아니하다고 판단할 때에는 재의(再議)를 요구할 수 있다.
동의권	**경찰청장 임명시** 동의권 행사

① **구 성** 기출

㉠ 위원회는 **위원장 1명을 포함한 7명**의 위원으로 구성하되, 위원장 및 5명의 위원은 비상임(非常任)으로 하고, **1명의 위원은 상임(常任)**으로 한다(상임위원 정무직 차관급). 상임위원은 정무직으로 한다.

㉡ 위원장은 위원회를 대표하며, 그 회의를 통할하고, 비상임위원 중에서 호선한다. 위원장이 사고가 있을 때에는 **상임위원, 위원 중 연장자순으**로 위원장의 직무를 대리한다.

② **임명 및 결격사유** 기출: 위원은 **행정안전부장관의 제청**으로 국무총리를 거쳐 대통령이 임명한다. 행정안전부장관은 위원 임명을 제청할 때 국가경찰의 정치적 중립이 보장되도록 하여야 하고, 위원 중 **2명**은 법관의 자격이 있는 사람이어야 한다. 다음의 경우는 결격사유이다.

㉠ 당적(黨籍)을 이탈한 날부터 **3년**이 지나지 아니한 사람

㉡ 선거에 의하여 취임하는 공직에서 퇴직한 날부터 **3년**이 지나지 아니한 사람

㉢ 경찰, 검찰, 국가정보원 직원 또는 군인의 직(職)에서 퇴직한 날부터 **3년**이 지나지 아니한 사람

㉣ 「국가공무원법」 제33조 각 호의 어느 하나에 해당하는 사람

③ **위원의 임기 등 신분보장**: 위원의 임기는 **3년**으로 하며, **연임**(連任)할 수 없다. 이 경우 보궐위원의 임기는 전임자 임기의 남은 기간으로 한다. 위원은 정당에 가입하거나 선거의 의하여 취임하는 직에 취임 또는 경찰, 검찰, 국가정보원 직원 또는 군인의 직에 임용되거나 국가공무원 결격사유에 해당하게 된 때에는 당연히 퇴직된다. 위원은 **중대한 신체상 또는 정신상의 장애**로 직무를 수행할 수 없게 된 경우를 제외하고는 그 의사에 반하여 면직되지 아니한다.

④ **회의**: 정기회의는 특별한 사유가 있는 경우를 제외하고는 매월 1회 위원장이 소집한다. 위원장은 필요한 경우 임시회의를 소집할 수 있으며, 위원 3인 이상과 행정안전부장관 또는 경찰청장은 위원장에게 임시회의 소집을 요구할 수 있다. 기출 위원회의 회의는 **재적위원 과반수의 출석과 출석위원 과반수의 찬성**으로 의결한다.

⑤ **재의요구** 기출: 행정안전부장관(경찰청장 ×)은 제1항에 따라 심의·의결된 내용이 적정하지 아니하다고 판단할 때에는 재의(再議)를 요구할 수 있다. 행정안전부장관이 재의를 요구하는 경우에 의결한 날부터 **10일 이내에 재의요구서를 위원회에 제출**하여야 한다.

위원장은 재의요구가 있는 경우에는 그 요구를 받은 날부터 **7일 이내**에 회의를 소집하여 다시 의결하여야 한다.

3) 경찰자문기관－치안행정협의회

지방행정과 치안행정의 업무조정과 그 밖에 필요한 사항을 협의·조정하기 위하여 시·도지사(제주특별자치도지사는 제외) 소속으로 치안행정협의회를 둔다(경찰법 제16조). 위원장을 포함한 **위원 9인**으로 구성하고 **임기는 2년**으로 한다. 기출

① **협의회의 구성** 기출

위원의 구성	㉠ 시·도 소속 공무원 중 서울특별시장·직할시장 또는 도지사가 임명하는 자 2인 ㉡ 지방경찰청소속 경찰공무원중 **지방경찰청장의 추천**으로 시·도지사가 임명하는 자 3인 ㉢ 지방행정과 치안행정에 관한 학식과 경험이 있는 자로서 지방경찰청장의 의견을 들어 시·도지사가 위촉하는 자 3인
위원장	위원장은 시·도의 **부시장 또는 부지사**가 되고, 위원장은 협의회를 대표하며 그 업무를 통할한다. 위원장이 사고가 있을 때에는 위원장이 미리 지명하는 자가 그 직무를 대행한다. 기출

② **조직 및 운영**: 치안행정협의회의 조직·운영 등 기타 필요한 사항은 **대통령령**으로 정한다. 협의회의 회의는 **매분기 1회** 개최하되, 특정 사안에 관하여 지방행정과 치안행정과의 업무협조 등을 위하여 필요한 경우에는 수시로 개최할 수 있다. 협의회의 사무를 처리하게 하기 위하여 간사 2인을 두되, 시·도의 기획담당관 및 지방경찰청 경무과장이 된다.

③ **심의·의결사항**

㉠ 지역안정 및 질서유지에 관한 사항

㉡ 민방위 및 재해대책 운영에 관한 사항

㉢ 질서확립운동 등 지역사회운동의 효율적 추진에 관한 사항
㉣ 지역주민과 경찰간의 협조 및 요망사항
㉤ 기타 지방행정과 치안행정간 상호지원에 관한 사항과 **시·도지사 및 지방경찰청장**이 회의에 부치는 사항

④ **제주도 자치 치안행정협의회**(심의·의결기관)

설치근거	제주특별자치도 설치 및 국제자유도시 조성을 위한 특별법
소 속	제주자치도의 지방행정과 치안행정의 업무 협조 등을 심의·의결을 위하여 제주특별자치도지사 소속하에 치안행정협의회를 둔다.
구 성	위원장 1인과 당연직 위원 2인(부지사, 경무업무담당과장)을 포함한 11인의 위원(위원장은 위원 중 호선)
임 기	당연직 위원이 아닌 위원의 임기는 3년으로 하되, 1차에 한하여 **중임**할 수 있다. 다만, 당연직 위원의 임기는 그 직에 있는 동안 재임하고, 보궐위원회의 임기는 전임자의 잔임기간으로 한다.
의결정족수	재적위원 **과반수의 출석과 출석위원 과반수**의 찬성

(2) 경찰집행기관

경찰집행기관이란 소속 경찰관청의 명을 받아 경찰에 관한 국가의사를 실력으로써 현장에서 직접 수행하는 경찰기관으로 **일반집행기관**(순경, 경장, 경사, 경위, 경감, 경정, 총경, 경무관, 치안감, 치안정감, 치안총감)과 **특별집행기관(소방공무원·헌병·청원경찰·해양경찰 등)**으로 나뉜다.

3 경찰관청 상호간의 관계

상하관계	감시권	보고, 서류 및 장부를 검사, 실제 사무감사
	훈령권	**상급관청이 하급관청**의 권한행사를 지휘하기 위하여 발하는 명령
	주관(권한)쟁의 결정권	**하급관청간**의 권한행사에 대한 다툼이 있을 때 상급관청이 이를 결정하는 권한
	인가권	하급관청의 권한행사 전에 상급관청이 갖는 인가권
	취소·정지권	상급관청이 하급관청의 위법·부당한 행위를 취소하거나 정지할 수 있는 권한

대등 관계	권한 불가침	서로 다른 관청의 권한을 존중해야 하며, 권한을 침범해서는 안 된다.
	주관(권한)쟁의	대등 관청 사이의 소관사무에 관한 쟁의
	사무위탁(촉탁)	직무상 필요한 사무가 다른 행정청의 관할에 속하는 경우 그 행정청에 시무처리를 부탁하는 것
	경찰응원	특정 행위를 행정관청 사이에 지원하는 것

(1) 훈령권

1) 의 의

훈령은 상급경찰관청이 하급경찰기관의 권한행사를 하기 위하여 발하는 명령(훈령권) 기출으로 경찰조직 내부에서 **하급경찰관청에 대하여 발하는 명령이므로** 비록 일반적인 법조문의 형식을 갖추고 있더라도 **법규가 아니다**. 대외적 구속력이 없으므로 일반국민을 구속할 수 없고 법원을 구속하지 않는다. 훈령에 위반된 행위도 **위법은 아니다**. 따라서 훈령에 위반한 행정처분은 무효도 아니고 취소사유도 아니다. 훈령은 특별한 법적 근거 없이도 가능하다. 기출

2) 형식과 절차 기출

형 식	훈령은 본래 특별한 형식이 없으며, 구두·문서의 형식으로 발할 수 있다(불요식행위).
절 차	훈령의 효력이 발생하기 위한 요건으로 공포라는 절차는 필요하지 않고 훈령은 상대방에게 도달하면 효력이 발생한다(**도달주의**).

3) 요 건 기출

형식적 요건	① 훈령권이 있는 **상급관청**이 발할 것 ② 하급관청의 **권한** 내에 속하는 것일 것 ③ 하급관청의 **권한**행사의 독립성이 보장되어 있는 사항에 관한 것이 아닐 것
실질적 요건	① 훈령이 **법규**에 저촉되지 않을 것 ② 훈령이 **공익**에 반하지 않을 것 ③ 훈령이 **실현 가능**하고 명백할 것

4) 훈령위반행위의 효과

훈령은 법규의 성질을 갖지 않기에 하급경찰관청의 법적행위가 훈령에 위반하여 행해진 경우에도 **위법이 아니며** 행위 자체의 효력에는 영향이 없다. 훈령에 위반되는 행위를 한 경찰공무원은 직무상 의무위반이 문제가 되어 **징계사유**가 될 수 있다. 기출

5) 경 합

서로 모순되는 두 개 이상의 상급관청의 훈령이 경합할 때에 하급관청은 **주관상급관청에 따라야 한다.** 만일, 상급관청이 상하관계인 경우에는 행정조직의 계층제적 질서 존중에 따라 **직근상급관청의 훈령**에 따라야 한다. 기출 주관상급행정청이 불분명할 때에는 주관쟁의의 방법에 의해 해결해야 한다.

6) 심 사

① **형식적 요건 심사**: 하급경찰관은 형식적 요건구비 여부에 대한 심사권을 갖고 요건 미비시 복종거부가 가능하다. 하급관청이 상급관청의 훈령에 복종하였다면 **하급관청도 책임**을 진다.

② **실질적 요건 심사**: 하급경찰관청은 실질적 요건에 대한 심사권이 없으므로 형식적 요건이 구비되어 있다면 복종해야 한다.

(2) 직무명령

상관이 직무에 관하여 부하에게 발하는 명령으로 상위법령의 근거가 불요하며 직무집행과 직접 관련되는 사항으로 한정된다.

요 건 기출	형식적 요건	① 권한있는 상관이 발한 것일 것 ② 부하공무원의 **권한** 범위 내에 속하는 사항일 것 ③ 부하공무원의 **직무상 독립의 범위에 속하는 사항이 아닐 것** ④ 직무명령을 발하는 데 있어 법정의 형식과 절차가 있으면 그를 구비할 것
	실질적 요건	① 내용이 **법령**에 저촉되지 않을 것 ② 내용이 **공익**에 적합할 것 ③ 내용이 **실현 가능**하고 명확할 것

✚ 훈령과 직무명령의 비교

구 분	훈 령	직무명령
의 의	상급관청이 하급관청의 권한행사를 지위하기 위하여 발하는 명령	상관이 부하공무원에 대하여 발하는 명령
법적 근거	법적 근거 불요	법적 근거 불요
구속력	대내적 구속력만 있음	대내적 구속력만 있음
범 위	행정청의 소관사무에 국한	직무와 관련된 개인 사생활까지 포함

효 력	훈령은 그 효력에 있어서는 기관의사를 구속(**관청구성자가 교체시 훈령의 효력에는 영향이 없음)**	직무명령은 기관을 구성하는 공무원 개개인을 구속(**기관구성자가 교체될 경우 직무명령은 효력을 상실)**
양자의 관계	**훈령은 직무명령을 겸할 수 있다.**	**직무명령은 훈령을 겸할 수 없다.**

(3) 경찰관청 권한의 대리 · 위임 및 내부위임

1) 권한의 대리

경찰관청(본인)의 **권한의 전부 또는 일부**를 다른 행정기관이 피대리 관청을 위한 것임을 표시하여 대리관청의 이름으로 행사하고, 그 행위는 피대리관청의 행위로서 효과를 발생하는 것을 말한다. 기출

① **임의대리**(수권대리): 본래의 행정청의 수권에 의해 대리관계가 발생하는 경우를 의미하며, 수권대리 또는 위임대리라고도 한다. 대리권을 수여하는 수권행위는 **피대리관청의 일방적 행위**로서 대리기관의 동의를 요하지 아니하며, 수권행위를 외부에 표시하는 공시도 필요 없다. 법령의 명시적 근거가 없어도 가능하다.

범 위	일반적 · 포괄적 권한의 일부에 대해서만 대리가 허용된다. 권한의 전부대리는 인정되지 않는다. 법령에 의해 개별적으로 지정되어 있는 권한은 대리가 허용되지 않는다.
복대리	임의대리는 원칙적으로 복대리가 **인정되지 않는다.**
권한행사	피대리관청을 위한 것을 표시하고 대리기관이 자신의 명의로 권한행사
행정소송의 피고	피대리관청은 대리기관의 행위에 대해 상대방인 국민에게 책임을 부담하므로, **행정소송의 피고는 피대리관청**이다.
소 멸	수권행위의 철회, 실효, 대리자의 사망 및 신분상실

② **법정대리**: 법령의 규정에 의하여 일정한 사실발생에 따라 당연히 혹은 일정한 자의 지정에 의하여 성립하는 대리이다. 반드시 법령상 근거가 있어야 하고, 대리권은 피대리관청의 권한의 전부에 대하여 미친다. 기출 대리기관은 피대리관청을 위한 것임을 표시하고 자신(대리기관)의 명의로 권한을 행사한다. 기출 법정대리는 복대리가 가능하다. 기출

종 류	협의의 법정대리	법정사실의 발생에 의해 대리관계가 발생한다. 예 경찰청장 유고시 경찰청차장이 직무를 대행하는 경우 기출
	지정대리	법정사실의 발생시 일정한 자의 지정에 의해 대리관계가 발생한다. 예 국무총리와 부총리가 모두 사고로 직무를 수행할 수 없는 경우에는 대통령의 지명이 있으면 그 지명을 받은 국무위원이, 지명이 없는 경우에는 제26조 제1항에 규정된 순서에 따라 국무위원이 그 직무를 대행한다. 기출

2) 권한의 위임

경찰관청이 자기에게 주어진 권한을 스스로 행사하지 아니하고 법령에 근거하여 권한의 일부를 보조기관 또는 하급관청에게 **실질적으로 이전**하여 행사하게 하는 것으로, 기출 권한의 위임은 **법적 근거**가 있어야 한다. 기출 경찰관청 **권한의 일부에 대해서만** 가능하고 경찰관청 권한의 전부나 주요 부분에 대한 위임은 인정되지 않는다. 기출

재위임	권한의 위임에 의해 그 권한은 수임청의 권한이 되므로 수임청은 위임받은 권한의 일부를 보조기관이나 하급행정청에 **재위임할 수 있다**. 재위임도 위임이므로 당연히 법적 근거가 있어야 한다.
효 과	위임청의 권한이 **수임청의 권한으로 귀속**이 변경된다. 기출 위임기관은 권한을 상실하며 수임기관이 위임받은 권한 내지 특정사무를 자신의 이름과 책임으로 처리 · 행사 한다. 기출
행정소송의 피고	행정소송의 피고는 위임청이 아니라 수임기관이다. 기출

비 고	임의대리	법정대리	권한의 위임
권한 이전	권한 자체의 이전 없음	권한 자체의 이전 없음	**수임청에 이전**
법적 근거	법적 근거 필요	법적 근거 필요	법적 근거 필요
발 생	피대리관청의 일방적 **수권행위**에 의해 발생	법정사실의 발생에 의해	법령에 근거한 위임청의 위임행위에 의해 발생
범 위	일부대리	**전부대리**	일부위임
감 독	가능	불가	가능
복대리 · 재위임 기출	**불가**	가능	가능(법령상 근거 필요)
상대방	보조기관이 대리인	보조기관이 대리인	**하급관청**에 대하여 행해짐

효과 귀속 기출	**피대리관청**	**피대리관청**	**수임청**
권한행사 명의	대리기관 명의	대리기관 명의	**수임청 명의**
행정소송의 피고	피대리관청	피대리관청	수임청
소 멸	수권행위의 철회 등	원인된 법률관계의 소멸	위임의 해제, 근거법령의 소멸 등

3) 대결(代決)·위임전결 기출

대결은 행정관청이 결재권자의 **휴가·출장·사고** 등의 일시 부재시에 보조기관에 사무처리에 관한 결재를 맡기지만, 대외적인 권한행사는 본래의 행정청의 이름으로 권한행사를 하는 것을 말한다. 위임전결은 경찰관청의 보조기관 등이 당해 경찰관청의 이름으로 권한을 사실상 대리행사하는 것을 말한다.

제3절 경찰공무원법

1 개 설

(1) 경찰공무원

1) 국가공무원법 및 경찰공무원법의 적용을 받는 **특정직** 공무원이다. 경찰의 직무에 종사하는 자를 말하며, 보통은 순경에서 치안총감에 이르는 계급을 가진 공무원이 이에 해당한다. 조직상 경찰기관에 근무하는 **일반직이나 기능직 등의 공무원은 경찰공무원법상 경찰공무원에 해당하지 않는다.**

2) 의무경찰순경도 경찰공무원법상 경찰공무원에 해당하지 아니한다. 다만, 의무경찰 순경은 형법상의 공무집행방해죄의 성립시에는 공무원에 해당하며, 국가배상법상의 공무원 개념에도 포함된다고 본다.

(2) 국가공무원법과 경찰공무원법의 관계(일반법과 특별법 관계)

경찰공무원의 '임용', '교육훈련', '신분보장', '복무규율' 등에 있어 경찰공무원법을 우선 적용한다. 단, 경찰공무원법의 규정이 없는 사항에 대해서는 국가공무원법의 적용을 받는다. **경찰공무원법은 국가공무원법의 많은 규정을 준용**한다.

2 경찰공무원의 분류

경찰공무원법에서는 경찰공무원을 계급, 경과와 특기 등 3가지 기준으로 분류한다.

(1) 계 급(직책의 난이도와 보수의 차이)

계급은 경찰공무원이 가진 개인의 특성, 즉 **학력, 경력, 자격**을 기준으로 하여 유사한 개인적 특성을 가진 공무원을 집단으로 구분하는 것이다. 경찰계급은 치안총감・치안정감・치안감・경무관・총경・경정・경감・경위・경사・경장・순경으로 되어 있다.

(2) 경 과

1) 의 의

경과는 경찰관의 특성・자격・능력・경력을 활용하기 위해 수평적으로 분류하는 것으로 경찰공무원은 경과에 따라 담당하는 직무가 다르다. 경찰관의 보직은 **경과**에 의해 결정된다.

2) 구 분

경찰공무원은 그 직무의 종류에 따라 경과(警科)가 다르다. 경과의 구분에 필요한 사항은 **대통령령(경찰공무원임용령)**으로 정한다(경찰공무원법 제3조). 임용권자 또는 임용제청권자는 경찰공무원은 **신규채용**할 때에 경과를 부여하여야 한다. 총경 이하의 경찰공무원은 경과로 구분한다. 다만, 수사경과 및 보안경과는 **경정 이하** 경찰공무원으로 한다.

구 분	일반경과	기획, 감사, 경무, 생활안전, 교통, 경비, 작전, 정보, 외사 기타의 직무로서 수사경과・보안경과 및 특수경과에 속하지 아니하는 직무
	수사경과	범죄수사에 관한 사무를 처리(경정 이하에 적용)
	보안경과	보안경찰에 관한 사무를 처리(경정 이하에 적용) 기출
	특수경과	**항공경과, 정보통신경과**

3 경찰공무원 관계

(1) 경찰공무원 관계의 성질

경찰공무원 근무관계는 특별권력관계로, **공익성**이 강하다. 따라서 **근로 3권의 제한**이나 **이중배상의 금지** 등 제한이 따른다.

(2) 임용권자 기출

1) 대통령

총경 이상	경찰청 소속	경찰청장의 **추천**을 받아 **행정안전부장관의 제청**으로 국무총리를 거쳐 **대통령이 임용**한다.
	해양경찰청 소속	해양경찰청장의 제청으로 국무총리를 거쳐 대통령이 임용한다.
경정 채용 · 승진임용 및 면직	**경찰청장의 제청**으로 국무총리를 거쳐 대통령이 한다.	

2) 경찰청장

① **경정 이하**의 경찰관의 임용 기출

② **총경의 전보 · 휴직 · 직위해제 · 강등 · 정직 · 복직**은 경찰청장이 행한다. 기출

③ 경찰청장은 경찰대학 · 경찰인재개발원 · 중앙경찰학교 · 경찰수사연수원 · 경찰병원 및 지방경찰청(소속기관 등)의 장에게 그 소속 경찰공무원 중 경정의 전보 · 파견 · 휴직 · 직위해제 및 복직에 관한 권한과 경감 이하의 임용권을 위임할 수 있다. 기출

④ 경찰청장은 경찰공무원의 정원의 조정 · 인사교류 또는 파견을 위하여 필요한 때에는 위임한 경우에도 임용권을 행사할 수 있다. 기출

3) 지방경찰청장 · 경찰인재개발원장 · 경찰병원장 · 중앙경찰학교장 · 경찰대학장 · 경찰수사연수원장

① **경찰청장의 권한을 위임**받아 소속 경찰관 중 경정의 전보 · 파견 · 휴직 · 직위해제 및 복직에 관한 권한과 경감 이하의 임용권자가 될 수 있다.

② 임용권의 위임을 받은 소속기관 등의 장은 경감 또는 경위를 신규채용하거나 경위 또는 경사를 승진시키고자 할 때에는 미리 경찰청장의 승인을 얻어야 한다. 기출

③ 지방경찰청장은 소속 경감 이하의 경찰공무원에 대한 당해 경찰서 안에서의 전보권을 **경찰서장에게 다시 위임**할 수 있다(경찰공무원임용령 제4조 제2항).

4) 경찰서장

지방경찰청장의 위임을 받아서 **경감 이하**의 당해 경찰서 내에서의 전보권을 가질 수 있다. 그러나 **경찰서장은 임명권(신규채용)은 갖지 못한다.** 기출

(3) 경찰공무원인사위원회(경찰공무원법 제4조, 경찰공무원임용령 제9조~제14조)

설 치	경찰청 소속 경찰공무원의 인사에 관한 중요 사항에 대하여 경찰청장의 자문에 응하게 하기 위하여 경찰청에 **경찰공무원인사위원회**를 두고, 해양경찰청 소속 경찰공무원의 인사에 관한 중요 사항에 대하여 해양경찰청장의 자문에 응하게 하기 위하여 해양경찰청에 **인사위원회**를 둔다. 인사위원회의 구성 및 운영에 필요한 사항은 대통령령으로 정한다.
구 성	위원장을 포함한 **5인 이상 7인 이하**의 위원으로 구성한다. 기출 해양경찰청에 두는 인사위원회의 위원장은 해양경찰청 인사담당국장이 되고, 위원은 해양경찰청 소속 **총경 이상**의 경찰공무원 중에서 해양경찰청장이 임명하며, 경찰청에 두는 인사위원회의 위원장은 경찰청 인사담당 국장이 되고, 위원은 경찰청 소속 총경 이상의 경찰공무원 중에서 경찰청장이 임명한다. 기출
위원장	위원장은 인사위원회를 대표하며, 인사위원회의 사무를 총괄한다. 위원장이 부득이한 사유로 직무를 수행할 수 없는 때에는 위원 중에서 최상위계급 또는 선임의 경찰공무원이 그 직무를 대행하다.
심의사항	① 인사행정에 관한 방침과 기준 및 기본계획에 관한 사항 ② 인사행정에 관한 법령의 제정·개정 또는 폐지에 관한 사항 ③ 그 밖에 경찰청장이 인사위원회의 회의에 부치는 사항 **기출 고충심사, 인사상담에 관한 사항, 승진심사에 관한 사항은 제외**
운 영	회의는 재적위원 과반수의 찬성으로 의결한다. 위원장은 인사위원회에서 심의된 사항을 지체 없이 경찰청장에게 보고하여야 한다.

4 경찰공무원 신분의 변동

(1) 경찰공무원 신분의 발생

1) 법적 성질

임명의 법적 성질은 쌍방적 행정행위로 보는 것이 통설·판례이다. 임명은 **상대방의 동의를 전제**로 하는 행정행위로서 상대방의 동의 없는 임명 행위는 무효이다.
(평등의 원칙, 실적주의 원칙, 적격자의 임용의 원칙)

2) 형식과 효력(경찰공무원임용령 제5조 제1항)

임용은 **임용장을 교부**함으로서 행하는 것이 원칙이나 임용장의 교부가 임용의 **유효요건은 아니다**. 임용시기는 임용장 또는 임용통지서에 기재된 일자에 임용된 것으로 본다. 다만, 사망으로 인한 면직은 사망한 **다음 날**에 면직된 것으로 본다. 기출

(2) 채용후보자

공개경쟁채용시험 등에 합격한 자는 임용권자 또는 임용제청권자에게 채용후보자 등록을 하여야 한다. 채용후보자 등록을 하지 아니한 자는 경찰공무원으로 임용될 의사가 없는 것으로 본다. 기출

1) 채용후보자 명부

① 경찰청장(임용권을 위임받은 자 포함)은 신규채용시험에 합격한 사람(경찰대학을 졸업한 사람과 경찰간부후보생을 포함)을 대통령령으로 정하는 바에 따라 **성적순위에 따라 채용후보자 명부에 등재**하여야 한다. 기출

② 경찰공무원의 신규채용은 채용후보자 명부의 등재 순위에 따른다. 다만, 채용후보자가 경찰교육기관에서 신임교육을 받은 경우에는 그 교육성적 순서에 따른다. 기출

③ 채용후보자 명부의 유효기간은 **2년의 범위**에서 대통령령으로 정한다. 다만, 경찰청장은 필요에 따라 1년의 범위에서 그 기간을 연장할 수 있다. 따라서 최장 유효기간은 **3년**이다. 기출

2) 자격상실

① 채용후보자가 임용 또는 임용제청에 불응한 때

② 채용후보자로서 받아야 할 **교육훈련**에 불응한 때

③ 채용후보자로서 받은 교육훈련성적이 **수료점수에 미달**되거나 교육훈련 중 질병·병역복무 기타 교육훈련을 계속할 수 없는 불가피한 사정 외의 사유로 퇴학처분을 받은 때 기출

(3) 신규채용 결격사유(경찰공무원법 제7조 제2항) 기출

① 대한민국 **국적**을 가지지 아니한 사람

② 「국적법」 제11조의2 제1항에 따른 **복수국적**자

③ **피성년후견인** 또는 피한정후견인

④ **파산**선고를 받고 복권되지 아니한 사람

⑤ **자격정지** 이상의 형(刑)을 선고받은 사람

⑥ 자격정지 이상의 형의 **선고유예**를 선고받고 그 유예기간 중에 있는 사람

⑦ 징계에 의하여 **파면 또는 해임**처분을 받은 사람

(4) 부정행위자에 대한 제재(경찰공무원법 제8조의2)

경찰청장은 경찰공무원의 채용시험 또는 경찰간부후보생 공개경쟁선발시험에서 부정행위를 한 응시자에 대하여는 해당 시험을 정지 또는 무효로 하고, 그 처분이 있은 날부터 **5년간 시험응시자격을 정지**한다. 기출

(5) 시보임용 기출

의 의	① 경찰관으로서의 적격성이 있는지를 확인하고 경찰실무를 습득하기 위해 일정 기간 동안 시험보직을 명하게 하는 제도로 기출 시험으로 알아내지 못한 점을 검토해보고 직무를 감당할 능력이 있는가를 알아보고 시험제도의 부족한 점을 보완하려는 것 기출 ② 시보임용기간 중에 있는 경찰공무원이 근무성적 또는 교육 훈련 성적이 불량할 때에는 면직시키거나 면직을 제청할 수 있다.
기 간	경정 이하 신규채용은 **1년** 시보로 임용하고, 1년이 된 **다음 날**에 정규 경찰공무원으로 임용한다. 기출 휴직기간 · 직위해제기간 및 징계에 의한 정직 또는 감봉처분을 받은 기간은 시보임용기간에 산입하지 않는다. 기출
예 외	① 경찰대학을 졸업한 사람 또는 경찰간부후보생으로서 정하여진 교육을 마친 사람을 경위로 임용하는 경우 기출 ② 경찰공무원으로서 대통령령으로 정하는 상위계급으로의 승진에 필요한 자격요건을 갖추고 임용예정 계급에 상응하는 공개경쟁 채용시험에 합격한 사람을 해당 계급의 경찰공무원으로 임용하는 경우 ③ 퇴직한 경찰공무원으로서 퇴직 시에 재직하였던 계급의 채용시험에 합격한 사람을 재임용하는 경우 기출 ④ 자치경찰공무원을 그 계급에 상응하는 경찰공무원으로 임용하는 경우 기출
면 직	임용권자 또는 임용제청권자는 시보임용 경찰공무원이 다음 사유에 해당하여 정규 경찰공무원으로 임용함이 부적당하다고 인정되는 경우에는 **정규임용심사위원회의 심사**를 거쳐 당해 시보임용 경찰공무원을 면직시키거나 면직을 제청할 수 있다. 기출 ① **징계사유**에 해당할 때 ② 교육훈련성적이 만점의 **6할 미만**이거나 생활기록이 극히 불량할 때 기출 ③ 제2평정요소에 대한 근무성적평정점이 만점의 **5할 미만**일 때

(6) 경찰공무원 관계의 변경

경찰공무원으로서의 신분을 유지하면서 직위 · 직급 · 직렬 등 경찰공무원 관계의 내용의 일부 또는 전부를 변경하는 것을 말한다.

1) 승진(동일직렬 내의 하위직급에서 상위직급으로 임용) 기출

종 류	시험승진(경정 이하), 심사승진(경무관 이하), 특별승진, 근속승진
승 진	경무관 이하 계급으로의 승진은 승진심사에 의하여 한다. 다만, 경정 이하 계급으로의 승진은 승진시험과 승진심사를 병행할 수 있다. 경정 이하 승진은 **시험(5할)**과 **심사(5할)**를 병행할 수 있다. 기출
근속승진	① 순경에서 경장(4년 이상 근속자) ② 경장에서 경사(5년 이상 근속자) ③ 경사에서 경위(6년 6개월 이상) ④ 경위에서 경감(10년 이상)
특별승진	**경위 이하**의 경찰공무원으로서 모든 경찰공무원의 귀감이 되는 공을 세우고 전사하거나 순직한 사람에 대하여는 2계급 특별승진시킬 수 있다(전사하거나 순직한 사람, 직무수행 중 현저한 공적).
승진 최저근무 연수	총경 **4년**, 경정 · 경감 **3년**, 경위 · 경사 **2년**, 경장 · 순경 **1년**이다. (휴직 · 직위해제 · 징계처분기간은 승진소요 최저근무연수에서 제외)
승진임용의 제한	① 징계의결요구 · 징계처분 · 직위해제 · 휴직 또는 **시보임용기간** 중에 있는 자 ② 징계처분의 집행이 끝난 날부터 다음에 따른 기간(금품 및 향응 수수, 공금의 횡령 · 유용에 따른 징계처분의 경우에는 각각 **3개월**을 더한 기간)이 지나지 아니한 사람 강등 · 정직- **18**개월, 감봉-**12**개월, 견책-**6**개월

2) 전 보

① **의의**: 경찰공무원의 동일 직위 및 자격 내에서의 근무기관이나 부서를 달리하는 임용으로 임용권자 또는 임용제청권자는 경찰공무원의 동일 직위에서의 장기 근무로 인한 **직무수행의 침체현상을 방지**하여 창의적이며 활력 있는 **직무성과의 증진**을 기하도록 하는 것

② **제한**: 임용권자 또는 임용제청권자는 소속 공무원을 당해 직위에 임용된 날부터 **1년** 이내(감사업무담당은 2년 이내)에 다른 직위에 전보할 수 없다.

③ **제한의 예외**

㉠ 직제상의 최저단위 보조기관(담당관을 포함)

㉡ 해양경찰청 및 경찰청과 소속기관 등 또는 소속기관 등 상호간의 교류

㉢ 기구의 개편, 직제 또는 정원의 변경으로 인한 해당 경찰공무원의 전보

㉣ 당해 경찰공무원을 승진시키는 경우

ⓜ **특수한 기술**을 가진 경찰공무원 또는 전문특기자를 당해 직무분야에 보직하는 경우
ⓗ **징계처분**을 받은 경우
ⓢ 형사사건에 관련되어 수사기관에서 **조사**를 받고 있는 경우
ⓞ 경찰기동대 기타 특수임무부서와의 정기적인 교체에 의하는 경우
ⓙ 교육훈련기관의 교수요원으로 보직하는 경우
ⓒ **시보**임용중인 경우
ⓚ 신규채용된 경찰공무원으로서 보직관리기준에 따라 순환보직 중인 자의 전보 및 이와 관련한 전보
ⓣ 감사담당 경찰공무원 가운데 부적격자로 인정되는 경우

3) **휴직**(국가공무원법 제71조)

① **직권휴직**: 공무원이 다음 각 호의 어느 하나에 해당하면 임용권자는 본인의 의사에도 불구하고 휴직을 명하여야 한다.
㉠ **신체 · 정신상의 장애**로 장기 요양이 필요할 때
㉡ 「병역법」에 따른 병역 복무를 마치기 위하여 징집 또는 소집된 때
㉢ 천재지변이나 전시 · 사변, 그 밖의 사유로 생사(生死) 또는 소재(所在)가 불명확하게 된 때
㉣ 그 밖에 법률의 규정에 따른 의무를 수행하기 위하여 직무를 이탈하게 된 때
㉤ 노동조합 전임자로 종사하게 된 때

② **의원휴직**
㉠ 국제기구, 외국 기관, 국내외의 대학 · 연구기관, 다른 국가기관 또는 대통령령으로 정하는 민간기업, 그 밖의 기관에 임시로 채용될 때
㉡ 국외 유학을 하게 된 때
㉢ **중앙인사관장기관의 장**이 지정하는 연구기관이나 교육기관 등에서 연수하게 된 때
㉣ 만 8세 이하 또는 **초등학교 2학년 이하**의 자녀를 양육하기 위하여 필요하거나 여성공무원이 임신 또는 출산하게 된 때
㉤ 사고나 질병 등으로 장기간 요양이 필요한 조부모, 부모(배우자의 부모를 포함한다), 배우자, 자녀 또는 손자녀를 간호하기 위하여 필요한 때. 다만, 조부모나 손자녀의 간호를 위하여 휴직할 수 있는 경우는 본인 외에는 간호할 수 있는 사람이 없는 등 대통령령 등으로 정하는 요건을 갖춘 경우로 한정한다.
㉥ 외국에서 근무 · 유학 또는 연수하게 되는 배우자를 동반하게 된 때

㉦ 대통령령 등으로 정하는 기간 동안 재직한 공무원이 직무 관련 연구과제 수행 또는 자기개발을 위하여 학습·연구 등을 하게 된 때

③ **효 력**

㉠ 휴직 중인 공무원은 신분은 보유하나 직무에 종사하지 못한다.

㉡ 휴직기간 중 그 사유가 없어지면 30일 이내에 임용권자 또는 임용제청권자에게 신고하여야 하며, 임용권자는 **지체 없이 복직**을 명하여야 한다. 기출

㉢ 휴직기간이 끝난 공무원이 **30일 이내**에 복귀 신고를 하면 당연히 복직된다.

4) 직위해제

① **사 유**

㉠ **직무수행 능력**이 부족하거나 **근무성적**이 극히 나쁜 자

㉡ **파면·해임·강등 또는 정직**에 해당하는 징계 의결이 요구 중인 자

㉢ **형사 사건**으로 기소된 자(약식명령이 청구된 자는 제외한다)

㉣ 고위공무원단에 속하는 일반직공무원으로서 제70조의2 제1항 제2호부터 제5호까지의 사유로 적격심사를 요구받은 자

㉤ 금품비위, 성범죄 등 대통령령으로 정하는 비위행위로 인하여 감사원 및 검찰·경찰 등 수사기관에서 조사나 수사 중인 자로서 비위의 정도가 중대하고 이로 인하여 정상적인 업무수행을 기대하기 현저히 어려운 자

② **원 칙**

㉠ 직위해제는 공무원에 대한 불이익한 처분이기는 하지만 징계처분과는 성질이 다르므로, 동일한 사유로 **직위해제와 징계처분을 병과**해도 일사부재리의 원칙에 위배된다 할 수 없다(대판 1983.5.24, 82누410). 기출

㉡ 임용권자는 직무수행능력이 부족하거나 근무성적이 극히 나빠 직위해제된 자에게 **3개월**의 범위에서 대기를 명한다. 대기명령 후 능력이나 근무성적 향상을 기대하기 어려운 경우에는 징계위원회의 동의를 얻어 직권면직시킬 수 있다.

㉢ 직위부여하지 아니한 경우에 그 직위해제의 사유가 소멸한 때에는 임용권자는 지체 없이 직위를 부여하여야 한다.

㉣ 직위해제된 사람은 직무에 종사하지 못하고 출근의무도 없다.

㉤ 직위해제된 사람에게는 봉급의 일부를 지급한다.

ⓐ 직무수행능력이 부족하거나 근무성적이 극히 나쁜자(봉급의 80% 지급)

ⓑ 파면·해임·강등·정직(중징계)에 해당하는 징계의결이 요구 중인 자, 형사사건으로 기소된 자(봉급의 70% 지급)

ⓒ 금품비위, 성범죄 등 비위행위로 인하여 정상적인 업무 수행을 기대하기 현저히 어려운자－봉급의 70%만 지급

ⓗ **직위해제기간은 승진소요 최저근무연수에 산입하지 않는 것이 원칙**이다. 다만 다음의 경우 직위해제기간은 승진소요 최저근무연수에 산입한다.

ⓐ 중징계로 징계의결요구되어 직위해제처분을 받은 사람에 대한 징계의결요구에 대하여 관할 징계위원회가 **징계하지 아니하기로 의결**한 경우와 해당직위해제처분의 사유가 된 징계처분이 소청심사위원회의 결정 또는 법원의 판결에 따라 무효 또는 취소로 확정된 경우

ⓑ 형사사건으로 기소되어 직위해제처분을 받은 사람의 처분 사유가 된 형사사건이 법원의 판결에 따라 **무죄로 확정**된 경우

대우공무원 기출

선 발	임용권자 또는 임용제청권자는 소속 경찰공무원 중 해당 계급에서 승진소요 **최저근무연수 이상 근무**하고 승진임용의 제한사유가 없으며 근무실적이 우수한 자를 바로 상위계급의 대우공무원으로 선발할 수 있다.
근무기간	대우공무원으로 선발되기 위해서는 승진소요 최저근무연수를 경과한 총경 이하 경찰공무원으로서 해당 계급에서 총경 · 경정은 **7년 이상**, 경감 이하는 **5년 이상** 근무하여야 한다.
선발 절차 및 시기	임용권자 또는 임용제청권자는 매분기 말 5일 전까지 대우공무원 발령일을 기준으로 하여 대우공무원 선발요건에 적합한 대상자를 결정하여야 하고, 그 다음 분기 첫달 1일(1월 1일, 4월 1일, 7월 1일, 10월 1일)에 일괄하여 대우공무원으로 발령하여야 한다.
수당지급	① 대우공무원에 대하여는 **공무원수당 등에 관한 규정**에서 정하는 바에 따라 수당을 지급할 수 있다(경찰공무원승진임용규정 제43조 제3항). ② 대우공무원으로 선발된 경찰공무원에 대하여는 공무원 수당 등에 관한 규정에 따라(예산범위에서 **월봉급액의 4.1%**) 대우공무원수당을 지급한다(경찰공무원승진임용규정시행규칙 제37조 제1항). ③ 대우공무원이 징계 또는 직위해제 처분을 받거나 휴직하여도 대우공무원 수당은 계속 지급한다. 다만, 공무원 수당 등에 관한 규정으로 정하는 바에 따라 대우공무원 수당을 감액하여 지급한다. 다만, 공무원 수당 등에 관한 규정으로 정하는 바에 따라 대우공무원 수당을 감액하여 지급한다(정직의 경우 정직기간 중 **수당액의 1/3 감액** 지급). 기출
자격상실	대우공무원이 상위계급으로 승진임용되는 경우에는 승진임용일자에, 강등되는 경우에는 강등일자에 대우공무원의 자격은 별도 조치 없이 당연히 상실된다.

5 경찰공무원 관계의 소멸

(1) 당연퇴직

임용권자의 의사와 관계없이 일정한 법정사유가 발생한 경우 별도의 행위를 기다릴 것 없이 당연히 경찰공무원 관계가 소멸하는 것으로 공무원 신분을 상실한 자가 사실상 공무원으로 근무하여 왔더라도 **공무원연금법상 퇴직급여를 청구할 수 없다**(판례).

당연퇴직은 다음의 사유가 해당한다.

① 대한민국**국적을 가지지 아니한** 자

② 국적법 제11조의 2 제1항에 따른 복수국적자

③ 피성년후견인 또는 피한정후견인

④ **파산자**로서 복권되지 아니한 자

⑤ **자격정지** 이상의 형의 선고를 받은 자

⑥ 징계에 의하여 파면 또는 해임의 처분을 받은 자

(2) 면직(공무원 관계의 소멸이 공무원 본인이나 임용권자의 의사에 따름)

1) 의원면직

경찰공무원 본인의 의사표시에 기초하여 임용권자가 이를 수리함으로써 경찰공무원관계를 소멸시키는 **쌍방적 행정행위**이다.

① **효과**: 의원면직의 효과는 서면에 의한 사직서를 제출하고 이를 임용권자가 **승인한 때 발생**한다. 따라서 공무원이 사직원을 제출하였다 하더라도 그것이 수리되기 전에 직장을 무단이탈하면 징계 및 형사책임의 원인이 된다(대판 1991.11.21, 19누3666).

② **판례**: 상사 등의 강요에 의해 반려될 것으로 기대를 하고 사직원을 제출한 경우 정식 수리되더라도 면직 처분은 **무효**－상사인 세무서장이 사직원 제출을 강력히 요구하므로 사직원을 제출할 의사가 없으면서 행정쟁송을 제기할 의사로 사직원을 제출하였다면 이에 기초한 면직처분은 무효

2) 일방적 면직

① **징계면직**: 공무원이 징계사유에 해당하는 경우 임용권자가 **징계절차를 거쳐** 공무원 신분을 박탈하는 것으로 파면과 해임이 있다.

② **직권면직** 기출: 법정사유가 있는 경우 공무원의 의사와 관계없이 **임용권자가 직권**으로 행하는 면직처분이다.

징계위원회 동의 필요	㉠ 직위해제되어 대기명령을 받은 자가 그 기간 중 능력 또는 근무성적의 향상을 기대하기 어렵다고 인정된 때 ㉡ 경찰공무원으로는 부적합할 정도로 직무 수행능력이나 성실성이 현저하게 결여된 사람 • 지능 저하 또는 판단력의 부족으로 경찰업무를 감당할 수 없는 경우 • 책임감의 결여로 직무수행에 성의가 없고 위험한 직무에 해당하여 고의로 직무수행을 기피 또는 포기하는 경우 ㉢ 직무를 수행하는 데 위험을 일으킬 우려가 있을 정도의 성격적 또는 도덕적 결함이 있는 사람 • 인격장애, 알코올·약물중독 그 밖의 정신장애로 인하여 경찰 업무를 감당할 수 없는 경우 기출 • 사행행위 또는 재산의 낭비로 인한 채무과다, 부정한 이성관계 등 도덕적 결함이 현저하여 타인의 비난을 받는 경우
징계위원회 동의 불필요 기출	㉠ 직제와 정원의 **개폐 또는 예산의 감소** 등에 의하여 폐직 또는 과원이 되었을 때 ㉡ 휴직기간 만료 또는 휴직사유가 소멸된 후에도 **직무에 복귀하지 아니하거나 직무를 감당할 수 없을 때** ㉢ 해당 경과에서 직무를 수행하는 데 필요한 **자격증의 효력이 상실**되거나 **면허가 취소**되어 담당직무를 수행할 수 없게 되었을 때

정년퇴직 기출

연령정년은 60세이고 각 계급에서 일정 기간동안 승진하지 못하면 계급정년으로 퇴직하게 된다. (치안감 4년, 경무관 6년, 총경 11년, 경정 14년)

① **수사·정보·외사·보안** 등 특수부문에 근무하는 경찰공무원으로서 대통령으로 정하는 바에 따라 지정을 받은 사람은 총경 및 경정의 경우에는 **3년의 범위**에서 대통령으로 정하는 바에 따라 계급정년을 연장할 수 있다. 기출

② 경찰청장은 전시·사변 기타 이에 준하는 비상사태 하에서는 **2년의 범위** 안에서 계급정년을 연장할 수 있다. 이 경우 경무관 이상은 행정안전부장관과 국무총리를 거쳐 대통령의 승인을 받아야 하고, 총경, 경정은 국무총리를 거쳐 대통령의 승인을 받아야 한다. 기출

③ 강등된 계급의 계급정년은 강등되기 전 계급 중 가장 높은 계급의 계급정년으로 한다. 기출

④ 계급정년을 산정할 때에는 강등되기 전 계급의 근무연수와 강등 이후의 근무연수를 합산한다.

⑤ 경찰공무원은 그 정년이 된 날이 1월에서 6월 사이에 있으면 6월 30일에 당연퇴직하고, 7월에서 12월 사이에 있으면 12월 31일에 당연퇴직 한다. 기출

⑥ 계급정년을 산정할 때 자치경찰공무원으로 근무한 경력이 있는 경찰공무원의 경우에는 그 계급에 상응하는 자치경찰공무원으로 근무한 연수를 산입한다.

6 경찰공무원의 권리와 의무

(1) 경찰공무원의 권리 기출

1) 신분상의 권리

신분 및 직위보유권	경찰공무원은 형의 선고, 징계처분 또는 국가공무원법 및 경찰공무원 법에서 정하는 사유에 의하지 아니하고는 그 의사에 반하여 그 신분 및 직위를 상실당하지 아니한다. 단, 치안정감 및 시보임용기간 중의 공무원은 원칙적으로 신분보장을 받지 못한다. **경찰청장은 2년의 임기**가 보장되고 해양경찰청장인 치안총감은 신분보장이 되지 않는다.
쟁송제기권	경찰공무원이 위법·부당하게 신분보장이 침해된 경우에 **소청심사위원회에 소청을 청구**할 수 있으며, 행정소송에 있어서는 일반적으로 경찰청장을 피고로 하지만, 임용권을 위임한 경우는 **그 위임받은 자를 피고**로 한다. 기출
장구사용권	수갑·경찰봉·포승·방패 등을 사용할 수 있는 권리(경찰관직무집행법)
무기휴대 및 사용권	무기휴대 및 사용은 경찰공무원의 권리일 뿐이며 의무는 아니다. 기출 무기**휴대**의 법적근거는 **경찰공무원법**, 무기**사용**의 법적근거는 **경찰관직무집행법**이다. 기출
제복착용권	제복착용권의 경우는 권리임과 동시에 의무에 해당한다. 기출 경찰공무원의 복제(服制)에 관한 사항은 **총리령 또는 행정안전부령**으로 한다. 기출

2) 재산상의 권리

① **보수청구권** 기출: 보수청구권은 사권(私權)으로 보아 민법에 의해 3년이라는 견해와 공권(公權)으로 보아 국가재정법에 의해 5년이라는 견해의 대립이 있으나, 판례는 **3년설**이다. 기출

보수의 압류는 **봉급액의 2/1 이내**로 제한되고, 보수청구권은 임의로 양도 또는 포기할 수 없다(퇴직 후에는 포기가능).

② **연금청구권**: 경찰공무원이 상당한 기간 근무하여 퇴직하거나 사망한 경우에 본인이나 유족은 공무원이 연금법이 정하는 바에 따라 연금을 지급받을 권리가 있다. 연금은 양도 또는 포기, 압류·담보의 제공 등이 불가능하다. 소멸시효는 **장기연금 5년**, **단기연금 3년**이다. 기출

③ 기타 권리

실비변상 청구권	공무집행상 특별한 비용을 요할 때에는 바로 실비변상을 받는다(양도·대리·포기 가능).
보급품수령권	제복 기타 물품의 실물대여를 받을 권리를 말한다.
보상청구권	㉠ 경찰공무원이 질병·부상·폐질·퇴직·사망 또는 재해를 입으면 본인 또는 그 유족에게 법률이 정하는 바에 따라 적절한 급여를 지급한다(국가공무원법 제77조). ㉡ 경찰공무원으로서 전투 조는 이에 준하는 직무수행으로 인하여 상이(傷痍)를 입은 자와 사망한 자의 유족은 「국가유공자예우 및 지원에 관한 법률」 및 「공무원연금법」에 의하여 예우를 받는다.

(2) 경찰공무원의 의무 기출

1) 일반적 의무

선서의무	경찰공무원은 취임시 소속기관장 앞에서 선서하여야 한다. 다만, 불가피한 사유가 있을 때에는 취임 후에 선서를 할 수 있다(국가공무원법 제55조).
성실의무	모든 공무원은 성실히 직무를 수행해야 한다(국가공무원법 제56조). 모든 의무의 원천이 되는 기본적 의무이다. 기출

2) 신분상 의무

① **비밀엄수의 의무**: 실질적으로 비밀로서 보호할 가치가 있는 것만이 비밀에 해당한다는 견해이다(실질적－통설·판례). 실질적으로 비밀의 내용은 공무원 본인이 취급한 직무에 관한 비밀뿐만 아니라 직무상 이와 관련하여 알게 된 비밀도 포함한다. 기출 비밀엄수의무의 위반은 징계사유가 됨은 물론이고 법령에 의한 직무상 비밀을 누설한 경우에는 형사상의 **피의사실공표죄 및 공무상 비밀누설죄**를 구성하여 처벌받게 된다(퇴직 후에도 형사처벌은 가능). 기출

② **청렴의 의무**(국가공무원법 제61조 제2항). 기출: 공무원은 직무와 관련하여 직접적이든 간접적이든 사례·증여 또는 향응을 주거나 받을 수 없다(국가공무원법 제61조 제1항). 기출 공무원은 직무상의 관계가 **있든 없든** 그 소속 상관에게 증여하거나 소속 공무원으로부터 증여를 받아서는 아니 된다.

③ **영예 등 제한**(국가공무원법 제62조): 경찰공무원은 외국정부로부터 영예(榮譽) 또는 증여를 받는 경우에는 대통령의 허가를 얻어야 한다. 기출

④ **품위유지의무**(국가공무원법 제63조): 경찰공무원은 직무의 내외를 불문하고 그 품위를 손상하는 행위를 하여서는 안 된다. 기출 품위란 국민의 수임자로서 직책을 맡아 수행하는 데 손색이 없는 인품으로 축첩(蓄妾), 도박, 마약, 알코올중독 등이 품위유지의무 위반에 해당한다.

⑤ **정치운동의 금지**(국가공무원법 제65조): 경찰공무원은 정당이나 그 밖의 정치단체의 결성에 관여하거나 이에 가입하는 것을 비롯하여 선거에 있어서 특정 정당 또는 특정인을 지지 또는 반대하기 위한 다음의 행위를 하여서는 아니 된다. 기출 정치운동금지를 위반한 사람은 3년 이하의 징역과 3년 이하의 자격정지에 처하고, 그 죄에 대한 공소시효의 기간은 10년으로 한다.

㉠ **투표**를 하거나 하지 아니하도록 권유 운동을 하는 것
㉡ **서명 운동**을 기도(企圖)·주재(主宰)하거나 권유하는 것
㉢ 문서나 도서를 공공시설 등에 게시하거나 게시하게 하는 것
㉣ **기부금**을 모집 또는 모집하게 하거나, 공공자금을 이용 또는 이용하게 하는 것
㉤ 타인에게 정당이나 그 밖의 정치단체에 가입하게 하거나 가입하지 아니하도록 권유운동을 하는 것

⑥ **집단행동 금지의무**(국가공무원법 제66조): 경찰공무원은 **노동 3권(단결권, 단체교섭권, 단체행동권)이 제약**되고, 공무원은 노동운동이나 그 밖에 공무 외의 일을 위한 집단 행위를 하여서는 아니 된다. 다만, 사실상 노무에 종사하는 공무원은 예외로 한다. 기출 사실상 노무에 종사하는 공무원으로서 노동조합에 가입된 자가 조합 업무에 전임하려면 소속장관의 허가를 받아야 한다(위반시 2년이하의 징역 또는 200만원 이하의 벌금).

⑦ **재산등록의무 및 공개의무**(공직자윤리법 제10조): 국가경찰공무원 중 **경정, 경감, 경위, 경사와 자치경찰공무원 중 자치경정, 자치경감, 자치경위, 자치경사**는 재산등록 의무자이다. 치안감 이상의 경찰공무원 및 특별시·광역시·도·특별자치도의 지방경찰청장은 재산공개 의무자이다. 기출

3) 직무상의 의무

① **법령준수의무**(국가공무원법 제56조)

㉠ 경찰공무원은 법령을 준수하며 성실히 직무를 수행하여야 한다.
㉡ 경찰공무원은 적법한 외관을 갖춘 한 해당법령을 준수할 의무가 있다.
㉢ 경찰공무원이 법령에 위반하면 **위법행위로서 무효 또는 취소의 원인**이 된다.
㉣ 경찰공무원이 법령에 위반하면 징계책임뿐만 아니라 형사책임과 민사책임을 진다.

② **복종의 의무**(국가공무원법 제57조)

㉠ 정당한 권한 있는 소속상관의 직무상 명령에 복종하여야 하며, 정당한 사유 없이 그 명령을 거부해서는 아니 된다. 직무상 명령에는 직무집행에 직접 관계되는 것뿐만 아니라 직무집행과 간접적으로 관련되는 복장·두발 등도 대상이다. 직무와 관련 없는 **사생활에까지 미치는 것은 아니다.** 기출

㉡ 직무명령에 대한 위반의 경우 위법은 아니지만 공무원 관계의 의무위반으로서 징계사유가 된다. 직무상 명령을 수행하는 것이 명백히 범죄 등의 불법이 되는 경우는 당연무효이므로 복종할 의무가 없다. 만약, 거부하지 않고 **복종하면 그 결과에 대한 법적 책임을 진다.**

③ **친절·공정의 의무**(국가공무원법 제59조): 공무원은 국민 전체의 봉사자로서 친절하고 공정하게 직무를 수행하여야 한다. 기출
친절·공정의 의무는 **법적인 의무**이다.

④ **종교중립의무**(국가공무원법 제59조의2): 공무원은 종교에 따른 차별없이 직무를 수행하여야 한다. 공무원은 소속 상관이 종교중립의무에 위배되는 직무상 명령을 한 경우에는 이에 따르지 아니할 수 있다.

⑤ **직무전념의 의무**(국가공무원법 제58조, 제64조)

직장이탈금지 의무	공무원은 **소속 상관의** 허가 또는 정당한 사유가 없으면 직장을 이탈하지 못한다. 기출 수사기관이 공무원을 구속하려면 그 **소속기관의 장**에게 미리 통보하여야 한다. 다만, 현행범은 그러하지 아니하다. 기출
영리업무금지 의무	공무 외에 영리를 목적으로 하는 업무에 종사하지 못한다. 기출 (소속기관장의 허가받아도 못함)
겸직금지의무	소속기관장의 허가 없이 다른 직무를 겸할 수 없다. 기출

⑥ **경찰공무원법상 직무상 의무**(경찰공무원법 제18조~제20조) 기출

거짓보고 등의 금지	경찰공무원은 직무에 관하여 거짓으로 보고나 통보를 하여서는 아니 된다. 경찰공무원은 직무를 게을리 하거나 유기해서는 아니 된다.
지휘권남용 등의 금지	전시·사변, 그 밖에 이에 준하는 비상사태이거나 작전수행 중인 경우 또는 많은 인명 손상이나 국가재산 손실의 우려가 있는 위급한 사태가 발생한 경우, 경찰공무원을 지휘·감독하는 사람은 정당한 사유 없이 그 직무 수행을 **거부 또는 유기하거나 경찰공무원을 지정된 근무지에서 진출·퇴각 또는 이탈하게 하여서는 아니 된다.**
제복착용의 의무	경찰공무원은 **제복**을 착용하여야 한다.

경찰공무원복무규정(대통령령)

제3장 복무등

제8조【지정장소 외에서의 직무수행금지】 경찰공무원은 상사의 허가를 받거나 그 명령에 의한 경우를 제외하고는 직무와 관계없는 장소에서 직무수행을 하여서는 아니 된다. 기출

제9조【근무시간 중 음주금지】 경찰공무원은 근무시간중 음주를 하여서는 아니된다. 다만, 특별한 사정이 있는 경우에는 예외로 하되, 이 경우 주기가 있는 상태에서 직무를 수행하여서는 아니 된다. 기출

제10조【민사분쟁에의 부당개입금지】 경찰공무원은 직위 또는 직권을 이용하여 부당하게 타인의 민사분쟁에 개입하여서는 아니 된다. 기출

제11조【상관에 대한 신고】 경찰공무원은 신규채용·승진·전보·파견·출장·연가·교육훈련기관에의 입교 기타 신분관계 또는 근무관계 또는 근무관계의 변동이 있는 때에는 소속상관에게 신고를 하여야 한다.

제12조【보고 및 통보】 경찰공무원은 치안상 필요한 상황의 보고 및 통보를 신속·정확·간결하게 하여야 한다.

제13조【여행의 제한】 경찰공무원은 휴무일 또는 근무시간 외에 2시간 이내에 직무에 복귀하기 어려운 지역으로 여행을 하고자 할 때에는 **소속 경찰기관의 장에게 신고**를 하여야 한다. 다만, 치안상 특별한 사정이 있어 경찰청장, 해양경찰청장 또는 경찰기관의 장이 지정하는 기간 중에는 소속 경찰기관의 장의 허가를 받아야 한다. 기출

제18조【포상휴가】 경찰기관의 장은 근무성적이 탁월하거나 다른 경찰공무원의 모범이 될 공적이 있는 경찰공무원에 대하여 1회 10일 이내의 포상휴가를 허가할 수 있다. 이 경우의 포상휴가기간은 연가일수에 산입하지 아니한다. 기출

제19조【연일근무자 등의 휴무】 경찰기관의 장은 특별한 사정이 없는 한 다음과 같이 휴무를 허가하여야 한다.

1. 연일근무자 및 공휴일근무자에 대하여는 그 다음 날 1일의 휴무
2. 당직 또는 철야근무자에 대하여는 다음 날 오후 2시를 기준으로 하여 오전 또는 오후의 휴무

7 경찰공무원의 책임

경찰공무원이 그 의무에 위반함으로써 **법률의 제재 또는 불이익**을 받게 되는데 경찰은 행정상책임(징계책임, 변상책임), 형사상책임(형법상의 책임, 경찰형벌상의 책임), 민사상책임(손해배상책임)을 지게 되고 징계처분은 철회가 제한된다(불가변력 발생).

(1) 징계책임 기출

공무원의 의무위반이 있는 경우 또는 비행이 있는 경우 **공무원 내부관계의 질서유지를 위하여** 특별권력에 의해 과해지는 제재이다. 기출

1) 징계권자

징계권자는 임용권자가 되는 것이 원칙으로 경찰공무원의 징계는 징계위원회의 의결을 거쳐 징계위원회가 설치된 소속기관의 장이 행하되, 국가공무원법에 의하여 국무총리 소속하에 설치된 징계위원회에서 의결한 징계는 **경찰청장이 행한다**. 다만, 파면·해임·강등 및 정직은 징계위원회의 의결을 거쳐 당해 경찰공무의 임용권자가 행하되, 경정 이상의 파면 및 해임은 **경찰청장의 제청**으로 행정안전부장관과 국무총리를 거쳐 대통령이 한다. 기출

① **경찰청 소속** 경무관 이상의 강등 및 정직과 경정 이상의 파면 및 해임은 **경찰청장의 제청**으로 행정안전부장관과 국무총리를 거쳐 대통령이 한다. 기출

② **해양경찰청 소속** 경무관 이상의 강등 및 정직과 경정 이상의 파면 및 해임은 **해양경찰청장의 제청**으로 국무총리를 거쳐 대통령이 한다. 기출

③ 총경 및 경정의 강등 및 정직은 경찰청장이 한다.

2) 징계의 사유(국가공무원법 제78조) 기출

① 「국가공무원법」에 따른 명령을 위반한 경우

② 직무상의 의무(다른 법령에서 공무원의 신분으로 인하여 부과된 의무를 포함한다)를 위반하거나 직무를 태만히 한 때

③ 직무의 내외를 불문하고 그 체면 또는 위신을 손상하는 행위를 한 때 징계사유는 고의·과실의 유무와 관계없이 성립한다.

3) 징계의 종류 기출

중징계	파 면	① 경찰관의 신분박탈, **향후 경찰관 임용 불가**. 향후 **5년**간 일반 공무원 임용 제한 ② 퇴직급여 제한(재직기간 5년 미만: **1/4 감액**지급, 재직기간 5년 이상: **1/2 감액**지급) ③ 퇴직수당 제한－재직기간과 상관없이 1/2 감액지급 기출
	해 임	① 경찰관의 신분박탈, **향후 경찰관 임용 불가**. 향후 **3년**간 일반 공무원 임용 제한 ② 퇴직급여 제한받지 않음(단, 금품·향응수수, 공금횡령·유용 등으로 해임된 경우는 퇴직급여 제한: 5년 미만 근무자는 **1/8 감액**, 5년 이상 근무자는 **1/4 감액**지급) 기출 ③ 퇴직수당 제한 받지 않음(단, 금품·향응수수, 공금횡령·유용 등으로 해임된 경우는 퇴직수당 제한받음: 재직기간과 상관없이 **1/4 감액**지급)

중징계	강 등	① 1계급 아래로 직급을 내리고 공무원신분은 보유하나 **3개월간 직무에 종사하지 못하며 그 기간 중 보수는 전액을 감**한다. 기출 ② 기간종료일로부터 **18개월**간 승진·승급 제한 기출 ③ 금품·향응수수, 공금횡령·유용, 성폭력·성희롱 및 성매매는 21개월 승진·승급 제한
	정 직	① **1개월 이상 3개월 이하**의 기간 직무정지 기출 ② 정직기간 중 **보수는 전액을 감한다.** 기출 ③ 정직기간 종료일로부터 **18개월**간 승진·승급 제한 ④ 금품·향응수수, 공금횡령·유용, 성폭력·성희롱 및 성매매는 **21개월** 승진·승급 제한
경징계	감 봉	① **1월 이상 3월 이하**의 기간 기출 ② 보수의 **3분의 1 감액** 기출 ③ 감봉기간 종료일로부터 **12개월**간 승진·승급 제한 ④ 금품·향응수수, 공금횡령·유용, 성폭력·성희롱 및 성매매는 **15개월** 승진·승급 제한
	견 책	① 과실에 대하여 훈계하고 회개하게 하는 처분 기출 ② 보수는 전액지급 ③ 집행일로부터 6개월간 승진·승급 제한 ④ 금품·향응수수, 공금횡령·유용, 성폭력·성희롱 및 성매매는 9개월 승진·승급 제한

징계벌과 형사벌 기출

징계벌과 형사벌은 목적이 다르므로 **양자를 병과해도 일사부재리 원칙에 반하는 것이 아니다.** 기출 수사기관과 감사원은 수사나 조사를 개시한 때와 이를 종료한 때에는 10일 이내에 소속기관장의 징계 당해 사실을 통보해야 한다. 기출 임용권자나 임용제청권자는 심사승진후보자 명부에 기록된 사람이 승진임용되기 전에 정직 이상의 징계처분을 받은 경우에는 심사승진후보자 명부에서 그 사람을 제외하여야 한다(경찰공무원 승진임용 규정 제24조 제3항).

4) 징계절차

① 징계처분은 경찰기관장의 요구에 의해 **징계위원회의 의결**을 거쳐 징계위원회가 설치된 소속기관의 장이 행한다.

② **경찰기관장의 요구**

㉠ 경찰기관장은 소속 경찰공무원이 징계사유가 있다고 인정한 때와 하급기관으로부터 징계의결요구에 대한 신청을 받은 때에는 **지체 없이 관할 징계위원회를 구성하여 징계 의결을 요구**하여야 한다.

㉡ 경찰기관의 장은 그 소속 경찰공무원에 대한 징계 등 사건이 상급경찰기관에 설치된 징계위원회의 관할에 속한 경우에는 그 **상급경찰기관의 장에게 의결의 요구**를 신청하여야 한다.

㉢ 징계 등 의결 요구 또는 그 신청은 징계 사유에 해당하는 사실을 충분히 조사한 후에 징계 등 의결 요구서 또는 징계등 의결 요구 신청서로 하되, 중징계 또는 경징계로 구분하여 요구하거나 신청하여야 한다.

㉣ 경찰기관장이 징계의결을 요구하는 경우에는 징계의결요구서 사본을 징계심의대상자에게 송부하여야 한다. 다만, 징계심의대상자가 그 수령을 거부하는 경우에는 그러하지 아니한다.

㉤ 경찰기관의 장은 그 소속이 아닌 경찰공무원에게 징계 사유가 있다고 인정될 때에는 해당 경찰기관의 장에게 그 사실을 증명할 만한 충분한 사유를 명확히 밝혀 통지하며, 통지받은 경찰기관의 장은 타당한 이유가 없으면 통지를 받은 날부터 **30일 이내** 관할 징계위원회에 징계등 의결을 요구하거나 그 상급 경찰기관의 장에게 징계등 의결의 요구를 신청하여야 한다(경찰공무원징계령 제10조). 기출

㉥ **징계의 소멸시효**: 징계의결이 요구는 원칙적으로 징계사유가 발생한 때부터 **3년**, 금품 및 향응수수, 공금의 횡령·유용의 경우는 **5년**을 경과하면 행하지 못한다(징계부가금도 동일).

③ 징계위원회의 의결 기출

㉠ 징계처분은 반드시 징계위원회의 의결을 거쳐서 행해야 하며, 징계위원회의 의결을 거치지 않고 행한 징계처분은 무효이다.

㉡ 징계위원회가 징계등 심의 대상자의 출석을 요구할 때에는 출석 통지서로 하되, 징계위원회 개최일 **3일 전까지** 그 징계등 심의 대상자에게 도달되도록 하여야 한다. 기출

㉢ 징계위원회는 출석 통지를 하였음에도 불구하고 징계등 심의 대상자가 정당한 사유없이 출석하지 아니하였을 때에는 그 사실을 기록에 분명히 적고 서면심사로 징계등 의결을 할 수 있다.

㉣ 징계등 심의 대상자의 소재가 분명하지 아니할 때에는 출석 통지를 **관보에 게재**하고, 그 게재일부터 **10일이 지나면 출석 통지가 송달**된 것으로 보며, 징계등 의결을 할 때에는 관보 게재의 사유와 그 사실을 기록에 분명히 적어야 한다. 기출

03

㉤ 심문과 진술권: 징계의결시 징계대상자 또는 대리인에게 출석 및 의견진술의 기회를 부여해야 하며, 징계위원회는 출석한 징계등 심의 대상자에게 징계 사유에 해당하는 사실에 관한 심문을 하고 심사를 위하여 필요하다고 인정될 때에는 관계인을 출석하게 하여 심문할 수 있다.

㉥ 의결기한(경찰공무원징계령 제11조): 징계등 의결 요구를 받은 징계위원회는 그 요구서를 받은 날부터 **30일 이내**에 징계등에 관한 의결을 하여야 한다. 다만, 부득이한 사유가 있을 때에는 해당 징계등 의결을 요구한 경찰기관의 장의 승인을 받아 **30일 이내의 범위에서 그 기간을 연장**할 수 있다. 감사원이나 수사기관의 조사·수사개시 통지에 따라 중지되었을 때에는 그 중지된 기간은 징계등 의결기한에서 제외한다.

㉦ 의결정족수: 징계위원회의 의결은 위원장을 포함한 위원 **과반수(과반수가 3명 미만인 경우에는 3명 이상)의 출석과 출석위원 과반수의 찬성**으로 의결한다. 의견이 나뉘어 출석위원 과반수의 찬성을 얻지 못한 경우에는 출석위원 과반수가 될 때까지 징계등 심의 대상자에게 가장 불리한 의견을 제시한 위원의 수를 그 다음으로 불리한 의견을 제시한 위원의 수에 차례로 더하여 그 의견을 합의된 의견으로 본다.

④ **징계양정**(경찰공무원 징계양정 등에 관한 규칙 제4조~제5조) 기출

본인 정상참작사유	① 과실로 인하여 발생한 의무위반행위가 다른 법령에 의해 처벌사유가 되지 않고 **비난 가능성이 없는 때** ② 국가 또는 공공의 이익을 증진하기 위해 성실하고 능동적으로 업무를 처리하는 과정에서 부분적인 절차상 하자 또는 비효율, 손실 등의 잘못이 발생한 때 ③ **업무매뉴얼**에 규정된 직무상의 절차를 충실히 이행한 때 기출 ④ 의무위반행위의 발생을 방지하기 위해 최선을 다하였으나 부득이한 사유로 결과가 발생하였을 때 ⑤ 간첩 또는 사회이목을 집중시킨 중요사건의 범인을 검거한 공로가 있을 때 기출
감독자문책시 정상참작사유	① 부하직원의 의무위반행위를 사전에 발견하여 적법 타당하게 조치한 때 기출 ② 부하직원의 의무위반행위가 감독자 또는 행위자의 비번일, 휴가기간, 교육기간 등에 발생하거나, 소관업무와 직접 관련 없는 등 감독자의 실질적 감독범위를 벗어났다고 인정된 때 기출 ③ 부임기간이 1개월 미만으로 부하직원에 대한 실질적인 감독이 곤란하다고 인정된 때

감독자문책시 정상참작사유	④ 교정이 불가능하다고 판단된 부하직원의 사유를 명시하여 인사상 조치(전출 등)를 상신하는 등 성실히 관리한 이후에 같은 부하직원이 의무위반행위를 야기하였을 때 기출 ⑤ 기타 부하직원에 대하여 평소 철저한 교양감독 등 감독자로서의 임무를 성실히 수행하였다고 인정된 때

5) **징계의 집행**(경찰공무원징계령 제18조, 제19조)

① **경징계**: 징계등 의결을 요구한 자는 경징계의 징계등 의결을 통지받았을 때에는 통지받은 날부터 **15일 이내**에 징계등을 집행하여야 한다. 기출 징계등 의결을 요구한 경찰기관의 장은 경징계의 징계등 의결을 집행하였을 때에는 지체 없이 그 결과에 의결서의 사본을 첨부하여 해당 임용권자에게 보고하고, 징계등 처분을 받은 사람의 소속 경찰기관의 장에게 통지하여야 한다.

② **중징계**: 징계등 의결을 요구한 자는 중징계의 징계등 의결을 통지받았을 때에는 지체 없이 징계등 처분 대상자의 임용권자에게 의결서 정본을 보내어 해당 징계등 처분을 제청하여야 한다. 다만, 경무관 이상의 강등 및 정직, 경정 이상의 파면 및 해임 처분의 제청, **총경 및 경정의 강등 및 정직의 집행은 경찰청장**이 한다. 중징계 처분의 제청을 받은 임용권자는 **15일 이내**에 의결서 사본에 처분 사유 설명서를 첨부하여 징계등 처분 대상자에게 보내야 한다.

6) **징계위원회**(의결기관) 기출

경무관 이상의 경찰공무원에 대한 징계의결은 「국가공무원법」에 따라 국무총리 소속으로 설치된 징계위원회에서 한다. 기출 총경 이하의 경찰공무원에 대한 징계의결을 하기 위하여 대통령령으로 정하는 경찰기관 및 해양경찰관서에 경찰공무원 징계위원회를 둔다. 기출 경찰공무원 징계위원회의 구성·관할·운영, 징계의결의 요구 절차, 그 밖에 필요한 사항은 **대통령령**으로 정한다.

국무총리 소속 중앙징계위원회	**경무관** 이상 경찰공무원에 대한 징계등 의결 기출
경찰관 중앙징계위원회	**총경 및 경정**에 대한 징계등 의결로 해양경찰청 및 경찰청에 설치 기출
경찰관 보통징계위원회	해당 징계위원회가 설치된 경찰기관 소속 경감 이하 경찰공무원에 대한 징계등 사건을 심의·의결. 기출 다만, 다음 각 호의 기관에 설치된 보통징계위원회는 각 호의 구분에 따른 경찰공무원에 대한 징계등 사건을 심의·의결한다.

경찰관 보통징계위원회	① **경정 이상**의 경찰공무원을 장으로 하는 경찰서, 경찰기동대 · 해양경찰서 등 총경 이상의 경찰공무원을 장으로 하는 경찰기관 및 정비창: 소속 경위 이하의 경찰공무원 ② 의무경찰대 및 경비함정 등 경찰청장 또는 해양경찰청장이 지정하는 경감 이상의 경찰공무원을 장으로 하는 경찰기관: 소속 경사 이하의 경찰공무원 기출 ③ 경찰청, 해양경찰청, 지방경찰청, 지방해양경찰청, 경찰대학, 경찰인재개발원, 중앙경찰학교, 경찰수사연수원, 해양경찰인재개발원, 경찰병원, 경찰서, 경찰기동대, 의무경찰대, 해양경찰서, 해양경찰정비창, 경비함정 및 경찰청장(해양경찰청 소속 경찰공무원에 관한 사항의 경우에는 해양경찰청장)이 지정하는 경감 이상의 경찰공무원을 장으로 하는 기관에 둔다. 기출
관련사건의 관할	① 상위 계급과 하위 계급의 경찰공무원이 관련된 징계등 사건은 관할하는 징계위원회에서 심의 · 의결한다. 다만, 상위 계급의 경찰공무원이 감독상 과실책임만으로 관련된 경우에는 관할 징계위원회에서 각각 심의 · 의결할 수 있다. ② 상급 경찰기관과 하급 경찰기관에 소속된 경찰공무원이 관련된 징계등 사건은 상급 **경찰기관에 설치된 징계위원회**에서 심의 · 의결 ③ 소속이 다른 2명 이상의 경찰공무원이 관련된 징계등 사건으로서 관할 징계위원회가 서로 다른 경우에는 **모두를 관할하는 바로 위 상급 경찰기관에 설치된 징계위원회**에서 심의 · 의결 기출

① 구 성

㉠ 징계위원회의 위원은 징계등 심의 대상자보다 상위 계급인 경위 이상의 소속 경찰공무원 또는 상위 직급에 있는 6급 이상의 소속 공무원 중에서 경찰기관의 장이 임명한다. 기출

㉡ 다만, 보통징계위원회의 경우 징계등 심의 대상자보다 상위 계급인 경위 이상의 소속 경찰공무원 또는 상위 직급에 있는 6급 이상의 소속 공무원의 수가 제3항에 따른 민간위원을 제외한 위원 수에 미달되는 등의 사유로 보통징계위원회를 구성하는 것이 곤란한 경우에는 징계등 심의 대상자보다 상위 계급인 경사 이하의 소속 경찰공무원 또는 상위 직급에 있는 7급 이하의 소속 공무원 중에서 임명할 수 있으며, 이 경우에는 **3개월 이하의 감봉 또는 견책**에 해당하는 징계등 사건만을 심의 · 의결한다(경찰공무원징계령 제6조 제2항).

민간위원	위원장을 제외한 위원 수의 2분의 1 이상을 민간위원으로 위촉하여야 하고, 위촉되는 민간위원의 임기는 2년, 한차례만 연임할 수 있다. 1. 중앙징계위원회 가. 법관·검사 또는 변호사로 10년 이상 근무한 사람 나. 대학에서 경찰 관련 학문을 담당하는 정교수 이상으로 재직 중인 사람 다. 총경 이상의 경찰공무원으로 근무하고 퇴직한 사람 2. 보통징계위원회 가. 법관·검사 또는 변호사로 5년 이상 근무한 사람 나. 대학에서 경찰 관련 학문을 담당하는 부교수 이상으로 재직 중인 사람 다. 경찰공무원으로 20년 이상 근속하고 퇴직한 사람

② **위원장** 기출: 위원 중 최상위 계급에 있거나 최상위 계급에 먼저 승진임용된 경찰공무원이 되고, 위원장이 부득이한 사유로 직무를 수행할 수 없을 때에는 출석한 위원 중 최상위계급에 있거나 최상위 계급에 먼저 승진임용된 경찰공무원이 위원장이 된다.

7) 징계에 대한 구제

① **소청** 기출: 징계처분을 받은 자는 **처분사유설명서를 받은 날로부터 30일 이내**에 소청심사위원회에 심사를 청구할 수 있다.

② **행정소송**(경찰공무원법 제28조): 소청심사위원회의 결정에 불복이 있으면 행정법원에 행정소송을 제기할 수 있고 **경찰청장이 피고**가 된다. 임용을 위임한 때에는 그 위임을 받은 자를 피고로 한다.

(2) 재징계의결요구

1) 사 유

처분권자는 다음에 해당하는 사유로 소청심사위원회 또는 법원에서 징계처분의 무효 또는 취소의 결정이나 판결을 받은 경우에는 다시 징계의결을 요구하여야 한다. 다만, ③의 사유로 무효 또는 취소의 결정이나 판결을 받은 감봉·견책처분에 대하여는 징계의결을 요구하지 아니할 수 있다.

① 법령의 적용, 증거 및 사실 조사에 **명백한 흠**이 있는 경우

② 징계위원회의 구성 또는 징계의결, 그 밖에 절차상의 흠이 있는 경우

③ 징계양정이 과다한 경우

2) 기간

처분권자는 재징계의결을 요구하는 경우에는 소청심사위원회의 결정 또는 법원의 판결이 확정된 날부터 **3개월 이내**에 관할 징계위원회에 징계의결을 요구하여야 하며, 관할 징계위원회에서는 다른 징계사건에 우선하여 징계에 관한 의결을 하여야 한다.

(3) 변상책임

경찰공무원이 직무를 집행함에 고의 또는 과실로 법령에 위반하여 타인에게 손해를 가한 경우에는 국가가 손해를 배상할 책임을 진다. 국가는 경찰공무원에게 **고의 또는 중과실**이 있는 경우 구상권을 행사할 수 있다. 공공의 영조물의 설치 관리의 하자로 인해 손해가 발생한 경우 국가는 피해자에게 손해를 배상할 책임이 있으나 경찰공무원에게 **원인에 대한 책임**이 있을 때 그 공무원에게 구상할 수 있다.

(4) 민 · 형사책임

직무수행 중 불법행위로 타인에게 손해를 끼친 경우 국가배상법에 의해 국가가 피해자에게 배상하고 경찰공무원의 **고의나 중과실**의 경우 **구상권**을 행사하는 것은 경찰공무원의 민사상배상책임을 인정한 것이다.

8 경찰공무원의 권익보장

경찰공무원의 권익보장을 위해 처분사유설명서 교부, 고충심사. 소청심사, 행정소송 등을 할 수 있고 공무원의 의사에 반하여 파면, 해임, 면직처분을 하면 처분이 있은 날로부터 **40일 이내** 후임자의 발령을 하지 못하도록 권익보장을 하고 있다.

(1) 처분사유설명서의 교부(국가공무원법 제75조)

공무원에 대하여 징계처분 등을 할 때나 강임 · 휴직 · 직위해제 또는 면직처분을 할 때에는 그 처분권자 또는 처분제청권자는 처분사유를 적은 설명서를 교부(交付)하여야 한다. 다만, 본인의 원(願)에 따른 강임 · 휴직 또는 면직처분은 그러하지 아니하다. 처분사유설명서 교부제도는 **사전적 구제절차**로서의 의미를 갖는다. 기출

03

(2) 고충심사(경찰공무원법)

의 의	공무원은 **누구나** 인사·조직·처우 등 **각종 직무 조건과 그 밖에 신상 문제**에 대하여 인사 상담이나 고충심사를 청구할 수 있으며, 이를 이유로 불이익한 처분이나 대우를 받지 아니한다.
심사기관	① 중앙고충 심사위원회: 경찰공무원 고충심사위원회의 심사를 거친 **재심청구**와 **경정이상의** 경찰공무원의 인사상담 및 고충심사. 기출 ② 경찰공무원 고충심사 위원회: 경찰공무원의 인사상담 및 고충을 심사하기 위해 경찰청, 해양경찰청, 지방경찰청, 대통령령으로 정하는 경찰기관 및 지방해양경찰관서에 경찰공무원 고충심사위원회를 둔다. 경찰공무원고충심사위원회는 위원장1인을 포함한 **5인 이상 7인** 이하의 위원으로 구성하되, 위원장과 위원은 청구인보다 상위계급 소속 경찰공무원중에서 설치기관의 장이 임명한다. 고충심사의 결정은 **재적위원 과반수의 합의**에 의한다. 경찰공무원 고충심사위원회의 구성, 심사 절차 및 운영에 필요한 사항은 대통령령으로 정한다.
절 차	청구기간에는 제한은 없고 청구서를 접수한 지 **30일 이내** 고충심사에 대한 결정을 해야 하고, **30일 연장**이 가능하다.

(3) 소 청

1) 의 의

소청이란 징계처분, 기타 그의 의사에 반하는 불이익 처분을 받은 자가 관할 소청심사위원회 심사를 청구하는 국가공무원법에 규정된 특별행정심판이다. 기출 소청의 대상은 **징계처분·강임·휴직·직위해제·면직처분 기타 본인의 의사에 반하는 불리한 처분**이다.

2) 소청심사위원회(인사혁신처 소속)

행정기관 소속 공무원의 징계처분, 그 밖에 그 의사에 반하는 불리한 처분이나 부작위에 대한 소청을 심사·결정하게 하기 위하여 **인사혁신처**에 소청심사위원회를 둔다. 기출

국회, 법원, 헌법재판소 및 선거관리위원회 소속 공무원의 소청에 관한 사항을 심사·결정하게 하기 위하여 **국회사무처, 법원행정처, 헌법재판소사무처 및 중앙선거관리위원회사무처**에 각각 해당 소청심사위원회를 둔다.

구 성	인사혁신처에 설치된 소청심사위원회는 위원장 1명을 포함한 5명 이상 7명 이하의 상임위원과 **상임위원 수의 2분의 1 이상인 비상임위원**으로 구성한다. 기출 위원장은 정무직으로 보한다. 위원과 위원은 **인사혁신처장의 제청으로 국무총리를 거쳐** 대통령이 임명한다. 기출
자 격	소청심사위원회의 위원(위원장을 포함)은 어느 하나에 해당하고 인사행정에 식견이 있는 자 중에서 대통령이 임명한다. ① 법관·검사 또는 변호사의 직에 **5년** 이상 근무한 자 기출 ② 대학에서 행정학·정치학 또는 법률학을 담당한 부교수 이상의 직에 **5년** 이상 근무한 자 기출 ③ 3급 이상 공무원 또는 고위공무원단에 속하는 공무원으로 **3년** 이상 근무한 자 ④ 비상임위원은 위의 ① 및 ②의 어느 하나에 해당하는 자 중에서 임명하여야 한다. 단 3급 이상 공무원 또는 고위공무원단에 속하는 공무원으로 3년 이상 근무하는 자는 상임위원은 될 수 있지만, **비상임위원은 될 수 없다.**
임기 등	① 소청심사위원회의 상임위원의 임기는 **3년**으로 하며, 한 번만 **연임**할 수 있다. 기출 ② 소청심사위원회의 상임위원은 **다른 직무를 겸할 수 없다.** 기출 ③ 소청심사위원회의 공무원이 아닌 위원은 「형법」이나 그 밖의 법률에 따른 벌칙을 적용할 때 공무원으로 본다.
결격사유	① 다음에 해당하는 자는 소청심사위원회의 위원이 될 수 없다. ㉠ 공무원결격자에 해당하는 자 ㉡ 「정당법」에 따른 정당의 당원 ㉢ 「공직선거법」에 따라 실시하는 선거에 후보자로 등록한 자 ② 소청심사위원회위원이 제1항 각 호의 어느 하나에 해당하게 된 때에는 당연히 퇴직한다.
신분보장	소청심사위원회의 위원은 **금고 이상의 형벌이나 장기의 심신 쇠약**으로 직무를 수행할 수 없게 된 경우 외에는 본인의 의사에 반하여 면직되지 아니한다. 기출

3) 소청의 절차

① **심사의 청구**: 경찰공무원은 징계처분·강임·휴직·직위해제·면직처분의 경우에는 처분사유설명서를 교부받은 날로부터 30일 이내에, 기타의 불리한 처분을 받았을 때에는 그 처분이 있은 것을 안 날로부터 30일 이내에 소청심사위원회에 심사를 청구할 수 있다.

② **소청의 심사**

㉠ 소청심사위원회는 이 법에 따른 소청을 접수하면 지체 없이 심사하여야 한다.

㉡ 소청심사위원회는 제1항에 따른 심사를 할 때 필요하면 검증(檢證)·감정(鑑定), 그 밖의 사실조사를 하거나 증인을 소환하여 질문하거나 관계 서류를 제출하도록 명할 수 있다.

㉢ 소청심사위원회가 소청 사건을 심사하기 위하여 징계 요구 기관이나 관계 기관의 소속 공무원을 증인으로 소환하면 해당 기관의 장은 이에 따라야 한다.

㉣ 소청심사위원회는 필요하다고 인정하면 소속 직원에게 사실조사를 하게 하거나 특별히 학식·경험이 있는 자에게 검증이나 감정을 의뢰할 수 있다.

③ **소청인의 진술권** 기출: 소청심사위원회가 소청 사건을 심사할 때에는 소청인 또는 대리인에게 진술 기회를 주어야 하며, 진술 기회를 주지 아니한 결정은 무효로 한다.

④ **소청심사위원회의 결정**

결정 정족수 기출	소청사건의 결정은 **재적위원 3분의 2 이상의 출석과 출석위원 과반수의 합의**에 따르되, 의견이 나뉠 경우에는 출석위원 과반수에 이를 때까지 소청인에게 가장 불리한 의견에 차례로 유리한 의견을 더하여 그중 가장 유리한 의견을 합의된 의견으로 본다.
결정기한	소청심사위원회는 접수일로부터 60일 이내에 결정을 해야 한다. 다만, 소청심사위원회의 의결로 30일 범위 내에서 연장할 수 있다.
불이익변경 금지 원칙	소청심사위원회가 징계처분 또는 징계부가금 부과처분을 받은 자의 청구에 따라 소청을 심사할 경우에는 원징계처분보다 무거운 징계 또는 원징계 부가금 부과처분보다 무거운 징계부가금을 부과하는 결정을 하지 못한다. 기출

⑤ **임시위원 임명**: 소청심사위원회 위원이 제척·기피 또는 회피 등으로 심사·결정에 참여할 수 있는 위원 수가 3명 미만이 된 경우 3명이 될 때까지 국회사무총장, 법원행정처장, 헌법재판소사무처장, 중앙선거관리위원회사무총장 또는 인사혁신처장은 임시위원을 임명하여 해당 사건의 심사·결정에 참여하도록 하여야 한다.

4) 소청심사위원회의 결정 불복

① **행정심판전치주의** : 소청심사위원회의 결정에 불복한 경우 인사혁신처장은 **재심을 청구할 수 없다**. 경찰공무원은 소청심사위원회의 결정이 위법하다고 인정될 때 또는 소청제기 후 **60일**이 경과해도 소청심사위원회의 결정이 없는 경우에는 **행정소송을 제기**할 수 있다. 행정소송은 소청심사위원회의 심사·결정을 거치지 아니하면 제기할 수 없다. 기출

② **행정소송**: 「행정소송법」상 원처분주의가 채택되어 있으므로 원칙적으로 소청심사위원회의 결정이 아니라 **원징계처분을 소송대상**으로 한다. 피고는 **경찰청장이 되는 것이 원칙**이지만, 임용권을 위임한 경우에는 그 위임을 받은 자(수임청)를 피고로 한다.

참고

위원회의 의결정족수

① 경찰위원회－재적위원 과반수 출석과 출석위원 과반수 찬성
② 징계위원회－재적위원 과반수 출석과 출석위원 과반수 찬성
③ 소청심사위원회－**재적위원 3분의 2 이상**의 출석과 출석위원 과반수 합의
④ 경찰공무원 인사위원회－**재적위원 과반수** 찬성
⑤ 정규임용심사위원회－**재적위원 3분의 2 이상의 출석**과 출석위원 과반수 찬성
⑥ 보안심사위원회－재적위원 과반수 출석과 출석위원 과반수 찬성
⑦ 고충심사위원회－재적위원 과반수 합의
⑧ 치안행정위원회－재적위원 과반수 출석과 출석위원 과반수 찬성

제4절 경찰작용법

1 경찰작용법의 의의

(1) 경찰작용과 법치주의

1) 조직법적 근거

조직법적 근거라는 것은 경찰의 임무범위를 의미하는 것으로, 경찰작용의 성질과 관계없이 모든 경찰작용에는 조직법적 근거가 필요하다. 즉, **경찰의 모든 활동은 경찰의 직무범위 내**에서 이루어져야 한다.

2) 작용법적 근거

경찰작용은 법치행정의 원리가 강하게 요구되므로, 개인의 자유와 권리를 침해하는 권력적 활동은 그 권한을 정당화할 수 있는 별도의 법적근거가 있어야 한다. 이를 법률유보의 원칙이라 한다. 이때의 법적근거에 있어서 '법'이라 함은 **수권조항(근거규범)**을 의미한다.

3) 실정법적 근거

경찰권 발동에 관한 일반법은 「**경찰관직무집행법**」이고, 개별법으로 「청소년 보호법」, 「도로교통법」, 「교통사고처리특례법」, 「경범죄처벌법」 등이 있다.

(2) 수권조항(근거규범)

1) 유 형

개별적 수권조항	경찰권 발동의 요건, 내용, 대상, 효과 등에 대하여 **구체적으로 규정**하고 있는 조항을 의미하고, 「경찰관직무집행법」 제3조(불심검문)부터 「경찰관직무집행법」 제10조의4(무기사용)까지의 규정이 개별적 수권조항에 해당
개괄적 수권조항	경찰권 발동의 요건, 내용, 대상, 효과 등에 관하여 구체적 범위를 정하지 않고 **포괄적으로 수권**을 하는 조항을 의미 예 독일 경찰법 모범초안 제8조- 경찰은 공공의 안녕이나 질서에 대한 개별적 경우에 존재하는 위험을 방지하기 위하여 필요한 조치를 할 수 있다.

2) 「경찰관직무집행법」 제2조 제7호가 수권조항에 해당하는지 여부 기출

긍정설 (판례)	일반조항으로 인한 경찰권 발동의 남용은 조리상의 한계 등으로 충분히 통제가 가능하다. 경찰권의 조리상 한계를 논하는 것 자체가 일반조항을 전제로 한 것이다. 일반조항은 개별수권규정에 의한 조치로도 대응할 수 없는 경우에 한하여 보충적으로 적용된다.(독일에서는 학설과 판례가 일반조항 인정)
부정설 (다수설)	① 경찰작용은 특히 국민의 자유와 권리에 긴장관계의 가능성이 크며 개인의 기본권을 보장하면서도 공공의 안녕과 질서에 대한 위험방지 및 제거라는 경찰의 기본적 임무를 수행할 수 있도록 경찰작용의 근거·요건·한계를 명확히 규정할 필요가 있다. ② 「경찰관직무집행법」 제2조 제7호는 발동근거에 대한 개괄적 조항은 아니고 단지 직무범위만을 정한 것으로 본질적으로는 조직법적 성질의 규정이다.(개괄적 수권조항 인정시 법률유보원칙 침해 우려)

2 개인적 공권과 반사적 이익

(1) 개인적 공권

행정법 관계에서 개인의 이익을 위해 국가 등 행정추체에 대하여 일정한 행위를 요구 할 수 있도록 **공법상 개인에게 부여되어 있는 법적인 힘**을 개인적 공권이라 한다.

1) 강행법규에 의한 행정청의 의무존재

행정법규가 기속규범인 경우에는 행정청의 의무가 존재하나, 재량규범인 경우에는 의무가 존재하지 않아 공권이 성립하지 않는 것이 원칙이다. 다만, 예외적으로 재량권이 0으로 수축된 경우에 **행정개입청구권**이 발생하며, **무하자재량행사청구권** 등이 인정된다.

2) 근거법령의 사익보호성

근거법령이 전적으로 공익만 보호하고자 하는 경우에는 그로부터 개인이 일정한 이익을 받더라도 그것은 **반사적 이익**에 불과하다.

(2) 반사적 이익

1) 의 의

행정상의 강행법규에 의하여 행정주체에게 일정한 의무가 부과되거나 행정청의 행위에 일정한 제한이 가해져 있는 경우에 개인이 그로 인하여 일정한 이익을 받는 경우가 있다. 그러나 관계법규가 전적으로 공익목적만을 위한 것인 때에는 사인이 받는 이러한 이익은 공익적 견지에서 행정주체에 제한 또는 의무를 부과한 반사적 효과로서의 이익에 불과하다.

2) 권리구제

공권이 침해된 자는 국가배상청구나 행정쟁송을 제기하여 구제받을 수 있으나, 반사적 이익이 침해된 자는 **국가배상청구나 행정쟁송을 제기할 수 없다**.

3) 예 시

① 영업허가 등에 의해 사실상 독점적으로 얻는 이익

② **제3자의 법적 규제에 의해 얻는 이익**: 의사의 진료의무에 의한 환자의 진료이익(의료법 제16조)

③ 공무원의 직무명령 준수로 인하여 파생된 이익

판례

연탄공장설치허가에 관한 사건에서 「도시계획법」과 「건축법」의 보호이익은 단순한 반사적 이익이나 사실상의 이익이 아니라, 법률에 의하여 보호되는 이익이라고 하였다.

03

(3) 공권 또는 법적 보호이익의 확대경향(반사적 이익의 축소경향)

1) 의 의

반사적 이익으로 보았던 것도 관계법규가 공익과 동시에 개인적 이익도 보호하는 것으로 해석함으로써 당해 이익이 법적으로 보호되는 이익 또는 공권으로서의 성격이 인정되는 경우가 점차 증가하고 있다.

2) 무하자재량행사청구권

개인이 행정청에 대하여 재량권 행사시 하자 없는 재량권을 행사해달라고 청구하는 개인적 공권이다. 무하자재량행사청구권은 공권의 확대 및 재량권 행사의 통제와 밀접하게 관련된다.

3) 행정(경찰)개입청구권

① 경찰권 행사의 편의주의 원칙: 경찰편의주의에 의하여 특정한 경우 경찰권을 발동할 것인가는 경찰관청의 재량이다. 따라서, 경찰관청이 현재 존재하는 위험에 관하여 개입하지 않더라도 반드시 위법한 것은 아니다. 그러나, 여기서 경찰재량은 완전한 자유재량이 아니다. 기출

② **편의주의 한계로서 재량권의 0으로의 수축**

㉠ 경찰권의 개입여부가 일반적으로는 경찰의 재량이나, 국민의 생명·신체 및 재산 등 중대한 법익이 위험에 처해 있을 때는 오직 경찰의 개입만 타당하다. 즉, 내용상 재량행위는 기속행위로 전환된다. 이를 '재량권의 0으로의 수축'이라고 한다. 기출

㉡ 따라서 국민의 생명·신체 및 재산 등 중요한 법익이 현실적으로 위험에 직면하여 재량권이 0으로 수축했음에도 불구하고 경찰권을 발동하지 않으면 부작위(不作爲)에 의한 의무의 해태로서 의무이행심판, 부작위위법확인소송, 그리고 이로 인해 손해가 발생한 경우에는 **손해배상소송**을 제기하여 구제받을 수 있다. 기출

③ 최초 인정한 판례는 독일의 **띠톱판결**이다. 우리나라에서는 1968.1.21 무장공비 침투사건(일명 김신조사건)에서 경찰개입청구권의 법리를 인정한 바 있다. 기출

> **기출+**
>
> 판례는 경찰법상의 일반수권조항의 해석에 있어 무하자재량행사청구권을 인정하고 재량권 확대이론에 의거하여 원고의 청구를 인용한 판결로서 경찰개입청구권을 인정한 판결의 효시로 평가된다. (×) 기출

④ 경미한 다른 수단으로 목적달성이 가능하면 경찰개입청구권은 인정되지 않는다. 공권성립을 전제로 한 개념으로, 경찰권 행사로 국민이 받는 이익이 반사적 이익인 경우에는 경찰개입청구권이 인정되지 않는다. 기출

3 경찰권 발동의 한계

(1) 법규상의 한계

경찰권은 법률의 한계하에서 발동되어야 한다.

(2) 조리상의 한계

1) 경찰소극목적의 원칙

경찰권은 공공의 안녕과 질서의 유지에 대한 위해의 방지, 제거라는 소극목적을 위해 발동되어야 한다는 원칙으로, 기출 **크로이츠베르크(Kreuzberg)판결**에 의함

2) 경찰공공의 원칙 기출

경찰은 공공의 안녕과 질서유지를 목적으로 하므로 공공의 안녕과 관련이 없는 사생활에는 경찰권을 발동할 수 없다는 원칙으로, 개인의 사익에 관한 사항은 **경찰권 발동의 대상이 되지 아니한다.**

사생활 불가침	사회공공의 안녕, 질서와 관계없는 개인 사생활은 간섭할 수 없다는 원칙이다. 그러나 사회공공의 안녕과 질서에 영향을 미치는 경우에는 경찰권이 발동된다. **주취자에 대한 보호조치나 고성방가 단속**은 가능하다.
사주소 불가침	일반사회와 접촉되지 않는 사주소 내에서 활동은 개입할 수 없다는 원칙으로 개인 거주용주택, 공장, 창고, 사무실, 연구실도 포함한다. 사주소라도 공공의 안녕과 질서에 영향을 미쳐 그에 대한 장해가 되는 경우는 경찰권 발동의 대상이 된다.(**외부에서 보이는 사주소 내의 나체, 피아노 연주 소음 등**)
민사관계 불간섭	개인의 재산권 행사, 친족권의 행사, 민사상의 계약 등은 사적관계로 개입해서는 안 된다. 매매, 임대차, 채무불이행, 합의에 경찰관이 개입해서는 안 된다. 기출 민사상 법률관계라도 공중의 안전, 위생, 풍속, 교통 기타 사회 공공의 안녕과 질서에 영향을 미치는 경우는 관여할 수 있다.(총포도검화약류 매매, 암표매매, 미성년자에게 술이나 담배를 판매하는 행위에는 간섭할 수 있다) 기출

3) 경찰비례의 원칙(과잉금지의 원칙)

경찰권은 질서유지의 필요에 따라 사회통념상 적당한 필요 최소한도의 범위 내에서 발동되어야 하고 이를 남용해서는 안 된다.

① **적합성의 원칙**: 경찰이 취하는 조치와 수단은 그 목적에 적합해야 함을 의미한다.
② **필요성의 원칙**: 경찰관의 목적달성을 위한 조치는 필요최소한의 범위 내에서만 발동되어야 함을 의미한다.(**최소침해의 원칙**) 기출
③ **상당성의 원칙**: 경찰의 조치가 설정된 목적을 위해서라도 그 조치를 행한 후 불이익이 초래되는 효과보다 큰 경우는 경찰의 조치가 취해져서는 안 된다.(**협의의 비례원칙**) 기출
"대포로 참새를 쏘아서는 안된다."

4) 경찰책임의 원칙

경찰책임의 원칙은 **경찰권 발동의 대상** 기출과 관련된 원칙으로 경찰위반의 사태, 사회공공의 안녕, 질서에 대해 직접적인 책임을 질 위치에 있는 자만 경찰권을 발동할 수 있다는 원칙이다.

① **경찰책임의 주체**: 모든 자연인은 경찰책임의 주체가 될 수 있고 사단법인뿐만 아니라 **권리능력없는 사단이나 재단도 경찰책임의 주체**가 될 수 있다. 기출
② **특성**: 경찰책임은 **객관적 · 외형적** 책임이고 국적, 자연인, 고의 · 과실, 위법성, 위험에 대한 인식 여부, 행위자의 행위능력, 불법행위능력, 형사책임능력 등은 문제시되지 않는다. 기출
경찰책임의 원칙에 위반하는 경찰권 발동은 위법이다.(무효, 취소사유)
③ **경찰책임의 종류**

행위책임	① 자기 또는 자기의 보호하에 있는 사람의 행위로 인해 발생하는 경우 지는 책임을 말한다. ② 타인의 행위를 지배하는 권한을 가진 자는 그 피지배자의 행위에 대해서도 **자기책임**으로 책임을 진다. ③ 행위책임을 발생시키는 행위는 **작위**뿐만 아니라 **부작위**도 포함한다. 기출
상태책임 기출	① 물건 또는 동물의 소유자, 점유자 기타 이를 사실상 관리하고 있는 자가 그 범위 안에서 그 물건 또는 동물의 상태로 인하여 공공의 안녕 질서에 위험한 상태가 발생한 경우의 책임 ② 소유자뿐만 아니라 정당한 권원 없이 부당하게 **사실상의 지배권을 행사**하는 자도 상태책임을 부담한다. ③ 비정형적 사건에 의해 당해 물건의 상태로부터 위험이 야기된 경우는 인과관계가 부정되어 책임이 인정되지 않는다(도난당한 자동차의 사고에 대해 차주는 책임을 지지 않는다). 기출

복합적 책임	① 경찰위반 상태가 다수의 행위 또는 다수인이 지배하는 물건의 상태에 기인하였거나 행위책임과 상태책임의 중복에 기인한 경우를 의미한다. ② 책임이 경합하는 경우는 **행위책임**이 우선하고, 경찰책임자가 다수인 경우는 '위해제거 효율성'과 '비례의 원칙'을 고려하여 경찰권의 발동 대상자를 결정해야 한다.
경찰책임 예외 기출 (경찰 긴급권)	① 긴급한 필요가 있는 경우 **경찰책임이 없는 제3자**에 대하여 경찰권을 발동하는 것을 말한다. 예 화재현장의 소화작업동원, 고속도로상의 대형교통사고 ② 목전에 급박한 위해를 제거하는 경우에 한하여 반드시 법령에 근거하여야 한다(**자연법적 근거만으로 발동 안 된다**). 기출 ③ 경찰긴급권에 대한 **일반법은 없으나** 개별법으로 「경찰관직무집행법」, 「경범죄 처벌법」, 「도로법」, 「소방기본법」 등이 있다. ④ 요건 －경찰위반 상태가 현존, 급박한 경우 －1차적 경찰책임자에 대한 경찰권 발동이나 경찰 자신만의 행위로는 위해 제거를 기대할 수 없는 경우 －제3자의 중대한 법익에 침해가 없을 것 －경찰권 대상이 된 비책임자가 입은 **손실에 대한 보상**이 있을 것 기출 －제3자의 승낙 불요

5) 경찰평등의 원칙

경찰권을 행사함에 있어서 성별, 종교, 사회적 신분을 이유로 하는 차별대우는 용인될 수 없다는 원칙

4 경찰처분

(1) 의 의

행정청이 법 아래에서 구체적 사실에 관한 법집행으로 행하는 **권력적 · 단독적 공법행위**로 학문상 개념이며, 행정쟁송 특히, 항고쟁송의 대상을 결정한다.

(2) 행정행위의 종류

1) 법률행위적 행정행위와 준법률행위적 행정행위

구분	내용
법률행위적 행정행위	행정청의 **의사표시**를 구성요건으로 하고, 법적 효과가 행정청의 효과의 사에 따라 발생하며 **하명 · 허가 · 면제 · 특허 · 인가 · 대리** 등이 있다.
준법률행위적 행정행위	행정청의 의사표시 이외에 단순한 정신작용을 요소로 하고, 법령이 정하는 바에 따라 효과가 부여되는 행위로 **확인 · 공증 · 통지 · 수리** 등이 해당

2) 수익적 행정행위, 부담적 행정행위, 복효적 행정행위

구분	내용
수익적 행정행위	상대방에게 일방적으로 권리 · 이익을 부여하는 행정행위
부담적 행정행위	일방적으로 상대방의 권리를 제한하거나 의무를 부과하는 행정행위
복효적 행정행위	하나의 행정행위에 수익적 효과와 부담적 효과가 병존하는 행정행위

3) 일방적 행정행위(독립적 행정행위)와 쌍방적 행정행위

구분	내용
일방적 행정행위	상대방의 신청이나 동의 등 협력을 요하지 않는 행정행위
쌍방적 행정행위	동의나 신청 등 상대방의 협력을 요건으로 하는 행정행위로 **허가 · 인가 · 특허**와 같이 상대방의 신청을 요건으로 하는 행위와 공무원 임명과 같이 동의를 요하는 행위

4) 대인적 행정행위, 대물적 행정행위, 혼합적 행정행위

구분	내용
대인적 행정행위	사람의 학식 · 기술 · 경험과 같은 주관적인 사정에 착안하여 행하여지는 행정행위로, 일신 전속적이므로 효과가 다른 사람에게 이전될 수 없다. 예 **의사면허, 자동차운전면허, 인간문화재 지정** 등
대물적 행정행위	물건의 객관적 사정에 따라 행하여지는 행정행위로, 대물적 행정행위의 효과는 이전 또는 상속이 인정된다. 예 **자동차검사증 교부, 건물사용승인, 국립공원 지정, 건축허가** 등
혼합적 행정행위	인적 · 주관적 사정과 물적 · 객관적 사정을 고려하여 행하여지는 행정행위로 양수자의 주관적 및 객관적 사정에 대한 행정청의 승인 · 허가를 받도록 하고 있다. 예 **총포 · 화약류 제조 · 판매허가, 풍속영업허가** 등

5) 기속행위와 재량행위

기속행위	법이 어떤 요건 하에서 어떤 행위를 할 것인가에 관해 일의적 · 확정적으로 규정하므로 법이 정한 일정한 요건이 충족된 경우 법이 정한 효과로서 일정한 행정행위를 반드시 하도록 되어 있는 경우의 행정행위
재량행위	행정청에 복수행위 간의 선택의 자유가 인정되어 있는 행정행위로 결정재량(어떤 행정행위를 할 것인가 또는 말 것인가)과 선택재량(다수의 행위 중 어느 것을 할 것인가)으로 나누어진다.

(3) 행정행위의 내용

1) 개 관

① **법률행위적 행정행위**: 의사표시를 요소로 하고 효과가 의사표시의 내용대로 발생하는 행위

㉠ 명령적 행위

하 명	작위 · 부작위 · 수인 · 급부의무를 명하는 행정행위
허 가	일반적 · 상대적 금지를 해제하여 **적법하게 행위**할 수 있도록 하는 행위
면 제	작위 · 급부 등의 **의무를 해제**하는 행정행위

㉡ 형성적 행정행위

특 허	특정인에게 새로운 권리 · 능력 및 법적 지위를 설정하는 행위로 공무원 임명 등
인 가	행정주체가 다른 당사자의 법률적 행위를 보충하여 **법률상 효력을 완성**시켜 주는 행위
대 리	행정주체가 타 법률관계의 당사자를 대신하여 행하는 행위로서 그 행위의 법률적 효과가 **당해 당사자에게 귀속**하는 것

② **준법률행위적 행정행위**: 의사표시 이외의 **판단 · 관념 · 인식** 등의 정신작용을 요소로 하고 효과는 법정되어 있는 행위를 말한다.

확 인	특정한 사실 또는 법률관계에 의문이 있는 경우에 공권적으로 그 존부 등을 판단하는 행위로 행정심판의 **재결, 시험합격자 결정, 당선인 결정, 발명특허** 등
공 증	의문 또는 다툼이 없는 사항 또는 이미 확인된 사항에 관하여 공적 권위로서 형식적으로 이를 판단하는 행위로 각종 **영수증 발급, 선거인명부에 등재, 합격증서의 발급, 운전면허증의 교부** 등
통 지	특정인 또는 불특정다수인에 대하여 **특정한 사실을 알리는 행위**
수 리	타인의 행정청에 대한 행위를 유효한 행위로서 받아들이는 행위

2) 경찰하명(警察下命)

① 경찰하명은 일반통치권에 의하여 경찰목적을 달성하기 위해 국민에 대하여 작위·부작위·급부·수인 등의 의무를 명하는 행위를 말한다. 경찰하명은 **법적 효과를 발생**하는 법적행위인 점에서, 직접적으로 사실상의 결과를 가져오는 사실행위와 구별된다. 경찰하명은 국민의 자연적 자유를 제한하는 **명령적 행위**이므로 권리나 능력을 설정해주는 형성적 행위(특허·인가 등)와도 다르다.

② 유 형

<table>
<tr><td>작위
하명</td><td colspan="2">적극적으로 어떠한 행위를 하도록 의무를 명하는 경찰하명을 말한다.
예를 들면 위생시설명령, 사체에 대한 신고의무, 집회신고의무, 위법건축물의 철거의무, 의료종사자의 진료의무 부과 등이 해당한다.</td></tr>
<tr><td rowspan="3">부작위
하명</td><td colspan="2">소극적으로 어떤 행위를 하지 아니할 의무를 명하는 경찰하명으로 부작위하명을 경찰금지라고도 한다.(야간통행금지, 영업정지)</td></tr>
<tr><td>절대적 금지</td><td>예외가 허용될 수 없는 금지로 청소년 음주·흡연 금지, 인신매매 금지, 아편흡식 금지, 불량식품 판매 금지 등</td></tr>
<tr><td>상대적 금지</td><td>예외가 허용되는 금지로 건축금지, 주차금지구역의 지정, 유흥업소 영업금지 등</td></tr>
<tr><td>수인
하명</td><td colspan="2">경찰권 발동으로 인하여 자신의 신체·재산에 가하여지는 사실상의 침해를 수인할 의무를 부과하는 하명을 말한다.
예 경찰관이 범죄의 예방·제지를 위하여 극장에 출입할 때 출입을 허용하고 조사에 응하는 것을 말하며, 실력행사를 감수하고 저항하지 아니할 공법상의 의무가 발생한다. 위반시 공무집행방해죄가 성립한다.</td></tr>
<tr><td>급부
하명</td><td colspan="2">금전 또는 물품의 급부 의무를 과하는 하명으로 예를 들면 수수료 납부명령, 과세처분 등이 이에 해당한다.</td></tr>
</table>

③ 경찰하명의 형식

법규하명	법규하명은 법령의 공포라는 형식에 의하여 그 효력이 발생하고 일반적·추상적이며 일정한 의무를 발생시키는 하명을 말한다. 예 청소년의 음주 및 흡연 금지, 무면허 운전 금지, 음주운전 금지, 총포 소지금지, 집회신고의무, 좌측통행 등
하명처분	처분하명은 법률에 근거하여 특정한 경찰의무를 부과하기 위하여 행하는 개별적이고 구체적인 행위를 말한다. 예 야간통행제한, 위험도로의 통행금지, 차량정지명령 등

④ 경찰하명의 효과

대인적하명	특정인의 개인적 사정에 중점을 두고 행하여지는 하명으로 상대방에 대해서만 효과가 발생하므로, 상대방 이외의 사람에게는 이전 또는 승계되지 않는다(음주운전자에 대한 면허취소는 그 한 사람에게만 전속됨).
대물적하명	특정한 물건이나 설비 등에 행하여진 하명(정비불량의 차량에 대하여 취하여진 사용정지명령, 주차금지구역 지정)으로 하명의 효과는 **제3에게 이전되거나 승계**된다.
혼합적하명	대물적 하명이면서 대인적 요소가 혼합된 경우로, 하명의 효과의 이전이 제한된다.

⑤ 경찰하명 위반의 효과

경찰강제와 경찰벌 부과	경찰의무를 불이행한 경우에는 경찰상의 강제집행이 행하여지고, 경찰의무를 위반한 경우에는 경찰벌이 가해진다.
사법(私法)상 법률행위의 효력	하명에 위반한 행위는 원칙적으로 그 법적 효력에는 아무런 영향을 받지 않으며 무효는 아니다. 예를 들어 영업정지명령에 위반하여 영업을 계속하였을 경우 당해 영업에 관한 거래행위의 효력까지 부인되는 것은 아니다. 기출

⑥ 하명에 대한 구제

적법한 하명	적법한 경찰하명으로 인하여 손실이 발생했다고 하더라도 원칙적으로 손실보상을 청구할 수 없다. 다만, 수명자에게 수인할 수 없는 특별한 희생이 있는 경우에는 **손실보상을 청구**할 수 있다.
위법한 하명	**손해배상이나, 행정쟁송** 등에 의해 구제받을 수 있고, 공무원의 형사책임, 징계책임 고소·고발, 정당방위 등에 의해 구제받을 수 있다.

3) 경찰허가 기출

경찰허가란 경찰행정상 위해 방지를 위하여 **일반적·상대적으로 금지**되어 있는 행위를 특정한 경우 해제하여 일정한 행위를 적법하게 할 수 있도록 개인의 자연적 자유를 회복시켜주는 경찰처분을 말한다. 실정법에서는 **면허·특허·승인** 등의 용어로 쓰인다. 기출 상대적 금지만 허가의 대상이 되고, 절대적 금지는 허가의 대상이 될 수 없다. 기출 법규에 의한 허가는 인정되지 않고, 항상 구체적 **처분의 형식**으로 이루어진다. 기출

법적행위	**의무를 해제**하는 법적행위이므로 사실행위인 경찰강제와도 구별된다.
명령적행위	**부작위의무를 해제**하여 자연적 자유를 회복시켜주는 행위로, 일정한 권리능력을 발생·변경·소멸하는 것을 내용으로 하는 형성적 행정행위인 특허와 구별된다.
기속행위	원칙적으로 기속행위이며, 경찰법규에 허가에 관한 구체적인 기준이 없어 경찰관청의 재량권을 인정하고 있는 경우에도 자유재량행위가 아니라 기속재량행위이다.
쌍방적 행정행위	**상대방의 신청**을 요하는 쌍방적 행위이나 예외적으로 통행금지해제처럼 신청출원 없이 직권에 의하여 행하는 허가도 존재한다. 기출 신청과 다른 허가도 상대방의 동의가 있으면 가능하다.

① 유 형

대인적 허가	개인의 경력이나 자격과 같이 인적인 요소를 기준으로 하는 허가로 타인에게 이전될 수 없다. 예 의사면허, 운전면허, 총포류 소지허가, 마약류취급면허 등 기출
대물적 허가	신청인이 갖추고 있는 물적 설비, 지리적 환경, 기타 객관적 환경에 의하여 행해지는 허가로 타인에게 이전할 수 있다. 예 차량검사, 건축허가 등
혼합적 허가	신청자의 자격과 동시에 시설물의 적합성과 안전성 등이 허가절차에 고려되는 허가로 이전성이 제한된다. 예 총포·화약의 제조·판매허가, 풍속영업의 허가, 사행행위영업의 허가, 자동차운전학원의 허가 등 기출

② **허가신청시와 허가처분시의 법이 다른 경우**: 행정행위는 **처분 당시에 시행중인 법령**과 허가기준에 의하여 하는 것이 원칙이고, 인·허가 신청 후 처분 전에 관계 법령이 개정 시행된 경우 신법령 부칙에 그 시행 전에 이미 허가 신청이 있는 때에는 종전의 규정에 의한다는 취지의 경과규정을 두지 아니한 이상 당연히 허가 신청 당시의 법령에 의하여 허가 여부를 판단하여야 하는 것은 아니며, 소관 행정청이 허가신청을 수리하고도 정당한 이유 없이 처리를 늦추어 그 사이에 법령 및 허가기준이 변경된 것이 아닌 한 변경된 법령 및 허가기준에 따라서 한 불허가 처분은 위법하다고 할 수 없다(대판 2005.7.29. 2003두3550).

③ 효 과

경찰금지 해제	경찰허가는 경찰금지를 해제하여 자연적 자유를 회복시켜 주는 효과를 갖는다. 허가로 인하여 얻은 이익은 법률상 이익이 아니라 반사적 이익이다. 그러나, 판례가 법률상 보호이익으로 인정하는 경우도 있다(**주류제조면허로 인한 이익**).
경찰허가와 타 법률관계	경찰허가는 당해 법률상의 경찰금지를 해제하는 데 그치며, 다른 법률상의 **경찰금지 또는 경찰 이외의 목적을 위해 금지를 해제하는 것은 아니다.** 예를 들면 공무원이 영업허가를 받아도 국가(지방)공무원법상 영리업무 및 겸직금지 규정 때문에 영업을 할 수 없다.
지역적 범위	경찰허가의 효과는 **경찰관청의 관할구역 내**로 한정된다. 다만, 법령의 규정이나 성질상 관할구역 밖에까지 미쳐야 할 경우에는 관할구역 밖에서도 효력이 있다. 예 운전면허

④ **경찰허가의 갱신:** 기한부 허가는 종기(終期)의 도래에 의하여 효력을 상실하나 기한의 갱신을 신청할 수 있는 경우에는 경찰의 장해가 발생할 새로운 사정이 없는 한 **허가를 해주어야 한다.**

⑤ **무허가 행위의 효과:** 경찰허가는 일정한 사실행위를 적법하게 할 수 있도록 하는 데 지나지 않으므로 허가를 받았다고 하여 사법상의 법률행위의 효력에 영향을 미치는 것은 아니다. 무허가 행위의 사법상 법률행위가 무효가 되는 것도 아니다. 허가는 행위의 **적법요건**일 뿐이며 **유효(효력)요건이 아니다.** 기출

4) 경찰면제

법령에 의하여 과하여진 경찰상의 **작위 · 급부 · 수인의 의무**를 특정한 경우에 해제하여 주는 경찰상의 명령적 행정행위로 기출 병역면제, 체납처분의 집행면제, 조세면제 등이 해당한다.

허가와 비교	경찰허가와 면제 모두 의무의 해제라는 공통점이 있으나 경찰허가가 **부작위 의무를 해제**하는 것인 데 반하여, 경찰면제는 작위 · 급부 · 수인의 의무를 해제하는 행위라는 점에서 차이가 있다.

(4) 행정행위의 부관

행정행위의 부관이란 행정행위의 일반적 효과를 제한하거나 새로운 의무를 부과하기 위하여 부가된 **경찰관청의 종된 의사표시**를 말한다. 따라서, 행정행위의 효과 제한이 직접 법규에 의해 이루어지는 법정부관은 여기서 말하는 부관에 해당하지 않는다.

1) 종 류

① **조건**: 행정행위의 효력발생이나 소멸을 장래의 도래가 불확실한 사실에 의존케 하는 경찰관청의 의사표시를 말한다. 기출 정지조건이 성취되면 행정행위의 효력은 당연히 발생하나 해제조건이 성취되면 행정행위의 효력은 당연히 소멸한다.

정지조건	행정행위 **효력발생**을 **장래 도래가 불확실한 사실**에 의존시키는 부관으로, 예를 들면 시설완성을 조건으로 하는 호텔영업허가가 있다.
해제조건	행정행위 **효력소멸**을 **장래 도래가 불확실한 사실**에 의존시키는 부관으로, 예를 들면 2개월 이내에 공사에 착수하지 않으면 효력을 상실한다는 건축허가가 있다.

② **기한**: 행정행위의 효력발생이나 소멸을 **장래의 도래가 확실한 사실**에 의존케 하는 경찰관청의 의사표시를 말한다. 시기가 도래하면 행정행위의 효력은 당연히 발생하며, 종기가 도래하면 행정행위의 효력은 당연히 소멸한다. 다만, 장기계속성이 예정되는 행위에 부당하게 짧은 종기가 붙여진 경우 존속기간이 아니라 **갱신기간**으로 보아야 한다. 기출

시 기	행정행위 **효력발생**을 장래 도래가 확실한 사실에 의존시키는 부관
종 기	행정행위 **효력소멸**을 장래 도래가 확실한 사실에 의존시키는 부관

③ **부담**: 행정행위의 효과를 받는 상대방에게 일정한 작위·부작위·수인·급부의 의무를 과하는 경찰관청의 의사표시이다. 영업허가를 하면서 종업원의 정기 건강진단의무를 부과하는 경우, 도로점용시 점용료납부의무를 부과하는 경우 등이다.

특 징	• 부담은 본체인 행정행위에 부수해서 상대방에게 일정한 의무를 과할 뿐이며, **부담이 붙여져도 행정행위의 효력은 처음부터 완전히 발생**한다. 부담을 이행하지 않았다고 해서 당연히 주된 행정행위의 효력이 소멸되는 것은 아니다. • 부담은 그 자체가 하나의 독립된 행정행위의 성질을 가지므로, 부담만의 독립쟁송이 가능하다.

④ **철회권(취소권) 유보** 기출

의 의	특정한 경우에 행정행위를 **철회할 수 있는 권리를 유보**하는 경찰관청의 의사표시를 말한다. 예 미성년자를 고용하면 유흥주점 영업허가를 취소하겠다고 부가한 경우
철회권 행사	철회권이 유보되어 있는 경우에도 철회권 행사를 위해서는 철회에 관한 일반적 요건이 구비되어야 한다. 즉, 철회권의 유보사유가 발생하더라도 **아무런 제한 없이 철회할 수 있는 것은 아니다.**

⑤ **법률효과의 일부배제**: 행정행위의 주된 의사표시에 부가하여 법령에 일반적으로 그 행위에 부여하고 있는 **법률효과 일부의 발생을 배제**하는 경찰관청의 의사표시를 말한다. 기출

예 도로사용을 허가하면서 사용시간을 야간으로 한정하는 경우, 버스노선을 지정하여 자동차 운수사업을 허가하는 경우, 택시영업을 허가할 때 격일제 운행을 부가하는 경우 등

⑥ **수정부담** 기출: 상대방이 신청한 것과 다르게 경찰허가의 내용을 정하는 부관으로, 상대방이 **수정된 내용에 동의하여야 효력이 발생**한다.

예 화물차량의 A도로 통행허가 신청에 대하여 B도로 통행을 허가한 경우

2) 부관의 첨부

구분	내용
법률행위적 행정행위	법률행위적 행정행위에는 **법적 근거 없이도** 부관을 붙일 수 있다는 것이 일반적 견해이다.
준법률행위적 행정행위	의사표시를 요소로 하지 않는 **준법률행위적 행정행위에는 부관을 붙일 수 없다는 것이 통설 · 판례**이다. 다만, 준법률행위적 행정행위에도 일정한 부관을 붙일 수 있다는 견해가 있다.
재량행위	법률행위적 행정행위 중 **재량행위에는 부관을 붙일 수 있다.**
기속행위	**기속행위에는 부관을 붙일 수 없고**, 기속행위에 부관을 붙인 것은 무효라는 것이 판례의 입장이다. 다만, 기속행위에도 일정한 부관은 허용된다는 견해가 있다.

3) 부관의 자유성

법적근거 없이도 **자유로이 부관을 부가**할 수 있는 것이 원칙이다. 기출 다만, 부관은 법령에 적합해야 하고, 주된 행정행위의 목적상 필요한 한도 내이어야 하며, 평등원칙 · 비례원칙 등 조리상 한계를 지켜야 한다. 기출

4) 사후부관

사후부관은 인정되지 않으나, 법령에 근거가 있거나 상대방의 동의가 있는 경우 또는 부담권이 유보되어 있는 경우에는 가능하다는 **제한적 긍정설**이 일반적인 견해이다. 부관은 행정행위 효과를 제한하는 것이므로, 행정행위를 발할 때 부가하는 것이 원칙인데, 행정행위를 발한 후 나중에 부담을 부가할 수 있는지가 문제된다.

5) 부관의 하자

① **무효인 부관**: 중대하고 명백한 하자로 인하여 무효인 부관은 원칙적으로 부관이 없는 행정행위로서 효력을 발생한다. 즉, **부관의 무효는 본체인 행정행위에 영향을 미치지 않는다.** 그러나, 그 부관이 중대하여 그 부관이 없었다면, 행정행위를 하지 않았을 것이라고 인정되면 행정행위 자체도 무효가 된다고 본다.

② **취소할 수 있는 부관**: 부관이 권한 있는 경찰기관에 의하여 취소될 때까지는 행정행위의 효력은 유효하다. 부관이 취소되게 되면 **무효의 경우와 동일**하게 된다.

6) 하자 있는 부관

원칙적으로 부관 자체만을 따로 행정쟁송의 대상으로 할 수 없다. 따라서 하자 있는 부관에 불복하는 자는 **행정행위 자체의 무효·취소**를 구하여야 한다. 다만, 그 부관이 부담인 경우에는 **부담만의 독립쟁송이 가능**하다.

(5) 행정행위의 효력

1) 공정력

행정행위가 중대·명백한 하자로 당연무효가 아닌 한 그것이 권한 있는 기관에 의하여 취소되기까지는 **상대방과 행정청 및 제3자에 대하여 유효한 것으로 통용되는 힘**으로 행정행위의 상대방이나 제3자의 신뢰보호, 행정법 관계의 안정성, 행정의 원활한 운영이라는 정책적 관점에서 인정한 것이 공정력이라는 법적 안정설이 통설이다. 공정력은 행정행위의 사실상 통용력 즉, **유효성 추정에 불과**하고 적법성 추정이 아니므로 입증책임의 소재결정에 영향을 미치지 아니하고 공정력과 취소소송에서의 입증책임은 무관하다.

행정행위가 당연무효인 경우	법원은 그 행정행위에 대한 위법여부 및 효력유무에 대한 판단권을 가진다.
행정행위가 취소사유인 경우	행정행위의 효력유무가 선결문제가 된 경우, 공정력 및 배타적 관할 원칙에 따라 민사법원은 그 효력을 부인할 수 없다. 행정행위의 효력을 부인하지 않는 한도에서 그 위법성 여부는 판단할 수 있다.

판례: 연령 미달의 결격자인 피고인이 소외인의 운전면호시험에 응시, 합격하여 교부받은 운전면허는 당연무효가 아니고 도로교통법 제65조 제3호의 사유에 해당함에 불과하여 **취소되지 않는 한 유효**하므로 피고인의 운전행위는 무면허 운전에 해당하지 아니한다(대판 1982.6.8. 80도2646).

2) 확정력

① **형식적 확정력**(불가쟁력): 법적 구제수단의 포기, 쟁송기간의 경과 등의 사유가 존재하면 행정행위의 상대방 기타 이해관계인이 더 이상 그 행정행위의 효력을 다툴 수 없게 되는데, 이를 **불가쟁력**이라 한다(모든 행정행위에 인정되는 효력).

② **실질적 확정력**(불가변력): 행정행위에 하자가 있거나 새로운 사정이 있으면 행정청은 이를 취소나 변경할 수 있는 것이 원칙이다. 그러나 행정행위의 하자 또는 새로운 사정의 발생에도 불구하고, 행정행위를 한 행정청 자신도 **직권에 의한 취소·철회가 제한**되는 경우가 있다. 이를 불가변력이라 한다. 행정행위 중 확인행위 등 준사법적 행정행위에 의해 발생한다. 행정심판의 재결 등이 이에 해당한다(모든 행정행위에 발생하는 효력이 아님).

③ 불가쟁력과 불가변력의 관계

구 분	불가쟁력	불가변력
인정취지	행정의 **능률성**	법적 안정성
객 체	상대방 및 이해관계인에 대한 구속력	**행정청**에 대한 구속력
발생범위	모든 행정행위에 발생	**준사법적 행정행위**
성 질	절차법적 효력(쟁송법상 효력)	실체법적 효력
양자의 관계	• 불가쟁력이 발생한 행정행위에 당연히 불가변력이 발생하는 것도 아니므로 **불가쟁력이 발생한 행정행위에 대하여 불가변력이 발생하지 않았다면 행정청은 직권취소가 가능**하다. • **불가변력이 발생한 행정행위라도 불가쟁력이 발생하지 않았다면 상대방은 쟁송을 제기**할 수 있다.	

(6) 행정행위의 하자

1) 하자의 종류

무효 행정행위	행정행위의 하자가 중대하고 명백하여, 행정행위로서의 법률적 효력이 발생하지 않는 행위
취소사유 있는 행정행위	성립에 흠이 있음에도 불구하고 **일단 유효한 행위**로 다른 국가기관 또는 국민을 기속하고, 다만 **행정쟁송 또는 직권에 의하여 취소**됨으로써 비로소 그 효력을 상실하는 행위(직권취소, 쟁송취소)가 있다.

2) 무효와 취소의 구별실익

구 분	무 효	취 소
공정력, 불가쟁력	부정	인정
사정재결, 사정판결	불가	가능
필요적 행정심판전치주의	적용 안됨	적용
제소기간	제한 없음	제한
선결문제	판단가능	판단불가
하자의 전환, 치유	전환만 인정(반대견해 있음)	치유만 인정(반대견해 있음)
하자의 승계	선행행위가 무효인 경우 후행 행위도 무효	① 선행행위와 후행행위가 **동일한 효과 발생시 승계 인정** ② 양자가 별개 효과 발생시 승계 부정
소송형태	① 무효등확인소송 ② 무효선언 의미의 취소소송	취소소송

3) 무효와 취소의 구별기준

행정행위에 '**중대하고 동시에 명백한 하자**'가 있는 경우에는 무효, 그렇지 않으면 취소사유에 해당한다.(통설, 판례)

4) 행정행위의 취소

직권취소	권한 있는 **행정기관의 직권**으로 행정행위의 효력을 상실시키는 행위
쟁송취소	위법·부당한 행정행위로 인하여 그 권익이 침해된 자에 의한 쟁송**(행정심판, 행정소송)으로** 권한 있는 기관(재결청, 법원)이 당해 행위의 효력을 소멸시키는 것

5) 하자의 치유

성립시에는 하자 있는 행정행위를 사후에 요건이 충족되거나, 위법성이 경미하여 취소원인이 될 만한 가치를 상실한 경우에 적법한 행위로 취급하는 것으로 **취소사유인 하자만 치유되고, 무효인 경우에는 인정 되지 않으며**(통설, 판례) 치유의 효과는 **소급적용**된다.

6) 하자 있는 행정행위의 전환

행정청이 본래 의도한 행정행위로서는 무효인 행정행위가 다른 행정행위로서의 성립요건을 갖춘 경우에는, 절차의 반복을 피하기 위하여 **유효한 다른 행정행위로서의 효력을 인정**하는 것으로 판례는 하자의 전환은 **무효인 행정행위에만 인정**되고, 취소사유 있는 행정행위에는 인정되지 않는다고 한다.(소급효)

전환의 요건	① 전환될 행정행위의 **성립 · 효력요건** 갖출 것 ② 하자 있는 행정행위와 전환될 행위 사이에 **실질적 공통성**이 있을 것 ③ 행정청의 의도에 반하지 않을 것 ④ 당사자에게 원처분보다 **새로운 불이익을 가하는 것이 아닐 것** ⑤ **제3자의 이익을 침해하는 것이 아닐 것** ⑥ 행위중복 회피의 의미가 있을 것
전환의 부정	① 대인적 행정행위의 전환 ② **기속행위를 재량행위로 전환** ③ 처분청의 의도에 **명백히 반**하는 전환 ④ 관계인에게 원래의 행정행위보다 불이익의 되는 전환

7) 하자의 승계 기출

둘 이상의 행정행위가 연속하여 행하여지는 경우 불가쟁력이 발생한 **선행행위의 하자를 이유로 하자 없는 후행행위를 다툴 수 있는가**의 문제로 선행행위의 하자가 후행행위에의 승계를 인정하게 되면 후행처분 자체에는 하자가 없는 경우에도 후행처분을 다툴 수 있게 된다.

논의의 전제	① 선행행위와 후행행위가 모두 **항고소송의 대상**이 되는 처분일 것 ② 선행행위가 무효사유가 아닌 **취소사유**에 불과할 것 ③ 선행행위에 **불가쟁력이 발생**하였을 것 ④ 후행행위에 하자가 없고 선행행위에만 하자가 있을 것	
승계여부	① 선행행위가 무효인 경우－**하자승계 인정** ② 선행행위가 취소사유에 해당하는 경우 ㉠ 둘이상의 행정행위가 독립하여 별개효과를 목적－하자승계를 부정 ㉡ 선행행위와 후행행위가 결합하여 하나의 법률효과를 목적－하자승계 인정	
판 례	하자승계 인정	① 대집행에 있어서 **계고 · 통지 · 실행 · 비용납부명령** 사이 기출 ② 개별공시지가 결정과 **과세처분** 기출 ③ 독촉절차와 체납처분(압류 → 매각 → 청산) 사이 ④ 과세체납처분절차상 **압류와 매각**처분 사이 ⑤ 안경사국가시험합격 무효처분과 안경사 면허취소 처분 사이 기출

판 례	하자승계 부정	① **과세처분과 체납처분** ② 건물철거명령과 대집행계고처분 ③ **직위해제처분과 면직처분** 기출 ④ 표준공시지가결정과 과세처분 ⑤ 사업인정과 토지수용재결처분 ⑥ **수강거부처분과 수료처분** 기출

(7) 행정행위의 철회

철회는 하자 없이 성립한 행정행위의 효력을 그 후에 발생된 새로운 사정을 이유로 소멸시키는 행위이다.

1) 취소와 구별 기출

구 분	행정행위의 직권취소	행정행위의 철회
사 유	**원시적 하자**	**후발적 사유**
권한자	처분청뿐만 아니라 감독청(이설 있음)	처분청(감독청은 철회권 없음)
소급효	원칙적으로 **소급효**	**장래**를 향하여만 발생

5 행정지도

행정주체가 일정한 행정질서를 형성하기 위하여 **조언·권고** 등의 방법으로 일정한 방향으로 행정객체를 유도할 의도 아래 행하는 **비권력적 사실행위로** 작용법적 근거는 필요치 않다.

① **임의성의 원칙 및 비례의 원칙**: 행정지도는 그 목적달성에 필요한 최소한도에 그쳐야 하며, 행정지도의 상대방의 의사에 반하여 부당하게 강요하여서는 아니 된다.

② **불이익조치금지 원칙**: 행정기관은 행정지도의 상대방이 행정지도에 따르지 아니하였다는 것을 이유로 불이익한 조치를 하여서는 아니 된다.

방 식	① 행정지도를 행하는 자는 그 상대방에게 당해 행정지도의 취지· 내용 및 신분을 밝혀야 한다. ② 행정지도가 구술로 이루어지는 경우에 서면의 교부를 요구할 때에는 직무수행에 특별한 지장이 없는 한 이를 교부하여야 한다.	
구 제	손해배상	행정지도는 국가배상의 요건인 직무행위에 해당하기 때문에 나머지 요건이 충족된다면 국가배상을 청구할 수는 있을 것
	항고소송	비권력적 사실행위라는 점에서 행정소송법상의 **처분성 부정**

③ 근무조건상의 차별을 받지 아니한다.

6 경찰관 직무집행법

(1) 경찰관 직무집행법

① **1953년** 제정된 **경찰작용의 일반법 · 기본법**(경찰조직의 일반법은 경찰법)
② 즉시강제의 일반법(강제집행의 일반법은 행정대집행법과 국세징수법)
③ **경찰장구 사용, 분사기 및 최루탄 사용, 유치장 설치, 무기사용의 근거법(무기휴대의 근거법은 경찰공무원법)**

(2) 개정사항

1차(1981)	유치장설치 근거, 경찰장구 사용, 사실조회 명문화 기출
2차(1988)	임시영치 30일에서 10일 단축, 직권남용 6월 이하에서 1년 이하 징역, 금고로 강화
3차(1989)	최루탄 사용조항 근거 마련 기출
4차(1991)	임의동행 경찰관서 체류시간 3시간에서 6시간 기출
5차(1996)	해양경찰에 「경찰관 직무집행법」 적용 기출
6차(1999)	경찰장비개념 정의, 경찰장비 세부적 규정
7차(2004)	파출소 통합해서 지구대 설치
8차(2011)	제주도 자치경찰제 도입
9차(2011)	「경찰관 직무집행법」 제2조, 「경찰법」 제3조 일치시킴

(3) 경찰관 직무집행법의 목적 및 직무범위

1) 목적(경직법 제1조)

국민의 자유와 권리를 보호하고 사회공공의 질서를 유지하기 위한 경찰관의 직무 수행에 필요한 사항을 규정함을 목적으로 한다. 이 법에 규정된 경찰관의 직권은 그 직무 수행에 필요한 최소한도에서 행사되어야 하며 남용되어서는 아니 된다. 기출

2) 직무의 범위(경직법 제2조) 기출

① 국민의 생명·신체 및 재산의 보호 기출
② 범죄의 예방·진압 및 수사
③ 경비, 주요 인사(人士) 경호 및 대간첩·대테러 작전 수행 기출
④ 치안정보의 수집·작성 및 배포
⑤ 교통 단속과 교통 위해(危害)의 방지
⑥ 외국 정부기관 및 국제기구와의 국제협력
⑦ 그 밖에 공공의 안녕과 질서 유지

(4) 불심검문(경직법 제3조) 기출

불심검문이 대인적 즉시강제인지 경찰조사인지에 대해 견해대립이 있지만, 최근 견해는 경찰조사라는 견해가 다수의 입장이다. 기출

① 어떤 죄를 범하였거나 범하려 하고 있다고 의심할만한 상당한 이유가 있는 사람
② 이미 행하여진 범죄나 행하여지려고 하는 범죄행위에 관한 사실을 안다고 인정되는 사람

1) 불심검문의 방법(수단)

① **정지**: 경찰관은 수상한 거동 기타 주위의 사정을 합리적으로 판단하여 거동불심자를 정지시킬 수 있다. 상대방이 불심검문에 불응하는 경우 강제에 이르지 않는 유형력 행사(팔이나 어깨를 잡거나 앞을 가로막는 행위, 팔꿈치를 가볍게 끄는 행위 등)는 허용된다.

② **질문** 기출: 질문은 범죄단서를 얻고자 하는 것이지 상대방을 피의자로서 조사하는 것이 아니므로 미리 진술을 거부할 수 있음을 고지할 의무는 법률상 명시되어 있지 않다. 질문을 받는 당해 당사자는 그 의사에 반하여 답변을 강요당하지 않는다.

③ **흉기조사**: 경찰관은 불심검문대상에 대하여 질문을 할 때에 흉기를 가지고 있는지를 조사할 수 있다. 기출 흉기 이외의 일반소지품 조사에 대하여는 명문규정이 없다. 기출 당해인은 **경찰관의 흉기소지 여부 조사시 거부할 수 있다는 명문규정이 없다.**

④ 임의동행

요건	정지시킨 장소에서 질문을 하는 것이 그 **사람에게 불리하거나 교통에 방해**가 된다고 인정될 것, 기출 반드시 상대방의 동의나 승낙이 있을 것－동행요구시 당해인은 언제든 경찰관의 동행요구 거절가능 기출
절차	㉠ 질문을 하거나 동행을 요구할 경우 경찰관은 신분을 표시하는 증표를 제시하면서 소속과 성명을 밝히고, 질문이나 동행의 목적과 이유를 설명하여야 하며, 동행을 요구하는 경우에는 동행장소를 밝혀야 한다. 기출 ㉡ 동행요구시 동행거부권 고지의무－「경찰관직무집행법」에 규정 없음(1988년 개정시 동행거부권 고지의무가 있었으나, 1991년 개정으로 삭제) 기출
사후조치	㉠ 동행한 경우 경찰관은 동행한 사람의 가족이나 친지 등에게 동행한 경찰관의 신분・동행장소・동행목적과 이유를 알리거나, 본인으로 하여금 즉시 연락할 기회를 주어야 하며, 변호인의 도움을 받을 권리가 있음을 알려야 한다. 기출 ㉡ 경찰관은 동행한 사람을 **6시간**을 초과하여 경찰관서에 머물게 할 수 없다. 주의할 것은 6시간 이내라 할지라도 강제로 머물게 할 수 있는 것은 아니다. 기출

관련판례

1. 수사관이 수사과정에서 당사자의 동의를 받는 형식으로 피의자를 수사관서 등에 동행하는 것은, 상대방의 신체의 자유가 현실적으로 제한되어 실질적으로 체포와 유사한 상태에 놓이게 됨에도, 영장에 의하지 아니하고 그 밖에 강제성을 띤 동행을 억제할 방법도 없어서 제도적으로는 물론 현실적으로도 임의성이 보장되지 않을 뿐만 아니라, 아직 정식의 체포・구속단계 이전이라는 이유로 상대방에게 헌법 및 형사소송법이 체포・구속된 피의자에게 부여하는 각종의 권리보장 장치가 제공되지 않는 등 형사소송법의 원리에 반하는 결과를 초래할 가능성이 크므로, 수사관이 동행에 앞서 피의자에게 동행을 거부할 수 있음을 알려 주었거나 동행한 피의자가 언제든지 자유로이 동행과정에서 이탈 또는 동행장소로부터 퇴거할 수 있었음이 인정되는 등 오로지 피의자의 **자발적인 의사에 의하여 수사관서 등에의 동행이 이루어졌음이 객관적인 사정에 의하여 명백하게 입증**된 경우에 한하여, 그 적법성이 인정되는 것으로 봄이 상당하다(대판 2006.7.6. 2005도6810). 기출
2. 검문 중이던 경찰관들이, 자전거를 이용한 날치기 사건 범인과 흡사한 인상착의의 피고인이 자전거를 타고 다가오는 것을 발견하고 정지를 요구하였으나 멈추지 않아, 앞을 가로막고 소속과 성명을 고지한 후 검문에 협조해 달라고 하였음에도 불응하고 그대로 전진하자, 따라가서 재차 앞을 막고 검문에 응하라고 요구하였는데 이에 피고인이 경찰관들의 멱살을 잡아 밀치는 등 항의하여 공무집행방해 등으로 기소된 사안에서 범행의 경중, 범행과의 관련성, 상황의 긴박성, 혐의의 정도, 질문의 필요성 등에 비추어 경찰관들은 목적 달성에 필요한 최소한의 범위 내에서 사회통념상 용인될 수 있는 상당한 방법을 통하여 경찰관직무집행법 제3조 제1항에 규정된 자에 대해 의심되는 사항을 질문하기 위하여 정지시킨 것으로 보아야 하는데도, 이와 달리 경찰관들의 불심검문이 위법하다고 보아 피고인에게 무죄를 선고한 원심판결에 불심검문의 내용과 한계에 관한 법리오해의 위법이 있다고 한 사례

⑤ **임의성**: 질문을 받거나 임의동행을 요구 받은 사람은 **형사소송에 관한 법률에 따르지 아니하고는 신체를 구속당하지 아니하며, 그 의사에 반하여 답변을 강요당하지 않는다.** 상대방이 불심검문에 불응시 경찰관의 대응조치나 처벌규정은 「경찰관직무집행법」에 존재하지 않는다.

참고

불심검문에 대한 대법원, 국가인권위원회 판시내용

1. 국가인권위원회는 정복 착용한 **경찰관이 신분증을 제시하지 아니하고 불심검문**하였다면 이는 적법절차를 위반한 인권침해에 해당한다고 결정하였다.
2. 대법원은 상해사건 신고를 받고 출동한 정복착용 경찰관들이 사건당사자인 피검문자의 경찰관 신분 확인의 요구가 없는 상황에서 경찰공무원증 제시 없이 불심검문하자 피검문자가 경찰관들을 폭행한 사안: **당시 정황상 객관적으로 경찰관의 공무집행임을 누구나 인식**할 수 있었고, 피검문자들이 경찰관에 대한 신분 확인을 요구하지 않았다면 경찰관이 신분증을 제시하지 않았더라도 불심검문은 적법한 공무집행에 해당한다.
3. 대법원 판결의 태도로 보아 경찰관은 신고현장에서 객관적으로 공무집행임을 일반인이 인식할 수 있는 사정이라면, 불심검문을 하는 과정에서 굳이 신분증을 제시하지 않았더라도 불심검문은 적법한 공무집행에 해당한다.
4. 대법원 판결의 태도로 보아 경찰관은 신고현장에서 객관적으로 공무집행임을 일반인이 인식할 수 있는 사정이라면, 불심검문을 하는 과정에서 굳이 신분증을 제시할 이유가 없으므로 신분증 소지의무는 없다고 보아진다.(틀림)
5. 대법원 판결의 태도로 보아 경찰관의 신분을 밝혀 줄 수 있는 것이라면 신분증이 아니라도 재직증명서, 신분증의 칼라복사본, 흉장 등으로 대체할 수 있다.(틀림)

(5) **보호조치**(경직법 제4조)

경찰관은 수상한 행동이나 그 밖의 주위 사정을 합리적으로 판단해 볼 때 보호조치 대상자에 해당하는 것이 명백하고 응급구호가 필요하다고 믿을 만한 상당한 이유가 있는 사람을 발견하였을 때에는 보건의료기관이나 공공구호기관에 긴급구호를 요청하거나 경찰관서에 보호하는 등 적절한 조치를 할 수 있다.(대인적 즉시강제)

1) 보호조치 대상자

강제대상자는 반드시 보호조치를 해야 한다는 의미가 아니라, 대상자가 거절해도 강제로 보호조치할 수 있다는 의미이고, 임의대상자는 상대방이 거절하면 보호조치를 할 수 없다는 의미이다.

강제 대상자	① 정신착란을 일으키거나 술에 취하여 자신 또는 다른 사람의 생명·신체·재산에 위해를 끼칠 우려가 있는 사람 ② 자살을 시도하는 자 기출
임의 대상자	**미아·병자·부상자** 등으로서 적당한 보호자가 없으며 응급구호가 필요하다고 인정되는 사람 기출

2) 보호조치의 요건

수상한 행동이나 그 밖의 주위사정을 합리적으로 판단해 볼 때 다음 각 호의 어느 하나에 해당하는 것이 명백하고 응급구호가 필요하다고 믿을 만한 상당한 이유가 있는 사람이어야 한다. 이때 상당한 이유의 판단은 경찰관의 **재량적 판단**이다.

3) 보호조치의 방법

응급구호의 요청	① 경찰관은 응급구호가 필요한다고 믿을만한 상당한 이유가 있는 사람을 발견하였을 때는 **보건의료기관이나 공공구호기관에 긴급구호**를 요청할 수 있다. ② 긴급구호요청을 받은 보건의료기관이나 공공구호기관은 정당한 이유없이 긴급구호를 거절할 수 없다. ③ 보건의료기관이나 공공구호기관이 정당한 이유없이 긴급구호를 거절하더라도 경찰관직무집행법에는 처벌규정이 없다. 주의 응급환자의 경우 정당한 이유없이 보건의료기관이 거절하면 「**응급의료에 관한 법률」에 의해 처벌가능**
경찰관서에의 일시보호	피구호자를 경찰관서에서 일시적으로 보호하는 것으로, 이 경우 **24시간**을 초과할 수 없으며, 형사범과 분리하여 안전하게 보호하여야 한다.

4) 보호조치의 사후조치

① 보호조치를 하였을 때에는 **지체 없이** 구호대상자의 가족, 친지 또는 그 밖의 연고자에게 그 사실을 알려야 하며, 연고자가 발견되지 아니할 때에는 구호대상자를 적당한 공공보건의료기관이나 공공구호기관에 즉시 인계하여야 한다. 기출

② 경찰관은 구호대상자를 공공보건의료기관이나 공공구호기관에 인계하였을 때에는 즉시 그 사실을 소속 **경찰서장이나 해양경찰서장에게 보고**하여야 한다.

③ 보고를 받은 소속 경찰서장이나 해양경찰서장은 대통령령으로 정하는 바에 따라 구호대상자를 인계한 사실을 지체 없이 해당 공공보건의료기관 또는 공공구호기관의 장 및 그 감독행정청에 통보하여야 한다.

5) 임시영치

경찰관이 구호대상자가 휴대하고 있는 무기·흉기 등 위험을 일으킬 수 있는 것으로 인정되는 물건을 경찰관서에 임시로 보관하는 것을 말한다. **대물적 즉시강제**이며, 상대방의 동의를 요하지 않는다. 임시영치의 기간은 **10일을 초과할 수 없다.** 기출

① 경찰관이 응급의 구호를 요하는 자를 보건의료기관에게 긴급구호요청을 하고, 보건의료기관이 이에 따라 치료행위를 하였다고 하더라도 국가와 보건의료기관 사이에 국가가 그 치료행위를 보건의료기관에 위탁하고 보건의료기관이 이를 승낙하는 내용의 치료위임 계약이 체결된 것으로 볼 수 없다(대판 1994.2.22. 93다 4472).

② 주취자가 극도의 만취상태여서 병원후송조치까지는 필요가 없어 파출소에 보호하더라도 지속적으로 관찰하여 생명·신체에 위해가 생기지 않도록 보호조치를 취하여야 할 주의의무가 있다(대판 2001다24839).

(6) 위험발생의 방지조치(경직법 제5조) 기출

경찰관이 사람의 생명 또는 신체에 위해를 끼치거나 재산에 중대한 손해를 끼칠 우려가 있는 천재, 사변, 인공구조물의 파손이나 붕괴, 교통사고, 위험물의 폭발, 위험한 동물 등의 출현, 극도의 혼잡, 그 밖의 위험한 사태가 있을 때에 이를 방지하기 위하여 필요한 경고·억류·피난·기타의 조치를 취하는 것을 말한다.

1) 법적 성질

이는 대인적 및 대물적·대가택적 즉시강제에 속한다. 기출

2) 위험발생 방지조치의 요건

위험사태의 존재	천재, 사변(事變), 인공구조물의 파손이나 붕괴, 교통사고, 위험물의 폭발, 위험한 동물 등의 출현, 극도의 혼잡, **그 밖의 위험한 사태**가 있어야 한다. 기출
위험사태의 절박성	사람의 생명 또는 신체에 위해를 끼치거나 재산에 중대한 손해를 끼칠 우려가 있어야 한다.

3) 위험발생 방지조치의 방법(수단)

경 고	그 장소에 모인 사람, 사물의 관리자, 그 밖의 관계인에게 필요한 경고를 할 수 있다.
억류 · 피난조치	매우 긴급한 경우에는 **위해를 입을 우려가 있는 사람**을 필요한 한도에서 억류하거나 피난시킬 수 있다.
위해방지조치	그 **장소에 있는 사람, 사물의 관리자, 그 밖의 관계인**에게 위해를 방지하기 위하여 필요하다고 인정되는 조치를 하게 하거나 직접 그 조치를 할 수 있다(광견사살명령, 광견의 직접 사살 등).
접근 또는 통행의 제한 · 금지	경찰관서의 장은 대간첩 작전의 수행이나 소요사태의 진압을 위하여 필요하다고 인정되는 상당한 이유가 있을 때에는 대간첩 작전지역이나 경찰관서 · 무기고 등 **국가중요시설에 대한 접근 또는 통행을 제한하거나 금지**할 수 있다.

4) 판 례

경찰관이 농민들의 시위를 진압하고 시위과정에 도로상에 방치된 트랙터 1대에 대하여 이를 도로 밖으로 옮기거나 후방에 안전표지판을 설치하는 것과 같은 위험발생방지조치를 취하지 아니한 채 그대로 방치하고 철수하여 버린 결과, 야간에 그 도로를 진행하던 운전자가 위 방치된 트랙터를 피하려다가 다른 트랙터에 부딪혀 상해를 입은 사안에서 국가배상책임을 인정한 사례(대판 1998.8.25, 98다16890)

(7) 범죄의 예방과 제지(경직법 제6조)

경찰관은 범죄행위가 목전(目前)에 행하여지려고 하고 있다고 인정될 때에는 이를 예방하기 위하여 관계인에게 필요한 경고를 하고, 그 행위로 인하여 사람의 생명 · 신체에 위해를 끼치거나 재산에 중대한 손해를 끼칠 우려가 있는 긴급한 경우에는 그 행위를 제지할 수 있다.

(8) 위험방지를 위한 출입(경직법 제7조)

경찰상 위험을 방지하기 위하여 일정한 장소에 출입할 수 있는 것을 말한다. 위험방지를 위한 출입은 즉시강제 중 대가택적 즉시강제에 해당한다. 경찰관이 위험방지를 위해 필요한 장소에 출입할 때에는 그 신분을 표시하는 증표를 제시하여야 하며, 함부로 관계인의 정당한 업무를 방해하여서는 아니 된다.

긴급출입	요 건	① 위험한 사태가 발생(천재, 사변, 인공구조물의 파손이나 붕괴, 교통사고, 위험물의 폭발, 위험한 동물 등의 출현, 극도의 혼잡, 그 밖의 위험한 사태가 발생) ② 사람의 생명・신체 또는 재산에 대한 위해가 임박한 때, 위해를 방지하거나 피해자를 구조하기 위하여 부득이하다고 인정할 때
	목 적	위해방지와 피해자 구조에 있으므로, 범죄수사를 목적으로 이용될 수는 없다(관리자의 동의는 불필요). 장소는 다른 사람의 토지・건물・배 또는 차이고 주・야간 제한이 없다.
예방출입 기출	목 적	범죄나 사람의 생명・신체・재산에 대한 위해를 예방하기 위한 목적으로 흥행장, 여관, 음식점, 역, 그밖에 많은 사람이 출입하는 장소에서 가능
	동 의	해당 장소의 영업시간이나 해당 장소가 일반인에게 공개된 시간에 한하고 상대방의 동의가 있어야 하지만, 상대방은 정당한 이유없이 출입을 거절할 수 없다. **기출**
작전지역 내에서의 검색	목 적	대간첩작전의 수행목적으로 흥행장, 여관, 음식점, 역, 그 밖에 많은 사람이 출입하는 장소에 주・야간을 불문하고 가능하며, 원칙적으로 영장도 필요치 않다.
	동 의	관리자의 동의 불요

1) 판 례

① 「경찰관직무집행법」 제6조 제1항 중 경찰관의 제지에 관한 부분은 범죄의 예방을 위한 경찰 행정상 즉시강제에 관한 근거 조항이다. 행정상 즉시강제는 그 본질상 행정 목적 달성을 위하여 불가피한 한도 내에서 예외적으로 허용되는 것이므로, 위 조항에 의한 경찰관의 제지 조치 역시 그러한 조치가 불가피한 최소한도 내에서만 행사되도록 그 발동・행사 요건을 신중하고 엄격하게 해석하여야 한다. 그러한 해석・적용의 범위 내에서만 우리 헌법상 신체의 자유 등 기본권 보장 조항과 그 정신 및 해석원칙에 합치될 수 있다.

② 구 「집회 및 시위에 관한 법률」(2007. 5. 11. 법률 제8424호로 개정되기 전의 것)에 의하여 금지되어 그 주최 또는 참가행위가 형사처벌의 대상이 되는 위법한 집회・시위가 장차 특정 지역에서 개최될 것이 예상된다고 하더라도, 이와 시간적・장소적으로 근접하지 않은 다른 지역에서 그 집회・시위에 참가하기 위하여 출발 또는 이동하는 행위를 함부로 제지하는 것은 「경찰관직무집행법」 제6조 제1항의 행정상 즉시강제인 경찰관의 제지의 범위를 명백히 넘어 허용될 수 없다. 따라서 이러한 제지 행위는 공무집행방해죄의 보호대상이 되는 공무원의 적법한 직무집행이 아니다.

(9) 사실의 조회 · 확인 및 출석요구(경직법 제8조)

1) 사실의 조회 및 확인

경찰관서의 장은 직무수행에 필요하다고 인정되는 상당한 이유가 있을 때에는 국가기관이나 공사(公私)단체 등에 직무수행에 관련된 사실을 조회할 수 있다. 다만, 긴급한 경우에는 소속 경찰관으로 하여금 현장에 나가 해당기관 또는 단체의 장의 협조를 받아 그 사실을 확인하게 할 수 있다.(성질－비권력적 사실행위) 기출

2) 출석요구 기출

사유 해당	① **미아**를 인수할 보호자 확인 ② **유실물**을 인수할 권리자 확인 ③ 사고로 인한 사상자 확인 ④ 행정처분을 위한 교통사고 조사에 필요한 사실 확인 기출
사유 아님	① 형사책임을 규명하기 위한 사실조사 ② 범죄피해내용 확인 ③ 교통사고시 가해자와 피해자와의 합의를 위한 종용 ④ 고소사건처리를 위한 사실 확인

(10) 국제협력(경직법 제8조의2)

경찰청장(해양경찰청 소속 경찰공무원의 직무에 관한 사항인 경우에는 해양경찰청장)은 이 법에 따른 경찰관의 직무수행을 위하여 외국 정부기관, 국제기구 등과 자료교환, 국제협력 활동 등을 할 수 있다.

(11) 유치장(경직법 제9조)

경찰서 및 해양경찰서에는 법률에서 정한 절차에 따라 체포 · 구속된 사람 또는 신체의 자유를 제한하는 판결이나 처분을 받은 사람을 수용하기 위하여 경찰서와 해양경찰서에 유치장을 둔다. 법률에서 정한 절차에 따라 체포 · 구속된 사람 또는 신체의 자유를 제한하는 판결이나 처분을 받은 사람을 수용하기 위하여 경찰서와 해양경찰서에 유치장을 둔다. 기출

(12) 경찰장비의 사용(경직법 제10조)

"경찰장비"란 무기, 경찰장구, 최루제와 그 발사장치, 살수차, 감식기구, 해안 감시기구, 통신기기. 차량 · 선박 · 항공기 등 경찰이 직무를 수행할 때 필요한 장치와 기구이고 필요한 안전교육과 안전검사를 받은 후 사용하여야 한다.(**대인적 즉시강제**)

(13) **경찰장구의 사용**(경직법 제10조의2) 기출

경찰장구란 경찰관이 휴대하여 범인검거와 범죄진압 등의 직무수행에 사용하는 수갑·포승·경찰봉·방패등을 말한다. 기출 (**대인적 즉시강제**)

사용요건 기출	① 현행범이나 사형·무기 또는 장기3년 이상의 징역이나 금고에 해당하는 죄를 범한 **범인의 체포 또는 도주 방지** 기출 ② 자신이나 다른 사람의 **생명·신체의 방어 및 보호** ③ 공무집행에 대한 **항거제지** ▶ 전자충격기(테이저)는 경찰장구－사용시 3회 이상의 투기명령은 불요
한 계	사태를 합리적으로 판단하여 **필요한 한도 내**에서 사용할 수 있다.

(14) **분사기 및 최루탄의 사용**(경직법 제10조의3)

「경찰장비의 사용기준 등에 관한 규정」상 분사기·최루탄－근접분사기·가스분사기·가스발사총(고무탄 발사겸용을 포함) 및 최루탄(그 발사장치를 포함)을 말한다.(**대인적 즉시강제**)

요 건	범인의 체포 또는 범인의 도주 방지 기출 불법집회·시위로 인한 자신이나 다른 사람의 생명·신체와 재산 및 공공시설 안전에 대한 현저한 위해의 발생 억제
한 계	① 부득이한 경우 ② 현장책임자가 판단 ③ 필요한 최소한의 범위 내 기출

(15) **무기의 사용**(경직법 제10조의4) 기출

1) 의 의

무기란 사람의 생명이나 신체에 위해를 끼칠 수 있도록 제작된 권총·소청·도검 등을 말한다. 기출 대간첩·대테러작전 등 국가안전에 관련되는 작전을 수행할 때에는 개인화기외에 공용화기를 사용할 수 있다.(대인적 즉시강제에 해당)

2) 무기사용의 요건 기출

위해 수반하지 않는 경우	① 범인의 체포, 범인의 도주방지 ② 자신이나 다른 사람의 생명·신체의 방어 및 보호 ③ 공무집행에 대한 항거의 제지
위해 수반하는 경우	① 형법에 규정된 정당방위와 긴급피난에 해당할 때(정당방위, 자구행위 제외) 기출

위해 수반하는 경우	② 다음의 어느 하나에 해당하는 때에 그 행위를 방지하거나 그 행위자를 체포하기 위하여 무기를 사용하지 아니하고는 다른 수단이 없다고 인정되는 상당한 이유가 있을 때 ㉠ **사형 · 무기 또는 장기 3년 이상의 징역이나 금고**에 해당하는 죄를 범하거나 범하였다고 의심할 만한 충분한 이유가 있는 사람이 경찰관의 직무집행에 항거하거나 도주하려고 할 때 기출 ㉡ 체포 · 구속영장과 압수 · 수색영장을 집행하는 과정에서 경찰관의 직무집행에 **항거하거나 도주**하려고 할 때 ㉢ 제3자가 ㉠ 또는 ㉡에 해당하는 사람을 도주시키려고 경찰관에게 **항거할 때** ㉣ 범인이나 소요를 일으킨 사람이 무기 · 흉기 등 위험한 물건을 지니고 경찰관으로부터 **3회 이상** 물건을 버리라는 명령이나 항복하라는 명령을 받고도 따르지 아니하면서 계속 항거할 때 기출 ③ 대간첩 작전 수행 과정에서 무장간첩이 항복하라는 경찰관의 명령을 받고도 따르지 아니할 때

「경찰관 직무집행법」상 경찰장구, 분사기 및 최루탄, 무기사용 요건

경찰장구	분사기 및 최루탄	무 기
① **현행범이나 사형 · 무기 또는 장기 3년 이상**의 징역이나 금고에 해당하는 죄를 범한 범인의 체포 또는 도주방지 ② 자신이나 다른 사람의 생명 · 신체의 방어 및 보호 ③ 공무집행에 대한 항거 제지	① 범인의 체포 또는 범인의 도주방지 ② 불법집회 · 시위로 인한 자신이나 다른 사람의 생명 · 신체와 재산 및 공공시설 안전에 대한 현저한 위해의 발생 억제주의	① 범인의 체포, 범인의 도주방지 ② 자신이나 다른 사람의 생명 · 신체의 방어 및 보호 ③ 공무집행에 대한 항거의 제지

경찰관의 총기사용

1. 경찰관이 범인을 제압하는 과정에서 총기를 사용하여 **범인을 사망**에 이르게 한 사안에서, 경찰관이 총기사용에 이르게 된 동기나 목적, 경위 등을 고려하여 형사사건에서 무죄판결이 확정되었더라도 당해 경찰관의 과실의 내용과 그로 인하여 발생한 결과의 중대함에 비추어 **민사상 불법행위 책임**을 인정한 사례(대판 2008.2.1. 2006다6713) 기출
2. 50cc 소형 오토바이 1대를 절취하여 운전중인 15~16세의 절도 혐의자 3인이 경찰관의 검문에 불응하며 도주하자, 경찰관이 체포 목적으로 오토바이의 바퀴를 조준하여 실탄을 발사하였으나 오토바이에 타고 있던 1인이 총상을 입게 된 경우, 제반 사정에 비추어 경찰관의 총기 사용이 **사회통념상 허용범위를 벗어나 위법**하다고 한 사례(대판 2004.5.13. 2003다57956)

3. 타인의 집대문 앞에 은신하고 있다가 경찰관의 명령에 따라 순순히 손을 들고 나오면서 그대로 도주하는 범인을 경찰관이 뒤따라 추격하면서 등부위에 권총을 발사하여 사망케 한 경우, 위와 같은 총기사용은 현재의 부당한 침해를 방지하거나 현재의 위난을 피하기 위한 상당성 있는 행위라고 볼 수 없는 것으로서 범인의 체포를 위하여 필요한 한도를 넘어 무기를 사용한 것이라고 하여 국가의 손해배상책임을 인정한 사례(대판 1991.5.28. 91다10084)
4. 야간에 술이 취한 상태에서 병원에 있던 과도로 대형 유리창문을 쳐 깨뜨리고 자신의 복부에 칼을 대고 할복 자살하겠다고 난동을 부린 피해자가 출동한 2명의 경찰관들에게 칼을 들고 항거하였다고 하여도 위 경찰관 등이 공포를 발사하거나 소지한 가스총과 경찰봉을 사용하여 위 망인의 항거를 억제할 시간적 여유와 보충적 수단이 있었다고 보여지고, 또 부득이 총을 발사할 수 밖에 없었다고 하더라도 하체 부위를 향하여 발사함으로써 그 위해를 최소한도로 줄일 여지가 있었다고 보여지므로, 칼빈소총을 1회 발사하여 피해자의 왼쪽 가슴 아래 부위를 관통하여 사망케 한 경찰관의 총기사용 행위는 **경찰관직무집행법 제11조 소정의 총기사용 한계를 벗어난 것**이라고 한 사례(대판 1991.9.10. 91다19913)
5. 경찰관이 길이 40cm 가량의 칼로 반복적으로 위협하며 도주하는 차량 절도 혐의자를 추적하던 중, 도주하기 위하여 등을 돌린 혐의자의 몸 쪽을 향하여 약 2m 거리에서 실탄을 발사하여 혐의자를 **복부관통상으로 사망**케 한 경우, 경찰관의 총기사용은 **사회통념상 허용범위를 벗어난 위법행위**라고 본 사례(대판 1999.3.23. 98다63445)

(16) **사용기록 보관**(경직법 제11조)

제10조 제2항에 따른 살수차, 제10조의3에 따른 분사기, 최루탄 또는 제10조의4에 따른 무기를 사용하는 경우 그 책임자는 사용 일시·장소·대상, 현장책임자, 종류, 수량 등을 기록하여 보관하여야 한다.

(17) **손실보상**(경직법 제11조의2)

① 국가는 경찰관의 적법한 직무집행으로 인하여 다음 각 호의 어느 하나에 해당하는 손실을 입은 자에 대하여 정당한 보상을 하여야 한다.
  1. 손실발생의 원인에 대하여 책임이 없는 자가 재산상의 손실을 입은 경우(손실발생의 원인에 대하여 책임이 없는 자가 경찰관의 직무집행에 자발적으로 협조하거나 물건을 제공하여 재산상의 손실을 입은 경우를 포함한다)
  2. 손실발생의 원인에 대하여 책임이 있는 자가 자신의 책임에 상응하는 정도를 초과하는 재산상의 손실을 입은 경우

② 제1항에 따른 보상을 청구할 수 있는 권리는 손실이 있음을 안 날부터 3년, 손실이 발생한 날부터 5년간 행사하지 아니하면 시효의 완성으로 소멸한다.

③ 제1항에 따른 손실보상신청 사건을 심의하기 위하여 손실보상심의위원회를 둔다.

④ 제1항에 따른 손실보상의 기준, 보상금액, 지급절차 및 방법, 손실보상심의위원회의 구성 및 운영, 그 밖에 필요한 사항은 대통령령으로 정한다.

(18) **벌칙**(경직법 제12조)

이 법에 규정된 경찰관의 의무를 위반하거나 직권을 남용하여 다른 사람에게 해를 끼친 사람은 **1년 이하의 징역이나 금고**에 처한다. 기출

참고

경찰장비의 사용기준 등에 관한 규정(대통령령)

제2조【위해성 경찰장비의 종류】「경찰관 직무집행법」(이하 "법"이라 한다) 제10조 제1항 단서에 따른 사람의 생명이나 신체에 위해를 끼칠 수 있는 경찰장비(이하 "위해성 경찰장비"라 한다)의 종류는 다음 각 호와 같다. 기출

1. **경찰장구: 수갑 · 포승(捕繩) · 호송용포승 · 경찰봉 · 호신용경봉 · 전자충격기 · 방패 및 전자방패**
2. **무기: 권총 · 소총 · 기관총 · 산탄총 · 유탄발사기 · 박격포 · 3인치포 · 함포 · 크레모아 · 수류탄 · 폭약류 및 도검**
3. **분사기 · 최루탄등: 근접분사기 · 가스분사기 · 가스발사총 및 최루탄**
4. 기타장비: 가스차 · 살수차 · 특수진압차 · 물포 · 석궁 · 다목적발사기 및 도주차량차단장비

제4조【영장집행등에 따른 수갑등의 사용기준】 경찰관(국가경찰공무원에 한한다. 이하 같다)은 체포 · 구속영장을 집행하거나 신체의 자유를 제한하는 판결 또는 처분을 받은 자를 법률이 정한 절차에 따라 호송하거나 수용하기 위하여 필요한 때에는 최소한의 범위 안에서 수갑 · 포승 또는 호송용포승을 사용할 수 있다.

제5조【자살방지등을 위한 수갑등의 사용기준 및 사용보고】 경찰관은 범인 · 주취자 또는 정신착란자의 자살 또는 자해기도를 방지하기 위하여 필요한 때에는 수갑 · 포승 또는 호송용포승을 사용할 수 있다. 이 경우 경찰관은 소속 국가경찰관서의 장(경찰청장 · 해양경찰청장 · 지방경찰청장 · 지방해양경찰청장 · 경찰서장 또는 해양경찰서장 기타 경무관 · 총경 · 경정 또는 경감을 장으로 하는 국가경찰관서의 장을 말한다. 이하 같다)에게 그 사실을 보고하여야 한다.

제6조【불법집회등에서의 경찰봉 · 호신용경봉의 사용기준】 경찰관은 불법집회 · 시위로 인하여 발생할 수 있는 타인 또는 경찰관의 생명 · 신체의 위해와 재산 · 공공시설의 위험을 방지하기 위하여 필요한 때에는 최소한의 범위 안에서 경찰봉 또는 호신용경봉을 사용할 수 있다.

제7조【경찰봉 · 호신용경봉의 사용시 주의사항】 경찰관이 경찰봉 또는 호신용경봉을 사용하는 때에는 인명 또는 신체에 대한 위해를 최소화하도록 주의하여야 한다.

제8조【전자충격기등의 사용제한】 ① 경찰관은 **14세 미만의 자 또는 임산부**에 대하여 전자충격기 또는 전자방패를 사용하여서는 아니 된다.

② 경찰관은 전극침(電極針) 발사장치가 있는 전자충격기를 사용하는 경우 상대방의 얼굴을 향하여 전극침을 발사하여서는 아니 된다.

제9조【총기사용의 경고】 경찰관은 법 제10조의4에 따라 사람을 향하여 권총 또는 소총을 발사하고자 하는 때에는 미리 구두 또는 공포탄에 의한 사격으로 상대방에게 경고하여야 한다. 다만, 다음 각 호의 어느 하나에 해당하는 경우로서 부득이한 때에는 경고하지 아니할 수 있다.

1. 경찰관을 급습하거나 타인의 생명·신체에 대한 중대한 위험을 야기하는 범행이 목전에 실행되고 있는 등 상황이 급박하여 특히 경고할 시간적 여유가 없는 경우
2. 인질·간첩 또는 테러사건에 있어서 은밀히 작전을 수행하는 경우

제10조 【권총 또는 소총의 사용제한】 ① 경찰관은 법 제10조의4의 규정에 의하여 권총 또는 소총을 사용하는 경우에 있어서 범죄와 무관한 다중의 생명·신체에 위해를 가할 우려가 있는 때에는 이를 사용하여서는 아니된다. 다만, 권총 또는 소총을 사용하지 아니하고는 타인 또는 경찰관의 생명·신체에 대한 중대한 위험을 방지할 수 없다고 인정되는 때에는 필요한 최소한의 범위 안에서 이를 사용할 수 있다.

② 경찰관은 총기 또는 폭발물을 가지고 대항하는 경우를 제외하고는 14세 미만의 자 또는 임산부에 대하여 권총 또는 소총을 발사하여서는 아니 된다.

제11조 【동물의 사살】 경찰관은 공공의 안전을 위협하는 동물을 사살하기 위하여 부득이한 때에는 권총 또는 소총을 사용할 수 있다.

제12조 【가스발사총등의 사용제한】 ① 경찰관은 범인의 체포 또는 도주방지, 타인 또는 경찰관의 생명·신체에 대한 방호, 공무집행에 대한 항거의 억제를 위하여 필요한 때에는 최소한의 범위 안에서 가스발사총을 사용할 수 있다. 이 경우 경찰관은 1미터 이내의 거리에서 상대방의 얼굴을 향하여 이를 발사하여서는 아니 된다.

② 경찰관은 최루탄발사기로 최루탄을 발사하는 경우 30도 이상의 발사각을 유지하여야 하고, 가스차·살수차 또는 특수진압차의 최루탄발사대로 최루탄을 발사하는 경우에는 15도 이상의 발사각을 유지하여야 한다.

7 공공기관의 정보공개에 관한 법률

(1) 정의(법 제2조)

정 보	공공기관이 직무상 작성 또는 취득하여 관리하고 있는 문서(전자문서 포함)·도면·사진·필름·테이프·슬라이드 및 그 밖에 이에 준하는 매체 등에 기록된 사항
공공기관	① 국가기관 ㉠ 국회, 법원, 헌법재판소, 중앙선거관리위원회 ㉡ 중앙행정기관(대통령 소속기관과 국무총리 소속기관을 포함한다) 및 그 소속기관 ㉢ 「행정기관 소속 위원회의 설치·운영에 관한 법률」에 따른 위원회 ② 지방자치단체 ③ 「공공기관의 운영에 관한 법률」 제2조에 따른 공공기관 ④ 그 밖에 대통령령으로 정하는 기관

(2) 적용범위(법 제4조)

① 정보의 공개에 관하여는 다른 법률에 특별한 규정이 있는 경우를 제외하고는 이 법에서 정하는 바에 따른다. 지방자치단체는 그 소관 사무에 관하여 법령의 범위에서 정보 공개에 관한 조례를 정할 수 있다.

② 국가안전보장에 관련되는 정보 및 보안 업무를 관장하는 기관에서 국가안전보장과 관련된 정보의 분석을 목적으로 수집하거나 작성한 정보에 대해서는 이 법을 적용하지 아니한다. 다만, 제8조 제1항에 따른 정보목록의 작성·비치 및 공개에 대해서는 그러하지 아니한다.

(3) 정보공개청구권자 기출

모든 국민은 정보의 공개를 청구할 권리를 가진다.
외국인의 정보공개 청구에 관하여는 대통령령으로 정한다.

(4) 공개대상정보

① 공공기관이 보유·관리하는 정보는 국민의 알권리 보장 등을 위하여 이 법에서 정하는 바에 따라 적극적으로 **공개하여야 한다**(**공개할 수 있다 아님**). 기출

② 공공기관이 보유·관리하는 정보는 공개 대상이 된다. 다만, 다음 각 호의 어느 하나에 해당하는 정보는 공개하지 아니할 수 있다(법 제9조).

㉠ 다른 법률 또는 법률에서 위임한 명령에 따라 **비밀이나 비공개 사항**으로 규정된 정보
㉡ 국가안전보장·국방·통일·외교관계 등에 관한 사항으로서 공개될 경우 **국가의 중대한 이익을 현저히 해칠 우려**가 있다고 인정되는 정보
㉢ 공개될 경우 국민의 **생명·신체 및 재산의 보호에 현저한 지장**을 초래할 우려가 있다고 인정되는 정보
㉣ 진행 중인 재판에 관련된 정보와 범죄의 예방, 수사, 공소의 제기 및 유지, 형의 집행, 교정(矯正), 보안처분에 관한 사항으로서 공개될 경우 그 직무수행을 현저히 곤란하게 하거나 형사피고인의 공정한 재판을 받을 권리를 침해한다고 인정할 만한 상당한 이유가 있는 정보
㉤ 감사·감독·검사·시험·규제·입찰계약·기술개발·인사관리에 관한 사항이나 의사결정 과정 또는 내부검토 과정에 있는 사항 등으로서 공개될 경우 업무의 공정한 수행이나 연구·개발에 현저한 지장을 초래한다고 인정할 만한 상당한 이유가 있는 정보. 다만, 의사결정 과정 또는 내부검토 과정을 이유로 비공개할 경우에는 의사결정 과정 및 내부검토 과정이 종료되면 제10조에 따른 청구인에게 이를 통지하여야 한다.
㉥ 해당 정보에 포함되어 있는 **성명·주민등록번호 등 개인에 관한 사항**으로서 공개될 경우 사생활의 비밀 또는 자유를 침해할 우려가 있다고 인정되는 정보
㉦ 법인·단체 또는 개인의 경영상·영업상 비밀에 관한 사항으로서 공개될 경우 법인등의 정당한 이익을 현저히 해칠 우려가 있다고 인정되는 정보

> ◎ **공개될 경우 부동산 투기, 매점매석 등으로 특정인에게 이익 또는 불이익**을 줄 우려가 있다고 인정되는 정보

③ 비공개대상정보에 해당하는 정보에 대한 공개청구에 대해서도 공공기관은 공개 결정할 수 있다.

보충

공개대상정보와 비공개대상정보

공개대상정보	비공개대상정보
① **국공립학교에서의 성적평가**에 관한 사항 ② **조세의 부과징수 또는 환급**에 관한 사항 ③ **학력기능** 및 채용에 관한 사항	① 경찰의 보안관찰 관련 통계자료 ② 폭력단체 현황에 관한 정보

(5) 정보공개절차

청구방법 (법 제10조)	정보의 공개를 청구하는 자는 해당 정보를 보유하거나 관리하고 있는 공공기관에 대하여 일정한 사항을 적은 정보공개 청구서를 제출하거나 말로써 정보의 공개를 청구할 수 있다.
정보공개여부의 결정 (법 제11조)	① 공공기관은 정보공개의 청구를 받으면 **그 청구를 받은 날부터 10일 이내에 공개 여부를 결정**하여야 한다. ② 공공기관은 부득이한 사유로 규정기간 이내에 공개 여부를 결정할 수 없을 때에는 그 기간이 끝나는 날의 다음 날부터 기산(起算)하여 **10일의 범위에서 공개 여부 결정기간을 연장**할 수 있다. 이 경우 공공기관은 연장된 사실과 연장 사유를 청구인에게 지체 없이 문서로 통지하여야 한다. ③ 공공기관은 공개 청구된 공개 대상 정보의 전부 또는 일부가 제3자와 관련이 있다고 인정할 때에는 그 사실을 제3자에게 지체 없이 통지하여야 하며, 필요한 경우에는 그의 의견을 들을 수 있다. 정보공개를 청구한 날부터 20일 이내에 결정이 없는 경우 비공개의 결정이 있는 것으로 간주된다."는 규정은 **2013년 8월 6일 개정에 의해 삭제됨.**
부분공개 (법 제14조)	공개 청구한 정보가 비공개정보와 공개가능한 정보가 혼합되어 있는 경우로서 공개 청구의 취지에 어긋나지 아니하는 범위에서 두 부분을 분리할 수 있는 경우에는 비공개에 해당하는 부분을 제외하고 공개하여야 한다.

(6) 비용부담

정보의 공개 및 우송 등에 드는 비용은 실비(實費)의 범위에서 청구인이 부담한다. 기출

(7) 정보공개 여부에 대한 불복

1) 청구인의 불복절차

이의신청	① 청구인이 정보공개와 관련한 공공기관의 비공개 결정 또는 부분공개 결정에 대하여 불복이 있거나 **정보공개청구 후 20일**이 경과하도록 정보공개 결정이 없는 때에는 공공기관으로부터 정보공개 여부의 결정 통지를 받은 날 또는 정보공개청구 후 20일이 경과한 날부터 **30일 이내에 해당 공공기관에 문서로 이의신청**을 할 수 있다. 기출 ② 공공기관은 이의신청을 받은 날부터 7일 이내에 그 이의신청에 대하여 결정하고 그 결과를 청구인에게 지체 없이 문서로 통지하여야 한다. 다만, 부득이한 사유로 정하여진 기간 이내에 결정할 수 없을 때에는 그 기간이 끝나는 날의 다음 날부터 기산하여 **7일의 범위에서 연장**할 수 있으며, 연장사유를 청구인에게 통지하여야 한다. ③ 공공기관은 이의신청을 각하(却下) 또는 기각(棄却)하는 결정을 한 경우에는 청구인에게 행정심판 또는 행정소송을 제기할 수 있다는 사실을 제3항에 따른 결과 통지와 함께 알려야 한다.
행정심판	① 청구인이 정보공개와 관련한 공공기관의 결정에 대하여 불복이 있거나 정보공개**청구 후 20일이 경과**하도록 정보공개 결정이 없는 때에는 「행정심판법」에서 정하는 바에 따라 행정심판을 청구할 수 있다. 이 경우 국가기관 및 지방자치단체 외의 공공기관의 결정에 대한 감독행정기관은 관계중앙행정기관의 장 또는 지방자치단체의 장으로 한다. ② **청구인은 이의신청 절차를 거치지 아니하고 행정심판을 청구**할 수 있다. 기출
행정소송	청구인이 정보공개와 관련한 공공기관의 결정에 대하여 불복이 있거나 정보공개청구 후 20일**이 경과하도록 정보공개 결정이 없는 때**에는 「행정소송법」에서 정하는 바에 따라 행정소송을 제기할 수 있다.

2) 제3자의 보호수단 기출

㉠ 자기와 관련된 정보의 공개청구된 사실을 통지받은 제3자는 통지받은 날부터 **3일** 이내에 해당 공공기관에 대하여 자신과 관련된 정보를 공개하지 아니할 것을 요청할 수 있다. 기출

㉡ 3자의 비공개요청에도 불구하고 공공기관이 공개 결정을 하는 때에는 공개결정이유와 공개실시일을 분명히 밝혀 **지체 없이 문서로 통지**하여야 한다.

㉢ 제3자는 공개결정에 대해 해당 공공기관에 문서로 이의신청을 하거나 행정심판 또는 행정소송을 제기할 수 있다. 이 경우 이의신청은 통지받은 날로부터 **7일 이내**에 하여야 한다.
㉣ 공공기관은 ㉡에 따른 공개 결정일과 공개 실시일 사이에 **최소한 30일의 간격**을 두어야 한다.

(8) 정보공개위원회

① 정보공개에 관한 정책의 수립 및 제도개선에 관한 사항 등을 심의 · 조정하기 위하여 **행정안전부장관 소속**으로 정보공개위원회를 둔다. 기출
② 위원회는 위원장과 부위원장 각 1명을 포함한 **9명의 위원**으로 구성한다. 기출
③ 위원장 · 부위원장 및 위원의 **임기는 2년**으로 하며, **연임**할 수 있다. 기출
④ 위원장 · 부위원장 및 위원은 정보공개 업무와 관련하여 알게 된 정보를 누설하거나 그 정보를 이용하여 본인 또는 타인에게 이익 또는 불이익을 주는 행위를 하여서는 아니 된다.
⑤ 위원장 · 부위원장 및 위원 중 공무원이 아닌 사람은 「형법」이나 그 밖의 법률에 따른 벌칙을 적용할 때에는 공무원으로 본다.
⑥ 위원회의 구성과 의결 절차 등 위원회 운영에 필요한 사항은 대통령령으로 정한다.

제5절 경찰상 의무이행 확보 수단

1 서 설

(1) 의 의

경찰의 행정작용으로 국민에게 의무를 부과하였음에도 국민이 이를 이행하지 않을 경우 경찰의 행정목적 달성을 위한 제도로 **경찰강제**와 **경찰벌**이 있다.

(2) 수 단

직접적 수단으로는 **대집행, 직접강제, 즉시강제**가 있고, 간접적 수단으로는 **집행벌, 경찰벌, 새로운 의무이행 확보 수단**이 있다. 기출

전통적 수단	경찰강제	강제집행	대집행, 집행벌, 직접강제, 강제징수
		즉시강제	대인적, 대물적, 대가택적 즉시강제
		경찰조사	
	경찰벌	경찰형벌	형벌
		경찰질서벌	과태료
새로운 수단	과징금, 공급거부, 명단공표, 관허사업제한 등		

2 경찰강제

(1) 경찰강제의 성질

1) 의 의

경찰상의 목적을 위하여 개인이 신체, 재산 또는 가택에 실력을 가하여 경찰상 필요한 상태를 실현시키는 사실상의 작용을 의미한다. 경찰상 **강제집행**과 **즉시강제**가 있다.

2) 구별개념

경찰강제는 **장래에 의무 내용**을 이행시키거나 이행이 있는 것과 같은 상태를 실현하기 위한 강제수단이나 경찰벌은 **과거의 의무위반**에 대한 제재이다.

3) 근 거

강제집행의 일반법은 **「행정대집행법」과 「국세징수법」**이 있고 즉시강제는 **「경찰관 직무집행법」**이 있다.

(2) 경찰상의 강제집행

1) 의 의

경찰상의 강제집행은 **경찰하명**에 의한 경찰의무 불이행에 대하여 경찰권 자신이 강제적으로 의무를 이행시키거나 이행한 것과 동일한 상태를 실현시키는 작용을 의미한다. 경찰의무의 존재나 불이행을 전제로 하고 있는 점에서 경찰상 즉시강제와 다르다.

2) 수 단

① **대집행**: 대집행은 대체적 작위의무를 가진 자가 의무를 이행하지 않은 경우 경찰관청이 스스로 행하거나 제3자로 하여금 의무자가 해야 할 행위를 하게 함으로써 의무이행이 있는 것과 같은 상태를 실현시킨 후 그 비용을 의무자로부터 징수하는 경찰상의 강제집행을 의미한다. 기출

예 견인, 쓰레기 제거, 벽보 제거, 광고물 제거, 무허가 건물 철거 등

근 거	행정대집행법, 공익사업을 위한 토지등 취득 및 보상에 관한 법률, 건축법 기출
요 건	의무의 불이행, 다른 수단으로 그 이행을 확보하기 곤란할 것, 방치함으로써 심히 공익을 해할 것
절 차	**대집행 계고－대집행영장의 통지－대집행 실행－비용징수**

② **집행벌**(강제금): 집행벌은 **비대체적 작위의무**와 **부작위의무**를 이행하지 않는 경우 의무이행을 강제하는 심리적 압박수단으로 과하는 **금전적 부담** 또는 **강제금**을 의미한다. 기출 간접적, 심리적 의무이행 확보 수단이고 **행정벌과 병과**할 수 있으며 의무이행이 있을 때까지 반복적으로 과할 수 있다.(**일사부재리원칙 비적용**)

근 거	일반법은 없고, 개별법에서 일부 인정되고 있다.(건축법상 이행강제금)

③ **직접강제**: 의무불이행에 대한 **최후의 수단**으로 경찰의무자가 의무를 이행하지 않을 경우 직접의무자의 **신체** 또는 **재산**에 실력을 가하여 필요한 상태를 실현하는 작용을 말한다. 기출

대 상	대체적 작위의무, 비대체적 작위의무, 부작위의무, 수인의무
근 거	일반법은 없으나 개별법에서 예외적으로 인정하고 있다－식품위생법(영업소의 폐쇄조치), 도로교통법(연도공작물의 위험방지조치), 집회 및 시위에 관한 법률(해산명령 후 집회자 해산), 출입국관리법(외국인의 보호조치, 강제퇴거)

④ **경찰상 강제징수**: **경찰법상 금전급부의 의무를 이행하지 아니하는 경우**에 경찰기관이 의무자의 재산에 실력을 가하여 의무가 이행된 것과 같은 상태를 실현하는 것으로 개별법으로 「**국세징수법**」(국세기본법 아님)이 있다. 기출

절 차	독촉－체납처분[재산압류]－압류재산 매각－청산－체납처분의 중지, 결손처분

(3) 경찰상 즉시강제

1) 의 의

경찰상 즉시강제는 **목전에 급박한 장해를 제거**하기 위해 미리 의무를 명할 시간적 여유가 없거나 그 성질상 의무를 미리 명하는 것으로 그 목적달성이 곤란할 대에, 국민의 신체재산에 실력을 가하는 작용을 의미한다. 행정상의 **의무존재와 의무의 불이행을 전제로 하지 않는다**는 점이 강제집행과 구별된다.

2) 근거법

「경찰직무집행법」과 개별법인 「식위법」, 「소방법」, 「마약류관리법」이 있다.

3) 수 단 기출

대인적 즉시강제	불심검문, 보호조치, 위험발생조치, 범죄의 예장제지 조치, 무기 사용, 경찰장구의 사용, 분사기 등의 사용. 기출
대물적 즉시강제	물건등의 임시영치, 위험발생 방지조치
대가택적 즉시강제	위험방지를 위한 가택출입, 검색 등

4) 한 계

법규상 한계	침해행정이므로 실정법적 근거가 필요
조리상 한계 기출	급박성: 경찰상 장해가 목전에 급박해야 한다.
	보충성: 다른 수단으로 경찰목적 달성이 불가능해야 한다.
	비례성: 경찰목적 달성을 위한 최소한의 한도에 그쳐야 한다.
	소극성: 사회공공의 안녕질서유지 소극목적 한도에 그쳐야 한다.
절차적 한계	영장불요설과 필요설의 견해의 대립이 있으나 현재는 **절충설이 통설, 판례**이다. 기출

(4) 경찰조사

1) 의 의

경찰기관이 개인에 관한 자료, 정보를 수집하는 사실행위 또는 사실행위와 법적행위를 의미한다. 경찰조사는 직접실력행사는 수반하지 않고 정보수집을 위한 준비적, 보조적 수단이라는 점에서 행정상 강제집행이나 즉시강제와 구별된다.

2) 근 거

일반법으로는 「행정조사기본법」이 있고, 「경찰관 직무집행법」, 「총포도검, 화약류 등 단속법」, 「식위법」, 「소방법」, 「검역법」 등의 개별법이 있다.

3) 종 류

① **대상에 의한 구분**: 대인적 조사, 대물적 조사, 대가택적 조사(가택출입, 가택수사, 출입조사)

② **방법에 의한 구분**: 직접조사, 간접조사

③ **성질에 의한 구분**: 권력적 조사, 비권력적 조사

4) 구 제

① **적법한 즉시강제**: 즉시강제가 특별한 희생에 해당하면 손실보상 청구

② **위법한 즉시강제**: 행정쟁송, 손해배상

3 경찰벌

(1) 의 의

법규에 의한 명령 및 금지 등의 의무위반에 대해 일반인에게 가해지는 제재로 **일반통치권에 의한 처벌**을 의미한다.

(2) 종 류

경찰 형벌	경찰 질서벌
① 경찰법규 위반에 대한 제재로서 사형, 징역, 금고, 자격상실, 자격정지, 벌금, 구류, 과료, 몰수을 과하는 경찰벌 ② 원칙적으로 「**형사소송법**」에 의하고 예외적으로 **즉결심판, 통고처분** 절차에 의해서 과해지는 경우도 있다. ③ 죄형법정주의 적용 ④ 고의, 과실이 필요하다.	① **과태료**가 행해지는 질서벌 ② 형법총직이 적용되지 않고 「**질서위반행위규제법**」 및 「**비송사건절차법**」에 의한다. ③ **죄형법정주의 적용 없음** ④ 고의, 과실이 필요하다.

(3) 새로운 실효성 확보수단

공 표	① 의의: 의무위반자 또는 불이행자의 명단과 그 위반 불이행한 사실을 공중이 알아볼 수 있도록 알리는 것 공표는 간접적 심리적 강제로 의무이행을 확보하려는 수단이다. ② 공표에 관한 일반법이 없으나 「국세기본법」, 「공직자 윤리법」, 「아동청소년의 성보호에 관한 법률」, 「식위법」 등의 개별법이 있다.
기 타	과징금, 관허사업의 제한, 차량 등 사용금지[도로교통법], 국외여행의 제한[여권법], 취업제한[병역법]

(4) 질서위반행위 규제법 기출

목 적	「질서위반행위 규제법」은 법률상 의무의 효율적인 이행을 확보하고 국민의 권리와 이익을 보호하기 위하여 질서위반행위의 성립요건과 과태료 부과징수 및 재판 등에 관한 사항을 규정하는 것을 목적으로 한다.
적용범위	1) 시간적 범위 질서위반행위의 성립과 과태료 처분은 **행위시 법률에** 의한다. ① 질서위반행위 후 법률이 변경되어 그 행위가 질서위반행위에 해당하지 아니하게 되거나 과태료가 변경되기 전의 법률보다 **가볍게** 된 때에는 법률의 특별한 규정이 없는 한 **변경된 법률을 적용**한다. ② 행정청의 과태료 처분이나 법원의 과태료 재판이 확정된 후 법률이 변경되어 그 행위가 질서위반행위에 **해당하지 아니하게 된 때**에는 변경된 법률에 특별한 규정이 없는 한 과태료의 징수 또는 집행을 면제한다. 2) 장소적 범위: 대한민국 영역 안에서 질서위반행위를 한 자에게 적용된다. 대한민국 영역 밖에서 질서위반행위를 한 대한민국의 **국민**에게 적용한다. 대한민국 영역 밖에 있는 대한민국의 **선박, 항공기 안**에서 질서위반행위를 한 외국인에게 적용된다.
질서위반행위 법정주의	**법률**에 따르지 아니하고는 어떤 행위도 과태료를 부과하지 아니한다.
고의, 과실	**고의, 과실**이 없는 질서위반행위는 과태료를 부과하지 아니한다.
책임연령	14세 되지 아니한 자의 질서위반행위는 과태료를 부과하지 아니한다.
심신장애	심신장애자에 대하여는 과태료를 면제하고 심신미약자에 대하여는 과태료를 감경한다. 스스로 심신장애 상태를 일으킨 경우에는 감면하지 아니한다.
다수인의 질서위반행위	2인 이상이 질서위반행위에 가담한 때에는 **각자가 질서위반행위를 한 것**으로 본다.

수개의 질서 위반행위	하나의 행위가 2인 이상의 질서위반행위에 해당하는 경우 각 질서위반행위에 대하여 정한 과태료 중 **가장 중한 과태료**를 부과한다.
소멸시효	과태료는 과태료 부과처분이나 과태료 재판이 확정된 후 **5년간** 징수하지 아니하거나 집행하지 아니하면 시효로 인하여 소멸한다.
사전통지 및 의견제출	과태료를 부과하고자 하는 때에는 미리 과태료 부과의 원인 되는 사실, 과태료 금액 및 적용법령 등을 통지하고 **10일 이상의 기간**을 정하여 의견을 제출할 기회를 주어야 한다.
부과방법	과태료는 의견절차를 마친 후 서면으로 부과하여야 한다.
자진납부자에 대한 감경	의견 제출 기한 이내에 과태료를 자진하여 납부하고자 하는 경우에는 부과될 과태료의 20/100 **범위 내에서 과태료를 감경**할 수 있다.
제척기간	행위 종료된 날로부터 **5년이 경과**한 경우에는 과태료를 부과할 수 없다.
이의기간	과태료 통지를 받은 날로부터 **60일** 이내에 해당하면 서면으로 이의제기할 수 있다.

03

제6절 경찰구제법

1 사전구제제도

행정절차	• 행정기관의 제1차적인 행정권의 행사과정을 규율하는 절차 • 「행절절차법」상 **처분, 신고, 입법예고, 행정예고, 행정지도**가 있다.
청 원	모든 국민은 법률이 정하는바에 의해 국가기관에 문서로 청원할 권리를 가지고 국가는 청원에 대해 심사할 의무를 진다.
옴브즈만	옴브즈만(**행정감찰관**)을 통해 행정기관의 위법 부당한 행정작용을 통제하여 국민의 권익을 보호하는 제도이다.
기 타	정당방위, 정보공개제도 등

(1) 행정절차

1) 의 의

행정기관의 공권력을 행사하여 행정에 관한 결정에서 거쳐야 할 일련의 외부와의 교섭과정을 의미한다. 「행정절차법상」의 처분, 신고, 입법예고, 행정예고, 행정지도 절차가 있다.

2) 처 분

① **처분의 신청**: **문서**로 해야 하고 전자문서는 행정청의 컴퓨터 등에 입력된 때 신청한 것으로 본다. 행정청은 신청에 대해 구비서류의 미비 등의 경우 보완에 필요한 상당한 기간을 정하여 지체 없이 신청인에게 보완을 요구하여야 한다. 신청인은 처분이 있기 전에는 그 신청의 내용을 보완하거나 변경 또는 취하할 수 있다.

② **처리기간의 설정 공표**: 행정청은 처리기간을 종류별로 미리 정하여 공표해야 한다.

③ **처분기준의 설정 공표**: 처분의 성질에 비추어 구체적으로 정하여 공표해야 한다.

④ **의견청취** 기출

의견제출	행정청이 당사자에게 의무를 과하거나 권익을 제한하는 경우에는 당사자 등에게 **의견제출의 기회**를 주어야 한다. 당사자 등이 정당한 이유없이 의견제출기한 내에 의견제출을 하지 아니한 경우에는 의견이 없는 것으로 본다. 당사자 등이 제출한 의견이 상당한 이유가 있다고 인정하는 경우에는 이를 반영해야 한다. 의견제출 기회를 주지 않고 행한 처분은 **위법**하다.
청 문	㉠ 처분시 **법령에 규정이 있는 경우 행정청이 필요**하다고 인정하는 경우 청문 실시 ㉡ 청문이 시작되기 **10일 전까지** 통지할 것 기출 ㉢ 청문은 행정청이 소속직원 또는 대통령이 정하는 자격을 가진 자 중에서 선정하는 자가 주재한다. 당사자 등은 **청문의 통지가 있는 날부터 청문이 끝날 때가지** 행정청에 대하여 당해 사안의 조사결과에 관한 문서 기타 당해 처분과 관련되는 문서의 열람 또는 복사를 요청할 수 있다. 행정청은 다른 법령에 의해 **공개가 제한되는 경우를 제외하고 이를 거부할 수 없다.** 기출
공청회	행정청이 공개적인 토론을 통해 어떠한 행정작용에 대해 전문 지식과 경험을 가진 자가 일반인으로부터 의견을 수렴하는 절차, **공청회 개시 14일 전까지 통지할 것**

⑤ **처분의 이유제시**: 행정청이 처분을 할 때는 당사자에게 그 근거와 이유를 제시하여야 한다.

예외 신청내용을 모두 그대로 인정하는 처분인 경우
단순 반복적인 처분 또는 경미한 처분으로서 당사자가 그 이유를 명백히 알 수 있는 경우, 긴급히 처분할 필요가 있는 경우

3) **행정상 입법예고**

법령 등을 제정, 개정 또는 폐지하려는 경우 해당 행정청은 이를 예고해야 한다. 단, 신속한 국민의 권리보호, 예측 곤란한 경우, 특별한 사정의 발생 등으로 입법이 긴급을 요하는 경우, 상위 법령 등의 단순한 집행을 위한 경우, 입법내용이 성질상 권리의무 또는 일상생활과 관련이 없는 경우, 예고함이 공공의 안전 또는 복리를 현저히 해칠 우려가 있는 경우는 예외로 한다. 예고기간은 특별한 사정이 없으면 **40일 이상**으로 한다.

2 사후구제제도

(1) 손해배상

1) **국가배상법 제2조**: 공무원의 위법한 직무행위로 인한 손해배상

① **공무원 또는 공무를 위탁받은 사인**: 공무원 신분을 가진 자는 물론 **공무를 위탁받아 실질적으로 종사하는 자를 포함**한다.
일시적이고 한정적인 사항을 처리하는 경우도 공무원에 포함(판례)
공무원으로 인정하지 않는 경우: **의용소방대원, 시영버스 운전사** 기출

② 직무를 집행하면서 공무원의 직무행위는 입법, 사법, 행정작용 및 법적행위, 사실행위, 비권력적 행위, 작위·부작위를 **모두 포함**한다. **외형상 직무행위**라고 볼 수 있으면 정당한 권한 내인지, 공무원이 주관적으로 직무집행의사를 가지고 있는지 여부는 기준이 되지 못한다.

③ **고의, 과실로 인한 행위**: 「국가배상법」은 **무과실책임**을 취하고 있지 않기 때문에 당해 공무원에게 고의, 과실이 없으면 배상청구를 할 수 없다.

④ **법령에 위반하여**

⑤ **타인에게 손해 발생**: 타인은 **가해공무원**과 위법한 직무행위에 **가담한 자 이외의 모든 사람**을 의미한다. 외국인에 대한 배상책임은 **상호주의**에 입각한다. 손해는 **법익침해에 대한 불이익**을 의미한다.(상당인과관계가 있을 것)

2) **국가배상법 제5조**: 영조물의 설치 또는 관리상의 하자로 인한 손해배상

① **의의**: 도로, 하천 기타 공공의 영조물의 설치 또는 관리의 하자로 타인에게 손해를 발생하게 한 경우 국가 또는 지방자치단체는 그 손해를 배상하여야 한다.

② **요건**: **공공의 영조물**이란 국가, 지방자치단체 등의 행정주체에 의하여 공공목적에 제공된 유체물을 의미한다. 인공공물, 자연공물, 부동산, 동산 등을 포함한다. 설치 또는 관리 하자는 영조물의 **객관적 안정성이 결여**된 상태라고 보는 객관설이 통설이다. 타인의 손해발생은 영조물의 설치관리와 손해발생 사이에 **상당인과관계**가 있어야 한다.

(2) 행정상 손실보상

① **의의** : 행정상 손실보상이란 **적법한 공권력 행사**로 인해 사인의 재산권에 가해진 특별한 손해에 대한 재산적 보상을 말한다. 손실보상은 재산권 침해에 대해서만 인정되며 생명, 신체 등 비재산권 침해에 대한 손실보상은 인정되지 않는다.

② **요 건**

㉠ 공공의 필요에 의한 **적법한 공권력**의 행사일 것

㉡ 재산권에 대한 **의도적 침해**일 것

㉢ 특별한 **희생**일 것

㉣ 보상규정이 있을 것

(3) 행정심판

1) 의 의

널리 행정기관이 행하는 행정법상의 분쟁에 대한 심리, 판정절차를 의미하고 행정심판법의 적용을 받는 행정심판이다.

2) 종 류

① **취소심판**: 행정청의 위법 또는 부당한 처분의 취소, 변경을 구하는 심판

② **무효등 확인심판**: 행정청의 처분의 효력 유무 또는 존재 여부에 대한 확인을 구하는 심판

③ **의무이행심판**: 행정청의 위법 또는 부당한 거부처분 또는 부작위에 대한 일정한 처분을 하도록 하는 심판

구 분	취소심판	무효등 확인심판	의무이행심판
청구기간 제한	○	없음	부작위/거부처분
집행정지 결정	○	○	없음
사정재결	○	없음	○

3) 대 상

① **개괄주의**: 행정청의 모든 위법, 부당한 처분 또는 부작위에 대하여 행정심판을 제기할 수 있다.

② **예외**: 대통령의 처분 또는 부작위와 행정심판의 재결은 다른 법률에 특별한 규정이 있는 경우를 제외하고는 행정심판법상 심판대상이 될 수 없다.

4) 행정심판기관

행정청의 처분 또는 부작위에 대한 행정심판의 청구를 심리, 재결하기 위하여 설치한 행정기관이다. 경찰청장이 행한 처분은 **중앙행정심판위원회**에서 재결하고 지방경찰청장이 행한 경우는 **중앙행정심판위원회**에서 한다. 경찰서장이 행한 행정처분에 대한 행정심판은 **중앙행정심판위원회**에서 재결한다.

5) 행정심판청구

① **심판청구기간**: 처분이 있음을 알게 된 날부터 **90일 이내**(이는 처분이 있음을 현실적으로 안 날을 의미), 천지지변, 전쟁, 사변 그 밖의 불가항력으로 인하여 처분이 있음을 알게 된 날부터 90일이내 심판을 청구하지 못한 경우 그 사유가 소멸한 날로부터 **14일 이내** 제기하면 된다.

② 행정심판청구기간의 제한은 취소심판과 거부처분에 대한 **의무이행심판에만 적용**되고 무효등 확인심판과 부작위에 대한 의무이행심판에는 적용되지 않는다.

6) 행정심판의 심리

심판청구가 제기되면 행정심판위원회는 심리, 재결하도록 해야 한다.

① **집행부정지원칙**: 행정심판의 제기는 **처분의 효력이나 집행 또는 절차의 속행에 영향을 주지 않는다.**

② **직권심리주의**: 행정심판위원회는 중대한 손해 발생의 우려 등 일정한 요건하에서 직권 또는 당사자의 신청에 의하여 집행정지결정을 할 수 있다.

③ **불고불리의 원칙**: 행정심판위원회는 청구의 대상이 되는 처분 또는 부작위 외의 사항에 대하여는 재결하지 못한다. 단 위원회는 필요하다고 인정할 때에는 당사자가 주장하지 아니한 사실에 대해서도 심리할 수 있다.

④ **불이익 변경금지의 원칙**: 심판청구의 대상이 되는 처분보다 불이익한 재결을 하지 못한다.

7) 행정심판의 재결

① 재결은 심판청구 사건에 대한 행정심판위원회의 종국적인 판단인 의사표시이다.

② **재결기간**: 행정심판위원회 또는 피청구인인 행정청이 심판청구를 받은 날로부터 60일 이내에 하여야 한다.

③ **재결종류**

㉠ 각하: 요건의 흠결이 있어 **부적법**한 청구라 하여 본안심리를 거절하는 재결

㉡ 기각: 본안심리의 결과 심판청구가 **이유없다**고 하여 청구를 배척하고 원처분을 시인하는 재결

㉢ 인용: 심판청구가 이유있다고 인정하여 청구의 취지를 받아들이는 재결

㉣ 사정재결: 심판청구가 이유있다고 인정되는 경우에도 이를 인용하는 것이 **현저히 공공복리에 적합하지 않다**고 인정하는 때는 행정심판위원회의 의결에 의하여 심판청구를 기각

④ **효력**: 불가쟁력, 불가변력, 형성력, 구속력을 가짐

⑤ **불복시**

㉠ 재심판청구 금지: 심판청구에 대하여 재결이 있는 경우 당해 재결 및 동일한 처분 또는 부작위에 대하여 다시 심판청구를 할 수 없다.

㉡ 행정소송: 재결불복시 행정소송을 제기할 수 있고, 원처분을 대상으로 해야 한다.

(4) 행정소송

1) 의 의

행정법규의 적용에 관해 제3자적 지위에 있는 법원이 심리, 판단하는 정식쟁송제도를 의미한다.

주관소송	항고소송	취소소송	행정청의 위법한 처분 등의 취소 변경을 구하는 소송
		무효등 확인소송	행정청의 처분이나 재결의 **효력** 유무 또는 **존재** 여부의 확인을 구하는 소송
		부작위위법확인소송	행정청의 부작위가 위법함을 확인하는 소송
	당사자소송	행정청의 처분을 원인으로 하는 법률관계에 관한 소송 및 공법상의 법률관계에 관한 소송으로 법률관계의 **당사자를 피고**로 하는 소송	

객관소송	민중소송	국가 또는 공공단체의 기관이 **법률에 위반**되는 행위를 한 경우 그 **시정**을 구하기 위하여 제기하는 소송
	기관소송	국가 또는 공공단체 상호간의 **권한의 존부** 또는 그 **권한행사**에 관하여 분쟁이 있을 때 제기하는 소송

2) 종 류

① **주관쟁송**: **당사자의 권리, 이익**의 구제를 목적으로 하는 쟁송

② **객관쟁송**: 개인의 이익구제와는 관계없이 **공익의 보호 또는 행정작용의 적법**, 타당성 확보를 목적으로 하는 쟁송

③ **항고쟁송**: **이미 행해진 처분**의 위법 부당을 소송하여 취소나 변경을 구하는 쟁송

④ **당사자 쟁송**: **당사자 상호**간의 법률관계에 대한 존부를 다루는 쟁송

3) 취소소송

① **대상**: 위법한 행정저분으로 행정청이 행하는 구체적 사실에 관한 법집행으로서 공권력의 행사 또는 그 거부와 그 밖에 이에 준하는 작용 및 행정심판의 재결을 의미한다. 재량행위라도 **재량권의 일탈이나 남용의 경우는 대상**이 된다. 그러나 대통령의 비상계엄선포행위와 같은 **통치행위**는 심리의 대상이 되지 않는다. 일반처분, 처분법규명령, 거부처분은 취소소송의 대상이나 행정지도는 비권력적 사실행위로 처분성이 부정된다.

처분성 인정사례	처분성 부정사례
• 영업허가 갱신신청에 대한 거부행위 • 일반처분, 처분법규명령, 처분적 조례	• 교통경찰관의 교통사고조사서 • 교통법규위반에 대한 벌점부과행위 • 공무원법상 결격사유로 인한 당연퇴직인 사발령 • 행정지도 • 대통령의 비상계엄선포행위 • 통고처분

② **제기기간**: 행정심판을 거친 경우는 재결서의 정본을 송달받은 날로부터 **90일** 이내, 재결이 있은 날로부터 **1년** 이내 소송을 제기하고 행정심판을 거치지 않은 경우는 처분이 있음을 안 날로부터 **90일** 이내, 처분이 있는 날로부터 **1년** 이내이다.

③ **소송제기의 효과**: 취소소송의 제기는 처분 등의 효력이나 그 집행 또는 절차에 영향을 미치지 않는다(**집행부정지**). 그러나 집행정지의 대상인 처분이 존재하거나 적법한 본안소송이 계속되고 회복하기 어려운 손해발생의 우려가 있거나, 긴급한 필요, 집행정지결정이 공공복리에 중대한 영향을 미칠 우려가 없고 본안의 승소가능성이 있다면 집행정지가 가능하다.

④ **판결의 효력**: 확정판결은 당사자 및 법원을 구속하여 동일사항에 대하여 확정판결과 모순되는 주장판단을 할 수 없고(**기판력**), 당사자인 행정청과 관계행정청에 대하여 확정판결의 취지에 따라야 할 실체법상 의무를 발생시킨다(**기속력**). 취소판결은 행정상 법률의 관계의 발생, 변경, 소멸의 효과를 가져온다(**형성력**).

4) 무효등 확인소송

행정청의 처분이나 재결의 효력 유무 또는 존재 여부의 확인을 구하는 소송이고 소송의 제기기간, 행정심판전치주의 사정판결이 적용되지 않고, **집행정지가 허용**된다.

5) 부작위위법확인소송

행정청의 부작위가 위법하다는 것을 확인하는 소송으로 재처분의무와 간접강제로서 실효성을 가지고 있다.

6) 당사자소송

행정청의 처분 등을 원인으로 하는 소송, 그 밖의 공법상의 법률관계에 관한 소송으로 그 법률관계의 일반 당사자를 피고로 하는 소송

7) 객관적 소송

① **민중소송**: 국가 또는 공공단체에서 행정법규를 위반하는 행위를 한 때에 선거인 일반주민이 자신의 법률상 이익과 무관하게 시정을 구하기 위해 제기하는 소송

② **기관소송**: 국가 또는 공공단체의 행정기관 상호간 주관 권한의 존부 또는 권한행사에 관한 분쟁이 있을 경우 하는 소송

Chapter 03

Police Science

경찰과 법

03

제1절 경찰법의 기초이론

01 **경찰관청 상호간의 관계에서 감독수단이 되는 훈령에 대한 설명이다. 가장 옳지 않은 것은?** 11. 경감 승진

① 훈령(외부적 구속력이 없는 경우)은 내부규범으로 구체적인 법령의 근거 없이도 발할 수 있다.

② 훈령의 형식적 요건으로는 훈령권이 있는 상급관청이 발한 것일 것, 하급 관청의 권한 내의 사항에 관한 것일 것, 직무상 독립한 범위에 속하는 사항이 아닐 것을 들 수 있다.

③ 훈령은 원칙적으로 일반적·추상적 사항에 대하여 발해야 하지만, 개별적·구체적 사항에 대해서도 발할 수 있다.

④ 서울 종로경찰서에서 근무하는 경찰관이 직무를 수행함에 있어 서울지방경찰청 훈령과 경찰청 훈령이 경합할 때에는 경찰청 훈련에 따라 업무 처리를 함이 옳다.

해설

주관상급경찰관청이 서로 상하관계에 있는 때에는 직급 상급경찰로 관청인 **서울지방경찰청훈령**에 따라 업무를 처리함이 옳다.

Answer 1. ④

02 훈령의 형식적 요건에 대해 바르게 설명한 항목의 개수로 가장 적절한 것은?

09. 경찰 2차

㉠ 상위법규에 저촉되지 않을 것
㉡ 하급관청의 권한 내의 사항에 관한 것일 것
㉢ 정당한 권한을 가진 상급관청이 발한 것일 것
㉣ 하급관청의 직무상 독립성이 보장되어 있는 사항일 것
㉤ 적법성 · 타당성 · 공익적합성 · 실현가능성 · 명백성을 충족할 것

① 1개　　② 2개
③ 3개　　④ 4개

해설

형식적 요건	훈령의 주체 · 형식 · 절차에 대한 요건을 의미한다. ⓐ **정당한 권한**을 가진 상급관청이 ⓑ 하급관청의 권한 내의 사항에 관하여, ⓒ 그 하급관청의 직무상 독립성이 보장되어 있지 않은 사항에 대하여 할 수 있다.
실질적 요건	훈령의 내용에 관한 요건을 의미한다. ⓐ 훈령이 공익에 반하지 않아야 하며, ⓑ 상위법규에 저촉되지 않아야 하고 ⓒ 실현가능하고 명백하여야 한다.

Answer 2. ②/㉡ ㉢

03 **경찰법상의 일반원칙에 관한 설명 중 가장 옳지 않은 것은?**(다툼이 있는 경우 판례에 의함) 11. 경감 승진

① 비례원칙의 실정법적 근거는 「헌법」 제37조 제2항과 「경찰관직무집행법」 제1조 제2항을 들 수 있으며, 경찰작용이 비례원칙에 위배되지 않기 위해서는 세부원칙인 적합성, 필요성, 상당성의 원칙 중 적어도 하나는 충족해야 한다.

② 신뢰보호원칙이란 행정기관의 일정한 언동의 정당성 또는 존속성에 대한 개인의 보호가치 있는 신뢰는 보호해 주어야 한다는 것으로서, 현행 「행정절차법」이 일반법적 근거가 될 수 있다.

③ 행정의 자기구속의 원칙은 구속의 근거가 되는 행정관행이 적법한 경우에만 적용된다.

④ 대법원은 운전면허 취소사유에 해당하는 음주운전을 적발한 경찰관의 소속 경찰서장이 사무착오로 위반자에게 운전면허 정지처분을 한 상태에서 위반자의 주소지 관할 지방경찰청이 위반자에게 운전면허를 취소처분을 한 것은 신뢰보호원칙에 위배된다고 판시하였다.

해설

경찰비례의 원칙은 적합성, 필요성, 상당성의 원칙 **모두를 충족**해야 한다.

04 **직무명령의 형식적 요건에 해당하지 않는 것은 모두 몇 개인가?** 11. 경찰 2차

㉠ 권한이 있는 상관이 발한 것 ㉡ 부하공무원의 직무범위 내의 사항일 것 ㉢ 실현 가능성이 있을 것 ㉣ 부하공무원의 직무상 독립이 보장된 것이 아닐 것 ㉤ 그 내용이 법령과 공익에 적합할 것 ㉥ 법적의 형식이나 절차가 있으면 이를 갖출 것

① 없음 ② 1개 ③ 2개 ④ 3개

해설

㉢, ㉤은 실질적 요건에 해당한다.

Answer 3. ① 4. ③/㉢㉤

제2절 경찰법의 법원

01 **다음 중 경찰법의 법원이 될 수 없는 것은?** 96.·98·08. 승진

① 경찰관직무집행법
② 경찰청 훈령(예규)
③ 경기도 조례
④ 법률

해설

법규만을 법원으로 보는 협의설에 의하면, **행정규칙(훈령)의 법원성은 부정**된다.

02 **다음 법과 경찰활동의 관계에 대한 설명으로 가장 적절하지 않은 것은?** 11. 채용

① 어떠한 경찰활동도 경찰활동을 제약하는 법률의 규정에 위반해서는 안 된다는 것을 법률 우위의 원칙이라 한다.
② 법률의 일정한 행위를 일정한 요건 하에 수행하도록 수권하는 근거규정이 없으면 경찰기관은 자기의 판단에 따라 독창적으로 행위를 할 수 없다는 것을 법률유보의 원칙이라 한다.
③ 경찰기관의 활동은 조직규범으로서의 법률에 정해진 범위 내에서 행해져야 한다.
④ 경찰행정의 성문법원으로는 헌법, 법률, 국제조약, 명령, 행정규칙, 조리가 있다.

해설

조리는 관습법, 판례법과 더불어 불문법원에 해당한다.

Answer 1. ② 2. ④

03

03 행정입법에 대한 다음의 설명 중에서 틀린 것은 몇 개인가? 10. 경간

㉠ 행정기관이 법률을 집행하기 위해 필요한 부수적 · 세부적 규정을 정하는 것을 집행명령이라고 한다.
㉡ 법규명령에는 집행명령과 위임명령이 있다.
㉢ 법규명령은 상위 법령의 수권을 요하는 반면, 행정규칙은 법령의 개별적 · 구체적 수권을 필요로 하지 않는다.
㉣ 법규명령과 행정규칙의 대외적 효력은 같다.
㉤ 위임명령은 새로운 입법사항에 관해서도 규정할 수 있다.
㉥ 법규명령 위반은 무효사유임에 반해서, 행정규칙 위반은 취소사유이다.
㉦ 행정규칙을 위반해도 징계의 사유는 되지 않는다.
㉧ 위임명령은 법규성을 가지나, 집행명령은 법규성이 없다.
㉨ 법규명령은 법률유보의 원칙과 법률우위의 원칙이 모두 적용되지만, 행정규칙은 법률유보의 원칙만 적용된다.

① 3개 ② 4개 ③ 5개 ④ 6개

해설

㉣ 법규명령은 대외적 효력을 가지지만, **행정규칙은 대외적 효력을 가지지 않는다.**
㉥ 법규명령 위반은 무효 또는 취소의 사유가 될 수 있으나, 행정규칙에 위반한 행정행위는 적법하며 **무효나 취소의 사유가 되지 아니한다.**
㉦ 행정규칙은 내부법적 지위를 가지기 때문에 행정규칙에 위반한 경우 **징계의 사유**가 될 수 있다.
㉧ 위임명령과 집행명령은 **모두 법규명령으로서 법규성**을 가진다.
㉨ 법규명령은 법률유보의 원칙과 법률우위의 원칙이 모두 적용되며, 행정규칙에는 법률우위의 원칙은 적용되지만 **법률유보의 원칙은 적용되지 아니한다.**

04 다음 중 경찰법의 법원에 관한 설명으로 옳은 것은? 04. 채용

① 훈령에 의한 행정선례법의 변경은 법률의 변경에 의하지 않는 한 불가능하다고 보아야 한다.
② 행정상의 법률관계는 모두 성문법규로 규율되므로 불문법은 경찰법의 법원이 될 수 없다.
③ 훈령은 법령의 구체적인 근거 없이 발할 수 없다.
④ 현행법상 법의 일반원칙이 성문화되어 있는 사례는 찾아볼 수 없다.

Answer 3. ③ / ㉣㉥㉦㉧㉨ 4. ①

해설

① 행정선례법은 불문법으로서의 지위를 가지기 때문에 법률의 개정이 아닌, 법규성이 부정되는 훈령에 의한 행정선례법의 변경은 불가능하다.
② 성문법에 의한 규율이 원칙이지만, 성문법이 없는 분야에서는 **불문법이 예외적 법원**이 된다.
③ 훈령의 발령에는 **구체적인 수권을 요하지 않는다**.
④ 평등원칙이나 비례의 원칙은 **성문법에 근거**를 두고 있다.

제 3 절 경찰조직법

01 **경찰기관의 종류는 경찰행정관청, 경찰의결기관, 경찰자문기관, 경찰보조기관, 경찰집행기관 등이다. 각 기관과 관련하여 다음에서 적절하지 않은 것은 모두 몇 개인가?** 11. 채용

> ㉠ 경찰행정관청에는 경찰청장, 지방경찰청장, 경찰서장, 지구대장 등이 해당한다.
> ㉡ 경찰위원회, 치안행정협의회는 경찰자문기관이다.
> ㉢ 경찰집행기관은 치안총감, 치안정감, 치안감, 경무관, 총경, 경정, 경감, 경위, 경사, 경장, 순경 등에 해당한다.
> ㉣ 경찰청의 차장이나 과장은 보조기관이다.

① 1개　② 2개　③ 3개　④ 4개

해설

㉠ 지구대장(파출소장)은 경찰서장의 **보조기관**으로서 경찰행정관청이 아니다.
㉡ 경찰위원회는 **심의 · 의결기관**으로 본다.

02 **경찰위원회에 대한 다음 설명 중 맞는 것은?** 04 · 05. 승진

① 위원회의 회의는 재적위원 과반수의 출석과 출석위원 과반수의 찬성으로 의결한다.
② 선거에 의해 취임하는 공직에서 퇴직한 다음 해로부터 3년이 경과되지 아니한 자는 위원이 될 수 없다.
③ 위원은 경찰청장의 제청으로 국무총리를 거쳐 대통령이 임명한다.
④ 경찰위원회의 심의 · 의결된 내용이 부적당하다고 판단될 경우에는 경찰청장이 재의를 요구할 수 있다.

Answer 1. ②/㉠㉡ 2. ①

해설

② **퇴직한 날**로부터 3년이 경과되지 아니한 자이다.
③ 위원은 **행정안전부장관의 제청**으로 국무총리를 거쳐 대통령이 임명한다.
④ 재의요구권자는 **행정안전부장관**이며, 경찰청장은 재의를 요구할 수 없다.

03 다음 중 맞는 설명은 모두 몇 개인가? 05. 채용

㉠ 경찰위원회 위원의 임기는 3년이고, 연임할 수 없다.
㉡ 경찰청장의 임기는 2년이고, 중임할 수 없다.
㉢ 경찰공무원인사위원회 위원은 경찰청 소속 총경 이상의 경찰공무원 중에서 경찰청장이 임명한다.
㉣ 경찰위원회 위원은 행정안전부장관의 제청으로 국무총리를 거쳐 대통령이 임명한다.
㉤ 경찰위원회의 회의는 재적위원 과반수의 출석과 출석위원 과반수의 찬성으로 의결한다.

① 1개 ② 2개 ③ 3개 ④ 모두 옳다.

04 경찰위원회에 대한 설명으로 틀린 것은? 09. 채용

① 위원장 1인을 포함하여 7인의 위원으로 구성되며, 위원장 및 5인의 위원은 비상임이고 1인의 위원은 상임이다.
② 의결은 재적위원 과반수의 출석과 출석위원 과반수의 찬성으로 한다.
③ 행정안전부 장관은 위원회의 심의・의결된 내용이 부적정하다고 판단될 때에는 재의를 요구할 수 있다.
④ 위원회의 임기는 3년으로 하며, 중임할 수 없다.

해설

위원의 임기는 3년이며, **연임할 수 없다**. 즉 연임이 아닌 한 중임은 가능하다.

Answer 3. ④ 4. ④

05 치안행정협의회에 대한 설명 중 틀린 것은 모두 몇 개인가? 10. 승진, 01 · 05. 채용

㉠ 시 · 도지사 소속하에 설치하며 위원장은 부시장 또는 부지사가 된다.
㉡ 대통령령에 설치 근거를 두고 있으며, 조직 · 운영에 관한 사항은 「경찰법」으로 정한다.
㉢ 위원장을 포함한 7인으로 구성한다.
㉣ 지방행정과 치안행정의 업무협조 채널로 활용되고 있으나 단순 자문기관에 불과하다.
㉤ 위원은 시 · 도지사가 임명 또는 위촉한다.

① 2개 ② 3개 ③ 4개 ④ 5개

해설

㉡ 설치의 법적 근거는 「**경찰법**」이고, 조직과 운영의 법적 근거는 「**치안행정협의회규정**」(**대통령령**)이다.
㉢ 위원장을 포함한 **9인**의 위원으로 구성한다.

06 다음 설명 중 옳지 않은 것은 모두 몇 개인가? 10. 채용

㉠ 경찰청장은 퇴직일로부터 2년 이내에는 정당의 발기인이나 당원이 될 수 없다.
㉡ 경찰위원회 위원 중 상임위원은 정무직으로 한다.
㉢ 경찰청장은 경찰위원회의 동의를 얻어 행정안전부장관의 제청으로 국무총리를 거쳐 대통령이 임명한다. 이 경우 국회의 인사청문을 거쳐야 한다.
㉣ 지방경찰청장은 업무수행에 있어 시 · 도지사의 지휘 · 감독을 받는다.

① 1개 ② 2개 ③ 3개 ④ 4개

해설

㉠ 이러한 제한을 두었으나 위헌판결(1999년)을 받아 **삭제**되어 현재는 이러한 제한이 없다.
㉣ 지방경찰청은 시 · 도지사의 소속하에 있지만, 지방경찰청장의 지휘 · 감독권은 **경찰청장**이 보유하고 있다.

Answer 5. ① / ㉡㉢ 6. ② / ㉠㉣

07 **다음 중 청원경찰에 대한 설명으로 틀린 것은?** 02. 승진

① 청원경찰의 징계에는 파면 · 해임 · 정직 · 감봉 · 견책이 있다.
② 청원경찰의 배치결정권자와 임용승인권자는 지방경찰청장이다.
③ 청원주로부터 국가에 기부채납된 무기에 한해서 대여하여 휴대하게 할 수 있다.
④ 인원 감축으로 청원경찰이 과원이 되었을 때에는 직권으로 이를 면직시킬 수 있다.

해설

청원경찰은 형의 징계처분 또는 신체 · 정신상의 이상으로 직무를 감당하지 못할 때를 제외하고는 그 의사에 반하여 면직되지 않는다.

08 **청원경찰에 관한 다음의 설명 중 틀린 것은 무엇인가?** 08. 채용

㉠ 청원경찰은 그 경비구역 내에 한하여 불심검문, 범죄의 예방과 제지, 범죄수사와 같은 「경찰관직무집행법」상의 직무를 수행할 수 있다.
㉡ 청원경찰의 임용권자는 청원주이며, 임용승인권자는 지방경찰청장이다.
㉢ 청원경찰의 징계로는 파면, 정직, 견책이 있다.
㉣ 청원경찰의 임용자격은 18세 이상 50세 미만의 자이다(단, 남자인 경우에는 군복무를 필하였거나 면제를 받아야 한다).

① ㉠, ㉢ ② ㉡, ㉢ ③ ㉠, ㉣ ④ ㉢, ㉣

해설

㉠ 청원경찰은 범죄수사는 할 수 **없다**.
㉢ 청원경찰의 징계로는 파면 · **해임** · 정직 · 감봉 · 견책이 있다.

Answer 7. ④ 8. ①

09 청원경찰에 대한 설명으로 옳은 것은 모두 몇 개인가? 10. 승진

㉠ 임용승인은 경찰의 권한이나, 임용은 청원주의 권한이다.
㉡ 청원주는 경찰에서 임용승인을 받은 자에 대하여는 반드시 임용하여야 한다.
㉢ 청원경찰의 배치는 '배치신청 → 배치결정 → 임용승인신청 → 임용승인 → 임용' 순서로 배치한다.
㉣ 청원주가 임용승인에 의하여 청원경찰을 임용한 때에는 10일 이내에 지방경찰청장에게 보고한다.
㉤ 관할경찰서장은 연 1회 이상 청원경찰을 배치한 경비구역을 지도·감독한다.

① 1개 ② 2개 ③ 3개 ④ 4개

해설

㉡ 임용승인 여부와 관련 없이 임용은 청원주의 권한에 해당하므로 임용승인을 받은 자라도 청원주가 임용하지 않을 수 있다.
㉤ 관할경찰서장은 **매월 1회 이상** 청원경찰을 배치한 경비구역을 감독하여야 한다.

10 청원경찰에 관한 설명으로 옳지 않은 것을 모두 고른 것은? 11. 경간

㉠ 청원경찰이 직무를 수행할 때 직권을 남용하여 국민에게 해를 끼친 경우에는 6개월 이하의 징역이나 금고에 처한다.
㉡ 지방경찰청장은 청원경찰이 직무를 수행하기 위하여 필요하다고 인정하면 청원주의 신청을 받아 관할경찰서장으로 하여금 청원경찰에게 무기를 대여하여 지니게 하여야 한다.
㉢ 청원경찰의 임용권자는 청원주, 승인권자는 지방경찰청장이다.
㉣ 청원주가 청원경찰을 면직시키고자 할 때에는 사전에 지방경찰청장의 승인을 받아야 한다.

① ㉠, ㉡ ② ㉠, ㉡, ㉣ ③ ㉠, ㉢ ④ ㉡, ㉣

해설

㉡ 지방경찰청장은 청원경찰이 직무를 수행하기 위하여 필요하다고 인정하면 청원주의 신청을 받아 관할 경찰서장으로 하여금 청원경찰에게 무기를 대여하여 지니게 **할 수 있다.**
㉣ 청원주가 청원경찰을 면직시켰을 때에는 그 사실을 **관할경찰서장**을 거쳐 지방경찰청장에게 보고하여야 한다.

Answer 9. ③ / ㉠㉢㉣ 10. ④

11 **경찰위원회에 관한 설명 중 가장 적절하지 않은 것은?** 11. 경찰 2차

① 경찰위원회는 경찰의 중립성을 보장하기 위하여 행정안전부에 설치한 독립적 심의·의결기구이다.

② 위원회는 위원장 1명을 포함한 7명의 위원으로 구성되며 위원장 및 5명의 위원은 비상임위원, 1명은 상임위원이다.

③ 위원장은 비상임위원 중 호선으로 하며 유고시 상임위원, 연장자 순으로 위원장의 직무를 대리한다.

④ 행정안전부장관은 경찰위원회의 의결사항이 부적당하다고 판단될 때에는 재의요구를 할 수 있는데, 재의요구는 7일 이내에 하여야 하고, 경찰위원회는 10일 이내에 재의결하여야 한다.

해설

행정안전부장관은 경찰위원회의 의결사항이 부적당하다고 판단될 때에는 재의요구를 할 수 있는데, **재의요구는 10일 이내**에 하여야 하고, 경찰위원회는 **7일 이내에 재의결**하여야 한다.

12 **다음 중 경찰위원회에 대한 설명으로 옳지 않은 것은?** 09. 경위 승진

① 국가경찰의 인사, 예산, 장비, 통신 등에 관한 주요정책 및 경찰업무발전에 관한 사항을 심의·의결한다.

② 위원회의 회의는 재적위원 과반수의 출석과 출석위원 과반수의 찬성으로 의결한다.

③ 위원회는 위원장 1명을 포함한 7명으로 구성하고, 위원장은 임기 3년으로 연임할 수 없으며, 대통령이 지명한다.

④ 경찰, 검찰, 국가정보원 직원 또는 군인의 직에서 퇴직한 날로부터 3년이 경과되지 아니한 자는 위원이 될 수 없다.

해설

③ 위원회는 위원장 1명을 포함한 7명으로 구성하고, 위원장은 임기 3년으로 연임할 수 없으며, 위원장은 **비상임위원 중에서 호선**한다.

Answer 11. ④ 12. ③

13 다음 행정관청의 권한의 위임과 대리에 대한 설명으로 잘못된 것은? 08. 경찰 2차

㉠ 권한의 위임이란 경찰관청이 자기 권한의 전부 또는 일부를 다른 경찰기관에게 이전하여 수임기관이 그 권한을 행사한다.
㉡ 권한의 위임은 법적근거를 요한다.
㉢ 권한의 대리는 권한의 전부 또는 일부에 대하여 할 수 있다.
㉣ 보통 대리는 임의대리로 법적 근거가 필요 없고 복대리도 가능하다.

① ㉠, ㉡ ② ㉡, ㉢ ③ ㉠, ㉣ ④ ㉡, ㉣

해설

㉠ 권한의 위임이란 경찰관청이 권한의 일부를 다른 경찰기관에게 이전하여 수임기관이 권한을 행사한다.
㉣ 임의대리는 **복대리가 불가능**하다.

14 다음의 경찰 조직과 관련한 내용 중 틀린 것은? 07. 여기동대

㉠ 경찰기관은 보통경찰기관과 특별경찰기관으로 나누어지는데, 보통경찰기관은 협의의 행정경찰에 해당한다.
㉡ 경찰위원회는 위원장 1인을 포함한 7인의 위원으로 구성하되, 위원장은 상임위원이고, 정무직으로 한다.
㉢ 경찰관청의 권한의 대리는 일부에 한정된다. 일반적으로 전부대리는 할 수 없다.
㉣ 직무명령은 경찰공무원의 변동이 있는 경우 당연히 효력을 상실한다.
㉤ 상·하관계에 있는 상급경찰관청의 훈령이 상호모순이 있을 때에는 직근상급경찰관청의 훈령에 따라야 한다.

① ㉠, ㉡, ㉢ ② ㉡, ㉢, ㉣ ③ ㉢, ㉣, ㉤ ④ ㉠, ㉣, ㉤

해설

㉠ 특별경찰기관은 보통경찰기관에 대립하는 개념으로 협의의 행정경찰작용, 특별사법경찰작용 또는 비상 경찰작용을 주관하는 경찰기관을 말한다.
㉡ 경찰위원회는 **위원장 2명**을 포함한 7명의 위원으로 구성하되, 위원장 및 5명의 위원은 비상임, 1명의 위원은 상임(정무직차관급)으로 한다. 위원장은 **비상임위원 중에서 호선**한다.
㉢ 경찰관청의 권한의 대리란 경찰관청의 권한의 전부(법정대리) 또는 일부(임의대리)를 타 행정기관(대리기관)이 피대리 관청을 위한 것임을 표시하여 자기의 이름으로 행사하고, 그 행위는 **피대리 관청의 행위로서의 효과**를 발생하는 것을 말한다.

Answer 13. ③ 14. ①

15 경찰의 조직에 대한 설명이다. 잘못된 것은 모두 몇 개인가? 06. 경찰 2차

> ㉠ 경찰위원회는 경찰청장 임명에 동의권을 갖는다.
> ㉡ 치안행정협의회 위원장은 시・도지사이다.
> ㉢ 국립과학수사연구원은 행정안전부 소속하에 둔다.
> ㉣ 경찰서장은 「경찰법」 제정 이전에도 독자적 경찰관청이었다.
> ㉤ 경찰 공무원인사위원회의 회의는 재적위원 3분의 2 이상의 찬성으로 의결한다.

① 1개 ② 2개 ③ 3개 ④ 4개

해설

㉡ 위원장은 부시장・부지사가 된다.
㉤ 재적위원 **과반수**의 찬성으로 한다.

제4절 경찰공무원법

01 다음 박스의 내용은 자질 있는 인적 자원을 찾아내고 이 자원을 효율적으로 활용하여 생산성의 극대화를 추구하기 위한 인사관리제도의 한 예이다. 이 제도의 상세 설명으로 가장 적절하지 않은 것은? 11. 경찰 1차

> ㉠ 경찰관으로서의 적격성을 보유하고 있는지를 확인하기 위해, 그리고 경찰 실무를 습득하기 위해 일정 기간 동안 시험보직을 명하게 하는 제도이다.
> ㉡ 이 제도의 기간 중에는 신분보장을 받지 않는다.
> ㉢ 경찰대학을 졸업한 자 또는 경찰간부 후보생으로 소정의 교육을 마친 자를 경위로 임용하는 경우에는 이 제도의 예외 사유에 해당한다.

① 대상자는 원칙적으로 신규 채용하는 경정 이하의 경찰공무원으로서 기간은 1년이다.
② 휴직기간・직위해제기간 및 징계에 의한 정직, 감봉 또는 견책처분을 받은 기간은 이 제도의 기간에 산입하지 아니한다.
③ 퇴직한 경찰공무원으로서 퇴직시에 재직한 계급의 채용시험에 합격한 자를 재임용하는 경우에는 이 제도의 예외사유에 해당한다.
④ 교육훈련성적이 만점의 6할 미만일 경우 이 제도의 면직사유가 된다.

Answer 15. ② / ㉡ ㉤ / 1. ②

해설

견책처분을 받은 기간은 시보임용기간에 산입한다.

02 **다음 중 시보임용에 관한 설명으로 타당하지 않은 것은?** 08. 경간

① 경찰대학을 졸업한 자 또는 경찰간부후보생으로서 소정의 교육을 마친 자를 경위로 임용하는 경우에는 시보임용을 거치지 않는다.

② 시보임용은 필기시험 평가의 보완과 경찰조직의 목적과 임무, 내용 등에 관한 지식을 얻게 하기 위하여 필요하다.

③ 휴직기간, 직위해제기간 및 징계에 의한 정직처분 또는 감봉처분을 받은 기간은 시보임용기간에 산입하지 않는다.

④ 임용권자 등은 시보임용 경찰공무원을 정규 경찰공무원으로 임용함이 부적당하다고 인정되는 경우에는 직권으로 경찰공무원을 면직시킬 수 있다.

해설

임용권자 및 임용제청권자는 시보임용경찰공무원이 정규경찰공무원으로 임용함이 부적당하다고 인정되는 경우에는 정규임용 심사위원회 심사를 거쳐 시보임용경찰공무원을 **면직시키거나 면직을 제청할 수 있다.**

03 **경찰공무원의 권익보장제도에 대한 내용으로 옳은 것의 개수는?** 09. 경찰 2차

㉠ 처분사유설명서 교부제도는 사전적 구제절차로서의 의미를 갖는다.
㉡ 경찰공무원의 행정소송의 피고는 경찰청장(해양경찰청장)만이 될 수 있다.
㉢ 소청심사위원회의 상임위원의 임기는 3년으로 하며, 한 번만 중임할 수 있다.
㉣ 고충심사는 원칙적으로 직무와 관련된 모든 문제를 대상으로 한다.

① 없음 ② 1개 ③ 2개 ④ 3개

해설

㉡ 경찰공무원의 행정소송의 피고는 경찰청장(해양경찰청장)이 됨이 원칙이나, 임용권을 위임한 경우에는 그 **위임을 받을 자**를 피고로 한다.
㉢ 소청심사위원회의 상임위원의 임기는 **3년**으로 하며, 한 번만 **연임**할 수 있다.

Answer 2. ④ 3. ③/㉠㉣

04 **경찰공무원의 의무와 관련된 설명 중 가장 옳지 않은 것은?** 11. 경찰 승진

① 성실의무는 공무원의 기본적 의무로서 모든 의무의 원천이 되는바, 이와 관하여 법률상 명시적 규정이 있다.
② 「공직자윤리법」에서는 경사 이상의 경찰공무원의 경우 재산공개의무를 정하고 있다.
③ 직장이탈금지와 관련하여 수사기관에 긴급체포나 현행범으로 체포된 공무원을 구속하고자 하는 때에는 사전에 그 소속기관의 장에게 통보해야 한다.
④ 경찰공무원의 의무는 크게 선서의무, 성실의무, 직무상 의무 등으로 나눌 수도 있는바, 이 중 직무상 의무에는 법령준수의 의무 및 복종의 의무 등이 포함되어 있다.

03

해설

수사기관이 공무원을 구속하려면 그 소속기관의 장에게 미리 통보하여야 한다. 다만, **현행법은 그러하지 아니하다**(국가공무원법 제58조 제2항).

05 **「경찰청 공무원 행동강령」에 대한 설명 중 옳은 것은 모두 몇 개인가?** 11. 경간

㉠ 공무원은 자신이 수행하는 직무가 자신의 직계 존·비속 또는 배우자의 금전적인 이해와 직접적인 관련이 있는 경우 회피하여야 한다.
㉡ 공무원은 정치인이나 정당 등으로부터 부당한 직무수행을 강요받은 경우 직근상급자에게 보고하거나 행동강령책임관과 상담한 후 처리하여야 한다.
㉢ 공무원은 직무관련자 또는 직무관련공무원(4촌 이내 친족 포함)에게 금전을 빌리거나 빌려 주어서는 안 된다.
㉣ 공무원은 현재 근무하고 있는 기관의 소속직원에 대해 경조사를 알려서는 아니 된다.

① 0개 ② 1개 ③ 2개 ④ 3개

해설

㉠ 공무원은 자신이 수행하는 직무가 자신의 직계 존·비속 또는 배우자의 금전적인 이해와 직접적인 관련이 있는 경우에는 그 직무의 회피 여부 등에 관하여 직근 상급자 또는 행동강령책임관과 **상담한 후 처리**하여야 한다(제5조).
㉡ 공무원은 정치인이나 정당 등으로부터 부당한 직무수행을 강요받거나 청탁을 받은 경우에는 **소속기관의 장**에게 보고하거나 행동강령책임관과 상담한 후 처리하여야 한다(제8조).

Answer 4. ③ 5. ①

㉢ 공무원은 직무관련자 또는 직무관련공무원(**4촌 이내의 친족은 제외한다**)에게 금전을 빌리거나 빌려 주어서는 아니 되며 부동산을 무상으로 대여받아서는 아니 된다. 다만, 「금융실명거래 및 비밀보장에 관한 법률」 제2조에 따른 금융기관으로부터 통상적인 조건으로 금전을 빌리는 경우는 제외한다.
㉣ 공무원은 **직무관련자나 직무관련공무원**에게 경조사를 알려서는 아니 된다.

06

경찰인사제도에 관한 설명 중 틀린 것은? 06. 경찰 1차

① 경정의 승진임용은 대통령이 행한다.
② 경찰서장은 지방경찰청장의 위임을 받아 경감 이하의 당해 경찰서 내에서의 전보권을 가질 수 있다.
③ 지방경찰청장은 경찰청장의 위임을 받아 경정의 직위해제를 할 수 있다.
④ 총경 이상 임명은 경찰청장 또는 해양경찰청장의 제청으로 국무총리를 거쳐 대통령이 행한다.

해설

총경 의상의 경찰관은 **경찰청장 추천**을 거쳐 행정안전부장관의 제청으로 국무총리를 거쳐 대통령이 임명한다.

07

「경찰공무원법」상 인사권자에 대한 설명으로 틀린 내용은? 09. 경찰 1차

① 총경 이상의 임용은 경찰청장 추천과 행정안전부장관 제청으로 국무총리를 경유 대통령이 한다.
② 총경의 전보, 휴직, 직위해제, 정직, 복직은 경찰청장이 한다.
③ 경정의 임용은 경찰청장 추천과 국무총리를 경유하여 대통령이 한다.
④ 경정의 강등 · 정직은 경찰청장이 한다.

해설

③ 경정의 임용은 경찰청장의 제청으로 국무총리를 경유하여 대통령이 한다. **제청권자가 경찰청장**이다.
④ 경정의 전보 · 파견 · 휴직 · 직위해제 · 복직의 인사권은 지방경찰청장이지만, 경정의 강등 · 정직은 경찰청장이 한다.

Answer 6. ④ 7. ③

08 **다음 중 경찰공무원의 의무에 대한 설명으로 옳지 않은 것은?** 11. 경간

① 경찰공무원의 지휘권남용금지의 의무는 「경찰공무원법」에서 규정하고 있다.
② 경사 이상 경찰공무원의 재산 등록의무는 「공직자윤리법」에서 규정하고 있다.
③ 제복착용권은 경찰공무원의 권리이자 의무이다.
④ 성실의무에 관한 명시적 규정은 없으나, 「헌법」의 취지에 따라 당연히 인정된다.

해설

성실의무는 「국가공무원법」 제56조에 '모든 공무원은 법령을 준수하여 성실히 직무를 수행하여야 한다'라고 명시적 규정을 두고 있다.

제 5 절 경찰관청 상호간의 관계(대리 · 위임 · 훈령)

01 **다음의 행정관청의 대리에 관한 설명으로 옳은 것은?** 01 · 07. 채용

① 대리는 법정대리에 한정된다.
② 대리기관의 권한행사의 효과는 피대리관청의 행위로서 효력이 발생한다.
③ 법령상의 권한을 하급관청에게 실질적으로 이전시키는 것을 말한다.
④ 대리 받은 권한의 행사할 때에는 피대리관청을 위한 것임을 표시하지 않는다.

해설

① 대리에는 수권대리와 법정대리가 있다.
③ 대리는 권한의 이전이 없다.
④ 피대리 관청을 위한 것임을 **표시**하여야 한다.

02 **다음 중 경찰관청의 권한의 위임에 대한 설명으로 옳지 못한 것은?** 96. 승진

① 권한의 위임은 반드시 법규의 근거로 요하며 법적 근거가 없는 위임은 무효이다.
② 권한의 위임은 위임관청의 권한의 일부에 한해서만 가능하다.
③ 수임기관이 그 권한의 일부를 다른 기관에 재위임하는 경우에는 별도의 법적 근거가 필요없다.
④ 권한의 위임은 주로 하급관청에 대하여 행하여진다.

해설

재위임의 경우에도 위임이므로 반드시 **법령의 근거가 필요**하다.

Answer 8. ④ / 1. ② 2. ③

03 행정관청의 권한의 위임에 대한 설명으로 틀린 것은? 02. 채용

① 권한의 위임은 권한 자체가 수임청에게 이전된다.
② 권한의 위임은 법령으로 정하여진 경찰관청의 권한을 타 경찰관청에 이전하는 효과가 있으므로 법적 근거를 요한다.
③ 권한의 위임은 주로 하급관청에 대하여 행하여지는 것이 원칙이다.
④ 경찰관청의 권한의 전부 또는 일부를 타 행정기관이 피대리관청을 위한 것임을 표시하여 자기의 이름으로 행사하고 그 행위는 피대리관청의 행위로서 효과를 발생하는 것이다.

해설

위임이란 경찰관청이 법령에 근거하여 권한의 일부를 다른 경찰기관(보통하급관청)에 이전하여 그 수임기관의 권한으로, 그 수임기관 자기의 명의와 책임으로 행사하게 하는 것을 의미한다.

04 다음 중 경찰관청의 권한의 대리와 위임에 대한 설명으로 타당하지 않는 것은? 04. 채용

① 권한의 위임은 하급관청, 권한의 대리는 보조기관이 주로 상대방이 된다.
② 권한의 위임은 법적 근거를 요하고, 임의대리는 법적 근거를 요하지 않는다.
③ 권한의 위임과 법정대리는 권한의 일부에 대해서만 가능하다.
④ 권한의 위임은 권한의 법적 귀속을 변경하며, 따라서 법적 근거가 있어야 한다.

해설

권한의 위임은 권한의 일부에 대해서만 가능하지만, 법정대리는 권한의 **전부**에 대하여 할 수가 있다.

05 권한의 위임과 대리에 관한 다음의 설명 중 틀린 것은? 04. 채용

① 행정관청이 그 보조기관에 사무처리에 관한 결정을 맡기지만 외부에 대한 관계에서는 본래의 행정청의 이름으로 표시하는 경우를 전결이라고 한다.
② 수임기관이 권한이 위임된 사항에 대해 자신의 이름과 책임으로 그 권한을 행사하지만 행정소송이 제기된 경우 권한이 이전된다.
③ 권한이 위임된 경우에는 권한이 이전된다.
④ 행정관청의 대리는 권한의 전부에 대해서도 할 수 있다.

해설

위임은 권한의 귀속이 변경되기 때문에 행위에 대한 책임도 수임기관이 부담하며, **수임기관**이 행정소송의 당사자가 된다.

Answer 3. ④ 4. ③ 5. ②

06 **권한의 위임 및 대리에 대한 설명으로 틀린 것은?** 09. 채용

① 권한의 위임은 권한이 수임청으로 이전되나, 법정대리는 권한이 대리기관으로 이전되지 않는다.
② 권한의 위임은 법적 근거가 필요하나, 임의대리는 법적 근거가 불필요하다.
③ 권한의 위임은 일부 위임만 가능하나, 법정대리는 전부 대리가 가능하다.
④ 권한의 위임은 수임관청으로 효과가 귀속되나, 임의대리는 대리관청으로 효과가 귀속된다.

해설

대리기관의 법률행위의 효과는 임의대리나 법정대리를 불문하고 항상 **피대리관청**에게 **귀속**된다.

07 **대리와 내부위임(대결) 및 위임의 비교·설명으로 바르지 못한 것은?** 08. 경간

① 위임은 위임기관의 권한이 수임기관의 권한으로 이전되나, 내부위임은 권한의 이전이 없다.
② 대리는 대리행위임을 외부에 표시하고 행하지만, 내부위임은 행위를 한 자가 외부에 표시되지 않는다.
③ 대리는 주로 보조기관이, 위임은 주로 하급기관이 상대방이 된다.
④ 위임과 내부위임은 반드시 법적 근거가 필요하나, 대리는 법적 근거 없이 가능한 경우도 있다.

해설

내부위임·위임전결·대결 등은 내부적 사실행위로서 **구체적 수권(법령상의 근거)을 요하지 않는다.**

08 **다음 중 훈령에 관한 설명으로 바르지 못한 것은?** 01. 채용

① 훈령은 하급관청의 구성원에 변동이 있더라도 소멸되지 않는다.
② 훈령의 종류에는 협의의 훈령·지시·예규·일일명령이 있다.
③ 훈령은 원칙적으로 대외적 효력을 갖는다.
④ 훈령을 위반한 공무원에 대하여는 징계책임을 물을 수 있다.

해설

훈령은 대외적 효력은 부정된다.(통·판)

Answer 6. ④ 7. ④ 8. ③

09 다음 중 훈령권에 대한 설명으로 적절하지 않은 것은? 08. 채용

① 훈령은 경찰조직 내부에서 하급경찰관청에 대하여 발하는 명령이다.
② 비록 일반적인 법조의 형식을 취하더라도 법규가 아니다.
③ 훈령은 일반국민을 구속할 수 없다.
④ 훈령에 위반한 행위는 위법이 된다.

해설

훈령은 법규성이 없기 때문에 훈령에 위반한 행위는 위법이 되지 않고, **적법 · 유효**하다.

10 훈령의 형식적 요건에 대해 바르게 설명한 항목의 개수로 가장 적절한 것은? 09. 채용

㉠ 상위법규에 저촉되지 않을 것 ㉡ 하급관청의 권한 내의 사항에 관한 것일 것 ㉢ 정당한 권한을 가진 상급관청이 발한 것일 것 ㉣ 하급관청의 직무상 독립성이 보장되어 있는 사항일 것 ㉤ 적법성 · 타당성 · 공익적합성 · 실현가능성 · 명백성을 충족할 것

① 1개 ② 2개 ③ 3개 ④ 4개

해설

훈령의 형식적 요건
(1) 훈령권이 있는 상급관청이 발한 것일 것
(2) 하급관청의 권한 내의 사항에 관한 것일 것
(3) 하급관청의 직무상 독립된 권한에 속하는 사항이 아닐 것 등이 있다.
㉠, ㉤-**실질적** 요건, ㉡, ㉢-**형식적** 요건,
㉣-**훈령**의 요건이 아님(하급관청의 직무상 독립성이 보장되어 있지 않은 사항일 것이 요건임)

Answer 9. ④ 10. ② / ㉡㉢

11 훈령과 직무명령에 대한 설명 중 옳지 않은 것은 모두 몇 개인가? 05. 채용

> ㉠ 상관이 발한 직무명령이 위법한 것일 때는 자기의견을 진술할 수 있으며 복종 의무가 없다.
> ㉡ 훈령에 위반한 행위는 위법이 아니며 징계사유도 될 수 없다.
> ㉢ 직무명령은 훈령의 성격을 갖지 못한다.
> ㉣ 훈령과 직무명령은 법적 근거 없이도 발령이 가능하다.

① 1개 ② 2개 ③ 3개 ④ 4개

해설

㉡ 훈령은 내부법으로서 훈령에 위반한 행위는 위법이 아니지만, 징계사유는 될 수 있다.

12 훈령과 직무명령의 비교에 대한 설명 중 옳은 것은 모두 몇 개인가? 11. 경간

> ㉠ 직무명령이 훈령의 성격을 갖지 못하듯이, 훈령 또한 직무명령의 성격을 갖지 못한다.
> ㉡ 직무명령은 경찰공무원 개인을 구속하므로 경찰공무원의 변동이 있는 경우에는 직무명령의 효력을 상실하게 된다.
> ㉢ 훈령은 원칙적으로 일반적·추상적 사항에 대해서 발해져야 하지만, 개별적·구체적 사항에 대해서도 발해질 수 있다.
> ㉣ 훈령의 효력은 발급행정청을 구성하는 자연인의 변동에 따라 영향을 받는다.
> ㉤ 훈령은 원칙적으로 대외적 효력을 갖는다.
> ㉥ 하급경찰관청은 훈령의 형식적 요건에 관하여 심사할 수 없다.

① 2개 ② 3개 ③ 4개 ④ 5개

해설

㉠ 직무명령은 훈령의 성격을 갖지 못하지만, **훈령은 직무명령의 성격을 가질 수가 있다.**
㉣ 훈령은 하급관청의 기관의사를 구속하기 때문에 하급관청의 구성원에 변동이 있어도 훈령의 효력에는 **영향이 없다.**
㉤ 훈령과 직무명령은 모두 특별권력에 기초하기 때문에 대외적 구속력은 없지만, **대내적 구속력은 있다.**
㉥ 하급경찰관청은 훈령의 형식적 요건에 관하여 **심사할 수가 있다.**

Answer 11. ① / ㉡ 12. ① / ㉡㉢

제 6 절 경찰공무원의 분류

01 **경찰관의 특기에 대한 다음의 설명 중 틀린 것은 몇 개인가?** 01. 승진, 10. 경간

> ㉠ 경위 이상 경정 이하의 경찰공무원에 대하여 특기를 부여할 수 있다.
> ㉡ 전문특기를 부여하여 전문화할 수 있는 범위는 해당 일반특기분야 정원의 3할 이내이다.
> ㉢ 특기분류는 예비분류와 확정분류의 2단계를 거쳐 실시한다.
> ㉣ 특기는 모든 경찰공무원을 신규채용할 때 의무적으로 부여하여야 하지만, 경과는 그렇지 아니하다.
> ㉤ 특기분류 심사 시의 고려사항으로는 본인의 희망, 근무경험, 적성(전공분야 및 자격 증등), 전문화 교육, 소속상사의 의견, 근무실적 등이다.

① 1개 ② 2개 ③ 3개 ④ 4개

해설

㉣ 특기는 경위 이상 경정 이하의 경찰공무원에게 부여할 수 있고, 경과는 총경 이하의 경찰관에게 **반드시 부여**하여야 한다.
㉤ 근무실적은 특기분류 심사 시의 고려사항에 **포함되지 아니한다**.

02 **경찰공무원의 경과와 특기에 대한 설명 중 옳지 않은 것은 모두 몇 개인가?** 11. 승진

> ㉠ 경과는 총경 이하에 적용되고, 보안경과는 경정 이하에, 운전경과는 경사 이하만 부여된다.
> ㉡ 특기는 경위 이상 경정 이하의 경찰관에게 주어지고, 일반특기와 전문특기로 구별된다.
> ㉢ 특기를 분류할 때에는 본인의 희망, 근무경험, 적성(전공분야 및 자격증 등), 전문화 교육, 소속상사의 의견들을 고려하여 심사한다.
> ㉣ 전문특기를 부여하여 전문화 관리를 할 수 있는 범위는 해당 일반특기분야 정원의 2할 이내로 하되, 경찰 교육훈련기관에 해당 분야 전문화 교육과정이 설치되어 있는 경우에는 그 교육을 받은 자에 한하여 전문특기를 부여한다.

① 1개 ② 2개 ③ 3개 ④ 4개

Answer 1. ② / ㉣㉤ 2. ① / ㉣

해설

ⓔ 전문특기를 부여하여 전문화 관리를 할 수 있는 범위는 해당 일반특기분야 정원의 **3할 이내**로 한다.

제7절 경찰공무원의 근무

01 **「경찰공무원법」 제7조 제2항에서 규정하고 있는 경찰공무원 임용 결격사유가 아닌 것은 몇 개인가?** 11. 승진, 10. 채용

ⓐ 금치산자 또는 한정치산자
ⓑ 파산선고를 받은 자로서 복권되지 아니한 자
ⓒ 자격정지 이상의 형의 선고유예를 받고 그 선고유예기간 중에 있는 자
ⓓ 징계에 의하여 파면 또는 해임의 처분을 받은 자

① 1개 ② 2개 ③ 3개 ④ 없음

해설

ⓐⓑⓒⓓ 외에 '대한민국 국적을 가지지 아니한 자', 「국적법」에 따른 '복수국적자', '자격정지 이상의 형의 선고를 받은 자'가 있다.

02 **경찰공무원의 신규임용에 있어서 채용후보자 등록에 관한 설명 중 옳지 않은 것은 모두 몇 개인가?** 10. 채용

ⓐ 채용후보자명부의 유효기간은 1년의 범위 안에서 대통령령으로 정하나, 경찰청장 또는 해양경찰청장은 필요에 따라 1년의 범위 안에서 그 기간을 연장할 수 있으므로 최장 유효기간은 2년이다.
ⓑ 경찰청장 또는 해양경찰청장은 신규채용시험에 합격한 자를 대통령령이 정하는 바에 의하여 성적순위에 따라 채용후보자명부에 등재하여야 한다.
ⓒ 경찰공무원의 신규채용은 채용후보자명부의 등재순위에 의한다. 다만, 채용후보자가 경찰교육기관에서 신임교육을 받은 때에는 그 교육성적순위에 의한다.
ⓓ 채용후보자등록을 하지 아니한 자는 경찰공무원으로 임용될 의사가 없는 것으로 본다.

① 1개 ② 2개 ③ 3개 ④ 4개

Answer 1. ④ 2. ① / ⓐ

해설

㉠ 채용후보자명부의 유효기간은 **2년의 범위** 안에서 대통령령으로 정하나, 경찰청장 또는 해양경찰청장은 필요에 따라 1년의 범위 안에서 그 기간을 연장할 수 있다. 따라서 최장 유효기간은 **3년**이다.

03 다음 중 시보임용에 대한 설명 중 옳지 않은 것은? 05. 채용, 08. 경간

① 경찰대학 및 간부후보생 출신 경위는 시보임용의 면제대상이다.
② 임용권자 및 임용제청권자는 시보임용경찰공무원을 정규경찰공무원으로 임용함이 부적당하다고 인정되는 경우에는 직권으로 시보임용경찰공무원을 면직시키거나 면직을 제청할 수 있다.
③ 시보임용은 필기시험의 보완이나 경찰조직의 목적·임용·내용 등에 관한 지식을 얻게 하기 위함이다.
④ 휴직·직위해체·징계에 의한 정직 또는 감봉처분을 받은 기간은 시보임용기간에 산입하지 아니한다.

해설

임용권자 또는 임용제청권자는 시보임용기간 중에 있는 경찰공무원을 정규임용심사위원회의 심사를 거쳐 면직시키거나 또는 면직을 제청할 수 있고, **직권으로 면직할 수는 없다.**

04 경찰의 대우공무원제도에 관한 다음의 설명 중 틀린 것을 모두 고르면? 09. 채용

㉠ 해당 계급에서 승진소요 최저근무연수 이상 근무하고, 승진임용의 제한사유가 없으며, 근무실적이 우수한 자들을 대우공무원으로 선발할 수 있다.
㉡ 대우공무원은 해당 계급에서 5년 이상 근무한 사람을 대상으로 선발한다.
㉢ 대우공무원의 발령은 매 분기의 첫 달 1일 일괄적으로 발령한다.
㉣ 징계 또는 직위해제처분을 받은 경우 대우공무원수당을 지급하지 아니한다.

① ㉠, ㉡, ㉢ ② ㉡, ㉢
③ ㉢, ㉣ ④ ㉣

해설

㉣ 대우공무원이 징계 또는 직위해제 차분을 받거나 휴직하여도 **대우공무원수당은 계속 지급**하지만, 규정에 따라 대우공무원수당을 감액하여야 한다.

Answer 3. ② 4. ④

05 **경찰공무원의 직권면직 사유가 아닌 것은?** 04 · 05 · 10. 승진

① 직제와 정원의 개폐 또는 예산의 감소 등에 의하여 폐직 또는 과원이 되었을 때
② 직무를 수행하는 데 필요한 자격증의 효력이 상실되거나 면허가 취소되어 담당직무를 수행할 수 없게 된 때
③ 직무상의 의무에 위반하거나 직무를 태만히 한 때
④ 직무수행 능력이 현저히 결여된 자로서 판단력 부족으로 경찰업무를 감당할 수 없게 된 때

해설

직무상의 의무에 위반하거나 직무를 태만히 한 때는 **징계의 사유**가 된다.

06 **다음 「경찰공무원법」상 경찰공무원의 직권면직사유 가운데 직권면직처분을 위해 징계위원회의 동의가 필요한 사유끼리 묶인 것은?** 10 · 11. 채용

㉠ 직제와 정원의 개폐 또는 예산의 감소 등에 따라 폐직 또는 과원이 되었을 때 ㉡ 휴직 기간이 끝나거나 휴직 사유가 소멸된 후에도 직무에 복귀하지 아니하거나 직무를 감당할 수 없을 때 ㉢ 직위해제로 인한 대기 명령을 받은 자가 그 기간에 능력 또는 근무성적의 향상을 기대하기 어렵다고 인정된 때 ㉣ 경찰공무원으로는 부적합할 정도로 직무 수행능력이나 성실성이 현저하게 결여된 사람으로서 대통령령으로 정하는 사유에 해당된다고 인정될 때 ㉤ 직무를 수행하는 데에 위험을 일으킬 우려가 있을 정도의 성격적 또는 도덕적 결함이 있는 사람으로서 대통령령으로 정하는 사유에 해당된다고 인정될 때 ㉥ 해당 경과에서 직무를 수행하는 데 필요한 자격증의 효력이 상실되거나 면허가 취소되어 담당 직무를 수행할 수 없게 되었을 때

① ㉠, ㉡, ㉤　　② ㉡, ㉢, ㉥
③ ㉢, ㉣, ㉤　　④ ㉢, ㉣, ㉥

해설

직권면직의 사유가 **주관적인 경우**(㉢, ㉣, ㉤)에는 당사자의 보호를 위해 **징계위원회의 동의**를 요하고, 객관적인 경우(㉠, ㉡, ㉥)에는 징계위원회의 동의를 요하지 아니한다.

Answer 5. ③ 6. ③

07 **경찰공무원의 직권면직 사유 중 징계위원회의 동의를 얻어야 하는 경우는?** 10. 경찰 2차

① 당해 경과에서 직무를 수행하는 데 필요한 자격증의 효력이 상실되거나 면허가 취소되어 담당 직무를 수행할 수 없게 된 때

② 직제와 정원의 개폐 또는 예산의 감소 등에 의하여 폐직 또는 과원이 되었을 때

③ 휴직기간이 끝나거나 휴직사유가 소멸된 후에도 직무에 복귀하지 아니하거나 직무를 감당할 수 없을 때

④ 인격 장애, 알코올, 약물중독, 그 밖의 정신장애로 인하여 경찰업무를 감당할 수 없는 경우

해설

인격 장애, 알코올·약물중독, 그 밖의 정신장애로 인하여 경찰업무를 감당할 수 없는 경우

제 8 절 권익보장

01 **다음 중 소청심사위원회에 대한 설명으로 옳은 것은?** 01. 승진

① 위원장 1인을 포함하여 7인 이상 10인 이내의 상임위원으로 구성된다.

② 법관으로 3년 이상 근무한 자는 위원이 될 수 있다.

③ 위원의 임기는 3년이며 채용에 한하여 연임이 가능하다.

④ 위원장과 위원은 국무총리의 제청으로 대통령이 임명한다.

해설

① 위원장 1인을 포함하여 **5인** 이상 **7인** 이내의 상임위원으로 구성된다.
② 법관으로 **5년 이상** 근무한 자가 위원이 될 수 있다.
④ 위원장과 위원은 **행정안전부장관의 제청**으로 대통령이 임명한다.

Answer 7. ④ / 1. ③

02 각종 위원회의 의결정족수가 옳지 않게 짝지어진 것은?

08. 채용

① 경찰위원회－재적위원 과반수의 출석과 출석위원 과반수의 찬성
② 소청심사위원회－재적위원 2/3 이상의 출석과 재적위원 과반수의 찬성
③ 정규임용심사위원회－재적위원 2/3 이상의 출석과 출석위원 과반수의 찬성
④ 경찰공무원인사위원회－재적위원 과반수의 출석과 출석위원 과반수의 찬성

해설

② 소청심사위원회－**재적위원 2/3 이상**의 출석과 출석위원 과반수의 찬성
④ 경찰공무원인사위원회－재적위원 과반수의 찬성

03 다음 경찰위원회와 소청심사위원회에 대한 설명 중 적절하지 않은 것은 모두 몇 개인가?

11. 채용

> ㉠ 경찰위원회는 「경찰법」에 설치근거를 두고 있고, 소청심사위원회는 「국가공무원법」에 설치근거를 두고 있다.
> ㉡ 경찰 · 검찰 · 국가정보원 직원 또는 군인의 직에서 퇴직한 날부터 3년이 경과되지 아니한 자는 경찰위원회의 위원이 될 수 없다.
> ㉢ 행정안전부에 설치된 소청심사위원회는 위원장 1명을 포함한 5명 이상 7명 이내의 상임위원으로 구성하되, 위원장은 정무직으로 보하고, 필요하면 약간의 비상임위원을 둘 수 있다.
> ㉣ 소청심사위원회의 상임위원의 임기는 3년으로 하며, 한 번만 연임할 수 있으며, 다른 직무를 겸할 수 있다.

① 1개 ② 2개 ③ 3개 ④ 없음

해설

㉢ 소청심사위원회는 위원장 1인을 포함한 5인 이상 7인 이내의 상임위원과 상임위원 수의 **2분의 1 이상**인 **비상임위원**으로 구성한다.
㉣ 소청심사위원회 상임위원은 겸직이 허용되지 않는다.

Answer 2. ②④ 3. ② / ㉢㉣

제9절 경찰공무원의 권리 · 의무

01 경찰공무원의 권리에 관한 다음 설명 중 타당하지 않은 것은? 05. 승진

① 재산상의 권리로써 보수청구권 · 연금청구권 · 보상청구권 등을 가진다.
② 경찰공무원은 「헌법」상 단결권 · 단체교섭권 · 단체행동권의 제약을 받는다.
③ 신분상의 권리로는 직무수행권 · 쟁송제기권 · 제복착용권 등이 있다.
④ 치안총감을 제외한 모든 경찰공무원은 법정의 사유에 해당하지 않는 한 그 의사에 반하여 휴직 · 징계 · 면직을 당하지 않는다.

해설

치안총감 · 치안정감 및 시보임용 중인 경찰공무원은 신분보장의 대상이 되지 않는다.

02 경찰공무원의 권리와 의무에 대한 설명 중 옳은 것은? 08. 경간

① 경찰공무원의 신분상 권리인 무기휴대권은 「경찰관 직무집행법」에, 무기사용권은 「경찰공무원법」에 각각 근거가 있다.
② 경찰의 신분상 권리는 쟁송제기권, 연금청구권, 제복착용권, 무기휴대 및 사용권 등이 있다.
③ 신분보유권은 시보임용기간 중에 있는 자와 치안총감 · 치안정감에게는 인정되지 않는다.
④ 제복착용권은 경찰공무원의 권리임과 동시에 의무이고, 지휘권남용금지 의무는 「국가공무원법」에 규정되어 있다.

해설

① 무기휴대권은 「**경찰공무원법**」에, 무기사용권은 「**경찰관 직무집행법**」에 근거를 두고 있다.
② 연금청구권은 재산상 권리이다.
④ 지휘권남용금지 의무는 「**경찰공무원법**」에 규정되어 있다.

Answer 1. ④ 2. ③

03 **경찰서에 근무하는 A경찰관은 상사의 직무명령이 위법하다는 것을 알고서도 명령을 수행하였다. 이에 대한 가장 바른 설명은?** 02. 채용

① 상사의 명령에 복종한 A에게 책임이 있다.
② 직무명령에 복종한 A에게는 책임이 없다.
③ 부하에게는 상사의 명령을 심사할 의무가 전혀 없다.
④ 부하는 상사의 명령이 설령 명백히 위법하더라도 복종할 의무가 있다.

해설

위법한 직무명령에 대하여 경찰공무원은 자신의 의견을 진술할 수 있으며 복종의무가 없으며, 이 경우에 당해 공무원이 위법함을 알고도 복종하였다면, 복종한 공무원도 그에 대한 **책임을 부담**해야 한다.

04 **경찰공무원의 복무와 관련된 설명 중 가장 옳지 않은 것은?** 02 · 04 · 11. 승진

① 경찰공무원의 복무에 관한 사항을 규정한 것으로 대통령령인 「경찰공무원복무규정」이 있다.
② 경찰공무원은 상사의 허가를 받거나 그 명령에 의한 경우를 제외하고는 직무와 관계없는 장소에서 직무수행을 하여서는 안 된다.
③ 경찰공무원은 휴무일 또는 근무시간 외에 공무 아닌 사유로 3시간 이내에 직무에 복귀하기 어려운 지역으로 여행을 하고자 할 때에는 소속기관의 장에게 신고하여야 한다.
④ 경찰공무원은 근무시간 중 음주를 하여서는 안 된다. 다만, 특별한 사정이 있는 경우에는 예외로 하되, 이 경우 주기가 있는 상태에서 직무를 수행하여서는 안 된다.

해설

경찰공무원은 휴무일 또는 근무시간 외에 **2시간** 이내에 직무에 복귀하기 어려운 지역으로 여행을 하고자 할 때에는 소속 경찰기관의 장에게 신고를 하여야 한다.

Answer 3. ① 4. ③

05 **「국가공무원 복무규정」상 공무원은 공무에 대한 부당한 영향 등을 초래할 수 있는 업무에 종사하지 못하도록 금지하고 있는데, 이에 해당한다고 보기 가장 어려운 것은?** 11. 승진

① 직무와 관련이 있는 타인의 기업에 투자하는 행위
② 일시적으로 재산상 이득을 목적으로 하는 업무를 행하는 것
③ 상업·공업·금융업 기타 영리적인 업무를 스스로 경영하여 영리를 추구함이 현저한 업무
④ 상업·공업·금융업 기타 영리를 목적으로 하는 사기업체의 이사·감사 업무를 집행하는 무한책임사원·지배인 기타의 임원이 되는 것

해설

계속적으로 재산상의 이득을 목적으로 하는 업무를 행하는 것은 금지되지만, **일시적**인 재산상 이득을 목적으로 하는 업무를 행하는 것은 허용된다.

06 **경찰공무원의 지위**(권리 · 의무)**와 관련하여 그 법적 근거에 대한 설명으로 맞는 것은 모두 몇 개인가?** 10. 채용

㉠ 허위보고금지 의무, 지휘권남용금지 의무는 「경찰공무원법」에서 규정하고 있다.
㉡ 무기휴대 권리는 「경찰공무원법」에서 규정하고, 무기사용 권리는 「경찰관직무집행법」에서 규정하고 있다.
㉢ 재산등록 및 재산공개 의무는 「국가공무원법」에서 규정하고 있다.
㉣ 종교에 따른 차별 없이 직무를 수행해야 할 의무는 「국가공무원법」에서 규정하고 있다.

① 1개 ② 2개 ③ 3개 ④ 4개

해설

㉢ 공직자 및 공직후보자의 재산의 등록과 공개의무를 규정하고 있는 법은 **「공직자윤리법」**이다.

Answer 5. ② 6. ③ / ㉠㉡㉣

제10절 경찰공무원의 책임

01 경찰공무원이 피해자의 선택적 청구에 응하는 책임의 내용은? 03. 채용

① 손실보상책임 ② 손해배상책임
③ 구상책임 ④ 변상책임

해설

경찰공무원의 선택적 청구문제는 공무원이 직무상 불법행위로 인하여 국민에게 손해를 끼친 경우에 가해 공무원이 직접 피해자에 대하여 **손해배상책임**을 질 것인가에 대한 문제를 의미하는 것이다.

02 다음 중 승진임용의 제한사유가 아닌 것은? 01. 승진

① 징계처분(정직)기간 중에 있는 자 ② 징계의결요구 중에 있는 자
③ 시보임용기간 중에 있는 자 ④ 견책처분일로부터 6개월이 경과된 자

해설

영창 · 근신 또는 견책은 6개월간 승진 · 승급의 제한을 받기 때문에 견책처분일로부터 **6월이 경과**된 자는 승진이 가능하다. 다만, **금품 및 향응 수수, 공금의 횡령 · 유용**으로 인한 징계처분의 경우에는 3개월을 가산한 기간이 적용되기 때문에 이러한 경우에는 **9개월이 경과**해야 한다.

03 징계에 대한 설명으로 잘못된 것은? 03. 승진

① 정직기간의 종료 후 18개월이 지나지 않으면 승진의 대상이 되지 못한다.
② 견책처분을 받고 12개월이 지나지 않으면 승진의 대상이 되지 못한다.
③ 승진후보자가 정직의 징계처분을 받은 경우에는 승진임용후보자명부에서 삭제된다.
④ 경찰징계위원회 의결은 위원장을 포함하여 과반수의 출석과 출석위원 과반수의 찬성으로 결정된다.

해설

견책의 경우 **6개월간** 승진 · 승급의 제한을 받는다.

Answer 1. ② 2. ④ 3. ②

04 경찰의 징계처분에 관한 설명 중 틀린 것은? 01 · 03 · 04. 승진, 07. 경간

① 파면－재직기간이 5년 미만인 자는 퇴직급여의 1/4을 감액 지급하고, 재직기간이 5년 이상인 자는 퇴직급여의 1/2을 감액지급한다.

② 해임－원칙적으로 퇴직급여는 전액 지급하되, 금품 및 향응수수, 공금의 횡령 · 유용시에는 재직기간이 5년 미만인 자는 퇴직급여의 1/8을 감액지급하고 재직기간이 5년 이상인자는 퇴직급여의 1/4을 감액지급한다.

③ 정직－1～3월의 기간을 정하여 하고, 신분은 유지되나 직무에 종사할 수는 없으며, 보수는 2/3를 감한다.

④ 감봉－1～3월의 기간을 정하여 하고, 보수는 1/2을 지급한다.

해설

감봉의 경우 1～**3개월**의 기간을 정하여 하고, 보수의 **1/3을 감액**하여 지급한다. 감봉기간은 경력평정기간에 포함된다.

05 경찰의 징계에 관한 설명 중 적절하지 않은 것은? 09. 경간

① 징계권은 임용권에 포함되는 것이므로 징계권자는 임용권자가 되는 것이 원칙이다.

② 파면된 자의 퇴직급여는 재직기간이 8년째인 경우 1/2을 감액하고 지급하며, 퇴직수당은 재직기간에 상관없이 1/2를 감액한다.

③ 금품 및 향응수수, 공금횡령으로 해임된 경우 재직기간이 20년인 때에는 1/8을 감액하여 지급한다.

④ 파면의 경우 5년간 공무원 임용이 제한되며, 해임의 경우는 3년간 제한된다.

해설

금품 및 향응수수나 공금의 횡령 · 유용으로 해임된 경우 5년 이상 근무자는 1/4을, 5년 미만 근무자는 1/8을 감액한 후 지급한다.

Answer 4. ④ 5. ③

06 **경찰공무원 징계에 대한 설명 중 옳은 것은 모두 몇 개인가?** 11. 승진

㉠ 정직은 1개월 이상 3개월 이하의 기간으로 하고, 정직 처분을 받은 자는 그 기간 중 공무원의 신분은 보유하나 직무에 종사하지 못하며 보수의 3분의 1을 감한다.
㉡ 감봉은 1개월 이상 3개월 이하의 기간 동안 보수의 3분의 1을 감한다.
㉢ 징계의결 등의 요구는 징계 등의 사유가 발생한 날부터 2년(금품 및 향응 수수, 공금의 횡령·유용의 경우에는 5년)이 지나면 하지 못한다.
㉣ 임용권자는 승진후보자명부에 등재된 자가 승진임용되기 전에 정직 이상의 징계 처분을 받은 경우에는 승진후보자명부에서 이를 삭제할 수 있다.

① 1개 ② 2개 ③ 3개 ④ 4개

해설

㉠ 정직은 보수의 **3분의 2**를 감한다.
㉣ 임용권자는 승진후보자명부에 등재된 자가 정직 이상의 징계처분을 받은 경우에는 승진후보자명부에서 이를 **삭제하여야 한다**.

07 **경찰공무원의 징계에 대한 설명으로 옳은 것은?** 10. 승진

① 징계위원회는 경감 이하 경찰공무원이 경찰청장 이상의 표창을 받은 공적이 있는 경우 징계를 감경할 수 있다.
② 해임은 경찰관의 신분을 박탈하는 배제징계이며 3년간 경찰공무원에 임용될 수 없다.
③ 경찰보통징계위원회는 경정 이상을 장으로 하는 경찰기관에 설치된다.
④ 직무수행능력이 부족하거나 근무성적이 극히 나쁠 때 징계사유가 된다.

해설

② 해임처분을 받은 자는 경찰공무원의 임용자격이 **박탈**된다.
③ 경찰 보통징계위원회는 **경감** 이상을 장으로 하는 경찰기관에 설치된다.
④ 이는 **직위해제**의 사유에 해당한다.

Answer 6. ② / ㉡㉢ 7. ①

08 경찰공무원의 인사관리에 대한 설명으로 틀린 것은?

09. 채용

① 경찰공무원 중앙징계위원회는 경무관 이상의 경찰공무원에 대한 징계를 의결한다.
② 전보는 계급의 변화 없이 직위만 바꾸는 것이다.
③ 경찰공무원인사위원회는 위원장을 포함한 위원 5인 이상 7인 이하로 구성한다.
④ 경찰서장은 지방경찰청장의 권한을 위임받아 소속경찰관 중 경감 이하의 전보를 행할 수 있다.

해설

경찰공무원 중앙징계위원회는 **총경**과 **경정**에 대한 징계를 의결한다.

09 경찰공무원의 징계에 대한 다음 설명 중 틀린 것은?

07. 채용

① 징계심의 대상자의 소재가 분명하지 않을 때에는 출석통지를 1회에 한하여 관보에 게재하여 행하고 그 게재일로부터 10일이 경과하면 출석통지는 송달된 것으로 본다.
② 징계사유의 시효는 징계사유 발생일로부터 2년 이내이다. 다만, 금품 및 향응 수수·공금의 횡령의 경우는 5년 이내이다.
③ 의무위반행위가 심한 때에는 징계를 하나, 과실사유가 있는 경우에는 감경을 할 수 있다.
④ 감독자를 문책할 경우 부하직원의 의무위반행위가 감독자의 실질적 감독범위를 벗어났다고 인정된 때에는 징계책임을 묻지 아니할 수 있다.

해설

과실사유가 있는 경우 무조건 감경 대상이 되는 것이 아니라, 과실로 인하여 발생한 의무위반행위가 **다른 법령에 의해 처벌사유가 되지 않고 비난가능성이 없는 때**에 한하여 징계를 감경할 수 있다.

Answer 8. ① 9. ③

10 경찰의 징계제도에 대한 다음의 설명 중 잘못된 것은? 08. 채용

㉠ 국가공무원법에는 수사기관에서 수사 중인 사건에 대해서는 징계절차를 개시하지 못한다는 규정을 두고 있다.
㉡ 징계사유가 발생한 날로부터 2년 (단, 금품 및 향응수수, 공금횡령 혹은 유용의 경우에는 5년)이 경과 한때는 징계요구를 하지 못한다.
㉢ 법령에 의한 명령에 위반한 때는 징계사유가 되지만 직무를 태만히 한 때는 징계사유가 될 수 없다.
㉣ 징계위원회는 징계요구서를 받은 날로부터 15일 이내에 의결하여야 한다.
㉤ 징계위원회는 경징계 의결을 통고받은 날부터 15이내에 집행하여야 한다.

① ㉠, ㉡, ㉢　② ㉠, ㉢, ㉣　③ ㉡, ㉣, ㉤　④ ㉢, ㉣, ㉤

해설

㉠ 국가공무원은 수사 중인 사건에 대해서는 **징계절차를 중지**할 수 있도록 하고 있다.
㉢ 직무상의 의무에 위반한 경우는 물론 직무를 태만한 때에도 징계의 사유가 된다.
㉣ 징계위원회는 징계요구서를 받은 날부터 30일 이내에 의결하여야 한다.(단, 부득이한 사유가 있을 때에는 30일 이내의 범위 안에서 기간을 연장할 수 있다)

11 경찰공무원의 징계에 관한 설명 중 옳지 않은 것은 모두 몇 개인가? 11. 승진

㉠ 경무관 이상의 경찰공무원에 대한 징계의 의결은 「국가공무원법」에 의하여 국무총리 소속하에 설치된 징계위원회에서 행한다.
㉡ 경무관 이상의 강등 및 정직과 경정 이상의 파면 및 해임은 경찰청장이 행한다.
㉢ 업무매뉴얼에 규정된 직무상의 절차를 충실히 이행한 때에는 「경찰공무원 징계양정 등에 관한 규칙」상 정상참작사유로 감독자의 참작사유에 해당한다.
㉣ 경찰공무원 징계위원회의 위원장은 위원회의 사무를 총괄하며 위원회를 대표하지만, 표결권은 가지지 아니한다.

① 1개　② 2개　③ 3개　④ 4개

해설

㉡ 경무관 이상의 강등 · 정직과 경정 이상의 파면 · 해임은 **경찰청장의 제청**으로 행정안전부장관과 국무총리를 거쳐 대통령이 행한다.
㉢ 이는 **행위자에 대한** 정상참작사유에 해당한다.
㉣ 경찰공무원 징계위원회의 위원장은 **표결권을 가진다**.

Answer 10. ② 11. ③ / ㉡ ㉢ ㉣

12 다음은 경찰공무원의 징계에 관한 설명이다. 옳은 것은 모두 몇 개인가? 11. 채용

ㄱ 징계벌과 형벌은 이중적 처벌이 되지 않아야 하기 때문에 병과할 수 없다.
ㄴ 경찰공무원이 해임이 된 경우 5년 후에 다시 경찰공무원이 될 수 있다.
ㄷ 중징계라 함은 파면, 해임, 강등을 말하고 정직은 중징계에 해당하지 아니한다.
ㄹ 경찰공무원의 임용이란 신규채용·승진·전보·파견을 말하고, 휴직·직위해제·정직·강등·복직·면직·해임 및 파면은 임용의 개념에 포함되지 아니한다.
ㅁ 경무관 이상의 경찰공무원에 대한 징계의결은 국무총리 소속으로 설치된 징계위원회에서 한다.
ㅂ 총경의 강등은 경찰청장이 한다.
ㅅ 경정의 해임은 경찰청장이 한다.
ㅇ 경찰공무원 중앙징계위원회는 총경 및 경정에 대한 징계사건을 심의·의결한다.

① 2개 ② 3개 ③ 4개 ④ 5개

해설

ㄱ 징계벌과 형사벌은 그 목적과 내용·대상을 달리하기 때문에 병과가 가능하다.
ㄴ 파면 또는 해임처분을 받은 자는 경찰공무원의 임용자격이 **박탈**된다.
ㄷ 중징계에는 **파면·해임·강등·정직**이 있다.
ㄹ "임용"이란 신규채용·승진·전보·파견·휴직·직위해제·정직·강등·복직·면직·해임 및 파면을 말한다.
ㅅ 경정의 해임은 경찰청장의 제청으로 행정안전부장관과 국무총리를 거쳐 대통령이 행한다.

제11절 경찰작용법

01 경찰작용법에 대한 설명 중 가장 틀린 것은? 01. 채용

① 경찰행정의 작용을 규율하는 법규이다.
② 경찰행정상의 법률관계에 성립·변경·소멸에 관련된 모든 법규를 말한다.
③ 경찰의 임무가 경찰권 발동의 근거와 한계 등에 관한 규율을 내용으로 한다.
④ 경찰작용법으로서 「경찰관 직무집행법」은 체계적 통합성과 법적 명확성을 가지고 있다.

Answer 12. ② / ㅁㅂㅇ / 1. ④

해설

경찰작용 대상의 복잡·다양성으로 인해서 경찰작용법은 주로 개별목적의 개별입법과 일반규정에 의존하고 있어서, 「경찰관 직무집행법」은 체계적 통합성과 법적 명확성이 미흡하다는 한계를 지니고 있다.

02

다음 경찰권 발동의 한계에 대하여 설명한 것으로 잘못된 것은? 01. 채용

① 경찰권은 법률유보의 원칙상 일정한 법적 근거에 의해서만 발동된다.
② 법률에 의한 위임은 구체적 범위를 정한 개별적 수권이어야 한다.
③ 경찰비례의 원칙에 대한 위반은 위법이 되지 아니한다.
④ 법률이 경찰권에 위임하는 재량은 의무에 합당한 재량이다.

해설

경찰관청의 행위가 비록 형식상 적법하더라도 비례원칙을 위반할 경우에는 조리(불문법) 위반으로 위헌·위법의 문제가 발생하고, **국가배상이나 항고소송의 대상**이 될 수가 있다.

03

사회공공의 안녕과 질서를 유지하기 위하여 일반 통치권에 근거하여 국민에게 명령·강제하는 권한을 경찰권이라고 할 때 이에 대한 설명으로 타당하지 않은 것은? 05. 채용

① 협의의 경찰권의 발동은 긴급한 필요가 있는 경우에는 예외적으로 법령상 근거가 없어도 경찰책임자가 아닌 자에게도 가능하다.
② 법원의 법정경찰권과 같이 부분사회의 내부질서를 목적으로 하는 경우에는 원칙적으로 법정경찰권이 일반경찰권보다 우선한다.
③ 경찰권의 상대방은 특별한 규정이 없는 한 통치권에 복종하는 모든 자가 된다.
④ 통설은 다른 행정기관이나 행정주체의 고유한 기능을 침해하지 않는 한도 내에서는 경찰권의 발동이 허용된다고 본다.

해설

경찰긴급권 또는 제3자에 대한 경찰책임의 발동에는 반드시 **법적 근거**를 요한다.
④ 국가 등 권력 주체의 형식적 경찰책임은 권력 주체의 '기능을 침해하지 않는 한도 내'에서는 경찰권 발동이 가능하다는 견해가 현재의 다수설의 입장이다.

Answer 2. ③ 3. ①

04 다음 중 경찰책임에 관한 설명으로 바르지 못한 것은? 01. 채용

① 자기 보호감독 하에 있는 자의 행위에 대해 지는 경찰책임은 대위책임이다.
② 행위책임과 상태책임이 경합되는 때에는 행위책임이 우선한다.
③ 행위무능력자도 경찰책임의 주체가 될 수 있다.
④ 경찰책임자의 고의·과실을 요하지 않는다.

해설

지배자책임은 대위책임 아니라, 자기의 지배범위 안에서의 발생한 사실에 대해 책임을 지는 **자기책임**에 해당한다.

05 경찰책임의 원칙에 관한 설명으로 옳지 않은 것은? 01·03·05. 승진

① 자신의 보호·감독 하에 있는 자의 행위에 대한 책임은 자기책임이다.
② 질서위반상태를 야기한 자가 고의나 과실이 없다면 책임을 물을 수 없다.
③ 자연인뿐만 아니라 법인도 경찰책임을 진다.
④ 경찰권 발동의 대상에 관련된 조리상의 한계이다.

해설

경찰책임이란 공공의 안녕과 질서에 대한 객관적인 위험상황의 존재라는 사실을 중심으로 하여, 이러한 사회적 장애의 방지에 대한 책임을 부담하는 것이기 때문에 위반상태의 고의 과실의 유무와는 상관없이 경찰책임을 지게 된다.

06 「경찰관 직무집행법」과 관련된 설명 중 옳지 않은 것은? 10. 경찰 2차

① 「경찰관 직무집행법」은 직무의 범위에 치안정보의 수집, 작성 및 배포에 관한 규정을 명문으로 두고 있지는 않다.
② 「경찰관 직무직행법」에는 유치장의 설치와 관련하여 근거규정이 있다.
③ 경찰관은 미아를 인수할 보호자의 여부, 유실물을 인수할 권리자의 여부 또는 사고로 인한 사상자를 확인하기 위하거나 행정처분을 위한 교통사고조사상의 사실을 확인하기 위하여 필요한 때에는 관계인에게 출석요구를 할 수 있다.
④ 「경찰관 직무집행법」에 규정된 경찰관의 의무에 위반하거나 직권을 남용하여 다른 사람에게 해를 끼친 자는 1년 이하의 징역이나 금고에 처한다.

해설

「경찰관 직무집행법」은 직무의 범위에 치안정보의 수집, 작성 및 배포에 관한 규정을 **명문**으로 두고 있다.

Answer 4. ① 5. ② 6. ①

07 **경찰관의 주취자 처리요령으로 가장 옳지 않은 것은?** 11. 경감 승진

① 손님이 많은 음식점에서 몹시 거친 말 또는 행동으로 시끄럽게 하거나 술에 취하여 이유 없이 다른 사람에게 주정을 계속하더라도 경범죄에 해당할 뿐이므로 경찰관이 위 주취자를 현행범으로 체포할 여지는 전혀 없다.
② 위해 우려가 없더라도 만취자는 술에 취한 정도에 다라서 사망하는 사례도 있으므로 신속히 병원 등에 후송하여 구호조치하고 연고자 확인시 가족에게 인계한다.
③ 불시 공격, 장구 피탈 등 돌발상황에 대비하여 방어태세를 유지한다.
④ 주취 소란자는 연행 이전에 상처 여부를 확인하고 상대방의 말을 경청, 입장을 이해하는 태도로 설득 후 동행한다.

해설

현행「경찰관직무집행법」 제4조에서는 응급의 구호가 필요하거나 자신 또는 타인의 생명·신체와 재산에 위해를 미칠 우려가 있는 술 취한 사람은 **의료기관이나 경찰서 등에서 보호**하도록 규정되어 있다. 그러나 응급의 구호가 필요하지 않고, 폭력이나 폭행 등을 행사하여 현행범으로 체포되지 않는 경미한 주취 소란자는 **경범죄**에 해당한다. 경미한 현행범인의 경우 주거가 불분명할 경우 현행범 체포가 가능하므로 체포할 여지가 전혀 없는 것은 아니다.

08 **다음 중 1988.12.31.「경찰관직무집행법」2차 개정 내용이 아닌 것은?** 06. 경찰 2차

① 최루탄 사용근거 조항의 추가
② 임시영치기간이 30일에서 10일로 단축
③ 임의동행 요건과 절차가 강화되어 경찰관서 유치시한을 3시간으로 규정
④ 경찰관의 직권남용에 대한 벌칙을 6월 이하에서 1년 이하의 징역·금고로 강화

해설

최루탄 사용의 근거 조항의 추가는 **3차 개정 때** 이루어졌다.

Answer 7. ① 8. ①

09 **다음 보호조치 등에 대한 설명으로 옳은 것은?** 05. 경찰 2차

① 정신착란자 또는 자살기도자에 대하여는 경찰관서에 24시간 이내 보호 가능하다.
② 보호조치한 경우 가족 등에게 통치할 필요가 없다.
③ 보호조치대항자가 소지하고 있는 물건에 대한 임시영치기간은 30일이다.
④ 임시영치는 대인적 즉시강제의 일종이다.

해설

② 보호조치한 경우 가족 등에게 통지할 필요가 **있다**.
③ 보호조치대항자가 소지하고 있는 물건에 대한 임시영치 기간은 **10일**이다.
④ 임시영치는 **대물적 즉시강제**의 일종이다.

10 **경찰작용은 국민의 자유와권리를 제한하고 의무를 부과하는 등 전형적인 침해적 행정작용이므로 경찰권 발동에는 한계가 있다. 특히 경찰은 사회공공의 안녕과 질서유지에 관계가 없는 개인의 사생활 관계에 대해서 경찰권을 발동해서는 아니 된다. 개인행동의 영향이 단지 그 사람의 일신에 그치고, 사회공공의 안녕, 질서유지에 관계가 없는 것에 대해서는 경찰권을 발동하여 함부로 이에 관여하는 것은 허용되지 않는다. 따라서 민사상 법률관계의 형성, 유지는 사법권의 작용영역으로서 원칙적으로 경찰권의 행사 대상이 아니다. 하지만 민사상 법률관계라 할지라도 예외적으로 경찰권의 개입이 허용되는 경우가 있다. 다음 사례 중 경찰권 개입이 가능한 경우로 가장 적절한 것은?** 11. 경찰 2차

① 경찰관이 범죄행위와 관련된 가해자와 피해자간의 합의를 종용하는 경우
② 암표의 매매나 총포, 도검류의 매매의 경우
③ 경찰관이 사인간이 가옥임대차에 관한 분쟁에 개입하는 경우
④ 경찰관이 민사상의 채권집행에 관여하는 경우

해설

민사상 법률관계라 할지라도 **예외적으로 경찰권의 개입**이 허용되는 경우가 있는데, 암표의 매매나 총포, 도검류의 매매의 경우가 이에 해당한다.

Answer 9. ① 10. ②

제12절 경찰상 행정행위

01 **경찰하명에 대한 설명 중 잘못된 것은 모두 몇 개인가?** 05. 승진

> ㉠ 하명에 따른 의무를 불이행하면 일정한 행정상의 제재나 강제집행을 받게 된다.
> ㉡ 하명에 위반한 행위는 법적 효력을 상실한다.
> ㉢ 공공시설에서 공중의 건강을 위하여 흡연행위를 금지시키는 하명은 수인하명이다.
> ㉣ 위법한 하명으로 인하여 권리를 침해당한 자는 행정소송을 제기하거나 손해배상을 청구할 수 있다.

① 1개 ② 2개 ③ 3개 ④ 4개

해설

㉡ 하명은 적법요건일 뿐 **유효요건이 아니다**. 따라서 하명에 위반한 행위는 위법하지만, 법적 효력은 유효하다.
㉢ 흡연금지는 **부작위 하명**에 해당한다.

02 **경찰허가에 대한 다음 기술 중 잘못된 것은?** 04. 채용

① 법령에 의한 일방적·상대적 금지를 특정한 경우에 해제하여 적법하게 일정한 행위를 할 수 있게 하는 행정행위이다.
② 경찰허가는 상대방의 출원에 의하여 행하여지는 것이 보통이지만 언제나 상대방의 출원이 있어야만 하는 것은 아니다.
③ 경찰허가는 특정행위를 사실상 적법하게 할 수 있도록 하는 행위의 적법요건이자 유효요건이다.
④ 대물적 허가의 효과는 이전성이 있다.

해설

경찰허가는 행위의 적법요건이지만, 유효요건은 아니다.

Answer 1. ② / ㉡㉢ 2. ③

03 다음 중 경찰허가에 대한 설명으로 틀린 것은? 05. 채용

① 허가의 효과는 금지되었던 자연적 자유의 회복이다.
② 총포류 소지허가는 대물적 허가이다.
③ 무허가 행위는 사법상 효력에 영향이 없다.
④ 허가는 상대방의 출원 없이도 가능하다.

해설

총포류 소지허가는 오직 신청자의 개인적 사정만이 검토의 대상이 되기 때문에 대인적 허가에 해당한다.

04 경찰하명과 경찰허가에 대한 설명 중 틀린 것은 모두 몇 개인가? 07. 채용

㉠ 경찰하명은 경찰목적을 위하여 일정한 작위·부작위·급부·수인을 명하는 행위로 준법률행위적 행정행위에 해당한다.
㉡ 청소년 관람불가의 판정을 받은 영화를 상영하고 있는 극장에 경찰관이 내부 확인을 위하여 출입할 때, 상대방이 받게 되는 하명은 수인하명에 해당한다.
㉢ 경찰하명의 효과는 원칙적으로 그 수명자에게만 발생하는 것이나, 대통령 하명의 경우에는 그 대상인 물건에 대한 법적 지위를 승계한 자에게도 그 효과가 미친다.
㉣ 경찰허가는 특정 행위를 사실상 적법하게 할 수 있도록 하는 적법요건이자 유효요건이다.
㉤ 경찰허가는 상대방의 출원에 의하여 행하여지는 것이 보통이지만 출원에 의하지 아니하는 경우도 있다.
㉥ 건축허가를 하면서 2월 이내에 공사에 착수하지 않으면 효력을 상실한다는 부관은 해제 조건이다.
㉦ 의사면허, 운전면허와 같이 사람의 경력·기능·건강 기타 신청인의 개인적 사정을 심사하여 행하여지는 허가는 대인적 허가이다.

① 5개 ② 4개 ③ 3개 ④ 2개

해설

㉠ 경찰하명은 의사표시를 구성요소로 하고, 그 효과의사의 내용에 따라서 법률적 효과를 발생하는 **법률행위적 행정행위**에 해당한다.
㉣ 하명과 허가는 모두 적법요건에 해당할 뿐 **유효요건은 아니다.**

Answer 3. ② 4. ④ / ㉠㉣

05 다음 중 경찰허가에 대한 설명으로 옳은 것은 몇 개인가? 09. 채용

㉠ 경찰허가에는 상대방의 출원에 의하여 행하여지는 것이 보통이지만 출원에 의하지 아니하는 경우도 있다.
㉡ 경찰허가는 특정행위를 사실상 적법하게 할 수 있도록 하는 적법요건이자 유효요건이다.
㉢ 상대적 금지만 허가의 대신이 되고, 절대적 금지는 허가의 대상이 될 수 없다.
㉣ 의사면허, 총포류 제조·판매 허가, 자동차운전학원의 허가, 마약취급면허 등은 대인적 허가에 속한다.
㉤ 판례에 의하면 허가여부의 결정기준은 특별한 사정이 없는 한 원칙적으로 신청 당시의 법령에 의한다.
㉥ 기한부 허가의 경우 그 기한이 도래하기 전에 상대방이 갱신을 신청할 경우에는 경찰상 장애발생의 새로운 사정이 없는 한 반드시 허가해야 한다.

① 2개 ② 3개 ③ 4개 ④ 5개

해설

㉡ 경찰허가는 적법요건일 뿐 **유효요건은 아니다.**
㉣ 의사면허와 마약류취급면허는 대인적 허가이고, 총포류 제조·판매허가, 자동차운전학원의 허가 등은 혼합적 허가에 속한다.
㉤ 허가여부의 결정기준은 원칙적으로 처분 시의 법령에 의한다.(통설·판례)
㉥ 허가는 원칙적으로 기속행위로서 요건을 갖춘 허가 신청의 경우 행정청은 허가를 해야 할 의무를 부담한다. 기한부 허가의 경우에도 경찰상 장애발생의 새로운 사정이 없다면 역시 동일하다. 다만 예외적인 재량허가(사행행위 허가, 토질형질변경 허가 등)의 경우에는 법령에서 '공익'판단을 허가의 요건으로 하는 경우가 있기 때문에 허가의 성질을 재량행위로 보고 있지만, 법령에 없는 요건을 들어서 행정청이 **임의로 허가거부를 할 수 없기 때문**에 전체적으로 허가의 성질은 역시 **기속행위**로 보는 것이 타당한 것이다.

Answer 5. ② / ㉠ ㉢ ㉥

06 **다음 중 경찰허가의 부관에 대한 설명으로 타당하지 않은 것은?** 06. 승진

① 원칙적으로 기속행위에 대하여 부관을 붙일 수 있다.
② 정지조건은 경찰허가의 효과의 발생을 장래의 불확실한 사실에 의존케 하는 것이다.
③ 법률효과의 일부배제는 경찰허가에 부여하는 법률효과의 일부를 배제하는 것을 내용으로 하는 부관으로 택시의 부제 운행이 대표적이다.
④ 철회의 일반적 요건이 충족되어야 한다.

해설

기속행위는 법규에 기속되므로 기속행위에는 **부관을 붙일 수 없고**, 기속행위에 부관을 붙이면 **무효**라고 보는 것이 통설 · 판례이다.

07 **부관에 대한 다음의 설명 중 틀린 것은?** 09. 경간

① 숙박영업허가를 하면서 성매매알선행위를 하면 허가를 철회한다는 것과 관련있는 것은 철회권의 유보이다.
② 화물차량의 A도로 통행허가 신청에 대하여 B도로 통행을 허가한 경우에 사용된 부관은 법률효과의 일부배제이다.
③ 부관의 내용은 비례원칙에 반할 수 없으며, 사후부관의 인정 여부에 대하여는 판례가 제한적으로 인정하고 있다.
④ 경찰허가의 부관이란 경찰허가의 효과를 제한 또는 보충하기 위하여 주된 행위에 부가된 종된 규율을 말한다.

해설

이는 새로운 의무를 부가하는 것이 아니라, 상대방이 신청한 것과는 다르게 행정행위의 내용을 정하는 부관인 수정부담에 해당한다.

Answer 6. ① 7. ②

08

다음 중 하자의 승계가 부정되는 경우는?(다툼이 있는 경우 판례에 의함) 10. 채용

① 대집행절차에 있어서 선행처분인 계고처분의 하자와 후행처분인 대집행영장 발부 통보처분 간의 경우
② 개별공시지가결정의 위법과 이를 기초로 한 과세처분 간의 경우
③ 안경사시험합격무효처분의 하자와 안경사면허취소처분 간의 경우
④ 대학원에서의 수강거부처분의 하자와 수료처분 간의 경우

해설

대학원에서의 수강거부처분의 하자와 수료처분간의 경우에는 하자의 **승계를 부정**했다.

09

하자의 승계에 대한 설명으로 타당하지 않은 것은? 08. 승진

① 두 개 이상의 행정행위가 연속하여 행하여지는 경우 선행행위의 하자를 후행행위의 위법사유로서 주장할 수 있는가의 문제이다.
② 선행행위가 당연무효라면 언제나 다툴 수 있고 후행행위는 당연히 원인무효가 되어 그 취소 또는 무효를 주장할 수 있다.
③ 통설은 두 개 이상의 행정행위가 서로 독립하여 별개의 효과를 목적으로 하는 경우에 선행행위가 당연 무효가 아닌 한, 하자는 승계되지 않는다고 본다.
④ 판례는 과세처분과 체납처분 사이에 하자가 승계된다고 본다.

해설

판례는 '과세처분과 체납처분'의 경우에는 하자의 승계를 부정하였다.

하자승계 부정(원칙)	**하자승계 긍정**(예외)
직위해제처분과 직권면직처분 건물철거명령과 대집행계고처분 과세처분과 체납처분 표준공시지가결정과 과세처분 사업인정과 수용재결처분 대학원에서의 수강거부처분과 수료처분	대집행절차 상호간 조세체납처분 상호간 안경사시험합격무효처분의 하자와 안경사면허취소처분 간의 경우 한의사시험 자격인정과 한의사 면허처분 개별공시지가결정과 과세처분

Answer 8. ④ 9. ④

10 행정행위 취소와 철회의 차이가 아닌 것은?

09. 경위 승진

① 취소권자와 철회권자의 범위
② 발생원인
③ 제한사유 인정 여부
④ 효력의 소급 여부

해설

구 분	취 소	철 회
권한자	㉠ 직권취소: 처분청, 감독청, 감사원 ㉡ 쟁송취소: 행정심판위원회, 법원	원칙적으로 처분청만 가능 (감독청은 특별규정 있으면 가능)
발생원인	처분의 원시적 하자	사후적으로 발생한 새로운 사정
사 유	일단 유효한 행정행위	완전 유효한 행정행위
절 차	엄격한 절차 적용	특별한 절차 규정 없음
효 과	소급효, 손해배상문제 발생	소급효 부정, 손실보상문제 발생
취소권이나 철회권의 행사에는 신뢰보호와 비교형량이 문제가 되어 제한이 따른다. 따라서 제한사유는 구별기준이 아니다. 취소나 철회 모두 제한사유가 인정된다.		

제13절 경찰강제

01 행정상 즉시강제의 조리상의 한계라고 볼 수 없는 것은?

96 · 97. 승진

① 경찰상의 장애가 목전에 급박하였을 것
② 타 수단으로는 목적 달성이 불가능할 것
③ 의무를 명할 시간적 여유가 없는 경우에 한할 것
④ 그 목적 달성에 필요한 최소한도에 그칠 것

해설

미리 의무를 명할 시간적 여유가 없을 때는 물론 성질상 의무를 명함에 의하여서는 **목적의 달성이 곤란**할 때에도 즉시강제가 가능하다.

Answer 10. ③ / 1. ③

02 다음 중 경찰강제에 대한 설명으로 가장 바른 것은? 02. 채용

① 경찰강제는 개별법에 의하여 인정되는 것으로서 「경찰관 직무집행법」에 개별적으로 수권되어 있다.

② 강제집행의 수단에는 대집행 · 집행벌 · 즉시강제 · 강제징수가 있으며 직접강제는 인권침해의 소지가 가장 높다.

③ 즉시강제의 경우는 그 성질상 명백히 목적 달성이 불가능하거나, 직접 실력을 가할 경우 그 의무를 명할 시간적 여유가 있어도 발동할 수 있다.

④ 즉시강제에 의해 침해당한 손해는 행정쟁송으로 다툴 수 있으나, 쟁송의 기간이 장기화되어 실익이 없는 것이 일반적이다.

해설

① 경찰관직무집행법에는 강제집행에 대한 근거를 두고 있지 않다.
② 즉시강제는 강제집행의 수단에 포함되지 않는다.
③ 의무를 명할 시간적 여유가 **있다면** 즉시강제를 발동할 수가 없다.

03 경찰강제에 대한 설명으로 가장 옳지 않은 것은? 11. 경위 승진

① 대집행은 대체적 작위의무 불이행에 대하여 스스로 행하거나 제3자로 하여금 이행하게 하고 그 비용을 의무자로부터 징수하는 것을 말한다.

② 집행벌(이행강제금)은 「경찰법」상의 부작위의무 또는 비대체적 작위의무의 불이행이 있는 경우 그 의무의 이행을 간접적으로 강제하기 위하여 과하는 금전벌을 말하며, 간접적 심리적 강제수단이다.

③ 강제징수란 「경찰법」상의 금전급부의무의 불이행이 있는 경우 의무자의 재산에 실력을 가하여 의무의 이행이 있었던 것과 같은 상태를 실현하는 작용을 말하며 일반법으로 「국세기본법」을 근거로 한다.

④ 직접강제란 「경찰법」상의 의무 불이행이 있는 경우에 의무자의 신체, 재산 등에 직접적으로 실력을 가함으로써 의무의 이행과 동일한 상태를 실현하는 작용을 말한다.

해설

강제징수의 법적 근거로는 일반법으로 「**국세징수법**」이 있다.

Answer 2. ④ 3. ③

제 14 절 경찰관 직무집행법

01 다음은 「경찰관 직무집행법」에 대한 설명이다. 틀린 것은? 03. 승진

① 동법에 규정된 "경찰관의 직권은 그 직무수행에 필요한 최소한도 내에서 행사되어야 한다."는 것은 경찰비례원칙의 명시적 규정이라고 할 수 있다.
② 동법상 경찰관의 개념에는 의무경찰 · 전투경찰순경은 물론이고 「경비업법」 상의 경비원도 포함된다.
③ 동법 제 2조에 명시된 '경찰의 직무범위'에는 치안정보의 수집 · 작성 및 배포도 포함된다.
④ 동법은 경찰상 즉시강제의 일반법이라고 할 수 있다.

해설

「경비업법」상의 경비원은 「경찰관 직무집행법」의 **경찰관에 포함되지 않는다.**

02 다음 중 대인적 즉시강제 수단에 속하지 않는 것을 모두 고르면? 05. 승진

㉠ 무기의 사용	㉡ 보호조치
㉢ 위험방지를 위한 출입	㉣ 범죄예방
㉤ 불심검문	㉥ 임시영치

① ㉢, ㉥　　② ㉡, ㉤
③ ㉠, ㉣, ㉤　　④ ㉢, ㉤, ㉥

해설

㉢ 위험방지를 위한 출입은 **대가택적** 즉시강제, ㉥ 임시영치는 **대물적** 즉시강제에 해당한다.

Answer 1. ② 2. ①

03 다음 중 바르게 연결된 것은? 04. 승진

① 임의동행－6시간, 보호조치－24시간, 임시영치－10일
② 임의동행－24시간, 보호조치－6시간, 임시영치－10일
③ 임의동행－24시간, 보호조치－10시간, 임시영치－6일
④ 임의동행－10일, 보호조치－24시간, 임시영치－6일

해설

6시간－임의동행 , 24시간－일시보호, '동행검문' 및 '임시영치'의 보고시한, 10일－ 임시영치

04 다음 중 「경찰관 직무집행법」에 대한 설명으로 옳지 않은 것은? 09. 경간

① 채용 개정 때 유치장 설치, 사실조회 등을 명문으로 규정하였다.
② 최루탄 사용조항이 신설된 것은 3차 개정이다.
③ 6차 개정 때 경찰장비의 사용 등 경찰장비의 정의 등을 신설하였다.
④ 정무직 공무원으로 되어 있던 경찰위원회 상임위원에 대한 법적 근거를 마련한 것은 2차 개정 때이다.

해설

경찰위원회 상임위원에 대한 법적 근거를 마련한 것은 **경찰법의 개정 내용**이다.

05 「경찰관 직무집행법」의 주요 개정 과정에 관한 설명 중 틀린 것은? 10. 승진

① 채용 개정시(1981.4.13) 유치장 설치 근거를 마련하였다.
② 2차 개정시(1988.12.31) 경찰관서 유치시한을 3시간으로 규정하고, 임시영치 기간을 30일에서 10일로 단축하였다.
③ 3차 개정시(1989.6.16) 최루탄 사용조항을 추가하였다.
④ 4차 개정시(1991.3.8) 경찰장구・무기 등을 포괄한 경찰장비의 규정을 신설하였다.

해설

경찰장구・무기 등을 포괄한 경찰장비 규정을 신설하여 경찰장비 규정을 구체화・명확화한 것은 **6차 개정**(1999)이다.

Answer 3. ① 4. ④ 5. ④

06 「경찰관 직무집행법」의 주요 내용에 대한 설명 중 틀린 것은 몇 개인가? 10. 경간

㉠ 2차 개정(1988.12.31)에서는 경찰관의 직권남용에 대한 벌칙을 6월 이하에서 1년 이상의 징역 또는 금고로 강화하였다.
㉡ 4차 개정(1991.3.8)에서는 임의동행 시 경찰관서 유치시한을 3시간으로 완화하였다.
㉢ 「경찰관 직무집행법」상 경찰관이 경고조치를 할 수 있는 자는 위험한 장소에 집합한 자, 사물의 관리자, 기타 관계인이다.
㉣ 긴급구호나 보호조치의 경우 24시간 이내에 가족들에게 연락해 주어야 한다.
㉤ 「경찰관 직무집행법」 제2조의 직무 범위에는 '국민의 생명 · 신체 및 재산의 보호'라는 규정을 두고 있다.
㉥ 「헌법」과 「경찰관 직무집행법」에는 비례의 원칙이 명문화되어 있다.

① 1개 ② 2개 ③ 3개 ④ 4개

해설

㉠ 경찰관의 직권남용에 대한 벌칙을 1년 이하의 **징역 또는 금고**로 강화하였다.
㉡ 4차 개정(1991.3.8)에서는 임의동행의 시간적 제한을 3시간에서 **6시간으로 완화**하였다.
㉣ 경찰관이 보호조치를 한 때에는 **지체 없이** 피구호자의 가족 · 친지 기타의 연고자에게 그 사실을 통지 하여야 한다.
㉤ 「경찰관 직무집행법」 제정 시에 이러한 규정을 두었다가 채용 개정에서 삭제하였지만, **9차 개정**에서 다시 추가하였다.

07 「경찰관 직무집행법」상의 불심검문에 대한 설명으로 옳지 않은 것은? 06. 채용

① 불심검문의 대상자에는 이미 행하여진 범죄나 행하여지려고 하는 범죄행위에 관하여 그 사실을 안다고 인정되는 자가 포함된다.
② 거동수상자의 발견시 질문을 위한 수단으로 정지는 대인적 즉시강제이다.
③ 경찰관서로 임의동행을 요구할 경우에는 변호인의 조력을 받을 수 있는 권리를 고지하여야 한다.
④ 경찰관의 질문에 대하여 당해 당사자는 그 의사에 반해 답변을 강요당하지 아니하며, 이 경우 경찰관이 진술거부권을 고지할 의무는 없다.

Answer 6. ③ / ㉠㉡㉣ 7. ③

해설

변호인 조력권은 임의동행을 요구할 때가 아니라 대상자를 경찰관서로 **임의동행한 때**에 고지하면 된다. "제2항의 규정에 의하여 동행을 한 경우 경찰관은 당해인의 가족 또는 친지 등에게 동행한 경찰관의 신분, 동행장소, 동행목적과 이유를 고지하거나 본인으로 하여금 즉시 연락할 수 있는 기회를 부여하여야 하며, 변호인의 조력을 받을 권리가 있음을 고지하여야 한다."(경직법 제3조 제5항)

08 불심검문에 대한 설명 중 틀린 것은 몇 개인가?

07. 채용

㉠ 판단기준은 복장 · 언어 · 장소 · 소지품 · 태도 등과 주위 사정을 합리적으로 판단하여 결정한다.
㉡ 경찰관은 신분증을 제시하고 소속, 성명 및 검문의 목적과 이유를 설명하고, 임의동행시 변호인 조력권과 진술거부권을 고지한다.
㉢ 임의동행을 한 경우 가족들에게 동행한 경찰관의 신분, 동행 장소, 동행의 목적과 이유를 고지하고, 동시에 본인으로 하여금 즉시 연락할 수 있는 기회를 주어야 한다.
㉣ 경찰관이 피검문자를 동행하여 검문한 때에는 12시간 이내에 동행검문결과보고서를 작성하여 소속 경찰관서의 장에게 보고하여야 한다.
㉤ 심신상실자는 어떤 죄를 범하였다고 의심할만한 상당한 이유가 있더라도 불심검문의 대상자에 포함되지 않는다.
㉥ 불심검문 후 범죄혐의가 있는 자는 「경찰관 직무집행법」에 의거하여 구속할 수 있다.

① 3개 ② 4개 ③ 5개 ④ 6개

해설

㉡ 임의동행 시 변호인조력권은 고지의 대상이지만, **진술거부권은 고지의 대상이 아니다.**
㉢ 가족 등에게 대한 경찰관의 연락과 본인의 연락기회부여는 선택적인 것으로 어느 하나면 하면 충분하다.
㉣ 동행검문견과보고서의 제출시한은 **24시간** 이내이다.
㉤ 불심검문은 범죄처벌의 목적이 아니기 때문에 형사책임능력이 없는 심신상실자도 불심검문의 대상이 될 수가 있다.
㉥ 불심검문 후 범죄혐의가 있는 자는 「형사소송법」 등에 의거하여 구속할 수 있다.

Answer 8. ③ / ㉡㉢㉣㉤㉥

09 **다음 중 경찰작용에 대한 설명으로 맞는 것은 모두 몇 개인가?** 10. 채용

> ㉠ 경찰수사를 위한 임의동행은 상대방의 동의를 반드시 필요로 한다.
> ㉡ 「경찰관 직무집행법」상 임의동행을 한 경우 변호인조력권 고지의무에 대해서는 명문규정이 없다.
> ㉢ 「경찰관 직무집행법」상 흉기조사에 대해서는 명문의 규정이 있으나, 흉기 이외의 일반 소지품검사에 대하여는 명문의 규정이 없다.
> ㉣ 경찰 출석요구 시 임의출석한 당사자에게 특정 장소로 이동할 것을 요구하는 경우 반드시 상대방의 동의를 구해야 한다.

① 1개 ② 2개 ③ 3개 ④ 4개

해설

㉡ 임의동행한 경우 **경찰관은 변호인의 조력을 받을 권리**가 있음을 고지하여야 한다(경직법 제3조 제5항).

10 **경찰의 기본적 임무수행을 위해 필요한 「경찰관직무집행법」상 불심검문의 절차 · 한계에 대한 설명 중 가장 옳지 않은 것은?** 11. 승진

① 경찰관이 불심검문을 하던 중 당해인에게 불리하거나 신원확인이 불가능한 경우 또는 교통에 장해가 되는 경우에는 임의동행을 할 수 있다.
② 경찰관은 불심검문을 하려면 당해인에게 자신의 신분을 표시하는 증표를 제시하면서 소속과 성명을 밝히고 그 목적과 이유를 설명하여야 하며, 동행의 경우에는 동행장소를 밝혀야 한다.
③ 임의동행을 한 경우, 경찰관은 당해인의 가족 또는 친지 등에게 동행한 경찰관의 신분, 동행장소, 동행목적과 이유를 고지하거나 본인으로 하여금 즉시 연락할 수 있는 기회를 부여하여야 하며, 변호인의 조력을 받을 권리가 있음을 고지하여야 한다.
④ 경찰관서에 적법하게 동행을 한 경우에도 경찰관은 당해인을 6시간 초과하여 경찰관서에 머물게 할 수 없다.

해설

'**당해인에게 불리**' 하거나 '**교통에 방해**'가 되는 경우에는 임의동행을 할 수 있지만, '신원확인 불가능'은 임의동행의 요건이 될 수 없다.

Answer 9. ③ / ㉠㉢㉣ 10. ①

11

「경찰관 직무집행법」상 보호조치에 대한 설명 중 틀린 것은? 08. 승진

① 응급의 구호를 요하나 타인에게 위해를 줄 우려가 없는 자는 긴급구호의 대상자가 아니다.

② 경찰에서의 보호조치는 24시간을 초과할 수 없으며, 임시영치의 경우는 10일을 초과할 수 없다.

③ 긴급구호나 보호조치의 경우 지체 없이 가족들에게 연락해 주어야 한다.

④ 피구호자가 휴대하고 있는 무기·흉기 등 위험을 야기할 수 있는 것으로 인정되는 물건은 경찰관서에 임시영치할 수 있다.

해설

타인에 대해 위해를 미칠 우려가 없는 경우라도 '**자기**'**에 대해 위해를 미칠 우려**가 있으면 보호조치의 대상자가 된다.

12

주취자에 대한 지역경찰관의 조치요령에 대한 설명으로 타당하지 않는 것은? 02. 승진

① 타인의 생명·신체와 재산에 위해를 미칠 우려가 없는 주취자에 대해서는 보호조치의 필요가 없다.

② 주취자가 지구대 내의 소란이나 집무집행 방해 시에는 CCTV를 작동하여 채증한다.

③ 부상당한 주취자 발견시 사진촬영을 하여 항의나 오해의 소지가 없도록 한다.

④ 형사사건으로 구속대상이 아닐 경우 보호자나 친구 등 지인을 찾아 우선 귀가조치한 다음 출석하게 하여 조사토록 한다.

해설

타인의 생명·신체와 재산에 위해를 미칠 우려가 없다고 해도 자기의 생명·신체와 재산에 위해를 미칠 우려가 있다면, 보호조치의 필요가 있다.

Answer 11. ① 12. ①

13 다음 중 지역경찰관이 경찰대상 업소에 출입조사할 수 있는 법적 근거인 것은 몇 개인가?

03 · 06 · 10. 승진

㉠ 풍속영업규제에 관한 법률
㉡ 사격 및 사격장 단속법
㉢ 사행행위 등 규제 및 처벌 특례법
㉣ 유실물법

① 1개 ② 2개 ③ 3개 ④ 4개

해설

지역경찰의 출입조사의 법적 근거에는 ① 경찰관직무집행법 ② 풍속영업의 규제에 관한 법률 ③ 총포·도검·화약류 등 단속법 ④ 사행행위 등 규제 및 처벌특례법 ⑤ 사격 및 사격장 단속법이 있다.

14 「경찰관 직무집행법」상 출석요구 사유에 해당하지 않는 것은?

06 · 07. 승진, 08. 경간, 04. 채용

① 미아를 인수할 보호자의 여부
② 유실물을 인수할 권리자의 여부
③ 고소사건 처리에 대한 사실의 확인
④ 행정처분을 위한 교통사고 조사상의 사실 확인

해설

출석요구는 미아, 유실물, 사고 확인을 위해서이다.

Answer 13. ③ / ㉠㉡㉢ 14. ③

15 **「경찰법」과 「경찰관 직무집행법」에 대한 설명으로 옳은 것은 모두 몇 개인가?** 11. 채용

> ㉠ 해양경찰은 경찰법은 물론 경찰공무원법의 적용대상이며 해양에서는 「경찰관 직무집행법」에 의하여 직무를 수행한다.
> ㉡ 불심검문시 경찰관의 질문에 대하여 당해 당사자는 그 의사에 반해 답변을 강요당하지 아니하며, 이 경우 경찰관의 진술거부권 고지의무는 법률상 명시되어 있지 않다.
> ㉢ 불심검문시 질문을 보다 능률적으로 하기 위하여 필요한 경우에 지구대에 동행할 것을 요구할 수 있다.
> ㉣ 미아·병자·부상자 등으로서 적당한 보호자가 없으며 응급의 구호를 요한다고 인정되는 경우 당해인이 이를 거절하는 경우에도 보호조치를 할 수 있다.
> ㉤ 「경찰관 직무집행법」에서 위험발생의 방지를 위한 조치수단 중 긴급을 요할 때 '억류 또는 피난조치를 할 수 있는 대상자'로 규정된 자는 그 장소에 집합한 자, 사물의 관리자, 기타 관계인이 있다.

① 1개　② 2개　③ 3개　④ 4개

해설

㉠ 해양경찰에게는 「경찰법」이 적용되지 않고, **「해양경찰청과 그 소속기관 직제」**의 적용을 받는다.
㉢ 불심검문을 할 때 당해 장소에서 질문을 하는 것이 당해인에게 불리하거나 교통에 방해가 되는 경우에 임의동행이 가능하다.
㉣ 미아·병자·부상자 등 임의보호의 대상자는 당해인이 거절하는 경우 보호조치를 할 수가 없다.
㉤ 「경찰관 직무집행법」상 '억류 또는 피난' 조치의 대상자는 특히 긴급을 요할 경우에 **위해를 받을 우려가 있는 자**에 한정된다.

16 **「경찰관 직무집행법」 제2조 제6호**(기타 공공이 안녕과 질서유지)**의 일반조항 인정 여부에 대해서 긍정설의 입장에 대한 설명으로 틀린 것은?** 09. 경찰 1차

① 「경찰관 직무집행법」 제2조 제6호는 경찰의 직무범위를 규정한 것으로 본질적으로 조직법적 성질이다.
② 경찰권의 성질상 입법기관이 미리 경찰권의 발동사태를 상정해서 모든 요건을 법률에 규정하는 것은 불가능하기 때문에 일반조항이 필요하다.
③ 일반조항은 개별수권규정에 의한 조치로도 대응할 수 없는 경우에 보충 적용한다.
④ 일반조항으로 인한 경찰권 발동의 남용가능성은 조리상의 한계 등으로 충분히 통제가능하다.

Answer 15. ① / ㉡ 16. ①

해설

「경찰관 직무집행법」 제2조 제6호는 경찰의 직무범위를 규정한 것으로 본질적으로 조직법적 성질로 보는 것은 **부정설의 입장**이다.

17 **경찰권 발동의 근거와 한계에 관한 설명으로 가장 옳은 것은?** 11. 경위 승진

① 「경찰관 직무직행법」 제2조 제6호는 경찰권 발동권한을 포괄적으로 수권하는 규정이지만 개별적 수권규정이 없는 때에 한하여 제2차적, 보충적으로 적용된다는 것이 판례의 견해이다.

② 띠톱판결은 「경찰법」상의 일반수권조항의 해석에 있어 무하자재량행사청구권을 인정하고 재량권 확대이론에 의거하여 원고의 청구를 인용한 판결로서 경찰개입청구권을 인정한 판결의 효시로 평가된다.

③ 경찰권은 공공의 안녕과 질서의 유지에 관계없는 사적관계에 발동되어서는 안 된다는 것은 경찰소극목적의 원칙이다.

④ 편의주의 원칙은 범죄수사에 있어서 수사법정주의 원칙의 개념으로 경찰법 위반의 상태가 있는 경우에는 반드시 경찰권을 발동해야 하는 것은 아니고, 발동의 여부 또는 어떠한 수단의 선택에 있어서 당해 경찰관청의 의무에 합당한 재량에 따른다는 원칙이다.

해설

② 띠톱판결은 「경찰법」상의 일반수권조항의 해석에 있어 무하자재량행사청구권을 인정하고 재량권 0으로 수축이론에 의거하여 원고의 청구를 인용한 판결로서 **경찰개입구청구권을 인정**한 판결의 효시로 평가한다.
③ 경찰공공의 원칙에 대한 설명이다.
④ 수사경찰 법정주의, 행정경찰 편의주의 원칙과 관련이 있다.

Answer 17. ①

18 **경찰권발동의 근거 및 한계와 관련된 설명 중 가장 옳지 않은 것은?** 11. 경감 승진

① 「경찰관 직무집행법」 제2조 제6호의 '기타 공공의 안녕과질서유지' 관련 규정을 경찰권 발동의 일반적 수권조항으로 해석하는 견해도 있다.

② 재량권의 0으로 수축시 경찰개입청구권의 문제가 발생하기도 한다.

③ 경찰권 발동의 대상인 경찰책임과 관련하여 경찰위반의 상태는 개별적인 경우를 규율하는 법규위반(위법)으로부터 직접적으로 나오는 것이 아니라, 공공의 안녕 혹은 질서를 위협하는 행위나 상태로부터 나온다.

④ 공무원의 직무명령이 수행으로 파생된 개인적 이익은 법률상 이익이므로 그 이익이 침해될 경우 재판을 통해 구제된다.

해설

공무원의 직무명령의 수행으로 파생된 개인적 이익은 **반사적 이익**이므로 법률상 이익이 아니므로 그 이익이 침해될 경우 재판을 통한 구제대상이 아니다.

19 **다음 중 경찰개입청구권을 인정한 판례와 관련이 있는 것은 몇 개인가?** 09. 경간

㉠ 띠톱 판결	㉡ Kreuzberg 판결
㉢ Miranda 판결	㉣ Escobedo 판결
㉤ 김신조 무장공비사건 판결	㉥ Mapp 판결
㉦ 맬로리사건 판결	㉧ Blanco 판결

① 1개 ② 2개 ③ 3개 ④ 4개

해설

개입청구권 인정한 것: ㉠, ㉤
관련이 없는 것: ㉡, ㉢, ㉣, ㉥, ㉦, ㉧

Answer 18. ④ 19. ② / ㉠ ㉤

20 다음 경찰개입청구권에 대한 설명 중 틀린 것은 모두 몇 개인가?

04. 경찰 2차

ㄱ 경찰권 행사의 편의주의 한계의 문제로서 경찰이 개입한 경우에는 재량권 수축론의 법리가 작용한다.
ㄴ 경찰재량이 0으로 수축되는 경우를 전제로 함이 보통이다.
ㄷ ㄴ의 경우 오직 한가지 결정만이 타당한 결정이 된다.
ㄹ 독일에서 이 권리를 인정한 판결의 효시는 띠톱판결이다.
ㅁ 경찰권의 행사로 국민이 받는 이익이 반사적 이익인 경우에도 인정된다.
ㅂ 타 수단으로 목적을 수행할 수 있는 경우에는 경찰개입청구권이 인정되지 않는다.
ㅅ 오늘날의 사회적 법치국가에서는 경찰개입청구권이 인정될 여지가 점점 축소되어 가는 경향이다.
ㅇ 행정개입청구권이 인정되기 위해서는 행정청에게 개입의무가 있어야 하며 경찰분야에서 주로 인정되고 있다.

① 1개 ② 2개 ③ 3개 ④ 4개

해설

ㄱ 경찰권 행사의 편의주의 한계의 문제로서, 경찰이 개입한 경우에는 **재량행위 문제와 비례의 원칙**이 문제가 되며, 개입하지 않는 부작위의 경우에는 편의주의 한계문제로 재량권 수축론의 법리가 작용한다.
ㅁ 경찰권 행사로 국민이 받는 이익이 반사적 이익인 경우에도 인정되지 않는다.
ㅅ 오늘날의 사회적 법치국가에서는 반사적 이익으로 보았던 것을 관계법규가 공익과 동시에 개인적 이익도 보호되는 것으로 봄으로써 경찰개입청구권이 인정될 여지가 확대되고 있다.

Answer 20. ③ / ㄱ ㅁ ㅅ

제 15 절 즉결심판절차

01 「질서위반행위 규제법」에 관한 설명 중 옳지 않은 것은? 11. 경간

① 행정청이 질서위반행위에 대하여 과태료를 부과하고자 하는 때에는 미리 당사자에게 대통령령으로 정하는 사항을 통지하고, 10일 이상의 기간을 정하여 의견을 제출할 기회를 주어야 한다.

② 과태료 처분이나 과태료 재판이 확정된 후 3년간 징수 또는 집행하지 아니하면 시효로 인해 소멸한다.

③ 과태료 부과는 의견제출 절차를 마친 후 서면으로 해야 한다.

④ 행정청의 과태료 부과에 불복하는 당사자는 과태료 통지를 받은 날로부터 60일 이내에 해당 행정청에 서면으로 이의제기를 할 수 있다.

해설

과태료는 행정청의 과태료 부과처분이나 법원의 과태료 재판이 확정된 후 **5년간** 징수하지 아니하거나 집행하지 아니하면 시효로 인하여 소멸한다.

02 다음 중 통고처분 제도에 대하여 바르게 설명하지 못한 것은? 02. 채용

① 통고처분을 받기를 거부하는 사람은 즉결심판의 대상이다.

② 통고처분은 신원이나 주소가 불확실한 경우에도 할 수 있다.

③ 통고처분의 성격은 준사법적 행정행위이다.

④ 통고처분에 의해 납부하는 금전은 행정제재금의 성격을 갖는다.

해설

통고처분의 경우 신원이나 거소가 경우는 통고처분은 할 수가 없고, **즉결심판**에 회부해야 한다.

Answer 1. ② 2. ②

03 「도로교통법」상 통고처분에 대한 설명 중 가장 옳은 것은? 11. 승진

① 부득이한 사유로 기간 내에 납부하지 못한 때에는 그 사유가 없어지게 된 날로부터 5일 이내에 납부하여야 한다.

② 범칙금납부기한은 처분일 익일부터 1차는 14일이다.

③ 범칙금은 분할납부할 수 있다.

④ 범칙행위란 운전자 등이 「도로교통법」을 위반하는 경우, 10만원 이하의 벌금이나 구류, 과료에 처할 수 있는 위반행위이다.

해설

② 1차 범칙금 납부기한은 통고처분서를 받은 날로부터 **10일** 이내이다.
③ 범칙금은 분할납부할 수 **없다.**
④ 「도로교통법」상 통고처분은 **20만원** 이하의 벌금이나 구류, 과료에 처할 수 있는 위반행위이다.

04 다음 범칙금 납부에 관한 내용 중 틀린 것은? 04. 승진

① 범칙금납부통고서를 받은 사람은 10일 이내에 경찰청장이 지정하는 국고은행, 지점, 대리점 또는 우체국에 납부하여야 한다.

② 납부기간 내에 범칙금을 납부하지 아니한 사람은 납부기간이 만료되는 날의 다음 날부터 20일 이내에 통고받은 범칙금에 그 100분의 50을 더한 금액을 납부하여야 한다.

③ 천재·지변, 그 밖의 부득이한 사유로 말미암아 그 기간 내에 범칙금을 납부할 수 없는 때에는 그 부득이한 사유가 없어지게 된 날로부터 5일 이내에 납부하여야 한다.

④ 범칙금은 분할하여 납부할 수 없다.

해설

납부기간 이내에 범칙금을 납부하지 아니한 사람은 납부기간이 만료되는 날의 다음 날부터 20일 이내에 통고받은 범칙금에 **100분의 20의 가산금**을 더한 금액을 납부해야 한다.

Answer 3. ① 4. ②

05 **다음 범칙행위자 처리에 관한 설명 중 틀린 것은?** 04 · 05. 승진

① 범칙금은 분할하여 납부할 수 없다.
② 범칙금 납부통고서를 받은 사람이 10일 이내에 범칙금을 납부하지 않으면 그 다음 날부터 20일 이내에 범칙금에 20/100을 더한 금액을 납부하여야 한다.
③ 경찰서장은 성명 또는 주소가 확실하지 아니한 사람에 대하여는 지체 없이 즉결심판을 청구하여야 한다.
④ 2차 납부기간 이내에 범칙금을 납부하지 아니하여 즉결심판이 청구된 피고인이 즉결심판 선고 전까지 범칙금액에 50/100을 더한 금액을 납부하고 증빙서류를 제출한 때에는 즉결심판 청구를 취소할 수 있다.

해설

이 경우 경찰서장은 피고인에 대한 즉결심판 청구를 **취소하여야 한다**(도로교통법 제165조 제2항).

06 **「경범죄처벌법」상 범칙금의 납부에 대한 설명으로 옳지 않은 것은?** 11. 경간

① 통고처분서를 받은 사람은 그 통고처분서를 받은 날로부터 10일 이내에 범칙금을 납부하여야 한다.
② 천재 · 지변 그 밖의 부득이한 사유로 말미암아 통고처분서를 받은 사람이 정해진 기간 내에 범칙금을 납부할 수 없는 때에는 그 부득이한 일이 없어지게 된 날로부터 7일 이내에 납부하여야 한다.
③ 납부기간 내에 범칙금을 납부하지 아니한 사람은 납부기간이 만료되는 날의 다음날부터 20일 이내에 통고받은 범칙금액에 그 100분의 20을 더한 금액을 납부하여야 한다.
④ 범칙금을 납부한 사람은 그 범칙행위에 대하여 다시 벌 받지 아니한다.

해설

통고처분서를 받았으나 부득이한 사유로 납부하지 못한 경우는 부득이한 일이 없어지게 된 날로부터 **5일 이내**에 납부하여야 한다.

Answer 5. ④ 6. ②

07

甲은 새치기(50,000원)를 하다 적발되어 2008년 7월 7일 통고처분을 받았다. 2008년 7월 18일 범칙금액을 납부하려고 할 때 얼마를 납부하여야 하는가? 02. 승진

① 50,000원 ② 55,000원

③ 60,000원 ④ 65,000원

해설

납부기간은 10일 이내이고, 초일을 산입하지 않기 때문에 7월 17일 오후 12시까지 납부해야 한다. 설문의 경우에 납부기간을 도과했기 때문에 **20/100의 가산금**을 더하여 납부해야 한다(제헌절은 2008년부터 공휴일에서 제외되었다).

08

즉결심판에 관한 설명 중 옳지 않은 것은? 97. 승진

① 즉결심판의 청구가 있는 경우 즉시 심판하여야 하며 심리와 재판의 선고는 반드시 공개된 장소이어야 하는 것은 아니다.

② 경찰서장은 범죄사실이 경미하여 처벌할 실익이 없는 경우 당사자에 대하여 훈방권이 있다.

③ 구류처분에 해당할 경우 궐석재판을 할 수 없다.

④ 피고인의 자백이 유일한 증거인 경우에도 유죄의 증거로 할 수 있다.

해설

즉결심판의 장소는 반드시 법정임을 요하지 않으나, **경찰관서 이외의 공개된 장소**임을 요한다.

09

즉결심판에 관하여 잘못 설명한 것은? 98 · 01 · 03. 승진

① 자백의 임의성 법칙이 배제된다.

② 자백의 보강법칙이 배제된다.

③ 인증절차 없이 피의자가 작성한 진술서에 대해서도 성립의 진정을 인정하여 증거로 사용할 수 있다.

④ 기소독점주의의 예외라고 할 수 있다.

해설

즉결심판절차에서 자백의 보강법칙은 배제되나 자백의 임의성 법칙은 적용된다.

Answer 7. ③ 8. ① 9. ①

10 즉결심판에 관한 설명으로 틀린 것은? 01. 채용

① 20만원 이하의 벌금·구류 또는 과료에 처할 사건을 그 대상으로 한다.
② 즉결심판의 절차는 검사의 기소독점주의의 예외로 볼 수 있다.
③ 즉결심판으로 처리함이 부적당하다고 인정되는 경우 판사는 결정으로 즉결심판 청구를 기각하여야 한다.
④ 즉결심판의 선고에 불복종하는 자는 3일 이내에 정식재판을 청구하여야 한다.

해설

정식재판을 청구하고자 하는 피고인은 즉심의 선고·고지일로부터 **7일 이내**에 정식재판청구서를 경찰서장에게 제출해야 한다.

11 즉결심판에 대한 설명으로 옳지 않은 것은? 02. 승진

① 경찰서장의 즉결심판청구는 검사의 기소독점주의의 예외이다.
② 피고인의 자백만으로는 유죄를 인정할 수 없다.
③ 즉결심판에 불복하는 자는 정식재판을 청구할 수 있다.
④ 범증이 명백하고 죄질이 경미한 사건을 대상으로 한다.

해설

즉결심판에는 자백의 보강법칙이 배제되어 피고인의 **자백만으로 유죄인정 가능**하다.

12 다음 즉결심판과 관련한 설명 중 틀린 것은 몇 개인가? 07. 채용

> ㉠ 법정형이 20만원 이하의 벌금, 구류 또는 과료에 처한 사건을 그 대상으로 한다.
> ㉡ 정식재판은 즉결심판으로 하였던 관할법원에 선고일로부터 7일 이내에 정식재판청구서를 제출하면 된다.
> ㉢ 피고인의 자백만으로 처벌할 수 없다.
> ㉣ 자백의 임의성 법칙이 배제된다.
> ㉤ 경찰서장의 즉결심판청구는 검사의 기소독점주의의 예외이다.

① 2개　② 3개　③ 4개　④ 5개

Answer 10. ④ 11. ② 12. ③ / ㉠㉡㉢㉣

해설

㉠ 법정형이 아닌 선고형을 기준으로 한다.
㉡ 정식재판을 청구하고자 하는 피고인은 즉심의 선고 · 고지일로부터 7일 이내의 정식재판청구서를 경찰서장에게 제출하여야 한다.
㉢ 자백의 보강법칙이 배제되기 때문에 피고인의 자백만으로 유죄인정이 가능하다.
㉣ 자백의 임의성 법칙은 적용이 된다.

제 16 절 손해전보

01 「국가배상법」상의 '그 직무를 집행함에 당하여'에 대한 설명으로 틀린 것은? 04. 승진

① 당해 직무행위가 현실적으로 공무원의 정당한 권한 범위 내에 속할 필요는 없다.
② 공무원이 진실로 공무를 수행할 의사로서 행한 것만이 직무행위인 것은 아니다.
③ 공무원의 당해 행위가 위법하고 가해공무원의 고의 또는 과실이 있는 경우 구상권을 행사할 수 있다.
④ 직무행위와 관련된 부수적 행위는 물론 직무행위의 외관을 띠고 있는 직무 아닌 행위에 대해서도 손해배상이 인정된다.

해설

가해공무원에게 고의 또는 **중대한 과실**이 있어야 국가나 지방자치단체가 그 공무원에게 구상할 수가 있다.

02 김경장이 기동대 버스를 주차할 곳이 없어 언덕 위에 사이드 브레이크를 사용해 안전하게 주차하였음에도 불구하고, 버스가 뒤로 밀리면서 주민 甲의 주차된 승용차를 파손하고 행인 乙에게도 전치 3주의 부상을 입혔다. 가장 올바른 설명은? 02. 승진, 04. 채용

① 국가는 김경장의 과실이 있는 경우에만 배상할 책임이 있다.
② 국가는 김경장의 고의 또는 중과실이 있는 경우에만 피해자에게 배상할 책임을 진다.
③ 국가는 무과실책임으로서 배상책임이 있으며, 만일 김경장에게 고의 또는 중과실이 있다면 구상권을 행사할 수 있다.
④ 운전자 김경장과 피해자들의 책임의 경중을 가려 배상하되 물적 피해에 대해서는 신중한 합의가 필요하다.

Answer 1. ③ 2. ③

해설

영조물의 설치, 관리의 하자로 인한 손해배상책임은 **무과실책임**으로서 당해 공무원의 고의, 과실을 요하지 않는다. 이 경우 손해의 원인에 대하여 책임을 져야 할 사람이 따로 있을 때에는 그에 대하여 구상권을 행사할 수 있으며, 영조물의 하자를 야기한 공무원에 대한 구상권의 행사에는 당해 공무원의 **고의 또는 중과실**을 요건으로 한다.

03 다음 중 국가배상제도에 관한 설명으로 옳지 않은 것을 모두 고른 것은? 11. 경간

> ㉠ 판례에 의하면 시영버스운전사는 공무를 위탁받은 사인에 해당한다.
> ㉡ 우리 헌법은 배상책임의 주체로 국가와 지방자치단체를 규정하고 있다.
> ㉢ 「국가배상법」상 '공무원의 직무'에 권력적 작용과 관리작용은 포함되나, 사경제 작용은 포함되지 않는다.
> ㉣ 경찰공무원의 불법행위에 의한 손해에 대해서는 경찰청장이 피고가 된다.
> ㉤ 영조물의 설치, 관리상 하자 책임은 공무원의 과실을 요건으로 하지 않는다.

① ㉠, ㉡, ㉢ ② ㉠, ㉡, ㉣ ③ ㉡, ㉢, ㉣ ④ ㉢, ㉣, ㉤

해설

㉠ 판례는 **시영버스운전사**는 공무원(또는 공무를 위탁받은 사인)에 해당하지 않는다고 보았다.
㉡ 우리 헌법은 배상책임의 주체로 **국가와 공공단체**를 규정하고 있다.
㉣ 경찰공무원의 불법행위에 의한 손해에 대해서는 **대한민국이 피고**가 된다(제주자치경찰의 경우에는 제주자치도지사).

04 다음은 국가배상에 대한 설명이다. 가장 거리가 먼 것은? 07. 경찰 1차

① 영조물에는 도로 등 인공공물뿐만 아니라, 하천 등 자연공물도 포함된다.
② 경찰차량, 경찰견, 교통신호기 등은 영조물에 포함된다.
③ 영조물 하자로 인한 손해의 원인에 대하여 책임질 자가 따로 있을 때에는 국가 또는 지방자치단체는 그 자에 대하여 구상할 수 있다.
④ 판례에 의하면 영조물의 설치, 관리상 하자 책임은 공무원의 과실을 요건으로 한다.

해설

영조물의 설치, 관리상 하자 책임은 공무원의 **무과실책임을 원칙**으로 한다.

Answer 3. ② 4. ④

제 17 절 행정쟁송

01 **행정심판의 청구를 심리, 의결하기 위하여 중앙행정심판위원회를 두는데, 동 위원회의 재결기간과 관련하여 ( ) 안에 알맞은 것은?** 04. 승진

> 재결은 원칙적으로 심판청구일로부터 ( ) 이내에 해야 하지만, ( )간 연장이 가능하다.

① 30일, 30일
② 60일, 30일
③ 30일, 60일
④ 60일, 60일

해설

행정심판의 재결은 심판청구서를 받은 날로부터 **60일** 이내에 하여야 하며, 위원장 직권으로 **30일 연장**이 가능하다.

02 **다음 중 행정심판과 행정소송의 공통점이 아닌 것은?** 09. 경위 승진

① 원고적격
② 집행부정지 원칙
③ 불고불리의 원칙
④ 공개주의

해설

심치절차에 있어 **행정심판은 비공개**, 행정소송은 공개가 원칙이다.

Answer 1. ② 2. ④

03 「행정절차법」에 관한 내용 중 옳은 것은? 09. 경위 승진

① 행정청은 처분을 구하는 신청이 있는 때에는 다른 법령에 특별한 규정이 있는 경우에 한하여 접수를 보류하거나 거부할 수 있다.

② 행정청이 당사자에게 의무를 과하거나 권익을 제한하는 처분을 할 경우 다른 법률에 특별한 규정이 없으면 청문을 거쳐야 한다.

③ 의견제출을 위하여 당사자 등은 「행정절차법」에 의하여 당해 사안의 조사결과에 관한 문서 기타 당해 처분과 관련되는 문서의 열람 또는 복사를 요청할 수 있다.

④ 문서의 열람 또는 복사의 요청이 있는 경우 행정청은 공익을 이유로 이를 거부할 수 있다.

해설

② 행정청이 당사자에게 의무를 과하거나 권익을 제한하는 처분을 할 경우 다른 법률에 **특별한 규정이 있으면** 청문을 거쳐야 한다.

③ **청문을 위하여** 당사자 등은 「행정절차법」에 의하여 당해 사안의 조사결과에 관한 문서 기타 당해 처분과 관련되는 문서의 열람 또는 복사를 요청할 수 있다.

④ 문서의 열람 또는 복사의 요청이 있는 경우 행정청은 다른 법령에 의하여 공개가 제한되는 경우를 제외하고는 거부할 수 없다.

Answer 3. ①

박선영 경찰학

Police Science

CHAPTER

경찰행정학

Chapter 04 Police Science

경찰행정학

제1절 경찰조직론

1 경찰조직관리

(1) 경찰조직

1) 경찰조직의 개념

조직은 **목표**를 추구하기 위해 **구조와 환경**을 가진 사회적 단위를 말한다(Etzioni). 특히 경찰조직은 국민의 생명 재산 보호를 위해 만들어진 조직이다. 경찰법 1조에는 '경찰의 민주적 관리, 운용과 효율적 임무수행을 위해 경찰의 기본조직 및 직무범위와 그 밖에 필요한 사항을 규정한다'고 되어 있다. 경찰조직은 **민주성과 효율성**을 기본 이념으로 한다.

2) 관료제적 특징

관료제(Bureaucracy)는 상하 **계층적 위계질서**를 가진 합법적 대규모 조직으로 관료의 권한과 직무범위는 **법규**에 의해 정해진다. Weber에 의하면 관료제는 계층제 구조를 가지고 있고, 직무의 수행은 **장기간 보존**된다. 관료는 직무수행의 대가로 **급료**를 받고, 승진 및 퇴직금의 직업적 보상을 받으며, 신분관계가 아니라 **계약관계**이다.

2 경찰조직 편성의 원리

(1) 계층제의 원리 기출

1) 의 의

계층제는 구성원의 임무를 **책임과 난이도**에 따라 상하로 나누어 배치하고, 등급간 명령, 복종, 지위와 감독체계를 갖춘 것을 의미한다.

2) 장 점

계층제는 경찰행정의 **능률성과 책임성**을 보장하고, 일체감과 통일성을 확보하게 한다. 조직 내의 분쟁, 갈등의 해결, 내부통제의 책임성을 확보하고 계층제를 통해 의사결정의 검토가 이루어져 신중한 업무처리가 가능하도록 한다. 경찰과 군대조직의 편성의 핵심원리로 작용한다.

3) 단 점

조직의 **경직화**로 새로운 기술이나 지식의 도입이 어려워 환경의 **신축적 대응이 곤란**하다, 계층의 수가 많을수록 관리비용이 증가한다. 계층제를 **비합리적 인간지배**의 수단으로 인식하기 쉽다.

(2) 통솔범위의 원리 기출

1) 의 의 기출

통솔범위의 원리는 1인의 상관 또는 감독자가 **효과적으로 직접 통솔할 수 있는 부하의 수**를 의미한다(구조조정과 관련 있다). 통솔범위는 업무의 성질, 고용기술, 성과를 기준으로 결정된다.

2) 통솔범위의 결정 기출

신설조직보다 **기성**조직이 통솔범위가 넓고 규모가 **작으면** 비공식적 접촉이 많아 감독범위가 넓어진다. 조직원이 **한 장소**에 모여 있는 경우, 업무가 **단순**할수록 통솔범위가 넓어진다. 또한 감독자나 부하의 능력이 우수할수록 통솔범위가 넓다.

(3) 명령통일의 원리 기출

1) 의 의

조직에서는 **한사람의 상관으로부터 명령을 받고 보고**해야 한다는 것이다. 둘 이상의 사람에게 지시나 명령을 받는 경우 업무수행의 혼선과 비능률을 초래한다. 명령통일의 원리로 조직의 **안정감**을 가질 수 있고, 책임을 명백히 하여 부하에 대한 통제를 하게 한다.

2) 문제점

명령통일의 원칙이 너무 철저히 지켜진다면, **업무수행의 지체와 혼란**이 올 수 있어 대리나 위임제도를 활용하고 있다. 현재 **수사제도**는 경찰상관과 검사의 이중의 지시를 받고 있어 명령통일의 원리에 위배된다.

(4) 분업의 원리 기출

1) 의 의

전문화(speicialization)의 원리라고도 하며 조직의 종류와 성질, 업무의 전문화 정도에 따라 기관별·개인별로 업무를 분담시키는 원리로 **조직관리상의 능률향상과 인간 한계 극복을 목표로 한다.** 기출

2) 특 징

한사람이 습득할 수 있는 지식, 기술의 한계가 있고 업무습득하는 데 걸리는 시간이 단축될 수 있다. 하지만 **부처이기주의와 소외감, 전체적인 시각을 가지지 못하게** 하는 단점이 있다.

(5) 조정의 원리

1) 의의(조직의 제1의 원리)

조정은 조직의 각 단위와 구성원의 노력과 행동을 **질서 있게 배열하고 통일**시키는 작용으로 각 조직원리간의 갈등해결, 부서간, 계층간, 구성원간의 갈등조정을 목표(Mooney는 조직의 제1의 원리라고 하였다)한다. 조직의 **최종적인 목표달성과 직결**되는 가장 중요한 원리이다.

2) 조정의 방법

① **갈등의 원인**: 주로 업무의 분업화 세분화로 인해 갈등이 발생하는데, **목표나 이해관계 상충, 인적·물적자원에 대한 경쟁, 가치관 이념의 차이, 의사전달의 왜곡**에서 비롯된다. 경찰에서는 인적자원의 경쟁, 지위나 신분 이동의 불공정에서 기인한다.

② **갈등의 조정**: 갈등의 원인이 세분화된 업무처리가 필요한 것이라면 업무처리과정의 통합, 대화채널의 확보가 필요하다. 부서간의 갈등이 있을 때는 **더높은 상위목표를 이해하고 양보**하도록 하고 한정된 인력이나 예산으로 인한 문제라면 **예산과 인력을 확보하고 관리자의 업무 우선순위 지정**에 대한 노력이 필요하다. 갈등이 완화될 여지가 있거나, 양자간의 타협이 가능한 경우는 결정을 보류 또는 회피하기도 한다. 장기적으로는 **조직구조, 보상, 인사 등의 문제점과 제도 개선, 조직원의 합리적 행태 개선**이 필요한다.

제2절 경찰인사론

1 경찰인사

(1) 인사관리

1) 개 념

경찰의 인사관리는 경찰인력을 효율적으로 관리 운용하는 **동태적** 과정으로 **모집, 채용, 교육, 훈련, 배치, 관리해나가는 일련을 과정**을 포함한다. 인사관리는 효율적 인력운용, 경찰조직과 개개인의 욕구조화, 우수한 인재확보와 능력발전, 환경변화에 대한 적응성 확보를 목표로 한다.

2) 종 류

① **외부임용**: 신규채용을 의미하고, **공개채용**과 **특별채용**으로 이루어진다.

② **내부임용**: 채용 후 관리를 의미하는데 **신분의 변경**인 승진, 전보, 파견, 휴직, 직위해제, 정직, 강등, 복직과 **신분의 소멸**에 해당하는 면직, 해임, 파면으로 이루어진다.

3) 인사관리 기관

실적주의로 인해 공무원의 인사관리는 분권적 부처인사기관의 형태로 변해가고 있으며, 경찰청의 경무국, 지방경찰청의 경무부, 경찰서의 경무과에서 담당한다.

(2) 인사행정 원칙

한국의 경우는 **실적주의를 기반으로 엽관주의가 가미**되어 있고, 고위직에는 정실주의 성격이 강하며, 중하위직에는 실적주의 요소가 많이 적용된다.

1) 엽관주의

① **의의**: 엽관주의는 미국에서 시작되어 공직임용에서 능력, 자격, 업적보다 **충성심, 당파성, 정치적 영향력**에 기초를 두는 인사제도이다. **엽관제**(Spoils system)는 전리품(Spoils)에서 유래된 것으로 전쟁에서 승리한 자가 전리품을 가지는 것처럼 **선거에서 승리한 정당이 관직도 차지한다**는 의미이다.

② **정실주의와 비교**: 영국에서 시작된 것으로 공직임명에서 정당적 요소와 **친척, 인척, 학연 등 혈연적 관계**의 사람들을 임명하는 것으로 엽관주의보다 넓은 개념이다.

2) 실적주의(Merit system) 기출

실적주의는 인사행정의 기준을 **개인의 능력, 자격, 성적**에 두는 제도로 공직의 기회균등, 실적과 능력에 의한 임용, 정치적 해고로부터의 신분보장, 정치적 중립을 목표로 한다.

3) 장단점 비교 기출

구 분	실적주의	엽관주의
장 점	① 신분보장으로 행정의 **전문성, 독자성** 확보 ② 공직에의 균등한 기회보장 ③ 공무원의 정치적 중립, 부패방지	① 정당정치의 발전에 기여 ② 공무원에 대한 민주적 통제강화 ③ 관직의 특권화와 침체화 방지
단 점	① 인사관리의 **경직성** ② 국민요구에 대한 대응성이 낮아지고 민주적 통제가 어려워진다.	① **정치적 부패** 초래(정실화) ② 공무원의 대량교체로 행정의 일관성, 안정성 저해 ③ 불필요한 관직을 만드는 **위인설관**(爲人設官) 현상으로 예산낭비

(3) 공직 분류

우리나라의 공직분류방식은 **계급제에 직위분류제를 가미한 혼합형태**이고, 직위분류제와 계급제는 상호보완적 관계에 있다고 할 것이다.

1) 계급제

① **의의**: 개인의 **자격, 능력, 학력**을 기준으로 계급을 나누고 신분을 보장해 주는 **인간중심 분류**방식으로, 영국, 독일, 프랑스, 한국, 일본에서 채택하고 있다. 계급의 수가 적고, 차별도 심해 외부충원이 어렵다(**폐쇄형충원방식**).

② **특징**: 인사배치가 **신축적이고 융통성**이 있어 기관간 협조가 용이하다. **강력한 신분보장**이 가능하다는 장점이 있다. 하지만 인사행정의 합리화나 보수의 합리적 기준을 제시하는 것과는 거리가 있다.

2) 직위분류제

① **의의**: **직무의 특성**에 중심을 두고, **직무의 종류, 책임, 난이도**를 기준으로 직종과 직급을 분류하는 방식이다. 인사행정의 합리화를 가능하게 하고 객관적인 직무 중심의 분류방식이다. 1909년 시카고에서 처음 실시하였다.

② **특징**: 직무 중심의 분류방식으로 행정조직의 전문화와 분업화가 가능하여 **전문행정가**를 양성할 수 있으나 기관간 횡적 협조는 곤란하다. 신분보장은 계급제에 비해 미약하나 **보수의 합리적 기준을 제시**할 수 있다(**개방형 충원방식**).

3) 장단점 비교 기출

구 분	계급제	직위분류제
장 점	① 일반적 교양을 가진 일반행정가 양성 ② **신분보장** 강화 ③ **직업공무원제** 확립에 기여 ④ 인사배치의 **신축성**	① **보수결정의 합리적 기준 제시** '동일 직무에 동일보수' ② 행정의 **전문화** ③ 권한과 책임의 한계를 명확히 함
단 점	① 행정의 전문화 곤란 ② 민주적 통제 어려움	① 인사배치의 **비신축성** ② 전문기관의 협조, 조정 곤란 ③ **신분의 불안정성**

(4) 경찰 교육 훈련

1) 의 의

경찰관이 **조직의 목적달성에 효과적으로 기여**할 수 있도록 경찰관의 능력을 개발하는 과정이다. 경찰교육은 학교교육, 위탁교육, 직장훈련, 기타 교육 훈련으로 나뉜다.

2) 종류

① **학교교육**

㉠ 신임교육은 신규채용된 자로 임용 전 신임교육을 받지 아니한 자를 대상으로 한다.

㉡ 기본교육은 경정, 경감, 경위, 경사, 총경을 대상으로 한다.

㉢ 전문교육은 경정 이하 경찰공무원을 대상으로 실시한다.

② **위탁교육**

㉠ 국내외의 교육기관에 위탁하여 하는 교육

㉡ 위탁교육 이수 후 **출근하는 날로부터 30일 안**에 경찰청장에게 제출

③ **직장훈련**(경정 이하 경찰공무원)

㉠ **직장교육**은 기간, 부서, 그룹단위로 업무와 관련된 교육을 한다.

㉡ **체력**훈련은 무도 및 체력검정을 실시한다.

㉢ **사격**훈련은 정례사격과 특별사격으로 이루어진다.

④ 기타 교육 훈련은 경찰기관의 장의 명에 의하거나 경찰공무원 스스로 하는 직무관련, 학습, 연구활동이다.

2 사기관리

(1) 의 의

사기(Moral)는 경찰목적 달성을 위한 위한 **열의, 솔선, 결의** 등을 불러일으키는 정신적인 자세를 의미하는 것으로 **자율적 · 자주적**이며 개인적 차원에 머무르지 않고 **조직목표달성에** 기여한다. 경찰 개개인의 자기만족뿐만 아니라 사회적 가치나 효용과 관련을 맺을 때 가치가 있다.

(2) 사기의 결정요인

1) 의 의

조직 내에서 경찰관의 사기를 결정하는 것은 인간관계, 근무조건, 신분의 안전, 보수, 승진 등의 복합적 요인으로 결정된다. Maslow는 이러한 인간의 욕구를 생리적 욕구, 안전의 욕구, 사회적 욕구, 존경의 욕구, 자아실현의 욕구로 구분하였고, 경찰관의 사기도 이러한 기본적 욕구의 충족과 관련이 있다.

2) Maslow의 욕구 5단계

인간은 생리적 욕구부터 자아실현의 욕구를 모두 가지고 있다, 하지만 5가지를 모두 충족할 수 없기 때문에 한 단계 욕구가 충족되면 다음 단계의 욕구로 넘어가게 된다. 혹은 동시에 여러 가지 욕구를 추구하기도 한다.

구 분	내 용	충족방안
생리적 욕구	인간의 **기본적 욕구**로 의식주와 관련이 있으며, 가장 강한 욕구이다.	적정보수, 복지제도
안전의 욕구	안정, 안정, 보호의 욕구	**신분보장, 연금제도** 기출
사회적 욕구	사랑, 소속감, 타인과의 관계 형성	인간관계 개선, 고충상담
존경의 욕구	존경, 명예, 인정을 받으려는 욕구	참여확대, 권한의 위임, 제안, 포상
자아실현 욕구	자신의 **능력과 소질**을 창의적으로 발휘할 수 있도록 **성장**하려는 욕구	공정하고 합리적인 승진, **공무원단체**

3) 동기부여론

① **내용이론**: 사람을 일하게 하는 결정요인은 사람의 마음속에 있다는 이론으로, **인간의 욕구가 무엇인가**에 중점을 둔다.(Maslow가 대표적)

② **과정이론**: 인간은 욕구가 있다고 행동에 옮기는 것이 아니라 **행동의 결과를 고려**하여 행동한다는 이론이다(Porter & Lawler가 대표적). 즉, 과거의 경험이나 미래에 대한 기대감이 동기부여의 원인이라고 본다. 자신의 기대의 충족 여부가 만족감을 결정한다고 보아 **보상의 공평성**이 동기부여의 가장 중요한 요인이라고 본다.

4) 인간관 이론(A.H. Schein의 분류)

① **합리적, 경제적 인간관**: 인간은 **경제적 이득**을 계산하고 행동한다고 보아, 관리자는 **수당이나 보수**와 같은 경제적 유인을 통해 인간을 통제·관리할 수 있다고 본다.

② **사회인관**: 인간은 경제적 요인보다는 **인간관계, 사교, 동료와의 관계**가 동기유발을 결정한다고 보는 인간관으로 관리자는 직원간의 인간관계를 원만하게 형성하도록 노력해야 한다고 본다.

③ **자아실현인관**: 인간은 자아실현의 욕구를 가지고 있고, 자신을 통제한다고 보고 있어 관리자는 직원이 보람을 느낄 수 있도록 촉진, 촉매자의 역할을 담당하는 것이 바람직하다고 본다.

④ **복잡인관**: 인간은 다양한 욕구를 가지고 있으므로 관리자는 직원의 다양한 욕구와 특성을 파악해서 관리해 나가야 한다는 이론이다.

(3) 사기 앙양의 방안

인간의 동기부여 결정요인은 다양하므로 사기앙양의 방법도 다양하게 이루어진다. **자율성과 인격을 존중하고 정당한 보상, 기회균등, 불만, 갈등을 해결할 수 있는 의사소통**의 창구가 마련되어야 **자아실현의 욕구**까지 충족될 수 있다.

제3절 경찰예산론

1 경찰예산

(1) 예산의 개념

예산(Budget)은 **일정기간(회계연도)의 국가의 수입과 지출의 예정적 계획**으로 국가의 정책이나 사업계획은 예산을 통해 실행된다.

(2) 예산의 분류 기출

1) 세입 · 세출예산 분류

① **일반회계**: 국가활동에 대한 **세입, 세출을 편성**한 것으로 세입은 조세수입이고, 세출은 국가의 존립과 유지를 위한 지출이다. 일반회계는 **현금주의**를 원칙으로 하고 있으며, 경찰예산은 일반회계에 속한다. 기출

② **특별회계**

㉠ **의의**: 국가에서 특별한 사업을 운영하고자 할 때, 특정 세입으로 특정한 세출에 지출하기 위해 법률로 설치한다(**예산 단일성 원칙의 예외**). 사업적 성격을 띤 행정분야가 늘어나 특별회계의 적용을 받는 곳이 **점차 증가**하고 있다. 경찰특별회계로 **책임운영기관 특별회계**가 있다.

㉡ **특징** 기출: 특별회계를 설치한 소관부서가 관리하며, 기획재정부의 직접적 통제를 받지 않는다.

2) 성립과정 중심의 분류 기출

① **본예산**: 회계연도 개시 **90일 전**까지 국회에 **제출**하고 회계연도 개시 **30일 전**까지 **의결**하여 확정된 예산

② **수정예산**: 국회에 예산이 제출되어 확정되기 전에 사정의 변경으로 예산안의 일부내용을 변경하여 국회에 제출하는 예산이다. 예산수정시에는 **국무회의의 심의**를 거쳐 **대통령의 승인**을 얻은 수정예산을 국회에 제출할 수 있다.

③ **추가경정예산** 기출: 예산확정 이후 필요한 경비 부족이나 **성립한 예산에 변경**을 가할 필요가 있을 때 편성하는 예산을 의미한다.

④ **준예산**

㉠ **의의**: 회계연도가 개시될 때까지 예산이 국회를 통과하지 못할 때에는 **국회의 의결이 있을 때까지 전년도에 준해서 지출하는 예산**으로 예산의 불성립으로 인한 행정의 중단 방지를 위해서이다. 기출

ⓛ **지출용도** 기출: 기관이나 시설의 유지·운영을 위한 경비, 법률상 지출의무가 있는 경비(공무원보수, 사무처리 기본경비), 이미 예산으로 승인된 사업의 계속을 위한 경비

3) 형식적 내용 중심의 분류

① **예비비**: 예측할 수 없는 예산외 지출 혹은 초과지출에 충당하기 위해 예산총액의 100분의 1 이내 금액을 예비비로 준비한다. 예비비는 공무원의 보수인상이나 인건비 충당을 위해서 사용할 수 없다.

② **계속비**: 수년을 요하는 공사나 제조, 연구개발사업은 경비의 총액과 연부담액을 정하여 수년도에 걸쳐 지출할 수 있다. 국가가 지출할 수 있는 연한은 **회계연도로부터 5년 이내**로 한다. 단 사업규모, 재원 여건상 필요한 경우는 10년 이내로 할 수 있다.

③ **명시이월비**: 경비의 성질상 연도 내 지출을 끝내지 못할 것이 예측될 때에는 그 취지를 세입세출 예산에 명시하여 국회의 승인을 얻어 다음 연도에 사용할 수 있다.

④ **국고채무 부담행위**: 국가가 세출예산 금액 또는 계속비 총액이 범위 안의 것 이외에 채무부담행위를 할 때 국회의 의결을 얻어야 한다. 국고 채무부담행위는 필요한 이유를 명시하고, 행위시 연도, 상황연도와 채무부담금액을 표시해야 한다.

(3) 예산의 과정

1) 예산편성

사업계획서(전년도 1.31)－예산안 편성지침 통보(전년도 3.31)－예산요구서 제출(전년도 5.31)－예산사정－국무회의 심의－대통령 승인－국회 제출

① **사업계획서 제출**: 중앙관서의 장은 매년 **1월 31일**까지 당해 회계연도부터 5회계연도 이상의 기간동안 신규사업 및 기획재정부장관이 정하는 주요 사업에 대한 중기사업계획서를 **기획재정부장관에게 제출**해야 한다.

② **예산안 편성지침**: 기획재정부장관은 국무회의의 심의를 거쳐 대통령의 승인 후 다음 연도의 예산편성지침을 매년 **3월 31일**까지 각 중앙관서의 장에게 통보해야 한다.

③ **예산요구서 작성**: 각 중앙관서의 장은 예산안 편성지침에 따라 그 소관에 속하는 다음 연도의 예산요구서를 작성하여 매년 **5월 31일**까지 **기획재정부장관**에게 제출해야 한다.

④ **정부안의 확정 및 국회 제출**: **기획재정부장관**은 예산요구서에 따라 예산안을 편성하여 **국무회의의 심의**를 거친 후 대통령의 승인을 얻어야 한다. 대통령의 승인을 얻은 예산안을 회계연도 개시 **120일** 전까지 국회에 제출해야 한다.

2) 국회의 심의의결

① 행정부에서는 새로운 회계연도 개시 **30일 전**까지 국회의 심의의결을 거쳐야 한다.

② **심의과정**: 시정연설(대통령) – 제안설명(기획재정부장관) – 예비심사(주관상임위원회) – 종합심사(예산결산 특위) – 의결(본회의)

3) 예산의 집행

① 예산은 명시된 항목 외에는 사용되지 못한다. 특별한 사유가 있는 경우에 예산과목 중 **항** 이상은 국회의 승인을 얻어 이용이 가능하며, **세항, 목**은 기획재정부장관의 승인을 얻어 전용할 수 있다.

② **예산배정요구서 제출**: 경찰청장은 사업운영계획서 및 세입, 세출, 계속비와 국고채무부담행위를 포함한 예산배정요구서를 **기획재정부장관**에게 제출해야 한다.

③ **예산의 배정**(국가재정법 제43조)

㉠ 기획재정부장관은 예산배정요구서에 따라 분기별 예산배정계획을 작성하여 국무회의의 심의를 거친 후 **대통령의 승인**을 얻어야 한다.

㉡ 기획재정부장관은 각 중앙관서의 장에게 예산을 배정한 때에는 **감사원에 통지**하여야 한다.

㉢ 기획재정부장관은 필요한 때에는 대통령령이 정하는 바에 따라 회계연도 개시 전에 예산을 배정할 수 있다.

㉣ 기획재정부장관은 예산의 효율적인 집행관리를 위하여 필요한 때에는 분기별 예산배정 계획에도 불구하고 개별사업계획을 검토하여 그 결과에 따라 예산을 배정할 수 있다.

㉤ 기획재정부장관은 재정수지의 적정한 관리 및 예산사업의 효율적인 집행관리 등을 위하여 필요한 때에는 분기별 예산배정계획을 조정하거나 예산배정을 유보할 수 있으며, 배정된 예산의 집행을 보류하도록 조치를 취할 수 있다.

④ **예산집행지침**(국가재정법 제44조): 기획재정부장관은 예산집행의 효율성을 높이기 위하여 매년 예산집행에 관한 지침을 작성하여 각 **중앙관서의 장**에게 통보하여야 한다.

⑤ **예산의 탄력적 집행**

㉠ **예산의 전용**: 중앙관서의 장은 목적범위 내에서 기획재정부장관의 승인을 얻어 **세항** 또는 **목**의 금액을 전용할 수 있다. 기출

㉡ **예산의 이용**: 예산집행상 필요에 따라 국회의 의결을 얻은 때 기획재정부장관의 승인을 얻어 **장 · 관 · 항** 간의 예산금액을 상호이용하는 것이다.

㉢ **예산의 이체**: 법령의 제정, 개정, 폐지로 인해 중앙관서의 직무와 권한에 변동이 있을 때 예산을 변경하여 사용하는 것이다.

㉣ **이월**: **명시이월**은 연도 내 지출을 하지 못할 것이 예측될 때 국회의 승인을 얻어 예산을 다음 연도에 넘겨서 사용하는 것을 의미한다. **사고이월**은 불가피한 사유로 연도 내 지출을 하지 못한 경비와 지출원인행위를 하지 아니한 부대경비의 금액을 다음 연도에 이월하여 사용하는 것을 말한다.

4) 예산의 결산

① **결산의 원칙**(국가재정법 제56조): 정부는 결산이 「국가회계법」에 따라 재정에 관해 유용하고 적정한 정보를 제공할 수 있도록 객관적인 자료와 증거에 따라 공정하게 이루어지게 하여야 한다.

② **성인지 결산서의 작성**(국가재정법 제56조): 정부는 여성과 남성이 동등하게 예산의 수혜를 받고 예산이 성차별을 개선하는 방향으로 집행되었는지를 평가하는 보고서(이하 "성인지 결산서"라 한다)를 작성하여야 한다.

③ **중앙관서결산보고서의 작성 및 제출**(국가재정법 제58조): 기획재정부장관은 「국가회계법」에서 정하는 바에 따라 회계연도마다 작성하여 대통령의 승인을 받은 국가결산보고서를 다음 **연도 4월 10일까지 감사원에 제출**하여야 한다.

④ **결산검사**(국가재정법 제60조): 감사원은 제59조에 따라 제출된 국가결산보고서를 검사하고 그 보고서를 다음 연도 **5월 20일까지 기획재정부장관**에게 송부하여야 한다.

⑤ **국가결산보고서의 국회 제출**(국가재정법 제61조): 감사원의 검사를 거친 국가결산보고서를 다음 연도 **5월 31일**까지 국회에 제출하여야 한다.

(4) 예산의 제도

1) **품목별 예산**(LIBS: Line Item Budget System)

① **의의**: 예산을 **품목별로 분류**하는 방식으로 행정의 책임과 감독, 국회의 **통제가 용이**하도록 한 예산제도이다.

② **장 점**

㉠ 운영, 회계검사가 용이하고 **회계집행의 내용과 회계책임의 소재가 명확**하다.

㉡ 예산의 유용, 부정을 방지할 수 있다.

㉢ **인사행정의 유용한 자료**와 정보를 제공한다.

③ **단 점**

㉠ 계획에 맞도록 지출하는 것이 어려워 **계획과 지출의 불일치**가 나타날 수 있다.

㉡ 조직별로 사업을 추진할 때 **사업활동이 중복**될 가능성이 높다.

㉢ 지출대상 및 금액이 명확해 예산집행의 **신축성이 제약**된다.

2) 성과주의 예산(PBS: Performance Budget System)

① **의 의**

㉠ 정부가 수행하는 업무에 중점을 두는 관리지향 예산제도이다. 정부의 활동, 사업 계획을 세부사업으로 분류하고, 업무량을 측정하여 **업무단위당 원가를 산출**한 것이다.

㉡ '**단위원가×업무량=예산액**'으로 편성한다.

② **장 점**

㉠ 경찰의 활동을 쉽게 이해할 수 있다.

㉡ 예산편성에서 자원배분의 합리화를 기하고, 집행에서 신축성을 확보할 수 있다.

㉢ 해당부서의 업무능률을 측정하여 다음 연도의 예산에 반영할 수 있다.

③ **단 점**

㉠ 업무측정단위 선정 및 **단위원가 계산이 어렵다**.

㉡ 인건비등 **경직성 경비**의 적용이 어렵다.

㉢ 품목별 예산에 비해 입법통제가 곤란하고 회계 책임이 불분명하다.

3) 기획예산제도(PPBS: Planning Programming Budget System)

예산편성에서 **계획기능**을 중시하는 제도로 **프로그램예산**이라고 한다. 장기기획과 단기적 예산을 결합하여 자원배분에 관한 의사결정을 일관성 있게 합리화한 제도이다.

4) 영기준예산제도(ZBB: Zero-Base Budget System) 기출

점증적으로 예산액을 책정하는 기존의 예산편성에서 사업의 수행목적, 수행방법, 수행효과, 소요경비 등을 **새롭게 시작하는 수준**으로 책정하는 예산편성방법이다. **작은정부**에 적합한 제도이다.

5) 자본예산제도

경상적 지출은 경상적 수입으로 충당하고 자본적 지출은 적자재정과 공채발행 등 차입으로 충당하게 하여 불균형예산을 편성하는 제도이다. 기출

제4절 기타관리

1 물품관리

(1) 의 의

경찰의 물품은 **취득, 보관, 사용, 처분**에 이르기까지 각 기관과 담당경찰관이 이를 책임지고 관리한다. 기출

(2) 물품관리기관

1) 총괄기관

기획재정부장관이 물품관리의 정책과 제도를 총괄하고 **조달청장**은 각 중앙관서의 물품관리의 총괄 및 조정을 담당한다.

2) 관리기관

경찰청장은 그 소관에 있는 물품을 관리하고, **물품관리관**은 경찰청장으로부터 위임을 받은 물품관리관이 이를 관리한다.

3) 물품출납공무원

물품관리관으로부터 **물품출납과 보관**의 사무를 위임받아 **실질적으로 관리**하고, 출납명령에 따라 **출납**하고, 필요한 사항을 기록한다.(**의무적 설치기관**) 기출

4) 물품운용관

물품관리관으로부터 **물품 사용**에 관한 위임을 받은 공무원으로 출납명령요청 및 필요사항을 기록관리한다.(**의무적 설치기관**)

5) 분임물품관리관

물품관리관의 사무 일부를 분장하는 공무원으로 물품관리관의 사무 일부를 분장한다.

2 장비관리

(1) 의 의

경찰장비관리는 경찰업무 수행의 자원 사용에 낭비를 제거하여 능률성, 효과성, 경제성을 높이고자 한다.

(2) 무기 및 탄약관리

1) 무기류

① **무기**: 인명 또는 신체에 위해를 가할 수 있도록 제작된 권총·소총·도검 등을 말한다.

② **집중무기고**: 경찰인력 및 경찰기관별 무기책정기준에 따라 배정된 개인화기와 공용화기를 집중보관·관리하기 위하여 각 경찰기관에 설치된 시설을 말한다.

③ **탄약고**: 경찰탄약을 집중보관하기 위하여 타용도의 사무실, 무기고 등과 분리 설치된 보관시설을 말한다.

④ **간이무기고**: 경찰기관의 각 기능별 운용부서에서 효율적 사용을 위하여 집중무기고로부터 무기·탄약의 일부를 대여 받아 별도로 보관·관리하는 시설을 말한다. 기출

⑤ **무기·탄약 관리책임자**: 경찰기관의 장으로부터 무기·탄약 관리업무를 위임받아 집중무기고 및 간이무기고에 보관된 무기·탄약을 총괄하여 관리·감독하는 자를 말한다.

2) 무기고 및 탄약고(경찰장비관리규칙 제115조)

① 무기고와 탄약고는 견고하게 만들고 환기·방습장치와 방화시설 및 총가시설 등이 완비되어야 한다.

② 탄약고는 무기고와 분리되어야 하며 가능한 본 청사와 격리된 독립 건물로 하여야 한다.

③ 무기고와 탄약고의 환기통 등에는 손이 들어가지 않도록 쇠창살 시설을 하고, 출입문은 2중으로 하여 각 1개소 이상씩 자물쇠를 설치하여야 한다.

④ 무기·탄약고 비상벨은 상황실과 숙직실 등 초동조치 가능장소와 연결하고, 외곽에는 철조망장치와 조명등 및 순찰함을 설치하여야 한다.

⑤ 간이무기고는 근무자가 24시간 상주하는 지구대, 파출소, 상황실 및 112타격대 등 경찰기관의 장이 필요하다고 인정하는 상당한 이유가 있는 장소에 설치할 수 있다.

⑥ 탄약고 내에는 전기시설을 하여서는 아니되며, 조명은 건전지 등으로 하고 방화시설을 완비하여야 한다. 단, 방폭설비를 갖춘 경우 전기시설을 설치할 수 있다.

3) 무기고 및 탄약고 열쇠의 보관(제117조)

① 무기고와 탄약고의 열쇠는 관리 책임자가 보관한다.

② 무기고의 경우

1. 집중 무기·탄약고
   - 일과시간: 무기 관리부서의 장(정보화장비과장, 운영지원과장, 총무과장, 경찰서경무과장)
   - 일과시간 후: 당직업무(청사방호) 책임자(상황관리관 등 당직근무자)
2. 간이무기고
   - 상황실: 112종합상황실장
   - 지구대등: 지역경찰관리자
   - 기타: 설치부서 책임자(일과시간), 당직업무(청사방호), 책임자(일과시간 후)

다만, 휴가·비번 등으로 관리책임자 공백시는 별도 관리책임자를 지정하여야 한다.

③ 간이무기고 소총용 열쇠는 관리책임자가 별도 관리하여야 하고, 지구대 등 무기고의 경우 관리책임자 부재시는 이중문 열쇠를 소내 근무자 등에게 관리상 책임을 알린 뒤 각각 분리 보관하게 하여야 한다.

4) 무기 탄약의 회수(제120조)

① 경찰기관의 장은 무기를 휴대한 자 중에서 다음 각 호에 해당하는 자가 발생한 때에는 **즉시 대여한 무기·탄약을 회수하여야 한다.** 기출

㉠ 직무상의 비위 등으로 인하여 징계대상이 된 자

㉡ **형사사건의 조사의 대상**이 된 자

㉢ **사의를 표명한 자**

② 경찰기관의 장은 무기를 휴대한 자 중에서 다음 각 호에 해당하는 자가 있을 때에는 무기 소지 적격 심의위원회의 심의를 거쳐 **대여한 무기·탄약을 회수할 수 있다.**

㉠ 경찰공무원 직무적성검사 결과 고위험군에 해당하는 자

㉡ 정신건강상 문제가 우려되어 치료가 필요한 자

㉢ 정서적 불안 상태로 인하여 무기 소지가 적합하지 않은 자로서 소속 부서장의 요청이 있는 자

㉣ 그 밖에 경찰기관의 장이 무기 소지 적격 여부에 대해 심의를 요청하는 자

③ 경찰기관의 장은 무기를 휴대한 자 중에서 다음 각 호에 해당하는 경우에는 대여한 **무기·탄약을 무기고에 보관하도록 하여야 한다**.

㉠ 술자리 또는 연회장소에 출입할 경우

㉡ 상사의 사무실을 출입할 경우

㉢ 기타 정황을 판단하여 필요하다고 인정되는 경우

5) 무기 탄약 취급상의 안전관리(제123조)

① **권 총**

㉠ 총구는 **공중 또는 지면**(안전지역)을 향한다.

㉡ 실탄 장전시 반드시 안전장치(방아쇠울에 설치 사용)를 장착한다.

㉢ 1탄은 공포탄, 2탄 이하는 실탄을 장전한다. 다만, 대간첩작전, 살인 강도 등 중요범인이나 무기·흉기 등을 사용하는 범인의 체포 및 위해의 방호를 위하여 불가피한 경우에 1탄부터 실탄을 장전할 수 있다.

㉣ 조준시는 **대퇴부 이하**를 향한다.

② **소총, 기관총, 유탄발사기**

㉠ 실탄은 분리 휴대한다.

㉡ 실탄 장전시 조정간을 안전위치로 한다.

㉢ 사용 후 보관시 약실과 총강을 점검한다.

㉣ 노리쇠 뭉치나 구성품은 다른 총기의 부품과 교환하지 않도록 한다.

㉤ 공포 탄약은 총구에서 6m 이내의 사람을 향해 사격해서는 아니 된다.

6) 특별관리대상장비(제157조)

특별관리대상 장비는 경찰관의 직무수행 중 통상 용법대로 사용하는 경우 사람에게 위해를 가할 우려가 있어 관리 및 사용상 특별한 주의가 필요한 장비로, 다음과 같이 구분한다.

① **경찰장구**: 수갑, 포승, 호송용포승, 경찰봉, 호신용경봉, 전자충격기, 진압봉, 방패 및 전자방패

② **무기**: 권총, 소총, 기관총, 산탄총, 유탄발사기, 박격포, 3인치포, 클레이모어, 수류탄, 폭약류 및 도검

③ **분사기 등**: 근접분사기, 가스분사기, 가스발사총, 가스분사겸용경봉, 최루탄발사기 및 최루탄

④ **기타장비**: 가스차, 살수차, 특수진압차, 석궁, 다목적발사기 **기출**

7) 차량관리

제88조【차량의 구분】

① 차량의 차종은 승용·승합·화물·특수용으로 구분하고, 차형은 차종별로 대형·중형·소형·경형·다목적형으로 구분한다.

② 차량은 용도별로 다음 각 호와 같이 **전용·지휘용·업무용·순찰용·특수용** 차량으로 구분한다. 기출

제90조【차량소요계획의 제출】

① 부속기관 및 지방경찰청의 장은 다음 연도에 소속기관의 차량정수를 증감시킬 필요가 있을 때에는 매년 3월 말까지 다음 연도 차량정수 소요계획을 경찰청장에게 제출하여야 한다.

② 제1항에도 불구하고 예기치 못한 치안수요의 발생 등 특별한 사유로 조기에 증·감 필요가 있을 경우에는 차량 제작기간 등을 감안 사전에 경찰청장에게 요구할 수 있다.

제93조【차량의 교체】

① 부속기관 및 지방경찰청은 소속기관 차량 중 다음 연도 교체대상 차량을 매년 11월 말까지 경찰청장에게 보고하여야 한다.

② 차량교체는 차량의 최단운행 기준연한(이하 "내용연수"라 한다)에 따라 부속기관 및 지방경찰청의 장이 보고한 교체대상 차량 중 책정된 예산범위 내에서 매년 초에 수립하는 "경찰청 물품수급관리계획"에 따라 실시한다.

제94조【교체대상차량의 불용처리】

① 차량교체를 위한 불용 대상차량은 부속기관 및 지방경찰청에 배정되는 수량의 범위내에서 내용연수 경과 여부 등 차량사용기간을 최우선적으로 고려하여 선정한다. 기출

② 사용기간이 동일한 경우에는 주행거리와 차량의 노후상태, 사용부서 등을 종합적으로 검토 예산낭비 요인이 없도록 신중하게 선정한다.

③ 단순한 내용연수 경과를 이유로 일괄교체 또는 불용처분하는 것을 지양하고 성능이 양호하여 운행가능한 차량은 교체순위에 불구하고 연장 사용할 수 있다.

④ 불용처분된 차량은 부속기관 및 지방경찰청별로 실정에 맞게 공개매각을 원칙으로 하되, 공개매각이 불가능한 때에는 폐차처분을 할 수 있다. 다만, 매각을 할 때에는 경찰 표시도색을 제거하는 등 필요한 조치를 하여야 한다. 기출

제95조【차량의 집중관리】

① 각 경찰기관의 업무용차량은 운전요원의 부족 등 불가피한 사유가 없는 한 집중관리를 원칙으로 한다. 기출

② 특수용 차량 등도 필요하다고 인정되는 경우에는 집중관리할 수 있다.

③ 집중관리대상 차량 및 운전자는 관리 주무부서 소속으로 한다.

제96조【차량의 관리】

① 차량열쇠는 지정된 열쇠함에 집중보관하여 주간에는 차량관리부서의 장(정보화장비과장, 운영지원과장, 총무과장, 경찰서 경무과장), 일과 후 및 공휴일에는 당직업무(청사방호) 책임자(상황관리관 등 당직근무자, 지구대 파출소는 지역경찰관리자)가 관리하고, 예비열쇠의 확보 등을 위한 무단복제와 전·의경 운전원의 임의 소지 및 보관을 금한다.

② 차량은 지정된 운전자 이외의 사람이 무단으로 운행하여서는 아니되며, 운전자는 교통법규를 준수하여 사고를 방지하여야 한다.

③ 차량을 주·정차할 때에는 엔진시동 정지, 열쇠분리 제거, 차량문을 잠그는 등 도난방지에 유의하여야 하며, 범인 등으로부터의 피탈이나 피습에 대비하여야 한다.

04

> ④ 근무교대시 전임 근무자는 차량의 청결상태, 각종 장비의 정상작동 여부 등을 점검한 후 다음 근무자에게 인계하여야 한다.
> ⑤ 각 경찰기관의 장은 차고시설을 갖추도록 하되, 차고시설을 갖추지 못한 경우에는 눈·비를 가리는 천막 등 시설을 하여야 한다.
>
> **제98조【차량의 관리책임】**
> ① 차량을 배정 받은 각 경찰기관의 장은 차량에 대한 관리사항을 수시 확인하여 항상 적정하게 유지되도록 하여야 한다.
> ② 경찰기관의 장은 차량이 책임 있게 관리되도록 차량별 관리담당자를 지정하여야 한다.
> ③ 차량운행시 책임자는 **1차 운전자, 2차 선임탑승자(사용자), 3차 경찰기관의 장으로 한다.**

3 보안관리

(1) 보안의 의의

1) 보안의 개념

보안은 국가안전 보장을 위해 국가가 필요로 하는 비밀, 인원, 문서, 자재, 시설 등을 보호하는 **소극적 예방활동**과 간첩, 태업, 전복으로 국가를 위태롭게 하는 불순분자에 대하여 탐지, 조사, 체포하는 **적극적 예방활동**을 의미한다.

2) 보안의 대상

① **인원보안**: 중요인물로 보호가 요구되는 자는 보안의 대상이 된다. 내방중인 외국인도 대상에 포함된다. 인원보안의 수단으로 신원조사, 보안교육 등이 있다. 기출

② **문서 및 자재**: Ⅰ, Ⅱ, Ⅲ 급 비밀이 아니더라도 국가기밀에 해당하는 문서는 모두 보안의 대상이 된다.

③ **시설보안**: 중요산업시설로서 특별한 보호를 요하는 시설은 보안의 대상이 된다.

④ **지역보안**: 국가안전상 특별히 보호를 요하는 지역은 보안의 대상이 된다.

3) 보안의 원칙

① **한정의 원칙**: 알 사람만 알아야 한다는 것으로 보안에서 가장 중요한 원칙이다. 전파가 필요한가의 여부를 신중히 검토한 후 전파가 되어야 한다.

② **부분화의 원칙**: 다량의 비밀이나 정보가 유출되지 않도록 해야 한다는 원칙이다.

③ **보안과 효율의 원칙**: 보안과 업무효율은 조화를 이루어야 한다는 원칙으로 보안원칙이 강화되면 정보를 꼭 알아야 할 사람이 모를 수도 있다.

(2) 보안의 방법 기출

1) 문서보안

① **의의**: 국가의 기밀을 다루는 문서를 위험으로부터 보호하는 것을 의미하고, 일반문서와 비밀문서 모두 포함한다.

② **비밀의 구분**(중요성과 가치의 정도에 따라 구분) 기출

Ⅰ급 비밀	누설되는 경우 대한민국과 **외교관계가 단절되고 전쟁을 유발**하며, 국가의 방위계획 · 정보활동 및 국가방위상 필요불가결한 과학과 기술의 개발을 위태롭게 하는 등의 우려가 있는 비밀
Ⅱ급 비밀	누설되는 경우 국가안전보장에 **막대한 지장**을 초래할 우려가 있는 비밀
Ⅲ급 비밀	누설되는 경우 국가안전보장에 **손해**를 끼칠 우려가 있는 비밀

㉠ **대외비**: Ⅰ, Ⅱ, Ⅲ급 비밀에는 해당하지 않지만 직무상 특별한 보호를 요하는 사항으로 비밀에 준하여 취급되는 사항 기출

㉡ 음어자재는 **Ⅲ급 비밀**로 분류하고 암호자재는 대외비 이상으로 분류 기출

③ **문서비밀분류의 원칙**(보안업무규정 제12조)

과도 또는 과소분류금지의 원칙	비밀은 적절히 보호할 수 있는 **최저 등급으로 분류**하여야 하며 과도 또는 과소하게 분류해서는 안 된다는 원칙
독립분류의 원칙	비밀은 그 자체의 내용과 가치의 정도에 따라 분류하며 다른 비밀과 관련하여 분류하여서는 안된다는 원칙
외국비밀존중의 원칙	외국정부 또는 국제기구로부터 접수한 비밀은 그 발행기관이 필요로 하는 정도로 보호할 수 있다는 원칙

④ 비밀취급 인가

Ⅰ급 비밀 및 소통용 암호 자재취급 인가권자	대통령, 국무총리, 감사원장, 국가인권위원회 위원장, 각 부·처의 장, 국정원장,국가안전보장회의 사무처장, 국무조정실장·공정거래위원회위원장·금융감독위원회 위원장 및 원자력안전위원회 위원장, 대통령 비서실장, 대통령 경호처장, **검찰총장**, 합동참모의장, 각군 참모총장 및 육군의 1,2,3군 사령관, 국방부장관이 지정하는 각군 부대장
Ⅱ급 및 Ⅲ급 비밀취급 인가권자	**경찰청장** 기출, 경찰대학장, 경찰인재개발원장, 중앙경찰학교장, 경찰수사연수원장, 경찰병원장, **지방경찰청장**
인가권의 위임	각 시도 지방경찰청장은 경찰서장, 기동대장에게 Ⅱ급 및 Ⅲ급 비밀취급 인가권을 **위임한다**. 경정 이상의 경찰공무원을 장으로 하는 단위 경찰기관의 장에게도 **위임할 수 있다**. Ⅱ급 및 Ⅲ급 비밀취급 인가권을 위임받은 기관의 장은 다시 **위임할 수 없다**.

⑤ **비밀의 보관**(보안업무규정시행규칙)

㉠ 비밀은 일반문서나 자재와 혼합 보관할 수 없다.

㉡ **Ⅰ급 비밀은 반드시 금고에 보관**하여야 하며, 타 비밀과 혼합 보관하여서는 아니된다.

㉢ **Ⅱ급 및 Ⅲ급 비밀은 금고 또는 철제상자나 안전한 용기에 보관**하여야 하며, 보관책임자가 Ⅱ급 비밀취급인가를 받은 때에는 동일 용기에 혼합 보관할 수 있다.

㉣ 보관용기에 넣을 수 없는 비밀은 제한구역 또는 통제구역 내에 보관하거나 내용이 노출되지 아니하도록 특별한 보호책을 강구하여야 한다.

㉤ **비밀의 보관용기 외부에는 비밀의 보관을 알리거나 나타내는 어떠한 표시도 하여서는 아니된다.** 기출

㉥ 보관용기의 자물쇠의 종류 및 사용방법은 보관책임자 이외의 인원이 알지 못하도록 특별한 통제를 실시하여야 하며, 타인이 알았을 때에는 즉시 이를 변경하여야 한다.

㉦ 서약서철, 비밀영수증철, 비밀관리기록부, 비밀수발대장, 비밀열람기록전(철), 비밀대출부는 **5년간 보존**하여야 하며 그 이전에 **폐기하고자 할 때에는 국정원장의 승인**을 받아야 한다. 기출

⑥ 비밀의 취급자

㉠ 경찰공무원은 임명과 동시에 **Ⅲ급 비밀 취급권**을 가진다. 기출

㉡ 특수경과 중 정보통신, 항공, 해양경과는 보직발령과 동시에 Ⅱ급 비밀취급권을 받은 것으로 간주한다. 기출
모든 특수경과 근무자는 임명과 동시에 Ⅱ급 비밀취급권을 가지는 것은 아니다.

㉢ 일반경과 중 다음 부서에 근무하는자는 Ⅱ급 비밀취급권을 인가받은 것으로 한다.
ⓐ 경비, 경호, 작전, 항공, 정보통신담당부서
ⓑ 정보, 보안, 외사부서
ⓒ 감찰, 감사 담당부서
ⓓ 치안상황실, 발간실, 문서수발실

㉣ 경찰공무원은 비밀취급 인가증을 별도로 발급받지 않는 특별인가의 대상이다. 기출

㉤ 인원보안대사에 해당하는 경찰공무원 중 신원 특이자는 자체 보안심사위원회 또는 자체 심의기구에서 인가 여부를 의결하고 불가로 결정된 자는 즉시 인사조치한다.

2) 시설보안

① **보호구역**: 각급기관의 **장과 국가중요시설을 관리하는 자**는 국가 중요시설의 보호를 위하여 필요한 장소에 일정한 범위를 정하여 보호구역을 설정할 수 있으며, 보호구역의 설정자는 보안상 **불필요한 인원의 접근 또는 출입을 제한하거나 금지**시킬 수 있다.

② **보호구역의 종류**(시설중요도와 취약성)

㉠ **제한지역**: 비밀, 정부재산의 보호를 위해 울타리, 경호원에 의한 **일반인 출입감시**

㉡ **제한구역**: 비인가자의 접근방지를 위해 **안내가 요구**되는 지역
예 전자교환실, 정보통신실, 발간실, 송신 및 중계소, 정보통신관제센터, 경찰청, 지방경찰청 항공대, 작전, 경호 및 정보업무, 보안업무, 담당부서전역, 과학수사센터

㉢ **통제구역**: 비인가자의 **출입이 금지**되는 보안상 극히 중요한 구역
예 암호취급소, 정보보안기록실, 무기창, 무기고 및 탄약고, 종합상황실, 치안상황실, 암호관리실, 정보상황실, 비밀발간실, 종합조회처리실

3) 보안심사위원회의 설치, 운영

구 분	위원장	위 원
경찰청	차 장	5명 이상, 7명 이하의 국, 관
지방경찰청	차 장	5명 이상, 7명 이하의 부장 또는 과장급
경찰서등	기관장	과장급

재적위원 과반수 출석과 출석위원의 과반수로 결정하고 가부동수일 경우에는 위원장이 결정권을 행사한다.

제5절 경찰 통제와 과제

1 경찰통제

(1) 의 의

경찰통제는 경찰활동을 감시하여 경찰조직과 활동의 적절성을 위한 제도와 활동을 의미한다. 통제는 경찰의 **민주적 운용, 정치적 중립, 법치주의, 인권보호, 조직자체의 부패 방지**를 목적으로 한다. 기출

(2) 경찰통제의 기본요소

1) 경찰정보공개

「공공기관의 정보공개에 관한 법률」에 따르면 국민의 알권리와 국정에 대한 국민의 참여와 국정운영의 투명성 확보를 위해 행정기관의 정보공개가 요청된다. 정보공개는 **행정통제의 근본이고 전제**요소이다.

2) 권한의 분산

권한이 중앙에 집중되어 있을 때 남용의 위험이 크기 때문에 권한의 분산이 필요하다. **자치경찰제**와 **중앙과의 권한 분산, 상하계급간의 권한 분산**이 요구된다.

3) 절차적 참여보장

국민의 권리를 보호하기 위해서는 참여가 보장되어야 하고 행정의 공정성, 투명성, 신뢰성 확보가 필요하다. **「행정절차법」**에 의한 절차적 권리가 인정되어야 한다(경찰위원회는 간접적 국민참여정치이다).

4) 책 임

경찰은 개인의 위법행위나 비위에 대한 형사책임, 민사책임, 징계책임, 변상책임을 져야 한다. 하지만 경찰개인의 책임임과 동시의 조직 차원에서 책임을 져야 한다. 기출

5) 환 류

경찰행정의 목표수행의 적정성 여부를 계속적으로 확인해야 하고, 평가를 통해 환류과정을 거쳐야 한다.

(3) 경찰통제의 유형

1) 민주적 통제와 사법적 통제

① **민주적 통제**: **영미**법계에서 발달하였고, **경찰위원회**, **경찰책임자선거**, **자치경찰제** 시행으로 국민의 참여와 감시를 가능하게 하는 통제방법이다. 한국에서는 경찰위원회와 자치경찰제를 시행하고 있다.

② **사법적 통제**: **대륙법계**에서 발달하였고, **행정소송**, **국가배상제도** 등 사법제도를 통해 통제하는 방법이다.

▸ 행정소송은 **열기주의**(소송대상으로 규정한 것만 소송제기)와 **개괄주의**(법규정은 불문하고 모든 행정작용이 소송의 대상)로 나뉜다.

2) 사전통제와 사후통제 기출

① **사전통제**: 행정절차에 대한 의견제출, 입법예고, 행정예고 등의 행정통제방법으로 「행정절차법」에 의한다. 국회의 **입법권과 예산심의권**을 통해 경찰관계법령의 제정과 예산편성에 통제를 가할 수 있다(현재는 국민의 절차적 참여를 강조하는 **사전통제강화** 추세 기출).

② **사후통제**: 사법부에 **사법심사**와 국회의 **예산결산**, **국정감사**, **조사권**을 두어 경찰행정에 대한 사후통제가 가능하다. 행정부 내의 **행정심판**, **징계책임**, 상급기관의 하급기관 **감사권**도 사후통제이다.

3) 내부통제와 외부통제

① **내부통제**(경찰조직내부의 행정통제방법) 기출

㉠ **감사관제**: 경찰청의 감사관, 지방경찰청의 청문감사담당관, 경찰서의 청문감사관으로 경찰내부의 **감찰**, **인권보호**, **민원업무감독** 등을 수행하는 방법

㉡ **훈령권**: 상급기관의 하급기관에 대한 **지시권**, **감독권**의 행사로 하급기관의 위법이나 재량권 행사의 오류를 시정하게 하는 방법이다.

㉢ **직무명령권**: 상급자가 하급자에게 직무명령을 통해 행위를 통제하는 방법이다.

㉣ **이의신청 재결권**(행정심판): 집회 및 시위의 금지통고에 대한 이의신청을 받은 상급경찰관은 이의신청을 접수한 때부터 24시간 이내 재결해야 한다.

② **외부통제** 기출

㉠ **입법통제**: 국회의 입법권, 예산의 심의의결, 결산, 경찰청장에 대한 탄핵소추, 국정조사, 감사권

㉡ **사법통제**: 행정소송 등 위법한 행정작용을 억제하고 권리구제에 기여한다. 소송절차가 복잡하고 시간과 경비기 많이 소요되어 행정의 비능률성과 부작위, 부당한 재량행위는 소송으로 해결하기 어렵다.

㉢ **행정통제**

ⓐ 대통령에 의한 통제－경찰청장 및 경찰위원회 위원 임명권

ⓑ 감사원에 의한 통제－세입, 세출의 결산확인, 직무감찰 기출

ⓒ 행안부에 의한 통제－경찰청장의 임명권, 경찰위원 임명 기출

ⓓ 중앙행정심판위원회에 의한 통제－ 위법부당한 처분에 대한 행정심판 재결 기출

ⓔ 국민권익위원회에 의한 통제－부패방지와 국민권익보호 기출

ⓕ 시민고충처리위원회에 의한 통제

ⓖ 경찰위원회에 의한 통제

ⓗ 소청심사위원에 의한 통제 기출

ⓘ 국가정보원, 국방부, 검찰의 통제(수사지휘권, 구속장소 감찰권)가 외부통제에 해당한다.

㉣ 국가인권위원회에 의한 통제－유치장 방문조사, 인권관련 법령개정시 사전통보

경찰감찰규칙 기출

제4조 【감찰관의 결격사유】 다음 각 호의 어느 하나에 해당하는 사람은 감찰관이 될 수 없다.

1. **직무와 관련한 금품 및 향응 수수, 공금횡령 · 유용,** 「성폭력범죄의 처벌 및 피해자보호 등에 관한 법률」에 따른 성폭력범죄로 징계처분을 받은 사람
2. **제1호 이외의 사유로 징계처분을 받아 말소기간이 경과하지 아니한 사람**
3. 질병 등으로 감찰관으로서의 업무수행이 어려운 사람
4. 기타 감찰관으로서 적합하지 아니하다고 판단되는 사람

제5조【감찰관의 신분보장】

① 경찰기관의 장(이하 "경찰기관장"이라 한다)은 감찰관이 제4조에 따른 결격사유에 해당되는 것으로 밝혀졌을 경우와 다음 각 호의 어느 하나에 해당하는 경우를 제외하고는 3년 이내에 본인의 의사에 반하여 전보하여서는 아니 된다.

1. 징계사유가 있는 경우
2. 형사사건에 계류된 경우
3. 질병 등으로 감찰업무를 수행할 수 없거나 직무수행 능력이 현저히 부족하다고 판단되는 경우

② 경찰기관장은 1년 이상 성실히 근무한 감찰관에 대해서는 희망부서를 고려하여 전보한다.

제6조【감찰관의 권한】

① 감찰관은 직무상 다음 각 호의 요구를 할 수 있다.

1. 조사를 위한 출석
2. 질문에 대한 답변 및 진술서 제출
3. 증거품 및 자료 제출
4. 현지조사의 협조

② 경찰공무원등은 감찰관으로부터 제1항에 따른 요구를 받은 때에는 정당한 사유가 없는 한 그 요구에 응하여야 한다.

제8조【감찰활동의 관할】 감찰관은 소속 경찰기관의 관할구역 안에서 활동하는 것을 원칙으로 한다. 다만, 필요한 경우에는 관할구역 밖에서도 활동할 수 있다. 기출

제9조【특별감찰】 의무위반행위가 자주 발생하거나 그 발생 가능성이 높다고 인정되는 시기, 업무분야 및 경찰관서 등에 대하여는 일정기간 동안 전반적인 조직관리 및 업무추진실태 등을 집중 점검할 수 있다. 기출

제10조【교류감찰】 감찰관은 상급 경찰기관장의 지시에 따라 일정기간 동안 소속 경찰기관이 아닌 다른 경찰기관의 소속 직원의 복무실태, 업무추진 실태 등을 점검할 수 있다. 기출

제12조【감찰활동 결과의 보고 및 처리】

① 감찰관은 감찰활동 결과 소속 경찰공무원등의 의무위반행위, 불합리한 제도·관행, 선행·수범 직원 등을 발견한 때에는 이를 소속 경찰기관장에게 보고하여야 한다.

② 경찰기관장은 제1항의 결과에 대하여 문책 요구, 시정·개선, 포상 등 필요한 조치를 하여야 한다.

제13조【첩보 등의 처리】

① 감찰관은 경찰공무원등의 의무위반행위에 관한 첩보, 진정·탄원 등이 있을 때, 그 사실을 확인한 후 의무위반혐의가 있다고 판단될 때에는 감찰업무 담당 부서장에게 보고하고 감찰조사에 착수하여야 한다.

② 감찰관은 첩보 등 제공자의 신분 등을 누설하지 않도록 하여야 한다.

제14조【감찰활동 현장에서 의무위반행위 발견시의 조치】 감찰관은 감찰활동 현장에서 의무 위반행위를 발견한 경우에는 사안의 경중을 고려하여 현지시정, 감찰조사 등 필요한 조치를 취하여야 한다.

제15조【민원사건의 처리】

① 감찰관은 소속 경찰공무원등의 의무위반사실에 대한 민원을 접수하였을 때에는 접수일로부터 **2개월 내에 신속히** 처리하여야 한다. 다만, 부득이한 사유로 민원을 기한 내에 처리할 수 없을 때에는 감찰업무 담당 부서의 장에게 보고하여 그 처리 기간을 연장할 수 있다.

제16조【기관통보사건의 처리】

① 감찰관은 다른 경찰기관 또는 검찰, 감사원 등 다른 행정기관으로부터 통보받은 소속직원의 의무위반행위에 대해서는 **통보받은 날로부터 1개월** 이내에 신속히 처리하여야 한다.

② 감찰관은 검찰·경찰, 그 밖의 수사기관으로부터 수사개시 통보를 받은 경우에는 징계의결요구권자의 결재를 받아 해당 기관으로부터 수사결과의 통보를 받을 때까지 감찰조사, 징계의결요구 등의 절차를 진행하지 아니할 수 있다. 기출

제17조【출석요구】 감찰관은 감찰조사를 위해서 의무위반행위와 관련된 경찰공무원등의 출석을 요구할 때에는 **조사기일 2일 전**까지 별지 제2호 서식의 출석요구서 또는 구두로 조사일시, 의무위반 행위사실 요지 등을 **통지하여야 한다**. 다만, 사안이 급박한 경우에는 즉시 조사에 착수할 수 있다.

제18조【심야조사의 금지】 감찰관은 심야(**자정부터 오전 6시까지**를 말한다)에 조사를 하여서는 아니 된다. 다만, 사안에 따라 신속한 조사가 필요하고, 조사대상자로부터 별지 제3호 서식의 **심야조사 동의서**를 받은 경우에는 심야에도 조사할 수 있다. 기출

제19조【감찰조사 전 고지】

① 감찰관은 감찰조사를 실시하기 전에 조사대상자에게 의무위반 행위사실의 요지를 알리고, 다른 감찰관의 참여를 요구할 수 있음을 고지하여야 한다.

② 제1항의 경우 조사대상자가 여성일 때에는 **여성 경찰공무원의 참여**를 요구할 수 있음을 고지하여야 한다.

제21조【조사시 유의사항】

① 감찰관은 조사시 엄정하고 공정하게 진실 발견에 노력하여야 한다.

② 감찰관은 조사시 조사대상자의 이익이 되는 주장 및 제출자료 등에 대해서도 사실 관계를 명확히 하여 조사내용에 반영하여야 한다. 기출

③ 감찰관은 조사시 조사대상자의 연령, 성별 등을 고려하여 언행에 유의하여야 한다. 기출

제22조【감찰조사 후 처리】

① 감찰관은 감찰조사를 종료한 때에는 소속 경찰기관장에게 진술조서, 증빙자료 등과 함께 감찰조사 결과를 보고하여야 한다.

② 감찰관은 조사한 의무위반행위사건이 소속 경찰기관의 징계관할이 아닌 때에는 관할 경찰관서로 이송하여야 한다.

③ 의무위반행위사건을 이송 받은 경찰기관의 감찰업무 담당 부서 장은 필요시 해당사건에 대하여 추가 조사 등을 실시할 수 있다.

제23조【감찰관의 징계 등】

① 경찰기관장은 감찰관이 이 규칙에 위배하여 직무를 태만히 하거나 권한을 남용한 경우 및 직무상 취득한 비밀을 누설한 경우에는 해당 사건의 담당 감찰관 교체, 징계요구 등의 조치를 한다.

② 감찰관의 의무위반행위에 대해서는 「경찰공무원 징계양정 등에 관한 규칙」의 징계양정에 정한 기준보다 가중하여 징계조치한다.

제24조【감찰활동의 방해 등】 경찰기관장은 조사대상자가 정당한 이유 없이 출석 거부, 현지 조사 불응, 협박 등의 방법으로 감찰조사를 방해하는 경우에는 징계요구 등의 조치를 할 수 있다.

경찰행정 사무감사 규칙

제3조【피감사기관 등】

① 경찰청장의 감사대상기관(이하 "피감사기관"이라 한다)은 다음 각 호와 같다.

1. 경찰청
2. 경찰대학, 경찰인재개발원, 중앙경찰학교, 경찰수사연수원 및 경찰병원
3. 지방경찰청, 경찰서
4. 경비 · 기동대, 방범순찰대, 전투경찰대 등 직할대
5. 지구대, 파출소, 출장소, 검문소
6. 경찰청장이 주무관청이 되는 비영리 법인 · 단체(이하 "산하단체"라 한다)
7. 제1호에서 제5호까지의 경찰기관 및 제6호의 산하단체로부터 직 · 간접으로 보조금, 장려금, 조성금 등을 출자받은 법인 또는 단체

② 감사는 피감사기관의 제1차 감독관청이 실시하는 것을 원칙으로 하되, 필요한 경우에는 경찰청에서 직접 실시할 수 있다.

제4조【감사의 종류와 주기】

① 감사의 종류는 다음 각 호와 같이 구분한다.

1. 종합감사: 피감사기관의 주기능 · 주임무 및 조직 · 인사 · 예산 등 업무 전반의 적법성 · 타당성 등을 점검하기 위하여 실시하는 감사
2. 특정감사: 특정한 업무 · 사업 등에 대하여 문제점을 파악하여 원인과 책임 소재를 규명하고 개선대책을 마련하기 위하여 실시하는 감사
3. 재무감사: 예산의 운용실태 및 회계처리의 적정성 여부 등에 대한 검토와 확인을 위주로 실시하는 감사
4. 성과감사: 특정한 정책 · 사업 · 조직 · 기능 등에 대한 경제성 · 능률성 · 효과성의 분석과 평가를 위주로 실시하는 감사
5. 복무감사: 피감사기관에 속한 사람이 감사대상 사무와 관련하여 법령과 직무상 명령을 준수하는지 여부 등 그 복무에 대하여 실시하는 감사

② 종합감사의 주기는 1년에서 3년까지 하되 치안수요 등을 고려하여 조정 실시한다.

2 경찰홍보

(1) 의 의

경찰정책에 국민의 이해, 협력, 신뢰를 확보하기 위한 활동으로 경찰이 국민의 기대, 요구를 파악해 정책에 반영하는 것이 목표이다.

(2) 홍보의 유형 기출

협의의 홍보	인쇄매체 등 대중매체를 통해 개인, 단체의 긍정적인 면을 알리는 활동이다.
지역공동체관계	지역단체의 각종기관, 단체 및 주민들과 유기적 연락, 협조체제를 구축·유지하여 지역사회 각계각층의 요구에 부응하고, 경찰활동의 긍정적 측면을 지역사회에 알리는 지역사회 홍보
언론관계	신문, 잡지, TV, 라디오 등을 통해 사건·사고에 대한 보도자료를 제공하는 대응적, 소극적 활동이다.
대중매체 관계	신문방송 등 대중매체의 제작자와 협조관계를 유지하여 대중매체가 원하는 바를 충족시키는 것으로 경찰의 긍정적 측면을 알린다.
기업이미지식 경찰홍보	시민을 소비자로 보고, 적극적 홍보활동으로 독점적 지위를 주장하지 않고, 친근한 상징물을 내세워 조직 이미지를 높이는 홍보활동을 한다. 국민지지, 예산확보, 기관과의 협력을 확보하기 위한 계획적인 홍보활동이다.

(3) 경찰과 대중매체와의 관계 기출

R. Mark	단란하고 행복하지는 않지만, 오래 지속되는 결혼생활이다.
G. Crandon	경찰과 대중매체는 상호 필요성 때문에 공생관계로 발전한다.
R. Ericson	경찰과 대중매체는 서로 연합하여 사회 일탈의 개념을 규정하고, 도덕성과 정의를 규정하는 사회의 엘리트집단을 구성한다고 정의한다.

(4) 경찰홍보방법 기출 과 문제점

소극적 홍보전략 기출	① 비밀주의와 공개최소화 원칙 ② 언론접촉 규제 ③ 홍보기능 고립 ④ **현행공보실 운영방식**
적극적 홍보전략	① 대중매체의 적극적 이용 ② 공개주의와 비밀최소화 원칙 ③ 모든 경찰관의 홍보요원화 ④ 홍보와 다른 기능의 연계를 통한 홍보

(5) 경찰홍보 개선

경찰홍보와 관련해서 **사생활보호와 알권리를 조화**시켜야 하고 기출, 범죄사실도 공공의 이익을 위한 것이 아닌 경우 발표해서는 안된다. 청소년범죄의 소년범이나 성범죄자에 실명으로 발표해서는 안된다.

(6) 언론 오보에 대한 대응책

1) 정정보도청구권

① **의의**: 언론의 보도내용이 **전부 또는 일부가 진실하지 아니한 경우** 진실에 부합하게 보도하도록 청구하는 것을 의미한다.

② **정정보도청구의 요건**

㉠ 사실적 주장에 관한 언론보도 등이 진실하지 아니함으로 인하여 피해를 입은 자는 해당 언론보도 등이 있음을 **안 날부터 3개월 이내**에 언론사에게 그 언론보도 등의 내용에 관한 정정보도를 청구할 수 있다.

㉡ 제1항의 청구에는 언론사 등의 고의·과실이나 위법성을 필요로 하지 아니한다.

㉢ 국가·지방자치단체, 기관 또는 단체의 장은 해당 업무에 대하여 그 기관 또는 단체를 대표하여 정정보도를 청구할 수 있다.

③ **정정보도청구권의 행사**

㉠ 정정보도청구는 **언론사 등의 대표자에게 서면**으로 하여야 한다.

㉡ 제1항의 청구를 받은 언론사 등의 대표자는 3일 이내에 그 수용 여부에 대한 통지를 **청구인에게 발송**하여야 한다. 기출

㉢ 언론사 등이 제1항의 청구를 수용할 때에는 지체 없이 피해자 또는 그 대리인과 정정보도의 내용·크기 등에 관하여 협의한 후, 그 **청구를 받은 날부터 7일 내**에 정정보도문을 방송하거나 게재하여야 한다.

㉣ 다음 각 호의 어느 하나에 해당하는 사유가 있는 경우에는 언론사 등은 정정보도**청구를 거부**할 수 있다.

1. 피해자가 정정보도청구권을 행사할 **정당한 이익이 없는 경우** 기출
2. 청구된 정정보도의 내용이 명백히 사실과 다른 경우
3. 청구된 정정보도의 내용이 명백히 위법한 내용인 경우
4. 정정보도의 청구가 상업적인 광고만을 목적으로 하는 경우
5. 청구된 정정보도의 내용이 국가·지방자치단체 또는 공공단체의 공개회의와 법원의 **공개재판절차의 사실보도**에 관한 것인 경우 기출

2) 반론보도청구권

① 사실적 주장에 관한 언론보도 등으로 인하여 피해를 입은 자는 그 보도 내용에 관한 반론보도를 언론사 등에 청구할 수 있다.

② 청구에는 언론사 등의 **고의·과실이나 위법성을 필요로 하지 아니하며, 보도 내용의 진실 여부와 상관없이 그 청구**를 할 수 있다.

③ 반론보도청구에 관하여는 따로 규정된 것을 제외하고는 정정보도청구에 관한 이 법의 규정을 준용한다.

3) 추후보도청구권

언론 등에 의하여 범죄혐의가 있거나 형사상의 조치를 받았다고 보도 또는 공표된 자는 그에 대한 형사절차가 무죄판결 또는 이와 동등한 형태로 종결되었을 때에는 그 사실을 안 날부터 **3개월 이내**에 언론사 등에 이 사실에 관한 추후보도의 게재를 청구할 수 있다.

4) 조 정

① 신 청

㉠ 정정보도청구 등과 관련하여 분쟁이 있는 경우 **피해자 또는 언론사 등**은 중재위원회에 조정을 신청할 수 있다. 피해자는 언론보도 등에 의한 피해의 배상에 대하여 언론보도가 있음을 **안 날부터 3월 이내**, 언론보도가 있은 후 **6월 이내** 기간 이내에 중재위원회에 조정을 신청할 수 있다.

㉡ 정정보도청구 등과 손해배상의 조정신청은 서면 또는 구술이나 그 밖에 대통령령으로 정하는 바에 따라 전자문서 등으로 하여야 하며, **피해자가 먼저 언론사 등에 정정보도청구 등을 한 경우에는 피해자와 언론사 등 사이에 협의가 불성립된 날부터 14일 이내**에 하여야 한다. 기출

② 조정기간

㉠ 조정은 **신청 접수일부터 14일** 이내에 하여야 하며, 중재부의 장은 조정신청을 접수하였을 때에는 지체 없이 조정기일을 정하여 당사자에게 출석을 요구하여야 한다.

㉡ 출석요구를 받은 신청인이 **2회에 걸쳐 출석하지 아니한 경우**에는 조정신청을 취하한 것으로 보며, **피신청 언론사 등이 2회에 걸쳐 출석하지 아니한 경우에는 조정신청 취지에 따라 정정보도 등을 이행하기로 합의**한 것으로 본다.

㉢ 조정은 비공개를 원칙으로 하되, 참고인의 진술청취가 필요한 경우 등 필요하다고 인정되는 경우에는 중재위원회규칙으로 정하는 바에 따라 참석이나 방청을 허가할 수 있다.

5) 언론중재위원회

① 언론등의 보도 또는 매개로 인한 분쟁의 조정·중재 및 침해사항을 심의하기 위하여 언론중재위원회를 둔다. 기출

② **중재위원회는 40명 이상 90명 이내의 중재위원으로 구성**하며, 중재위원은 다음 각 호의 사람 중에서 문화체육관광부장관이 위촉한다.

③ 중재위원회에 위원장 1명과 2명 이내의 부위원장 및 2명 이내의 감사를 두며, 각각 중재위원 중에서 호선(互選)한다.

④ 위원장·부위원장·감사 및 중재위원의 임기는 **각각 3년으로 하며, 한 차례만 연임**할 수 있다.

⑤ 중재위원회의 회의는 **재적위원 과반수의 출석과 출석위원 과반수의 찬성**으로 의결한다. 기출

3 경찰의 향후과제

(1) 행정개혁

행정을 보다 나은 상태로 개선하기 위해서 행정부가 추구하는 계획된 변화로 새로운 정책, 행정기술, 방법의 채택과 행정관료들의 **가치, 신념, 태도의 행태**변화를 포함한다. 새로운 철학과 행정의 능률화, 새로운 기술 도입, 행정수요의 발생, 고객요구의 변동으로 행정개혁이 필요하게 된다.

(2) 행정개혁의 저항과 극복방안 기출

1) 저항의 원인

기득권의 침해, 개혁내용의 불확실성, 폐쇄성으로 인한 참여부족 및 부패로 행정개혁에 저항이 있게 된다.

2) 저항의 극복방안

개혁에는 저항이 뒤따르게 된다. 이러한 저항의 원인을 파악하여 **참여**의 확대, **의사소통, 공공성 확인, 개혁방안의 수정, 점진적 개혁** 추진으로 저항을 최소화해야 한다.

3) A. Etzioni의 저항극복 전략 기출

① **공리적 전략**: **경제적 보상**을 활용하는 것으로, 피해를 보상하거나 인센티브를 제공하여 저항을 최소화하는 전략이다.

② **규범적 전략**: **윤리적 규범과 가치**에 호소하여 상징조작, 심리적 지지를 얻기 위한 전략이다. 지도자의 카리스마, 여론, 교육, 훈련을 통한 의식개혁으로 저항심리를 완화시키거나 혁신에 동조하도록 하는 전략이다.

③ **강제적 전략**: 저항하는 행위에 **제재**를 가하여 혁신에 동참하도록 하는 전략으로 신속하게 저항을 극복할 수 있다. 자발적 동의를 유도하기 어렵기 때문에 **최후의 수단**으로 사용한다.

(3) 경찰제도 개혁

1) 경찰개혁

① **다면평가제**

㉠ 상급자, 동료, 부하, 민원인등이 동시에 평가하는 방식으로 집단평정법, 복수평정법이라고 한다. 공기업, 공공기관에서는 주로 고위직에 적용한다.

㉡ 상급자에 대한 반발심리가 작용하기도 하고 상급자의 보복이 두려워 제대로 평정할 수 없다.

② **치안지수의 활용** 기출: 국민이 평가한 범죄, 교통위험의 불안수준, 범죄간의 상대적 중요도를 기초로 산출한 지표를 말한다. 치안정책의 중점사항을 알 수 있고, 지역특성에 적합한 정책수립이 가능하다.

③ **목표에 의한 관리**(MBO)

의 의	구성원의 **참여**를 통해 **목표**를 명확히할 수 있다. 수행결과를 **평가**하고 **환류**시켜 조직의 효율성 향상을 목표로 하는 관리기법이다.
장 점	① 조직목표에 활동을 집중시켜 **효과성** 제고 ② 조직과 개인 **목표의 통합** ③ **참여**에 의한 사기제고 ④ 갈등의 최소화 ⑤ 조직의 동태화
단 점	① 급격한 변화와 목표설정의 어려움 ② 단기적, 양적목표에 치주하게 됨 ③ 구성원간의 **합의도출 어려움** ④ **성과 측정이 어려움**

2) 수사구조 개혁 기출

① **수사권독립 찬성론**

㉠ 수사의 **현실과 법규범의 불일치**

㉡ 사법경찰관이 작성한 피의자 신문조서가 증거능력의 차이로 검찰송치 후 피의자에 대한 **중복조사**가 이루어진다.

㉢ 검찰권한의 비대화로 권한은 검찰이 보유하고 책임은 경찰이 지고 있다. 경찰에 대한 수사지휘권을 이용하여, 경찰업무에 개입, 수사지휘에 관련없는 지시, 인력동원 등을 요구하고 사법경찰관리는 사법경찰관과 검사의 이중적인 지휘명령을 받아 업무의 효율성이 저해(**명령통일의 원리 위배**)된다.

② **수사권독립 반대론**

㉠ **수사와 공소제기 불가분**: 법원에 공소를 제기하기 위한 준비행위로 검사가 수사의 주체가 되어야 한다.

㉡ **적법절차보장과 인권 존중**: 사법경찰관이 독자적으로 수사하면 수사의 합목적성만 추구하다 적정절차와 인권이 무시된다.

㉢ **경찰국가화 우려**: 정보력과 수사권까지 가진 경찰이 된다면 경찰의 비대화로 피해가 발생할 수 있다.

3) 패러다임의 전환

① **의의**: 경찰개혁에서는 규제, 단속, 강제진압에서 **서비스 제공, 관리 위주**로 경찰행정이 패러다임 전환이 이루어진다.

② **패러다임 변화 방향**

구분	내용
수 사	단속, 규제에서 피해자 보호 고려
생 안	범죄예방, 검거에서 주민안전과 안심확보로 변화
교 통	위반자 적발 단속에서 소통확보와 사고예방으로 변화
경 비	물리적 진압에서 대화와 설득 시도
관 리	지시, 명령, 통제에서 대화, 자율, 분권으로 전환

Chapter 04 Police Science

경찰행정학

제1절 경찰조직관리

01 경찰조직의 지도원리 또는 경찰조직상의 이념에 대한 설명으로 가장 옳지 않은 것은?

11. 승진

① 경찰조직은 불편부당, 공평중립을 요하는 경찰의 본질상 정치적 중립성의 보장을 필요로 한다.

② 경찰작용은 권력적 수단이므로 경찰조직은 민주성의 확보가 강력히 요구된다.

③ 경찰권 행사는 국민의 헌법상 기본권 침해의 우려가 많기 때문에 국민의 인권보장을 위해서 반드시 합의제 행정관청으로 조직되어야 한다.

④ 경찰위원회는 민주적 통제장치라고 볼 수 있다.

해설

경찰행정의 신속성과 책임성으로 경찰관청은 **독임제**로 구성하는 것이 원칙이다.

Answer 1. ③

02 **다음의 막스 베버**(M. Weber)**가 주장한 관료제의 구조적인 설명 중 틀린 것은 몇 개인가?**

02. 승진, 02 · 07. 채용

㉠ 직무조직은 계층제적 구조로 되어 있다.
㉡ 관료는 시험 또는 자격 등에 의해 공개적으로 채용된다.
㉢ 직무수행은 주로 서류에 의해 이루어지며 기록은 단기간 보존된다.
㉣ 관료의 권한과 직무범위는 법규와 관례에 따라 규정된다.
㉤ 관료는 직무수행의 대가로서 직업적 보상으로 급료를 받으며, 직무수행 과정에서 개인적 감정에 따라 임무를 수행한다.

① 1개 ② 2개 ③ 3개 ④ 4개

해설

㉢ 직무수행의 기록은 **장기간 보존**된다.
㉣ 관료의 권한과 직무범위는 관례가 아닌 **법규에 따라** 규정된다.
㉤ 관료는 직무수행 과정에서 개인적 감정을 배제하고 법규에 따라 임무를 수행한다.

03 **조직 내의 갈등에 대한 다음의 설명 중 틀린 것은?** 03. 승진

① 갈등의 원인으로 목표나 이해관계의 상충, 인적 자원에 대한 경쟁, 물적 자원에 대한 경쟁 등을 들 수 있다.
② 갈등은 조직 내에 문제가 있음을 알리는 중요한 정보이다.
③ 갈등의 단기적 해결 방법으로는 우선 갈등의 원인을 진단하고 문제를 해결해 주는 것이 좋다.
④ 교섭과 협상은 갈등의 장기적 해결방안에 해당한다.

해설

갈등의 장기적 해결방안은 **조직의 구조**, **보상체계**, **인사** 등의 문제점을 제도 개선으로 해결하는 것이다.

Answer 2. ③ / ㉢㉣㉤ 3. ④

04 다음 중 목표에 의한 관리(MBO)에 대한 설명으로 바르지 못한 것은? 03. 채용

① 수행결과를 평가하고 환류시켜 조직의 효율성을 향상시킨다.
② 결과에 대한 책임수락을 가능하게 한다.
③ 장기적인 질적 목표를 달성하는 데 적합한 기법이다.
④ 조직의 인간화를 통하여 조직발전에 기여한다.

해설

MBO는 **단기적 · 계량적 목표를 중시**하기 때문에, 장기적인 질적 목표를 경시하는 경향이 있다.

05 경찰공보 활동으로서의 PR과 CR의 비교설명으로 틀린 것은 무엇인가? 01. 채용

① PR은 대중매스컴을 통한 간접 수단적 성격을 가지고, CR은 주민과 대화를 통한 직접 수단적 성격을 가진다.
② PR은 불특정 다수를 대상으로 하고, CR은 특정 다수를 대상으로 한다.
③ PR은 대외적 공보활동으로서 성격을 가지고, CR은 대내적 공보활동으로서의 성격을 가진다.
④ CR은 넓게는 PR에 포함된다고 볼 수 있다.

해설

CR, PR 모두 국민이나 주민 등의 협력을 얻기 위한 '**대외적 공보활동**'이라는 **공통점**이 있다.

06 경찰홍보에 대한 설명 중 틀린 것은? 10. 승진

① 공공관계(PR)는 상대방의 지지를 얻기 위한 노력이나 활동이라는 점에서 선전과 유사하다.
② 보도관련 용어 중 'off the record'는 보도하지 않을 것을 조건으로 하는 자료나 정보제공을 말한다.
③ 정정보도청구를 받은 언론사의 대표는 14일 이내에 수용 여부에 대한 통지를 청구인에게 발송하여야 한다.
④ Ericson은 경찰과 대중매체는 서로 얽혀서 범죄와 정의, 사회질서의 현실을 해석하고 규정짓는 사회기구의 역할을 수행한다고 주장하였다.

해설

정정보도청구를 받은 언론사의 대표는 **3일 이내**에 그 수용 여부에 대한 통지를 청구인에게 발송하여야 한다.

Answer 4. ③ 5. ③ 6. ③

제2절 경찰조직관리－조직편성의 원리

01 **다음 경찰조직에 편성원리 중 통솔범위의 원리에 관한 설명으로 맞는 것은?** 05. 승진

① 통솔범위의 원리란 지시나 보고를 주고받는 과정에서 지시는 한 사람만이 할 수 있고 보고도 한 사람에게만 하여야 한다는 원칙이다.

② 조직의 시간적 요인에서 신설조직일수록 통솔범위가 확대되어 있다.

③ 계층의 수가 많을수록 통솔범위가 축소된다.

④ 교통·통신의 발달은 통솔범위를 더욱 축소시킨다.

해설

① 한사람에게만 보고하는 것은 **명령통일의 원칙**이다.
② 신설조직일수록 **통솔범위가 축소**된다.
④ 시공간의 확장은 통솔범위를 확대시킨다.

02 **경찰조직의 편성 원리에 관한 설명 중 틀린 것은?** 03. 채용

① 계층제: 직무를 책임과 난이도에 따라 상하로 나누어 배치하고 상위로 갈수록 권한과 책임이 무거운 임무를 수행하도록 편성하는 것이다.

② 통솔범위의 원리: 한 사람의 관리자가 통솔 가능한 적합한 부하의 수는 어느 정도인가라는 관리의 효율성을 좌우하는 중요한 원리이다.

③ 명령통일의 원리: 조직의 구성원 간에 지시나 보고를 주고받는 과정에서 지시는 한 사람만이 할 수 있고 보고도 한 사람에게 하여야 한다는 원칙이다.

④ 분업의 원리: 조직의 공동목적을 달성하기 위하여 구성원의 행동통일을 기하도록 집단적 노력을 질서 있게 배열하는 과정이다.

해설

집단적 노력을 질서 있게 배열하는 것은 **조정과 통합의 원리**에 관한 설명이다. 분업의 원리는 업무를 분담시킴으로서 조직 관리상의 능률을 향상시키려는 것이다.

Answer 1. ③ 2. ④

03 다음 중 옳은 내용은 모두 몇 개인가? 08. 승진

> ㉠ 경찰권 행사는 국민의 헌법상 기본권 침해의 우려가 많기 때문에 반드시 합의제 행정관청으로 조직되어야 한다.
> ㉡ 국가경찰제는 일반적으로 민주성의 요청에 의한 제도이다.
> ㉢ 직무를 책임과 난이도에 따라 등급화하고 상하계층 간에 명령복종관계를 적용하는 조직 원리는 계층제의 원리이다.
> ㉣ 1인의 상관 또는 감독자가 효과적으로 직접 감독할 수 있는 부하의 수에 관한 원리는 통솔범위의 원리이다.
> ㉤ 조정의 원리는 구성원이나 단위기간의 활동을 전체적인 관점에서 통일하여 조직의 목표달성도를 높이려는 원리이다.

① 1개 ② 2개 ③ 3개 ④ 4개

해설

㉠ 경찰조직은 **독임제 행정관청**으로 조직되는 것이 원칙이다.
㉡ 국가경찰체제는 **효율성**의 요청에 의한 제도이다.

04 경찰조직의 편성 원리에 대한 설명 중 틀린 것은 모두 몇 개인가? 10. 승진

> ㉠ 신설조직보다 기성조직에서 상관이 많은 부하직원을 통솔할 수 있다.
> ㉡ 명령통일의 원리를 너무 철저히 지키다보면 업무수행에 혼란을 야기할 수도 있다.
> ㉢ 최근 부각되는 구조조정의 문제와 관련성이 깊은 것은 조정의 원리이다.
> ㉣ 계층제의 원리는 구성원이나 단위기관의 활동을 전체적인 관점에서 통일하여 조직의 목표달성도를 높이려는 원리이다.
> ㉤ 명령통일의 원리로서 신속한 결단과 결단내용의 지시가 한 사람에게 통합되어야 한다.

① 1개 ② 2개 ③ 3개 ④ 4개

해설

㉢ 구조조정의 문제와 관련성이 깊은 것은 **통솔범위의 원리**이다.
㉣ 전체적인 관점에서의 통일을 중시하는 것은 **조정**의 원리이다.

Answer 3. ③ / ㉢㉣㉤ 4. ② / ㉢㉣

제 3 절 경찰인사관리

01 인사행정에 대한 설명으로 가장 옳지 않은 것은? 11. 승진

① 실적주의에서 공무원 임용 기준은 직무수행능력과 성적이다.

② 각국의 인사행정은 실적주의와 엽관주의가 적절히 조화되어 실행되고 있고, 우리나라는 실적주의를 주로 하되 엽관주의적 요소가 가미된 것으로 이해할 수 있다.

③ 엽관주의는 인사행정의 기준을 당파성과 정실에 두는 제도로 행정을 단순하게 보아 누구나 수행할 수 있는 것으로 보기 때문에 법령에 저촉되지 않는 한 일체의 신분상의 불이익을 받지 않는다.

④ 실적주의는 19세기 말 미국 등에서 공직의 매관매직 · 공직부패 등이 문제되어 대두되었고, 공직은 모든 국민에게 개방되며 어떠한 차별도 받지 않는다.

해설

엽관주의는 신분보장을 받지 못하기 때문에 행정의 **계속성**이나 **안정성이 저해**된다.

02 다음 경찰임용 기준의 하나인 실적주의에 대한 설명 중 타당하지 않은 것은? 08. 경간

① 실적주의 인사제도는 공무원의 신분보장, 정치적 중립 등을 구성요소로 하고 미국의 자유민주주의 발전과정에서 도입되었다.

② 공무원의 인사에 있어 개인의 능력이나 실적을 기준으로 하는 인사제도를 실적주의라 한다.

③ 실적주의는 국민의 요구에 적극적으로 대응하지 않을 위험이 있다.

④ 인사관리의 경직성을 초래할 수 있다.

해설

미국의 자유민주주의의 발전과정에서 도입된 것은 **엽관주의**이다.

Answer 1. ③ 2. ①

03 다음 중 직위분류제와 거리가 먼 것은?

04 · 05 승진

㉠ 신축적 인사관리	㉡ 보수의 합리화
㉢ 개방형 충원방식	㉣ 신분보장 미흡
㉤ 행정조직의 전문화 · 분업화	

① ㉠ ② ㉠ ㉡ ㉢
③ ㉠ ㉡ ㉢ ㉣ ④ ㉠ ㉡ ㉢ ㉣ ㉤

해설

신축적 인사관리는 **계급제**의 설명이다.

04 다음 설명에 해당하는 공직분류 방식은 무엇인가?

07. 경간

- 1909년 미국 시카고에서 처음 실시
- 시험 · 채용 · 전직 등의 합리적 기준을 제공하여 인사행정의 합리화를 기할 수 있음
- 직무 중심의 분류 방법

① 실적주의 ② 직위분류제
③ 계급제 ④ 엽관주의

해설

이는 직위분류제에 대한 설명이다.

Answer 3. ① 4. ②

05 다음 중 직위분류제의 장점이 아닌 것은 모두 몇 개인가? 08. 경간

> ㉠ '동일직무에 대한 동일보수의 원칙'을 확립함으로써 보수제도의 합리적 기준을 제시할 수 있다.
> ㉡ 유능한 일반 행정가의 확보가 용이하다.
> ㉢ 동일한 직무를 장기간 담당하게 되어 행정의 전문화에 기여할 수 있다.
> ㉣ 인사배치에 있어 융통성을 확보할 수 있다.
> ㉤ 권한과 책임의 한계를 명확히 할 수 있다.
> ㉥ 공무원의 신분보장에 철저를 기할 수 있다.

① 1개 ② 2개 ③ 3개 ④ 없음

해설

㉡ 직위분류제는 **전문행정가**의 확보가 용이하다.
㉣ 직위분류제는 인사배치의 **경직성**을 초래한다.
㉥ 직위분류제는 공무원의 **신분보장**이 미약한 단점이 있다.

06 경찰 인사관리에 대한 설명 중 틀린 것은? 10. 승진

① 계급제는 공무원이 보다 종합적·신축적인 능력을 가질 수 있고, 이해력이 넓어져 기관간의 협조가 용이하다.
② 계급제는 보통 계급의 수가 많고 계급간의 차별이 심하며 외부로부터의 충원이 힘든 폐쇄형의 충원방식을 취하고 있다.
③ 직위분류제는 시험·채용·전직의 합리적 기준을 제공하여 인사행정의 합리화를 기할 수 있고, 동일직무에 대한 동일보수의 원칙을 확립함으로써 보수제도의 합리적 기준을 제시할 수 있다.
④ 직위분류제는 인사배치의 비융통성, 신분보장 미흡 등의 단점이 있다.

해설

계급제는 보통 **계급의 수가 적고** 계급간의 차별이 심하다(영국의 4대 계급제).

Answer 5. ③ / ㉡㉣㉥ 6. ②

07 동기부여이론에 관한 설명 중 타당하지 않은 것은? 05. 승진

① 인간의 욕구가 곧바로 인간행동을 유발하는 것이 아니라 자신의 행동이 가져오는 결과를 고려하여 행동한다는 것이 과정이론이다.
② A. Maslow의 인간욕구 5단계 이론은 대표적인 과정이론이다.
③ 사람을 움직이고 일하게 하는 구체적인 실체가 인간의 마음속에 있다는 것이 내용이론이다.
④ 관리자의 인간에 대한 신념에 따라 동기부여와 관리방식에도 차이가 있어야 한다.

해설

A. Maslow의 인간욕구 5단계 이론은 **내용이론**에 속한다. 동기부여의 과정이론에는 Porter & Lawler의 업적만족모형, Vroom의 '기대이론', Adams의 '공정성이론' 등이 있다.

08 경찰서장 甲은 소속 경찰관들의 사기 앙양 방법을 모색 중이다. Maslow의 욕구이론과 경찰조직이론에 비추어 볼 때 甲이 취할 사기 앙양책에 대한 설명 중 가장 옳지 않은 것은? 11. 승진

① 소속직원들 개개인을 인격의 주체로서 합당한 대우를 해준다.
② 소속직원들 간의 인간관계의 개선을 통하여 Maslow가 언급한 자기실현 욕구를 만족시켜 준다.
③ 직원들의 불만·갈등을 평소 들어줄 수 있도록 상담 창구를 마련하여 Maslow가 언급한 사회적 욕구를 해소하여 준다.
④ 지연·학연 등에 의한 편파적 인사나 대상에 따라 다른 기준이 적용되는 인사를 배제한다.

해설

소속직원들 간의 인간관계의 개선은 Maslow의 애정욕구(사회적 욕구)와 관계가 깊다.

Answer 7. ② 8. ②

제4절 경찰예산

01 **품목별 예산제도에 관한 설명으로 틀린 것은 무엇인가?** 08. 채용

① 품목별 예산은 지출의 대상과 성질에 따라 세출예산을 인건비·운영경비·시설비 등으로 구분하는 방법이다.

② 통제 지향적이라 볼 수 있으며, 예산담당 공무원들에게 필요한 핵심적 기술은 회계 기술이다.

③ 기능의 중복을 피하기 용이하나, 운영하기 어려운 단점이 있다.

④ 품목과 비용을 따지는 미시적 관리로 정부전체 활동의 통합조정에 필요한 수단을 제공하지 못한다.

해설

품목별 예산제도는 예산의 운용이 용이하지만, 지출목적이 불분명하고 **기능의 중복**이 심한 단점이 있다.

02 **다음 중 성과주의 예산제도의 장점이 아닌 것은?** 01 · 04 · 05. 승진

① 공무원봉급 등 행정 기본경비에 대한 적용이 용이하다.

② 자원배분의 합리화 및 예산집행의 신축성을 기할 수 있다.

③ 정부정책이나 계획수립을 용이하게 한다.

④ 해당 부서의 업무능률을 측정할 수 있다.

해설

성과주의 예산은 인건비 등 경직성 적용이 어려워 **기본경비에 대한 적용이 곤란**하다는 단점이 있다.

Answer 1. ③ 2. ①

03 다음 설명에 해당하는 예산은?

04. 채용, 07. 경간

- 정부의 구입 물품보다는 정부가 수행하는 업무에 중점
- 정부예산의 기능·활동·사업계획에 기초를 둠
- 예산과목을 사업계획·활동별·세부사업별로 '단위원가×업무량=예산액'으로 표시하여 편성하는 예산

① 품목별 예산
② 성과주의 예산
③ 계획예산(PPBS)
④ 영기준 예산

해설

성과주의 예산은 국민이 경찰의 활동과 목적을 이해하는 데 용이하고, 자원배분의 합리성과 예산집행의 신축성을 기할 수 있는 장점이 있다.

04 다음의 경찰예산에 대하여 바르게 기술하지 못한 것은?

03. 채용

① 품목별 예산이란 정부지출의 대상이 되는 물품, 품목(인건비·급여 수당·시설비) 등을 기준으로 한 예산제도이며, 또한 우리나라 경찰의 예산제도이다.
② 성과주의 예산이란 행정기관의 모든 사업 활동을 전년도 예산을 고려치 않고 사업의 우선순위를 결정하여 이에 따라 예산을 편성하는 제도이다.
③ 계획예산제도는 장기적인 계획과 단기적인 예산을 프로그램 작성을 통하여 유기적으로 결합하여 자원배분에 관한 의사결정을 일관성 있게 합리화하려는 제도이다.
④ 성과주의 예산은 정부가 무슨 일을, 얼마의 돈을 들여서 완성하였는가를 일반 국민이 이해할 수 있다.

해설

사업의 축소·확대 여부를 원점에서 검토하여 우선순위가 높은 사업을 선택하여 예산을 집행하는 제도는 **영기준예산제도**이다.

Answer 3. ② 4. ②

05 예산관리모형에 대한 설명으로 틀린 것은 모두 몇 개인가? 10. 승진

㉠ 품목별 예산제도는 비교적 운영하기 쉽고 회계책임이 명확한 장점이 있다.
㉡ 성과주의 예산제도는 국민의 입장에서 경찰활동을 쉽게 이해할 수 있는 장점이 있다.
㉢ 계획예산제도의 가장 큰 장점은 실천의 용이성에 있다.
㉣ 영기준예산제도는 재정확대를 통한 경제 활성화를 위해 사용하는 것이 일반적이다.

① 1개 ② 2개 ③ 3개 ④ 4개

해설

㉢ 계획예산은 실천이 용이하지 않다. 실천이 용이한 제도는 **품목별 예산제도**이다.
㉣ 영기준예산제도는 **감축관리**와 관련이 있다.

06 예산제도에 대한 설명 중 틀린 것은 모두 몇 개인가? 10. 승진

㉠ 품목별 예산제도는 회계책임이 명확하고, 계획과 지출이 일치한다는 장점이 있다.
㉡ 성과주의 예산제도는 기능의 중복을 피하기 곤란하고, 의사결정을 위한 충분한 자료제시가 부족하다는 단점이 있다.
㉢ 일몰법은 매년 사업의 우선순위를 새로이 결정하고 그에 따라 예산을 책정한다.
㉣ 자본예산은 정부예산은 정부예산을 경상지출과 자본지출로 구분하여 경상지출은 경상수입으로 충당시켜 균형을 이루게 하고 자본지출은 적자재정과 공채발행으로 그 수입에 충당하게 함으로써 균형을 이루게 하는 예산제도이다.

① 1개 ② 2개 ③ 3개 ④ 4개

해설

㉠ 품목별 예산제도는 계획과 지출이 일치하지 않는 단점이 있다.
㉡ **품목별 예산제도**의 단점이다.
㉢ 영기준예산에 대한 설명이다.
㉣ 자본예산에서는 경상지출은 균형예산을, 자본지출은 적자재정·공채발행으로 불균형예산을 편성한다.

Answer 5. ② / ㉢㉣ 6. ④ / ㉠㉡㉢㉣

07 예산의 종류와 집행에 대한 다음의 설명 중 틀린 것은 몇 개인가?

07. 채용

㉠ 예산이 국회를 통과하여 확정된 후에 생긴 사유로 인하여 이미 성립한 예산에 변경을 가할 필요가 있을 때 편성하는 예산을 수정예산이라 한다.
㉡ 국회는 회계연도 개시 30일 전까지 예산안을 심의·의결하여야 하는 바, 당초에 국회의결을 얻어 확정·성립된 예산을 본예산이라고 한다.
㉢ 성과주의 예산제도는 매년 사업의 우선순위를 새로이 결정하고 그에 따라 예산을 책정하는 제도이다.
㉣ 예산이 확정되면 해당예산이 배정되지 않았더라도 지출원인행위를 할 수 있다.

① 1개 ② 2개 ③ 3개 ④ 4개

해설

㉠ 예산이 확정된 후에 변경을 하는 것은 수정예산이 아니라 **추가경정예산**이다.
㉢ 영기준예산을 의미한다.
㉣ 국회에서 예산이 확정되어도 해당 예산이 배정되지 않을 상태에서는 지출원인행위를 할 수가 없다.

08 경찰예산의 편성과정에 대한 설명으로 틀린 것은?

03. 승진

① 경찰청장은 매년 1월 말까지 신규 및 중기사업계획서를 기획재정부장관에게 제출하여야 한다.
② 기획재정부장관은 매년 4월 말까지 예산편선지침을 경찰청장에게 통보하여야 한다.
③ 예산편성지침을 받으면 경찰청장이 예산요구서를 작성하여 6월 말까지 행정안전부장관에게 제출하여야 한다.
④ 정부는 회계연도 90일 전까지 정부예산안을 국회에 제출하여야 한다.

해설

경찰청장은 예산요구서를 작성하여 매년 6월 30일까지 기획재정부장관에게 제출하여야 한다.

Answer 7. ③ / ㉠㉢㉣ 8. ③

09 경찰예산의 편성과정과 관련된 설명 중 옳지 않은 것은? 09. 승진

① 기획재정부장관은 국무회의의 심의를 거쳐 대통령의 승인을 얻은 다음 연도의 예산안 편성지침을 매년 4월 30일까지 경찰청장에게 통보하여야 한다.
② 경찰청장은 다음 연도의 예산요구서를 작성하여 매년 6월 30일 전까지 국회에 제출하여야 한다.
③ 정부는 대통령의 승인을 얻은 예산안을 회계연도 개시 60일 전까지 국회에 제출하여야 한다.
④ 예산결산특별위원회의 종합심사가 끝나면 예산안은 회계연도 개시 30일 전까지 본회의 의결을 거침으로써 확정된다.

해설

정부는 회계연도 개시 **90일 전**까지 예산안을 **국회에 제출**하여야 한다.

10 다음 중 지구대의 관서운영경비에 대한 설명으로 틀린 것은? 02. 채용유제

① 사용 후 정산을 할 필요가 없으며, 관서의 장의 책임과 계산 아래 사용한다.
② 지출의 원칙적 절차가 적용되지 않는 관서의 경비를 말한다.
③ 여비는 관서운영경비로 지급할 수 있는 비목에 속한다.
④ 관서운영경비의 지급은 정부구매카드를 사용하여야 한다.

해설

관서운영경비 사용 잔액은 반납해야 하며, 추가교부와 잔액의 반납을 위해서는 관서운영경비의 정산을 거쳐야 한다.

Answer 9. ③ 10. ①

11 관서운영경비에 대한 설명으로 잘못된 것은? 05. 승진

① 봉급은 관서운영경비로 지급할 수 있는 비목이 아니고 경찰서 경리계에서 지급한다.
② 지출의 원칙적 절차가 적용되지 않는 관서의 경비를 말한다.
③ 관서운영경비를 취급할 수 있는 관서에는 특별한 제한이 없다.
④ 관서운영경비의 지급은 계좌이체가 원칙이고, 사용 후 정산을 하여야 한다.

해설

관서운영경비의 지급은 **정부구매카드**를 사용하는 것이 원칙이고, 경비의 성질상 정부구매카드를 사용할 수 없는 경우에는 예외적으로 계좌이체(공공요금, 채권자가 계좌이체를 요청하는 경우)나 현금지급 등의 방법을 병행할 수 있다.

12 예산제도에 대한 설명 중 틀린 것은 모두 몇 개인가? 10. 승진

㉠ 성과주의 예산제도는 인사행정에 유용한 자료를 제공하지만, 기능의 중복을 피하기 곤란하다.
㉡ 계획예산은 국민의 입장에서 경찰활동을 이해하기 용이하지만, 인건비 등 경직성 경비의 적용에 어려움이 있다.
㉢ 준예산은 회계연도 개시 전까지 예산의 불성립 시에 전년도 예산에 준하여 지출하는 예산제도로 예산확정 전이라도 공무원의 보수와 사무 처리에 관한 기본경비 등에는 지출할 수 있다.
㉣ 국회를 통과하여 예산이 확정되었더라도 해당예산이 배정되지 않은 상태에서는 지출원인행위를 할 수 없다.
㉤ 관서운영 경비 중 건당 500만원 이하의 경비만 관서운영경비로 집행하도록 규정한 예산과목은 운영비·특수 활동비가 있으며 업무추진비는 이에 해당하지 않는다.

① 2개 ② 3개 ③ 4개 ④ 5개

해설

㉠ 기능의 중복이 단점인 것은 **품목별 예산제도**이다.
㉡ 국민의 입장에서 경찰활동 이해가 용이한 것은 성과주의 예산의 특징이다.
㉤ 관서운영경비 중 건당 500만원 이하의 경비만 집행하도록 규정한 항목에는 운영비·특수 활동비·업무추진비가 있다.

Answer 11. ④ 12. ② / ㉠㉡㉤

제5절 기타관리

01 **보안심사위원회에 대한 설명 중 틀린 것은?** 03. 승진

① 경찰서는 서장을 위원장으로 하고 경무과장을 부위원장으로 한다.
② 보안심사위원회의 위원장은 표결권을 가진다.
③ 재적위원 과반수 출석과 출석위원 과반수의 찬성으로 결정하며, 가부동수인 때에는 부결된 것으로 본다.
④ 심의사항으로는 보안내규 수립 및 그 개정에 관한 사항, 분야별 보안대책의 수립, 보안에 관계된 사건에 관한 조치사항 등이다.

해설

보안심사위원회는 재적위원 과반수 출석과 출석위원 과반수로 결정하며, 가부동수인 경우에는 **위원장이 결정권**을 가진다.

02 **보안과 비밀에 대한 설명 중 가장 옳지 않은 것은?** 11. 승진

① 보안은 인원, 문서, 자재, 시설, 지역 등을 대상으로 하며 국가는 보안의 주체이다.
② 보안에 관한 일반적인 원칙 중 '알 사람만 알아야 하는 원칙'은 알 사람만 알게 하고 한 번에 다량의 비밀이나 정보가 유출되지 않도록 하는 원칙을 말한다.
③ 인원보안의 수단으로는 신원조사, 보안교육, 보안서약이 있고, 인원보안의 사무는 각급 경찰기관의 인사업무 담당부서에서 관장한다.
④ 음어자재는 Ⅲ급 비밀로 분류하며 약호자재는 대외비 이상으로 분류하여야 한다.

해설

한 번에 다량의 비밀이나 정보가 유출되지 않도록 하는 원칙은 '**부분화의 원칙**'이다.

Answer 1. ③ 2. ②

03 경찰공무원의 비밀취급권에 대한 설명으로 틀린 것은? 04. 승진

① 경찰공무원(전투경찰 순경 포함)은 임용과 동시에 Ⅱ급 비밀취급권을 가진다.
② 정보・보안・외사부서에 근무하는 자는 그 보직발령과 동시에 Ⅱ급 비밀취급권을 인가받은 것으로 한다.
③ 경찰공무원은 비밀취급인가증을 별도로 발급받지 않는 특별인가의 대상이다.
④ 경찰공무원 중 신원특이자는 자체 보안심사위원회 또는 자체 심의기구에서 인가 여부를 의결하고, 불가로 결정된 자는 즉시 인사조치한다.

해설

경찰공무원(전투경찰 순경 포함)은 임용과 동시에 **Ⅲ급 비밀취급권**을 가진다.

04 다음은 비밀과 관련된 설명이다. 타당하지 않은 것은 몇 개인가? 08. 경간

㉠ 경찰청장은 Ⅰ급 비밀취급인가권자이다.
㉡ 비밀의 분류는 보안업무규정 제4조에 명시되어있는데 Ⅰ급 비밀, Ⅱ급 비밀, Ⅲ급 비밀로 분류된다.
㉢ 경찰공무원은 임용과 동시에 Ⅱ급 비밀취급권을 가진다.
㉣ 특수경과 경찰공무원은 보직발령과 동시에 Ⅱ급 비밀취급권을 가진다.
㉤ 경찰공무원은 비밀취급인가증을 별도로 발급받지 않는 특별인가 대상이다.
㉥ 비밀의 분류는 작성하거나 생산하는 자가 한다.
㉦ 누설되는 경우 국가안전보장에 막대한 지장을 초래할 우려가 있는 비밀은 Ⅱ급 비밀이다.

① 1개 ② 2개 ③ 3개 ④ 4개

해설

㉠ 경찰청장은 Ⅱ급 및 Ⅲ급 비밀취급인가권을 가진다.
㉢ 경찰공무원은 임용과 동시에 Ⅲ급 비밀취급권을 가진다.
㉣ 특수경과 중 운전경과의 경우에는 Ⅱ급 비밀취급권을 가지지 않는다.

Answer 3. ① 4. ③ / ㉠ ㉢ ㉣

05 **보호구역**(보안업무규칙 제42조) **중 비밀 또는 주요시설 및 자제에 대한 비인가자의 접근을 방지하기 위하여 그 출입에 안내가 요구되는 구역은 몇 개인가?** 09. 경간

㉠ 전자교환기(통합장비)실	㉡ 비밀발간실
㉢ 음어자재 있는 종합조회	㉣ 암호취급소
㉤ 과학수사센터 처리실	㉥ 무기창 및 탄약고
㉦ 경찰청 및 지방청 항공대	

① 1개 ② 2개 ③ 3개 ④ 4개

해설

제한구역－㉠ ㉤ ㉥ / 통제구역－㉡ ㉢ ㉣ ㉦ 종합조회처리실은 음어자재의 유무와 관계없이 통제구역으로 보아야 한다.

06 **다음의 물품관리기관에 관한 설명 중 가장 잘못된 것은?** 04. 승진

① 기획재정부장관은 각 중앙관서의 장이 행하는 물품관리의 총괄조정에 관한 사항을 관장한다.

② 각 중앙관서의 장은 물품관리관의 사무의 일부를 분장하는 분임물품관리관을 둘 수 있다.

③ 물품출납공무원은 물품관리기관의 출납명령에 따라 출납하고 필요한 사항을 기록하며, 물품의 보관 및 출납의 실질적인 관리기관이다.

④ 경찰서의 물품운용관은 각과 주무담당(계장)이고, 분임 물품관리관은 경무과장이다.

해설

기획재정부장관은 물품관리에 관한 정책과 제도를 관장하며, 조달청장이 각 중앙관서장이 행하는 물품관리의 총괄조정에 관한 사항을 관장한다.

Answer 5. ③ / ㉠ ㉤ ㉥ 6. ①

07 **공문서의 효력발생시기에 대한 설명 중 틀린 것은?** 04 · 05 · 07. 승진

① 도달주의에서 도달이라 함은 문서가 상대방의 지배 또는 생활권 내에 들어간 때를 말한다.

② 공고문서는 고시 · 공고 후 10일이 경과한 날로부터 효력이 발생한다.

③ 전자문서는 수신자의 컴퓨터 파일에 등록이 된 때에 그 효력을 발생한다.

④ 법규문서는 공포 또는 공고를 관보에 게제한 날로부터 20일이 경과한 때로부터 효력이 발생한다.

해설

공고문서는 고시 및 공고 등과 같이 일정한 사항을 일반에게 알리기 위한 문서로서, **고시 · 공고 후 5일**이 경과한 날로부터 효력이 발생한다.

제 6 절 경찰통제 및 경찰개혁

01 **정보공개와 정보제공을 비교할 때 정보공개에 대한 설명으로 틀린 것은?** 08. 승진

① 국민이 원하는 것을 장애 없이 접근 · 이용할 수 있게 하는 것이다.

② 정보공개의 대상은 주로 가공되지 않은 생생한 정보이다.

③ 행정창구 · 행정자료실에 의한 일반정보서비스가 이에 해당한다.

④ 법령에 의해서 의무화되어 있는 것이 보통이다.

해설

행정창구 · 행정자료실에 의한 일반정보서비스는 **정보제공**에 해당한다.

Answer 7. ② / 1. ③

02 **우리나라 정보공개에 대한 다음 설명 중 타당하지 않은 것은?** 07. 승진

① 정보공개를 청구한 날로부터 10일 이내에 공공기관이 공개여부를 결정하지 아니한 때에는 비공개의 결정이 있는 것으로 본다.

② 공공기관은 정보공개의 청구를 받은 날로부터 10일 이내 공개여부를 결정하여야 한다.

③ 정보공개심의회는 위원장 1인을 포함하여 5인 내지 7인으로 구성한다.

④ 공공기관은 이의신청을 받은 날로부터 7일 이내에 그 이의신청에 대하여 결정하고 그 결과를 청구인에게 문서로 통지하여야 한다.

해설

정보공개를 청구한 날로부터 **20일 이내**에 공공기관이 공개여부를 결정하지 아니한 때에는 비공개의 결정이 있는 것으로 본다.

03 **「공공기관의 정보공개에 관한 법률」에 대한 설명으로 옳지 않은 것은 모두 몇 개인가?** 11. 경간

> ㉠ 공공기관이 보유·관리하는 정보는 이 법이 정하는 바에 따라 공개할 수 있다고 규정하고 있다.
> ㉡ 공공기관은 청구를 받은 날부터 10일 이내에 공개여부를 결정하여야 하며, 공개를 청구한 날로부터 20일 이내에 공공기관이 공개여부를 결정하지 아니한 때에는 공개의 결정이 있는 것으로 본다.
> ㉢ 청구인이 정보공개와 관련한 공공기관의 비공개 또는 부분공개의 결정에 대하여 불복이 있는 때에는 공공기관의 정보공개여부의 결정이 있은 날로부터 30일 이내에 당해 공공기관에 문서로 이의신청을 할 수 있다.
> ㉣ 이의신청은 임의절차이므로 이의신청을 하지 않고 바로 행정심판 제기가 가능하다.
> ㉤ 정보공개에 관한 정책의 수립 및 제도개선에 관한 사항을 심의·조정하기 위해 국무총리 소속 하에 정보공개위원회를 둔다.

① 1개 ② 2개 ③ 3개 ④ 4개

해설

㉠ 공공기관이 보유·관리하는 정보는 이 법이 정하는 바에 따라 **공개하여야 한다**(제3조).

Answer 2. ① 3. ④ / ㉠㉡㉢㉤

㉡ 정보공개를 청구한 날부터 **20일** 이내에 공공기관이 공개여부를 결정하지 아니한 때에는 비공개의 결정이 있는 것으로 본다(제11조 제5항).
㉢ 정보공개여부의 '결정이 있은 날' 이 아니라 **결정통지를** '**받은 날**'이 가산점이 된다(도달주의).
㉣ 정보공개위원회는 **행정안전부장관** 소속이다.

04 **경찰의 통제에 대한 다음 설명 중 틀린 것은?** 03. 채용

① 영미법계 국가에서는 경찰조직의 민주성을 확보하기 위하여 경찰위원회, 자치경찰제도 시행 등의 제도적 장치를 마련하고 있다.
② 대륙법계 국가에서는 행정소송의 열기주의에서 개괄주의로 전환함으로서 행정에 대한 법원의 통제를 축소하고 있다.
③ 경찰조직 내에서 이루어지는 자체통제로서 청문감사관 제도, 직무명령권, 훈령권 등이 있다.
④ 행정에 대한 사전통제를 규정하고 있는 기본법은 「행정절차법」이다.

해설

열기주의에서 개괄주의로 전환이 되면 모든 처분을 소송의 대상이 되기 때문에 행정에 대한 **법원의 통제가 확대**된다.

05 **다음 중 경찰통제의 유형이 바르게 연결되지 않은 것은?** 11. 채용

① 사전적 통제 - 국회의 예산심의권, 행정절차법상 입법예고제
② 사후적 통제 - 사법부의 사법심사, 행정부의 행정심판
③ 내부통제 - 국민권익위원회에 의한 통제, 청문감사관 제도
④ 외부통제 - 경찰위원회, 국가인권위원회에 의한 통제

해설

국민권익위원회는 국무총리 소속의 기관으로서 국민권익위원회에 의한 통제는 **외부통제**에 해당한다.

Answer 4. ② 5. ③

06 다음 경찰통제에 대한 설명 중 틀린 것을 모두 고르면?

09. 채용

ㄱ 감사원의 직무감찰 및 행정안전부장관의 일정한 관여 등은 경찰통제의 유형 중 외부통제로 보아야 한다.
ㄴ 사법심사에 의한 통제는 경찰통제의 유형 중 사후적 통제로 볼 수 있다.
ㄷ 경찰통제의 확보는 "국민의 경찰"이라는 관점에서 볼 때, 경찰의 민주성 추구라는 이념과 배치되는 경향이 강하다.
ㄹ 대륙법계의 경우 사후적 사법심사를 통한 통제가 상대적으로 활성화되었고, 영미법계의 경우 시민을 통한 통제를 하여 시민과 대립관계를 유지하였다.

① ㄱ, ㄴ ② ㄴ, ㄷ ③ ㄴ, ㄹ ④ ㄷ, ㄹ

해설

ㄷ 경찰통제의 확보는 **민주경찰**의 이념을 구현하는 중요한 수단이다.
ㄹ 영미법계는 '적정절차의 원칙'에 중점을 두어 시민이 직 · 간접으로 참여와 감시를 가능케 하는 시스템을 구축하여 시민과 경찰이 서로 **조화**되는 체제를 유지하고 있다.

07 A. Etzioni의 저항극복 전략 중 개혁지도자의 카리스마, 개혁의 논리와 당위성에 대한 여론, 교육과 훈련을 통한 의식의 개혁 등을 이용해 잠재적 저항 심리를 완화하거나 혁신에 동조하도록 하는 전략은?

05. 채용

① 관습적 전략 ② 규범적 전략 ③ 혁신적 전략 ④ 공리적 전략

해설

이는 윤리규범에 호소하는 전략으로서 **규범적 · 하향적 전략**을 주로 사용한다.

08 타인의 전화내용을 도청하거나 타인의 은행계좌를 불법추적하는 것은 William L. Prosser의 프라이버시의 침해 유형 중 어디에 해당하는가?

04. 승진

① 사적인 일의 영리적 적용 ② 사생활에 관한 판단의 오도
③ 사적인 사실의 공개 ④ 사적인 일에의 침입

해설

개인의 일상적이고 정상적인 사생활을 침해하여 불안이나 불쾌감 등을 유발하는 행위는 Prosser의 프라이버시의 침해 유형 중 사적인 일에의 침입에 해당한다.

Answer 6. ④ 7. ② 8. ④

09 프라이버시의 개념에 대한 설명 중 틀린 것은? 10. 승진

① 정보기관이 법적 근거 없이 비밀리에 수집·관리하는 개인정보에 따른 손해는 그 정보가 공개되지 않더라도 발생한다는 것이 판례의 태도이다.

② Edward Bloustine은 프라이버시란 인간 인격권의 법익이므로 인격의 침해, 개인의 자주성, 존엄과 완전성을 보호하는 것이라고 하였다.

③ Ruth Gavison은 프라이버시의 세 가지 요소로 비밀, 익명성, 고독을 가지며 그것이 자신의 선택에 의해서 또는 타인의 행위에 의해서 상실할 수 있는 상태를 말한다고 정의하였다.

④ 특정인의 사진을 현상수배자 리스트에 넣는 행위 등은 W. L. Prosser의 프라이버시 침해 유형 중 사적인 사실의 공개에 해당한다.

해설

특정인의 사진을 현상수배자 리스트에 넣는 행위는 '**사생활에 관한 판단의 오도**'에 해당한다.

10 각국 수사기관의 검사와 사법경찰관의 관계 중 맞는 것은? 02. 채용

① 영국－잉글랜드·웨일즈는 상호협력관계로서 사법경찰관이 독자적 수사권을 보유하나, 스코틀랜드는 검사가 수사지도 및 감독을 행한다.

② 미국－지휘감독관계로서 검사는 경제사범·테러범·정치범·강력범의 경우에만 수사에 관여하고, 일반사건은 경찰에 독자적인 수사권을 인정하고 있다.

③ 독일－검사가 수사주재자(예심판사도 수사의 주재자임)이고 사법경찰은 수사보조자로서 지휘감독관계에 있다.

④ 프랑스－검사와 수사기관은 법률조언 및 상호협력관계에 있다.

해설

② 미국은 **상호협력관계**에 있다.
③ 독일에는 예심제도가 없다.
④ 프랑스에서 검사와 경찰은 **지휘감독관계**에 있다.

Answer 9. ④ 10. ①

11 **경찰의 수사권 독립 찬성론은 행정원리에 반하기 때문에 수사권을 독립해야 한다고 하는데 여기서 말하는 행정원리란 무엇인가?** 01. 채용

① 조정과 통합의 원리 ② 통솔범위의 원리
③ 명령통일의 원리 ④ 분업의 원리

해설

사법경찰은 상관과 검사의 이중적인 지휘 · 명령을 받게 되어 '**명령통일의 원리**'**에 위배**되게 된다는 것이다.

12 **경찰의 독자적 수사권 찬성론에 대한 설명으로 가장 옳지 않은 것은?** 11. 승진

① 국가공권력의 대표적인 수사권을 공소권까지 가지고 있는 소수의 검사에게 독점시켜 견제장치가 없는 현실에서는 검찰의 권력남용의 우려가 있다.
② 행정조직의 기본원리로 명령통일의 원리를 중요한 요소로 하고 있는데, 경찰의 하부 계층에서는 이중적 지휘를 받게 되어 행정조직원리에 위배된다.
③ 경찰이 인지한 대부분의 일상범죄에 대한 수사개시는 사법경찰관의 독자적 판단에 의하여 이루어지고 있어 현실과 법규범의 괴리가 있다.
④ 수사의 합목적성을 추구할 수 있어 적정절차와 인권존중의 요청에 부응할 수 있고, 법률전문가의 수사 전 과정 지휘를 통해 법집행의 왜곡을 막을 수 있다.

해설

검찰이 수사를 함으로써 적정절차와 인권존중의 요청에 부응할 수 있고, 법률 전문가의 수사 전 과정 지휘를 통해 법집행의 왜곡을 막을 수 있다는 것은 경찰의 독자적 **수사권 반대론**의 논거이다.

Answer 11. ③ 12. ④

박선영 경찰학

Police Science

CHAPTER

생활안전경찰

P o l i c e S c i e n c e

Chapter 05 생활안전경찰

제1절 범죄의 원인과 예방

1 범죄의 원인과 예방

(1) 범죄의 개념

1) 법률적 개념

범죄는 법률을 위반한 행위이고 **법률에 규정된 작위 또는 부작위의무를 고의적으로 위반**한 행위를 의미한다(Martin. R. Haskell & Lewis Yablonsky). 범죄의 본질을 제시하지 못하였고, 현대사회에서 반가치적 행위를 법률에 규정하는 것이 현실적으로 불가능하다.

2) 비법률적 개념

① **낙인이론**: 범죄는 실제하는 것이라기보다 **범죄를 정의할 권한이 있는 자**들이 일탈행위를 범죄로 규정하면서 범죄가 된다.

② **해악의 기준에 따른 분류**

Sutherland	화이트칼라 범죄가 기존의 범죄보다 **해악이 더 크다**.
Herman & Schwendinger	인간의 **기초적 인권**을 침해하는 행위에 대한 심각한 고려가 필요하다.
Raymond Michalowski	범죄는 불법적인 행위는 물론, 법적으로 범죄화되지 않은 사회적으로 해악한 행위도 포함된다.(**범죄는 불법과 유사하나 법적으로 용인가능**)

3) 법제정 및 집행상의 개념

① **법제정 과정상 개념**: 법규가 제정되는 과정을 중심으로 개념을 정의하고 **의회의 방침과 정책**에 따라 범죄의 개념이 달리 정의된다.

② **법집행 과정상 개념**: 법집행 과정이 법규의 활성화이므로 **사법기관**에서 범죄의 정의를 내린다.

4) G.M. Sykes 기출

범죄는 사회규범을 위반한 행위이고, 범죄인지 아닌지를 판단하는 기준은 역사적·문화적 환경에 따라 다르게 나타난다.

2 범죄원인론

(1) **범죄의 요소**(Joseph. F. Sheley) 기출

범죄자가 범행을 저지르기 위해서는 **범행의 동기, 사회적 제재로부터의 자유, 범행의 기술, 범행의 기회**가 필요하다. 범행이 시행되기 위해서는 이 요소들이 상호작용을 하지 않으면 안 된다.

(2) **소질과 환경**(Luxemburger)

범죄의 원인에 대하여는 전통적으로 소질과 환경의 한쪽의 원인으로 파악했다. 1930년대 이후 **소질과 환경과 상호작용**으로 인간을 동태적으로 파악하는 다원적 접근을 하였다.

1) 범인성 소질

선천적 요소(유전자 등)와 후천적 발전요소(체질과 성격이상, 연령, 지능 등)가 범죄자를 결정한다.

2) 범인성 환경

사회적 환경(사회구조, 경제변동, 전쟁 등), 개인적 환경(알콜중독, 가정해체, 교육부재)으로부터 범죄자가 나타난다.

3) 소질과 환경관계

범인성 소질에 영향을 받은 범죄(**내인성**범죄)와 범인성환경에 영향을 받은 범죄(**외인성**범죄)로 나누어진다.

(3) 범죄원인에 관한 학설

1) 고전주의 범죄학

인간은 **자유의지**를 가지고 있는 합리적 인간으로 외부적 요소에 의해 강요받지 않는 **의사비결정론**을 따른다. 범죄를 통제하는 방법은 **강력한 형벌**이라고 본다. **일반예방효과**를 강조하며 범죄는 **개인의 책임**이지 사회책임은 아니라고 본다.

① Beccaria(저서-『범죄와 형벌』): 잔혹한 형벌과 사형, 고문폐지 주장, 죄형균형론

② Bentham: **공리주의** 주장, 형벌을 통한 범죄의 통제, '파놉티콘(중앙의 감시탑으로 감방이 둘러싸인 형태)'모델로 교도소 개혁 주장

2) 실증주의 범죄학

인간의 행위는 생물학적, 심리학적, 사회학적 요인에 의해 결정된다(인간의 자유의지를 부정한다: **의사결정론**). 범죄인에 대한 **처우**를 강조하고, **교정전문가**가 범죄인을 교정할 수 있다고 본다. 범죄해결을 위한 **과학적 방법** 적용을 통해 다양한 형사처분이 가능하다.

① Lomboroso(저서-『범죄인론』): **격세유전**을 통해서 범죄기질을 전수받는 자들이 범죄를 저지르는 것이다.

② Ferri(저서-『범죄사회학』): 범죄원인이 존재하는 사회에는 일정한 범죄가 발생한다고 주장했다(**범죄포화의 법칙**). 기출

③ Garofalo(저서-『범죄학』): **자연범과 법정범** 최초 구분

생물학적 범죄학	**칼리카크가**의 연구에서 신체구조와 성격, 체격의 특이성에서 범죄인의 특징을 찾을 수 있다고 보았다.
심리학적 범죄학	**정신이상, 낮은 지능, 모방학습**으로 범죄를 저지른다고 보는 학파

3) 사회학적 범죄학

① **사회구조원인** 기출

아노미 이론	㉠ 아노미는 급격한 사회변동으로 **사회규범이 붕괴**되어 작용하지 못하는 상태이다(E. Durkheim). 기출 범죄는 어느 사회에나 존재하는 것으로 범죄는 불가피한 사회적 행위이다. ㉡ 목표를 성취하는 수단이 계층에 따라 **차등화**되어 **분노와 좌절**로 긴장이 유발되고 비합법적인 수단이나 일탈행위인 범죄를 통해 목표성취를 하게 된다(R. Merton). 기출
사회해체론	빈민지역에서 비행이 일반화되는 이유는 **산업화·도시화**로 사회조직이 해체되기 때문이다. 빈민가로 이사가면 자녀가 비행소년으로 변해가는 경우를 잘 설명한다(Shaw & Makay). 기출
문화적전파 이론	범죄를 부추기는 가치관으로 범죄에 대한 구조적, 문화적 유인에 대한 **자기통제의 상실**이 범죄의 원인이 된다. 정상적인 사회화과정을 거치지 못한 경우 범죄를 일으키는 성향을 띤다.
문화갈등 이론	큰 문화 속에서 작은 하위문화는 **문화적 갈등**을 일으키고 나아가 범죄의 원인이 된다(T. Sellin). 지역사회의 문화적 갈등이 범죄발생의 원인이다(**시카고학파**).

② 사회과정원인론

차별적 접촉 이론	개인이 법에 대한 태도는 소속집단의 개인간의 **접촉에 의한 상호작용**과정에서 차등적으로 배운다는 이론이다. (E.H. Sutherland) 예 유흥업소 밀집지역에 범죄가 많이 발생하고 친구를 잘못 사귀어 범죄를 저지르는 경우이다.
차별적동일시 이론	청소년들이 영화주인공을 모방하고 동일시하면서 범죄를 학습하게 된다(Glaser).
차별적강화 이론	청소년 비행행위에 대한 **제재가 없거나 칭찬**받게 되면 반복적으로 비행을 저지른다.
중화기술 이론	㉠ 책임의 부정: 자신의 행위는 의지로 어쩔 수 없다는 강압적인 힘에 의한 것이라고 주장한다. ㉡ 가해자의 부정: 실제로 아무도 손해를 입은 사람이 없으므로 처벌받을 이유가 없다고 본다.(마약, 매춘 등) ㉢ 피해자의 부정: 마땅히 응징받을 사람을 응징한 것으로 피해자는 없다고 주장한다. ㉣ 비난자에 대한 비난: 경찰이나 검찰이 더 부패하였기 때문에 자신을 심판할 자는 없다고 주장한다. 기출 ㉤ 충성심에 근거: 소속 집단에 대한 충성심이 더 우위에 있어 부득이하게 범죄를 저질렀다고 보는 이론
사회유대 이론	비행을 제지할 수 있는 **사회적 결속과 유대의 약화**로 범죄가 발생한다. (애착, 전념, 참여, 신념 등) 기출
견제 이론	**자아개념**은 범죄환경에도 불구하고 비행행위에 가담하지 않도록 하는 중요한 요소이다(Reckless).
동조성 이론	유혹에 노출되더라도 다시 정상적인 상태로 돌아오고, 처벌이나 이미지, 사회에서의 지위와 활동에 미치는 영향을 염려하는 동조성을 염두에 둔다.

③ **낙인이론** 기출: 사회에서 일탈행위로 규정한 행위가 범죄행위가 되었다고 보는 이론으로 행위의 질적인 면이 아니라, 사회인들이 가지고 있는 **행위에 대한 인식**이 범죄를 규정한다(**탄넨바움**, Tannenbaum).

3 범죄통제론

(1) 범죄통제방법

근세 이전	응보와 복수
고전주의 사상가	형벌과 제재
실증주의 사상가	**교정과 치료**
범죄사회학자	범죄예방

(2) C.R. Jeffrey의 범죄통제 모형

1) 범죄억제모형

형벌을 통해 범죄를 방지하고 범인이 **개선, 교화**하는 것을 말한다.

2) 사회복귀모형

임상적 방법, 지역활동, 직업활동을 통해 **범죄자들의 재사회**하는 데 중점을 둔다. 최근 사회정책의 일환으로 중요성이 강조되고 있다.

3) 환경공학을 통한 범죄통제모형

사회환경개선을 통해 범죄가 발생하기 전에 예방하는 모형으로 사회환경개선에 중점을 둔다.

(3) 미국 범죄예방연구소의 범죄예방개념

미국의 범죄예방연구소에서는 범죄예방은 범죄기회를 감소시키는 사전활동이며, 범죄에 관련된 **환경적 기회를 제거**하는 직접적 활동이라 하였다. **기출**

(4) P.B. Lab의 범죄예방개념

범죄예방을 범죄발생에 대한 **시민들의 두려움을 줄이는 사전활동**으로 정의하였다. 범죄를 줄이는 사전활동이나 심리적 측면의 친절성확보, 범죄에 대한 두려움의 제거를 위한 활동이다. 범죄활동에 대한 심리적 측면의 두려움을 제거하는 활동까지 규정한 것이 특징이다.

(5) 범죄예방 접근법(Bringtingham과 Faust)

1) 1차적 예방

물리적 · 사회적 환경을 개선하는 방법으로 건축, 조명, 자물쇠, 접근통제와 같이 환경설계, 감시, 시민순찰활동을 통해 **일반예방활동에 중점**을 두는 예방활동이다.

2) 2차적 예방 기출

잠재적 범죄자의 범죄기회를 차단하여 범죄를 예방하는 방법으로 범죄예측, 범죄지역분석, 전환제도 등이 있다.

3) 3차적 예방

범죄자들을 대상으로 재범방지를 위해 특별예방, 무능화, 교화, 처우개선을 통해 사회복귀활동에 중점을 둔다.

(6) 범죄예방이론

1) 억제이론 기출

고전주의 범죄학을 바탕으로 하는 예방이론으로 인간의 **자유의지와 도덕적 책임감**을 강조한다. 범죄의 개시 여부는 개인 스스로의 책임이지 사회의 책임은 아니라고 본다. 범죄를 저지르면 반드시 처벌된다는 **처벌의 확실성**을 대중에게 보여주고, 범죄자는 엄격하고 강력하게 처벌할 때 **특별예방효과**가 나타난다고 주장한다. 이에 대해 충동적 범죄에 대한 설명이 어렵다는 비판이 있다.

2) 치료 및 갱생이론 기출

실증주의 범죄이론을 바탕으로 하고, 범죄는 개인의 책임이 아니라 사회의 책임(**의사결정론**)으로 본다. 범죄자의 치료와 갱생을 통한 **특별예방효과**를 강조한다. 범죄행위에 대한 간접적 통제에 중점을 두기 때문에 적극적 범죄예방에는 한계가 있다.

3) 사회발전이론 기출

사회학적 범죄이론에 근거한 범죄예방이론으로 **사회환경**을 개선해야 근본적인 범죄예방이 가능하나 인적, 물적자원이 필요하다고 한다.

(7) 현대적 범죄예방이론(생태학적 이론)

생태학적 범죄이론에서는 인간은 **자유의지**를 가지고 있고, **환경**에도 영향을 받고 있어 범죄의 원인을 인간과 환경의 상호작용으로 본다. 범죄발생은 환경적 요소를 파악하여 이를 개선하거나 제거하여 기회성 범죄를 줄이려는 범죄예방이론이다. 기출

1) 상황적 범죄예방이론

범죄행위에 대한 위험과 어려움을 높여 범죄기회를 줄이고, 범죄이익을 감소시켜 범죄를 예방하는 이론이다.

05

합리적 선택이론 (클락, 코니쉬)	범죄자도 **비용과 이익을 계산**해서 자신에게 유리한 경우 범죄를 저지른다는 이론으로 체포의 위험성과 처벌의 확실성을 높이면 범죄예방이 가능하다. 인간 선택의 **자유의지**를 인정(**비결정론**)한다. 기출
일상활동이론 (코헨과 펠슨)	지역사회 범죄율의 변화를 지역사회의 구조적 특성의 변화가 아니라 **개인의 일상생활의 변화**에서 찾고자 한다. 범죄기회가 주어지면 누구나 범죄를 저지를 수 있다. 범죄는 **범죄자, 대상, 감시의 부재**라는 조건이 충족되면 발생된다. 기출 범죄자의 입장에서는 가치(Value), 이동용이성(Inertial), 가시성(Visibility), 접근성(Access)이 필요하다(VIVA모델). 기출 시간·공간에 따른 범죄발생, 범죄기회, 범죄조건에 대한 **미시적인** 분석을 통해 범죄예방을 시도하였다.
범죄패턴이론 (브랜팅햄)	범죄는 일정한 패턴이 있어, 잠재적 범죄인이 일상활동에서 적절한 범행대상을 찾아 적정한 지역에서 이동경로나 수단을 선택한다.

2) **환경범죄이론**(CPTED: Crime Prevention Through Environmental Design)

뉴먼이 만든 방어공간의 개념을 **제프리**가 확장시켰다. 물리적 환경설계를 통해 범죄기회를 차단하고 시민의 범죄에 대한 불안을 감소시키는 방법이다. **방어공간 이론(오스카 뉴먼)**에 의하면 주민들 자신이 거주하고 있는 지역이나 장소를 자신의 영역이라고 생각하고 감시하면 범죄로부터 안전할 수 있다는 주장이다. 기출

자연적 감시	건축물이나 시설물의 가시권 확보, 외부침입에 대한 감시기능 확대로 **범죄의 발견가능성**을 높인다.
자연적 접근통제	**정해진 공간**으로 유도하거나 출입을 접근에 대한 심리적 부담을 증대시켜 범죄를 예방한다.
영역성의 강화	사적공간에 대한 **경계표시**로 책임의식을 강화시키고, 외부인들의 침입은 불법사실로 인식시켜 **범죄기회를 차단**한다. 기출
활동성의 활성화	상호의견을 교환하고, 유대감을 증대할 수 있는 공공장소를 설치하고 이용하도록 하여 자연적 감시와 접근통제를 활용한다. 기출
유지관리	설치된 대로 기능을 계속 유지하도록 노력을 기울여야 한다.

3) **집합효율성이론**(로버트 샘슨) 기출

집합효율성이란 지역주민간의 **상호신뢰, 연대감** 등 사회문제에 대한 적극적 개입을 의미한다. 집합효율성은 지역사회의 사회경제적 여건이 범죄에 미치는 영향을 최소화할 수 있게 한다. 이 이론은 법집행기관의 공식적 사회통제의 중요성을 간과하였다는 비판을 받는다.

4) 깨진 유리창 이론 기출

경미한 무질서가 중대한 범죄로 연결된다는 이론으로 경범에 대한 엄격한 통제와 관리를 주장한다(경미한 무질서의 무관용정책).

(8) 범죄피해자학

1) 의 의

범죄의 피해를 받거나 받을 위험이 있는 자에 관해 과학적으로 연구하고 피해자의 역할, 형사사법의 피해자 보호 등을 연구대상으로 하고 있다.

2) 주요개념 기출

① **범죄와의 접근성**: 범죄다발지역에 가까울수록 범죄자와의 접촉가능성이 증가해 범죄피해의 가능성이 높아진다.

② **범죄에의 노출**: 외곽의 가옥이나 건물은 침입절도에 많이 노출되어 위험한 지역에 있는 사람들은 강도나 폭행의 위험에 더 많이 노출된다.

③ **표적의 매력성**: 범죄에서 상징성, 경제적 가치가 있는 재화를 소지하거나 고급승용차를 타고 다니는 주부는 범죄의 대상이 된다.

④ **보호능력**: 피해의 대상이 될 수 있는 사람이나 물건의 범죄발생을 미연에 방지할 수 있는 능력을 의미한다. 경찰, 교사, 부모, 친구 등이나 CCTV와 같은 기계적 보호장치도 포함된다.

제2절 지역경찰활동

1 지역경찰활동

지역사회 경찰활동은 지역사회 공동체 **모든 분야와 협력**하여 **범죄를 예방**하고 피해를 줄이는 것을 목표로 하는 활동이다.

구 분	전통적인 경찰활동	지역사회 경찰활동
의 의	경찰이 유일한 법집행기관	경찰과 시민 모두 범죄방지의무
역 할	법집행자, 범죄해결자의 역할	지역사회의 포괄적 문제해결자
업무평가	범인검거율	범죄나 무질서 감소
주업무	범죄, 폭력퇴치	• 범죄, 폭력퇴치 • 주민문제 및 관심사항 해결
효율성 판단	신고에 대한 **경찰반응시간**	**주민의 경찰업무에 대한 협조**
조직구조	집권화, 상의하달	분권화, 하의상달
타 기관과의 관계	권한과 책임문제로 갈등관계	공동목적을 위한 협력구조
강조사항	법의 엄격한 준수	지역사회 요구에 부응하는 경찰관 개개인의 능력 강조

2 지역경찰

(1) 조직 및 구성

1) 지역경찰관서

지방경찰청장은 인구, 면적, 행정구역, 교통·지리적 여건, 각종 사건사고 발생 등을 고려하여 경찰서의 관할구역을 나누어 지역경찰관서를 설치한다.

2) 지역경찰관서장

① 지역경찰관서의 사무를 통할하고 소속 지역경찰을 지휘·감독하기 위해 지역경찰관서에 지구대장 및 파출소장을 둔다. 지구대장은 **경정** 또는 **경감**, 파출소장은 **경감 또는 경위**로 임명한다. 기출

② 지역경찰관서장은 다음 각 호의 직무를 수행한다.

1. 관내 **치안상황의 분석** 및 대책 수립
2. 지역경찰관서의 **시설·예산·장비**의 관리
3. 소속 지역경찰의 근무와 관련된 **제반사항에 대한 지휘 및 감독**
4. 경찰 중요 시책의 **홍보 및 협력치안** 활동

3) 하부조직

① 지역경찰관서에는 관리팀과 상시·교대근무로 운영하는 복수의 순찰팀을 둔다. 순찰팀의 수는 지역 치안수요 및 인력여건 등을 고려하여 **지방경찰청장**이 결정한다.

② 관리팀 및 순찰팀의 인원은 지역 치안수요 및 인력여건 등을 고려하여 경찰서장이 결정한다. 관리팀은 문서의 접수 및 처리, 시설 및 장비의 관리, 예산의 집행 등 지역경찰관서의 행정업무를 담당한다.

4) 치안센터

① **지방경찰청장**은 지역치안을 효율적으로 수행하기 위하여 지역경찰관서장 소속하에 치안센터를 설치할 수 있다. 기출 치안센터는 **24시간** 상시 운영

② 치안센터는 지역경찰관서장의 소속하에 두며, 치안센터의 인원, 장비, 예산 등은 지역경찰관서에서 통합 관리한다. 치안센터 관할구역의 크기는 설치 목적, 배치 인원 및 장비, 교통·지리적 요건 등을 고려하여 **경찰서장**이 정한다.

③ **경찰서장**은 치안센터에 전담근무자를 배치하는 경우 전담근무자 중 1명을 치안센터장으로 지정할 수 있으며, 치안센터장의 임무는 다음 각 호와 같다.

㉠ 경찰 민원 접수 및 처리

㉡ 관할지역 내 주민 여론 수렴 및 보고

㉢ 타기관 협조 등 협력방범활동

㉣ 기타 치안센터 운영과 관련된 문제점 및 개선대책 수립 및 보고

④ **치안센터 종류**

구 분	검문소형 치안센터	출장소형 치안센터
설치 목적	**적의 침투 예상로 또는 주요 간선도로의 취약요소**등에 교통통제 고려하여 설치	**지역 치안활동의 효율성 및 주민편의**를 고려하여 설치
근무자 임무	㉠ 거점 형성에 의한 지역 경계 ㉡ 불순분자 색출 및 제 경찰사범의 단속 및 검거 ㉢ 관할 내 각종 사건사고 발생시 초동조치	㉠ 범죄예방 순찰 및 위험발생 방지 ㉡ 방문민원 접수 및 처리 ㉢ 관할 내 각종 사건사고 발생시 초동조치 ㉣ 관할 내 주민여론 청취 등 지역사회 경찰활동

⑤ **직주일체형 치안센터**

㉠ 출장소형 치안센터 중 근무자가 치안센터 내에 거주하면서 근무하는 형태의 치안센터로 **배우자와 함께 거주**함을 원칙으로 하며, 배우자는 근무자 부재 시 방문민원 접수·처리 등 보조 역할을 수행한다.

㉡ 직주일체형 치안센터에 배치된 근무자는 **근무 종료 후에도 관할구역 내에 위치**하며 지역경찰관서와 연락체계를 유지하여야 한다. 다만, 휴무일은 제외한다. 직주일체형 치안센터 근무자의 **근무기간은 1년 이상**으로 하며, 임기를 마치고 희망부서로 배치하고, 차기 경비부서의 차출순서에서 1회 면제한다.

㉢ 지방경찰청장은 직주일체형 치안센터에 배우자가 함께 거주하지 않는 경우에는 전투경찰순경을 상주배치하여야 하며, 배치 기준은 별표와 같다.

㉣ 경찰서장은 직주일체형 치안센터에서 거주하는 근무자의 배우자에게 **조력사례금**을 지급하여야 하며, 지급 기준 및 금액은 경찰청장이 정한다. 기출

(2) 근 무

1) 복 장

지역경찰은 근무 중 근무수행에 필요한 경찰봉, 수갑 등 경찰장구, 무기 및 무전기 등을 휴대하여야 하고 지역경찰관서장 및 순찰팀장은 필요한 경우 지역경찰의 복장 및 휴대장비를 조정할 수 있다.

2) 근무형태 및 시간

① **지역경찰관서장은 일근근무를 원칙**으로 한다. 다만, 경찰서장은 필요하다고 인정되는 경우에는 지역경찰관서장의 근무시간을 조정하거나, 시간외·휴일 근무 등을 명할 수 있다.

② **관리팀은 일근근무를 원칙**으로 한다. 다만, 지역경찰관서장은 필요하다고 인정되는 경우에는 근무시간을 조정하거나, 시간외·휴일 근무 등을 명할 수 있다. 기출 **순찰팀장 및 순찰팀원은 상시·교대근무를 원칙**으로 한다. 기출

3) 근무의 종류 기출

행정근무	① **문서의 접수 및 처리** ② 시설·장비의 **관리 및 예산의 집행** ③ 각종 현황, 통계, 자료, 부책 관리 기출 ④ 기타 행정업무 및 지역경찰관서장이 지시한 업무 기출
상황근무	① 시설 및 장비의 작동여부 확인 기출 ② 방문민원 및 각종 신고사건의 접수 및 처리 기출 ③ 요보호자 또는 피의자에 대한 보호·감시 기출 ④ 중요 사건·사고 발생시 보고 및 전파 기출 ⑤ 기타 필요한 문서의 작성 기출
순찰근무	순찰근무는 그 수단에 따라 112 **순찰, 방범오토바이 순찰, 자전거 순찰 및 도보 순찰** 등으로 구분한다. 112 순찰근무 및 야간 순찰근무는 **반드시 2인 이상 합동**으로 지정하여야 한다. 기출 ① 주민여론 및 범죄첩보 수집 기출 ② 각종 사건사고 발생시 초동조치 및 보고, 전파 ③ 범죄예방 및 위험발생 방지 활동 ④ 경찰사범의 단속 및 검거 ⑤ 경찰방문 및 방범진단 ⑥ 통행인 및 차량에 대한 검문검색 등
경계근무	**경계근무는 반드시 2인 이상 합동**으로 지정하여야 한다. 기출 ① 불순분자 및 범법자 등 색출을 위한 통행인 및 차량, 선박 등에 대한 검문검색 및 후속조치 ② 비상 및 작전사태 등 발생시 차량, 선박 등의 통행 통제 기출
대기근무	대기근무의 장소는 지역경찰관서 및 치안센터 내로 한다. 단, 식사시간을 대기근무로 지정한 경우에는 식사 장소를 대기 근무 장소로 지정할 수 있다. 무전기를 청취하며 10분 이내 출동이 가능한 상태를 유지하여야 한다.
기타근무	기타근무는 치안상황에 효과적으로 대응하기 위하여 지역경찰 관리자가 지정하는 근무 기출

(3) 지역경찰동원

지방경찰청장 또는 경찰서장은 지역경찰의 기본근무에 지장을 초래하지 않는 범위 내에서 지역경찰을 다른 근무에 동원할 수 있다. 불가피한 경우에 한하여 휴무자를 동원할 수 있다. 기출

① 다중범죄 진압, 대간첩작전 기타의 **비상사태**

② **경호경비 또는 각종 집회 및 행사의 경비**

③ **중요범인의 체포를 위한 긴급배치**
④ 화재, 폭발물, 풍수설해 등 **중요사고의 발생**
⑤ 기타 다수 경찰관의 동원을 필요로 하는 행사 또는 업무

(4) 인사관리

정원관리	경찰서장은 지역경찰관서의 관할면적, 치안수요 등을 고려하여 지역경찰관서에 적정한 인원을 배치하여야 한다. 지방경찰청장은 소속 지방경찰청의 지역경찰 정원 충원 현황을 **연 2회 이상 점검**하고 현원이 정원에 미달할 경우, 지역경찰 정원충원 대책을 수립, 시행하여야 한다.
부적격자 배제	① 부적격자 배제 사항 ㉠ 금품수수, 직무태만, 음주운전 등의 비위로 **감봉 이상의 징계처분을 받은 날로부터 3년이 경과되지 아니한 자** ㉡ **형사사건으로 기소된 자** ㉢ 과도한 채무부담 등 **경제적 빈곤상태가 현저**하거나, 도박 · 사행행위 · 불건전한 이성관계 등으로 성실한 업무 수행을 기대하기 곤란한 자 ② 교체 대상자 기출 ㉠ ①의 각 호에 해당하는 자 ㉡ **6월 이상의 휴직 · 파견근무**를 명받은 자

(5) 112 신고센터 운영

112 신고센터 설치	112 신고의 효율적인 처리를 위해 각 지방경찰청 및 경찰서 생활안전과장 소속하에 112 센터를 설치한다. **경찰서의 112 센터는 치안상황실 안에 설치하는 것**을 원칙으로 한다.
112 요원의 근무	112 요원의 근무기간은 **1년 이상**으로 한다. 임기를 마친 경찰공무원은 희망부서로 배치하고, 차기 경비부서의 차출순서에서 1회 면제한다. 기출
112 신고유형	① code 1 신고: **최우선 출동**이 필요한 경우 ㉠ 범죄로부터 인명 · 신체 · 재산 보호 ㉡ 심각한 공공의 위험 제거 및 방지 ㉢ 신속한 범인검거 ② code 2 신고: 경찰 출동요소에 의한 현장조치 필요성은 있으나 code1 신고에 속하지 않는 경우 기출 ③ code 3 신고: 경찰 출동요소에 의한 현장조치 필요성이 없는 경우
자료보존	① 112 신고 접수처리 입력자료는 **1년간** 보존 ② 112 신고 접수 및 무선지령내용 녹음자료는 24시간 녹음하고 **3개월간** 보존

3 순찰(Patrol) 기출

(1) 순찰의 종류

1) 정선순찰

사전에 정하여진 노선을 규칙적으로 순찰하는 방법으로 **감독, 연락이 용이**하나 범죄자들이 순찰을 예측하고 행동할 수 있다.

2) 난선순찰

순찰지역이나 노선을 정하여 불규칙하게 순찰하는 형태로 범죄예방의 효과를 높일 수 있으나 순찰근무자의 위치 파악이 곤란하고 근무자의 **태만과 소홀 우려**

3) 요점순찰

순찰구역 내에 중요 지점을 지정하여 지정된 장소 사이를 난선순찰 방식으로 순찰하는 방법이다.

4) 구역순찰 기출

순찰구역 내에 순찰 소구역을 설정하여 소구역 중점으로 **요점순찰**

(2) 순찰의 효과 연구

뉴욕경찰의 25구역 순찰실험	순찰의 효과를 측정한 **최초**의 실험, 불완전한 실험으로 알려짐
켄자스 예방순찰실험	차량순찰이 증가해도 범죄는 감소하지 않고 일상적인 순찰을 생략해도 **범죄는 증가하지 않는다.** 기출
뉴왁시 도보순찰실험	도보순찰이 증가해도 **범죄발생은 감소하지 않으나**, 주민들은 범죄가 줄어들었다고 생각한다.
플린트 도보순찰실험	**공식적 범죄가 증가**하였음에도 도보순찰 결과 시민들은 안전하다고 느낀다.

4 경찰방문과 진단

(1) 경찰방문 기출

1) 개 념

경찰관이 관할구역 내의 각 가정, 상가 및 기타시설 등을 방문하여 청소년 선도, 소년소녀가장 및 독거노인 · 장애인 등 사회적 약자 보호활동 및 안전사고방지 등의 지도 · 상담 · 홍보 등을 행하며 **민원사항을 청취**하고, 필요시 주민의 협조를 받아 **방범진단**을 하는 등의 예방경찰활동을 말한다.

05

2) 경찰방문 대상

① 경찰서장은 지구대, 파출소별로 경찰방문구역을 정하고 지역경찰관으로 하여금 그 구역 내의 주택과 건조물에 거주하는 내국인 및 외국인에 대하여 경찰방문을 행하게 할 수 있다.

② 외국대사관·공사관 및 영사관원과 그 관내 거주자, 주한미군·군속 등 치외법권자에 대하여는 경찰관의 방문을 특별히 서면으로 요청한 경우에만 가능

㉠ 경찰관의 방문을 요청하는 주민

㉡ 지구내장 또는 파출소장이 범죄의 예방, 청소년 선노, 안선사고방지상남, 지도·상담·홍보 등이 필요하다고 인정하는 가정, 기업체 등

㉢ 기타 경찰서장이 치안유지상 특히 필요하다고 인정하는 지역

3) 방문시간 기출

경찰방문은 일출 후부터 일몰시간 전에 함을 원칙으로 한다. 다만, 주민으로부터 **야간방문 요청**이 있거나 특별한 사유로 인해 경찰서장의 사전허가와 상대방의 **동의**를 얻은 때에는 야간에도 실시할 수 있다.

4) 경찰방문 방법

방범진단카드를 휴대하고 현지를 방문하여 방범진단, 청소년 선도, 안전사고 방지 등의 지도·홍보·상담·연락 등 봉사활동을 하고 민원사항을 청취 후 경찰조치가 긴요하다고 인정되는 사실을 알게 된 때에는 지체 없이 지구대장에게 보고하여야 한다.

(2) 방범진단 기출

1) 의 의

범죄예방 및 안전사고방지를 위하여 관내 주택, 고층빌딩, 금융기관 등 현금 다액취급 업소 및 상가·여성운영업소 등에 대하여 방범시설 및 안전설비의 설치상황, 자위방범 역량 등을 점검하여 **미비점을 보완하도록 지도하거나 경찰력 운용상의 문제점**을 보완하는 활동을 말한다.

2) 방범진단 방법

외부적 진단에서 내부적 진단으로 이행하여 진단을 실시하고, 다시 내부에서 외부로 종합적인 진단을 실시한다.

제3절 생활질서업무

1 풍속사범의 단속

(1) 의 의

풍속사범은 사회의 선량한 풍속과 건전한 생활관습에 해로운 영향을 미치는 범법행위이다. **범법행위를 금지, 제한하는 경찰작용**을 풍속사범단속이라 한다.

(2) 풍속영업의 규제에 관한 법률

1) 목 적

선량한 풍속을 해치거나 청소년의 건전한 성장을 저해하는 행위 등을 규제하여 미풍양속을 보존하고 청소년을 유해한 환경으로부터 보호함을 목적으로 한다.

2) 범 위 기출

<table>
<tr><td>게임제공업</td><td rowspan="2">게임산업진흥에 관한 법률</td><td>“게임물”이라 함은 컴퓨터프로그램 등 정보처리 기술이나 기계장치를 이용하여 오락을 할 수 있게 하거나 이에 부수하여 여가선용, 학습 및 운동효과 등을 높일 수 있도록 제작된 영상물 또는 그 영상물의 이용을 주된 목적으로 제작된 기기 및 장치를 말한다.
다만, 다음에 해당하는 것을 제외한다.
① 관광진흥법에 의한 카지노업을 하는 경우
② 사행행위 등에 규제 및 처벌 특례법에 의한 사행기구를 갖추어 사행행위를 하는 경우
③ 고객유치 또는 광고 등을 목적으로 다음 방법으로 영업소의 고객이 게임물을 이용할 수 있도록하는 경우
－게임제작, 배급, 제공업, 인터넷컴퓨터게임시설, 복합유통게임제공업 제외
④ 인터넷컴퓨터 게임시설 제공업의 경우
⑤ 사행성 게임물에 해당되어 등급분류 거부결정을 받은 게임물을 제공하는 경우</td></tr>
<tr><td>복합 유통게임 제공업</td><td>게임제공업, 인터넷 컴퓨터 게임시설제공업, 이 법에 의해 다른 법률에 의한 영업을 동일한 장소에서 함께 영위하는 영업</td></tr>
</table>

유흥 주점영업	식품위생업	주로 주류를 조리, 판매하는 영업으로 유흥종사자를 두거나 유흥시설을 설치할 수 있고, 손님이 노래를 부르거나 춤을 추는 행위가 허용되는 영업
단란주점업		주로 주류를 조리, 판매하는 영업으로 노래가 허용되는 영업
숙박업	공중위생관리법	손님이 잠을 자고 머물 수 있도록 시설 및 설비 등의 서비스를 제공하는 영업으로 민박사업용 시설, 자연휴양림 안에 설치된 시설, 청소년 수련시설은 제외
이용업		머리카락, 수염을 깍거나 다듬는 등 용모를 단정히 하는 영업
비디오물 감상실업	영화 및 비디오물의 진흥에 관한 법률	다수의 구획된 시청실과 비디오물 시청기자재를 갖추고 비디오물을 공중의 시청에 제공하는 영업
노래 연습장업	음악산업진흥에 관한 법률	연주자는 없고 반주에 맞추어 노래를 부를 수 있도록 하는 영상 또는 무영상 반주장치 등의 시설을 갖추고 공중의 이용에 제공하는 영업
무도학원업	체육시설의설치 이용에관한법률	회비 등을 받거나 유료로 무도과정을 교습하는 영업
무도장업		회비 등을 받거나 유료로 무도과정을 제공하는 영업

3) 풍속영업자 및 종사자 준수사항 기출

① **성매매알선** 등 행위

② **음란행위**를 하게 하거나 이를 알선 또는 제공하는 행위

③ 음란한 **문서 · 도화(圖畵) · 영화 · 음반 · 비디오물, 그 밖의 음란한 물건**에 대한 다음의 행위

㉠ 반포(頒布) · 판매 · 대여하거나 이를 하게 하는 행위

㉡ 관람 · 열람하게 하는 행위

㉢ 반포 · 판매 · 대여 · 관람 · 열람의 목적으로 진열하거나 보관하는 행위

④ 도박이나 그 밖의 **사행(射倖)행위**를 하게 하는 행위

4) 풍속영업의 통보

① 다른 법률에 따라 풍속영업의 허가를 한 자는 풍속영업소의 소재지를 관할하는 **경찰서장**에게 다음의 사항을 알려야 한다. 기출

㉠ 풍속영업자의 성명 및 주소

㉡ 풍속영업소의 명칭 및 주소

㉢ 풍속영업의 종류

② **허가관청**은 풍속영업자가 휴업 · 폐업하거나 그 영업내용이 변경된 경우와 그 밖에 대통령령으로 정하는 사유가 발생한 경우에는 경찰서장에게 그 사실을 알려야 한다.

(3) 음악산업 진흥에 관한 법률

1) 노래연습장법－시장, 군수, 구청장에게 등록

2) 청소년－18세 **미만**

3) 노래연습장업자 준수사항

① 영업소 안에 화재 또는 안전사고 예방을 위한 조치를 할 것
② 대통령령이 정하는 출입시간외에 청소년이 출입하지 아니하도록 할 것. 다만, 부모 등 보호자를 동반하거나 그의 출입동의서를 받은 경우, 그 밖에 대통령령이 정하는 경우에는 그러하지 아니하다.
③ **주류를 판매 · 제공하지 아니할 것**
④ **접대부**(남녀를 불문한다)**를 고용 · 알선하거나 호객행위를 하지 아니할 것**
⑤ 「성매매알선 등 행위의 처벌에 관한 법률」 제2조 제1항의 규정에 따른 성매매 등의 행위를 하게 하거나 이를 알선 · 제공하는 행위를 하지 아니할 것
⑥ 건전한 영업질서의 유지 등에 관하여 대통령령이 정하는 사항을 준수할 것
⑦ **누구든지** 영리를 목적으로 노래연습장에서 손님과 함께 술을 마시거나 노래 또는 춤으로 손님의 유흥을 돋우는 접객행위를 하거나 타인에게 그 행위를 알선하여서는 아니 된다.

(4) 식품위생관리법

1) 식품접객업

휴게 음식점영업	다류, 아이스크림류 등을 조리, 판매하거나 패스트푸드점, 분식점 영업 등 음식류를 조리판매하는 영업으로 음주행위가 허용되지 아니하는 영업. 단, 편의점, 수퍼마켓, 휴게소 그 밖에 음식류를 판매하는 장소에서 컵라면, 일회용 다류 또는 그 밖의 음식류에 뜨거운 물을 부어 주는 경우는 제외한다.
일반 음식점영업	음식류를 조리 판매하는 영업으로서 식사와 함께 음주행위가 허용되는 영업
단란주점 영업	주로 주류를 조리 판매하는 영업으로서 손님이 노래를 부르는 행위가 허용되는 영업(**허가사항**)

유흥주점 영업	주류를 조리 판매하는 영업으로 유흥종사자를 두거나 유흥시설을 설치할 수 있고 손님이 노래를 부르거나 춤을 추는 행위가 허용되는 영업(**허가사항**)
위탁급식 영업	집단급식소를 설치, 운영하는 자와의 계약에 따라 집단급식소에서 음식류를 조리하여 제공하는 영업
제과점영업	빵, 떡 과자 등을 제조, 판매하는 영업으로서 음주행위가 허용되지 아니하는 영업

2) 식품접객영업자 등의 준수사항(식위법 제44조)

① 식품접객영업자는 청소년에게 다음의 어느 하나에 해당하는 행위를 하여서는 아니 된다.

㉠ 청소년을 유흥접객원으로 고용하여 유흥행위를 하게 하는 행위

㉡ 청소년출입고용금지업소에 청소년을 출입시키거나 고용하는 행위

㉢ 청소년고용금지업소에 청소년을 고용하는 행위

㉣ 청소년에게 주류(酒類)를 제공하는 행위

② **누구든지** 영리를 목적으로 식품접객업을 하는 장소에서 손님과 함께 술을 마시거나 노래 또는 춤으로 손님의 유흥을 돋우는 **접객행위를 하거나 다른 사람에게 그 행위를 알선하여서는 아니 된다.**

③ 제3항에 따른 식품접객영업자는 유흥종사자를 **고용·알선**하거나 호객행위를 하여서는 아니 된다.

(5) 공중위생관리법

① 공중위생영업은 다수인을 대상으로 **위생관리서비스**를 제공하는 영업으로서 숙박업·목욕장업·이용업·미용업·세탁업·위생관리용역업을 말한다.

② 숙박업이라 함은 손님이 잠을 자고 머물 수 있도록 시설 및 설비 등의 서비스를 제공하는 영업을 말한다. 다만, 농어촌에 소재하는 민박 등 대통령령이 정하는 경우를 제외한다.

③ 목욕장업은 물로 목욕을 할 수 있는 시설 및 설비 등의 서비스, 맥반석·황토·옥 등을 직접 또는 간접 가열하여 발생되는 열기 또는 원적외선 등을 이용하여 땀을 낼 수 있는 시설 및 설비 등의 서비스를 말한다.

④ 이용업은 손님의 머리카락 또는 수염을 깎거나 다듬는 등의 방법으로 손님의 용모를 단정하게 하는 영업을 말한다.

⑤ 미용업은 손님의 **얼굴·머리·피부** 등을 손질하여 손님의 외모를 아름답게 꾸미는 영업을 말한다.

⑥ 세탁업은 의류 기타 섬유제품이나 피혁제품 등을 세탁하는 영업을 말한다.

⑦ 위생관리용역업은 공중이 이용하는 건축물·시설물 등의 청결유지와 실내공기 정화를 위한 청소 등을 대행하는 영업을 말한다.

(6) 게임산업진흥에 관한 법률

사행성 게임물	가. **베팅이나 배당**을 내용으로 하는 게임물 나. 우연적인 방법으로 결과가 결정되는 게임물 다. 「한국마사회법」에서 규율하는 경마와 이를 모사한 게임물 라. 「경륜·경정법」에서 규율하는 경륜·경정과 이를 모사한 게임물 마. 「관광진흥법」에서 규율하는 카지노와 이를 모사한 게임물 바. 그 밖에 대통령령이 정하는 게임물
청소년	18세 미만자
허가 및 등록	① 일반게임제공업-시장, 군수, 구청장의 허가 ② 청소년게임제공업, 인터넷 컴퓨터게임시설 제공업, 복합유통게임제공업-시장, 군수, 구청장의 등록
게임물 관련업자 준수사항	1. 제9조 제3항의 규정에 의한 유통질서 등에 관한 교육을 받을 것 2. 게임물을 이용하여 도박 그 밖의 사행행위를 하게 하거나 이를 하도록 내버려 두지 아니할 것 2-2. 게임머니의 화폐단위를 한국은행에서 발행되는 화폐단위와 동일하게 하는 등 게임물의 내용구현과 밀접한 관련이 있는 운영방식 또는 기기·장치 등을 통하여 사행성을 조장하지 아니할 것 3. 경품 등을 제공하여 사행성을 조장하지 아니할 것. 다만, 청소년게임제공업의 전체이용가 게임물에 대하여 대통령령이 정하는 경품의 종류(완구류 및 문구류 등. 다만, 현금, 상품권 및 유가증권은 제외한다)·지급기준·제공방법 등에 의한 경우에는 그러하지 아니하다. 4. 청소년게임제공업을 영위하는 자는 청소년이용불가 게임물을 제공하지 아니할 것 5. 일반게임제공업을 영위하는 자는 게임장에 청소년을 출입시키지 아니할 것 6. 게임물 및 컴퓨터 설비 등에 문화체육관광부장관이 고시하는 음란물 및 사행성게임물 차단 프로그램 또는 장치를 설치할 것. 다만, 음란물 및 사행성 게임물 차단 프로그램 또는 장치를 설치하지 아니하여도 음란물 및 사행성 게임물을 접속할 수 없게 되어 있는 경우에는 그러하지 아니하다. 7. 대통령령이 정하는 영업시간(오전 9시부터 오후 12시) 및 청소년의 출입 시간(오전 9시부터 오후 10시)을 준수할 것 8. 그 밖에 영업질서의 유지 등에 관하여 필요한 사항으로서 대통령령이 정하는 사항을 준수할 것

2 사행행위 단속

(1) 의 의

사행행위는 여러 사람으로부터 재물이나 재산상의 이익을 모아 **우연적 방법**으로 득실(得失)을 결정하여 재산상의 이익이나 손실을 주는 행위를 말한다. 복권발행법, 현상법, 그 밖의 사행행위업(회전판돌리기업, 추첨업, 경품업)과 **카지노업**은 「사행행위 등 규제 및 처벌 특별법」의 적용을 받지 않고 **「관광진흥법」의 규제**를 받는다.

(2) 허가 및 유효기간

허 가	① 사행행위영업을 하려는 자는 시설 등을 갖추어 행정안전부령으로 정하는 바에 따라 **지방경찰청장의 허가**를 받아야 한다. 다만, 그 범위가 둘 이상의 특별시·광역시·도 또는 특별자치도에 걸치는 경우에는 **경찰청장의 허가**를 받아야 한다. ② 중요 사항을 변경하려면 행정안전부령으로 정하는 바에 따라 **경찰청장이나 지방경찰청장의 허가**를 받아야 한다. 국가기관이나 지방자치단체가 사행행위영업을 하려면 **경찰청장**의 승인을 받아야 한다.
허가의 요건	① **공공복리의 증진**을 위하여 특별히 필요하다고 인정되는 경우 ② **상품을 판매·선전**하기 위하여 특별히 필요하다고 인정되는 경우 ③ **관광 진흥과 관광객 유치**를 위하여 특별히 필요하다고 인정되는 경우
유효기간	영업허가의 유효기간은 사행행위영업의 종류별로 대통령령으로 정하되, **3년을 초과할 수 없다.** 영업허가의 유효기간이 지난 후 계속하여 영업을 하려는 자는 행정안전부령으로 정하는 바에 따라 **다시 허가를 받아야 한다.**
조건부 영업 허가	경찰청장이나 지방경찰청장은 영업허가를 할 때 대통령령으로 정하는 기간(**2월 이내**)에 제3조에 따른 **시설 및 사행기구를 갖출 것**을 조건으로 허가할 수 있다. 정당한 사유 없이 정하여진 기간에 시설 및 사행기구를 갖추지 아니하면 그 **허가를 취소**하여야 한다.

(3) 사행행위영업자의 준수사항

1) 영업명의를 다른 사람에게 빌려주지 말 것

2) 법령을 위반하는 사행기구를 설치하거나 사용하지 아니할 것

3) 법령을 위반하여 사행기구를 변조하지 아니할 것

4) 행정안전부령으로 정하는 사행행위영업의 영업소에 청소년을 입장시키거나 인터넷 등 정보통신망을 이용하는 사행행위영업에 청소년이 참가하는 것을 허용하지 아니할 것

5) 지나친 사행심을 유발하는 등 선량한 풍속을 해칠 우려가 있는 광고 또는 선전을 하지 아니할 것

3 기초질서위반 사범의 단속

일상생활에서 저지르기 쉬운 **경미한 법익의 침해행위**로 「경범죄 처벌법」과 「도로교통법」에 행위의 유형이 규정되어 있고 제재수단은 **범칙금**으로 부과되어 있는 행위를 말한다. 「경범죄 처벌법」은 신분, 행위, 지역에 제한없이 일반적으로 적용되는 점에서 일반법으로 분류되고, 경범의 행위유형과 처벌을 규정한 형사실체법이다.

(1) 특 징

1) **미수범 처벌규정이 없고**, 죄의 형은 **벌금 이하**로 규정되어 있으며 3년 이하의 징역 또는 금고형을 선고할 경우에만 가능하고 **집행유예는 불가능**하다. 1년 이하의 징역이나 금고, 자격정지 또는 벌금의 형을 선고할 때 가능한 선고유예는 가능하다.

2) 범 형을 면제하거나 또는 구류와 과료를 함께 과할 수 있고 경범죄를 범한 범인을 은닉, 도피한 경우 형법상 범인은닉죄가 성립한다. 주로 **추상적 위험범**이다.

(2) 경범죄 처벌법상 범칙자 제외사유 기출

1) 범칙행위를 **상습적**으로 하는 사람

2) 죄를 지은 동기나 수단 및 결과를 헤아려볼 때 구류처분을 하는 것이 적절하다고 인정되는 사람

3) **피해자가 있는 행위**를 한 사람

4) 18세 **미만**인 사람

(3) 통고처분 제외사유

경찰서장, 해양경찰서장, 제주특별자치도지사 또는 철도특별사법경찰대장은 범칙자로 인정되는 사람에 대하여 그 이유를 명백히 나타낸 서면으로 범칙금을 부과하고 이를 납부할 것을 통고할 수 있다. 다만, 다음의 어느 하나에 해당하는 사람에게는 통고하지 아니한다.

1. **통고처분서 받기를 거부**한 사람
2. **주거 또는 신원이 확실하지 아니**한 사람
3. 그 밖에 통고처분을 하기가 매우 어려운 사람

(4) 범칙금 납부

1) 통고처분서를 받은 사람은 **통고처분서를 받은 날부터** 10일 **이내**에 지정한 은행, 그 지점이나 대리점, 우체국 또는 제주특별자치도지사가 지정하는 금융기관이나 그 지점에 범칙금을 납부하여야 한다. 다만, 천재지변이나 그 밖의 부득이한 사유로 말미암아 그 기간 내에 범칙금을 납부할 수 없을 때에는 그 부득이한 **사유가 없어지게 된 날부터 5일 이내**에 납부하여야 한다.

2) 납부기간에 범칙금을 납부하지 아니한 사람은 납부기간의 마지막 날의 다음 날부터 **20일 이내**에 통고받은 범칙금에 그 금액의 **100분의 20을 더한 금액**을 납부하여야 한다. 범칙금을 납부한 사람은 그 범칙행위에 대하여 다시 처벌받지 아니한다.

(5) 통고처분 불이행자 처리 기출

1) 경찰서장 또는 해양경찰서장은 통고처분 불이행시 지체 없이 즉결심판을 청구하여야 한다. 다만, 즉결심판이 청구되기 전까지 통고받은 범칙금에 그 금액의 **100분의 50을 더한 금액**을 납부한 사람에 대하여는 그러하지 아니하다.

2) 즉결심판이 청구된 피고인이 통고받은 범칙금에 그 **금액의 100분의** 50을 더한 금액을 납부하고 그 증명서류를 즉결심판 선고 전까지 제출하였을 때에는 경찰서장 또는 해양경찰서장은 그 피고인에 대한 즉결심판 청구를 취소하여야 한다.

4 총포, 도검류 단속

(1) 용 어 기출

총 포	권총, 소총, 기관총, 포, 엽총, 금속성 탄알이나 가스 등을 쏠 수 있는 장약총포(裝藥銃砲), 공기총 및 총포신·기관부 등 그 부품으로서 대통령령으로 정하는 것을 말한다.
도 검	칼날의 길이가 **15센티미터 이상**인 칼·검·창·치도(雉刀)·비수 등으로서 성질상 흉기로 쓰이는 것과 칼날의 길이가 **15센티미터 미만이라 할지라도 흉기**로 사용될 위험성이 뚜렷한 것 중에서 대통령령으로 정하는 것을 말한다.
화약류	화약, 폭약 및 화공품을 말한다.
분사기	활동을 일시적으로 곤란하게 하는 최루(催淚) 또는 질식 등을 유발하는 작용제를 분사할 수 있는 기기로서 대통령령으로 정하는 것을 말한다.

전자 충격기	사람의 활동을 일시적으로 곤란하게 하거나 인명(人命)에 위해(危害)를 주는 전류를 방류할 수 있는 기기로 **산업용 및 의료용 전자충격기를 제외**한다.
석 궁	활과 총의 원리를 이용하여 화살 등의 물체를 발사하여 인명에 위해를 줄 수 있는 것

(2) 총포, 도검, 화약류 등의 허가권자

제조업, 수출입 허가권자	**경찰청장**	총, 포, 화약류
	지방경찰청장	기타총, 도검, 분사기, 전자충격기, 석궁, 화공품
판매업허가권자	지방경찰청장	총포, 도검, 화약류, 분사기, 전자충격기, 석궁
소지허가권자	**경찰청장**	권총, 소총, 기관총, 어획총, 사격총, 포
	경찰서장	도검, 화약류, 분사기, 전자충격기, 석궁
화약류 허가권자	지방경찰청장	1급, 2급, 도화선, 수중, 실탄, 꽃불류, 저장소 설치의 허가
	경찰서장	사용, 양수의 허가, **3급 간이저장소** 설치의 허가

(3) 총포소지허가 갱신

총포의 소지허가를 받은 사람은 허가를 받은 날로부터 **5년마다 이를 갱신**하여야 한다. 만약 5년이 지나도록 갱신하지 않으면 소지허가취소 처분을 한다.

(4) 총포, 도검 등의 취급금지 기출

18세 **미만자**는 총포 등을 **취급**할 수 없으며, 20세 **미만**자는 총포 등을 **소지**할 수 없다.

(5) 화약류 운반

화약류를 운반하고자 하는 사람은 운반 개시 **1시간 전**까지 발송지를 관할하는 **경찰서장**에게 신고하여야 한다.

(6) 사격장 설치허가

공기총 사격장 및 석궁사격장 설치허가는 경찰서장이 하고, 그 외의 사격장은 지방경찰청장이 허가한다.

5 성매매의 단속

(1) 용 어 기출

성매매	**불특정인**을 상대로 금품이나 그 밖의 재산상의 이익을 수수(收受)하거나 수수하기로 약속하고 성교행위, 구강, 항문 등 신체의 일부 또는 도구를 이용한 유사 성교행위
성매매알선 등 행위	① 성매매를 **알선, 권유, 유인** 또는 강요하는 행위 ② 성매매의 **장소**를 제공하는 행위 ③ 성매매에 제공되는 사실을 알면서 자금, 토지 또는 건물을 제공하는 행위
성매매 목적의 인신매매	① 성을 파는 행위 또는 음란행위를 하게 하거나, 성교행위 등 음란한 내용을 표현하는 사진·영상물 등의 촬영 대상으로 삼을 목적으로 위계, 위력), 그 밖에 이에 준하는 방법으로 대상자를 지배·관리하면서 제3자에게 인계하는 행위 ② 사물을 변별하거나 의사를 결정할 능력이 없거나 미약한 사람 또는 대통령령으로 정하는 중대한 장애가 있는 사람이나 그를 보호·감독하는 사람에게 선불금 등 금품이나 그 밖의 재산상의 이익을 제공하거나 제공하기로 약속하고 대상자를 지배·관리하면서 제3자에게 인계하는 행위
성매매피해자	① **위계, 위력, 그 밖에 이에 준하는 방법**으로 성매매를 강요당한 사람 ② **업무관계, 고용관계, 그 밖의 관계로 인하여 보호 또는 감독하는 사람**에 의하여 마약·향정신성의약품 또는 대마에 중독되어 성매매를 한 사람 ③ **청소년, 사물을 변별하거나 의사를 결정할 능력이 없거나 미약한 사람** 또는 대통령령으로 정하는 중대한 장애가 있는 사람으로서 성매매를 하도록 알선·유인된 사람 ④ 성매매 목적의 **인신매매**를 당한 사람

(2) 금지행위

성매매. 성매매알선 등 행위, 성매매 목적의 인신매매, 성을 파는 행위를 하게 할 목적으로 다른 사람을 고용·모집하거나 성매매가 행하여진다는 사실을 알고 직업을 소개·알선하는 행위

(3) 성매매피해자에 대한 처벌 특례

성매매 피해자는 성매매는 처벌하지 아니한다. 법원은 신고자 등의 사생활이나 신변보호를 위해 필요하면 결정으로 **심리를 공개하지 아니할 수 있다.**

(4) 신뢰관계 있는 사람의 동석

① 법원은 신고자 등을 증인으로 신문할 때에는 직권으로 또는 본인·법정대리인이나 검사의 신청에 의하여 **신뢰관계에 있는 사람을 동석**하게 할 수 있다. 수사기관은 신고자 등을 조사할 때에는 직권으로 또는 본인·법정대리인의 신청에 의하여 신뢰관계에 있는 사람을 동석하게 할 수 있다.

② 법원 또는 수사기관은 **청소년, 사물을 변별하거나 의사를 결정할 능력이 없거나 미약한 사람** 또는 대통령령으로 정하는 중대한 장애가 있는 사람에 대하여 제1항 및 제2항에 따른 신청을 받은 경우에는 **재판이나 수사에 지장을 줄 우려가 있는 등 특별한 사유가 없으면 신뢰관계에 있는 사람을 동석**하게 하여야 한다.

(5) 불법원인으로 인한 채권무효 기출

① 다음의 어느 하나에 해당하는 사람이 그 행위와 관련하여 성을 파는 행위를 하였거나 할 사람에게 가지는 채권은 그 **계약의 형식이나 명목에 관계없이 무효**로 한다. 그 채권을 양도하거나 그 채무를 인수한 경우에도 또한 같다.
㉠ 성매매알선 등 행위를 한 사람
㉡ 성을 파는 행위를 할 사람을 고용·모집하거나 그 직업을 소개·알선한 사람
㉢ 성매매 목적의 인신매매를 한 사람

② 검사 또는 사법경찰관은 ①의 불법원인과 관련된 것으로 의심되는 채무의 불이행을 이유로 고소·고발된 사건을 수사할 때에는 **금품이나 그 밖의 재산상의 이익 제공이 성매매의 유인·강요 수단이나 성매매 업소로부터의 이탈방지 수단으로 이용되었는지**를 확인하여 수사에 참작하여야 한다. 검사 또는 사법경찰관은 성을 파는 행위를 한 사람이나 성매매피해자를 조사할 때에는 ①의 **채권이 무효라는 사실과 지원시설 등을 이용할 수 있음**을 본인 또는 법정대리인 등에게 고지하여야 한다.

(6) 외국인여성에 대한 특례

외국인여성이 이 법에 규정된 범죄를 신고한 경우나 외국인여성을 성매매피해자로 수사하는 경우에는 해당 사건을 **불기소처분하거나 공소를 제기할 때까지 강제퇴거명령 또는 보호의 집행을 하여서는 아니 된다.**

(7) 보호사건의 처리

검사는 성매매를 한 사람에 대하여 사건의 성격·동기, 행위자의 성행(性行) 등을 고려하여 보호처분을 하는 것이 적절하다고 인정할 때에는 특별한 사정이 없으면 보호 사건으로 관할법원에 송치하여야 한다. 법원은 성매매 사건의 심리 결과 이 법에 따른 보호처분을 하는 것이 적절하다고 인정할 때에는 결정으로 사건을 보호사건의 관할법원에 송치할 수 있다.

(8) 벌 칙

① 다음의 어느 하나에 해당하는 사람은 3년 이하의 징역 또는 3천만원 이하의 벌금에 처한다.
   1. 성매매알선 등 행위를 한 사람
   2. 성을 파는 행위를 할 사람을 모집한 사람
   3. 성을 파는 행위를 하도록 직업을 소개·알선한 사람

② 다음의 어느 하나에 해당하는 사람은 7년 이하의 징역 또는 7천만원 이하의 벌금에 처한다.
   1. **영업**으로 성매매알선 등 행위를 한 사람
   2. 성을 파는 행위를 할 사람을 모집하고 그 대가를 지급받은 사람
   3. 성을 파는 행위를 하도록 직업을 소개·알선하고 그 대가를 지급받은 사람

6 청소년 및 여성보호

(1) 소년법

1) 소년 연령에 대한 법령상 규정

소년업무처리규칙	소 년	19세 미만
소년법	소 년	19세 미만
아동복지법	아 동	**18세** 미만
청소년기본법	청소년	**9세 이상 24세 이하**
청소년보호법, 아동청소년보호에 관한 법률	청소년	19세 미만

2) 선도대상인 소년의 분류 기출

① 비행소년

범죄소년	**14세 이상 19세 미만**의 자로 죄를 범한 자
촉법소년	**10세 이상 14세 미만**의 자로 형벌법령에 저촉된 행위를 한 소년
우범소년	**10세 이상 19세 미만**의 자로 성격이나 환경으로 보아 형벌 법령에 저촉되는 행위를 할 우려가 있는 소년 ① 집단적으로 몰려다니며 주위 사람들에게 불안감을 조성하는 성벽이 있는 경우 ② 정당한 이유없이 가출하는 경우 ③ 술을 마시고 소란을 피우거나 유해환경을 접하는 성벽이 있는 경우

② **불량소년**: 비행소년은 아니나 음주, 흡연, 싸움 기타 자기 또는 타인의 덕성을 해하는 행위를 하는 소년

③ **요보호소년**: 학대, 혹사, 방임된 소년 또는 보호자로부터 유기 또는 이탈되었거나 그 보호자가 양육할 수 없는 경우, 「경찰관직무집행법」 제4조 또는 「아동복지법」에 의하여 사회적으로 보호를 받아야 하는 자

3) 사건의 처리 기출

보호사건	형사사건	
경찰서장의 송치 (소년법 제4조)	검사의 송치(소년법 제49조)	법원의 송치(소년법 제50조)
범죄소년은 검찰청에 송치하고 촉법소년 및 우범소년은 경찰서장이 관할 소년부에 송치한다.	검사는 소년에 대한 피의사건을 수사한 결과 보호처분에 해당하는 사유가 있다고 인정하는 경우에는 사건을 관할 소년부에 송치한다.	법원은 소년에 대한 피고 사건을 심리한 결과 보호처분에 해당할 사유가 있다고 인정하면 **결정**으로 사건을 관할 소년부에 송치한다.

4) 소년 형사절차의 특례

죄를 범할 당시 18세 미만인 소년에 대하여 사형 또는 무기형으로 처할 경우에는 **15년의 유기징역**으로 한다. 소년이 법정형으로 **장기 2년 이상의 유기형**에 해당하는 죄를 범한 경우에는 그 형의 범위에서 장기와 단기를 정하여 선고한다. 다만, **장기는 10년, 단기는 5년**을 초과하지 못한다. 또한 18세 미만인 소년에게는 유치선고를 하지 못한다.

징역, 금고의 집행	징역 또는 금고를 선고받은 소년에 대하여는 **특별히 설치된 교도소** 또는 일반 교도소 안에 특별히 분리된 장소에서 그 형을 집행한다(소년이 형의 집행 중에 **23세가 되면 일반 교도소**에서 집행).
보호처분과 형의집행	보호처분이 계속 중일 때에 **징역, 금고 또는 구류**를 선고받은 소년에 대하여는 먼저 그 형을 집행한다.
가석방	무기형의 경우에는 **5년**, 15년 유기형의 경우에는 **3년**, 부정기형의 경우에는 **단기의 3분의** 1이 지나면 가석방 가능

(2) 청소년 보호법 기출

이 법은 청소년에게 유해한 매체물과 약물 등이 청소년에게 유통되는 것과 청소년이 **유해한 업소에 출입하는 것 등을 규제**하고 청소년을 **유해한 환경으로부터 보호·구제**함으로써 청소년이 건전한 인격체로 성장할 수 있도록 함을 목적으로 한다

1) 용어의 정의

① **청소년**: 만 **19세 미만인 사람**을 말한다. 다만, 만 19세가 되는 해의 1월 1일을 맞이한 사람은 제외한다.

② **청소년 유해 매체물**

㉠ 청소년보호위원회가 청소년에게 유해한 것으로 결정하거나 확인하여 여성가족부장관이 고시한 매체물

㉡ 각 심의기관이 청소년에게 유해한 것으로 심의하거나 확인하여 여성가족부장관이 고시한 매체물

③ **청소년 유해약물 등**

㉠ 청소년 유해약물

ⓐ 「주세법」에 따른 주류

ⓑ 「담배사업법」에 따른 담배

ⓒ 「마약류 관리에 관한 법률」에 따른 마약류

ⓓ 「화학물질관리법」에 따른 환각물질

ⓔ 그 밖에 중추신경에 작용하여 습관성, 중독성, 내성 등을 유발하여 인체에 유해하게 작용할 수 있는 약물 등 청소년의 사용을 제한하지 아니하면 청소년의 심신을 심각하게 손상시킬 우려가 있는 약물로서 대통령령으로 정하는 기준에 따라 관계 기관의 의견을 들어 청소년보호위원회가 결정하고 여성가족부장관이 고시한 것

㉡ 청소년 유해물건

ⓐ 청소년에게 **음란한 행위를 조장**하는 성기구 등 청소년의 사용을 제한하지 아니하면 청소년의 심신을 심각하게 손상시킬 우려가 있는 성 관련 물건으로서 대통령령으로 정하는 기준에 따라 청소년보호위원회가 결정하고 여성가족부장관이 고시한 것

ⓑ 청소년에게 **음란성 · 포악성 · 잔인성 · 사행성** 등을 조장하는 완구류 등 청소년의 사용을 제한하지 아니하면 청소년의 심신을 심각하게 손상시킬 우려가 있는 물건으로서 대통령령으로 정하는 기준에 따라 청소년보호위원회가 결정하고 여성가족부장관이 고시한 것

2) 청소년 유해업소 기출

청소년의 출입과 고용이 청소년에게 유해한 것으로 인정되는 다음의 업소와 청소년의 출입은 가능하나 고용이 청소년에게 유해한 것으로 인정되는 다음의 업소를 말한다. 이 경우 업소의 구분은 그 업소가 영업을 할 때 다른 법령에 따라 요구되는 허가 · 인가 · 등록 · 신고 등의 여부와 관계없이 실제로 이루어지고 있는 영업행위를 기준으로 한다.

고용, 출입금지	① **일반게임제공업 및 복합유통게임제공업 중 대통령령으로 정하는 것** ② **사행행위영업** ③ **비디오물감상실업 · 제한관람가 비디오물소극장업 및 복합영상물제공업** ④ **노래연습장업 중 대통령령으로 정하는 것** ⑤ **무도학원업 및 무도장업** ⑥ 전기통신설비를 갖추고 불특정한 사람들 사이의 음성대화 또는 화상대화를 매개하는 것을 주된 목적으로 하는 영업. 불특정한 사람 사이의 신체적인 접촉 또는 은밀한 부분의 노출 등 성적 행위가 이루어지거나 이와 유사한 행위가 이루어질 우려가 있는 서비스를 제공하는 영업으로서 청소년보호위원회가 결정하고 여성가족부장관이 고시한 것 ⑦ 청소년 유해매체물 및 청소년 유해약물등을 제작 · 생산 · 유통하는 영업 등 청소년의 출입과 고용이 청소년에게 유해하다고 인정되는 영업으로서 대통령령으로 정하는 기준에 따라 청소년보호위원회가 결정하고 여성가족부장관이 고시한 것

고용금지	① **청소년게임제공업 및 인터넷컴퓨터게임시설제공업** ② **숙박업** ③ **목욕장업** 중 안마실을 설치하여 영업을 하거나 개별실로 구획하여 하는 영업 ④ **이용업** 중 대통령령으로 정하는 것 ⑤ 휴게음식점영업으로서 차 종류를 조리, 판매하는 영업 중 종업원에게 영업장을 벗어나 차 등을 배달 판매하게 하면서 소요시간에 따라 대가를 받게 하거나 이를 조장, 묵인하는 형태로 운영되는 영업 ⑥ 일반음식점영업 중 음식류의 조리, 판매보다는 주로 주류의 조리, 판매를 목적으로 하는 **소주방, 호프, 카페 등**의 형태로 운영되는 영업 ⑦ **비디오물소극장업** ⑧ 「화학물질관리법」에 따른 **유해화학물질** 영업 ⑨ 회비 등을 받거나 유료로 만화를 빌려 주는 **만화대여업** ⑩ 청소년 유해매체물 및 청소년 유해약물 등을 제작·생산·유통하는 영업 등 청소년의 고용이 청소년에게 유해하다고 인정되는 영업으로서 대통령령으로 정하는 기준에 따라 청소년보호위원회가 결정하고 여성가족부장관이 고시한 것

3) 관련판례

① 식품위생법상의 일반음식점 영업허가를 받은 업소라도 실제로 음식류의 조리 판매보다 주로 **주류를 조리, 판매하는 영업행위**가 이루어지는 경우 청소년 보호법상의 청소년 고용금지업소에 해당하고 나아가 일반음식점의 실제 영업형태 중에서는 주간에는 주로 음식류를 조리 판매하고 야간에는 주로 주류를 조리, 판매하는 형태도 있다. 이러한 경우 음식류의 조리, 판매보다 주로 주류를 조리, 판매하는 야간의 영업형태에 있어서 그 업소는 청소년 보호법의 입법취지에 비추어 볼 때 청소년 보호법상 청소년고용금지업소에 해당한다 **기출**(대판 2004.2.12. 2003도6282).

② 청소년이 **티켓걸로** 노래연습장 또는 유흥주점에서 손님들의 흥을 돋우어 주고 시간당 보수를 받은 사안에서 업소주인이 청소년을 시간제 접대부로 고용한 것으로 업소주인을 청소년 보호법위반죄로 처단한 원심의 조치를 정당하다(대판 2005.7.29, 2005도 3801). **기출**

③ 피고인의 광고 내용인 **화상채팅** 서비스가 청소년 보호법 제8조 등에 의한 청소년보호위원회 고시에서 규정하는 불건전전화 서비스 등에 포함된다고 해석하는 것이 형벌법규의 명확성원칙에 반하거나 죄형법정주의에 의하여 금지되는 확장해석 내지 유추해석에 해당하지 아니한다(대판 2006.5.12. 2005도 6525).

4) 청소년 보호법상 주요내용

① **방송기간의 제한**: 청소년 유해매체물로서 방송을 이용하는 매체물은 평일 오전 7시부터 오전 9시까지, 오후 1시부터 오후 10시까지, 토요일과 공휴일 및 초등학교, 중학교, 고등학교 방학기간에는 오전 7시부터 오후 10시까지 방송하여서는 아니 된다.

② **인터넷게임**

㉠ 제공자는 회원으로 가입하려는 사람이 **16세 미만의 청소년**일 경우에는 친권자 등의 동의를 받아야 한다.

㉡ 인터넷게임의 제공자는 **16세 미만의 청소년** 회원가입자의 친권자 등에게 제공되는 게임의 특성·등급·유료화정책 등에 관한 기본적인 사항, 인터넷게임 이용시간, 인터넷게임 이용 등에 따른 결제정보

㉢ 인터넷게임의 제공자는 **16세 미만의 청소년에게 오전 0시부터 오전 6시**까지 인터넷게임을 제공하여서는 아니 된다.

③ **청소년 고용금지 및 출입제한**

㉠ 청소년유해업소의 업주는 청소년을 고용하여서는 아니 된다. 청소년유해업소의 업주가 종업원을 고용하려면 미리 나이를 확인하여야 한다.

㉡ 청소년 출입·고용금지업소의 업주와 종사자는 출입자의 나이를 확인하여 청소년이 그 업소에 출입하지 못하게 하여야 한다.

㉢ 청소년유해업소의 업주와 종사자는 나이 확인을 위하여 필요한 경우 주민등록증이나 그 밖에 나이를 확인할 수 있는 증표의 제시를 요구할 수 있으며, 증표 제시를 요구받고도 정당한 사유 없이 증표를 제시하지 아니하는 사람에게는 그 업소의 출입을 제한할 수 있다.

㉣ 청소년이 친권자 등을 동반할 때에는 대통령령으로 정하는 바에 따라 출입하게 할 수 있다.

㉤ 청소년유해업소의 업주와 종사자는 그 업소에 대통령령으로 정하는 바에 따라 청소년의 출입과 고용을 제한하는 내용을 표시하여야 한다.

④ **청소년 유해약물 판매대여 등 금지**

㉠ 누구든지 청소년을 대상으로 **청소년 유해약물 등을 판매·대여·배포하거나 무상으로 제공하여서는 아니** 된다.

㉡ 누구든지 청소년의 의뢰를 받아 청소년 유해약물 등을 구입하여 청소년에게 제공하여서는 아니 된다.

㉢ 청소년 유해약물 등을 판매·대여·배포하고자 하는 자는 그 **상대방의 나이**를 확인하여야 한다.

⑤ **관련판례**

㉠ 18세 미만의 청소년에게 술을 판매함에 있어서 가사 그의 민법상 법정대리인의 **동의를 받았다고 하더라도** 그러한 사정만으로 위 행위가 정당화될 수 없다(대판 1999.7.13. 99도). 기출

㉡ 청소년 보호법의 입법취지에 비추어 볼때, 청소년출입금지업소의 업주 및 종사자에게는 청소년의 보호를 위하여 청소년을 당해 업소에 출입시켜서는 아니될 매우 엄중한 책임이 부여되어 있다 할 것이므로 청소년 출입금지업소의 업주 및 종사자는 객관적으로 보아 출입자에 대하여 주민등록증이나 이에 유사한 정도로 연령에 관한 **공적 증명력이 있는 증거**에 의하여 대상자의 연령을 확인하여야 할 것이고, 업주 및 종사자가 이러한 연령확인의무에 위배하여 연령확인을 위한 아무런 조치를 취하지 아니함으로써 청소년이 당해 업소에 출입한 것이라면 특별한 사정이 없는 한 업주 및 종사자에게 최소한 위 법률 조항 위반으로 인한 청소년 보호법위반죄의 미필적 고의는 인정된다고 할 것이다(대판 2007.11.16. 2007도7770).

㉢ 유흥주점 운영자가 업소에 들어온 미성년자의 신분을 의심하여 주문받은 술을 들고 룸에 들어가 신분증의 제시를 요구하고 밖으로 데리고 나온 사안에서, 미성년자가 실제 주류를 마시거나 마실 수 있는 상태에 이르지 않았으므로 술값의 선불지급 여부 등과 무관하게 **주류판매에 관한 청소년 보호법 위반죄가 성립하지 않는다**(대판 2008.7.24. 2008도3211). 기출

㉣ 술을 내어 놓을 당시에는 성년자들만이 자리에 앉아서 그들끼리만 술을 마시다가 나중에 청소년이 들어와서 합석하게 된 경우에는 처음부터 음식점 운영자가 나중에 그렇게 청소년이 합석하리라는 것을 예견할 만한 사정이 있었거나, 청소년이 합석한 후에 이를 인식하면서 추가로 술을 내어준 경우가 아닌 이상, 합석한 청소년이 상위에 남아 있던 소주를 일부 마셨다고 하더라도 음식점 운영자가 청소년에게 술을 판매하는 행위를 하였다고는 할 수 없다(대판 2009.4.9. 2008도 11282).

⑥ **청소년 유해행위 금지법**: 누구든지 청소년에게 다음의 어느 하나에 해당하는 행위를 하여서는 아니 된다.

㉠ 영리를 목적으로 청소년으로 하여금 신체적인 접촉 또는 은밀한 부분의 노출 등 성적접대행위를 하게 하거나 이러한 행위를 알선·매개하는 행위 기출

ㄴ **영리를 목적**으로 청소년으로 하여금 손님과 함께 술을 마시거나 노래 또는 춤 등으로 손님의 유흥을 돋우는 접객행위를 하게 하거나 이러한 행위를 알선·매개하는 행위 기출

ㄷ 영리나 흥행을 목적으로 청소년에게 **음란한** 행위를 하게 하는 행위 기출

ㄹ 영리나 흥행을 목적으로 청소년의 장애나 기형 등의 모습을 일반인들에게 관람시키는 행위

ㅁ 청소년에게 구걸을 시키거나 청소년을 이용하여 **구걸하**는 행위 기출

ㅂ 청소년을 학대하는 행위

ㅅ 영리를 목적으로 청소년으로 하여금 거리에서 **손님을 유인**하는 행위를 하게 하는 행위

ㅇ 청소년을 남녀 혼숙하게 하는 등 풍기를 문란하게 하는 영업행위를 하거나 이를 목적으로 장소를 제공하는 행위

ㅈ 주로 차 종류를 조리·판매하는 업소에서 청소년으로 하여금 영업장을 벗어나 차종류를 배달하는 행위를 하게 하거나 이를 조장하거나 묵인하는 행위

⑦ **청소년 통행금지, 제한구역의 지정**: 특별자치시장·특별자치도지사·시장·군수·구청장은 청소년 보호를 위하여 필요하다고 인정할 경우 청소년의 정신적·신체적 건강을 해칠 우려가 있는 구역을 청소년 통행금지구역 또는 청소년 통행제한구역으로 지정하여야 한다

⑧ **청소년대상 무효인 채권**

ㄱ 청소년 유해행위를 한 자가 그 행위와 관련하여 청소년에 대하여 가지는 채권은 그 계약의 형식이나 명목에 관계없이 무효로 한다.

ㄴ 청소년고용·출입금지업소, 청소년고용금지업소의 업주가 고용과 관련하여 청소년에 대하여 가지는 채권은 그 **계약의 형식이나 명목에 관계없이 무효로 한다**.

(3) 아동·청소년의 성보호에 관한 법률

1) 아동·청소년 기출

아동·청소년이란 **19세 미만**의 자를 말한다. 다만, 19세에 도달하는 연도의 1월 1일을 맞이한 자는 제외한다.

05

2) 아동청소년에 대한 강간, 강제추행 등(제7조)

① 폭행 또는 협박으로 아동・청소년을 강간한 사람은 무기징역 또는 5년 이상의 유기징역에 처한다. 기출 아동・청소년에 대하여 폭행이나 협박으로 다음의 어느 하나에 해당하는 행위를 한 자는 5년 이상의 유기징역에 처한다. **미수범은 처벌**한다.

㉠ 구강・항문 등 신체(성기는 제외한다)의 내부에 성기를 넣는 행위

㉡ 성기・항문에 손가락 등 신체(성기는 제외한다)의 일부나 도구를 넣는 행위

② 아동・청소년에 대하여 강제추행의 죄를 범한 자는 2년 이상의 유기징역 또는 1천만원 이상 3천만원 이하의 벌금에 처한다. 아동・청소년에 대하여 준강간, 준강제추행의 죄를 범한 자는 위의 예에 따른다. 위계(僞計) 또는 위력으로써 아동・청소년을 간음하거나 아동・청소년을 추행한 자는 제1항부터 제3항까지의 예에 따른다.

3) 장애인인 아동・청소년에 대한 간음 등(제8조)

① 19세 이상의 사람이 장애 아동・청소년(「장애인복지법」 제2조 제1항에 따른 장애인으로서 신체적인 또는 정신적인 장애로 사물을 변별하거나 의사를 결정할 능력이 미약한 13세 이상의 아동・청소년을 말한다. 이하 이 조에서 같다)을 간음하거나 장애 아동・청소년으로 하여금 다른 사람을 간음하게 하는 경우에는 3년 이상의 유기 징역에 처한다.

② 19세 이상의 사람이 장애 아동・청소년을 추행한 경우 또는 장애 아동・청소년으로 하여금 다른 사람을 추행하게 하는 경우에는 10년 이하의 징역 또는 1천500만원 이하의 벌금에 처한다.

4) 아동・청소년이용음란물의 제작・배포 등(제11조)

① 아동・청소년이용음란물을 제작・수입 또는 수출한 자는 무기징역 또는 5년 이상의 유기징역에 처한다(**미수범처벌**). 영리를 목적으로 아동・청소년이용음란물을 판매・대여・배포・제공하거나 이를 목적으로 소지・운반하거나 공연히 전시 또는 상영한 자는 10년 이하의 징역에 처한다.

② 아동・청소년이용음란물을 배포・제공하거나 공연히 전시 또는 상영한 자는 7년 이하의 징역 또는 5천만원 이하의 벌금에 처한다.

③ 아동・청소년이용음란물을 제작할 것이라는 정황을 알면서 아동・청소년을 아동・청소년이용음란물의 제작자에게 알선한 자는 3년 이상의 징역에 처한다. 아동・청소년이용음란물임을 알면서 이를 소지한 자는 1년 이하의 징역 또는 2천만원 이하의 벌금에 처한다.

5) 아동 · 청소년 매매행위(제12조)

① 아동·청소년의 성을 사는 행위 또는 아동·청소년이용음란물을 제작하는 행위의 대상이 될 것을 알면서 아동·청소년을 매매 또는 국외에 이송하거나 국외에 거주하는 아동·청소년을 국내에 이송한 자는 무기징역 또는 5년 이상의 징역에 처한다.

② ①의 **미수범은 처벌**한다.

6) 아동 · 청소년의 성을 사는 행위 등(제13조)

아동·청소년의 성을 사는 행위를 한 자는 1년 이상 10년 이하의 징역 또는 2천만원 이상 5천만원 이하의 벌금에 처한다. 아동·청소년의 성을 사기 위하여 아동·청소년을 **유인**하거나 성을 팔도록 **권유**한 자는 1년 이하의 징역 또는 1천만원 이하의 벌금에 처한다.

7) 아동 · 청소년에 대한 강요행위 등(제14조)

① 다음의 어느 하나에 해당하는 자는 5년 이상의 유기징역에 처한다.

㉠ 폭행이나 협박으로 아동·청소년으로 하여금 아동·청소년의 성을 사는 행위의 상대방이 되게 한 자

㉡ 선불금(先拂金), 그 밖의 채무를 이용하는 등의 방법으로 아동·청소년을 곤경에 빠뜨리거나 위계 또는 위력으로 아동·청소년으로 하여금 아동·청소년의 성을 사는 행위의 상대방이 되게 한 자

㉢ 업무·고용이나 그 밖의 관계로 자신의 보호 또는 감독을 받는 것을 이용하여 아동·청소년으로 하여금 아동·청소년의 성을 사는 행위의 상대방이 되게 한 자

㉣ 영업으로 아동·청소년을 아동·청소년의 성을 사는 행위의 상대방이 되도록 유인·권유한 자

② ①의 ㉠~㉢의 죄를 범한 자가 그 대가의 전부 또는 일부를 받거나 이를 요구 또는 약속한 때에는 7년 이상의 유기징역에 처한다.

③ **아동·청소년의 성을 사는 행위의 상대방이 되도록 유인·권유**한 자는 7년 이하의 징역 또는 5천만원 이하의 벌금에 처한다. ①과 ②의 **미수범은 처벌**한다.

8) 알선영업행위 등(제15조)

① 다음의 어느 하나에 해당하는 자는 7년 이상의 유기징역에 처한다.

㉠ 아동·청소년의 성을 사는 행위의 장소를 제공하는 행위를 업으로 하는 자

㉡ 아동·청소년의 성을 사는 행위를 알선하거나 정보통신망에서 알선정보를 제공하는 행위를 업으로 하는 자

㉢ ㉠ 또는 ㉡의 범죄에 사용되는 사실을 알면서 자금·토지 또는 건물을 제공한 자

㉣ 영업으로 아동·청소년의 성을 사는 행위의 장소를 제공·알선하는 업소에 아동·청소년을 고용하도록 한 자

② 다음의 어느 하나에 해당하는 자는 7년 이하의 징역 또는 5천만원 이하의 벌금에 처한다.

㉠ 영업으로 아동·청소년의 성을 사는 행위를 하도록 유인·권유 또는 강요한 자

㉡ 아동·청소년의 성을 사는 행위의 장소를 제공한 자

㉢ 아동·청소년의 성을 사는 행위를 알선하거나 정보통신망에서 알선정보를 제공한 자

㉣ 영업으로 ㉡ 또는 ㉢의 행위를 약속한 자

③ 아동·청소년의 성을 사는 행위를 하도록 유인·권유 또는 강요한 자는 5년 이하의 징역 또는 3천만원 이하의 벌금에 처한다.

9) **형법상 감경규정에 관한 특례**(제19조)

음주 또는 약물로 인한 심신장애 상태에서 아동·청소년대상 성폭력범죄를 범한 때에는 「형법」상 **심신장애자, 농아자 감면규정을 적용하지 아니할 수 있다.**

10) **공소시효에 관한 특례**(제20조) 기출

① 아동·청소년대상 성범죄의 공소시효는 「형사소송법」 제252조 제1항에도 불구하고 해당 성범죄로 **피해를 당한 아동·청소년이 성년에 달한 날**부터 진행한다. 기출

② 아동·청소년에 대한 강간, 강제추행 등의 죄는 **디엔에이(DNA)증거 등 그 죄를 증명할 수 있는 과학적인 증거**가 있는 때에는 공소시효가 10년 연장된다. 기출

11) **친권상실청구 등**(제21조)

아동·청소년대상 성범죄 사건을 수사하는 검사는 그 사건의 **가해자가 피해아동·청소년의 친권자나 후견인인 경우**에 법원에 친권상실선고 또는 후견인 변경 결정을 청구하여야 한다. 다만, 친권상실선고 또는 후견인 변경 결정을 하여서는 아니될 특별한 사정이 있는 경우에는 그러하지 아니하다.

12) 영상물의 촬영 · 보존 등

① **아동 · 청소년대상 성범죄 피해자의 진술내용과 조사과정은 비디오녹화기 등 영상물 녹화장치로 촬영 · 보존하여야 한다.** 기출 피해자 또는 법정대리인이 이를 원하지 아니하는 의사를 표시한 때에는 촬영을 하여서는 아니 된다. 다만, 가해자가 친권자 중 일방인 경우는 그러하지 아니하다.

② 촬영한 영상물에 수록된 피해자의 진술은 공판준비기일 또는 공판기일에 피해자 또는 조사과정에 동석하였던 신뢰관계에 있는 자의 진술에 의하여 **그 성립의 진정함이 인정된 때에는 증거**로 할 수 있다.

13) 아동 · 청소년 대상 성범죄로 유죄판결이 확정된 자의 신상정보공개

① **아동 · 청소년대상** 성폭력범죄를 저지른 자

② 「성폭력범죄의 처벌 등에 관한 특례법」

③ 13세 미만의 아동 · 청소년을 대상으로 아동 · 청소년대상 성범죄를 저지른 자로서 13세 미만의 아동 · 청소년을 대상으로 아동 · 청소년대상 성범죄를 다시 범할 위험성이 있다고 인정되는 자

④ ① 또는 ②의 죄를 범하였으나 「형법」 제10조 제1항에 따라 처벌할 수 없는 자로서 ① 또는 ②의 죄를 **다시 범할 위험성**이 있다고 인정되는 자

05

(4) 실종아동 등의 보호 및 지원에 관한 법률

1) 용 어

① **아동등** 기출

㉠ 실종 당시 18세 미만인 아동

㉡ 「장애인복지법」 제2조의 장애인 중 지적장애인, 자폐성장애인 또는 정신장애인

㉢ 「치매관리법」 제2조 제2호의 치매환자

② **실종아동등** 기출: 약취(略取) · 유인(誘引) 또는 유기(遺棄)되거나 사고를 당하거나 가출하거나 길을 잃는 등의 사유로 인하여 보호자로부터 이탈(離脫)된 아동등을 말한다.

③ **보호자**: 친권자, 후견인이나 그 밖에 다른 법률에 따라 아동등을 보호하거나 부양할 의무가 있는 사람을 말한다. 다만, ④의 보호시설의 장 또는 종사자는 제외한다.

④ **보호시설** 기출: 「사회복지사업법」 제2조 제4호에 따른 사회복지시설 및 인가 · 신고 등이 없이 아동 등을 보호하는 시설로서 사회복지시설에 준하는 시설을 말한다.

2) 신고의무

① 보호시설의 장 또는 그 종사자

② 「아동복지법」 제13조에 따른 아동복지전담공무원

③ 「청소년 보호법」 제35조에 따른 청소년 보호·재활센터의 장 또는 그 종사자

④ 「사회복지사업법」 제14조에 따른 사회복지전담공무원

⑤ 「의료법」 제3조에 따른 의료기관의 장 또는 의료인

⑥ 업무·고용 등의 관계로 사실상 아동등을 보호·감독하는 사람

지방자치단체의 장이 관계 법률에 따라 아동등을 보호조치할 때에는 아동등의 신상을 기록한 신고접수서를 작성하여 경찰신고체계로 제출하여야 한다.

3) 미신고 보호행위금지 기출

① 누구든지 정당한 사유 없이 실종아동등을 경찰관서의 장에게 신고하지 아니하고 보호할 수 없다.

② **정당한 사유없이 실종아동등을 경찰관서의 장에게 신고하지 아니하고 보호한 자는 5년 이하의 징역 또는 3천만원 이하의 벌금에 처한다.**

4) 수색 또는 수사의 실시

① 경찰관서의 장은 실종아동 등의 발생 신고를 접수하면 **지체 없이 수색 또는 수사의 실시 여부를 결정하여야 한다.** 기출

② 경찰관서의 장은 실종아동등(범죄로 인한 경우를 제외한다)의 조속한 발견을 위하여 필요한 때에는 「위치정보의 보호 및 이용 등에 관한 법률」 제5조에 따른 위치 정보사업자에게 실종아동등의 개인위치정보의 제공을 요청할 수 있다. 기출

③ ②의 요청을 받은 위치정보사업자는 그 실종아동등의 동의 없이 개인위치정보를 수집할 수 있으며, 실종아동등의 동의가 없음을 이유로 경찰관서의 장의 요청을 거부하여서는 아니 된다. 기출

(5) 실종아동등 및 가출인 업무처리 규칙

1) 용어의 정의

① **찾는 실종아동등**: 「실종아동등의 보호 및 지원에 관한 법률」 제2조 제2호에 따른 실종아동등 중 보호자가 찾고 있는 아동등을 말한다.

② **보호실종아동등**: 실종아동등 중 보호자가 확인되지 않아 경찰관이 보호하고 있는 아동등을 말한다.

③ **장기실종아동등**: 보호자로부터 신고를 접수한 지 48시간이 경과한 후에도 발견되지 않은 찾는 실종아동등을 말한다.
④ **가출인**: 신고 당시 보호자로부터 이탈된 만 14세 이상의 사람을 말한다.
⑤ **발생지**: 실종아동등 및 가출인이 실종·가출 전 최종적으로 목격되었거나 목격되었을 것으로 추정하여 신고자 등이 진술한 장소를 말하며, 신고자 등이 최종 목격 장소를 진술하지 못하거나, 목격되었을 것으로 추정되는 장소가 대중교통시설 등일 경우 또는 실종·가출 발생 후 1개월이 경과한 때에는 실종아동등 및 가출인의 실종 전 최종 주거지를 말한다.
⑥ **발견지**: 실종아동등 또는 가출인을 발견하여 보호 중인 장소를 말하며, 발견한 장소와 보호중인 장소가 서로 다른 경우에는 보호 중인 장소를 말한다.

2) 실종아동찾기센터

① 실종아동등의 조속한 발견 등 관련 업무를 효율적으로 수행하기 위해 경찰청에 실종아동찾기센터를 설치한다.
② 실종아동찾기센터는 다음의 업무를 수행한다.
  ㉠ 전국에서 발생하는 실종아동등의 신고접수·조회·전국 수배 및 수배해제 등 실종아동 등 발견·보호·지원을 위한 업무
  ㉡ 실종아동등 신고용 특수번호 전화서비스인 "182"의 운영
  ㉢ 그 밖의 실종아동등과 관련하여 경찰청장이 지시하는 사항

3) 정보시스템

① **정보시스템 운영**
  ㉠ 경찰청장은 법 제8조의2 제1항에 따른 정보시스템으로 실종아동등 프로파일링시스템 및 실종아동찾기센터 홈페이지를 운영한다.
  ㉡ 실종아동등 프로파일링시스템은 경찰관서 내에서만 사용할 수 있도록 제한하고, 실종아동찾기센터 홈페이지는 누구든지 사용할 수 있도록 공개하는 등 분리하여 운영한다. 다만, 자료의 전송 등을 위해 필요한 경우 상호연계할 수 있다.

② **정보시스템 입력대상 및 정보관리**

㉠ 실종아동등 프로파일링시스템 입력대상과 제외대상

입력대상	입력제외대상
1. 실종아동등 2. 가출인 3. 보호시설 입소자 중 보호자가 확인되지 않는 사람 4. 변사자 · 교통사고 사상자 중 신원불상자	1. **민사 문제** 해결 목적으로 신고된 사람 2. 범죄혐의를 받고 형사관련 **수배**된 사람 3. **허위**로 신고된 사람 4. 보호자가 가출 시 동행한 실종아동등

㉡ 보존기간

ⓐ 발견된 14세 미만 아동 및 가출인: 수배 해제 후로부터 **5년간** 보관

ⓑ 발견된 지적 · 자폐성 · 정신장애인 등 및 치매환자: 수배 해제 후로부터 **10년간** 보관

ⓒ 미발견자: 소재 발견 시까지 보관

ⓓ 보호시설 무연고자, 신원불상자: 본인 요청 시 및 신원 확인 시 즉시 삭제

4) 실종아동등 프로파일링시스템 수배

① **신고접수**

㉠ 실종아동등 신고는 관할에 관계 없이 실종아동찾기센터, 각 지방경찰청 및 경찰서에서 전화, 서면, 구술 등의 방법으로 접수하며, 신고를 접수한 경찰관은 범죄와의 관련 여부 등을 확인해야 한다. 기출

㉡ 경찰청장은 실종아동등에 대한 신고를 접수하거나, 신고 접수에 대한 보고를 받은 때에는 즉시 실종아동등 프로파일링시스템에 입력, 관할 경찰관서를 지정하는 등 필요한 조치를 하여야 한다. 이 경우 관할 경찰 관서는 발생지 관할경찰관서 등 실종아동등을 신속히 발견할 수 있는 관서로 지정해야 한다.

② **신고에 대한 조치 등**

㉠ 경찰관서의 장은 찾는실종아동등에 대한 신고를 접수한 때에는 정보시스템의 자료를 조회하는 등의 방법으로 실종아동등을 찾기 위한 조치를 취하고, 실종아동 등을 발견한 경우에는 즉시 보호자에게 인계하는 등 필요한 조치를 하여야 한다.

㉡ 경찰관서의 장은 보호실종아동 등에 대한 신고를 접수한 때에는 ㉠의 절차에 따라 보호자를 찾기 위한 조치를 취하고, 보호자가 확인된 경우에는 즉시 보호자에게 인계하는 등 필요한 조치를 하여야 한다.

㉢ 경찰관서의 장은 ㉡에 따른 조치에도 불구하고 보호자를 발견하지 못한 경우에는 관할 지방자치단체의 장에게 보호실종아동등을 인계한다.

㉣ 경찰관서의 장은 정보시스템 검색, 다른 자료와의 대조, 주변인물과의 연락 등 실종아동등의 조속한 발견을 위하여 지속적인 추적을 하여야 한다.

㉤ 경찰관서의 장은 실종아동등에 대하여 제18조의 현장 탐문 및 수색 후 그 결과를 즉시 보호자에게 통보하여야 한다. 이후에는 실종아동등 프로파일링 시스템에 수배한 날로부터 **1개월까지는 15일에 1회, 1개월이 경과한 후부터는 분기별 1회** 보호자에게 추적 진행사항을 통보한다. 기출

5) 가출인

① **신고접수** : 가출인 신고는 **관할에 관계없이 접수**하여야 하며, 신고를 접수한 경찰관은 범죄와 관련 여부를 확인하여야 한다. 경찰서장은 가출인에 대한 신고를 접수한 때에는 정보시스템의 자료 조회, 신고자의 진술을 청취하는 방법 등으로 가출인을 발견하기 위한 조치를 하여야 하며, 가출인을 발견하지 못한 경우에는 즉시 실종아동등 프로파일링시스템에 가출인에 대한 사항을 입력, 수배한다.

② **신고에 대한 조치 등**

㉠ 가출인 사건을 관할하는 경찰서장은 정보시스템 자료의 조회, 다른 자료와의 대조, 주변인물과의 연락 등 가출인을 발견하기 위해 지속적으로 추적하고, 수배일로부터 반기별 1회 보호자에게 귀가 여부를 확인한다.

㉡ 경찰서장은 가출인을 발견한 때에는 수배를 해제하고, 해당 가출인을 발견한 경찰서와 관할하는 경찰서가 다른 경우에는 발견 사실을 관할경찰서장에게 지체 없이 알려야 한다. 기출

㉢ 경찰서장은 가출청소년을 발견한 경우에는 가출신고가 되어 있음을 고지하고, 즉시 보호자에게 통보 또는 인계한다. 다만, 보호자가 인수를 거부하거나 인계함이 부적당하다고 판단될 경우에는 청소년 보호 관련기관에 보호를 의뢰하는 등 필요한 조치를 취할 수 있다.

㉣ 경찰서장은 가출성인을 발견한 경우에는 가출신고가 되어 있음을 고지하고, 보호자에게 통보한다. 다만, 가출인이 거부하는 때에는 보호자에게 가출인의 소재(所在)를 알 수 있는 사항을 통보하여서는 아니 된다.

6) 보호시설 무연고자 및 신원불상자

① 경찰관서의 장은 관내 보호시설을 방문하였을 때에 보호시설 무연고자의 자료가 실종아동등 프로파일링시스템에 있는지 확인한 후 없는 경우에는 보호시설 무연고자 실종아동등 프로파일링시스템 입력자료를 작성하여 실종아동등 프로파일링시스템에 입력 및 수배하고, 변경사항이 있거나, 보호자가 확인된 경우에는 별지 제6호 서식의 보호시설 무연고자 실종아동등 프로파일링시스템 수정・해제자료를 작성하여 변경하거나 수배를 해제한다.

② 경찰서장은 관내에서 발생한 변사사건의 변사자 및 교통사고사건의 사상자 중 신원불상자에 대하여 발생 즉시 실종아동등 프로파일링시스템에 수배조치하고, 수배한 신원불상자가 신원이 확인된 경우, 즉시 수배를 해제한다.

7) 초동조치 및 추적수사

① **현장 탐문 및 수색**: 찾는실종아동등 및 가출인발생신고를 접수 또는 이첩 받은 발생지 관할경찰서장은 즉시 현장출동 경찰관을 지정하여 탐문・수색하도록 하여야 한다. 다만, 찾는실종아동등 또는 가출인이 발생한지 **1개월이 경과**한 후에 신고한 경우에는 탐문・수색을 생략할 수 있다.

② **실종수사 조정위원회**: 찾는 실종아동등 및 가출인에 대한 발생지 관할경찰서장은 범죄와의 관련 여부를 판단하기 위하여 위원장을 형사과장으로, 위원은 실종사건전담수사팀장, 여성청소년계장, 현장출동 경찰관, 보호자로 구성하며, 신고접수한 후 24시간 이내에 구성하여 심의하여야 한다.

Police Science

생활안전경찰

제1절 범죄의 의의

01 범죄원인론에서 J.F.Sheley에 의해 주장된 범죄인의 입장에서 바라본 범죄를 일으키는 필요조건 4가지에 해당되지 않는 것은? 09. 경간, 10. 승진·채용

① 범행의 가시성(Visibility)
② 범죄의 기술(Skill)
③ 사회적 제재로부터의 자유(Freedom from social constraints)
④ 범행의 기회(Opportunity)

해설

J.Sheley는 범죄의 필요조건으로 범죄의 4대 요소로서 **범행의 동기, 범행의 기회, 범행의 기술, 사회적 제재로부터의 자유**를 제시하였다. 범행의 가시성(Visibility)은 일상활동이론에서 범죄자의 입장에서 범행을 결정하는 데 고려되는 4가지 요소인 VIVA모델에 포함된다.

02 다음 중 실증주의 범죄학에 해당하지 않는 것은? 02. 승진

① 생래적 범죄이론
② 생물학적 범죄학
③ 아노미이론
④ 심리학적 범죄학

해설

실증주의 범죄학에는 이탈리아 실증학파인 Lombroso, Ferri, Garofalo와 **생물학적** 범죄학, **심리학적** 범죄학이 있다.

Answer 1. ① 2. ③

03 범죄원인과 관련한 사회학적 범죄학의 설명 중 옳지 않은 것은? 11. 승진

① 아노미이론에 의하면 범죄는 사회 구성원 개인의 욕구와 욕망에 대한 통제력을 유지할 수 없는 규범이 붕괴한 상태에서 발생한다고 주장한다.
② 사회해체론을 주장한 Shaw & Makay는 소년비행률이 사회해체 지역에서 높다는 사실을 확인, 그 원인을 분석·실험하였다.
③ 차별적 접촉이론에 의하면 지역사회간 범죄율의 차이는 범죄적 전통을 가진 집단일수록 범죄율이 높다고 본다.
④ 생물학적 이론에 의하면 범죄는 정신이상, 낮은 지능, 모방학습에서 기인한다고 본다.

해설

정신이상, 낮은 지능, 모방학습을 범죄의 원인으로 보는 것은 **심리학적 범죄학**이다.

04 사람은 사회규범을 일탈할 잠재적인 가능성을 가지고 있고 이것을 통제하는 시스템에 장애가 생기면 통제가 이완되어 범죄가 발생한다고 보는 범죄원인론은? 02. 승진

① 사회적 유대이론
② 중화기술이론
③ 문화적 전파론
④ 차별적 접촉이론

해설

사회적 유대이론은 규범의 내면화의 약화 , 통제의 이완이 비행과 일탈의 원인이라고 보고, 누구나 사람은 일탈을 할 잠재적 가능성을 가지고 있다고 본다.

05 사회학적 범죄학에 대한 이론을 주장한 학자와 그 내용이 바르게 연결된 것은? 09. 승진

① Shaw & Macay－사회적 요인이 범죄의 요소이며 범죄행위는 학습된 행위이다.
② D.Sutherland－청소년은 비행의 과정에서 합법적이고 전통적인 관습·규범 · 가치관 등을 중화시킨다.
③ G.M.Sykes－도시의 특정 지역에서 범죄가 일반화되는 이유로 산업화·도시화로 인한 조직의 해체와 지역의 환경적 측면을 들었다.
④ 시카고 학파－각 지역사회의 문화적 갈등을 통해 범죄나 비행이 발생한다.

해설

① Shaw & Macay는 **사회해체론**을 주장하였다.
② D.Sutherland는 **분화적 접촉이론**을 주장하였다.

Answer 3. ④ 4. ① 5. ④

③ G.M.Sykes는 중화기술이론에서 청소년은 비행의 과정에서 합법적·전통적인 관습·규범·가치관 등을 중화시킨다고 주장하였다.

06 범죄원인론과 관련된 설명으로 연결이 틀린 것은?

07. 채용

① 아노미이론－구조적으로 야기된 경제적 문제나 신분·지위의 문제를 범죄의 원인으로 본다.

② 사회해체론－도심지의 특정 지역에서 비행이 일반화되는 이유는 산업화·도시화 과정에서 그 지역의 사회 조직이 극도로 해체되기 때문이며, 이러한 지역은 구성원이 바뀌더라도 비행발생률은 변하지 않는다고 본다.

③ 사회적 유대이론－사람은 일탈할 잠재적인 가능성을 가지고 있고, 이것을 통제하는 시스템에 장애가 생기면 통제가 이완되어 범죄가 발생한다고 본다.

④ 차별적 접촉이론－범죄의 원인을 물리적 환경으로 보아서, 분화된 사회조직 속에서 분화적으로 범죄문화에 접촉·참가·동조함에 의해서 범죄행동이 학습되는 것으로 본다.

해설

경제적 문제나 신분·지위의 문제에 주목하는 것은 **마르크스주의 이론의 입장**이다.

07 범죄원인론을 설명한 것이다. 타당하지 않은 것은?

07. 채용

① 긴장이론은 범죄를 부추기는 가치관으로의 사회화나 범죄에 대한 구조적 자기 통제의 상실을 범죄의 원인으로 본다.

② 경제 불황으로 실직한 甲은 사업자금을 알선하고자 살고 있던 집을 처분하고 빈민가로 이사를 하였는데 아들이 점점 비행소년으로 변해갔다. 이를 가장 잘 설명해 주는 범죄원인론은 사회해체론이다.

③ W. Burgess의 생태학이론은 한 지역사회가 지배·침입·승계되는 과정을 통해 다른 지역사회를 지배하게 되는 과정을 설명한다.

④ 차별적 접촉이론·차별적 기회이론은 최근 물리적 환경의 개선이나 범죄자의 무력화를 통한 범죄의 예방과 억제, 피해자학의 연구 등에서 나타나고 있다.

해설

이는 **문화적 전파론**의 입장이다. 긴장이론은 공통되는 성공목표에의 접근기회가 제한된 사람들이 사회적 긴장을 야기하고, 목표 달성을 위하여 수단의 합법성 여부를 무시하는 행동으로 나오게 된다는 이론이다.

Answer 6. ① 7. ①

05

08 범죄원인에 관한 제 학설 중 틀린 것은?

10. 승진

① 사이키스는 중화기술이론을 통해 청소년은 비행의 과정에서 합법적 · 전통적 관습, 규범, 가치관 등을 중화시킨다고 주장하였다.

② 서덜랜드는 분화적 접촉이론을 통해 사회적 요인이 범죄의 요소이며 범죄행위는 비정상적으로 학습된 행위라고 주장하였다.

③ 실증주의 범죄학에서는 범죄가 자유의지보다는 외부적 요소에 의해 강요되는 것이라고 보았다.

④ 시카고 학파는 각 지역사회의 문화적 갈등을 통해 범죄나 비행이 발생한다고 보았다.

해설

분화적 접촉이론은 분화된 사회조직 속에서 범죄문화에 접촉 · 참가 · 동조함으로서 범죄행동이 학습된다고 보고, 범죄행위를 **정상적으로 학습**된 행위로 본다.

09 범죄예방의 개념을 설명한 것으로 틀린 것은?

04. 채용

① Lab은 범죄예방이란 실제의 범죄발생과 범죄에 대한 공중의 두려움을 줄이는 사전활동으로 규정하였다.

② 제프리는 범죄환경의 개선을 통한 범죄예방모델을 제시했다.

③ 브랜팅햄과 파우스트는 채용, 2차, 3차 모델로 나누어 범죄예방을 설명했다.

④ 미국 범죄예방연구소는 범죄예방의 개념을 범죄에 관련된 환경적 기회를 제거하는 간접적 통제활동으로 규정하였다.

해설

미국 범죄예방연구소는 범죄예방이란 범죄기회를 감소시키려는 사전활동이며, 범죄에 관련된 환경적 기회를 제거하려는 **직접적 통제** 활동이라고 하였다.

Answer 8. ② 9. ④

10 **다음 범죄예방에 대한 설명으로 옳은 것은?** 08. 채용

① 제프리의 범죄예방모델에는 사회복귀 모델이 있다.
② 미국 범죄예방연구소의 범죄예방은 범죄억제에 있다.
③ 브랭팀햄과 파우스트의 범죄예방 유형 중 '금은방에의 비상벨 설치'는 2차적 예방에 속한다.
④ 랩은 실제의 범죄발생 감소만을 범죄예방으로 보았다.

해설

② 미국 범죄예방 연구소는 **범죄기회 감소**에 초점을 둔다.
③ 1차적 예방에 속한다.
④ 실제의 범죄발생과 범죄에 대한 공중의 두려움을 줄이는 사전활동으로 보았다.

11 **환경설계를 통한 범죄예방의 기본 원리에 대한 설명 중 틀린 것은?** 10. 승진

① 자연적 감시－건축물이나 시설물의 설계시 가시권을 최대한 확보하여 외부 침입자에 대한 감시기능 확대
② 영역성의 강화－사적공간에 대한 경계선의 구분을 통해 거주자의 소유의식과 책임의식 증대
③ 자연적 접근통제－공공장소를 설치・이용함으로써 '거리의 눈'을 활용한 자연적 감시와 접근통제의 기능확대
④ 유지관리－최초 환경설계의 취지가 유지되도록 지속적인 관리의 실천

해설

이는 활동성의 활성화에 대한 설명이다. **자연적 접근통제**란 일정한 지역에 접근하는 사람들을 정해진 공간으로 유도하는 등 접근에 대한 **심리적 부담을 증대시켜 범죄를 예방하려는 원리**를 의미한다.

12 **'억제이론(deterrence theory)'에 대한 설명으로 적절하지 않은 것은?** 09. 채용

① 자유의지를 가진 합리적 범죄자를 기본가정으로 한다.
② 18세기 고전주의 범죄학의 직접적인 영향을 받았다.
③ 처벌의 엄중성, 확실성, 신속성이 범죄억제를 위한 중요한 요소가 된다.
④ 범죄자의 처벌을 통해 대중의 범죄를 예방하고자 하는 것을 특별억제라 한다.

해설

범죄자의 처벌을 통해 대중의 범죄를 예방하고자 하는 것은 **일반억제**이다.

Answer 10. ① 11. ③ 12. ④

13 **상황적 범죄예방이론에 대한 설명 중 타당하지 않은 것은?** 08. 경간

① 합리적 선택이론은 인간이 자유의지를 가지고 있다고 가정하고 합리적 인간관을 전제로 하므로 비결정론적인간관이라 할 수 있다.

② 상황적 범죄예방이론은 합리적 선택이론, 일상활동 이론, 생태학적 이론에 근거하여 범죄행위에 대한 위험과 어려움을 높여 범죄기회를 줄이고 범죄행위의 이익을 감소시켜 범죄를 예방하려는 이론이다.

③ 일상활동이론은 거시적 범죄분석을 토대로 범죄예방 모델을 도출하고자 한다.

④ 생태학적 이론은 어두운 거리에 가로등을 설치하는 등 범죄취약요인을 제거함으로서 범죄예방을 하고자 하며, CPTED는 그 대표적 예로서 환경설계를 통한 범죄예방기법이다.

해설

일상활동이론은 **미시적 분석**을 토대로 범죄의 동기, 범죄조건, 범죄기회, 범죄의 결과 등을 중시한다.

14 **범죄예방(통제)이론에 대한 다음 설명 중 가장 옳지 않은 것은?** 10. 채용

① 합리적 선택이론에서는 인간의 자유의지를 인정하는 결정론적 인간관에 입각하여 범죄자는 비용과 이익을 계산하고 자신에게 유리한 경우에 범죄를 행한다고 본다.

② 사회발전을 통한 범죄예방이론에 대하여는 개인이나 소규모의 조직체에 의해 수행될 수 없다는 비판이 제기된다.

③ 일상활동이론은 범죄자의 입장에서 범행을 결정하는 데 고려되는 4가지 요소로서 가치(Value), 이동의 용이성(Inertia), 가시성(Visibility), 접근성(Access)을 들고 있다.

④ 환경설계를 통한 범죄예방기법(CPTED)은 생태학적 이론의 대표적인 예라 할 수 있다.

해설

합리적 선택이론은 인간의 자유의지를 인정하는 **비결정론적 인간관**(의사자유론)에 입각한다.

Answer 13. ③ 14. ①

15 범죄예방이론에 대한 설명으로 바르지 못한 것은? 05. 경찰 2차

① 고전학파 범죄이론은 범죄에 대한 국가의 강력하고 확실한 처벌이 범죄예방에 효과적이라고 본다.

② 생물학적 · 심리학적 범죄이론에서 범죄자의 치료와 갱생이 범죄예방에 효과적이라고 본다.

③ 치료 및 갱생이론에서 범죄는 개인의 책임이 아니라 사회의 책임이다.

④ 상황적 예방이론에서는 범죄기회의 제거가 범죄예방에 효과적이지만 폭력과 같은 충동적 범죄의 경우 그 적용에 한계가 있다고 본다.

해설

폭력과 같은 충동적 범죄의 적용에 한계가 있다고 보는 입장은 고전학파의 **억제이론**에 해당하는 내용이다.

16 브랜팅험과 파우스트의 3단계 범죄예방모델에서 '2차 예방'에 대한 설명으로 가장 적절한 것은? 09. 경찰 2차

① 상습범 대책수립 및 재범억제를 지향하는 전략

② 범죄의 기회를 제공하는 물리적 환경조건을 찾아 개입하는 전략

③ 잠재적 범죄자를 초기에 발견하여 개입하는 전략

④ 범죄발생원인에 영향을 미치는 경제 및 사회조건에 개입하는 전략

해설

잠재적 범죄자를 초기에 발견하여 개입하는 전략은 2차적 예방모델이다.

구분	내용
1차적 범죄 예방	① 물리적 · 사회적 환경 중에서 범죄원인이 되는 조건들을 개선시키는 데 초점을 두고 있다. 범죄행위를 야기할 가능성을 가진 문제들을 방지하는 것에 초점을 둔다. ② 건축설계, 조명, 자물쇠장치, 비상벨이나 CCTV 설치 등의 환경설계, 시민순찰과 같은 이웃감시활동, 민간경비, 경찰방범활동, 범죄예방교육 등 형사사법기관의 활동은 1차적 범죄예방의 범주에 속한다.
2차적 범죄 예방	① 잠재적 범죄자를 초기에 발견하고 비합법적 행위가 발생하기 이전에 예방하고자 하는 것이다. 2차적 범죄예방은 우범지역에 초점을 맞춘다. ② 2차적 범죄예방에서는 이미 존재하는 요인들과 일탈행위를 조장하는 요인들에 더 초점을 맞춘다. ③ 우범자를 대상으로 이들과 많이 접하는 지역사회 지도자, 교육자, 부모에 의해 이루어진다. 예 청소년우범지역 단속활동, 범죄예측, 범죄지역분석, 전환제도
3차적 범죄 예방	① 범죄자들이 다시는 범죄를 저지르지 않도록 하기 위한 활동을 말한다. ② 3차적 범죄예방활동의 대부분은 형사사법기관이 담당한다. ③ 민간단체나 지역사회의 교정프로그램도 3차적 범죄예방활동에 포함된다. 예 체포, 기소, 교도소 구금, 교정치료, 사회복귀와 같은 것

Answer 15. ④ 16. ③

17 '전통적 경찰활동'에 비하여 '지역사회 경찰활동'에 대한 설명으로 옳지 않은 것은?

09. 경위 승진

① 지역사회를 문란시키는 요인의 해결에 업무의 최우선 순위를 둔다.
② 주민의 경찰업무에의 협조도로 경찰업무의 효율성을 평가한다.
③ 범죄를 해결하는 데 중점을 두고, 범인검거율로 경찰활동을 평가한다.
④ 범죄사건보다는 시민의 문제와 걱정거리를 주로 다룬다.

해설

전통적 경찰활동은 범죄를 해결하는 데 중점을 두고, 범인검거율로 경찰활동을 평가한다.

구 분	전통적 경찰활동	지역사회 경찰활동
의 의	경찰만이 유일한 법집행기관	경찰과 시민 모두 범죄방지의무가 있음
조직구조	경직 · 집권화 구조	분권화 구조
타기관 관계	갈등의 관계	협력구조
경찰의 역할	범죄와의 투사, 범죄해결자	서비스제공, 연락관, 문제해결자
업무평가기준	체포율과 적발 건수, 범인검거율	범죄와 무질서의 부재

18 무관용 경찰활동의 내용으로 적절하지 않은 것은?

09. 경찰 2차

① 무관용 경찰활동은 1990년대 뉴욕에서 본격적으로 시행되었다.
② 윌슨과 켈링의 '깨진 유리창 이론'에 기초하였다.
③ 경미한 비행자에 대한 무관용 개입은 낙인효과를 유발할 수 있다는 비판이 있다.
④ 직접적인 피해자가 없는 무질서 행위를 용인하는 전통적 경찰활동의 전략을 계승하였다.

해설

깨진 유리창 이론에 근거해서 1990년 초 · 중반에 시행된 미국 뉴욕의 무질서에 대한 적극적 경찰활동을 무관용이론이라 불리운다. 하지만 시대적 상황의 변화에 따라 깨진 유리창 이론도 점차 수정 · 발전하고 있는데, 요즘은 그 이론과 정책의 핵심이 무질서에 대한 적극적인 통제가 아닌 비공식적 사회통제 또는 집합효율성의 강화에 있음을 주의해야 한다.

Answer 17. ③ 18. ③

제 2 절 생활안전경찰의 임무

01 다음 중 경찰방문에 대한 설명으로 타당하지 않은 것은? 00 · 02. 승진

① 방범진단카드는 담당구역별로 방문순서대로 편철하여 3년간 보관한다.
② 치외법권자에 대하여는 경찰관의 방문을 특별히 서면으로 요청한 경우에만 경찰 방문을 할 수 있다.
③ 경찰방문은 비권력적 사실행위인 동시에 권력적 사실행위의 성격을 가진다.
④ 경찰방문은 '경찰방문 및 방범진단규칙'과 '지역경찰조직 및 운영에 관한 규칙'에 근거를 두고 있다.

해설

경찰방문은 **비권력적** 사실행위로서 행정지도에 해당한다.

02 다음 중 경찰방문활동에 대한 설명으로 타당하지 않은 것은? 04. 채용

① 방문시간은 원칙적으로 일출 후부터 일몰 전이나, 예외적으로 주민의 야간방문 요청시나 특별한 사유로 인한 경찰서장의 사전허가 후에는 상대방의 동의하에 야간에도 심방이 가능하다.
② 외국인에 대해서도 경찰방문활동을 할 수 있는데 그 근거는 「경찰법」이다.
③ 경찰방문은 법적으로 강제할 수 없다.
④ 경찰방문은 경찰관이 관할구역 내의 각 가정, 상가 및 기타시설 등을 방문하여 청소년 선도, 소년소녀가장 및 독거노인 · 장애인 등 사회적 약자 보호활동 및 안전사고방지 등의 지도 · 상담 · 홍보 등을 행하며 민원사항을 청취하고, 필요시 주민의 협조를 받아 방범진단을 하는 등의 예방경찰활동이다.

해설

경찰방문은 비권력적 사실행위로서 명시적 법적 근거를 요하지는 않지만, 「경찰방문 및 방범진단 규칙」에서 세부적인 규정을 두고 있다.

Answer 1. ③ 2. ②

03 다음 중 통고처분에 대한 설명이 아닌 것은?

06. 경찰 1차

① 행정권의 작용에 의해 제재를 가하는 조치이다.
② 경미한 교통법규위반자에게 경찰관이 직접 범칙금을 납부할 것을 통고하는 제도이다.
③ 범칙금을 납부한 자에 대해서 동일사건으로 다시 소추하지 않는다.
④ 통고처분 받기를 거부하는 사람에게도 통고처분을 할 수 있다.

해설

통고처분 받기를 거절하는 사람에 대해서는 지체 없이 **즉결심판**에 회부하여야 한다.

04 다음 내용 중 옳은 것은 몇 개인가?

09. 경찰 1차

> ㉠ 「풍속영업의 규제에 관한 법률」에 규정된 풍속영업자의 범위는 허가 또는 인가를 받지 아니하거나, 등록 또는 신고를 하지 아니하고 풍속영업을 영위하는 자를 포함하지 않는다.
> ㉡ 도검・분사기의 수・출입, 화약류 2급 저장소의 설치, 화약류 발파, 전자충격기・석궁 제조업자의 허가권자는 지방경찰청장이다.
> ㉢ 사행행위영업의 대상범위가 2 이상의 특별시・광역시 또는 도에 걸치는 경우에는 경찰청장에게 허가를 받아야 한다.
> ㉣ 유흥주점, 비디오물감상실, 무도학원은 청소년출입・고용 금지업소이다.
> ㉤ 노래방연습장에서 22세 남자 대학생을 도우미로 불러 여자손님들과 동석시킨 후 노래를 부르게 한 경우 처벌법규는 「음악산업진흥에 관한 법률」이다.
> ㉥ 노래연습장에서 유흥종사자를 두고 맥주와 조리하지 않은 안주를 제공했다면 단란주점업에 해당한다.

① 2개　　② 3개
③ 4개　　④ 5개

해설

㉠ 풍속영업자의 범위는 허가 또는 인가를 받지 아니하거나, **등록 또는 신고를 하지 아니하고 풍속영업을 영위하는 자**를 포함한다.
㉡ 화약류 발파 허가권자는 관할(**사용지, 발파지**) 경찰서장이다.
㉥ 노래연습장에서 유흥종사자를 두고 맥주와 조리하지 않은 안주를 제공했다면 **유흥주점업**에 해당한다.

Answer 3. ④ 4. ② / ㉢ ㉣ ㉤

05 다음 생활안전경찰 관련 설명 중 틀린 것은? 08. 경찰 2차

① 도보순찰을 증가하여도 범죄발생은 감소하지 않으나 주민들은 자신들의 구역 내에서 범죄가 줄고 있다고 생각한다는 연구결과를 밝힌 것은 플린트 도보순찰프로그램이다.

② 범죄통제이론 중 일상생활이론에서는 범죄를 저지르고자 하는 의욕적인 범죄자와 적절한 범행대상, 보호자의 부재라는 세 가지 조건이 충족될 때 범죄가 발생한다고 본다.

③ 경범죄처벌위반자에 대해서는 집행유예를 선고할 수 없다.

④ 공기총사격장, 석궁사격장을 설치하고자 하는 자는 경찰서장의 허가를 받아야 한다.

해설

① 도보순찰을 증가하여도 범죄발생은 감소하지 않으나 주민들은 자신들의 구역 내에서 범죄가 줄고 있다고 생각한다는 연구결과를 밝힌 것은 **뉴왁시 도보순찰프로그램**이다.

④ 「사격 및 사격장 안전관리에 관한 법률」 제6조(사격장의 설치허가) 사격장을 설치하려는 자는 다음의 구분에 따라 경찰서장이나 지방경찰청장의 허가를 받아야 한다. 사격장의 위치와 대통령령으로 정하는 주요 구조 설비를 변경하려는 경우에도 또한 같다.
㉠ 공기총(가스를 이용하는 것을 포함) 사격장 및 석궁사격장: **경찰서장**
㉡ ㉠외의 사격장: 지방경찰청장

06 「사행행위 등 규제 및 처벌 특례법」상 사행행위영업이 아닌 것은? 05. 경찰 2차

① 카지노
② 추첨업
③ 복표발행업
④ 경품업

해설

카지노(슬롯머신)는 「**관광진흥법**」상의 영업종류에 해당한다.

Answer 5. ① 6. ①

제3절 민간경비 관련 업무

01 경비업체의 영업구역이 2 이상의 시 · 도에 걸치는 경우 허가권자는? 07. 승진

① 행정안전부장관
② 각 사무소 소재지의 지방경찰청장
③ 경찰청장
④ 주사무소의 소재지를 관할하는 지방경찰청장

해설

경비업을 영위하고자 하는 법인은 도급을 받아 행하고자 하는 경비업무를 특정하여, 법인의 주사무소의 소재지를 관할하는 **지방경찰청장의 허가**를 받아야 한다.

02 「경비업법」상의 경비업에 관한 설명으로 옳지 않은 것은? 07. 승진

① 경비업은 법인이 아니면 영위할 수 없다.
② 도급이란 자신 및 타인의 경비업무를 받아 경비서비스를 제공하는 것이다.
③ 경비업의 종류는 시설, 호송, 신변보호, 기계, 특수경비의 5가지이다.
④ 2개 이상의 시도에 걸친 경비업체의 허가권자는 주사무소 소재지 관할 지방경찰청장이다.

해설

도급이란 '**타인의 경비업무**를 받아 돈을 받고 경비서비스를 제공'하는 것이다.

03 「경비업법」 제2조 제1호에서 규정하고 있는 경비업무에 해당되는 것은 모두 몇 개인가? 11. 경찰 1차

㉠ 시설경비업무	㉡ 신변보호업무	㉢ 특수경비업무
㉣ 호송경비업무	㉤ 기계경비업무	

① 2개 ② 3개 ③ 4개 ④ 5개

해설

경비업이란 **특수경비업무, 기계경비업무, 시설경비, 호송경비, 신변보호업무**의 전부 또는 일부를 도급받아 행하는 영업을 말한다.

Answer 1. ④ 2. ② 3. ④

04 **전통적 경찰활동과 비교한 지역사회 경찰활동의 특징으로 적절하지 않은 것은?** 09. 채용

① 범죄 이외의 문제도 중요한 경찰업무로 취급한다.
② 체포율과 적발건수로 경찰의 능률을 측정한다.
③ 문제해결과 상황적 범죄예방이 주된 전술이다.
④ 사전적 범죄예방활동을 우선시한다.

해설

이는 전통적인 경찰활동에 대한 설명이고, 지역사회 경찰활동에서는 범죄나 무질서의 감소율을 가지고 경찰의 능률을 측정한다.

05 **다음 지역경찰관의 초동조치에 관한 설명 중 틀린 것은?** 07. 경간

① 강력사건 발생시 현장으로 급행하며, 출동 도중에도 범인이라고 의심되는 자는 반드시 확인한다.
② 일시·장소·범인의 인상착의·도주수단과 방향 등 긴급배치에 필요한 사항을 무전으로 우선 보고한다.
③ 도박사건 신고시 경찰의 출동이 노출되지 않게 주의하여 접근, 사복직원을 동행하거나 순찰자의 출동이 감지되지 않도록 주의한다.
④ 변사자의 처리에 있어 지역경찰관은 검시관의 지휘를 받아 사체처리를 할 필요는 없으며 범죄에 의한 사체가 아님이 명확하면 유족에게 바로 인도한다.

해설

변사자의 처리에 있어 지역경찰관은 현장확보 및 증거보전 등 **검시관의 지시**에 따라야 하며 임의로 사체를 처리해서는 안 된다.

05

Answer 4. ② 5. ④

06 다음의 「지역경찰 조직 및 운영에 관한 규칙」의 내용에 대한 설명 중 틀린 것은? 05. 채용

① 지역경찰관서에는 관리팀과 상시·교대근무로 운영하는 복수의 순찰팀을 둔다.

② 순찰팀의 수는 지역 치안수요 및 인력여건 등을 고려하여 지방경찰청장이 결정한다.

③ 관리팀 및 순찰팀의 인원은 지역 치안수요 및 인력여건 등을 고려하여 경찰서장이 결정한다.

④ 경찰서의 관할구역을 나누어 지역경찰관서 중 지구대와 파출소는 지방경찰청장이, 치안센터는 경찰서장이 설치한다.

해설

경찰서의 관할구역을 나누어 지방경찰청장이 지역경찰관서(지구대 및 파출소)를 설치하며, **치안센터도 지방경찰청장**이 설치할 수 있다.

07 치안센터에 대한 설명 중 가장 옳지 않은 것은? 11. 승진, 06. 채용

① 치안센터는 24시간 상시 운영을 원칙으로 하되, 경찰서장은 지역 치안여건 및 인원 여건을 고려하여 운영시간을 탄력적으로 조정할 수 있다.

② 지방경찰청장은 지역치안을 효율적으로 수행하기 위하여 지역경찰관서장 소속하에 치안센터를 설치할 수 있다.

③ 치안센터의 종류 중 검문소형 치안센터는 지리적 여건·치안수요 등을 고려하여 필요한 경우 직주일체형으로 운영할 수 있다.

④ 출장소형 치안센터는 지역경찰의 효율성 및 주민편의 등을 고려하여 필요한 지역에 설치한다.

해설

출장소형 치안센터는 지리적 여건·치안수요 등을 고려하여 필요한 경우 직주일체형으로 운영할 수 있다.

Answer 6. ④ 7. ③

08 **「지역경찰 조직 및 운영에 관한 규칙」에서 규정하는 전담경찰관의 인원 부족이나 대규모 치안수요 발생시에 종사하는 동원근무의 동원사유가 아닌 것은?** 04. 채용

① 다중범죄진압, 대간첩작전 기타 비상사태
② 경호경비 또는 각종 집회 및 행사의 경비
③ 지명수배자 체포를 위한 긴급배치
④ 화재·폭발물·풍수해 등 중요사고 발생

해설

'지명수배자 체포를 위한 긴급배치'가 아니라 '**중요범인 체포**를 위한 긴급배치'는 동원근무의 동원사유에 해당한다.

05

09 **다음 중 옳지 않은 것은 모두 몇 개인가?** 08. 경간

㉠ 지역경찰의 목적은 각종 전담경찰에 종속되어 보조적인 역할만을 수행하는 것이다.
㉡ 각종 사건사고시 일정한 단계이상은 지역경찰관보다는 전담경찰관이 처리하는 것이 사무처리의 신속성과 정확성 측면에서 전담경찰의 효율적 운영을 기대할 수 있다.
㉢ 지구대 내에서 난동을 피우는 피의자들을 자주 보게 되는데, 욕설을 하며 난동을 피우는 경우 경찰관이 어느 정도의 대응하여도 무방하다.
㉣ 지역경찰활동의 특징으로는 업무의 특정성, 해당 구역책임제, 정형적인 근무방법, 주민과의 접촉성 등이 있다.
㉤ 무기밀매 단속은 사회 공공의 질서와 선량한 풍속인 공서양속을 위한 경찰활동에 포함되지 않는다.

① 2개 ② 3개 ③ 4개 ④ 5개

해설

㉠ 지역경찰의 전담경찰에 종속되어 있지 않고, 전 경찰사안에 대하여 일반적이며 초기적인 업무를 수행한다.
㉢ 지구대 내에서 난동을 피우는 피의자들을 자주보게 되는데, 욕설을 하며 난동을 피우는 경우 CCTV를 녹화하여 추후 사법처리시 증거로 활용하며, 욕설이나 **폭력 등 가혹행위 없이 의연하게 진압**한다.
㉣ 지역경찰활동의 특징으로는 업무의 **전반성**, 해당 구역책임제, 정형적인 근무방법, 주민과의 접촉성 등이 있다.

Answer 8. ③ 9. ② / ㉠㉢㉣

10 「지역경찰의 조직 및 운영에 관한 규칙」에 대한 설명으로 옳지 않은 것은 모두 몇 개인가?

11. 경간

㉠ 지역경찰관서의 지구대장은 경정 또는 경감, 파출소는 경감 또는 경위로 보한다. ㉡ 치안센터는 설치목적에 따라 검문소형과 출장소형으로 구분하며, 검문소형 치안 센터는 지리적 여건 · 치안수요 등을 고려하여 필요한 경우 직주일체형으로 운영할 수 있다. ㉢ 경찰서장은 직주일체형 치안센터에서 거주하는 근무자의 배우자에게 조력사례금을 지급하여야 한다. ㉣ 경찰서장은 지역경찰 중 6월 이상의 휴직 · 파견근무를 명받은 자를 교체할 수 있다.

① 0개 ② 1개 ③ 2개 ④ 3개

해설

㉡ 치안센터는 설치목적에 따라 검문소형과 출장소형으로 구분하며, **출장소형 치안센터**는 지리적 여건 · 치안수요 등을 고려하여 필요한 경우 직주일체형으로 운영할 수 있다.
㉣ 경찰서장은 지역경찰 중 6월 이상의 휴직 · 파견근무를 명받은 자를 **지체 없이 교체하여야** 한다.

11 순찰의 증감이 범죄율과 시민의 안전감에 영향을 미치지 못한다는 결과를 도출하여 경찰의 순찰활동 전략을 재고하게 만든 연구는?

09. 경찰 2차

① 플린트 도보순찰실험 ② 뉴왁시 도보순찰실험
③ 캔자스시 예방순찰실험 ④ 뉴욕경찰의 작전 25실험

해설

캔자스시의 예방순찰	차량순찰 수준을 증가해도 범죄는 감소하지 않았고, 일상적인 순찰을 생략해도 범죄는 증가하지 않음(**순찰과 범죄예방의 무관**)
뉴왁시 도보순찰	도보순찰이 증가하여도 범죄발생은 감소되지 않으나, 주민들은 자신들의 구역 내에서 **범죄가 줄어들고 있다고 생각함(도보순찰의 심리적 효과)**
플린트 도보순찰	실험기간 중 범죄발생 건수가 증가했음에도 불구하고, 도보순찰 결과 시민들은 **더 안전하다고 느끼고 있음(도보순찰의 심리적 효과)**

Answer 10. ③ / ㉡ ㉣ 11. ③

12 **다음 중 「112 신고센터 운영 및 신고처리규칙」에 대한 설명으로 옳은 것은 모두 몇 개인가?**

11. 경간

㉠ 경찰서의 112 센터는 치안상황실과는 별도의 공간에 설치하는 것이 원칙이다. ㉡ 112 요원의 근무기간은 업무의 중요성을 고려하여 최소 2년 이상으로 한다. ㉢ 112 신고의 유형 중 code 2와 code 3에 해당하는 신고는 현장조치의 필요성이 없는 신고이다. ㉣ 112 신고 접수처리 입력 자료는 1년간 보존한다.

① 0개 ② 1개 ③ 2개 ④ 3개

해설

㉠ 제4조(112 센터의 설치) 112 신고의 효율적인 처리를 위해 각 지방경찰청 및 경찰서 생활안전과장(생활안전교통과장을 포함한다)소속하에 112 센터를 설치한다. 경찰서의 112 센터는 **치안상황실 안에 설치하는 것**을 원칙으로 한다.

㉡ 제9조 112 요원의 근무기간은 **1년 이상**으로 한다.

㉢ **code 2 신고유형**은 경찰 출동요소에 의한 현장조치 필요성은 있으나 code 1 신고에 속하지 않는 경우이고, code 3 신고유형은 경찰 출동요소에 현장조치 필요성이 없는 경우이다.

13 **지구대 CCTV 설치 및 관리와 관련된 설명으로 가장 옳지 않은 것은?**(「경찰장비관리규칙」에 의함)

11. 경감 승진

① 민원 또는 사건・사고와 관련된 녹화CD 등은 1개월간 보존하고, 필요한 경우에는 보존기간을 연장하여 특별관리한다.

② CCTV 모니터는 상황근무자가 잘 볼 수 있는 장소에 설치하여 적정녹화 여부를 확인할 수 있어야 한다.

③ 경찰서장은 외근감독 순시계획 수립시 CCTV 운영사항을 확인하도록 하여야 한다.

④ 음주소란・난동행위자 등에 대하여는 모든 행위가 CCTV에 녹화되어 증거자료로 활용될 수 있음을 사전 고지해야 한다.

해설

CCTV 모니터는 **피의자 또는 민원인이 잘 볼 수 있는 장소**에 설치하여야 한다.

Answer 12. ② / ㉣ 13. ②

제 4 절 풍속사범의 단속

01 **업소에서 종업원이 음란행위를 제공하였을 경우 다음 중 「풍속영업의 규제에 관한 법률」로 처벌할 수 없는 사람은?** 02 · 03 승진

① 무도학원의 강사, 강사보조원
② 단란주점 웨이터
③ 다방종업원
④ 비디오방 카운터

다방은 풍속영업에 해당하지 않는다.

02 **지구대에 근무하는 순경 甲은 24:00경 노래방 불법영업신고를 받고 출동하여 17세의 손님이 청소년실에 있는 것을 발견하였다. 이때 조치사항으로 가장 적절한 것은?** 03. 승진

① 「청소년보호법」 위반으로 단속한다.
② 「풍속영업의 규제에 관한 법률」 위반으로 단속한다.
③ 「음악산업진흥에 관한 법률」 위반으로 단속한다.
④ 업주는 단속하지 않고, 청소년을 귀가하도록 선도한다.

해설

청소년의 출입시설을 갖춘 노래연습장은 「청소년보호법」상 출입금지업소가 아니며, **「음악산업진흥에 관한 법률」**은 **18세 미만자**(청소년)의 22:00 ~ 익일 09:00의 출입을 규제하고 있으므로 동법률 위반으로 단속한다.

Answer 1. ③ 2. ③

03 「풍속영업의 규제에 관한 법률」에 대한 설명으로 옳지 않은 것은 모두 몇 개인가?

11. 경간

> ㉠ 풍속영업자에는 인가 또는 허가를 받지 아니하고 풍속영업을 하는 자를 포함한다.
> ㉡ 「식품위생법」상 식품접객업 중 유흥주점, 단란주점, 티켓다방은 풍속영업에 해당하여 「풍속영업의 규제에 관한 법률」의 적용을 받는다.
> ㉢ 「풍속영업의 규제에 관한 법률」의 적용을 받는 게임제공업 중에서 일반게임제공업은 등록대상 게임업에 해당한다.
> ㉣ 풍속영업의 허가관청은 영업자가 준수사항을 위반한 경우 관할경찰서장에게 통보하여야 한다.
> ㉤ 풍속영업자가 미성년자에게 술·담배를 제공하는 행위는 「청소년 보호법」에 의하여 처벌받는다.

① 0개　② 1개　③ 2개　④ 3개

해설

㉡ 티켓다방은 풍속영업에 해당하지 않는다.
㉢ 일반게임제공업은 '**허가**'**대상** 게임업에 해당한다.
㉣ 경찰서장은 풍속영업자(또는 풍속영업종사자)가 영업자 준수사항을 위반한 때에는 그 사실을 **허가관청에 통보**하여야 한다.

04 다음 중 사행행위의 허가요건으로 타당하지 않은 것은?

02·04. 승진

① 국익을 위하여 특히 필요하다고 인정되는 경우
② 공공복리의 증진을 위하여 특히 필요하다고 인정되는 경우
③ 상품의 판매선전을 위하여 특히 필요하다고 인정되는 경우
④ 관광진흥과 관광객의 유치촉진을 위하여 특히 필요하다고 인정되는 경우

해설

1) **공공복리의 증진**을 위하여 특히 필요하다고 인정되는 경우
2) 상품의 **판매선전**을 위하여 특히 필요하다고 인정되는 경우
3) **관광진흥과 관광객의 유치촉진**을 위하여 특히 필요하다고 인정되는 경우

Answer 3. ④ / ㉡㉢㉣ 4. ①

05 「사행행위 등 규제 및 처벌특례법」상 사행행위영업에 관한 다음 설명 중 틀린 것은 모두 몇 개인가? 06. 승진

㉠ 사행기구제조업을 하고자 하는 자는 경찰청장의 허가를 받아야 한다.
㉡ 조건부 허가를 받은 자가 정당한 사유 없이 그 기간 내에 시설을 갖추지 아니한 때에는 그 허가를 취소할 수 있다.
㉢ 사행기구제조업의 허가를 받은 자가 사행기구판매업을 하고자 하는 경우에는 지방경찰청장에게 허가를 받아야 한다.
㉣ 사행기구제조업자는 회전판돌리기업에 이용되는 사행기구를 제조한 때에는 매 품목마다 경찰청장의 검사를 받아야 한다.
㉤ 사행행위영업자는 허가 후 매 3년마다 경찰청장의 검사를 받아야 한다.

① 1개 ② 2개 ③ 3개 ④ 4개

해설

㉡ 조건부 허가를 받은 자가 정당한 사유 없이 그 **기간 내에 시설을 갖추지 아니한 때**에는 그 허가를 취소하여야 한다.
㉢ 사행기구제조업의 허가를 받은 자는 사행기구판매업의 허가를 받은 것으로 본다.
㉤ 사행기구를 이용하여 영업을 하는 사행행위영업자는 그 사행기구가 일정한 규격 및 기준에 적합한지의 여부에 관하여 허가 후 매 3년마다 경찰청장의 검사를 받아야 한다.

06 다음은 생활질서계 경장 甲이 민원인으로부터 식품위생업소에서의 미성년자 출입 관련 문의에 답한 내용이다. 타당하지 않은 것은? 01. 승진

① 유흥주점에는 19세 미만자가 항상 출입할 수 없다.
② 단란주점에 19세 미만자를 단순종사자로 고용시 처벌되지 않는다.
③ 유흥주점 댄서로 19세의 여성이 일할 수 있다.
④ 19세 미만자에게 주류를 제공할 수 없다.

해설

단란주점은 청소년 출입·고용 금지업소로서 접대부로서의 고용은 물론 **단순고용도 금지**된다.

Answer 5. ② / ㉡㉢ 6. ②

07 **청소년 출입 및 고용이 금지된 업소는 모두 몇 개인가?** 11. 승진

㉠ 티켓다방	㉡ 단란주점	㉢ 소주방
㉣ 무도학원	㉤ 유료 만화대여방	㉥ 비디오물감상실

① 1개 ② 2개 ③ 3개 ④ 4개

해설

㉡ 단란주점 ㉣ 무도학원 ㉥ 비디오물감상실 /
㉠ 티켓다방의 경우 「청소년 보호법 시행령」에서 근거를 두고 있지만, 「식품위생법」상 식품접객업소에서 소요시간에 따라 대가를 수수하는 티켓영업 자체가 불법이기 때문에 티켓다방과 같은 영업형태는 모두 불법이고 존재할 수가 없다.

제5절 기초질서 위반사범 단속

01 **다음 중 「경범죄처벌법」에 관한 설명으로 옳지 않은 것은?** 02. 승진, 01. 채용

① 종범의 형은 감경한다.
② 구류와 과료를 함께 과할 수 있다.
③ 경범죄에 대한 집행유예 선고는 불가능하다.
④ 형사범에 비하여 경범죄의 경우 주로 추상적 위험범의 성질을 가진다.

해설

종범의 형을 감경하지 않고, **종범을 정범으로 처벌**한다.

02 **「경범죄처벌법」에 관한 설명 중 가장 옳지 않은 것은?** 02·03. 승진, 03. 채용

① 종범의 형을 감경하지 않는다.
② 법인(法人)에 대하여도 처벌할 수 있다.
③ 경범죄처벌법은 미수범을 처벌한다.
④ 동법을 위반한 범인에 대한 범인은닉죄가 성립한다.

해설

「경범죄처벌법」은 대상범죄의 성격이 주로 추상적 위험범이어서 **미수범 처벌규정이 없다.**

Answer 7. ③ / ㉡㉣㉥ / 1. ① 2. ③

03 「경범죄처벌법」의 특성이 아닌 것은 몇 개인가? 10. 경간

ㄱ 범인에 대해서도 재산형의 처벌이 가능하다.
ㄴ 「경범죄처벌법」을 위반한 범인을 은닉한 경우 범인은닉죄가 성립할 수 있다.
ㄷ 집행유예가 가능하며 벌금형의 선고시 선고유예도 가능하다.
ㄹ 미수범 처벌규정을 두고 있다.
ㅁ 교사범 및 종범의 형을 감경한다.
ㅂ 대상범죄의 성격이 추상적 위험범이다.
ㅅ 「경범죄처벌법」은 형사실체법이면서 절차법이다.

① 1개 ② 2개 ③ 3개 ④ 4개

해설

ㄷ 벌금형의 선고 시 선고유예는 가능하지만 벌금 이하의 형으로만 규정되어 있어 **집행유예(3년 이하 징역 · 금고)는 불가능**하다.
ㄹ 대상범죄의 성격이 추상적 위험범으로 **미수범 처벌규정이 없다.**
ㅁ 「경범죄처벌법」은 종범의 형을 필요적으로 감경하지 않고, 종범을 정범으로 처벌하고 있다.

제6절 총포 · 도검 · 화약류 등의 단속

01 총포 · 도검 · 화약류에 관한 경찰의 업무에 관한 내용으로 틀린 것은? 03. 채용

① 민유총포 보유시 경찰관청에의 허가제도
② 5.5mm 이상 산탄 공기총의 중요한 부품은 지구대에 보관함
③ 화약류 발파시 화약저장소를 관할하는 경찰서장의 허가를 얻어야 함
④ 수렵기간 중 산탄엽총과 가스총의 총기보관은 해제

해설

화약류 **사용(발파)지 관할경찰서장**의 허가를 요한다.

Answer 3. ③ / ㄷㄹㅁ / 1. ③

02 **총포**(권총 · 소총 · 기관총)**나 화약류**(화약 · 폭약)**의 제조업의 허가권자는?** 97. 승진

① 경찰서장 ② 지방경찰서장
③ 경찰청장 ④ 시 · 도지사

해설

경찰청장 허가사항은 총[권총 · 소총 · 기관총], 포, 화약류[화약 · 폭약]의 제조 및 수출입

03 **총포 · 도검 · 화약류 등의 제조 · 판매업 허가에 대한 설명으로 틀린 것은?** 10. 승진

① 전자충격기제조업 허가는 지방경찰청장의 권한이다.
② 권총제조업 허가는 경찰청장의 권한이다.
③ 분사기판매업 허가는 지방경찰청장의 권한이다.
④ 총포판매업 허가는 경찰청장의 권한이다.

해설

총포판매업 허가는 **지방경찰청장**이 전담한다.

04 **다음 화약류저장소 중 설치 시에 경찰서장의 허가를 받아야 하는 것은 모두 몇 개인가?** 04 · 05 · 10. 승진

㉠ 2급 저장소	㉡ 도화선저장소
㉢ 수중저장소	㉣ 실탄저장소
㉤ 꽃불류저장소	㉥ 장난감용꽃불류저장소

① 2개 ② 3개 ③ 4개 ④ 없다

해설

화약류저장소 중 경찰서장의 허가대상은 '**3급**'저장소와 '**간이**'저장소뿐이고, 나머지는 모두 지방경찰청장의 허가를 요한다.

Answer 2. ③ 3. ④ 4. ④

05 「총포 · 도검 · 화약류 등 단속법」상 총포 · 화약류의 제조업 및 판매업을 영위하고자 하는 경우 허가와 관련한 설명 중 가장 옳지 않은 것은? 11. 승진

① 총포(권총 · 소총 · 기관총), 화약류(화약 · 폭약 · 화공품)의 제조업을 영위하고자 하는 자는 제조사마다 경찰청장의 허가를 받아야 한다.

② 도검, 분사기, 전자충격기, 석궁의 제조업을 영위하고자 하는 자는 제조소마다 제조소의 소재지를 관할하는 지방경찰청장의 허가를 받아야 한다.

③ 도검, 분사기를 수출입하고자 하는 자는 그때마다 주된 사업장의 소재지를 관할하는 지방경찰청장의 허가를 받아야 한다.

④ 본사를 서울에 두고 대구와 광주에 지사를 두어 분사기를 판매하고자 하는 경우에는 각 판매소마다 해당 지방경찰청장의 허가를 받아야 한다.

해설

화약류 중 화공품의 **제조** 허가권자는 **지방경찰청장**이다.

제7절 여성 청소년 경찰활동

01 다음 중 「성매매알선 등 행위의 처벌에 관한 법률」상 성매매 피해자에 해당하는 자는? 06. 승진

㉠ 불특정인을 상대로 금품 등을 수수 · 약속하고 성교행위를 한 자
㉡ 위계 · 위력, 그 밖에 이에 준하는 방법으로 성매매를 강요당한 자
㉢ 보호 또는 감독하는 자에 의하여 마약 등에 중독되어 성매매를 한 자
㉣ 청소년 · 장애인 등으로 성매매를 하도록 알선 · 유인된 자
㉤ 성매매 목적의 인신매매를 당한 자

① ㉠, ㉡, ㉢　　② ㉡, ㉢, ㉣
③ ㉠, ㉡, ㉢, ㉣　　④ ㉡, ㉢, ㉣, ㉤

해설

㉠은 **성매매를 의미**한다. 성매매피해자는 강요, 감독 · 중독, 청소년 등, 인신매매에 의해 성매매매를 한 사람을 의미한다.

Answer 5. ① / 1. ④

02 「성매매알선 등 행위의 처벌에 관한 법률」의 내용에 대한 기술로 잘못된 것은?

04. 채용, 08. 경간

① 위계 · 위력 그 밖에 이에 준하는 방법으로 성매매를 강요당한 자 등을 성매매피해자라 한다.
② 성매매피해자의 성매매는 그 형을 감면할 수 있다.
③ 성매매피해자가 청소년인 경우에는 수사의 지장 초래 등 특별한 사유가 없는 한 신뢰관계에 있는 자를 동석하게 하여야 한다.
④ 사법경찰관이 수사과정에서 피의자가 성매매피해자에 해당한다고 볼 만한 상당한 이유가 있을 때에는 지체없이 법정대리인 등에게 통보하여야 한다.

해설

성매매피해자의 **성매매는 처벌하지 아니한다**(성매매알선 등 행위의 처벌에 관한 법률 제6조).

03 「아동 · 청소년의 성보호에 관한 법률」에 관한 내용으로 옳은 것은 모두 몇 개인가?

11. 채용

㉠ 아동 · 청소년은 20세 미만의 자를 말한다. 다만, 20세에 도달하는 해의 1월 1일을 맞이한 자는 제외한다.
㉡ 영리를 목적으로 청소년으로 하여금 손님과 함께 술을 마시거나 노래 또는 춤 등으로 손님의 유흥을 돋구는 접객행위를 하게 하는 행위도 「아동 · 청소년의 성보호에 관한 법률」에서의 단속대상이다.
㉢ 아동 · 청소년대상 성범죄의 공소시효는 해당 성범죄로 피해를 당한 아동 · 청소년이 성년에 달한 날부터 진행하고, 일부 범죄는 디엔에이(DNA)증거 등 그 죄를 증명할 수 있는 과학적인 증거가 있는 때에는 공소시효가 10년 연장된다.
㉣ 아동 · 청소년을 대상으로 한 「성폭력범죄의 처벌 등에 관한 특례법」 제10조 제1항(업무상 위력 등에 의한 추행), 제11조(공중 밀집 장소에서의 추행) 및 제12조(통신매체를 이용한 음란행위)의 죄는 고소가 있어야 공소를 제기할 수 있다.

① 없음 ② 1개 ③ 2개 ④ 3개

해설

㉠ 「아동 · 청소년의 성보호에 관한 법률」상의 아동 · 청소년은 **19세 미만의 자**를 말한다. 다만, 19세에 도달하는 해의 1월 1일을 맞이한 자는 제외한다.

Answer 2. ② 3. ② / ㉢

㉡ 영리를 목적으로 청소년으로 하여금 손님과 함께 술을 마시거나 노래 또는 춤 등으로 손님의 유흥을 돋구는 이른바 '유흥접객행위'는 「청소년 보호법」상의 '청소년유해행위'에 해당되며 **「청소년 보호법」의 단속대상**이다.

㉣ 「성폭력범죄의 처벌 등에 관한 특례법」상의 업무상 위력 등에 의한 추행, 공중 밀집 장소에서의 추행, 통신매체를 이용한 음란행위는 친고죄에 해당하지만, 그 대상이 아동·청소년인 경우에는 '**반의사불벌죄**'에 해당한다.

04 「아동·청소년의 성보호에 관한 법률」에 대한 설명으로 옳은 것은 모두 몇 개인가?

11. 경간

㉠ 음주 또는 약물로 인한 심신장애 상태에서 13세 미만의 청소년에 대하여 강간을 한 경우에는 형법상의 심신 장애로 인한 감경을 적용하지 아니한다.
㉡ 법원은 아동·청소년대상 성범죄의 피해자를 증인으로 심문함에 있어서 검사의 신청이 있는 때에는 부득이한 경우가 아닌 한 피해자와 신뢰관계에 있는 자를 동석하게 하여야 한다.
㉢ 아동·청소년대상 성범죄 사건의 가해자가 피해아동·청소년의 친권자인 경우 수사 검사는 법원에 친권상실선고를 청구할 수 있다.
㉣ 영리를 목적으로 아동·청소년이용음란물을 판매·대여·배포한 행위는 미수범을 처벌하나, 단순히 소지한 행위는 미수범을 처벌하지 않는다.

① 0개 ② 1개 ③ 2개 ④ 3개

해설

㉠ 이러한 경우에는 형법상의 심신장애로 인한 **감경을 적용하지 아니할 수 있다.**
㉢ 이러한 경우에는 검사는 법원에 친권상실 선고를 **청구하여야 한다.**
㉣ 아동·청소년이용음란물의 경우 제작·수입·수출만 미수를 처벌하고, 판매·대여·배포·소지행위는 미수를 처벌하지 않는다.

Answer 4. ② / ㉡

05 **P경찰서 여성청소년계에 근무하는 박경장은 실종아동등의 발생신고를 접수하여 경찰서장에게 보고하였다. 이후 경찰서장이 취한 초동조치 중 가장 옳지 않은 것은?** 11. 승진

① 실종아동등 · 가출인 발생 후 1월이 지난 신고에 대해서는 탐문 · 수색을 생략할 수 있다.

② 형사과장을 팀장으로 하는 실종수사전담반을 편성하여 신고접수 즉시 수사에 착수한다.

③ 신고접수 즉시 지역경찰관, 실종수사전담팀, 여성청소년부서 경찰관 등을 현장에 출동 탐문 · 수색하도록 한다.

④ 찾는 실종아동등의 경우 신고접수 후 24시간 이내에 범죄관련 여부를 판단하기 위해 합동심의위원회를 구성 · 심의할 수 있다.

해설

범죄관련 여부를 판단하기 위한 합동심의위원회는 **24시간 이내에 구성하여야 한다.**

05

06 **「실종아동 등 가출인업무 처리규칙」에 관한 설명으로 틀린 것은?** 08. 채용

① 장기실종아동이란 보호자로부터 신고를 접수한 지 48시간이 경과하도록 발견하지 못한 찾는 실종아동등을 말한다.

② 실종아동찾기센터 홈페이지의 수배대상자인 실종아동등 · 가출인 · 치매질환자 중에서 가출인의 수배자료는 행불자의 경우에만 일반인에게 공개할 수 있다.

③ 치매환자는 연령에 관계없이 실종아동등에 준하여 처리한다.

④ 경찰서장은 장기실종아동등에 대해 수배일로부터 1월까지는 7일에 1회, 1월이 경과한 후에는 분기별 1회 보호자에게 추적진행 사항을 통보 및 귀가 여부를 확인한다.

해설

경찰관서의 장은 관할 장기실종아동등에 대하여 정보통신망 수배일로부터 **1월까지는 10일에 1회, 1월이 경과한 후부터는 분기별 1회** 보호자에게 추적 진행사항을 통보 및 귀가 여부를 확인한다.

Answer 5. ④ 6. ④

07 소년의 정의로서 옳은 것은? 02 · 07 승진

① 범죄소년이란 14세 이상 19세 미만의 자로서 죄를 범할 우려가 있는 자이다.
② 요보호소년이란 음주 · 싸움 등으로 자기 또는 타인의 덕성을 해한 자이다.
③ 불량행위소년은 비행소년이다.
④ 우범소년은 10세 이상 19세 미만인 자로서 보호자의 정당한 감독에 복종하지 않는 성벽이 있거나 정당한 이유 없이 가정에서 이탈하거나 범죄성이 있는 자이다.

해설

① 범죄소년이란 죄를 범한 **14~19세 미만의 소년**이다.
② 이는 **불량행위소년**이다.
③ 불량행위소년은 **비행소년에 포함되지 않는다.**

08 「소년법」상 경찰서장이 직접 관할 지방법원 소년부에 송치해야 하는 비행소년은? 02. 승진

① 범죄소년, 우범소년
② 우범소년, 불량소년
③ 범죄소년, 촉법소년
④ 촉법소년, 우범소년

해설

촉법소년 및 **우범소년**은 경찰서장이 직접 관할 소년부에 송치해야 한다.

09 다음 설명 중 틀린 것은 모두 몇 개인가? 10. 승진

㉠ 「소년업무처리규칙」상 촉법소년은 10세 이상 14세 미만의 자로서 형벌법령에 저촉되는 행위를 할 우려가 있는 자를 말한다.
㉡ 「소년업무처리규칙」상 불량행위소년이란 비행소년은 아니나 음주 · 끽연 · 싸움 등 자기 또는 타인의 덕성을 해하는 소년을 말한다.
㉢ 「소년법」상 범죄소년과 촉법소년은 검찰청에 송치하고 우범소년은 경찰서장이 직접 관할법원 소년부에 송치한다.
㉣ 「소년법」상 소년의 연령은 19세 미만이다.

① 1개
② 2개
③ 3개
④ 4개

해설

㉠ 촉법소년은 형벌 법령에 저촉되는 행위를 한 10세 이상 14세 미만인 소년을 말한다.
㉢ **범죄소년은 검찰청**에 송치하고, 촉법소년 및 우범소년은 경찰서장이 직접 관할 소년부에 송치하여야 한다.

Answer 7. ④ 8. ④ 9. ② / ㉠㉢

10 **「청소년보호법」에 대한 설명으로 옳은 것은 모두 몇 개인가?**(판례가 있는 경우 판례에 의함) 11. 경위 승진

> ㉠ 「청소년 보호법」상 18세 미만의 청소년에게 술을 판매함에 있어서 그의 민법상 법정 대리인의 동의를 받았다면 그 행위는 정당화될 수 있다.
> ㉡ 공부상 출생일과 다른 실체의 출생일을 기준으로 「청소년 보호법」상의 청소년에서 제외되는 자임이 역수상 명백하다고 하여 주류 판매에 관한 「청소년 보호법」 위반죄로 처벌할 수 없는 것은 아니다.
> ㉢ 「청소년 보호법」상 청소년유해업소인 노래연습장 또는 유흥주점의 각 업주는 청소년을 접대부로 고용할 수 없다. 단, 시간제로 보수를 받고 근무하는 경우는 제외된다.
> ㉣ '홀딱쇼' 등 은밀한 부분을 노출시키고 접대하는 행위, 안마시술소의 퇴폐적 안마, 증기탕의 목욕접대 등도 성적 접대행위에 포함된다.

① 1개 ② 2개 ③ 3개 ④ 4개

05

해설

㉠ 「청소년 보호법」상 18세 미만의 청소년에게 술을 판매함에 있어서 그의 민법상 법정대리인의 동의를 받았다 하더라도 그 행위는 정당화될 수 없다.
㉡ 「청소년 보호법」상의 '청소년'에 해당하는지의 판단은 호적 등 공부상의 나이가 아니라 **실제의 나이**를 기준으로 하여야한다.
㉢ 「청소년 보호법」상 청소년유해업소인 노래연습장 또는 유흥주점은 청소년의 **출입과 고용이 금지**된다.

11 **다음 내용 중 설명이 틀린 것은?** 09. 경찰 1차

① 「가정폭력범죄 처벌 특례법」에 규정된 가정구성원에는 배우자(사실상 혼인관계에 있는 자 포함)또는 배우자관계에 있었던 자를 포함한다.
② 「아동・청소년의 성보호에 관한 법률」에서 청소년을 대상으로 한 강제추행죄는 비친고죄이다.
③ 「소년법」상의 보호처분은 비행에 나타난 소년의 범죄적 위험성에 대처하기 위한 수단이나 소년의 비행사실에 대하여 책임을 묻는 처벌에 해당하지 않는다.
④ 성을 파는 행위를 한 자가 그를 고용한 자에게 진 대여금 채무는 유효하다.

해설

성을 파는 행위를 한 자가 그를 고용한 자에게 진 대여금 채무는 무효이다.

Answer 10. ① / ㉣ 11. ④

비친고죄	아동·청소년의 성보호에 관한 법률	제7조(아동·청소년에 대한 강간·강제추행 등)
	형법 (19세 미만인 경우)	제297조(강간), 제298(강제추행), 제299조(준강간, 준강제추행), 제300조(미수범), 제302조(미성년자 등에 대한 간음), 제303조(업무상 위력 등에 의한 간음), 제305조(미성년자에 대한 간음, 추행)
반의사 불벌죄	「성폭력범죄의 처벌 등에 관한 특례법」: 제10조(업무상 위력등에 의한 강제추행), 제11조(공중 밀집 장소에서의 추행), 제12조(통신매체를 이용한 음란행위)	

제8절 외국의 생활안전경찰

01 **미국의 지역사회 범죄예방활동 프로그램을 설명한 다음의 내용 중 틀린 것은?** 09. 채용

① Safer City Program: 미국 정부와 민간단체에서 적극적으로 전개하는 직업기회제공 프로그램으로 비행소년이나 비행에 빠질 가능성이 높은 청소년을 대상으로 직업훈련, 재정지원, 교육, 취업알선을 하는 프로그램

② Diversion Program: 비행을 저지른 소년이 주변의 낙인의 영향으로 심각한 범죄자로 발전하는 것을 방지하기 위해 형사법적 제재를 가하지 않고 지역사회의 보호 및 관찰로 대처하여 범죄를 예방하려는 프로그램

③ Head Start Program: 미국의 빈곤계층 아동들이 적절한 사회화 과정을 거치게 함으로써 장차 범죄를 저지를 수 있는 잠재성을 감소시키려는 범죄예방 프로그램

④ Crime Stopper Program: 범죄에 관한 정보를 가지고 있는 주민이 신고할 수 있도록 동기부여를 하기 위해 현금보상을 실시하는 범죄정보 보상 프로그램

해설

Safer City Program은 지역사회 발전프로그램을 통한 사회환경 개선으로 범죄원인을 제거하고자 하는 **영국**의 안전도시운동을 의미한다.

Answer 1. ①

02 **지역사회 발전프로그램을 통한 사회환경 개선으로 범죄원인을 제거하고자 하는 영국의 범죄예방 프로그램은?** 07. 승진

① Diversion Program

② Safer City Program

③ PATHE Program

④ Head Start Program

해설

Safer City Program이란 비행소년이나 비행에 빠질 가능성이 높은 청소년을 대상으로 직업훈련, 재정지원, 교육, 취업알선 등의 지역사회 발전프로그램을 통한 **사회환경 개선으로 범죄원인을 제거**하고자 하는 영국의 안전도시운동이다.

Answer 2. ②

박선영 경찰학

Police Science

CHAPTER

수사경찰

Police Science

수사경찰

제1절 수사의 기초

1 수사의 의의

(1) 의 의 기출

범인을 발견하고 **증거를 수집, 보전**하는 수사기관의 활동으로 범죄의 혐의(주관적 혐의)가 있다고 인정될 때 수사가 개시된다. 공소제기 이후에도 수사는 개시된다.

수사에 해당하는 활동	수사에 해당하지 않는 활동
① 피의자 조사 ② 특별사법경찰관의 참고인 조사 ③ 공소제기 후의 피고인 조사, 참고인 조사 임의제출물 압수 ④ 불기소 처분에 의한 종결 ⑤ 공소제기 후 여죄발견시, 검사의 보강수사 지시	① 사인의 현행범 체포, 사설탐정의 조사, 행정기관의 조사행위 ② 법원의 피고인 구속 ③ 공판정에서 검사의 피고인 신문, 증인신문 ④ 경찰의 순찰 등

(2) 형식적 수사, 실질적 수사 기출

형식적 수사	실질적 수사
① 수사의 수단, 방법의 선택 ② 형사소송법의 절차적 이념인 인권보장과 공공복리의 조화 ③ 합법성 추구	① 범인, 범행동기, 수단, 방법 등 목적 또는 내용에 관한 실체적 측면에서의 수사 ② 실체적 진실발견 추구 ③ 합리성 추구

2 수사의 조건 기출

(1) 의 의

수사의 조건은 수사권의 발동과 행사의 조건을 말한다.

(2) 수사의 필요성

수사의 목적을 달성할 필요한 경우에 한하여 허용된다.

① 수사의 개시는 주관적 혐의에 의하여 개시되고 기출, 구체적 사실에 근거하여 주위의 사정을 합리적으로 판단하여야 한다.

② 친고죄는 고소가 없더라도 고소의 가능성이 있는 경우는 임의수사와 강제수사 모두 허용된다. 기출

(3) 수사의 상당성

① 수사의 필요성이 인정되더라도 수단의 목적을 달성하는 데 상당하다고 인정되는 방법으로 해야 한다. 특히 강제수사의 경우에 강조된다.

② 수사목적을 달성을 위해서는 필요최소한에 그쳐야 한다(수사비례의 원칙).

③ 범의유발형 함정수사는 신의칙에 반하기 때문에 허용되어서는 안 된다. 기출

제2절 수사의 원칙

1 수사의 3대 원칙

신속착수의 원칙	범죄의 흔적은 시간이 흐르면 변경되므로 수사는 가급적 신속히 시작하여 증거가 소멸되기 전에 수사를 종결해야 한다.
현장보존의 원칙	**범죄현장은 증거의 보고**로 범죄현장을 훼손되지 않도록 보존해야 한다.
공중협력의 원칙	목격자와 전문가가 살고 있는 사회는 '**증거의 바다**'라고 할 수 있다.

2 수사의 기본원칙 기출

임의수사의 원칙	수사는 상대방의 동의를 필요로 하는 임의수사가 원칙이다.
수사비례의 원칙	• 수사로 인한 이익과 법익 침해가 균형을 이루어야 한다. • **임의수사와 강제수사 모두에 요구되는 원칙**이다. 기출
수사비공개원칙	수사의 개시와 실행은 공개하지 아니한다는 원칙이다.
자기부죄강요 금지의 원칙	헌법 제21조는 **자기부죄거부 특권**을 명시하고 있고 형소법은 진술거부권을 보장한다.
강제수사 법정주의	강제수사는 형소법에 특별한 규정이 있는 경우에 한해서 적용된다.
영장주의	수사기관은 강제처분시 영장주의가 적용된다.
제출인 환부의 원칙	수사기관이 압수물을 환부함에 있어서는 제출인에게 환부함을 원칙으로 한다.

▸ 이 중 헌법상의 원칙은 **강제수사 법정주의, 영장주의, 자기부죄강요금지의 원칙**이다.

3 범죄수사상 준수원칙

선증후포의 원칙	사건은 증거를 확보한 후 범인을 체포해야 한다.
법령엄수의 원칙	법령을 준수해야 개인의 자유와 권리를 부당하게 침해하는 일이 없도록 주의해야한다.
민사관계 불간섭의 원칙	범죄수사는 형사사건에 한해야 한다.
종합수사의 원칙	모든 정보, 자료를 종합하고 가능한 기술과 지식, 조직을 동원한 체계적이고 조직적인 종합수사를 해야 한다.

4 수사실행 5원칙 기출

수사자료 완전수집 원칙	수사 제1의 조건으로 사건에 관련된 모든 수사자료를 완전하게 수집해야 문제를 명확히 파악할 수 있다.
수사자료 감식 검토의 원칙	수집된 자료는 과학적 지식과 시설을 최대한 활용하여 검토해야 한다는 원칙
적절한 추리의 원칙	수집된 자료를 기초로 합리적인 판단을 하고 추측을 사실이라고 확신해서 안 된다.

검증적 수사의 원칙	여러 가지 추측은 모든 각도에서 검토해야 한다는 원칙
사실 판단 증명의 원칙	수사관의 주관적 판단만 할 것이 아니라 객관적으로 증명해야 한다.

제3절 수사의 과정

1 수사의 과정

내사－수사의 개시－수사의 실행－사건의 송치－송치 후 수사－수사의 종결

(1) 내 사

사건입건 전에 행하는 수사기관의 조사활동으로 익명 또는 허무인의 신고, 제보, 진정, 탄원 및 투서로 수사단서의 가치가 없다고 인정될 때는 내사하지 않을 수 있다. 임의적 방법으로 **체포, 구속 등의 대인적 강제조치를 할 수 없다**. 하지만 피내사자의 변호인 접견교통권, 진술거부권은 인정된다.

(2) 수사개시(입건)

수사기관이 최초로 사건을 수리하여 수사를 개시하는 것으로 **현행범 체포, 불심검문, 고소, 고발** 등의 수사의 단서에 의해 수사를 개시한다. 범죄사건부에 기재하는 단계이다.

(3) 수사의 실행

사건이 수리되어 범인발견 및 증거 수집등의 수사를 실행하는 것이다.

(4) 사건의 송치

사건의 진상이 파악되고, 적용할 법령과 처리의견을 제시할 정도가 되면 관련서류와 증거물을 검찰청에 송치해야 한다. 공소를 제기할 수 없는 경우에도 송치한다.

(5) 수사의 종결 기출

수사종결권은 검사에게만 인정되고 사법경찰관리는 수사종결권이 없다.

1) 공소제기

객관적 혐의가 충분하고 소송조건을 구비한 경우이다.

2) 협의의 불기소

① **각하**: 동일한 사안에 대해 불기소 처분, 내사종결이나 처벌할 수 없음이 명백한 경우 수사를 진행할 가치가 없거나 고소, 고발이 법률에 위반된 경우는 각하처리한다.

② **공소권 없음**: 소송조건이 결여되거나(친고죄의 고소가 없거나, 반의사불벌죄의 피해자의 처벌불원, 공소시효의 완성), 형면제사유(친족상도례), 일반사면, 피의자 사망, 형의 폐지

③ **죄가 안됨**: 위법성조각사유, 책임조각사유 존재, 친족, 동거가족의 범인은닉 증거인멸

④ **혐의 없음**: 피의사실이 인정되지 않거나 증거가 없거나 범죄를 구성하지 아니한 경우

⑤ **기소유예**: 범죄의 혐의가 인정되어 소송조건이 구비되었으나 정황 등을 참작하여 공소를 제기하지 아니하는 경우

⑥ **기소중지**: 피의자의 소재불명

⑦ **참고인중지**: 고소인, 고발인 또는 중요 참고인, 같은 사건 피의자의 소재불명

2 수사의 단서

(1) 의 의

범죄혐의가 있다고 판단하여 수사를 개시할 수 있는 자료를 수사의 단서라고 한다.

(2) 구 분

수사기관 체험	범죄첩보, 현행범 체포, 변사자검시, 불심검문, 타 사건 수사 중 범죄발견 신문, 출판물, 풍설 등
타인의 체험	고소고발, 자수, 피해신고, 밀고, 투서, 진정, 탄원 등

(3) 범죄첩보

1) 의 의

수사첩보의 내용으로 대상자, 혐의내용, 증거자료 등 특정된 내사단서 자료와 범죄관련 동향을 말한다.

2) 특 징 기출

① 시간이 경과함에 따라 가치가 감소하게 된다.(시한성)
② 수사기관의 필요에 따라 가치가 달라진다.(가치변화성)
③ 수사 후 나타나는 결과가 있다.(결과 지향성)
④ 범죄첩보는 다른 사건 첩보가 서로 결합되어 이루어진다.(결합성)
⑤ 범죄첩보는 하나의 원인과 결과를 내포하고 있다.(혼합성)

3) 첩보의 평가

① 입수한 첩보는 범죄첩보분석시스템(CIAS)을 통해서 처리한다.
② 수집된 첩보는 수사관서에서 처리한다.
③ **특보**: **전국 단위** 기획수사에 활용될 수 있는 첩보(10점)
④ **중보**: 2개 이상 경찰서와 연관된 중요첩보 등 **지방청** 단위에서 처리해야 할 첩보(5점)
⑤ **통보**: **경찰서** 단위에서 내사할 가치가 있는 첩보(2점)
⑥ **기록**: 내사할 정도는 아니나 **추후 활용**할 가치가 있는 첩보(1점)
⑦ **참고**: 수사업무에 참고되나 사용가치가 적은 첩보

제4절 임의수사와 강제수사

1 의 의

1) 임의수사는 강제력을 행사하지 않고 상대방의 동의나 승낙을 얻어서 수사하는 방법
2) 강제수사는 상대방의 의사를 불문하고 강제적으로 수사하는 방법

2 구 분

임의수사	강제수사
① 출석요구 ② 피의자신문 ③ 참고인조사	① 체포, 구속 ② 압수, 수색, 검증 ③ 통신제한조치

④ 통역, 번역 또는 감정위촉 ⑤ 실황조사 ⑥ 공무소 기타 공사단체에의 조회 ⑦ 촉탁수사 ⑧ 공무소 등의 사실조회	④ 감정유치 ⑤ 증거보전 ⑥ 증인신문 ⑦ 기타 감정에 필요한 처분 ⑧ 임의제출물 압수

3 통신수사

(1) **통신제한조치**(통신비밀보호법)

1) 범죄수사를 위한 통신제한조치

① **의의** : 신종 수사기법으로 일정한 요건하에 법원의 허가를 얻어 대상자의 우편물을 검열하거나 전기통신을 감청하는 것을 의미한다.

예 우편물 검열, 전기통신 송수신을 방해

② **대상범죄**

통신제한조치 적용대상	통신제한조치 미적용
㉠ 내란, 외환, 국교, 폭발물, 공안, **수뢰** 기출 ㉡ 살인 ㉢ **유가증권위조, 변조** ㉣ **공갈, 협박** 기출 ㉤ **경매입찰방해, 집합명령 위반** 기출 ㉥ 미성년자의제 강간 ㉦ 국가보안법 위반 ㉧ 폭력행위 등 처벌에 관한 법률 위반 중 일부 ㉨ 마약류관리에 관한 법률 위반 중 일부 ㉩ **특정경제범죄가중처벌 등에 관한 법률 위반 중 일부** ㉪ **총포, 도검, 화약류 등 단속법 위반**	㉠ 직무유기 ㉡ 존속협박 기출 ㉢ 장물취득 ㉣ 관세법 위반 ㉤ 사기 기출 ㉥ 주거침입 ㉦ 외국국기국장모독죄 ㉧ 상해 ㉨ 공무집행방해죄 기출 ㉩ 자동차불법사용, 자동차관리법 위반 ㉪ 폭처법 위반 ㉫ 폭행치사, 상해치사 기출 ㉬ 폭행, 가혹행위죄 ㉭ 미성년자 등 간음죄 기출

③ **통신제한조치 허가 절차**

㉠ 신청서 발부: 피의자별, 내사자별로 **2개월 내**에 통신당사자의 쌍방 또는 일방의 주소지, 소재지, 범죄지, 공범관계에 있는 주소지 **관할 법원에 신청**한다.

㉡ 집행: **검사, 사법경찰관**이 집행 가능하고, 체신관서, 기타 관련기관에 집행 위탁이 가능하며 통신기관에 통신제한조치허가서 표지 사본을 교부한다.

㉢ 통지: 검사로부터 **기소 또는 불기소 처분의 통보**를 받거나 내사종결 처분을 한 때는 30일 이내에 **서면으로 통보**해야 한다. 국가의 안전보장, 공공의 안녕질서를 위태롭게 할 우려가 있거나 생명·신체에 중대한 위험을 초래할 염려가 현저할 때는 통지를 유예할 수 있다.

④ **긴급통신제한조치**

㉠ 의의: 긴급한 사유가 있는 경우 법원의 허가 없이 통신제한조치를 할 수 있고 급속을 요하면 집행을 착수 후 지체 없이 검사의 승인을 받아야 한다.

㉡ 긴급감청: 긴급검열서 또는 긴급감청서를 작성하고 집행위탁시 긴급감청서 등의 표지 사본을 교부한다.

㉢ 사후허가: 집행 후 **36시간 내**에 법원의 허가를 받아 허가서 표지사본을 전기통신사업자에게 송부해야 한다. 법원의 허가를 받지 못한 때는 **통신제한조치를 즉시 중지**하고 단기간에 종료되어 법원의 허가를 받을 수 없을 때는 **지체 없이** 긴급통신제한조치통보서를 작성하여 지방검찰청 검사장에게 송부한다. 지검장은 긴급통신제한조치 **종료 후 7일 내** 다시 법원장에게 송부한다. 기출

㉣ 통지: 30일 이내에 대상자에게 통지한다.

2) 국가안보를 위한 통신제한 조치

① **요건**: 정보기관의 장은 **국가안전보장에 대한 상당한 위험이 예상**되는 경우 그 위해를 방지하기 위해 이에 관한 정보수집이 필요한 때 통신제한조치를 할 수 있다.

② **절차**: 쌍방당사자가 내국인일 때는 수사기관의 장이 고등검찰청 검사에게 신청－고등검찰청 검사의 청구－**고등법원 수석부장판사의 허가** 기출

③ 국가 안보를 위한 통신제한조치허가기간은 4개월이고, 4개월 범위 내에서 연장 가능하다. 연장회수의 제한이 없다.

(2) 통신사실확인자료 제공요청

1) 요 건

수사, 형의 집행, 국가안전보장에 대한 위해방지를 위해 필요한 경우에 통신사실확인자료를 요청한다.

2) 관 할

피의자, 피내사자의 주소지, 소재지, 범죄지 또는 해당 가입자의 주소지, 소재지 관할 지방법원에 한다.

3) 신 청

동일한 범죄 수사 또는 동일인에 대한 형의 집행을 위해 피의자 또는 피내사자 아닌 다수의 가입자에 대하여 1건의 허가신청서 요청이 가능하다.

4) 긴급제공요청

긴급한 사유가 있는 경우 통신사실 확인자료제공 요청 후 지체 없이 그 허가를 받아 전기통신사업자에게 송부한다. 30일 내에 서면으로 통지한다.

구 분	통신사실 확인자료	통신자료
관계법령	통신비밀 보호법	전기통신사업법
절 차	검사 또는 사법경찰관이 관할 지방법원 또는 지원의 허가 필요	관서장의 명의
내 용	① 가입자의 전기통신 일시 ② 전기통신 개시, 종료시간 ③ 상대방의 가입자 번호 ④ 사용도수 ⑤ 컴퓨터 통신 또는 인터넷의 로그기록 자료 ⑥ 발신기지국의 위치추적자료 ⑦ 접속지의 추적자료	① 이용자의 성명, 주민등록번호, 주소, 가입 및 해지일자 ② 전화번호, ID ③ 특정시간, 특정유동 IP를 통신사업자에게 제시하고 가입자 정보만을 요구하는 경우

제5절 현장수사활동

1 기초수사 기출

(1) 의 의

수사개시 당시 수사사항과 수사방침 설정을 위해 수사자료를 수집하는 활동이다.

(2) 내 용

현장을 통해 유류품, 유류물, 범인출입관계 등을 알아내고, 피해자 및 가족의 생활상태, 재산상태를 파악한다. 피해품을 통해 장물수배서를 발행하는 등 피해품 발견에 노력한다.

2 현장관찰

(1) 의 의 기출

범행에 직간접적으로 관련되어 있는 **유, 무형의 수사자료를 발견**·수집하고 범행현장 보존을 위해 범죄현장의 상황, 물건의 존재를 관찰하는 것이다.

(2) 요 령 기출

① 현장이 증거의 보고라는 자세로 객관적이고 합리적인 자세로 반복 관찰한다. 자연적 관찰(보조수단 없이 하는 관찰)보다 보조수단이 있는 완전한 관찰을 행한다.
② 현장위치 및 부근상황을 먼저 관찰하고, 가옥주변, 가옥외부, 현장내부관찰 순서로 진행한다.

3 공조수사

(1) 의 의 기출

경찰서 상호간 자료를 수집하고, 수배, 통보, 조회, 촉탁 또는 합동수사로 범인, 여죄, 장물, 범죄경력, 신원불상자의 신원을 확인하고 범인을 검거하고 범죄를 밝히기 위한 과학적인 조직적 수사활동을 의미한다.

(2) 종 류

1) 평상공조

예견가능한 일반공조로 수배, 통보, 조회, 촉탁 등

2) 비상공조

중요사건 발생 등 특수한 경우의 공조로 수사비상배치, 수사본부설치운영, 특별사법경찰관리 등의 합동수사로 경찰인력이 총동원 됨

3) 횡적공조

지방경찰청상호간, 경찰서, 지구대, 파출소 상호간 등 관서 내 부서 안에서의 수사공조로 정보교환, 수사자료수집, 수배통보, 촉탁, 합동수사

4) 종적공조

상하관서와 관서 내의 상하급 부서, 상하급자 상호간의 상명하복관계에서 이루어지는 공조

5) 자료공조

자료의 수집과 조회제도로 모든 공조의 기본

6) 활동공조

수사비상배치, 불심검문, 미행, 잠복, 현장긴급출동 등

4 수법수사 기출

(1) 의 의

범죄수법은 범인의 범행수단, 방법, 습격에 의해 범인을 파악하는 인적 특징의 유형을 말한다. 수법의 관행성(일정한 반복)과 수법의 필존성(완전범죄는 없다)을 특징으로 한다.

(2) 수법범죄 기출

강도, 절도, 사기, 취조, 변조, 약취, 유인 공갈, 방화, 강간, 위범죄 중 가중처벌되는 특별법에 위반하는 죄, 장물죄 등이다(살인, 배임, 횡령, 간통, 도박은 제외).

(3) 범죄수법자료

1) 수법원지 기출

① **의의** : 범인의 **인적사항, 특징, 수법내용, 범죄사실, 직업, 사진, 지문번호, 필적** 등을 기록한 기록지 또는 전산입력한 것을 말한다.

② **대상** : 검거 또는 인도받아 조사, 구속 송치하는 수법범죄 피의자, 불구속 피의자라도 재범의 우려가 있는 경우 수법범죄 피의자에 대하여 작성가능하고, 피의자가 여죄가 있고, 수법마다 수법원지를 작성한다.

③ **작성자** : 범인을 수사하고 조사 송치하는 **경찰이 직접** 작성하고 작성자가 날인하여 범죄사건부 해당란에 수법원지 작성 여부를 표시한다. 경찰서장이 수법원지 1매를 작성하여 지방경찰청장을 거쳐 경찰청장에게 송부한다.

④ **작성시 유의사항** : 자필란은 피의자가 기재하고, 설명불상자로 미검인 경우 수법원지를 작성하고 공범자들 중 일부라도 검거된 경우에만 수법원지를 작성한다.

⑤ **수법원지 폐기** : 피의자가 **사망**하였을 때, 피작성자가 80**세** 이상, 원지작성 후 10**년 이 경과**하였을 때

2) **피해통보표** 기출

① **의의** : 피해사건이 발생하여 그 **범인이 누구인지 판명되지 아니하였을 때**에 해당사건의 피해자, 범인의 인상·신체·기타 특징, 범행수법, 피해사실, 용의자 인적사항, 피해품, 유류품 등 수사자료가 될 수 있는 내용을 수록한 기록지 또는 이를 전산입력한 것

② **대상** : 발생한 반복성 수법범죄 사건. 다만 당해 범죄의 피의자가 즉시 검거되었거나 피의자의 성명, 생년월일, 소재 등 정확한 신원이 판명된 경우는 제외

③ **작성자 및 요령** : 피해통보표는 반드시 당해 사건을 담당하는 수사경찰관이 전산입력하여야 한다. 수사 주무과장은 사건발생보고서 검토시 경찰청 및 지방경찰청에 보고되는 속보사건을 포함한 해당 범죄의 피해통보표의 작성 여부 및 작성된 피해통보표 내용의 오기나 기재사항 누락 여부를 검토, 보완 수정하여야 한다.

④ **이용목적** : 여죄파악, 중요장물의 수배, 통보, 조회 등

⑤ **전산자료 삭제** : 피의자가 **검거**되었을 때, 피의자가 **사망**하였을 때, 피해통보표 전산입력 후 10**년 경과**

5 장물수사

(1) 의 의

피해품을 확정하고, 종류, 특징을 명백히 하여 이동경로에 따라 장물수배, 장물수배서 발행, 임검조사, 불심검문 등을 행하여 범인을 발견하고자 하는 수사

(2) 장물수배서

1) 의 의

경찰서장이 범죄수사상 필요하다고 인정할 때 장물의 신속한 발견을 위해 장물과 관련있는 영업주에 대하여 해당 장물을 소유 또는 소지하고 있거나 받았을 때 즉시 경찰관에게 신고할 것을 의뢰하는 통지서

2) 종 류

① **특별중요장물수배서**: 수사본부를 설치하고 수사하고 있는 사건에 관하여 발부하는 것으로 **홍색용지** 사용

② **중요장물수배서**: 수사본부를 설치하고 수사하고 있는 **사건 이외의 중요한 사건**에 관하여 발부하는 것으로 **청색용지**를 사용한다.

③ **보통장물수배서**: 그 밖의 사건에 관하여 발부하는 것으로 **백색용지**를 사용한다.

6 알리바이수사

(1) 의 의

범죄가 행해진 시간에 범죄현장 이외의 장소에 있었다는 사실을 입증하여 범죄현장에는 있지 않았음을 증명하는 **현장부재증명**을 의미한다. 피의자가 주장하는 알리바이의 존재 여부를 확인하는 수사활동이다.

(2) 알리바이의 태양 기출

1) 절대적 알리바이

범죄가 행해진 시각에 혐의자가 **범죄현장 이외에 다른 장소**에 있었다는 사실이 명확하게 입증되는 경우

2) 상대적 알리바이

범죄혐의자가 **현장에 도저히 도착할 수 없다**거나 범행 후 제3의 장소에 있었다는 알리바이이다.

3) 위장 알리바이

사전에 계획적으로 **알리바이를 위장해 놓고**, 그 사이의 단시간에 범죄를 저지르는 경우이다.

4) 청탁 알리바이

범죄실행 후 이를 은폐하기 위해 가족, 동료, 친지에게 시간과 장소를 약속 청탁해 놓는 경우이다.

7 기타수사

(1) 탐문수사

범죄수사시 범인 이외에 제3자로부터 범죄에 대한 견문 또는 직접 체험한 사실을 탐지하기 위한 수사활동

(2) 감별수사

횡적수사의 일종으로 범인과 피해자 또는 범인과 범행지 및 주변지역간에 존재하는 사정, 관계 등에 근거를 두어 수사하는 방법

(3) 장물수사

장물의 종류, 특징을 밝히고 이동경로에 따라 장물수배, 장물수배서의 발행, 임검조사, 불심검문을 행하여 장물 및 범인을 발견하고자 하는 수사

(4) 감별수사 기출

범죄와 관계되는 현장에서 여러 자료들을 발견, 수집하여 과학적으로 검토하고 사건의 진상을 확인, 판단하는 수사활동

제6절 과학수사

1 지문감식 기출

(1) 지 문

사람의 손끝 안쪽면에 피부에 융기한 선 또는 점으로 형성된 문형으로 융기한 선이라고 한다. 사람마다 달라서 동일한 지문을 가지고 있는 사람은 없고(滿人不同), 태어날 때의 지문은 일생동안 변하지 않는다(終生不變).

(2) 지문의 종류와 채취방법

1) 현장지문

① 범죄현장에서 범인의 것으로 의심되어 채취한 지문

② **현재지문** : 정상지문(손 끝에 묻어 혈액, 잉크, 먼지 등이 손가락에 묻은 후 피사체에 인상된 지문), 역지문(먼지 쌓인 물체, 연한 점토 등에 인상된 지문으로 고랑과 이랑이 반대로 나타남)

③ **잠재지문** : 가공, 검출하지 않으면 육안으로 보이지 않는 지문

2) 준현장지문

범인의 침입경로, 도주경로 및 예비장소 등 범죄현장 이외의 장소에서 채취한 지문

3) 관계자지문

현장지문, 준현장지문에서 범인 이외의 자의 것으로 추정되는 지문

4) 유류지문

현장지문, 준현장지문에서 관계자지문을 제외하고 남은 지문

5) 채취방법

① **현재지문** : 먼지지문(사진촬영, 전사법, 실리콘러버법), 혈액지문(사진촬영, 전사법)
② **잠재지문** : 고체법, 액체법, 기체법 등

2 시체현상

(1) 초기현상 기출

체온의 냉각	① 사망시 체내에서 열을 생산하는 현상이 정지되고 열을 내보내는 물리적 현상이 계속되어 나타나는 현상 ② 습도가 낮고 통풍이 잘될수록 냉각속도가 빠르다. ③ **남자**가 여자보다, **마른사람**이 뚱뚱한 사람보다, **소아·노인**이 젊은 사람보다 체온하강 속도가 빠르다.
시체건조	① 피부 수분보충이 정지되어 표면이 습윤성을 잃고 건조해진다. ② 피부까짐, 화상, 외상이 있었던 부분은 건조가 빠르고 다른 조직과 쉽게 구별된다.
각막혼탁	사후 12시간 전후 흐려져서, 24시간이 되면 현저하게 흐려지고 48시간이 되면 불투명해진다.
사체얼룩 기출	① 사체의 아랫부분에 형성되고 피부가 암갈색으로 변한다. ② 사후 **4~5시간**에 사체의 위치를 바꾸어 놓으면 시체얼룩도 이동한다. ③ 사후 10시간 후 사체의 위치를 바꾸어 놓더라도 형성된 사체얼룩은 사라지지 않는다. ④ **주위온도가 높을수록 급사나 질식사의 경우** 빠르게 형성된다. 기출
시체굳음	① **턱－어깨－팔, 다리－ 발가락, 손가락(Nysten법칙)** 순으로 나타남 기출 ② 2~4시간에 나타나고, 6~8시간이면 전체근육에 미치고, 12시간 정도면 온몸에 미친다.

(2) 후기현상 기출

자가용해	체내에 각종 분해효소가 작용하여 나타나는 현상
부 패	부패균의 작용에 의해 일어나는 질소화합물의 분해이고 공기유통이 좋고, 20~30℃, 습도는 60~66%일 때 최적이다. **공기:물:흙=1:2:8(Casper법칙)**
미이라	고온, 건조한 상황에서 시체의 건조 부패, 분해보다 빠를 때 생긴다.
시체밀랍	화학적 분해로 고체형태의 지방산 혹은 그 **화합물로 변화한 상태**이다.
백골화	부패가 진행되어 **뼈만 남아 있는 상태**로 성인은 7~10년 후, 소아는 4~5년 후 백골화된다. 기출

제7절 수사행정

1 유치장의 관리 기출

(1) 유치의 의의

유치는 피의자, 피고인, 구류인 및 의뢰입감자 등의 도주, 증거인멸, 자해행위, 통모방지, 도주원조 등을 미연에 방지하고 유치인의 건강을 보호하기 위해 신체의 자유를 구속하는 것이다.

(2) 근거법규

「형의 집행 및 수용자의 처우에 관한 법률」, 「피의자 유치 및 호송규칙」, 「경찰관 직무집행법」, 「유치장 설계 표준규칙」, 「호송경찰관 출장소 근무규칙」

(3) 유치시 조치(피의자 유치 및 호송 규칙) 기출

피의자유치 (제7조)	① 피의자를 유치장에 입감시키거나 출감시킬 때에는 유치인보호 주무자가 발부하는 피의자입(출)감지휘서(별지 제2호 서식)에 의하여야 하며 동시에 3명 이상의 피의자를 입감시킬 때에는 **경위 이상** 경찰관이 입회하여 순차적으로 입감시켜야 한다.

피의자유치 (제7조)	② 유치인보호관은 새로 입감한 유치인에 대하여는 유치장내에서의 일과표, 접견, 연락절차, 유치인에 대한 인권보장(별표3) 등에 대하여 설명하고, 인권침해를 당했을 때에는 「국가인권위원회법 시행령」 제6조에 따라 진정할 수 있음을 알리고, 그 방법을 안내하여야 한다.
유치인의 분리, 유치 (제7조)	① **형사범과 구류** 처분을 받은 자 ② **19세 이상의 사람과 19세 미만**의 사람 ③ 신체장애인 및 사건관련의 공범자 ④ 여자와 남자
유아대동 (제12조)	경찰서장은 여성유치인이 친권이 있는 **18개월 이내의 유아**의 대동을 신청한 때에는 다음 각 호의 어느 하나에 해당하는 사유가 없다고 인정되는 경우 이를 허가하여야 한다. 1. 유아가 질병·부상, 그 밖의 사유로 유치장에서 생활하는 것이 적당하지 않은 경우 2. 유치인이 질병·부상, 그 밖의 사유로 유아를 양육하는 것이 적당하지 않은 경우 3. 유치장에 감염병이 유행하거나 그 밖의 사정으로 유아의 대동이 적당하지 않은 경우
질병 등 조치 (제31조)	유치인 보호주무자는 경찰서장에게 보고하여 필요한 조치를 받게 하고 그 상황에 따라 다른 유치실에 수용해야 한다. ① **고령자**(**70세** 이상의 자) ② 유치인에게 **질병**이 생겼을 때 ③ **산부**(분만 후 **60일**이 경과하지 아니한 부녀자) ④ **임부**(수태 후 **6개월** 이상의 부녀자)
석 방 (제42조)	유치인보호관은 유치기간만료 1일 전에 유치인보호 주무자에게 보고하여 위법유치를 하는 일이 없도록 한다.

2 호 송

(1) 종 류

1) 호송방법

① **직송**: 피호송자를 관서 또는 출두하게 할 장소나 유치할 장소에 직접 호송하는 경우

② **채송**: 피호송자가 **중병으로 호송을 계속할 수 없을 때** 인수받은 경찰관서에서 치료한 후 호송하는 경우

2) 호송방법

① **왕복호송** : 피호송자를 특정 장소에 호송하여 필요한 용무를 마치고 용무를 마치고, 다시 발송관서 또는 호송관서로 호송하는 경우

② **비상호송** : 전시, 사변, 이에 준하는 국가비상사태나 천재, 지변에 있어서 피호송자를 다른 곳에서 수용하기 위한 호송

③ **집단호송** : 한번에 다수의 피호송자를 호송하는 경우

④ **이감호송** : 피호송자의 수용장소를 이동하거나 관서에 인계하기 위한 호송

(2) 호송출발 전의 조치

1) 피호송자 신체검사

① 호송관은 반드시 호송주무관의 지휘에 따라 포박하기 전에 피호송자에 대하여 안전호송에 필요한 **신체검색**을 실시하여야 한다.

② 여자인 피호송자의 신체검색은 여자경찰관이 행하거나 성년의 여자를 참여시켜야 한다.

2) 피호송자의 포박

① 호송관은 호송관서를 출발하기 전에 반드시 피호송자에게 수갑을 채우고 포승으로 포박하여야 한다. 다만, 구류선고 및 감치명령을 받은 자와 고령자, 장애인, 임산부 및 환자 중 주거와 신분이 확실하고 도주의 우려가 없는 자에 대하여는 수갑 등을 채우지 아니한다.

② 호송관은 피호송자가 **2인 이상일 때**에는 제1항에 의하여 피호송자마다 포박한 후 호송수단에 따라 **2인 내지 5인을 1조로 하여 상호 연결시켜 포승**하여야 한다.

3) 호송시간

호송은 일출 전 또는 일몰 후에 할 수 없다. 다만, 기차, 선박 및 차량을 이용하는 때 또는 특별한 사유가 있는 때에는 그러하지 아니한다.

4) 호송수단

호송수단은 경찰호송차 기타 경찰이 보유하고 있는 차량에 의함을 원칙으로 하여야 한다. 호송에 사용되는 경찰차량에는 커튼 등을 설치하여 피호송자의 신분이 외부에 노출되지 않도록 하여야 한다.

(3) 호송시 관리방법 기출

1) 영치금품의 처리

금전, 유가증권은 **호송관서에서 인수관서에 직접 송부**한다. 다만 소액의 금전, 유가증권 또는 당일로 호송을 마칠 수 있을 때에는 호송관에게 탁송할 수 있다.

2) 식량 등의 자비부담

피호송자가 식량, 의류, 침구 등을 자신의 비용으로 구입할 수 있을 때에는 호송관은 물품의 구매를 허가할 수 있다.

3) 호송비용 부담

호송관 및 피호송자의 여비, 식비, 기타 호송에 필요한 비용은 **호송관서에서 이를 부담**하여야 한다.

4) 호송비용 산정

피호송자를 교도소 또는 경찰서 유치장이 아닌 장소에서 식사를 하게 한 때의 비용은 최저 실비액으로 산정한다.

5) 분사기 등의 휴대

호송관은 호송근무를 할 때에는 분사기를 휴대하고 호송관서의 장은 특별한 사유가 있는 경우 호송관이 총기를 휴대하도록 할 수 있다.

(4) 사고발생시 조치요령 기출

1) 피호송자가 도망하였을 때

① 즉시 사고발생지 관할경찰서에 신고하고 도주 피의자 수배 및 수사에 필요한 사항을 알려주어야 하며, 소속기관장에게 전화, 전보 기타 신속한 방법으로 보고하여 그 지휘를 받아야 한다. 이 경우에 즉시 보고할 수 없는 때에는 신고관서에 보고를 의뢰할 수 있다.

② 호송관서의 장은 보고받은 즉시 상급감독관서 및 관할검찰청에 즉보하는 동시에 인수관서에 통지하고 도주 피의자의 수사에 착수하여야 하며, 사고발생지 관할경찰서장에게 수사를 의뢰하여야 한다.

③ 도주한 자에 관한 호송관계서류 및 금품은 호송관서에 보관하여야 한다.

2) 피호송자가 사망하였을 때

① 즉시 사망시 관할경찰관서에 신고하고 **시체와 서류 및 영치금품은 신고관서**에 인도하여야 한다. 다만, 부득이한 경우에는 다른 도착지의 관할경찰관서에 인도할 수 있다.

② 인도를 받은 경찰관서는 즉시 호송관서와 인수관서에 사망일시, 원인 등을 통지하고, **서류와 금품은 호송관서에 송부**한다.

③ 호송관서의 장은 통지받은 즉시 상급 감독관서 및 관할 검찰청에 보고하는 동시에 사망자의 유족 또는 연고자에게 이를 통지하여야 한다.

④ 통지 받을 가족이 없거나, 통지를 받은 가족이 통지를 받은 날부터 3일 내에 그 시신을 인수하지 않으면 구, 시, 읍, 면장에게 가매장을 하도록 의뢰하여야 한다.

3) 피호송자가 발병하였을 때

① **경증**으로서 호송에 큰 지장이 없고 당일로 호송을 마칠 수 있을 때에는 호송관이 적절한 응급조치를 취하고 호송을 계속하여야 한다.

② **중증**으로서 호송을 계속하거나 곤란하다고 인정될 때에 피호송자 및 그 서류와 금품을 발병지에서 가까운 경찰관서에 인도하여야 한다.

③ 인수한 경찰관서는 즉시 질병을 치료하여야 하며, 질병의 상태를 호송관서 및 인수관서에 통지하고 질병이 치유된 때에는 호송관서에 통지함과 동시에 치료한 경찰관서에서 지체 없이 호송하여야 한다. 다만, 진찰한 결과 24시간 이내에 치유될 수 있다고 진단되었을 때에는 치료 후 호송관서의 호송관이 호송을 계속하게 하여야 한다.

3 수배제도

(1) 지명수배 기출

1) 의 의

특정한 피의자에 대하여 그의 체포를 의뢰하는 제도

2) 지명수배 대상

① **법정형이 사형, 무기 또는 장기 3년 이상**의 징역이나 금고에 해당하는 죄를 범하였다고 의심할 만한 상당한 이유가 있어 체포영장 또는 구속영장이 발부된 자

② 지명통보의 대상인 자로서 지명수배의 필요가 있어 **체포영장 또는 구속영장**이 발부된 자

③ **긴급사건 수배**에 있어서 범죄혐의와 성명 등을 명백히 하여 그 체포를 의뢰하는 피의자

3) 호송관서

① 당해관서가 서로 합의한 때는 **합의에 따른다.**

② 합의가 되지 않은 경우 **수배관서에서 검거관서로부터 인계받아 호송**하는 것을 원칙으로 한다.

4) 지명수배가 수 건인 경우 인계 기출

① **공범에 대한 수사 또는 재판이 진행**중이거나 **공소시효 만료 3개월** 이내인 수배관서

② 법정형이 **중한 죄명**으로 지명수배한 수배관서

③ 검거관서와 동일한 지방검찰청 또는 지청의 관할구역에 있는 수배관서

④ 검거관서와 거리 또는 교통상 가장 인접한 수배관서

(2) 지명통보 기출

1) 의 의

특정한 피의자를 발견한 경우 그 피의자에 대한 출석요구를 의뢰하는 제도

2) 대 상

① 법정형이 **장기 3년 미만**의 징역 또는 금고, 벌금에 해당하는 죄를 범하였다고 의심할 만한 상당한 이유가 있고, 수사기관의 출석요구에 응하지 아니하며 소재 수사결과 소재불명된 자

② **사기, 횡령, 배임죄 및 「부정수표단속법」 제2조**에 정한 죄의 혐의를 받는 자로서 초범이고 그 **피해액이 500만원 이하**에 해당하는 자

③ 구속영장을 청구하지 아니하거나 발부 받지 못하여 **긴급체포되었다가 석방된 지명수배자**

3) 소재발견보고서 작성

소재를 발견한 때에는 피의자에게 지명통보된 사실과 범죄사실, 지명통보한 관서 등을 고지하고 **형사사법시스템에 입력한 후 발견일자로부터 1개월 이내**에 통보관서에 출석하거나 사건이송 신청을 하겠다는 내용이 기재된 **지명통보자 소재발견 보고서를 출력하여 피의자에게 교부**하고 통보관서로 사건인계서를 작성하여 인계하여야 한다.

제8절 기능별 수사

1 성폭력사건 수사

(1) 성폭력범죄의 처벌 등에 관한 특례법 기출

1) 성폭력범죄

① **특수강도강간**: **주거침입, 야간주거침입절도, 특수절도**의 죄를 범한 사람이 강간, 유사강간, 강제추행 및 준강간, 준강제추행의 죄를 범한 경우에는 무기징역 또는 5년 이상의 징역에 처한다.

② **특수강간, 특수강제추행**: 흉기나 그 밖의 위험한 물건을 지닌 채 또는 2명 이상이 합동하여 강간, 강제추행, 준강간, 준강제추행의 죄를 범한 사람은 무기징역 또는 5년 이상의 징역에 처한다.

③ **친족관계에 의한 강간, 강제추행**: **친족관계에 있는 자**가 강간, 강제추행, 준강간, 준강제추행의 죄를 범한 경우이다. 친족의 범위는 **4촌 이내**의 혈족·인척과 동거하는 친족이다.

④ **장애인에 대한 강간등**: 신체적인 또는 정신적인 장애가 있는 사람에 대하여 강간등의 죄를 범한 사람은 처벌한다. 장애인의 보호, 교육 등을 목적으로 하는 시설의 장 또는 종사자가 보호, 감독의 대상인 장애인에 대하여 제1항부터 제6항까지의 죄를 범한 경우에는 그 죄에 정한 형의 2분의 1까지 가중한다.

⑤ **13세 미만 미성년자 강간등**

㉠ 13세 미만의 사람에 대하여 강간의 죄를 범한 사람은 무기징역 또는 10년 이상의 징역에 처한다.

㉡ 13세 미만의 사람에 대하여 폭행이나 협박으로 다음 각 호의 어느 하나에 해당하는 행위를 한 사람은 7년 이상의 유기징역에 처한다.

ⓐ 구강·항문 등 신체(성기는 제외한다)의 내부에 성기를 넣는 행위

ⓑ 성기·항문에 손가락 등 신체(성기는 제외한다)의 일부나 도구를 넣는 행위

㉢ 13세 미만의 사람에 대하여 「형법」 제298조(강제추행)의 죄를 범한 사람은 5년 이상의 유기징역 또는 3천만원 이상 5천만원 이하의 벌금에 처한다.

㉣ 13세 미만의 사람에 대하여 「형법」 제299조(준강간, 준강제추행)의 죄를 범한 사람은 제1항부터 제3항까지의 예에 따라 처벌한다.

㉤ 위계 또는 위력으로써 13세 미만의 사람을 간음하거나 추행한 사람은 처벌한다.

⑥ **강간등 상해치상** : 특수강도강간 등의 죄를 범한 사람이 다른 사람을 상해하거나 상해에 이르게 한 때에는 무기징역 또는 10년 이상의 징역에 처한다.

⑦ **강간등 살인치사** : 강간등의 죄를 범한 사람이 다른 사람을 살해한 때에는 사형 또는 무기징역에 처한다.

⑧ **업무상위력등에 의한 추행**

㉠ 업무, 고용이나 그 밖의 관계로 인하여 자기의 **보호, 감독을 받는 사람**에 대하여 **위계 또는 위력**으로 추행

㉡ 법률에 따라 구금된 사람을 감호하는 사람이 그 사람을 추행

⑨ **공중밀집장소추행** : 대중교통수단, 공연・집회 장소, 그 밖에 공중(公衆)이 밀집하는 장소에서 사람을 추행

⑩ **성적목적을 위한 공공장소 침입행위** : 자기의 성적 욕망을 만족시킬 목적으로 공중화장실 등 및 목욕장업의 목욕장 등 대통령령으로 정하는 공공장소에 침입하거나 같은 장소에서 퇴거의 요구를 받고 응하지 아니하는 경우

⑪ **통신매체이용 음란** : **자기 또는 다른 사람의 성적 욕망을 유발하거나 만족시킬 목적**으로 전화, 우편, 컴퓨터, 그 밖의 통신매체를 통하여 성적 수치심이나 혐오감을 일으키는 말, 음향, 글, 그림, 영상 또는 물건을 상대방에게 도달하게 한 경우

⑫ **카메라등 이용 촬영** : 카메라나 그 밖에 이와 유사한 기능을 갖춘 기계장치를 이용하여 성적 욕망 또는 수치심을 유발할 수 있는 다른 사람의 신체를 그 의사에 반하여 촬영하거나 그 촬영물을 반포・판매・임대・제공 또는 공공연하게 전시・상영한 경우

2) 고 소

성폭력범죄에 대하여는 자기 또는 배우자의 직계존속을 고소할 수 있다.

3) 형법상 감경규정에 관한 특례

음주 또는 약물로 인한 심신장애 상태에서 성폭력범죄를 범한 때에는 「형법」 제10조 제1항・제2항 및 제11조를 적용하지 아니할 수 있다.

4) 영상물의 촬영・보존 기출

성폭력범죄의 피해자가 **19세 미만**이거나 신체적인 또는 정신적인 장애로 사물을 변별하거나 의사를 결정할 능력이 미약한 경우에는 피해자의 진술내용과 조사과정을 비디오녹화기 등 영상물 녹화장치로 촬영・보존하여야 한다. 영상물 녹화는 피해자 또는 법정대리인이 이를 원하지 아니하는 의사를 표시한 경우에는 촬영을 하여서는 아니 된다.

5) 신상정보 등록

등록대상 성범죄로 유죄판결이 확정된 자 또는 공개명령이 확정된 자는 신상정보 등록대상자가 된다. 다만, 「아동·청소년의 성보호에 관한 법률」 제11조 제5항의 범죄로 벌금형을 선고받은 자는 제외한다.

6) 신상정보의 제출의무

등록대상자는 판결이 확정된 날부터 **30일 이내**에 다음 각 호의 신상정보를 자신의 주소지를 관할하는 경찰관서의 장에게 제출하여야 한다

7) 등 록

법무부장관은 등록대상자 정보를 등록하여야 한다.

8) 등록정보의 관리

법무부장관은 등록정보를 최초 등록일(등록대상자에게 통지한 등록일을 말한다)부터 **20년간 보존·관리**하여야 한다.

9) 등록정보활용

법무부장관은 등록정보를 등록대상 성범죄와 관련한 범죄 예방 및 수사에 활용하게 하기 위하여 검사 또는 각급 경찰관서의 장에게 배포할 수 있다.

2 폭력범 수사

(1) 폭력행위 등 처벌에 관한 법률 위반

1) 행위의 태양

상습적으로 **2인 이상**이 공동하여 **단체나 다중(多衆)의 위력(威力)**으로써 또는 단체나 집단을 가장하여 위력을 보이고, 흉기나 그 밖의 위험한 물건을 휴대하여 그 죄를 범한 사람은 「폭력행위 등 처벌에 관한 법률」 위반으로 처벌한다.

2) 단체등의 구성, 활동의 죄 기출

범죄를 범한다는 목적하에 이루어진 계속적인 결합체로 단체의 구성원이 수괴, 간부 및 단순가입자로 구성되어 있고, **위계에 상응하는 단체를 주도하는 최소한의 통솔체제**가 필요하다.

(2) 가정폭력범죄

1) 가정구성원

배우자 또는 **배우자관계에 있었던 자**, 자기 또는 배우자와 직계존비속관계에 있거나 있었던 자, 계부모와 자의 관계 또는 적모와 서자의 관계에 있거나 있었던 자, **동거하는 친족관계에 있는 자**

2) 가정폭력범죄태양

상해, 존속상해, 중상해, 존속중상해, 폭행, 존속폭행, 특수폭행, 유기, 존속유기, 영아유기, 학대, 존속학대, 아동혹사, 체포, 감금, 존속체포, 존속감금, 중체포, 중감금, 존속중체포, 존속중감금, 특수체포, 특수감금, 협박, 존속협박, 특수협박, 강간, 강제추행, 준강간, 준강제추행, 미수범, 강간등 상해·치상, 강간등 살인·치사, 미성년자등에 대한 간음, 미성년자에 대한 간음, 추행, 명예훼손, 사자의 명예훼손, 출판물등에 의한 명예훼손, 모욕, 손괴, 강요

3) 신 고

① 누구든지 가정폭력범죄를 알게 된 경우에는 수사기관에 신고할 수 있다.

② 직무를 수행하면서 가정폭력범죄를 알게 된 경우에는 정당한 사유가 없으면 즉시 **수사기관에 신고하여야 한다**.

4) 고 소

① 피해자 또는 그 법정대리인은 가정폭력행위자를 고소할 수 있다. 피해자의 법정대리인이 가정폭력행위자인 경우 또는 가정폭력행위자와 공동으로 가정폭력범죄를 범한 경우에는 피해자의 친족이 고소할 수 있다.

② 피해자는 「형사소송법」 제224조에도 불구하고 **가정폭력행위자가 자기 또는 배우자의 직계존속인 경우에도 고소할 수 있다**. 법정대리인이 고소하는 경우에도 또한 같다. 기출

③ 피해자에게 고소할 법정대리인이나 친족이 없는 경우에 이해관계인이 신청하면 검사는 **10일 이내**에 고소할 수 있는 사람을 지정하여야 한다. 기출

5) 사법경찰관의 사건송치

사법경찰관은 가정폭력범죄를 신속히 수사하여 사건을 검사에게 송치하여야 한다. 이 경우 사법경찰관은 해당 사건을 가정보호사건으로 처리하는 것이 적절한지에 관한 의견을 제시할 수 있다.

6) 응급조치 기출

① 폭력행위의 제지, 가정폭력행위자 · 피해자의 분리 및 범죄수사
② 피해자를 가정폭력 관련 상담소 또는 보호시설로 인도(피해자가 동의한 경우만)
③ 긴급치료가 필요한 피해자를 의료기관으로 인도
④ 폭력행위 재발시 제8조에 따라 임시조치를 신청할 수 있음을 통보

7) 임시조치의 청구등

① 검사는 가정폭력범죄가 재발될 우려가 있다고 인정하는 경우에는 **직권**으로 또는 **사법경찰관의 신청에** 의하여 법원에 임시조치를 청구할 수 있다.
② 검사는 가정폭력행위자가 제1항의 청구에 의하여 결정된 임시조치를 위반하여 가정폭력범죄가 재발될 우려가 있다고 인정하는 경우에는 직권으로 또는 사법경찰관의 신청에 의하여 법원에 임시조치를 청구할 수 있다.

8) 긴급임시조치

① 사법경찰관은 제5조에 따른 응급조치에도 불구하고 가정폭력범죄가 재발될 우려가 있고, 긴급을 요하여 법원의 임시조치 결정을 받을 수 없을 때에는 직권 또는 피해자나 그 법정대리인의 신청에 의하여 긴급임시조치를 할 수 있다.
② 사법경찰관은 제1항에 따라 긴급임시조치를 한 경우에는 즉시 긴급임시조치 결정서를 작성하여야 한다.
③ 긴급임시조치결정서에는 범죄사실의 요지, 긴급임시조치가 필요한 사유 등을 기재하여야 한다.

9) 긴급임시조치와 임시조치의 청구

① 사법경찰관이 긴급임시조치를 한 때에는 지체 없이 검사에게 임시조치를 신청하고, 신청받은 검사는 법원에 임시조치를 청구하여야 한다. 이 경우 임시 조치의 청구는 긴급임시조치를 한 때부터 **48시간 이내에 청구**하여야 하며, 긴급임시조치결정서를 첨부하여야 한다.
② 임시조치를 청구하지 아니하거나 법원이 임시조치의 결정을 하지 아니한 때에는 즉시 긴급임시조치를 취소하여야 한다.

10) 임시조치 기출

① 피해자 또는 가정구성원의 주거 또는 점유하는 방실(房室)로부터의 **퇴거 등 격리**
② 피해자 또는 가정구성원의 주거, 직장 등에서 **100미터 이내의 접근 금지**
③ 피해자 또는 가정구성원에 대한 **전기통신을 이용한 접근 금지**

④ 의료기관이나 그 밖의 요양소에의 위탁
⑤ 국가경찰관서의 유치장 또는 구치소에의 유치

(3) 학교폭력

1) 학교폭력개념

「학교폭력의 예방 및 대책에 관한 법률」에 정의된 개념

2) 학교폭력의 특징

① **불분명한 가해동기** : 폭력의 동기가 부주의 호기심 등으로 불분명하고, 의사소통이 없는 상태에서 우발적으로 발생한다.
② **정서적, 심리적 폭력의 증대** : 지속적인 학대, 폭력, 집단 따돌림 등 심리적 폭력 증대
③ **폭력의 조직화, 집단화** : 군중심리로 불량서클이 급증하고 폭력형태가 조직적, 집단화되는 추세
④ **표면화되지 않는 폭력으로 피해누적** : 피해자의 자포자기, 미온적 대처, 학교의 명예실추를 이유로 은폐하는 태도

(4) 가정폭력

1) 의 의

가정구성원 사이의 신체적, 정신적 또는 재산상 피해를 수반하는 행위

2) 가정구성원 기출

① 배우자(**사실상** 혼인관계에 있는 사람을 포함) 또는 배우자였던 사람
② 자기 또는 배우자와 직계존비속관계(**사실상의 양친자**관계를 포함)에 있거나 있었던 사람
③ **계부모**와 자녀의 관계 또는 **적모(嫡母)와 서자(庶子)**의 관계에 있거나 있었던 사람
④ **동거**하는 친족

3) 가정폭력범죄 기출

폭행, 체포, 감금, 모욕, 유기, 명예훼손, 학대, 아동혹사, 공갈, 재물손괴, 주거, 신체수색, 강요, 협박, 상해, 강간, 강제추행, 준강간, 준강제추행, 강간등 상해, 치상, 강간등 살인치사, 미성년자에 대한 간음, 미성년자의제 강간

▸ 살인, 강도, 절도, 사기, 횡령, 배임, 약취, 유인, 주거침입, 퇴거불응, 업무방해, 상해치사, 폭행치사상, 유기치사상, 체포감금치사상, 인질강요, 중손괴, 특수손괴 제외

4) 피해자

가정폭력범죄로 인해 직접적으로 피해를 입은 자

5) 신 고 기출

① 누구든지 가정폭력범죄를 알게 된 경우에는 수사기관에 신고할 수 있다.

② 다음 각 호의 어느 하나에 해당하는 사람이 **직무를 수행**하면서 가정폭력범죄를 알게 된 경우에는 정당한 사유가 없으면 즉시 **수사기관에 신고하여야 한다**.

㉠ 아동의 교육과 보호를 담당하는 기관의 종사자와 그 기관장

㉡ 아동, 60세 이상의 노인, 그 밖에 정상적인 판단 능력이 결여된 사람의 치료 등을 담당하는 의료인 및 의료기관의 장

㉢ 노인복지시설, 아동복지시설, 장애인복지시설의 종사자와 그 기관장

6) 고 소

① 피해자 또는 그 법정대리인은 가정폭력행위자를 고소할 수 있다. 피해자의 법정대리인이 가정폭력행위자인 경우 또는 가정폭력행위자와 공동으로 가정폭력범죄를 범한 경우에는 피해자의 친족이 고소할 수 있다.

② 피해자는 가정폭력행위자가 자기 또는 배우자의 직계존속인 경우에도 고소할 수 있다. 법정대리인이 고소하는 경우에도 또한 같다. 기출

③ 피해자에게 고소할 법정대리인이나 친족이 없는 경우에 이해관계인이 신청하면 검사는 10일 이내에 고소할 수 있는 사람을 지정하여야 한다. 기출

7) 사법경찰관의 사건송치

사법경찰관은 가정폭력범죄를 신속히 수사하여 사건을 검사에게 송치하여야 한다. 이 경우 사법경찰관은 해당 사건을 가정보호사건으로 처리하는 것이 적절한지에 관한 의견을 제시할 수 있다.

8) 응급조치 기출

① 폭력행위의 제지, 가정폭력행위자·피해자의 분리 및 범죄수사

② 피해자를 가정폭력 관련 상담소 또는 보호시설로 인도(피해자가 동의한 경우)

③ 긴급치료가 필요한 피해자를 의료기관으로 인도

④ 폭력행위 재발시 제8조에 따라 **임시조치를 신청할 수 있음을 통보**

9) 임시조치

① 검사는 가정폭력범죄가 **재발될 우려**가 있다고 인정하는 경우에는 직권으로 또는 사법경찰관의 신청에 의하여 법원에 **임시조치를 청구할 수 있다**.

② 검사는 가정폭력행위자가 제1항의 청구에 의하여 결정된 임시조치를 위반하여 가정폭력범죄가 재발될 우려가 있다고 인정하는 경우에는 직권으로 또는 사법경찰관의 신청에 의하여 법원에 임시조치를 청구할 수 있다.

10) 긴급임시조치

① 사법경찰관은 응급조치에도 불구하고 가정폭력범죄가 재발될 우려가 있고, 긴급을 요하여 법원의 임시조치 결정을 받을 수 없을 때에는 직권 또는 피해자나 그 법정대리인의 신청에 의하여 어느 하나에 해당하는 조치를 할 수 있다. 기출

② 사법경찰관은 제1항에 따라 긴급임시조치를 한 경우에는 즉시 **긴급임시조치결정서**를 작성하여야 한다.

③ 긴급임시조치결정서에는 범죄사실의 요지, 긴급임시조치가 필요한 사유 등을 기재하여야 한다.

3 마약사범 수사

(1) 마약의 분류

향정신성 의약품	각성제	**엑**스터시, **메**스암페타민(히로뽕), **암**페타민류
	환각제	L.S.D., **사**일로시빈, **메**스카린, **페**이오트 기출
	억제제	바프비탈염제류, 벤조디아제핀계, GHB
마 약	천연마약	양귀비, 생아편, 모르핀, 코데인, 테바인, 코카인, 크랙
	한외마약	**코**데날, **코**데밀, **코**데잘, **코**데솔 기출
	합성마약	페치딘계, 메사돈계, 벤질모르핀, 아미노부텐, 모리피난
	반합성마약	옥시코돈, 헤로인, 히드로모르핀, 하이드로폰 등 기출
대 마	대마초	마리화나
	대마수지	해시시
	대마수지기름	해시시 미네랄 오일

(2) 향정신성의약품

1) 메스암페타민(필로폰)

① **식욕이 감퇴**하고, 환시, 환청, 말이 많아진다.

② 주원료인 염산에페트린 외에는 국내에서 구입이 용이하다.

③ **술깨는 약, 피로회복제, 다이어트약**으로 유통되기도 하였다.
④ 에페트린, 클로로포름, 지오닐을 2:1:1로 혼합한다.

2) L.S.D.
① 환각제 중 **가장 강력**한 효과를 나타낸다.
② 곰팡이, 보리에서 추출한 물질을 합성한 것으로 **무색, 무취, 무미**이다.
③ 동공확대, 심박동, 혈압상승, 수전증, 오한 등을 일으킨다.
④ 금단증상은 일으키지 않으나, 실제로 사용하지 않는데도 환각현상을 경험한다. (**플래쉬백 현상**)

3) **엑스터시**(MDMA)
① **클럽마약, 도리도리, 포옹마약**으로 불림
② 필로폰보다 가격이 싸고, 환각작용이 **3배나 강하다**.
③ 복용자가 사탕을 물고 있거나 물을 자주 마신다.

4) GHB
① 무색, 무취로 짠맛이 나고 **물뽕**이라고도 한다. 기출
② 성범죄에 사용되는 '**데이트강간 약물**'이다. 기출
③ 물, 음료에 혼합하여 사용하면 15분 이후 효과가 나타나고, 3시간 지속된다. 기출
④ **24시간**이면 추적이 불가능하다.

5) **야바**(YABA)
① **동남아** 지역에서 생산되고, 유흥업소 종사자, 노동자 중심으로 확산된다. 기출
② 카페인, 에페드린 등에 밀가루를 혼합한 것으로 **순도가** 20~30% **낮다.** 기출
③ 안정적 밀조가 가능하다.

6) **러미라**
① 진해거담제로 약국에서 구입이 가능하다. 기출
② 소주에 타서 마시기도 하며 '**정글주스**'라고 한다. 기출
③ 중추신경 억제성 진해작용이 있으나 의존성이나 독성이 없다.
④ 일반 용량의 50~100배에 달하는 양을 사용한다.

(3) 마 약

1) **아편**(Opium)
① 양귀비 액즙은 **백색**이나 공기속에서 산화되면 **암갈색**, 검은색을 띠고 암모니아 냄새가 난다.

② 열매, 입, 줄기 등에 아편성분이 다량 함유되어 있고, 가장 많이 함유된 것은 열매이다.
③ 모르핀, 헤로인 등의 원료가 사용되고 파이프에 의해 흡연된다.

2) **모르핀**(Morfin)

① **아편보다 효력이 강하고**, 설사약으로 가장 강력한 진통제이다.
② 색깔은 백색, 황갈색, 커피색이 있고, 백색은 더욱 정제된 것이다.
③ 분말, 정제, 캡슐, 앰플 형태로 일반인은 **앰플 형태의 모르핀을 정맥주사**한다.

3) **헤로인**(Heroin)

① 모르핀보다 **의존성**이 강하고 모르핀의 10배이며, 금단현상도 마약 중 제일 강하다.
② 열매, 입, 줄기 등에 아편성분이 다량 함유되어 있고, 가장 많이 함유된 것은 열매이다.
③ 순백색, 우유색, 암갈색을 띠고 있고, **순백이 가장 순도가 높다**.
④ Speed ball은 강력한 흥분효과를 내고, 암페타민이나 코카인에 헤로인을 혼합하여 정제한 것이다.

4) **코카인**(Cocaine)

① 남미 안데스에 자생하고, 코카관목 잎에서 추출된 **알칼로이드를 농축**결정시킨 천연 마약이다.
② 무색 결정성 가루이고 혀 끝이나 입술을 국소적으로 **마비**시킨다.
③ Cokebug이라는 기생충이나 벌레가 떼를 지어 기어다는 듯한 **환촉현상**을 일으킨다.
④ 흥분제로 **각성효과**가 있어 운동선수들이 경기력을 향상하기 위해 복용하는 약물이다.

(4) 마약관련 국제조직 기출

1) **골든트라이앵글**

동남아 미얀마, 라오스, 타일랜드 국경 고산지대에서 양귀비를 재배하고 마약을 공급하는 루트이다.

2) **골든크레센트**

파키스탄, 이란, 아프가니스탄, 국경지대에서 헤로인, 모르핀을 거래하는 지역

3) **피자커넥션**

미국 동부지역 피자집에서 헤로인을 거래하던 마피아 조직이다.

4) 나이지리아 커넥션

인도, 파키스탄, 아프가니스탄, 타일랜드, 미국, 아프리카 전역에 영향을 끼치는 조직이다.

4 사이버범죄 수사

(1) 개 념 기출

사이버범죄는 네트워크로 연결되어 형성된 **사이버공간**에서 발생하는 범죄와 컴퓨터 **자료처리과정**에 관련되거나 컴퓨터를 이용한 침해행위를 말한다.

(2) 특 징

1) 동기 측면

게임, 유희, 예금무단인출을 통한 경제적 이익취득, 정치적 목적, 지적 모험심, 해킹, 보복 등이 동기가 된다.

2) 행위자 측면

컴퓨터전문가, 조직내부인이 많고, 연령이 낮고, 초범, 죄의식이 희박하다.

3) 범행 측면

고의 입증이 곤란하고 범죄가 광역적이다. 또한 범행이 되풀이될 가능성이 높다.

(3) 유 형 기출

1) 사이버테러형 범죄

정보통신망을 공격대상으로 하는 **해킹, 바이러스 제작, 배포, 메일폭탄**, DOS공격

2) 일반 사이버 범죄

사이버공간을 이용한 공격으로, 사이버도박, 사이버스토킹, 사이버성폭력, 사이버 명예훼손, 전자상거래 사기, 개인정보유출, 소프트웨어 저작권 침해, 청소년성매매 등 음란물사이트 열람행위

(4) FBI 컴퓨터 범죄 분류 기출

자료변조 (Data diddling)	자료가 컴퓨터에 입력되는 순간 **자료를 절취, 삭제, 변경, 추가**하는 방법으로, 가장 단순하고 안전하게 자료 준비원이나 운반원 등 접근가능한 사람이 주로 저지른다.
트로이 목마 (Trojan Horse)	프로그램을 실행하면서 **부정한 결과가 나오도록** 범죄자만 아는 명령문을 삽입시켜 이용하는 방법
살라미 기법 (Salami-Techniques)	**조그만 이익을 긁어 모으는 수법**으로 금융기관의 컴퓨터 체계에 적은 금액을 특정 계좌에 모으는 방법
트랩도어 (Trap Door)	프로그램 개발과정에서 **프로그램을 수정할 수 있는 명령**을 끼워넣는데 이를 삭제하지 않고 **범행에 이용**하는 방법
슈퍼재핑 (Super Zapping)	컴퓨터 작동이 정지된 상태에서 복구자 재작동 절차에 의해 해결할 수 없을 때 사용하는 **만능키 프로그램**으로 이러한 힘을 이용해서 부정을 행하는 방법이다.
부정명령은닉 (Logic Bomb)	프로그램에 조건을 주고 **조건이 충족될 때마다 자동으로 부정행위**가 이루어지도록 하는 방법
스카벤징 (Scavenging)	컴퓨터의 작업수행이 완료되고 주변에서 **정보**를 획득하는 방법으로 **쓰레기 주워모으기 방법**이라고도 한다.
전송시 은닉, 위장	자격이 없는 단말기에 연결하여 부정하게 컴퓨터를 사용하거나 사용허가를 받지 않는 자가 유자격자를 가장하여 컴퓨터를 부정하게 사용하는 방법으로 **컴퓨터 무단사용**이 이에 해당한다.
부정접속 (Wire tapping)	데이터 통신회사에 불법적으로 선로를 접속시켜 단말기 등에 연결, 조작하여 **자료를 절취하거나 컴퓨터를 부정사용**하는 방법
시뮬레이션과 모델링	컴퓨터를 정상적으로 시험으로 시뮬레이션하는 것처럼 하면서 실제로 컴퓨터를 범행도구를 이용하여 부정행위를 자행하는 방법
비동기침범	컴퓨터 운영체계의 비동기성을 이용하여 범죄를 저지르는 방법

(5) 유 형 기출

부정조작	의 의	컴퓨터 자료 및 프로그램 등을 조작하여 부당한 이익을 취하는 범죄
	유 형	① **투입조작**: 은닉, 변경된 자료나 허구의 자료 등을 컴퓨터에 입력시켜 잘못된 산출물을 초래하는 방법 ② **프로그램 조작**: 기존 프로그램을 변경하거나 기존의 프로그램과 다른 새로운 프로그램을 작성, 준비하는 방법 ③ **console조작**: console을 부당하게 조작하여 프로그램지시나 처리될 기억정보를 변경시키는 방법 ④ **산출물 조작**: 정당하게 처리, 산출된 내용을 변경시키는 방법
컴퓨터 스파이	의 의	타인의 컴퓨터에 침입하여 **정보를 탐지하고 절취**하는 방법
	수 법	자료유출, 불법복제, 스카벤징, 비동기침범, 부정접속 등
컴퓨터 파괴	의 의	컴퓨터의 **기능을 방해하거나 자료를 파괴**하는 것
	구 분	물리적가해행위, 논리적가해행위(프로그램파괴, 자료접근방해)
	유 형	① 컴퓨터에 수록된 자료나 프로그램을 삭제하거나 변경시키는 행위 ② 컴퓨터의 비밀번호를 바꾸거나 바이러스를 감염시키는 행위 ③ 스팸메일에 의해 통신서비스를 마비시키는 행위
컴퓨터 무단사용	데이터베이스 자체나 **프로그램 등을 권한 없이 무단으로 사용**하는 것	

(6) 사이버범죄 수사단계

수사첩보 수집	웹사이트를 드나들며 해킹 등 유행하는 범죄행위의 정보 수집
피해발생의 증거확보	홈페이지, 이메일 등 피해발생의 증거 취득
접속기록확보	정보통신업체 등과 협력을 통해 피의자의 **로그기록** 확인
접속자 확인절차	접속자의 인적사항을 확인한 후 피의자 신병과 증거물 확보

Police Science

Chapter 06 수사경찰

제1절 수사의 기초이론

01 다음 설명 중 틀린 것은? 06. 채용

① 불법도청 및 사생활 침해사범의 수사·지도는 경찰청 지능범죄수사과의 업무에 해당한다.

② 고소·고발사건은 범죄인지보고서를 작성하지 않는다.

③ 피의자신문조서를 작성한다 하더라도 반드시 범죄사건부에 등재해야 하는 것은 아니다.

④ 수사실행의 5원칙 중 적절한 추리의 원칙에서 진행 순서는 수사사항의 결정→수사방법 결정→수사실행이다.

해설

수사실행 5원칙 중에 **검증적 수사**의 원칙의 진행순서이다. 적절한 추리의 원칙은 수집된 자료를 기초로 하여 합리적 판단을 하는 것을 말한다.

Answer 1. ④

02 수사실행의 5대 원칙에 대한 설명 중 옳은 것은 모두 몇 개인가?

11. 승진

㉠ 수사자료 완전수집의 원칙: 문제해결의 관건이 되는 자료를 누락한다든지, 없어지는 일이 없도록 전력을 다하여 자료를 수집하여야 한다.
㉡ 적절한 추리의 원칙: 여러 가지 추측 중에서 과연 어떤 추측이 정당한 것인가를 가리기 위해서는 그들 추측 하나하나를 모든 각도에서 검토해야 한다.
㉢ 수사자료 감식검토의 원칙: 수사는 단순한 수사관의 상식적 검토나 판단에만 그칠 것이 아니라 감식 과학이나 과학적 지식 또는 그 시설장비를 유용하게 이용해야 하는 것이다.
㉣ 검증적 수사의 원칙: 수사관의 판단이 진실이라는 이유 또는 객관적 증거를 제시해야 한다.

① 1개 ② 2개 ③ 3개 ④ 4개

해설

㉡ **검증적 수사의 원칙**에 대한 설명이다. 적절한 추리의 원칙이란 추측은 가상적인 판단이므로 그 진실성이 확인될 때까지는 추측을 진실이라고 주장·확신해서는 안 된다는 원칙이다.
㉣ **사실판단 증명의 원칙**에 대한 설명이다.

06

03 범죄첩보의 특징에 대한 설명 중 연결이 가장 옳지 않은 것은?

11. 승진

① 시한성－범죄첩보는 시간이 경과함에 따라 가치가 감소한다.
② 혼합성－범죄첩보는 여러 첩보가 서로 결합하여 이루어진다.
③ 가치변화성－범죄첩보는 수사기관의 필요성에 따라 가치가 달라진다.
④ 결과지향성－범죄첩보는 수사 후 현출되는 결과가 있어야 한다.

해설

결합성에 대한 설명이다. 혼합성이란 범죄첩보는 그 속에 하나의 원인과 결과를 내포하고 있다는 것이다.

Answer 2. ② / ㉠㉢ 3. ②

04 「수사첩보 수집 및 처리규칙」상 범죄첩보에 대한 설명으로 가장 적절하지 않은 것은?

11. 채용

① 경찰공무원이 입수한 모든 수사첩보는 범죄첩보분석시스템(CIAS)을 통하여 작성, 제출함을 원칙으로 한다.

② 수집된 첩보는 수집관서에서 처리하는 것을 원칙으로 한다. 다만, 평가책임자는 첩보에 대해 범죄지, 피내사자의 주소·거소 또는 현재지 중 어느 1개의 관할권도 없는 경우 이송할 수 있다.

③ 평가책임자는 제출된 첩보에 대하여 공개를 원칙으로 하며, 범죄예방 및 검거 등 수사 목적상 첩보 내용을 공유할 필요가 있다고 인정할 경우 범죄첩보분석시스템(CIAS)상에서 공유하게 할 수 있다.

④ 2개 이상 경찰서와 연관된 중요 사건첩보 등 지방청 단위에서 처리해야 할 첩보를 중보라고 한다.

해설

평가책임자는 제출된 첩보에 대하여 **비공개를 원칙**으로 하되, 범죄예방 및 검거 등 수사목적상 첩보내용을 공유할 필요가 있다고 인정할 경우 CIAS상에서 공유하게 할 수 있다.

05 다음 중 변사자 검시에 대한 설명으로 틀린 것은 모두 몇 개인가?

11. 채용

㉠ 형사소송법상 변사자 검시의 주체는 검사이다.
㉡ 변사자 검시의 주체는 검사이므로 검사는 사법경찰관에게 검시를 대행시킬 수 없다.
㉢ 검시결과 사망이 범죄로 인한 것이 아니라는 점이 명백히 인정되었을 때에는 경찰서장의 지휘를 받아 사체 등을 신속히 유족에게 인도한다.
㉣ 지구대장 등은 행정검시 도중 사체가 범죄에 기인한 것으로 의심될 경우 지체 없이 검사에게 보고해야 한다.
㉤ 검시를 하는 사법경찰관은 사체를 인수할 자가 없거나, 그 신원이 판명되지 않은 때에는 사체가 현존하는 지역의 시장, 군수, 구청장에게 인도하여야 한다.

① 2개 ② 3개 ③ 4개 ④ 5개

Answer 4. ③ 5. ② / ㉡㉢㉣

해설

㉡ 사법경찰관은 검사의 지휘에 의해 검시를 **대행할 수 있다.**
㉢ 사법경찰관은 변사체를 검시한 결과 사망의 원인이 범죄로 인한 것이 아니라는 점이 명백히 인정되었을 때에는 **검사의 지휘**를 받아 사체를 신속히 유족 등에게 인도하여야 한다.
㉣ 지구대장등은 행정검시 도중 사체가 범죄에 기인한 것으로 의심될 경우에는 지체 없이 경찰서장에게 보고하여야 하며, 경찰서장은 수사에 착수하여야 한다.

06 통신수사절차에 관한 설명 중 틀린 것은 모두 몇 개인가?

10. 경위 승진

㉠ 통신제한조치란 우편물의 검열 또는 전기통신의 감청으로 당사자의 동의 없이 여러 방법을 사용하여 그 내용을 지득 또는 채록하는 등의 행위를 말한다.
㉡ 대상범죄가 아닌 경우로는 상해치사, 직무유기, 관세법 위반, 특수공무집행방해, 폭처법(폭행) 등이 있다.
㉢ 허가승인절차로서 범죄수사 목적의 경우는 법원의 허가, 국가안보목적의 경우에는 고등법원 수석부장판사 허가 또는 대통령의 승인이 필요하다.
㉣ 집행대장 미비치시 3년 이하의 징역 또는 1000만원 이하 벌금의 형사처벌 대상이 된다.
㉤ 통신사실 확인 자료로는 가입자의 전기통신일시, 발・착신 통신번호 등 상대방의 가입자 번호, 사용도수 등이 있다.

① 1개 ② 2개 ③ 3개 ④ 4개

해설

㉣ 「통신비밀보호법」 제17조 제1항 제2호 규정에 의하여 **5년 이하의 징역** 또는 **3천만원 이하**의 벌금에 해당한다.

Answer 6. ① / ㉣

07 **수사서류 작성방법에 대한 설명으로 옳지 않은 것은 모두 몇 개인가?** 11. 경위 승진

㉠ 죄명은 경합범인 경우 가나다 순으로 하되, 형이 경하거나 공소시효 단기 순으로 한다.
㉡ 형법범의 죄명은 대검찰청이 정한 죄명표에 의하고, 미수범·교사범·방조범은 다음에 미수·교사방조라 표시한다.
㉢ 적용법조는 행위법규를 먼저 기재하고, 처벌법규를 나중에 기재한다.
㉣ 음주측정을 거부한 피의자에 대해서는 '「도로교통법」위반(음주측정거부)'으로 표시한다.
㉤ 피의자신문조서나 진술조서 작성시 진술자가 외국인인 경우에도 날인 또는 무인하여야 한다.

① 1개 ② 2개 ③ 3개 ④ 4개

해설

㉠ 죄명은 경합범인 경우 가나다 순으로 하되, 형이 경하거나 공소시효 **장기 순**으로 한다.
㉡ 미수는 **미수라고 표시하지 않고** 특별법 위반으로만 표시하고, 교사·방조범인 경우는 교사·방조라고 표시한다.
㉢ 적용법조는 **처벌법규를 먼저** 기재하고 나중에 행위법규를 기재한다.

08 **다음 중 옳지 않은 것은 모두 몇 개인가?** 11. 경위 승진

㉠ 낙태 미수범을 현장에서 현행범으로 체포하였다.
㉡ 체포영장에 의해 체포한 피의자를 구속하고자 할 때에는 48시간 이내에 구속영장을 발부받아야 하며, 실무상 피의자 체포 후 36시간 이내에 구속영장을 신청하도록 되어 있다.
㉢ 2012년 4월 5일 10시에 체포된 수배자에 대하여 변호인이 없어 피의자가 지정한 배우자에게 같은 날 22시 구두로 통지한 후 2012년 4월 6일 20시경 서면통지하였다.
㉣ 피고인으로부터 체포·구속적부청구를 받은 법원은 청구서가 접수된 때부터 48시간 이내에 체포 또는 구속된 피고인을 심문하여야 한다.

① 1개 ② 2개 ③ 3개 ④ 4개

Answer 7. ③ / ㉠㉡㉢ 8. ④

해설

㉠ 낙태 미수의 경우는 처벌규정이 없으므로 현행범 체포를 할 법적 근거가 없다.
㉡ 체포영장에 의해 체포된 경우 피의자를 구 속하고자 할 때에는 **48시간 이내 구속영장을 청구**만 하면 되고 구속영장을 발부받을 필요는 없다.
㉢ **체포통지는 24시간 이내**에 서면으로 통지해야 되고, 긴급을 요하여 전화 또는 전송으로 통지한 경우에도 다시 서면으로 통지하여야 한다. 그러므로 4월 6일 10시까지 통지하여야 한다.
㉣ 체포 · 구속적부심사청구는 피의자 권리이다.

09 **범인 검거공로자 보상금 지급기준이 나머지 셋과 다른 하나는?** 07. 남기동대

① 공직후보자 공천대가를 포함한 불법정치자금수수
② 불법선거운동조직설치 운영
③ 「공직선거법」상 금품향응제공
④ 공무원의 불법선거운동개입

해설

기타 「공직선거법」 위반범죄로 **2백만원 이하**이다. 나머지 **5억 이하**.

06

제 2 절 임의수사와 강제수사

01 **다음 중 긴급체포할 수 있는 것은 모두 몇 개인가?**(다만, 각 사례 공히 도주 우려가 있고 긴급을 요하며 판사의 체포영장을 발부 받을 수 없는 것으로 간주) 11. 승진

㉠ 청소년에게 주류 판매한 자
㉡ 러브호텔에서 유부녀와 1회 간통한 자
㉢ 청소년 유해매체물 표시를 하지 않은 자
㉣ 경찰관에게 신원확인 목적으로 타인의 운전면허증을 제시한 경우
㉤ 혈중알코올농도 0.15% 음주운전자

① 없음 ② 1개 ③ 2개 ④ 3개

해설

㉠ 2년 이하 ㉡ 2년 이하 ㉢ 2년 이하 ㉣ 2년 이하 ㉤ **3년 이하**

Answer 9. ③ / 1. ② / ㉤

02 체포절차에 대한 설명 중 옳지 않은 것은 모두 몇 개인가? 11. 채용

㉠ 「형사소송법」상 체포통지는 체포 후 지체 없이 서면으로 하도록 규정되어 있다.
㉡ 정당한 이유없이 수사기관의 출석요구에 응하지 아니하는 「경범죄처벌법」 위반(불안감 조성)의 피의자에 대하여는 체포영장을 발부받을 수 있다.
㉢ 사법경찰관은 긴급체포 후 36시간 내에 관할지방검찰청 또는 지청의 검사에게 긴급체포 승인건의를 하여야 한다.
㉣ 경찰관은 사인(私人)인 체포자로부터 현행범인을 인도받은 때에는 성명, 주민등록번호, 주거, 체포일시·장소 및 체포의 사유를 정취하여 현행범인제쏘서를 작성하고, 현행범인 체포원부에 필요한 사항을 등재하여야 한다.

① 1개 ② 2개 ③ 3개 ④ 4개

해설

㉢ 사법경찰관은 긴급체포 후 **12시간 내**에 관할지방검찰청 또는 지청의 검사에게 긴급체포승인건의를 하여야 한다.단, 기소중지된 피의자를 당해 수사관서가 위치하지 않는 타 시도에서 긴급체포한 경우에는 **24시간** 이내)
㉣ 경찰관은 사인(私人)인 체포자로부터 현행범인을 인도받은 때에는 **현행범인 인수서**를 작성하고, 현행범인체포원부에 필요한 사항을 등재하여야 한다.

03 강도살인사건 수사에 있어 형사 甲의 조치사항 중 잘못된 점이 없는 것은? 11. 승진

① 甲은 현장에 임장한 뒤 유류품 수사를 위하여 사건 현장에서 없어진 귀금속의 장물품표를 발행하였다.
② 甲은 사건현장의 잠재지문을 채취하고자 실리콘러버법을 이용하였다.
③ 甲은 범인 乙을 그의 주거지 A장소에서 체포영장에 의해 체포한 뒤 2시간 가량 조사한 결과, 乙이 강취품을 B장소에 보관하고 있다고 진술하자 영장 없이 위 강취품을 압수한 뒤 지체 없이 사후 압수수색영장을 신청하였다.
④ 甲은 乙외에 공범 丙에 대한 감청을 실시하였으나 검거하지 못하고 기소중지 의견으로 송치한 뒤 검찰로부터 丙에 대한 기소중지 결정을 하였음을 통보받고도 30일이 지나도록 통신제한조치 집행사실 통지를 하지 아니하였다.

Answer 2. ② / ㉢㉣ 3. ④

해설

① 장물품표는 탐문수사 중 **피해품중심수사**와 관련되며, 유류품 수사를 위하여 발행하지는 않는다.
② 실리콘러버법은 현재재문의 채취방법이다. 잠재지문의 채취방법에는 **고체법(분말법)**, **액체법**, **기체법**, **사광선이용법** 등이 있다.
③ 이 경우에는 체포・구속현장에서의 압수・수색・검증의 요건을 갖추지 못했기 때문에 영장주의가 적용된다.

04 **「통신비밀보호법」상 범죄수사를 위한 통신제한조치에 대한 설명으로 옳은 것은 모두 몇 개인가?** 10. 채용

> ㉠ 검사는 법원에 대하여 각 사건별로 통신제한조치를 허가하여 줄 것을 청구할 수 있다.
> ㉡ 통신제한조치 청구사건의 관할법원은 그 통신제한조치를 받을 통신당사자의 쌍방 또는 일방의 주소지 ・소재지를 관할하는 지방법원 또는 지원(보통군사법을 포함한다)으로 한다.
> ㉢ 통신제한조치의 기간은 4월을 초과하지 못하고, 그 기간 중 통신제한조치의 목적이 달성되었을 경우에는 즉시 종료하여야 한다. 다만 소명자료를 첨부하여 4월의 범위 안에서 통신제한조치기간의 연장을 청구할 수 있다.
> ㉣ 존속협박죄(형법 제283조 제2항)는 통신제한조치 대상범죄이다.

① 1개 ② 2개 ③ 3개 ④ 4개

해설

㉠ 검사는 각 피의자별 또는 각 피내사자별로 통신제한조치를 허가하여 줄 것을 청구해야 한다.
㉢ 범죄수사를 위한 통신제한조치 기간은 **2월을 초과하지 못하고**, 2월의 범위 안에서 통신제한조치기간의 연장을 청구할 수 있다.
㉣ 존속협박죄는 통신제한조치의 대상범죄가 아니다.

06

Answer 4. ① / ㉡

05 **다음 중 통신제한 조치에 대한 설명으로 틀린 것은?** 78. 채용

① 통신제한조치를 집행한 검사·사법경찰관 또는 정보수사기관의 장은 그 집행의 경위 및 이로 인하여 취득한 결과의 요지를 조서로 작성하고, 그 통신제한조치의 집행으로 취득한 결과와 함께 이에 대한 비밀보호 및 훼손, 조작의 방지를 위하여 봉인·열람제한 등의 적절한 보존조치를 취하여야 한다.

② 전기통신사업자는 검사·사법경찰관 또는 정보수사기관의 장에게 통신사실 확인자료를 제공한 때에는 자료제공현황 등을 연 2회 과학기술정보통신부장관에게 보고하고 당해 통신사실 확인자료 제공사실 등 필요한 사항을 기재한 대장과 통신사실 확인자료 제공요청서 등 관련자료를 통신사실 확인자료를 제공한 날부터 5년간 비치하여야 한다.

③ 긴급통신제한조치가 단시간 내에 종료되어 법원의 허가를 받을 필요가 없는 경우에는 그 종료 후 7일 이내에 관할 지방검찰청검사장은 이에 대응하는 법원장에게 긴급통신제한 조치를 한 검사, 사법경찰관 또는 정보수사기관의 장이 작성한 긴급통신제한조치통보서를 송부하여야 한다.

④ 사법경찰관은 통신제한조치를 집행한 사건에 관하여 검사로부터 공소를 제기하거나 제기하지 아니하는 처분의 통보를 받거나 내사사건에 관하여 입건하지 아니하는 처분을 한 때에는 그날부터 30일 이내에 우편물 검열의 경우에는 그 대상자에게, 감청의 경우에는 그 대상이 된 전기통신의 가입자에게 통신제한조치를 집행한 사실과 집행기관 및 그 기간 등을 서면으로 통지하여야 한다.

해설

전기통신사업자는 검사, 사법경찰관 또는 정보수사기관의 장에게 통신사실 확인자료를 제공한 때에는 자료 제공현황 등을 연 2회 과학기술정보통신부장관에게 보고하고, 당해 통신사실 확인자료 제공사실등 필요한 사항을 기재한 대장과 통신사실 확인자료제공요청서등 관련자료를 통신사실확인자료를 제공한 날부터 **7년간 비치**하여야 한다(통신비밀보호법 제13조 제7항).

Answer 5. ②

06 통신수사에 대한 설명 중 가장 옳은 것은? 11. 승진

① 존속협박, 경매입찰방해, 미성년자 간음, 공무집행방해, 「폭력행위등 처벌에 관한 법률」 위반(공동협박)은 모두 통신제한조치 대상범죄이다.
② 통신사실 확인자료 제공요청은 대상범죄에 제한이 없다.
③ 통신제한조치로 취득한 자료는 범죄로 인한 징계절차나 통신의 당사자가 제기하는 손해배상소송에서는 사용할 수 없다.
④ 사법경찰관은 통신제한조치를 집행한 사건에 관하여 검사로부터 공소를 제기하거나 제기하지 아니하는 처분(기소중지 결정을 포함한다)의 통보를 받거나 내사사건에 관하여 입건하지 아니하는 처분을 한 때에는 그날로부터 30일 이내에 대상자에게 서면으로 통지하여야 한다.

해설

① 존속협박, 미성년자 간음, 공무집행방해는 통신제한조치 대상범죄가 아니다.
③ 통신제한조치로 취득한 자료는
　㉠ 통신제한조치의 목적이 된 범죄나 이와 관련되는 범죄의 수사·소추·예방
　㉡ 목적 또는 관련 범죄로 인한 징계절차
　㉢ 통신의 당사자가 제기하는 **손해배상소송**
　㉣ 기타 다른 법률의 규정에 의하여 사용할 수 있다.
④ **기소중지** 결정의 경우에는 집행사실통지의 대상에서 **제외**된다.

제 3 절 현장수사활동

01 피해통보표에 대한 설명으로 틀린 것은? 10. 승진

① 당해 사건을 담당하는 수사경찰이 전산입력한다.
② 피해통보표 작성 대상범죄는 수법원지 작성 대상범죄와 동일하다.
③ 당해 범죄의 피의자가 즉시 검거되었거나 피의자의 정확한 신원이 판명된 경우에도 작성한다.
④ 피해통보표 전산입력 후 10년이 경과하였을 때 전산자료를 삭제하여야 한다.

해설

당해 범죄의 피의자가 즉시 검거되었거나 피의자의 성명·생년월일·소재 등 정확한 **신원이 판명된 경우**에는 피해통보표를 작성하지 아니한다.

Answer 6. ② / 1. ③

02 수법원지에 대한 설명으로 틀린 것은? 10. 승진

① 수법범죄 중 불구속 피의자라도 재범의 우려가 있다고 인정 되는 자에 대하여는 작성할 수 있다.
② 수법범죄 피의자의 미검시에는 작성하지 않고 검거시에 작성한다.
③ 피작성자가 60세 이상이 되었을 때 수법원지 전산자료를 삭제하고 이를 폐기하여야 한다.
④ 피의자를 조사한 경찰관이 사건 송치시 1매를 작성하여 지방경찰청장을 거쳐 경찰청장에게 송부한다.

해설

피작성자가 **80세 이상**이 되었을 때 수법원지 전산자료를 삭제하고 이를 폐기하여야 한다.

03 수사서류 작성에 관한 설명 중 틀린 것은? 10. 승진

① 수사서류가 2매 이상인 때에는 서류의 연속성을 증명하기 위하여 작성자의 날인에 사용한 인장을 가지고 매 엽마다 간인을 한다. 좌측 여백에 작성자가 날인하고 우측 여백에 진술자가 날인한다.
② 죄명은 경합범인 경우에는 가나다 순으로 하되, 형이 중하거나 공소시효가 장기인 순으로 한다.
③ 특별법 위반의 경우는 '○○○법위반'으로 표시한다. 교사 · 미수는 '○○○법위반 교사' 또는 '○○○법위반 미수'로 표시한다.
④ 적용법조는 처벌법규를 먼저 기재하고, 행위법규를 나중에 기재한다.

해설

특별법 위반의 경우는 '○○○법위반'으로 표시한다. 교사 · 방조는 '○○○법위반 교사' 또는 '○○○법위반 방조'로 표시한다. 다만, 미수에 관하여는 '○○○법위반'으로 표시한다.

Answer 2. ③ 3. ③

04 수사서류 작성시 적용법조 기재요령과 관련하여 가장 옳지 않은 것은? 11. 승진

① 임의적 몰수, 간접정범, 총칙상 미수조항은 기재하지 않는다.
② 처벌규정과 금지규정의 별도로 있는 경우 모두 기재하되 처벌규정을 먼저 기재하고 금지규정을 나중에 기재한다.
③ 형법총칙 규정은 공범규정 → 상상적 경합범 규정 → 경합범 → 누범 → 필요적 몰수 규정 순으로 기재한다.
④ 형의 가중·감경규정 해당시는 관련조항은 기재하지 않는다.

해설

형법총칙 규정은 공범 → 상상적 경합범 → 누범 → 경합범 → 필요적 몰수(뇌물죄 등)의 순으로 기재한다.
(공상누경필)

제 4 절 과학수사

01 물증확보를 위한 최상의 수단이라고 볼 수 있는 과학수사에 관하여 옳지 않은 것은 모두 몇 개인가? 11. 경감

> ㉠ 유류품 수사시 착안점으로 동일성, 관련성, 기회성, 완전성을 들 수 있는 바, 유류품이 범행시와 동일한 상태로 보전되어 있는가를 검사하는 것은 동일성과 관련된다.
> ㉡ 현장지문 또는 준현장지문 중에서 관계자지문을 제외하고 남은 지문은 범인지문으로 추정되는 지문으로서 이를 유류지문이라고 하며, 손가락으로 마르지 않은 진흙을 적당히 눌렀을 때 나타나는 지문은 역지문이다.
> ㉢ 시체얼룩은 부패균의 작용에 의한 것으로 시체의 초기현상 중 하나이다.

① 없음 ② 1개 ③ 2개 ④ 3개

해설

㉠ 유류품이 범행시와 동일한 상태로 보전되어 있는가를 검사하는 것은 완전성과 관련되며, 동일성이란 유류품과 **범행과의 관계** 즉, 유류품이 직접 범행에 사용된 것인가를 검사하는 것이다.
㉢ 부패균의 작용에 의한 것은 부패이고, 시체얼룩은 적혈구의 자체중량에 의한 **혈액침전** 현상으로 인해 발생한다.

Answer 4. ③ / 1. ③ / ㉠㉢

02 **시체의 후기 현상에 대한 설명 중 가장 옳지 않은 것은?** 11. 승진

① 화학적 분해에 의해 고체 형태의 지방산 혹은 그 화합물로 변화한 상태, 비정형적 부패 형태로 수중 또는 수분이 많은 지중(地中)에서 형성되는 현상을 자가융해라고 한다.

② 백골화란 뼈만 남는 상태를 말하며 소아시체는 사후 4~5년, 성인시체는 7~10년 후 완전 백골화된다.

③ 고온·건조지대에서 시체의 건조가 부패·분해보다 빠를 때 생기는 현상을 미라화라고 한다.

④ 부패는 세균의 산화와 환원작용으로 일어나고 공기 유통이 좋고, 온도는 20~30°, 습도는 60~66%일 때 가장 활발하게 이루어진다.

해설

시체밀랍화에 대한 설명이다. 자가융해란 미생물(세균)의 작용과는 별도로 세포 가운데의 자가분해효소에 의해 분해가 일어나 세포구성 성분이 분해되어 변성되고, 세포 간 결합의 붕괴로 장기나 조직이 연화되는 현상을 말한다.

제5절 수사행정

01 **「피의자 유치 및 호송규칙」 제2조에는 '유치 중의 피의자에 대하여는 그 처우의 적정으로 인권의 보장에 최선을 다하여야 한다.'고 규정하고 있다. 유치장 내 신체검사에 대한 설명으로 가장 옳지 않은 것은?** 11. 승진

① 신체검사는 유치인보호주무자가 피의자입(출)감지휘서에 지정하는 방법으로 실시하여야 한다.

② 신체검사의 종류로는 외표검사, 간이검사, 정밀검사가 있다.

③ 간이검사는 죄질이 경미하고 동작과 언행에 특이사항이 없고 위험물 등을 은닉하지 않다고 판단되는 유치인에 대하여 신체 등의 외부를 눈으로 확인하고 손으로 가볍게 두드려 만져 검사하는 방법이다.

④ 살인, 강도 등 죄질이 중한 유치인에 대해서는 정밀검사를 실시해야 한다.

해설

외표검사에 대한 설명이다. 간이검사란 일반적으로 유치인에 대하여 속옷은 벗지 않고 신체검사의를 착용하도록 한 상태에서 위험물 등의 은닉 여부를 검사하는 것이다.

Answer 2. ① / 1. ③

02 경찰의 유치장 관리에 대한 설명 중 틀린 것은?

10. 승진

① 경찰서 유치장은 「경찰관 직무집행법」 제9조에 근거하여 설치하고 있다.
② 유치장에는 구속된 피의자뿐만 아니라 「즉결심판에 관한 절차법」에 의해 판사로부터 구류판결을 받은 피고인도 수감할 수 있다.
③ 동시에 3인 이상의 피의자를 입감시킬 때에는 간부가 입회하여 순차적으로 입감시켜야 한다.
④ 유치인보호주무자는 유치인이 발병하였을 때와 수태 후 6개월 이상의 부녀자, 분만 후 60일이 경과되지 아니한 부녀자, 70세 이상의 노약자 등에 대하여 수사과장에게 보고하여 필요한 조치를 할 수 있다.

해설

유치인보호주무자는 유치인이 발병하였을 때와 **수태 후 6개월 이상**의 부녀자, **분만 후 60일**이 경과되지 아니한 부녀자, **70세 이상**의 노약자 등에 대하여 **경찰서장**에게 보고하여 필요한 조치를 할 수 있다.

06

03 피의자 호송과 관련한 설명으로 가장 옳지 않은 것은?

07. 승진

① 피호송자 발병시 중증으로서 호송을 계속하기가 곤란하다고 인정될 때에 피호송자 및 그 서류와 금품을 발병지 에서 가까운 경찰관서에 인도하여야 한다.
② 위 ① 지문에 따라 인수한 경찰관서는 즉시 질병을 치료하여야 하며, 질병의 상태를 호송관서 및 인수관서에 통지하고 질병이 치유된 때에는 호송관서에 통지함과 동시에 치료한 경찰관서에서 지체 없이 호송하여야 한다. 다만, 진찰한 결과 24시간 이내 치유될 수 있다고 진단되었을 때는 치료 후 호송관서의 호송관이 호송을 계속하게 하여야 한다.
③ 피호송자가 사망하였거나 발병하였을 때의 비용은 인계받은 관서가 부담한다.
④ 피호송자가 도주하였을 때에는 호송관계서류 및 금품은 도주발생지 경찰관서에 보관하여야 한다.

해설

피호송자가 도주하였을 때 도주한 자에 관한 호송관계서류 및 금품은 **호송관서에 보관**하여야 한다.

Answer 2. ④ 3. ④

04 다음 설명 중 옳은 것은? 04. 채용

① 구속영장신청과 현행범 체포는 사법경찰관만이 할 수 있다.
② 순찰 중 강도범을 현행범으로 검거한 경우에는 반드시 변호인선임권과 진술거부권을 고지해야 한다.
③ 피의자환경조사서는 소년범과 가정폭력사범에 대해서만 작성한다.
④ 트랩도어란 컴퓨터 작동이 정지된 상태를 복귀나 재작동 절차에 의하여 해결할 수 없을 때 사용하는 만능키와 같은 프로그램의 강력한 힘을 이용하여 부정을 행하는 컴퓨터 범죄를 말한다.

해설

① 현행범 체포에는 주체의 제한이 없다. ② 진술거부권을 고지할 필요가 없다. ④ **슈퍼재핑**에 해당한다.

05 다음 수사절차에 대한 설명 중 옳은 것은? 04. 채용

① 조사결과 공소시효가 경과한 경우에는 불기소(혐의 없음) 의견으로 송치한다.
② 「형의 실효등에 관한 법률」 제5조 제1항에 의하면 혐의 없음, 기소유예, 죄가 안됨, 각하는 수사자료표에 의한 범죄경력조회를 첨부하지 아니한다.
③ 피의자 통계원표는 송치서류에 첨부하고, 발생과 검거원표는 수사 1계에서 영구 보관한다.
④ 피고소인을 조사하는 등 사건의 실체에 관하여 수사를 진행한 경우에도 각하 사유에 해당하는 때에는 각하 처분을 할 수 있다.

해설

① 공소시효가 경과한 경우에는 **공소권 없음**으로 송치한다.
② 고소 · 고발사건을 불기소의견(혐의 없음, 공소권 없음, 죄가 안 됨, 각하, 참고인중지)으로 송치하는 경우를 제외하고는 '**범죄경력 조회회보서**'를 첨부한다.
③ 피의자통계원표는 송치서류에 첨부하고, 발생과 검거원표는 **1년간** 보관한다.

Answer 4. ③ 5. ④

06

「범죄신고자 등 보호와 보상에 관한 규칙」에 의할 때 범인검거공로자가 500만원 이하의 보상금을 지급받을 수 있는 범죄는? 06. 채용

㉠ 2인 이하 살해	㉡ 조직적·반복적 강도건
㉢ 화폐위조 사건 등 사회 물의 야기사건	㉣ 연쇄 방화사건
㉤ 약취유인 사건	㉥ 피해액 1억원 이상 절도
㉦ 해양 오염 사건	

① ㉡, ㉣, ㉥
② ㉡, ㉢, ㉣, ㉥
③ ㉡, ㉣, ㉤, ㉥
④ ㉠, ㉣, ㉥, ㉦

해설

㉠ 2000만원 이하
㉡ 500만원 이하
㉢ 2000만원 이하
㉣ 500만원 이하
㉤ 2000만원 이하
㉥ 500만원 이하
㉦ 1000만원 이하
기타 (5억-불법선거 / 5000만원-조폭 수괴, 3인 이상에게, 금품·향응 제공)

06

07

「범죄피해자구조법」상 범죄피해구조금 지급요건으로 가장 옳은 것은? 11. 승진

① 사람의 생명, 신체, 재산을 해하는 죄로 인한 경우에 한한다.
② 자기 또는 타인의 형사사건의 수사 또는 재판에 있어서 고소·고발 등 수사단서의 제공, 진술, 증언 또는 자료 제출과 관련하여 피해자로 된 때에도 지급한다.
③ 피해자와 가해자가 친족관계에 있을 때는 지급할 수 없다.
④ 당해 범죄피해의 발생에 관하여 피해자에게 귀책사유가 있는 경우에는 지급할 수 없다.

해설

① **재산**에 대한 피해는 범죄피해구조금 지급대상에서 제외된다.
③ **피해자와 가해자가 일정한 친족관계**가 있는 경우에는 구조금을 지급하지 아니하지만, 그 외의 친족관계에 있을 때는 구조금의 일부를 지급하지 아니한다.
④ 당해 범죄피해의 발생에 관하여 폭행·협박 또는 모욕 등 해당 범죄행위를 유발하는 행위가 있는 경우에는 구조금의 일부를 지급하지 아니한다.

Answer 6. ① 7. ②

제6절 각 사범별 수사

01 「성폭력범죄의 처벌 등에 관한 특례법」상 성폭력범죄에 대한 설명 중 옳은 것은 모두 몇 개인가? 10. 채용

㉠ 대중교통수단, 공연・집회장소, 그 밖에 공중이 밀집하는 장소에서 사람을 추행한 자는 긴급체포할 수 있다.
㉡ 카메라나 그 밖에 이와 유사한 기능을 갖춘 기계장치를 이용하여 성적 욕망 또는 수치심을 유발할 수 있는 다른 사람의 신체를 그 의사에 반하여 촬영하거나 그 촬영물을 반포・판매・임대 또는 공공연하게 전시・상영한 자에 대한 죄는 고소가 없어도 공소를 제기할 수 있다.
㉢ 동법 제12조의 통신매체를 이용한 음란행위는 미수범을 처벌한다.
㉣ 법률에 따라 구금된 사람을 감호하는 사람이 그 사람을 추행한 때에는 고소가 없는 경우 공소를 제기할 수 없다.

① 1개 ② 2개 ③ 3개 ④ 4개

해설

㉠ 공중밀집장소에서의 추행은 **친고죄**이다.
㉢ 통신매체를 이용한 음란행위의 미수는 처벌하지 아니한다.
㉣ 법률에 따라 구금된 사람을 감호하는 사람이 그 사람을 추행한 때에는 **비친고죄**이다.

02 다음 중 가정폭력범죄에 대해 틀린 것은? 03. 채용

① 사실상 혼인관계에 있는 자 또는 사실상 양친자도 가정폭력범죄의 가족구성원에 포함된다.
② 명예훼손범도 가정폭력범죄에 속한다.
③ 신고를 받은 경찰관은 피해자의 주거・직장 등에서 100미터 이내의 접근금지 등의 임시조치를 행할 수 있다.
④ 진행 중인 가정폭력범죄에 대하여 신고 받은 사법경찰관리는 긴급치료가 필요한 피해자를 의료기관에 인도해야 한다.

Answer 1. ①/㉡ 2. ③

해설

사법경찰관은 임시조치에 해당하는 접근금지를 직접 할 수 없고 **신청을 할 수 있을 뿐**이다. 다만 긴급임시조치로서 사법경찰관이 피해자의 주거·직장 등에서 **100미터 이내**의 접근금지를 행할 수는 있다.

03 **"남편인 甲이 2011. 1. 15. 02:00경 집에서 부인인 乙을 주먹으로 때려 폭행하고 있다."는 가정폭력신고를 받고 출동한 경찰관의 조치사항 중 가장 옳은 것은?** 11. 승진

① 폭력행위자의 제지가 있을 경우, 피해자의 고소장이 없다면 일단 고소장을 받고 집으로 들어가야 하며 강제로 방에 들어가서는 안 된다.

② 피해자의 동의가 있으면 피해자를 가정폭력관련 상담소 또는 보호시설에 인도한다.

③ 다른 임시조치를 위반하지 않더라도 가정폭력범죄가 재발될 우려가 있다고 인정되면 경찰관이 직접 '경찰관서 유치장 유치'의 임시조치를 한다.

④ 폭력행위의 재발 시 경찰관이 직접 '접근금지'의 임시조치를 한다.

해설

① 긴급한 내부확인 시 문을 열어주지 않는 경우에는 폭력행위자의 제지에 불구하고 형사소송법 (제216조 제3항), 경찰관직무집행법(제6조 제1항). 경찰관직무집행법(제7조 제1항)에 근거하여 유형력 행사에 입각하여 **가택 내에 진입**할 수 있다.
③ 유치는 다른 임시조치를 위반하여 가정폭력범죄가 재발될 우려가 있다고 인정하는 때에만 **검사가 법원에 청구**할 수 있다.
④ 임시조치의 주체는 사람은 판사이다.

04 **L.S.D.에 관한 설명 중 틀린 것은 모두 몇 개인가?** 10. 승진

㉠ 곡물의 곰팡이, 보리 맥각에서 추출하여 이를 분리·가공·합성한 것이다. ㉡ 무색, 무취의 짠맛이 나는 액체로 소다수 등의 음료에 타서 복용한다. ㉢ 청소년들이 소주에 타서 마시기도 하는데, 이를 '정글 쥬스'라고도 한다. ㉣ 강한 각성작용으로 의식이 뚜렷해지고 잠이 오지 않으며 피로감이 없어진다. ㉤ 금단증상으로는 온몸이 뻣뻣해지고 뒤틀리며 혀 꼬부라지는 소리 등을 하게 된다.

① 2개 ② 3개 ③ 4개 ④ 5개

Answer 3. ② 4. ③ / ㉡㉢㉣㉤

06

해설

㉡ GHB(물뽕)
㉢ 덱스트로 메트로판(러미라)
㉣ 메스암페타민(히로뽕, 필로폰)
㉤ 카리소프로돌(일명 S정)

05 다음 중 GHB를 설명한 것으로 옳지 않은 것은 몇 개인가? 06. 채용

㉠ 소다수 음료에 타서 복용하고 물뽕이라 불린다.
㉡ 1949년 독일에서 식욕감퇴제로 개발되었다.
㉢ 진해거담제로서 의사의 처방전이 있으면 약국에서 구입이 가능하다.
㉣ 짠맛이 나고 근육강화 및 호르몬 분비효과가 있다.
㉤ 미국·유럽 등지에서 성범죄용으로 악용되며, 데이트 강간 약물로 불린다.
㉥ 청소년들 사이에서 소주 등에 타서 마시고 정글쥬스라 한다.

① 1개 ② 2개 ③ 3개 ④ 4개

해설

㉡는 엑스터시, ㉢과 ㉥은 덱스트로메트로판에 해당한다.

06 마약류에 대한 설명으로 옳지 않은 것은 모두 몇 개인가? 10. 채용

㉠ 천연마약으로는 양귀비, 해시시, 옥시코돈 등이 있다.
㉡ GHB는 소다수 등의 음료에 타서 마시기도 하는데 이를 '정글쥬스'라고도 한다.
㉢ 영국에서 식욕감퇴제로 개발된 L.S.D.는 곡물의 곰팡이, 보리 맥각에서 추출한 물질을 인공적으로 합성시켜 만들어낸 것으로 무색, 무취, 짠맛이 난다.
㉣ S정은 중추신경에 작용하여 골격근 이완의 효과가 있는 근골격계 질환치료제인 카리소프로돌(Carisoprodol)을 말한다.

① 1개 ② 2개 ③ 3개 ④ 4개

해설

㉠ 해시시는 **대마**에 속하고, 옥시코돈은 **반합성마약**에 속한다.
㉡ 덱스트로메트로판(러미라)에 대한 설명이다.
㉢ 독일에서 식욕감퇴제로 개발된 것은 엑스터시(MDMA)이다.

Answer 5. ③ / ㉡㉢㉥ 6. ③ / ㉠㉡㉢

07 마약류에 대한 설명 중 가장 적절하지 않은 것은? 11. 채용

① 덱스트로메트로판(일명 러미라)－진해거담제로서 의사의 처방전이 있으면 약국에서 구입이 가능하며, 청소년 사이에 소주에 타서 마시는데 이를 정글쥬스라고 한다.

② 엑스터시(MAMD)－기분이 좋아지는 약, 포옹마약(Hug Drug), 클럽마약, 도리도리 등으로 지칭되며, 복용하면 신체적 접촉욕구가 강하게 발생한다.

③ L.S.D.－곡물의 곰팡이, 보리맥각에서 발견되어 이를 분리・가공・합성한 것으로, 강한 중추신경 억제성 진해작용이 있어 코데인 대용으로 널리 시판되고 있다.

④ 야바(YABA)－원재료가 화공약품인 관계로 양귀비의 작황에 좌우되는 헤로인과는 달리 안정적인 밀조가 가능하며, 순도가 낮다.

해설

코데인 대용으로 널리 시판되고 있는 것은 **덱스트로메트로판(러미라)**이다.

08 「마약류관리에 관한 법률」에서 규제하는 마약류에 관한 설명 중 틀린 것은? 10. 경위승진

① 한외마약이란 일반약품에 마약성분을 미세하게 혼합한 약물로 신체적・정신적 의존성을 일으킬 염려가 없어 감기약 등으로 판매되는 합법의약품으로서 코데잘, 유코데, 테바인 등이 있다.

② 향정신성의약품의 분류에서 메스암페타민(히로뽕), 암페타민류는 각성제에 해당한다.

③ L.S.D.는 곡물의 곰팡이, 보리 맥각에서 추출한 물질을 인공합성시켜 만든 것으로 무색, 무취, 무미하며 환각제 중 가장 강력한 효과를 나타낸다.

④ GHB는 무색무취의 짠맛이 나는 액체로 소다수 등의 음료에 타서 복용하며 특히 미국, 유럽 등지에서 성범죄용으로 악용되어 '데이트 강간 약물'이라고도 불린다.

해설

테바인은 **마약**에 해당한다.

Answer 7. ③ 8. ①

09 사이버범죄의 수사단계가 바르게 연결된 것은? 04 · 05. 채용, 05. 승진, 08. 경간

> ㉠ 접속자의 인적사항을 확인한 후 피의자 신병과 증거물을 확보한다.
> ㉡ 홈페이지, 이메일 등 피해 발생의 증거를 취득한다.
> ㉢ 정보통신업체(ISP) 등과의 협력을 통해 피의자의 로그기록을 확인한다.
> ㉣ 웹사이트를 드나들며 해킹 등 유행하는 범죄 행위의 정보를 수집한다.

① ㉣-㉡-㉢-㉠ ② ㉠-㉢-㉡-㉣
③ ㉡-㉣-㉢-㉠ ④ ㉢-㉣-㉡-㉠

해설

정보 수집-증거를 취득-기록을 확인- 증거물을 확보

10 사이버범죄에 대한 설명 중 틀린 것은? 07. 채용

① 트랩도어(Trap Door)는 프로그램에 어떤 조건을 넣어주고 그 조건이 충족될 때마다 자동으로 부정행위가 이루어지도록 하는 방법이다.
② 사이버범죄의 수사단계는 수사첩보 수집 → 피해증거 확보 → 접속기록 확보 → 접속자 확인 순으로 한다.
③ 국가 간 공조를 추진하려면 상대국가와 범죄인인도조약 또는 형사사법공조조약이 체결되어 있어야 하는 것이 원칙이다.
④ 스팸메일에 의해 통신서비스를 마비시키는 행위는 '컴퓨터파괴'이다.

해설

①은 '**부정명령은닉**'에 해당한다. 컴퓨터 파괴행위의 유형에는 물리적 가해행위와 논리적 가해행위가 있고 이는 논리적 가해행위에 해당한다.

Answer 9. ① 10. ①

11 다음은 어떤 컴퓨터 수법에 관한 설명인가?
08. 경간

> (가) 컴퓨터가 작동 정지되어 복구나 재작동 절차에 의하여 해결할 수 없을 때 사용하는 만능키와 같은 프로그램이다.
> (나) 주로 체계프로그래머, 오버레이터들의 수법이다.

① 슈퍼재핑 ② 트랩도어
③ 살라미기법 ④ 스카벤징

12 현행 「가정폭력범죄의 처벌 등에 관한 특례법」상 경찰의 수사상 고려해야 하는 사항으로 가장 적절한 것은?
11. 채용

① 경찰은 가정폭력사건을 검사에게 송치시 해당사건의 보호사건 처리여부 의견을 검사에게 제시하여야 한다.
② 가정폭력행위자가 피해자의 법정대리인인 경우 피해자의 친족이 고소할 수 있다.
③ 피해자에게 고소할 친족이 없는 경우 검사는 10일 이내에 고소할 수 있는 사람을 지정할 수 있다.
④ 피해자는 가정폭력행위자가 자기의 직계존속인 경우 고소할 수 없다.

해설

① 사법경찰관은 가정폭력범죄의 송치 시에 당해 사건이 가정보호사건으로 처리함이 상당한지 여부에 관한 의견을 제시할 수 있다.
③ 피해자에게 고소할 법정대리인이나 친족이 없는 경우에 이해관계인의 신청이 있으면 검사는 **10일 이내**에 고소할 수 있는자를 **지정**하여야 한다.
④ 피해자는 가정폭력 행위자가 자기의 직계존속인 경우에도 고소할 수 있다.

Answer 11. ① 12. ②

박선영 경찰학

Police Science

CHAPTER

경비경찰

Chapter 07

Police Science

경비경찰

제1절 경비경찰 일반론

1 경비경찰

(1) 의 의

경비경찰은 공공의 안녕과 질서를 파괴하는 국가비상사태, 긴급사태 등이 발생하거나 발생할 우려가 있을 때 이를 **예방, 진압하는 경찰**이다. 불법행위와 관련이 없는 자연재해 등도 경비경찰의 대상이다.

(2) 대 상 기출

대 상	종 류	내 용
개인적, 단체적 불법행위	치안경비	공안을 해하는 **다중범죄 등 집단적범죄사태**가 발생하거나 발생할 우려가 있는 경우 적절한 조치로 사태를 예방·진압하는 경비활동
	특수경비(대테러)	총포, 도검, 폭발물 등에 의한 인질, 난동, 살상 등 **사회이목을 집중시키는 중요사건**을 예방, 경계, 진압하는 활동
	경호경비	**정부요인을 암살**하는 행위를 미연에 방지하고 피경호자의 신변을 보호하는 경비활동
	중요시설경비	국가적 중대한 영향을 미치는 **국가산업시설, 행정시설**을 적의 공격으로부터 방호하기 위한 경비활동
인위적 자연적 혼잡 불법행위	행사안전경비	**미조직적 군중**(콘서트, 경기 등)에 의해 발생하는 자연적, 인위적 혼란상태를 경계, 진압, 예방하는 경비활동
	재난경비	천재, 지변, 화재 등 자연적, 인위적 사태로 인한 인명, 재산상 피해를 예방진압하는 경비활동

2 경비경찰의 특성 기출

현상유지적 활동	• 현재 질서를 보존하는 것에 중점을 두고, 정태적 · 소극적 질서유지를 넘어 **동태적 · 적극적 질서유지 작용**을 의미한다. 기출 • 경찰조리상의 한계는 **경찰소극목적의 원칙**과 관련 있다.
사회전반적 안녕 활동 기출	사회공공의 안녕과 질서유지를 목적으로 하므로, 사회전체 질서를 파괴하는 범죄를 대상으로 한다.
조직적 부대활동 기출	경비사태는 조직적이고 집단적 대응이 필요하므로 부대 단위의 조직적 활동을 한다.
하향적 명령에 의한 활동	• 부대활동은 지휘관과 부하간의 하향적 명령체계가 확보되어야 한다. • 부대원의 재량은 적고, 지휘관은 책임을 지는 것이 일반적이다.
복합기능적 활동	사태가 발생한 후 **진압**하는 역할뿐만 아니라, 사태의 발생을 미리 **경계, 예방**하는 역할도 수행하는 복합기능적 활동을 특징으로 한다.
즉응적 활동	경비사태 발생시 처리기한을 정하여 진압할 수 없어 즉시 출동하여 **신속하게 진압**해야 하고, 사태 종료시에 업무도 종료된다.

▸ 경비경찰의 특징
- 조직적이고, 계획적이다.
- 확신범의 성격을 가진다.
- 상이한 이익집단세력간의 충돌이다.
- 전국적 파급성을 가진다.
- 군중심리의 영향이 크다.

제2절 경비경찰의 근거와 한계

1 경비경찰의 근거 기출

헌법 제37조 제2항	국민의 자유와 권리는 국가 안전보장, 질서유지 또는 공공복리를 위해 필요한 경우에 한하여 법률(법령 아님)로 제한할 수 있으며, 제한하는 경우에도 **자유와 권리의 본질적인 내용을 침해할 수 없다.** 기출
경찰법 제3조 제3호	경비, 요인경호 및 대간첩, 대테러 작전 수행으로 경찰업무 범위의 전반적 내용을 담고 있다.

07

경찰관 직무집행법 제1조 제1항	• 국민의 자유와 권리를 보호하고 사회공공의 질서를 유지하기 위한 경찰관의 직무수행에 필요한 사항을 규정함을 목적으로 한다고 규정 • 경비경찰발동의 **주된 근거법률**이다. 기출
기타 법률	경찰직무응원법, 대통령 등의 경호에 관한 법률, 재난 및 안전관리 기본법, 집회 및 시위에 관한 법률, 청원경찰법 등

2 경비경찰활동의 조리상 한계 기출

1) **경찰소극목적의 원칙**: **현상유지적 활동**과 관련되는 조리상의 원칙

2) 경찰공공의 원칙

3) 경찰비례의 원칙

4) 경찰책임의 원칙

5) 경찰평등의 원칙

3 위법한 경비경찰로 인한 손해배상

1) 공무원의 위법한 직무행위

「국가배상법」 제2조 제1항은 '국가나 지방자치단체는 공무원 또는 공무를 위탁받은 사인이 직무를 집행하면서 **고의 또는 과실로 법령을 위반**하여 타인에게 손해를 입힌 경우 **손해**를 배상하여야 한다.'고 규정한다.

2) 영조물의 설치, 관리상의 하자로 인한 손해배상

「국가배상법」 제5조는 '**도로, 하천, 그 밖의 공공의 영조물의 설치나 관리의 하자**가 있기 때문에 타인에게 손해를 발생하게 하였을 때 국가나 지방자치단체는 손해를 배상하여야 한다.'라고 규정하여 담당공무원의 **과실 여부와 관계없이 손해배상을 받을 수 있다.**

3) 관련판례

국가배상 인정	① **무장공비** 격투중 청년가족의 요청에도 불구하고 경찰관이 출동하지 않아 청년이 무장공비에 의해 살해된 경우 기출 ② 전투경찰관이 시위진압을 하면서 합리적이고 상당하다고 인정되는 정도로 가능한 최루탄의 사용을 억제하고 최대한 안전하고 평화로운 방법으로 시위진압을 하여 그 시위과정에 타인의 생명과 신체에 위해를 가하는 사태가 발생하지 아니하도록 해야 하는 데 합리적이고 상당하다고 인정되는 정도를 넘어 **지나치게 과도한 방법**으로 시위진압을 한 잘못으로 시위 참가자로 하여금 사망에 이르게 한 경우(95다 23897) 기출 ③ 농민의 시위를 진압하고 시위과정에서 도로상에 방치된 트렉터 1대에 대해 이를 도로 밖으로 옮기거나 후방에 안전표지판을 설치하는 것과 같은 **위험발생 방지조치를 취하지 않은 채 그대로 방치**하고 철수하여 버려 운전자가 방치된 트렉터에 부딪혀 상해를 입은 사안에서 국가배상책임을 인정(대판 1998.8.25. 96다 16890) 기출 ④ 검문소 근무한 경찰관이 검문소 운영요강을 지키지 않고 **바리케이트를 방치**하여 오토바이 운전자가 충돌하여 사망한 경우(91가합 43551) 기출 ⑤ 전경들이 서총련의 불법시위 해산 과정에서 전경들의 도서관 진입에 항의한 학생 등 시위무관한 사람들을 강제연행한 경우(95가합 43551) 기출 ⑥ 주최, 참가행위가 형사처벌의 대상이 되는 위법한 집회시위가 특정지역에서 개최될 것이 예상된다고 해도, 시간적, 장소적으로 근접하지 않은 다른 지역에서 집회 시위에 참가하기 위해 출발 또는 이동하는 행위를 함부로 제지하는 것은 즉시강제인 경찰관 제지의 범위를 명백히 넘어 허용될 수 없다(대판 2008.11.13, 2007도9794). 기출
국가배상 부정	① 전경들이 대학도서관에 진입하게 된 것은 불법시위 참가자들 일부가 도서관으로 도주하여 이를 추적, 체포하기 위한 것이라면 이는 현행범을 체포하는데 필요한 행위로 적법한 행위이고, **대학 도서관**이라고 하여 전경들의 도서관 진입으로 인해 정신적 충격과 학습권 침해를 이유로 한 위자료지급청구를 부인함(95가합 43551) 기출 ② 시위진압에 대항하여 **시위자들이 던진 화염병**에 의해 발생한 화재로 손해입은 주민들의 국가배상청구(94다2480) 기출

제3절 경비경찰의 조직 및 수단

1 조직운영 원칙

부대단위활동 원칙	경비경찰은 **부대단위로 활동**하고 지휘관, 직원, 대원, 장비가 필요하다. **최종결정은 지휘관만**이 할 수 있고, 명령에 따라 업무가 이루어진다. 부대활동의 성패는 지휘관에 의해 좌우된다. 기출
지휘관 단일성 원칙	• **긴급성**, **신속성**을 위해 지휘관은 한사람만 두어야 한다. • **지시**, **보고**도 한사람을 통해 이루어진다. • 의사결정과정의 단일성까지 요구하는 것이 아니라, **집행에서의 단일성**을 말한다. 기출
체계통일성 원칙	조직의 정점에서 말단에 이르기까지 책임과 임무분담이 명확한 **명령과 복종의 체계**가 통일되어야 한다.
치안협력성 원칙	업무수행과정에서 국민의 협력을 구하고 국민이 협조해 줄 때 효과적 업무수행이 가능하다(임의적 협조). ▶ 치안협력성의 원칙은 업무수행의 신속성과는 관련이 적다. 기출

2 경비경찰의 수단

실력행사의 순서는 경비수단의 원칙과 관련이 없고, **실력행사의 정해진 순서도 없으므로** 주어진 경비상황에 맞게 적절하게 행사한다. 기출

간접적 실력행사	경 고	경비부대를 전면에 배치 또는 진출시켜 **위력을 과시하거나 경고**하여 범죄실행의 의사를 자발적으로 포기하도록하는 **간접적 실력행사**이다. 「경찰관 직무집행법」 제5조에 근거를 두고 있다.
직접적	제 지	• 경비사태를 예방, 진압하기 위한 강제처분으로 세력분산, 주동자 및 주모자 격리 등을 실시하는 **직접적 실력행사**이다(**즉시강제**). • 위법행위의 태양, 피해법익의 경중, 위험의 긴박성, 상대방의 저항 등 구체적 상황을 고려해야 한다(경찰관 직무집행법 제6조).
	체 포	상대방의 신체를 구속하는 강제처분이며 직접적 실력행사이다(형소법).

3 경비 수단의 원칙 기출

균형의 원칙	**주력부대와 예비부대를 균형있게** 활용하여 한정된 경력으로 최대의 효과를 올려야 한다. 기출
위치의 원칙	**군중보다 유리한 지점과 위치**를 확보하여 작전수행과 진압을 해야 한다.
시점의 원칙	저항력이 약한 시점을 포착하여 강력하고 집중적인 실력행사를 해야 한다.
안전의 원칙	진압과정에서 경찰이나 시민의 사고가 없어야 한다.

제4절 경비경찰의 활동

1 혼잡경비 기출

1) 의 의 기출

혼잡경비는 공연, 기념행사, 각종대회, 제례 등 일시에 몰려든 미조직인파로 인해 발생하는 혼란의 사태를 예방, 경계하는 사태가 발생한 경우 신속히 조치하여 사태를 방지하는 목적으로 하는 경비활동을 말한다.

2) 실시요령

① **혼잡경비계획의 수립** : 행사성격에 따라 배치할 부대의 조직, 운영계획을 수립해야 한다.

② **부대의 편성, 배치** : 부대는 군중이 **입장하기 전**에 사전배치를 하는 것을 원칙으로 하고, 행사의 규모, 성격, 군중의 수, 성향 등을 종합적으로 판단하여 적정한 경찰력을 배치해야 한다.

③ **군중정리** : 경비요원들로 하여금 군중정리를 하고 질서가 무너지지 않도록 초기단계부터 적절히 통제를 해야 한다.

3) 군중정리의 원칙 기출

밀도의 희박화	군중이 모이면 상호충돌 및 혼잡을 야기하기 때문에 다수인이 모이는 것을 방지해야 한다(사전에 블록화하여 방지한다).
이동의 일정화	군중을 **일정한 방향으로 이동**시켜 주위상황을 파악할 수 있는 여건을 조성하고 안정감을 가지게 한다.
경쟁적 행동의 지양	다른 사람보다 먼저 가려는 심리를 억제하고 질서 있게 행동하도록 한다.
지시의 철저	계속적이고 자세한 안내방송으로 사고를 방지한다.

2 선거경비 기출

1) 의 의

후보자에 대한 신변보호와 거리유세, 투개표장 등에서 선거와 관련된 폭력, 난동, 테러 등 선거방해 요소를 사전에 예방, 경계, 제거하여 평온한 선거가 되도록 치안질서를 유지해야 한다. **혼잡경비, 특수경비, 경호경비, 다중범죄진압 등 종합적인 경비가 요구된다.** 기출

2) 후보자 신변보호

대통령 후보자	① 대통령선거 후보자는 을호경호 대상이고, 당선된 자는 갑호경호 대상이다. ② 신변보호기간은 **후보자등록시부터 당선확정시까지**이다. ③ 후보자의 요청에 따라 전담 신변경호대를 편성, 운영한다. ④ 대통령 선거의 후보자는 후보자 **등록이 끝난 때부터 개표종료시까지 사형, 무기 또는 장기 7년 이상의 징역이나 금고**에 해당하는 죄를 범한 경우를 제외하고는 현행범인이 아니면 체포 또는 구속되지 아니하고 병역소집의 유예를 받는다(공직선거법 제11조 제1항). ⑤ 신변경호를 원하지 않는 후보자는 시·도지방경찰청에서 **경호경험이 있는 자로 선발된 직원을 대기**시켜 관내 유세기간 중 근접 배치한다. 기출
지방자치단체장 및 국회의원 후보자	선거구를 관할하는 경찰서에서는 후보자가 원할 경우 전담 경호원 2~3인을 배치한다.

3) 투표소 경비

투표소는 선거관리위원회가 경비하고 경찰은 돌발상황에 대비하여 순찰 즉응태세가 필요하다. **투표소 운송경비는 선거관리위원회 직원과 합동**으로 한다.

4) 개표소 경비

제1선(**개표소 내부**)	**선거관리위원장 또는 선거관리 위원회 위원 요청시** 정복경찰 투입 기출
제2선(울타리 내곽)	**선거관리위원회와 합동**으로 출입자를 통제한다. **정문만 사용** ▶ 2선은 선관위와 합동으로 출입자를 통제하여 제2선의 출입문이 **수개인 경우** 선관위와 합동 배치하여 검문검색을 강화 (오답: 정문만 사용)
제3선(울타리 외곽)	검문조, 순찰조를 운용하여 기도자 접근을 차단한다.

3 혼잡경비

1) 의 의

자연재해(폭풍우, 지진, 홍수, 해일, 폭설, 가뭄 등) 및 인위적인 재난(폭발물 사고, 대형 구조물 붕괴 등)으로부터 국민의 생명과 재산을 보호하고 공공질서 유지를 위해 이를 예방, 경계, 진압하는 경비활동이다. 주무부서는 **소방방재청**이고, 경찰은 긴급구조 지원기관으로 인명구조 등 지원임무, 재난 현장통제 등의 임무를 수행한다.

2) 재난관리체계 기출

재난관리체계는 「자연재해대책법」, 「재난 및 안전관리기본법」, 「민방위기본법」으로 3원화되어 있다.

① 중앙재난안전대책본부(제14조)

② 중앙사고수습본부(제15조의 2)

③ 지역재난안전대책본부(제16조)

3) 현장지휘본부

현장조치가 필요한 경우 재난관리 활동의 총괄을 위해 지방경찰청장 또는 경찰서장이 피해의 규모, 범위 등을 고려하여 현장지휘본부를 설치한다. 일반 재난시는 **경찰서장**, 대규모 재난시는 **지방경찰청장**을 임명한다.

4) 기능별 임무 기출

홍 보	관련정보 자료 제공, 국민협조 요청
경 비	**현장지휘본부 설치, 경찰통제선 설치, 동원경력장비 확보,** 기출 유관기관의 합동본부 연락관 파견
교 통	**비상출동로 사전지정 및 활용** 기출, 교통통제, 교통혼잡예상지역 관리
생활안전	대피건물, 사상소지품 약탈방지, **유류품 접수 및 인계** 기출, 방범순찰
수 사	**피해자 신원확인, 사고원인 및 범죄관련수사, 목격자 증거확보**
정 보	**정보수집, 보고,** 기출 **피해자가족 등 동향파악**, 유언비어 차단
통 신	현장지휘본부 전화기, 무전기 등 통신시설 제공

5) 경찰통제선

① 통제선은 1, 2통제선으로 나뉘며 1통제선은 **소방**이 담당하고, 2통제선은 **경찰**이 담당한다. 기출

② 초기단계부터 범위는 넓게 정하고 출입구는 1개(**단일화**)로 입구에 정복경찰을 배치한다.

6) 재난상황실

① **설치목적** : 지휘체계 및 전파체계 확립, 인명구조 및 재산피해 방지, 신속한 초동조치

② **설치** : 재난이 발생하였거나, 재난이 발생할 우려가 있을 때 경비국장은 위기관리센터에 재난상황실을 설치 · 운영할 수 있다.

③ **재난관리단계**

관심단계	일부지역에서 기상특보 발령 등 재난발생징후와 관련된 현상이 나타나고 있으나 **활동수준이 낮아** 재난으로 발전할 가능성이 적은 상태
주의단계	전국적 기상특보 발령 등 재난발생 징후의 활동이 비교적 활발하여 재난으로 발전할 수 있는 **일정수준의 경향**이 나타나는 상태
경계단계	전국적 기상특보 발생 징후의 활동이 활발하여 재난으로 발전할 가능성이 농후한 상태
심각단계	재난이 발생하였거나 재난의 발생이 확실시되는 상태

제5절 중요시설경비

1 의 의 기출

국가중요시설은 공공기관, 공항, 항만, 주요 산업시설 등 적에 의하여 점령 또는 파괴되거나 기능이 마비될 경우 국가안보와 국민 생활에 심각한 영향을 주게 되는 시설로 **국방부장관이 관계행정기관의 장 및 국가정보원장과 협의**하여 지정한다.

2 분류(국가 안전에 미치는 중요도에 따른 분류방법)

가급 시설	적에 의해 점령 또는 파괴되거나 기능 마비시 **광범위한 지역**의 통합방위 작전이 요구되고 국민생활에 결정적인 영향을 미칠 수 있는 시설 예 청와대, 국회의사당, **대법원**, 정부중앙청사, 국방부, 국가정보원, **한국은행본점** 등
나급 시설	적에 의해 점령 또는 파괴되거나 기능마비시 **일부지역**의 통합방위작전 수행이 요구되고 국민생활에 중대한 영향을 미칠 수 있는 시설 예 **경찰청, 대검찰청, 국책은행** 등
다급 시설	적에 의해 점령 또는 파괴되거나 기능마비시 **제한된 지역**에서 **단기간** 통합방위작전 수행이 요구되고 국민생활에 상당한 영향을 미칠 수 있는 시설

3 중요시설의 방호

1) 방호책임자

① 평상시 시설에 대한 방호책임은 청원경찰 및 자체 경비요원을 수단으로 하는 그 시설주에 있다(지방경찰청장).

② **비상시 지도, 감독책임**

㉠ 갑종사태: 지역군사령관(계엄사령관)

㉡ 을종사태: 지역군사령관할책임지역

㉢ 병종사태: 경찰책임지역 내의 군 지도감독시설을 제외하고는 당해 시·도지방경찰청장

③ **전시**: 군이 직접 담당하는 경비시설을 제외하고는 전 중요시설에 대한 감독 책임을 진다.

2) 국가중요시설의 경비, 보안 및 방호(통합방위법 제21조)

① 국가중요시설의 소유자 또는 관리자는 경비, 보안 및 방호책임을 지며, 통합방위사태에 대비하여 자체방호계획을 수립하여야 한다. 이 경우 국가중요시설의 관리자는 자체 방호계획을 수립하여 필요한 경우 지방경찰청장 또는 지역군사령관에게 협조를 요청할 수 있다.

② 지방경찰청장 또는 지역군사령관은 통합방위사태에 대비하여 국가중요시설에 대한 방호지원계획을 수립, 시행하여야 한다. 기출

③ 국가중요시설의 평시 경비보안활동에 대한 지도, 감독은 관계행정기관의 장과 국가정보원장이 행한다. 기출

3) 제3지대 개념 방호선 기출

제1지대	시설 울타리 전방 취약지점에서 시설에 접근하기 전에 저지할 수 있는 예상 접근로상의 길목 및 감제고지를 통제하는 지대로 **불규칙적인 지역수색, 매복활동으로 적 은거 및 탐지활동 시행**
제2지대	시설내부 및 핵심시설에 침투하는 적을 결정적으로 방어하기 위한 지대로 외곽의 소총유효사거리를 고려하여 설정한다. **시설자체 경계요원, 주야간초소근무 및 순찰활동**, CCTV **등 설치**
제3지대	시설이 주 기능에 결정적인 영향을 미치는 핵심시설이 있는 지대로 침투한 적을 최종적으로 격멸하는 최후 방호선으로 **주야간 경계요원에 대한 계속적인 감시**, 통제가 될 수 있도록 경비인력 운용, 시설의 보강을 최우선 설치

제6절 다중범죄진압경비

1 의 의

다중범죄는 정치, 경제, 사회 문화적 원인 또는 특정 집단의 주의, 주장을 관철하기 위해 행하는 시위, 소용, 폭동 등의 **집단적 범죄행위**를 말한다. 다중에 의한 불법사태가 발생하거나 발생할 것에 대비하여 신속한 조치를 취해 사태를 진압하여 피해를 최소화하는 경찰활동을 말한다.

2 특 성 기출

1) 부화뇌동성

다중범죄는 군중심리로 발행하는 경우가 많으므로 작은 동기에 의해 발생하기도 하고 발생하면 부화뇌동하여 대규모로 확대될 수 있다.

2) 조직적 연계성

다중범죄는 특정한 조직에 기반을 두고 목적의식을 가지고 이루어진다. 그러므로 단체의 목적이나 활동방향을 파악하는 것이 필요하다.

3) 비이성적 단순성

시위군중은 과격하고 단순하여 법률적, 도덕적, 사회통념상 이해가 불가능하고 비이성적이어서 타협이나 설득이 어렵다.

4) 확신적 행동

주동자나 참여자가 확신을 가지고 행동하는 경우가 많아 과감하고 전투적이다.

3 진압이론 기출

선수승화법	정보활동으로 불만집단이나 불만요인을 찾아내 **사전에 불만 및 분쟁요인을 해결하는 방법** 예 언론기관의 노조단체가 임금문제로 파업을 한다는 첩보를 입수하고 임금협상을 통하여 파업을 방지하였다. 기출
전이법	집단이나 국민들의 관심을 집중시킬 수 있는 **사건을 폭로하거나 행사**를 개최하여 원래의 이슈가 약화되도록 하는 방법 기출
경쟁행위법	불만집단에 **반대하는 여론**을 부각시켜 불만집단이 위압되어 스스로 분산 해산되도록 하는 방법 기출
지연정화법	불만집단의 주장에 대해 **시간을 끌면서 정서적 안정**을 갖게 하고 이성적으로 해결하도록 유도하는 방법

4 진압원칙 기출

봉쇄, 방어	사전에 진압부대가 점령하거나 바리케이트로 봉쇄하여 방어조치를 취하는 방법으로 사전에 봉쇄하여 **충돌없이 무산**시키는 것
차단, 배제	군중이 목적지에 집결하기 전에 중간에서 차단하여 집합을 하지 못하게 하는 방법으로 불법시위 가담자를 **사전 색출, 검거 귀가**시켜 사전차단하는 것
세력 분산	시위대가 집단을 형성한 이후 진압부대가 공격하거나 가스탄을 사용하여 시위집단을 소집단으로 분할하여 세력분산시키는 방법
주동자 격리	**주모자를 사전에 검거**하여 군중과 격리하여 진압하는 방법

5 진압활동 3대 원칙 기출

신속한 해산	군중심리의 영향으로 격화되거나 확대되기 쉽고 파급성이 강해 초기단계에서 신속히 이를 해산시켜야 한다.
주모자 체포	시위군중은 주모자가 체포되면 무기력하게 해산되므로 주도적으로 행동자는 자를 분리시켜야 한다.
재집결 방지	시위군중은다시 집결하기 쉬우므로 다시 집결할 만한 곳에 경력을 배치하고 순찰과 검문검색으로 강화하여 재집결을 방지한다.

참고

집회나 시위에 관한 법률 시행령 제17조(집회 또는 시위의 자진 해산의 요청)

1. **종결선언의 요청** 기출
   주최자에게 집회 또는 시위의 종결선언을 요청하되, **주최자의 소재를 알 수 없는 경우**에는 주관자, 연락책임자 또는 질서 유지인을 통해 종결선언을 요청할 수 있다.
2. **자진해산의 요청**
   종결선언 요청에 따르지 아니하거나 종결선언에도 불구하고 집회 또는 시위의 참가자들이 집회 또는 시위를 계속하는 경우에는 자진해산을 요청한다.
3. **해산명령 및 직접해산**
   자진해산 요청에 따르지 아니하는 경우에는 세 번 이상 자진해산할 것을 명령하고, 해산명령에도 불구하고 해산하지 아니하면 **직접 해산시킬 수 있다.** 기출

제7절 경호경비

1 의 의 기출

경호경비는 정부요인, 국내외의 인사 등 가해지려는 직간접의 위해를 방지하기 위해 위험요소를 제거하고 사태 발생시 신속히 조치하여 피경호자의 안전을 확보하는 경찰활동이다.

2 법적근거

1) 「경찰관직무집행법」 제2조 제3호

2) 「대통령 등의 경호에 관한 법률」 제4조, 제15조

본인의 의사에 반하지 아니하는 경우 퇴임 후 **10년 이내 전직 대통령과 그 배우자**, 다만 대통령이 임기 **만료 전 퇴임**한 경우와 재직 중 사망한 경우 경호기간은 그로부터 **5년**으로 하고, 퇴임 후 사망한 경우의 경우의 경호 기간은 퇴임일부터 기산하여 10년을 넘지 아니하는 범위에서 사망 후 5년으로 한다.

07

3 경호의 대상 기출

국내요인	갑 호	대통령과 그 가족, 대통령 당선인과 그 가족, 10년 이내 전직 대통령과 그 배우자
	을 호	국회의장, 대법원장, 국무총리, 헌법재판소장, 전직 대통령, 대통령 선거후보자
	병 호	갑, 을호 외에 경찰청장이 필요하다고 인정한 사람
국외요인	A, B, C, D 등급	대통령, 국왕, 행정수반, 행정수반이 아닌 총리, 부통령
	E, F 등급	① 부총리, 왕족, 국외요인 A, B, C, D 등급의 배우자 단독방한 ② 전직 대통령, 전직 총리, 국제기구·국제회의 중요인사 ③ 기타 장관급 이상으로 경찰청장이 경호가 필요하다고 인정한 사람

4 경호의 4대 원칙 기출

자기 희생원칙	어떤 희생을 치르더라도 피경호자는 절대로 신변의 안전이 보호·유지되어야 한다는 원칙
자기 담당구역 책임원칙	경호원은 **자기담당 구역 내에서 일어나는 어떠한 사태에 대해서도 자신만이 책임을 지고 완벽하게 해결**해야 한다는 것으로 자기 담당구역이 아닌 타 지역 상황을 결코 책임을 질 수도 없고 인근지역에 특별한 상황이 발생하더라도 자기담당구역을 이탈해서는 안 된다.
하나의 통제된 지점을 통한 접근의 원칙	피경호자가 접근할 수 있는 통로는 **통제된 유일한 통로**만이 필요하다는 것으로 여러 개의 통로와 출입문은 적에게 접근할 수 있는 기회를 부여해 주어 취약성을 증가시키는 결과가 되고 하나의 통제된 출입문이나 통로를 통한 접근도 반드시 경호원에 의하여 확인된 후 **허가절차**를 밟아 이루어져야 한다는 원칙
목적물 보존의 원칙	• 암살기도자 또는 위해를 가할 가능성이 있는 불순분자로부터 피경호자가 격리되어야 하고 행차코스, 행차예정지 등은 비공개하여야 한다. • 동일한 시간과 장소에 대한 행차는 수시로 변경하는 것이 좋다.

5 경호 안전 대책

1) 의 의

피경호자의 신변에 대한 위해 요소를 사전에 제거하는 활동으로 단계별 사전 안전활동, 안전검측 및 안전유지, 인적 위해요소의 배제, 물적 취약요소의 배제, 지리적 취약요소의 배제, 경호 안전 대책 등이다.

2) 안전검측

위해요소를 사전에 제거하기 위해 경호장소 내외부에 대해 실시하는 **안전조사활동**으로, D-1, D-2일부터 핵심지역 또는 주요 취약지에 대하여 사전 검측을 하고 최소한의 경력을 고정배치한다.

3) 안전조치

경호행사시 피경호자에게 위해를 줄 수 있는 위험물을 안전하게 관리하는 활동

6 경호의 실시

1) 행사장 경호

① 직접경호지역

제1선 기출 **(안전구역)**	① **절대 안전** 확보 구역 ② 옥내일 경우 건물자체, 옥외일 경우 본부석 ③ 요인의 승하차장, 동선 등의 취약개소로 피경호자에게 직접적으로 위해를 가할 수 있는 거리 내의 지역을 말한다. 기출 ④ 수류탄 투척거리 또는 권총 유효사거리로 실내행사는 행사장 내부, 실외 행사는 행사장 반경 **50미터 내외** ⑤ 경호에 대한 주관 및 책임은 **경호실에서 수립, 실시**하고 경찰은 경호실 요청시 경력 및 장비를 지원 ⑥ 출입자 통제관리, MD설치운용, 비표확인 및 출입자 감시
제2선 **(경비구역)**	① **주경비지역** ② 실내행사는 건물내부, 경계책 내관, 실외행사는 소총 유효사거리 내외 ③ 경호책임은 경찰이 담당, 군부대 내일 경우에는 군이 책임 ④ 바리케이트 등 **장애물 설치**, 돌발사태 대비 **예비대 운영 및 구급차**
제3선 (경계구역)	① **조기경보지역** ② 실내행사는 **소총 유효사거리**, 실외행사는 소구경곡사화기의 유효사거리를 고려한 거리 ③ 임무는 주변 동향 파악과 **직시 고층건물 및 감제고지에 대한 안전확보**, 우발 사태에 대비책을 강구하여 피경호자에 대한 위해요소 제거 ④ 통상경찰이 책임(감시조운영, 도보 등 원거리 기동순찰조 운영, 원거리 **불심자 검문차단**)

② **간접경호지역**: 직접경호지역을 제외하고 피경호인의 안전과 경호활동에 영향을 줄 수 있는 행사장 반경 일정지역으로 집단민원, 노조, 집회, 시위활동에 대한 첩보수집 활동이 필요하다.

2) 연도경호 기출

연도경호는 주, 예비 연도에 대한 위해요소를 사전에 제거하는 활동이다. 도로의 취약성 및 군중의 집결, 교통관리로 주의를 필요로 한다.

07

제8절 대테러 경비

1 의 의 기출

테러는 **정치적, 사회적 영향력**을 증대하기 위해 조직적이고, 계획적으로 비합법적인 폭력을 사용하거나 위협하여 상징적 인물이나 심리적인 공포감을 부여하는 행위이다.

2 타 개념과 비교

1) 조직범죄 조직

조직범죄는 경제적 이익을 추구하는데 테러는 정치적, 사회적, 민족적, 종교적, 제도적, 정파적 목적이다.

2) 게릴라전

게릴라전도 정치적 목적을 달성하기 위한 행위이나 테러는 10명 내외의 소수인원이나 게릴라전은 수백, 수만 명의 무장인력을 통해 군사적 승리를 목적으로 한다.

3 테러리즘 유형

이데올로기적 테러리즘	• 특정 이데올로기를 고수, 확산, 관철시키기 위한 것 • 우익테러리즘: 인종주의, 파시스트주의, 신나치주의 • 좌익테러리즘: 혁명주의, 마르크스주의, 신마르크스주의, 무정부주의 등
민족주의적 테러리즘	**민족공동체를 기반**으로 특정 지역의 독립이나 자율을 목적으로 한 테러리즘으로 특정 이데올로기를 기반으로 한다.
국가테러리즘	국가가 영향력을 증대시키기 위해 국가가 테러의 주체가 된다.
간헐적 테러리즘	목적의 달성을 위해 일회적, 간헐적, 비조직적으로 자행되는 테러리즘

4 주요 테러조직

1) 중 동

팔레스타인 해방인민전선 (PFLP)	팔레스타인 지역에서 이스라엘인을 몰아내고 **팔레스타인 국가**를 만드는 것으로 1967년 6월 아랍이 패배한 후 **하바시**에 의해 창설
하마스 (Hamas)	이스라엘이 점령하고 있는 **가자지구**와 **웨스트 뱅크** 지역에서 활동하고 있는 팔레스타인 과격 테러리스트 단체로 이슬람전통과 혁명사상 강조 기출
헤즈볼라 (Hizballah)	이란 호메이니의 무슬림 군국주의의 영향으로 1983년 조직된 정치, 군사 조직으로 3,000여 명 규모의 **중동지역 최대 테러리스트** 조직
검은 구월단	PLO 가운데 **가장 과격한 극좌파 무장조직**으로 1972년 뮌헨 올림픽 이스라엘 선수단테러사건으로 만들어짐
알카에다	'기초'라는 의미이며 오사마 빈 라덴이 1988년 설립한 테러단체로 이집트 단체인 알 지하드를 흡수·합병해 조직을 확대한 것

2) 유 럽

바스크 독립 (ETA)	서유럽에서 **가장 오래된 테러리스트 단체** 중 하나로 스페인 정부에 무차별적 테러리즘 공격을 통해 **마르크스주의 국가**를 건설한다는 목표
서독적군파 (RAF)	1968년 조직된 **가장 악명높은 테러리스트 단체** 중 하나로 1960년대 학생들의 반전운동의 일환으로 나타남
북아일랜드 (IRA)	1921년 아일랜드 공화국이 독립하여 영국에서 벗어나 북아일랜드와 분리되자 로만 카톨릭계 북아일랜드인들의 영국에서 이주한 신교도의 정부 장악과 차별정책에 대한 반발로 시작
무장플로레타리아 (NAP)	나폴리를 주된 기반으로 1974년 시작한 단체로 대학생, 전과자 및 극좌익 단체인 'Lotta Continua(투쟁은 계속된다)'로부터 이탈하여 구성된 단체
붉은 여단	1970년 결성되어 **사회 지도층, 기업체 간부, 경찰간부, 법조인, 정치지도자 등을 주요 공격대상**으로 하는 단체

3) 아시아

적군파(JRA)	일본 공산당 연맹에서 탈퇴한 시게노부 후사코가 1960년 말에 창설하였고 1970년 일본도로 무장한 9명의 테러리스트들이 요도호를 납치하여 북한행을 요구하는 항공기 납치로 실체 확인
타밀타이거(스리랑카)	스리랑카에서 타밀족 일람독립국 창설을 목표로 한다.
NPA(필리핀)	1968년 창설된 NPA는 필리핀 공산당의 군사조직으로 노동자·농민 혁명을 통해 집권정부를 전복한다는 목적으로 테러리즘 활용

5 각국의 대테러 조직 기출

영 국 SAS	미소 냉전하에 일어나는 공산 게릴라전에 대비하기 위해 창설되었고 1960년 말부터 아일랜드 공화국군(IRA) 소탕전에 중요한 역할을 하였다. 1972년 뮌헨 올림픽 선수촌 사건 이후 특수공군부대 내에 대테러부대를 창설하였다.
미 국 SWAT	1967년에 조직되어 FBI에 소속되어 지휘를 받는 특별무기전술기동대로 테러진압을 목표로 한다. 군대조직으로는 델타포스, 레인저, 네이비 실이 있다.
독 일 GSG-9	1972년 뮌헨올림픽 당시 검은 9월단에 의한 이스라엘 선수단 테러사건을 계기로 연방경찰국인 국경경비대 산하에 GSG-9 창설
프랑스 GIGN	1973년 사우디아라비아 대사관 점거사건 직후 국가헌병부대 GIGN을 창설하였다. GIPN은 경찰의 대테러부대이다.
이스라엘 Sayaret Matkal	이스라엘 정보국산하의 Sayaret Matkal이 자국비행기에 대한 납치예방, 아랍국의 대이스라엘 테러리즘에 보복작전 임무수행

6 우리나라의 대테러 조직

1) 국가 대테러 활동

대통령 직속으로 테러대책회의(의장은 국무총리), 테러대책상임위원회, 테러대책실무회의를 두고 있다. 유형별 사건을 위해서는 테러사건대책본부를 설치, 운영한다.

2) 경찰의 대테러 활동

경찰청 **차장**이 국내 일반테러사건의 대책본부장이며 경찰청 대테러위원회, 지방경찰청 대테러위원회, 현장지휘본부 등이 있다.

3) 경찰특공대

86 아시안게임과 88 올림픽에 대비하여 창설된 KNP868**부대**는 대테러 예방 및 대응을 위해 만들어진 **특수부대로 출동에 관한 사항**은 **경찰청장**이 결정하고, 무력진압작전은 대테러 대책위원회에서 결정한다.

7 인질협상 기출

1) 리마 증후군

페루의 수도인 리마소재 일본대사관에 투팍아마르 소속 게릴라가 난입하여 대사관 직원 등을 126일 동안 인질로 잡은 사건에서 유래하였다. 시간이 흐름에 따라 인질범이 인질에게 일체감을 느끼게 되고 **인질의 입장에 동화**되는 현상이다.

2) 스톡홀름 증후군

인질사건에서 시간이 경과할수록 **인질이 인질범을 이해**하는 감정이입이 이루어짐에 따라 친근감이 생겨 경찰에 적대감을 갖는 현상으로 스웨덴 스톡홀름에서 은행강도에게 131시간 동안 인질로 잡혀있던 여인이 강도와 함께 경찰에 대항하여 싸운 사건으로부터 유래했으며, **오귀인 효과**라고도 한다.

제9절 경찰작전

1 통합방위작전 기출

1) 의 의

소규모의 간첩 및 무장공비 등이 육상, 해상, 공중 기타의 방법으로 침투하지 않고 침투한 간첩을 조기에 색출, 체포, 섬멸하는 일체의 작전

2) 근 거

「경찰법」 제3조, 「경찰관 직무집행법」 제2조, 「통합방위법 및 시행령」에 따라 일정한 지역 및 범위 내에서 대간첩 작전을 수행하도록 되어 있다.

3) 유 형

갑 종	대통령이 선포하고 조직체계를 갖춘 대규모 병력, 대량살상무기 공격의 도발로 발생한 비상사태로 **통합방위본부장 또는 지역군사령관**의 지휘, 통제하에 통합방위작전을 수행하여야 할 사태
을 종	일부 또는 여러 지역에서 적이 침투, 도발하여 단기간 내에 치안이 회복되기 어려워 **지역군사령관**의 지휘·통제하에 통합방위작전을 수행하여야 할 사태
병 종	적의 침투, 도발 위협이 예상되거나 소규모의 적이 침투하였을 때 **지방경찰청장, 지역군사령관의 통제하**에 통합방위작전을 수행하여 단기간 내에 치안이 회복될 수 있는 사태

4) 경찰작전의 수행

병종사태시 지방경찰청장이 경찰서 112 타격대, 기동대, 전투경찰대, 방범순찰대를 지휘하고, 내륙지역에서 지역 예비군을 통제하여 지역군사령부, 국가정보원과 협조하여 작전을 수행한다.

2 전시 대비 경찰작전

1) 을지연습

충무계획의 실효성을 검토하고 전쟁수행절차 숙달을 목표로 실시하는 도상연습 위주의 전국규모 전시대비 적응훈련으로 매년 1회 실시하는 방어목적의 훈련이다. **국무총리가 연습방법 및 기간을 정하여 대통령의 승인을 받으며 행정안전부가 주관**한다(총감: 국무총리). 을지 1종, 2종, 3종 사태로 구분하다.

2) 충무계획

충무 1종 사태	전쟁이 임박한 단계로 충무계획을 전면 시행하는 단계
충무 2종 사태	적의 전쟁도발 징후가 더욱 고조된 단계로 충무계획을 일부 시행하는 단계
충무 3종 사태	정치적 긴장상태가 조성되고 적의 전쟁도발 징후가 현저히 증가된 상황으로 충무계획의 시행을 준비하는 단계

3) 경찰비상업무규칙

비상상황	**대간첩, 테러, 대규모 재난 등의 긴급상황이 발생**하거나 발생할 우려가 있는 경우 다수의 경력을 동원할 치안활동을 강화할 필요가 있다. 기출
지휘선상 위치 근무	비상연락체계를 유지하며 유사시 **1시간 이내** 현장지휘 및 현장근무가 가능한 장소에 위치하는 것 기출
정위치 근무	감독순시, 현장근무 및 사무실 대기 등 관할구역 내에 위치하는 것
정착근무	사무실, 상황과 관련된 현장에 위치하는 것
필수요원	전 경찰관 및 일반, 별정, 기능직 공무원 중 경찰기관장이 지정한 자로 비상소집시 **1시간 내** 응소해야 할 자
일반요원	필수요원을 제외한 경찰관으로 비상소집시 **2시간 이내** 응소해야 할 자
가용경력	총원에서 별가, 휴가, 출장, 교육, 파견 등을 제외하고 실제 동원될 수 있는 모든 인원

3 비상근무

갑호 비상	연가를 중지하고 가용경력 **100%**까지 동원할 수 있다.
을호 비상	연가를 중지하고 가용경력 **50%**까지 동원할 수 있다. 지휘관과 참모는 정위치 근무를 원칙으로 한다.
병호 비상	부득이한 경우를 제외하고는 연가를 억제하고 가용경력 **30%**까지 동원할 수 있다. 지휘관과 참모는 정위치 근무 또는 지휘선상 위치 근무를 원칙으로 한다.
경계 강화	경력동원 없이 특정분야의 근무를 강화한다.

제10절 청원경찰

1 의 의

청원경찰은 국가기관 또는 공공단체와 관리하에 있는 중요시설, 사업장, 국내 주재 외국기관 그 밖에 행정안전부령을 정하는 중요 시설, 사업장 또는 장소에 해당하는 **기관의 장 또는 시설, 사업장 등의 경영자가 경비를 부담할 것을 조건**으로 경찰의 배치를 신청하는 경우 그 기관, 시설 또는 사업장 등의 경비를 담당하게 하기 위해 배치하는 경찰

2 직 무

청원경찰은 청원주와 배치된 기관, 시설 또는 사업장 등의 구역을 **관할하는 경찰서장의 감독을 받아** 그 경비구역만의 경비를 목적으로 필요한 범위에서 범죄예방, 진압, 경비, 요인경호 및 대간첩작전수행, 위해방지, 질서유지를 수행한다. **범죄수사는 할 수 없다.**

3 배치 및 임용

1) 배 치

청원경찰을 배치받으려는 자는 관할 **지방경찰청장**에게 배치를 신청하고 배치결정의 통지를 받은 날부터 **30일 이내에** 배치결정된 인원수의 임용예정자에 대해 청원경찰 임용승인을 지방경찰청장에게 신청하여야 한다.

2) 임 용

청원경찰은 청원주가 임용하고 임용을 할 때에는 **지방경찰청장의 승인**을 받아야 한다. **18세 이상**이고 남자인 경우에는 군복무를 마쳤거나 군복무가 면제된 사람으로 한정한다. 청원경찰을 임용하였을 때 임용한 날부터 **10일 이내**에 그 임용사항을 관할경찰서장을 거쳐 지방경찰청장에게 보고하여야 한다.

4 징 계 기출

청원주는 징계절차를 거쳐 징계처분을 하여야 한다. 징계사유는 직무상 의무위반, 직무태만, 품위손상행위가 해당한다. 징계는 **파면, 해임, 정직, 감봉 및 견책**이 해당한다.

5 무기휴대

지방경찰청장은 청원경찰이 직무를 수행하기 위해 필요하다고 인정하면 청원주의 신청을 받아 관할경찰서장으로 하여금 청원경찰에게 무기를 대여하여 지니게 할 수 있다. 무기대여시에는 청원주로부터 국가에 **기부채납된 무기에 한정**하여 관할경찰서장으로 하여금 무기를 대여하여 휴대하게 할 수 있다.

6 감 독

청원경찰은 청원주와 배치된 기관, 시설 또는 사업장 등의 구역을 관할하는 경찰서장의 감독을 받아 경찰관의 직무를 수행한다. **지방경찰청장**은 효율적 운영을 위해 청원주를 지도하며 감독상 필요한 명령을 할 수 있다. 기출

7 직권남용 금지

청원경찰이 직무 수행시 직권을 남용하여 국민에게 해를 끼친 경우 **6개월 이하의 징역이나 금고**에 처한다. 기출

8 면 직

청원경찰은 형의 선고, 징계처분 또는 신체상, 정신상의 이상으로 직무를 감당하지 못할 때를 제외하고는 그 의사에 반해서 면직되지 아니한다. 청원경찰을 면직시켰을 때는 그 사실을 **관할경찰서장을 거쳐 지방경찰청장에게 보고**하여야 한다.

Police Science

Chapter 07 경비경찰

제1절 경비경찰의 의의/기본원칙

01 다음 중 경비경찰의 특징을 설명한 것으로 옳지 않은 것은? 02 · 05. 승진

① 경비경찰의 활동결과는 국가 · 사회 전반에 직접적으로 큰 영향을 줄 수 있다.
② 경비경찰의 활동은 특정한 기한 없이 그러한 사태가 종료될 때 동시에 해당업무도 종료되는 것이 하나의 특징이다.
③ 경비활동은 부대원 각자의 재량에 따라 행동하는 경우가 많기 때문에 책임소재가 불분명한 경우가 많다.
④ 경비활동은 새로운 변화와 발전을 보장하기 위한 동태적 · 적극적인 의미의 질서유지 작용이라고도 할 수 있다.

해설

경비경찰 활동은 개인이 아닌 부대를 중심으로 이루어지는 하향적 명령에 의해 수행되는데 하향적 명령의 결과 **부대원의 재량은 적어지고** 계선의 지휘계통이 강조되며, 수명사항에 대한 책임은 지휘관이 지는 경우가 많다.

Answer 1. ③

02 경비경찰의 특징에 대한 설명으로 가장 옳지 않은 것은?

11 승진, 02. 채용

① 즉시적 활동－경비상황은 항상 긴급을 요하고 국가적으로나 사회적으로 중대한 영향을 미치므로 신속한 처리가 요구된다.

② 복합기능적 활동－경비사태가 발생한 후에 진압뿐만 아니라 특정한 사태가 발생하기 전에 경계·예방의 역할을 수행한다.

③ 현장유지적 활동－경비활동은 기본적으로 적극적·동태적 개념의 활동이 아니라 현재의 질서상태를 보존하는 소극적·정태적 활동만을 의미한다.

④ 하향적 명령에 따른 활동－경비경찰의 활동은 부대활동이며, 하향적인 명령에 의하여 움직이는 활동으로 그 결과에 대하여 지휘관의 지휘책임을 강조한다.

해설

경비경찰은 현재의 질서상태를 보존하는 것에 더 중점을 둔다(본질). 그러나 경비경찰이 추구하는 현상유지는 정태적·소극적 질서유지가 아닌, 새로운 변화와 발전을 보장하기 위한 **동태적·적극적 의미의 질서유지 작용**을 의미한다(목적). 경비경찰의 본질과 목적을 구분해야 한다.

03 다음 판례 중 국가배상책임을 인정한 사례는 모두 몇 개인가?

11. 승진

㉠ 무장공비와 격투 중에 있는 청년 가족의 요청을 받고도 경찰관이 출동하지 않아 결과적으로 그 청년이 공비에게 사살된 경우
㉡ 경찰관이 농민들의 시위를 진압하고 시위과정에 도로상 방치된 트랙터에 대하여 위험발생 방지조치를 취하지 않고 철수하여 야간에 운전자가 이를 피하려다가 트랙터에 부딪쳐 상해를 입은 경우
㉢ 전경이 불법시위 해산과정에서 대학도서관을 진입한 데 대하여 정신적 충격과 학습권 침해를 이유로 한 위자료 지급을 청구한 경우
㉣ 합리적이고도 상당하다고 인정되는 정도에 비하여 지나치게 과도한 방법으로 시위진압을 하여 사망에 이르게 한 경우

① 1개　　② 2개　　③ 3개　　④ 4개

해설

인정한 사례－㉠ ㉡ ㉣ / 부정한 사례－㉢

Answer 2. ③ 3. ③ / ㉠ ㉡ ㉣

제2절 경비경찰의 조직 및 임무

01 **경비조직운영의 원리에 대한 설명 중 틀린 것은?** 09. 채용

① 부대의 관리와 임무의 수행을 위한 최종결정은 지휘관만이 할 수 있고, 부대의 성패는 지휘관에 의해 크게 좌우된다.

② 경비조직의 모든 단위나 체계는 당해 경비조직이 추구하는 목적을 위해 일관되게 작용하여야 한다.

③ 경비조직이 아무리 완벽하게 경비활동을 수행하더라도 각종 위해요소들을 직접 인지할 수 없고, 모든 사태에 세밀히 대처할 수 없기 때문에 국민들과의 협력을 필수요소로 하여야 한다.

④ 임무를 중복으로 부여하여 최악의 경우에 대비하여야 한다.

해설

책임과 임무의 분담이 명확히 이루어지고 명령과 복종의 체계가 통일되기 위해서는 업무의 중복이 없어야 한다.

02 **경비홍보(PR)에 대한 설명으로 타당하지 않은 것은?** 05. 승진

① 유리한 경비환경의 조성을 위한 선전・광고활동이다.

② 경비홍보는 어느 정도의 강제성을 띠게 되고, 이 점에서 일반행정기관의 홍보와 차이가 나게 된다.

③ 경비홍보활동은 그 성격상 다중범죄진압의 단계별 조치사항 중 사전조치에 해당한다.

④ 성격상 치안경비홍보와 사안경비홍보로 구분된다.

해설

현장 정보・공보(홍보)・선무활동은 현장조치에 해당한다.
④ 치안경비홍보는 일상적으로 설치하고, 사안경비홍보는 특정 경비활동에 따라 실시한다.

Answer 1. ④ 2. ③

03 경비수단에 대한 설명 중 가장 옳지 않은 것은? 11. 승진

① 경비수단이란 신속한 진압, 질서유지를 목적으로 한 실력행사를 의미한다.
② '경고와 제지'는 간접적 실력행사로 「경찰관직무집행법」에 근거하고, '체포'는 직접적 실력행사로 「형사소송법」에 근거를 두고 있다.
③ 경비수단의 원칙 중 균형의 원칙은 예비대와 주력부대를 적절하게 활용하여 최대한의 성과를 거양하는 것이다.
④ 「경찰관직무집행법」에 근거한 제지는 대인적 즉시강제 수단으로 의무의 불이행을 전제로 하는 행정상 강제집행과는 구별된다.

해설

'경고'는 간접적 실력행사고, '제지와 체포'는 직접적 실력행사에 해당한다.

04 다음 중 경비수단의 종류에 대한 설명으로 틀린 것은? 02. 승진

① 경고란 간접적 실력행사로 「경찰관직무집행법」에 근거를 두고 있다.
② 제지란 직접적 실력행사로 「경찰관직무집행법」에 근거를 두고 있으며, 즉시강제에 해당하는 강제처분이다.
③ 제지는 강제처분행위이지만 무기의 사용은 허용될 수 없다.
④ 체포란 직접적 실력행사로 「형사소송법」에 근거를 두고 있으며, 명백한 위법일 때 실력을 행사하는 행위이다.

해설

제지행위는 강제처분으로서 무기나 장구의 사용이 허용될 수 있다. 장구나 무기의 사용가능성의 판단은 특정 상황이 아니라 그 **자체적 요건**에 의해서 판단해야 한다.

07

Answer 3. ② 4. ③

05 아래 사례에 대한 판단으로 타당한 것은? 04. 승진

> 경찰관 A는 몇 번이나 문서 및 구두에 의한 경고를 하였음에도 불법집회가 결행되려고 하자 해산을 촉구하기 위하여 경찰봉을 사용하여 시위 참가자를 넘어뜨리는 방법으로 해산시켰다.

① 일본에서는 경고행위에 해당된다고 판시하였다.
② 간접적 실력행사이다.
③ 소위 '행동에 의한 제지'의 적법성 문제이다.
④ 경고는 통상문서 또는 구두에 의한 것만 의미하므로 경찰봉을 경미하게 사용한 행위는 경고의 범주에 포함시킬 수 없다.

해설

일본 판례에서의 '행동에 의한 경고'란 경찰봉을 경미하게 사용하는 경우를 의미하며, 위의 경우와 같이 경찰봉을 사용하여 시위 참가자가 넘어뜨렸다면 이는 행동에 의한 경고로 볼 수가 없고, 이는 직접적 실력행사로서 **범죄를 예방 · 진압하기 위한 강제처분**인 제지의 행사라고 보아야 한다.

06 다음 경비수단의 내용 중에서 틀린 설명은 몇 개인가? 01. 승진, 06 · 07. 채용

> ㉠ 경고는 임의처분이므로 경찰비례의 원칙이 적용되지 않는다.
> ㉡ 경고는 경찰관 「직무집행법」 제5조에 근거를 두고 있으며, 경비사태를 예방 · 경계 · 진압하기 위하여 발할 수 있는 조치이다.
> ㉢ 제지는 직접적 실력행사로서 행정상 강제집행에 해당한다.
> ㉣ 제지는 경비사태를 예방 · 진압하기 위하여 세력분산, 통제 · 파괴, 주동자 및 주모자 격리 등을 실시하는 행위이다.
> ㉤ 체포는 직접적 실력행사로써 「형사소송법」에 근거를 두고, 명백한 위법일 때 실력행사를 한다.

① 1개 ② 2개 ③ 3개 ④ 4개

해설

㉠ 경찰비례의 원칙은 **강제처분 · 임의처분에 관계없이** 모든 경우에 적용된다고 보는 것이 통설이다.
㉢ 제지는 행정상 즉시강제에 해당한다.

Answer 5. ③ 6. ② / ㉠㉢

07 경비수단의 종류에 대한 설명 중 타당하지 않은 것은 몇 개인가? 08. 경간

> ㉠ 경고는 임의처분이므로 경찰비례원칙이 적용되지 않는다.
> ㉡ 실력으로 강제해산을 시키는 것은 경비수단 중 제지에 해당한다.
> ㉢ 경고는 관계자에게 주의를 주는 것으로, 관계자에는 위해를 받을 우려가 있는 자, 위해를 방지할 조치를 강구할 입장에 있는 자, 범죄를 행하려고 하고 있는 자 등이 있다.
> ㉣ 제지는 직접적 실력행사로서 행정법상 강제집행에 해당한다.
> ㉤ 제지행위는 경비사태를 예방·진압하기 위하여, 세력분산·통제파괴·주동자 및 주모자 격리 등을 실시하는 행위이다.
> ㉥ 체포는 직접적 실력행사로서 「형사소송법」에 근거를 두고 있으며 명백한 위법일 때 실력을 행사하는 행위이다.

① 1개 ② 2개 ③ 3개 ④ 4개

해설

㉠ 경찰 비례의 원칙은 강제처분이든 임의처분이든 모두에 요구된다.
㉣ 제지는 행정법상 **즉시강제**에 해당한다.

07

08 경비경찰권 발동근거와 한계에 대해 틀린 것은? 09. 경찰 1차

① 경비경찰권 행사 근거인 「헌법」 제37조 제2항에 의하면 국민의 모든 자유와 권리는 국가안전보장, 질서유지, 공공의 복리를 위하여 필요한 경우에 한하여 법령으로 제한될 수 있으나, 자유와 권리의 본질적인 내용을 침해할 수 없다.
② 경비경찰권 발동에 가장 주된 법률은 「경찰관 직무집행법」이다.
③ 경찰작용의 다양성으로 경찰법규는 재량조항이 필요하고 이 경우의 재량은 자유재량이 아니라 의무에 합당한 재량이다.
④ 판례에 의하면 농민들이 시위진압을 하는 시위과정에서 도로상에 방치된 트랙터를 위험발생방지 조치를 취하지 않고 철수하여 야간에 운전하는 운전자가 사고를 당해 상해를 입었다면 국가배상의 책임을 진다.

해설

경비경찰권 행사 근거인 「헌법」 제37조 제2항에 의하면 국민의 모든 자유와 권리는 국가안전보장, 질서유지, 공공의 복리를 위하여 필요한 경우에 한하여 법률로써 제한될 수 있다.

Answer 7. ②/㉠㉣ 8. ①

09 **경비경찰은 공공의 안녕과 질서를 파괴하는 국가비상사태, 긴급한 주요사태 등이 발생하거나 발생할 우려가 있는 경우 이러한 상황이나 범죄를 예방 · 경계 · 진압 · 검거하는 경찰활동이다. 다음 경비경찰의 수단에 관한 설명으로 가장 적절하지 않은 것은?**

11. 경찰 1차

① 경비수단의 원칙으로 위치의 원칙, 안전의 원칙, 적시의 원칙, 균형의 원칙이 있다.

② 경비수단은 간접적 실력행사인 경고와 직접적 실력행사인 제지 · 체포로 구분할 수 있다.

③ 간접적 실력행사인 경고가 반드시 직접적 실력행사인 제지 · 체포에 선행되어야 하는 것은 아니다.

④ 간접적 실력행사인 경고는 「경찰관 직무집행법」 제5조(위험발생의 방지), 직접적 실력행사인 제지 · 체포는 「경찰관 직무집행법」 제6조(범죄의 예방과 제지)에 근거한다.

해설

간접적 실력행사인 경고는 「경찰관 직무집행법」 제5조(위험발생의 방지), 직접적 실력행사인 제지는 「경찰관 직무집행법」 제6조(범죄의 예방과 제지)에 근거한다. 체포는 「형사소송법」 제 200조의 2 또는 제 200조의 3에 근거한다.

10 **경비수단의 종류에 대한 설명으로 맞는 것은?** 10. 경찰 1차

① 경고는 사실상 통지행위로 간접적 실력행사이므로 경찰비례의 원칙이 적용되지 않는다.

② 제지는 주동자 격리 등 직접적 실력행사로서 행정상 즉시강제에 해당된다.

③ 체포는 직접적 실력행사로서 「경찰관 직무집행법」이 법적 근거가 된다.

④ 경비수단을 통해 실력을 행사할 경우 반드시 경고, 제지, 체포의 단계적 절차를 거쳐 행해져야 한다.

해설

① 경고는 사실상 통지행위로 간접적 실력행사이며 경찰비례의 원칙이 적용된다.
③ 체포는 **직접적 실력행사**로서 「형사소송법」에 근거한다.
④ 경비수단을 통해 실력을 행사할 경우 반드시 경고, 제지, 체포의 순으로 해야 하는 것은 아니다. 주어진 경비상황에 맞게 적절하게 행사하면 된다.

Answer 9. ④ 10. ②

11 **경비경찰에 관한 설명으로 가장 적절하지 않은 것은?**(다툼이 있으면 판례에 의함) 11. 경찰 1차

① 「헌법」 제37조 제2항, 「경찰관 직무집행법」, 「경찰법」 모두 경비경찰권의 법적근거로 볼 수 있다.

② 경비경찰권의 발동에 관한 가장 주된 법률은 「경찰관 직무집행법」이다.

③ 대규모 시위대가 지하철로 이동하면서 하차하여 불법시위를 할 것이 명백한 경우 경찰이 지하철역에 요구하여 무정차 통과토록 조치하였다면 「경찰관 직무집행법」 제6조(범죄의 예방과 제지)에 근거한 조치로 볼 수 있다.

④ 제주공항에서 시민단체 회원들이 제주도로부터 440여km 떨어진 서울에서 열릴 옥외집회에 참석하기 위해 비행기에 탑승하려 하였으나, 경찰은 위 집회가 금지통고를 받은 불법집회라는 이유를 들어 이들의 비행기 탑승 자체를 저지하였다. 이는 「경찰관 직무집행법」 제6조(범죄의 예방과 제지)에 근거한 정당한 경찰권의 행사이다.

해설

「경찰관 직무집행법」 제6조(범죄의 예방과 제지)는 행정목적 달성상 불가피한 한도 내에서 예외적으로 허용되어야 하며, ④는 행정상 즉시강제인 제지의 범위를 넘어서는 것으로 허용될 수 없다. 따라서 공무집행방해죄의 보호대상이 되는 공무원의 적법한 직무집행에 포함될 수 없다.

12 **다음 경비수단의 종류에 대한 설명이다. 타당하지 않은 것은 몇 개인가?** 08. 경간

㉠ 경고는 임의처분으로 비례의 원칙은 적용되지 않는다.
㉡ 실력으로 강제해산시키는 것은 경비수단 중 제지에 해당한다.
㉢ 경고는 관계자에게 주의를 주는 것으로 관계자라고 하는 것은 위해를 받을 우려가 있는 자, 위해를 방지한 조치를 강구할 입장에 있는 자, 범죄를 행하려고 하고 있는 자 등이다.
㉣ 경고는 「경찰관 직무집행법」 제5조에 근거를 두고 있으며, 경비 사태를 예방, 경계, 진압하기 위하여 발할 수 있는 조치이다.
㉤ 제지는 직접적 실력행사로서 행정상 강제집행행위이다.
㉥ 제지행위는 경비사태를 예방, 진압하기 위하여 세력분산, 통제파괴, 주동자 및 주모자 격리 등을 실시하는 직접적인 실력행사이다.
㉦ 체포는 직접적 실력행사로서 「형사소송법」에 근거를 두고 있으며 명백한 위법일 때 실력을 행사하는 행위이다.

① 2개 ② 3개 ③ 4개 ④ 5개

Answer 11. ④ 12. ① / ㉠ ㉤

해설

㉠ 경고는 **임의처분**이며 임의처분의 경우라도 비례의 원칙은 적용된다.
㉤ 제지는 직접적 실력행사로서 행정상 **즉시강제수단**이다.

13 **다음 중 경비경찰과 관련된 설명으로 가장 적절하지 않은 것은?** 11. 경찰 2차

① 경호의 4대 원칙으로는 자기희생의 원칙, 자기담당구역 책임의 원칙, 다양하게 통제된 지점을 통한 접근의 원칙, 목표물 보존의 원칙을 들 수 있다.
② 진압의 기본원칙으로는 봉쇄·방어, 차단·배제, 세력분산, 주동자 격리의 원칙을 들 수 있다.
③ 행사장 안전경비에 있어 군중정리에는 밀도의 희박화, 이동의 일정화, 경쟁적 사태의 해소, 지시의 철저의 네 가지 원칙이 적용되어야 한다.
④ 경비경찰의 조직운용 원리로는 부대 단위 활동의 원칙, 지휘관 단일성의 원칙, 체계통일성의 원칙, 치안협력성의 원칙의 네 가지를 들 수 있다.

해설

경호의 4대 원칙으로는 자기희생의 원칙, 자기담당구역 책임의 원칙, 하나의 통제된 지점을 통한 접근의 원칙, 목표물 보존의 원칙을 들 수 있다.

제 3 절 경비경찰활동 일반

01 **경비경찰권 발동의 근거와 한계에 대한 다음 설명 중 틀린 것은?** 09. 채용

① 경비경찰권 행사의 근거가 될 수 있는 「헌법」 제37조 제2항에 의하면 국민의 모든 자유와 권리는 국가안전보장, 질서유지, 공공복리를 위하여 필요한 경우에 한하여 법령으로 제한할 수 있으나, 자유와 권리의 본질적인 내용을 침해할 수 없다.
② 경비경찰권의 발동에 관한 가장 주된 법률은 「경찰관 직무집행법」이다.
③ 경찰작용의 다양성으로 경찰법규는 재량조항이 필요하며 이 경우의 재량은 자유재량이 아니라 의무에 합당한 재량이다.

Answer 13. ① / 1. ①

④ 판례에 의하면 경찰관이 농민들의 시위를 진압하고 시위과정에서 도로상 방치된 트랙터에 대하여 위험발생방지조치를 취하지 않고 철수하여 야간에 운전자가 이를 피하려다가 다른 트랙터에 부딪혀 상해를 입은 경우 국가는 배상책임을 진다.

해설

국민의 모든 자유와 권리는 국가안전보장·질서유지 또는 공공복리를 위하여 필요한 경우에 한하여 **법률로써 제한**할 수 있다. 다만, 예외적으로 '법률의 수권에 의한 명령'으로도 제한이 가능하지만, 모든 명령이 아닌 제한된 명령에 한정되기 때문에 '법령'으로 제한할 수 있다는 표현은 틀린 것이다.

02 **최근 지방자치시대를 맞아 자기 지역에 이득이 되는 시설을 유치하거나 관할권을 차지하려는 현상이 심화되고 있는바, 행정구역 조정, 정수장 관리, 청사 유지 등을 위해 적극적으로 활동하는 것을 의미하는 것은?** 11. 경찰 2차

① 님비 현상
② 임피 현상
③ 바나나 현상
④ 노비즘

해설

자기 지역에 이득이 되는 시설을 유치하거나 관할권을 차지하려는 현상을 핌(임)피 현상이라 한다.

님비 현상	'내 뒷마당에는 안 된다'라는 이기주의적 사고를 의미하는 용어로서, 유해시설 설치를 기피하는 현상을 의미
핌피 현상	님비현상에 대비되는 용어로서 자기 지역에 이득이 되는 시설을 유치하거나 관할권을 차지하려는 현상을 의미
바나나 현상	'어디에든 아무것도 짓지 마라'는 식의 이기주의적 사고로서 유해시설의 설치 자체를 반대하는 현상을 의미
노비즘	철저한 개인주의에 바탕을 둔 사고로서 이웃이나 사회에 피해가 가더라도 자신에게 손해가 되지 않는 일에는 무관심한 현상을 의미
스프롤 현상	도시의 급격한 팽창에 따라 도시의 교외지역이 무질서하게 주택화하는 현상
U턴 현상	대도시에 취직한 시골출신자가 고향으로 되돌아가는 형태의 노동력 이동현상
도넛 현상	대도시의 거주지역 및 업무의 일부가 외곽지역으로 집중되고 도심에는 공공기관, 상업기관만 남아 도심이 도넛모양으로 텅 비어버리는 현상(공동화 현상)

Answer 2. ②

03 **사회적 현상에 대한 다음 설명 중 연결이 잘못된 것은?** 10. 경찰 2차

① 노비즘-이웃이나 사회에 피해가 가더라도 자신에게 손해가 되지 않는 일에는 무관심한 현상
② 님비 현상-자기 지역에 이득이 되는 시설을 유치하거나 관할권을 차지하려는 현상
③ 도넛 현상-대도시의 거주지역 및 업무의 일부가 외곽지역으로 집중되고 도심에는 공공기관·상업기관만 남아 도심이 도넛모양으로 텅 비는 현상
④ 스프롤 현상-도시의 급격한 발전에 따라 도시의 교외지역이 무질서하게 주택화로 잠식해가는 현상

해설

핌피현상-자기 지역에 이득이 되는 시설을 유치하거나 관할권을 차지하려는 현상

제 4 절 혼잡경비/선거경비

01 **행사장의 혼잡경비에 대비한 경력운용으로 가장 타당하지 않은 것은?** 08. 승진

① 치안상 문제가 없는 행사는 1차적으로 경비 CP중심으로 운영한다.
② 치안상 문제가 있는 행사는 1차적으로 정보·교통중심으로 운영한다.
③ 경찰 CP는 행사장 전체를 조망·관리할 수 있는 장소에 운용한다.
④ 경력을 단계별로 구분하여 탄력적으로 운용하고, 행사장 내부는 분·소·중대 단위로 운용한다.

해설

경비 CP는 배치된 경력을 장악하여 각종사태를 효율적으로 처리하는 것이 주요 목적이므로 치안상 문제가 없는 행사는 가급적 경력배치를 지양해야 한다.

Answer 3. ② / 1. ①

02 **군중정리의 원칙에 대한 설명 중 틀린 것은?** 04 · 10. 승진

① 밀도의 희박화－많은 사람이 모이면 충돌과 혼잡이 야기되므로 제한된 장소에 가급적 많은 사람이 모이는 것을 회피하게 한다.
② 이동의 일정화－대규모 군중이 모이는 장소는 사전에 블록화하고, 일정 방향과 속도로 이동시켜 주위의 상황을 파악할 수 있는 여건을 조성한다.
③ 경쟁적 사태의 해소－남보다 먼저 가려는 심리상태를 억제하는 것으로 차분한 목소리로 안내방송을 하는 것도 한 방법이다.
④ 지시의 철저－사태가 혼잡할 경우 계속적이고도 자세한 안내방송으로 지시를 철저히 해서 혼잡한 사태를 정리하고 사고를 미연에 방지할 수 있다.

해설

대규모 군중이 모이는 장소를 사전에 블록화하는 것은 **밀도의 희박화**와 연관된다.

03 **다음 중 대통령선거 관련 경비대책으로 틀린 내용은?** 02 · 07. 승진

① 대통령선거 후보자의 신변보호는 선거공고일부터 당선확정시까지 실시한다.
② 대통령선거 후보자의 신변보호는 유세장·숙소 등에 대하여 24시간 근접하여 실시한다.
③ 통상 선거공고일부터 선거일 전까지는 경계강화기간이다.
④ 선거일부터 개표 종료일까지는 갑호 비상이 일반적이다.

해설

대통령선거 후보자의 신변보호는 **후보자등록시부터 당선확정시**까지 실시한다.

07

Answer 2. ② 3. ①

04 다음 중 대통령선거 후보자의 선거경비대책으로 옳지 않은 것은? 03. 승진

① 대통령선거 후보자의 신변보호는 후보자 등록시부터 당선확정시까지 실시한다.

② 대통령선거 후보자의 신변보호는 유세장·숙소 등에 대하여 24시간 근접하여 실시한다.

③ 대통령선거 후보자의 신변보호는 을호 경호대상자로, 경찰의 단독 경호대상이다.

④ 대통령선거 후보자는 후보자의 등록이 끝난 때부터 개표종료시까지 사형·무기 또는 장기 5년 이상의 징역이나 금고에 해당하는 죄를 범한 경우를 제외하고는 현행범인이 아니면 체포 또는 구속되지 아니하며 병역 소집의 유예를 받는다.

해설

대통령선거의 후보자는 후보자의 등록이 끝난 때부터 개표종료시까지 **사형·무기 또는 장기 7년 이상**의 징역이나 금고에 해당하는 죄를 범한 경우를 제외하고는 현행범인이 아니면 체포 또는 구속되지 아니하며, 병역소집의 유예를 받는다.

05 개표소 경비에 대한 설명으로 틀린 것은? 02·08·10. 승진

① 제1선(개표소 내부)에는 선거관리위원회 위원장의 요청시 경찰을 투입하고, 개표소 내부의 질서가 회복되거나 선거관리위원장의 요구가 있을 때는 퇴거한다.

② 제2선(울타리 내곽)에서는 경찰 단독으로 출입자를 통제한다.

③ 제3선(울타리 외곽)에서는 검문조와 순찰조를 운용한다.

④ 개표소 내부에 대한 사전 안전검측 및 안전유지는 선거관리위원회와 협조하여 경찰에서 보안안전팀을 운영하여 실시한다.

해설

제2선(울타리 내곽)에서는 **경찰과 선거관리위원회 직원이 합동**으로 출입자를 통제한다.

Answer 4. ④ 5. ②

제 5 절 재난경비

01 다음 경비경찰의 재난경비에 대한 설명으로 틀린 것은? 02. 채용

① 자연적인 재난이든 인위적 재난이든 경비경찰이 경비활동을 실시한다.
② 국민의 생명과 재산의 보호라는 임무에 부합한다.
③ 구청 · 군부대 · 일선 행정기관 등 유관기관과 밀접한 관련이 있다.
④ 재해가 발생한 경우 경찰은 직접적 관련이 없으므로 질서유지로 족하다.

해설

경찰은 재난 발생시 지원지관으로서 인원 · 장비의 지원, 출입차량통제 등 복구지원, 주관기관 요청시 지원업무수행 등의 임무를 수행해야 한다.

02 다음 중 재난경비에 관한 설명으로 틀린 것은? 07. 채용

㉠ 경찰통제선은 주민을 보호하고 구조작업의 효율성을 높이기 위해 설치한다.
㉡ 경찰통제선은 보통 제1선과 제2선으로 구분하여 운영되는데 제1선은 경찰, 제2선은 소방이 담당한다.
㉢ 경찰통제선은 출입구는 원칙적으로 출구와 입구 두 개를 설치한다.
㉣ 현장지휘본부의 설치에 대한 판단은 지방경찰청장 또는 경찰서장이 피해의 규모 · 범위 등을 고려하여 결정하며, 경찰청장은 현장지휘본부의 설치가 필요하다고 인정되는 경우 설치를 지시할 수 있다.

① ㉠, ㉡ ② ㉡, ㉢
③ ㉢, ㉣ ④ ㉡, ㉢, ㉣

해설

㉡ **제1선을 소방, 제2선을 경찰**이 담당한다.
㉢ 경찰통제선의 출입구는 되도록 단일화하여 1개를 원칙으로 하며, 필요시 반대편에 1개를 추가할 수 있다.

Answer 1. ④ 2. ②

03 경찰의 경비활동에 대한 다음 설명 중 옳은 것은? 07. 채용

> ㉠ 경찰정보지원센터는 사고수습 활동에 지장을 주지 않도록 경찰통제선 밖에 설치하고, 사고현장 인근 공공기관·교회 등 적절한 장소를 선정한다.
> ㉡ ㉠의 경우 사고현장 인근에 적절한 장소가 없는 경우 경찰버스 등을 활용한다.
> ㉢ FTX는 도상훈련이다.
> ㉣ 행사장에 배치되는 경력은 안전을 위해 충분히 배치하여야 한다.
> ㉤ 올림픽·월드컵 등과 같은 행사에는 수익자 부담의 원칙을 적용한다.
> ㉥ 「경찰직무응원법」은 재난경비 활동의 근거가 될 수 없다.
> ㉦ 대규모 공연, 대규모 경기, 대규모 항의집회, 대규모 종교행사 중 성질이 다른 하나는 항의집회이고 구별기준은 군중의 조직화이다.

① ㉠, ㉡, ㉢ ② ㉢, ㉣, ㉤ ③ ㉡, ㉥, ㉦ ④ ㉠, ㉡, ㉦

해설

㉢ FTX는 Field Training Exercise(실제기동훈련)을 의미한다.
㉣ 혼잡경비에서 경력은 항상 적정한 경력을 배치하여 불의의 사태에 대비해야 한다.
㉤ 올림픽·월드컵 등과 같은 국가적 행사에는 수익자 부담의 원칙을 적용할 수 없다.
㉥ 「경찰직무응원법」은 재난경비 활동의 주요한 근거이다.

제 6 절 중요시설경비

01 국가중요시설에 대한 설명 중 가장 옳지 않은 것은? 11. 승진

① 국가중요시설은 국가정보원장이 국방부장관과 협의하여 지정한다.
② 국가중요시설은 국가안전에 미치는 중요도에 따라 가·나·다급으로 분류한다.
③ 국가중요시설 중 적에 의하여 파괴되거나 기능마비시 일부지역의 통합방위작전 수행이 요구되고 국민생활에 중대한 영향을 미칠 수 있는 시설은 '나'급 국가중요시설이다.
④ 지방경찰청장 또는 지역군 사령관은 통합방위사태에 대비하여 국가중요시설에 대한 방호지원계획을 수립·시행하여야 한다.

해설

국가중요시설은 **국방부장관**이 관계 **행정기관의 장** 및 **국가정보원장**과 협의하여 지정한다.

Answer 3. ④ / 1. ①

02 경비경찰의 임무 중 중요시설경비에 대한 설명으로 타당하지 않은 것은? 03. 채용

① 중요시설경비는 국가보안목표로 지정된 시설에 대한 보호이다.
② 중요시설에 대한 방호의 근거규정으로 「통합방위법」 및 동시행령이 있다.
③ 중요시설의 경비는 청원경찰과 경찰이 전담하며 군은 직접 관계가 없다.
④ 국가중요시설의 유형에는 가・나・다급이 있다.

해설

경찰은 청원경찰을 감독하고, 군은 정기 방호진단 및 방호계획으로 수립하며, 청원경찰과 특수경비원은 실제 **경비업무**를 수행하고 있다.

03 중요시설의 분류에 대한 내용으로 틀린 것은 무엇인가? 04. 채용

① 중요시설은 가・나・다급으로 나눌 수 있다.
② 가・나・다의 분류는 국가중요시설의 기능・역할의 중요성에 따른 분류이다.
③ 행정기관이냐 산업시설이냐는 분류의 중요한 기준이 된다.
④ 적에 의하여 파괴되거나 기능마비시 제한된 지역에서 단기간 통합방위작전 수행이 요구되고 국민생활에 상당한 영향을 미칠 수 있는 시설은 다급으로 분류된다.

해설

사용목적에 의한 구분인 행정시설과 산업시설은 중요도와 관련이 없고, 따라서 의미 있는 분류기준이 아니다.

04 국가중요시설경비에 대한 설명 중 틀린 것은? 09. 채용

① 국가중요시설은 '시설의 기능'・'역할의 중요성'과 '가치의 정도'에 따라 가 등급, 나 등급, 다 등급으로 구분한다.
② 가급은 적에 의하여 점령 또는 파괴되거나 기능마비시 광범위한 지역의 통합방위작전 수행이 요구되고, 국민생활에 결정적인 영향을 미칠 수 있는 시설이다.
③ 나급은 적에 의하여 점령 또는 파괴되거나 기능마비시 일부지역의 통합방위작전 수행이 요구되고, 국민생활에 중대한 영향을 미칠 수 있는 시설이다.
④ 다급은 적에 의하여 점령 또는 파괴되거나 기능마비시 제한된 지역에서 장기간 통합방위작전 수행이 요구되고, 국민생활에 상당한 영향을 미칠 수 있는 시설이다.

해설

제한된 지역에서 **단기간** 통합방위작전 수행이 요구된다.

Answer 2. ③ 3. ③ 4. ④

05 **국가중요시설의 방호물 설치 및 운용에 대한 설명으로 틀린 것은?** 02. 승진

① 탐조등과 망루는 적극적 관측수단이다.
② 초소나 순찰근무는 주방어지대에서 실시한다.
③ 매복이나 CCTV설치 등은 제3지대 중 핵심방어지대에서 실시한다.
④ 핵심방어지대는 시설의 기능에 결정적인 영향을 미치는 최후 방어선이다.

해설

매복활동은 **제1지대**인 경계지대에서 실시한다.

06 **다음은 중요시설의 3지대 개념의 방호선 중 어떤 지대에 대한 설명인가?** 06. 채용

> 시설 울타리를 연결하는 선으로 시설 내부 및 핵심시설에 대한 적의 침투를 방지하여 결정적으로 중요시설을 방호하는 선으로서, 방호시설물을 집중적으로 설치하고 고정 초소근무 및 순찰근무로써 출입자를 통제하고 무단 침입자를 감시한다.

① 경계지대 ② 주방어지대
③ 통제지대 ④ 핵심방어지대

해설

제2지대인 **주방어지대**에 대한 설명이다 .

제7절 집회 · 시위의 관리

01 **다중범죄의 징후가 있어서 국민의 관심을 집중시킬 수 있는 큰 규모의 행사를 개최하여 원래의 이슈가 상대적으로 약화되었다면, 이는 다중범죄의 정책적 치료법 중 무엇에 해당하는가?** 06. 승진

① 선수승화법 ② 전이법
③ 경쟁행위법 ④ 지연정화법

해설

다른 이슈의 제기는 **전이법**이다.

Answer 5. ③ 6. ② / 1. ②

02 다중범죄의 정책적 해결법에 대한 다음의 내용이 옳게 짝지어진 것은? 09. 채용

㉠ 지하철노조가 파업을 함에 있어 그에 반대하는 대중의 의견을 크게 부각시켜 언론에 보도함으로써 당황하여 그만두게 하였다.
㉡ 언론기관의 노조단체가 임금문제로 인해 파업을 한다는 첩보를 입수하고, 파업에 앞서 임금협상을 통하여 파업을 방지하였다.

① 경쟁행위법, 지연정화법　② 지연정화법, 전이법
③ 경쟁행위법, 선수승화법　④ 선수승화법, 전이법

해설

㉠ 불만집단과 반대되는 대중의견을 크게 부각시켜 불만집단이 위압되어 스스로 해산 또는 분산되도록 하는 방법이다.
㉡ **특정한 불만집단에 대한 정보활동을 강화하여 사전에 불만 및 분쟁요인을 찾아내어 해소시켜 주는 방법**이다.

03 다음 사례와 관련이 있는 시위진압의 기본원칙은? 03. 승진

일단의 시위대가 집단을 형성한 이후에 진압부대가 대형으로 공격하거나 가스탄을 사용하여 시위집단의 지휘통제력을 차단시키며 수개의 소집단으로 분할시켜 시위의지를 약화시킴으로써 그 세력을 분산시키는 방법이다.

① 봉쇄·방어　② 차단·배제
③ 세력분산　④ 주동자 격리

해설

진압의 기본원칙 중 '세력분산'에 대한 설명이다.

Answer 2. ③ 3. ③

04 **다중범죄 및 다중범죄의 진압에 대한 설명으로 옳은 것은?** 08. 채용

① 다중범죄의 특징은 확신적 행동성, 부화뇌동적 파급성, 비이성적 단순성, 조직성 결여 등이 있다.
② 전이법은 불만집단과 반대되는 대중의견을 크게 부각시켜 불만집단이 위압되어 스스로 해산 및 분산되도록 하는 방법이다.
③ 다중범죄 진압의 3대 원칙은 '신속한 해산', '주모자 체포', '재집결 방지'이다.
④ 군중이 목적지에 집결하기 이전에 중간에 차단하여 집합을 하지 못하게 하는 것은 봉쇄·방어이다.

해설

① 다중범죄는 특정한 조직에 기반을 두고 뚜렷한 목적의식을 가지고 감행되는 경우가 대부분이므로 **조직적** 연계성을 가진다.
② 불만집단과 반대되는 대중의견을 크게 부각시켜 불만집단이 위압되어 스스로 해산 및 분산되도록 하는 방법은 '**경쟁행위법**'이다.
④ 이는 **차단·배제**에 해당하고, 봉쇄·방어란 군중들이 중요시설 등 보호대상물의 점거를 시도할 경우 사전에 진압부대가 점령하거나 바리케이트 등으로 봉쇄하여 방어조치를 취하는 것을 의미한다.

제 8 절 경호경비

01 **경호경비의 4대 원칙에 대한 설명이 바르지 못한 것은?** 07. 경간

① 자기담당구역 책임의 원칙－경호원은 자기담당구역 내에서 일어나는 어떠한 사태에 대하여도 다른 사람 아닌 자기만이 책임을 지고 해결하여야 한다는 원칙
② 여러 개의 통제된 지점을 통한 접근의 원칙－피경호자에게 접근할 수 있는 통로는 경호상 통제된 여러 개의 통로이어야 한다는 원칙
③ 목표물 보존의 원칙－암살기도자 또는 위해를 가할 가능성 있는 불순분자로부터 피경호자(목표물)를 떼어 놓는 원칙
④ 자기희생의 원칙－경호원은 어떠한 상황과 희생을 치루더라도 피경호자의 신변을 안전하게 보호·유지하여야 한다는 원칙

해설

다른 사람이 피경호인과 접근할 수 있는 통로는 오직 하나의 통제된 통로이어야 한다는 '**하나의 통제된 지점을 통한 접근의 원칙**'이 적용된다.

Answer 4. ③ / 1. ②

02 **경호경비는 국가안위와 직결되는 것으로서 경찰에게 부여된 임무 중 가장 중요하고 최우선적인 임무이다. 다음에서 설명하는 것은 무엇인가?** 04. 승진, 04 · 06. 채용, 09. 경간

- 피경호자를 암살기도나 위해를 가할 가능성이 있는 자들로부터 분리시켜야 한다.
- 행차일시 · 장소 · 코스는 일반대중에게 알려지지 않아야 한다.
- 동일한 장소에 대한 행차는 수시로 변경하고 노출된 도보행차는 가급적 제한한다.

① 자기담당구역책임의 원칙
② 하나의 통제된 지점을 통한 접근의 원칙
③ 목표물 보존의 원칙
④ 자기희생의 원칙

해설

암살 기도자 또는 위해를 가할 가능성이 있는 불순분자로부터 피경호자(목표물)를 격리하여야 한다는 원칙인 목표물 보존의 원칙을 의미한다.

03 **다음 중 경호의 구분에 대한 설명으로 옳지 않은 것은?** 01 · 03. 승진

① 외국귀빈 중 국왕은 A · B · C · D 등급 경호대상이다.
② 국내요인 중 국회의장은 乙호 경호대상이다.
③ 경호대상 중에서 외빈 A · B · C · D 등급 경호대상자는 경찰책임 하에 경호를 실시하고, 이때에는 총기를 휴대한 근접경호 실시가 가능하다.
④ A · B · C · D 등급 외빈경호 대상으로 결정된 국빈 행사시에는 경호 1등급 연도경호 대상이다.

해설

甲호 및 외빈 A · B · C · D 등급 경호는 경호처에서 주도하며, 제1선은 경호처에서, **경찰은 제2선**(군부대 내부의 경우에는 軍이)과 3선을 담당하며, 행사장 제1 · 2선 내에서는 **경찰의 총기휴대가 금지**된다.

Answer 2. ③ 3. ③

04 경호의 대상에 대한 설명으로 잘못된 것은? 01 · 03. 승진

① 국내요인은 갑호, 을호, 병호로 구분한다.
② 외국의 귀빈은 A · B · C · D 등급과 E · F 등급으로 구분한다.
③ 모든 국내요인은 대통령경호처 책임 하에 경호를 실시한다.
④ 헌법재판소장은 국내요인 중 을호의 경호대상이다.

해설

국내요인 중 갑호 대상자는 대통령경호처의 책임 하에, 을호와 병호 대상자는 경찰 책임 하에 경호를 실시한다.

05 행사장 경호경비의 요령으로 가장 옳지 않은 것은? 11. 승진

① 제1선(안전구역－내부)은 절대안전 확보구역으로 MD설치 운용, 비표확인 및 출입자 감시가 이루어진다.
② 제1선(안전구역－내부)은 승 · 하차장, 동선 등의 취약개소로 피경호자에게 직접적으로 위해를 가할 수 있는 거리 내의 지역을 말한다.
③ 제2선(경비구역－내곽)에 대한 경호책임은 경찰이 담당하고 군부대 내일 경우에도 마찬가지이다.
④ 제3선(경계구역－외곽)은 조기경보지역으로 주변 동향파악과 직시고층건물 및 감제고지에 대한 안전을 확보한다.

해설

제2선(경비구역－내곽)에 대한 경호책임은 경찰이 담당하고, 군부대 내부에서는 군이 경호를 담당한다.

06 경호행사시 제3선인 경계구역의 임무를 가장 잘 설명한 것은? 07. 승진

① 원거리부터 불심자 및 집단사태를 적발 · 차단하고 경호상황본부에 상황전파로 제1 · 2선 내의 경력이 대처할 시간을 제공한다.
② 행사상 입장자에 대한 비표확인 및 신원 불심자에 대하여 검문을 실시한다.
③ 행사장 접근로에 검문조와 순찰조를 운영하여 불심자의 접근제지와 위해요소를 제거한다.
④ 돌발사태에 대비하여 예비대 및 비상통로, 소방차, 구급차 등을 확보한다.

해설

② '비표확인 및 출입자 감시'는 제1선의 경호요령이고, '신원 불심자에 대하여 검문'은 제3선의 경호요령이다. ③과 ④는 제2선의 경호요령에 해당한다.

Answer 4. ③ 5. ③ 6. ①

07 경찰의 경호경비에 대한 다음의 설명 중 옳은 것은 무엇인가?

10. 경간

① 경비대상 중 국내요인에 해당하는 甲호와 국외요인 중 A・B・C・D 등급은 경호처가 담당하고, 국내요인에 해당하는 乙호・丙호와 국외요인중 E・F 등급은 경찰이 담당한다.

② 경비구역은 바리케이드 등 장애물 설치, 돌발사태를 대비한 예비대 운영 및 구급차 소방차 대기, 출입자 통제관리, MD의 설치・운용을 한다.

③ 퇴임 후 7년이 경과한 전직대통령과 그 배우자는 乙호 경비대상이다.

④ 운동・공연의 관람 및 기타 취미활동 행사 등은 완전공식 경호의 대상이다.

해설

② 출입자 통제관리 및 MD의 설치・운용은 **제1선(안전구역)**에 적용된다.

③ (퇴임 후 10년이 경과한) 전직대통령은 乙호 경비의 대상이지만, 그 배우자는 乙호 경비의 대상이 아니다.

④ 개인적인 취미활동은 사전 통보나 절차 없이 이루어지는 고도의 보안을 요하는 **완전비공식** 경호의 대상이다.

08 경호경비에 관한 설명 중 맞는 것은?

07. 채용

① 경찰은 경비과에서 경호안전대책서를 작성한다.

② 대통령선거 후보자는 갑(甲)호 경호대상이다.

③ 경호와 관련하여 가장 주된 부서는 경호처이며, 경찰의 경호는 「대통령 등의 경호에 관한 법률」에 따라 경호처와 상호협력한다.

④ 대통령의 경호에는 3중경호원리가 적용되어 1선에 경찰을 배치한다.

해설

① 경호안전대책서는 **보안과**에서 작성한다.

② **을(乙)**호 경호의 대상이다.

④ 대통령의 경호에서 제1선 안전구역은 대통령**경호처**에서 담당한다.

Answer 7. ① 8. ③

09 경호경비에 관한 설명 중 틀린 것은? 10. 경간

① 행사장 경호에 있어 제3선 경계구역에서는 바리게이트 등 장애물을 설치하고 돌발사태를 대비하여 예비대를 운용한다.

② 경호의 4대 원칙 중 '목표물 보존의 원칙'이란 암살기도자 또는 위해를 가할 가능성이 있는 불순분자로부터 피경호자를 떼어놓는 원칙을 말한다.

③ 행사장 경호에 있어 제1선은 안전구역으로서 MD를 설치 운용하고 비표확인 및 출입자 감시가 이루어진다.

④ 경호의 4대 원칙 중 '하나의 통제된 지점을 통한 접근의 원칙'이란 피경호자와 접근할 수 있는 통로는 경호상 통제된 유일한 통로여야 한다는 것을 말한다.

해설

바리게이트 등 장애물을 설치하고 돌발사태를 대비하여 예비대를 운용하는 것은 **제2선 경비구역**에서의 경비요령이다.

10 경호경비에 대한 설명 중 옳은 것은 모두 몇 개인가? 11. 승진

㉠ 경호란 정부요인, 국내외 중요인사 등 피경호자의 신변에 대하여 직·간접의 위해를 사전에 제거하여 피경호자의 안전을 도모하는 활동이다.
㉡ 경호의 4대 원칙 중 '목표물 보존의 원칙'이란 암살기도자 또는 위해를 가할 가능성이 있는 불순분자로부터 피경호자를 떼어놓는 원칙을 말한다.
㉢ 행사장 경호에 있어 제1선은 경비구역으로서 MD를 설치 운용하고 비표확인 및 출입자 감시가 이루어진다.
㉣ 교통경찰관이 연도경호를 실시할 때 단계별 우회조치요령 중 제1단계로 조치할 내용은 군중 수송버스를 측방우회조치하는 것이다.
㉤ 경호는 호위와 경비를 포함한다. 호위는 생명 또는 신체를 보호하기 위하여 특정한 지역을 경계·순찰·방비하는 행위이고, 경비는 신체에 대하여 직접적으로 위해를 근접에서 방지 또는 제거하는 행위이다.

① 1개 ② 2개 ③ 3개 ④ 4개

해설

㉢ 제1선은 경비구역이 아니라 **안전구역**이다.
㉣ 단계별 우회조치 중 제1단계는 화물차, 위험물 적재차량, 대형차량을 원거리 우회조치하는 것이다.
㉤ 생명 또는 신체를 보호하기 위하여 특정한 지역을 경계·순찰·방비하는 것은 경비이고, 신체에 대하여 직접적으로 위해를 근접에서 방지 또는 제거하는 행위가 호위이다.

Answer 9. ① 10. ② / ㉠㉡

제9절 대테러경비

01 **다음 중 경찰의 일반적인 대테러 활동체계에 대한 설명으로 틀린 것은?** 07. 승진

① 국내의 모든 테러사건에 대하여 대책본부를 설치한다.
② 경찰청 대테러위원회 위원장은 경찰청 차장이다.
③ 지방청 대테러위원회 위원장은 지방청 차장이다.
④ 지원팀, 경찰특공대, 협상팀, 현장조치팀, 상황팀 등이 현장지휘본부의 구성 요소이다.

해설

경찰청은 국내의 **일반 테러사건**만을 관할하며, 테러사건 대책본부는 테러 유형에 따라 각 기관별로 설치한다(총 8개 분야).

02 **다음 중 인질사건 발생시 나타날 수 있는 현상으로 (가) 항목의 요소와 (나) 항목의 요소가 올바르게 연결된 것은?** 09. 경간, 10. 채용

(가) ㉠ 스톡홀름 증후군 ㉡ 리마 증후군
(나) ⓐ 페루 수도 소재 일본대사관에서 발생하였던 투팍아마르 혁명운동 소속 게릴라들에 의해 발생한 인질사건에서 유래되었다.
ⓑ 심리학에서는 오귀인 효과라고도 한다.
ⓒ 인질이 인질범에게 동화되는 현상으로 이는 시간이 경과할수록 인질이 인질범을 이해하는 일종의 감정이입이 이루어져 상호간에 친근감을 갖게 되면서 경찰에 적대감을 갖게 되는 현상을 말한다.
ⓓ 인질범이 인질들의 문화를 학습하거나 정신적으로 동화되어 결과적으로 공격적인 태도가 완화되는 현상을 말한다.

① ㉠-ⓐ, ⓑ
② ㉠-ⓑ, ⓓ
③ ㉡-ⓑ, ⓒ
④ ㉡-ⓐ, ⓓ

해설

ⓐ와 ⓓ는 리마 증후군, ⓑ와 ⓒ는 스톡홀름 증후군에 대한 설명이다. / ㉠-ⓑ, ⓒ / ㉡-ⓐ, ⓓ

Answer 1. ① 2. ④

03 다음은 중동의 테러조직 중 무엇에 관한 설명인가? 10. 경간

> 이슬람 수니파(派)의 원리주의를 내세우는 이슬람 테러조직으로 이스라엘의 추방 및 팔레스타인 국가건설(팔레스타인 해방)을 목표로 한다.

① 하마스
② 헤즈볼라
③ 아부니달(ANO)
④ 검은 9월단

해설

하마스는 이슬람 전통(수니파의 원리주의)과 혁명을 강조하면서 이스라엘의 추방 및 팔레스타인 국가건설을 목표로 1987년 아마드 야신(Ahmad Yasin)에 의해 설립된 정치 및 군사조직이다.

04 다음에서 설명하고 있는 대테러조직은? 11. 승진

> 1972년 뮌헨올림픽에서 검은 9월단에 의한 이스라엘 선수 테러사건 발생 후 독일의 연방국경경비대 안에 창설된 특수부대

① SAS
② GSG－9
③ SWAT
④ KNP868

해설

검은 9월단 사건으로 창설된 대테러 조직은 **영국의 SAS, 독일의 GSG－9, 프랑스의 GIPN**이 있다.

05 미국의 델타포스(Delta Forces)의 창설계기는? 05. 승진

① 독일 GSG－9의 모가디슈작전의 성공
② 제2차 세계대전의 기습 및 정보수집의 필요성
③ 1972년 뮌헨올림픽 이스라엘 선수 테러사건
④ 1973년 프랑스 주재 사우디 대사관 점거사건

해설

미국의 델타포스(Delta Force)는 1977년 **GSG－9과 SAS의 모가디슈작전** 성공에 자극받아 설립되었다.

Answer 3. ① 4. ② 5. ①

06 **경비경찰활동에 관한 설명으로 옳지 않은 것은?** 09. 승진

① 인질사건 발생시 나타날 수 있는 현상으로 리마 증후군은 인질범이 인질에게 동화되는 현상이고, 스톡홀름 증후군은 인질이 인질범에 동화되는 현상을 말한다.

② 테러는 주로 정치적인 동기에 의해 특정 이념이나 주장을 알리기 위한 목적으로 발생한다.

③ 1972년 뮌헨올림픽에서 검은 9월단에 의한 이스라엘 선수 테러사건에 대응하여 구성된 독일의 대테러 부대는 GIGN이다.

④ 다중범죄는 특정 집단의 주의・주장을 관철하기 위한 불법 집단행동이다.

해설

독일에서는 GSG－9이 만들어졌고, GIGN은 프랑스 주재 사우디 대사관 점거사건을 계기로 프랑스 군경찰 소속으로 만들어진 대테러 부대이다.

07 **대테러 업무에 대한 설명 중 틀린 것은?** 10. 승진

① 한국의 대테러부대인 KNP868은 86아세안게임과 88올림픽을 대비하여 1983년에 창설된 서울지방경찰청 직할부대이다.

② 테러는 게릴라전과 비교할 때 비교적 대규모로 나타난다.

③ 해상(sea), 항공(air), 육상(land)의 영문 머리글자를 따서 지어진 SEAL은 미 해군의 특수부대이다.

④ 2001년 9월 11일 미국 테러사건과 가장 연관이 깊은 것으로 의심받는 단체는 알 지하드(Al－Jihad), 알 카에다(al－Qaida)이다.

해설

게릴라 조직은 **대규모 조직**으로 지역주민의 지원을 받으며 활동하지만, 테러조직은 주로 소수 인원이 독자적으로 행동하는 특징이 있다.

07

Answer 6. ③ 7. ②

08 대테러 업무에 대한 설명 중 틀린 것은? 10. 승진

① 테러리즘이란 일반적으로 정치적 또는 사회적 영향력을 증대하기 위하여 조직적이고 계획적으로 비합법적 폭력을 사용하거나 위협하여 상징적인 인물이나 불특정 다수인에게 심리적인 공포를 부여하는 행위를 말한다.
② 한국의 대테러 부대인 KNP868은 테러 예방 및 대응을 위해 1983년 창설된 경찰특수부대로 현재 서울지방경찰청 직할부대이다.
③ 리마 증후군이란 인질사건 발생 시 시간이 경과할수록 인질이 인질범을 이해하는 일종의 감정이입이 이루어져 상호간에 친근감이 생기면서 경찰에 적대감을 갖게 되는 현상으로 심리학에서는 오귀인 효과라고 한다.
④ 하마스는 이슬람 전통과 혁명을 강조하면서 이스라엘을 추방한 후 팔레스타인 국가건설을 목표로 1987년 아마드 야신에 의해 설립된 정치 및 군사조직으로 현재 가자지구와 웨스트 뱅크지역에서 활동하고 있다.

해설

스톡홀름 증후군에 대한 설명이다.

09 다음 내용에 해당하는 증후군은? 09. 경간, 10. 채용

> 시간이 흐를수록 인질이 인질범에게 정신적으로 동화되는 증세로 인질범의 입장을 이해하여 호의를 베푸는 등 인질이 인질범에게 동화되는 현상을 말한다.

① 므두셀라 증후군
② 리마 증후군
③ 오귀인 효과
④ 피터팬 증후군

해설

스톡홀름 증후군(오귀인 효과)에 대한 내용이다.

Answer 8. ③ 9. ③

10 경찰비상 근무요령에 관한 설명 중 틀린 것은? 09. 경찰 1차

① 甲호 비상－지휘관과 참모는 정착 근무를 원칙으로 한다.

② 乙호 비상－지휘관과 참모는 정위치 근무를 원칙으로 한다.

③ 丙호 비상－지휘관과 참모는 정위치 근무를 원칙으로 하며, 가용경력 50%까지 동원할 수 있다.

④ 경계 강화－경찰작전부대는 상황 발생시 즉각 출동할 수 있도록 출동대기태세를 유지한다.

해설

丙호 비상－지휘관과 참모는 정위치 또는 지휘선상 위치 근무를 원칙으로 하며, 가용경력 30%까지 동원할 수 있다.

발령권자			① 전국 또는 2개 이상 지방경찰청 관할지역: 경찰청장 ② 지방경찰청 또는 2개 이상 경찰서 관할지역: 지방경찰청장 ③ 단일 경찰서 관할지역: 경찰서장
비상근무	근무요령	갑호 비상	① 연가를 중지하고 가용경력 100%까지 동원할 수 있다. ② 지휘관(지구대장, 파출소장은 지휘관에 준한다.)과 참모는 정착근무를 원칙으로 한다.
		을호 비상	① 연가를 중지하고 가용경력 50%까지 동원할 수 있다. ② 지휘관과 참모는 정위치 근무를 원칙으로 한다.
		병호 비상	① 부득이한 경우를 제외하고는 연가를 억제하고 가용경력 30%까지 동원할 수 있다. ② 지휘관과 참모는 정위치 근무 또는 지휘선상 위치 근무를 원칙으로 한다.
		경계 강화	① '병호 비상'보다는 낮은 단계로, 별도의 경력동원 없이 특정 분야의 근무를 강화한다. ② 전 경찰관은 비상연락체계를 유지하고 경찰작전부대는 상황 발생시 즉각 출동이 가능하도록 출동대기태세를 유지한다. ③ 지휘관과 참모는 지휘선상 위치 근무를 원칙으로 한다.
	주의사항		비상근무기간 중에는 비상근무 발령자의 지시 또는 승인 없이 연습상황을 부여하여서는 아니 되나, 경계강화의 경우에는 그러하지 아니한다.
비상소집			① 비상소집명령을 전달받은 자와 이를 알게 된 경찰관은 소집 장소로 응소하되, 필수요원은 1시간 이내에 일반 요원은 2시간 이내에 응소함을 원칙으로 한다. ② 다만, 교통수단이 두절되거나 없을 때에는 가까운 경찰서에 응소 후 지시를 따른다.
용어정리			① "지휘선상 위치 근무"라 함은 비상연락체계를 유지하며 유사시 1시간 이내에 현장지휘 및 현장근무가 가능한 장소에 위치하는 것을 말한다. ② "정위치 근무"라 함은 감독순시 · 현장근무 및 사무실 대기 등 관할구역 내에 위치하는 것을 말한다. ③ "정착근무"라 함은 사무실 또는 상황과 관련된 현장에 위치하는 것을 말한다.

Answer 10. ③

제 10 절 경찰작전 기타

01 **북한이 연평도를 포격한 사건 등과 관련, 우리 경찰도 이에 사전대비해야 할 필요성이 있다고 보는 바, 이와 관련하여 매년 실시하는 을지연습에 대한 설명 중 가장 옳지 않은 것은?**

11. 승진

① 매년 연습당일 H시를 기하여 국가기관 전 공무원 비상소집과 동시에 을지연습이 개시되고 군사상황과 연계시켜서 을지 3종 및 을지 2종 사태와 국가동원령이 선포된다.

② 전시에 대비하여 경찰은 크게 민간인의 이동계획, 군 보급로의 확보, 비상충원 계획실시 등의 임무를 수행하게 된다.

③ 을지연습은 행정안전부장관이 연습방법 및 기간 등을 정하여 대통령의 승인을 받는다.

④ 전시대비 업무수행절차의 숙달을 목표로 하는 방어목적의 훈련이다.

해설

을지연습은 **국무총리**가 연습방법 및 기간 등을 정하여 대통령의 승인을 받아 '행정안전부'가 주관한다.

02 **다음의 경우 선포할 수 있는 통합방위사태로 가장 옳은 것은?** 10 · 11. 승진

일부 또는 여러지역에서 적의 침투 및 도발로 인하여 단기간 내에 치안회복이 어려워 지역군사령관의 지휘 · 통제 하에 통합방위작전을 수행하여야 할 사태

① 통합방위 갑종사태　　② 통합방위 을종사태
③ 통합방위 병종사태　　④ 통합방위 정종사태

해설

Key ⇨ 일부 또는 여러지역

Answer 1. ③ 2. ②

03 통합방위 갑종사태의 선포권자는 누구인가? 08. 승진

① 대통령 ② 국방부장관
③ 지방경찰청장 ④ 시·도지사

해설

통합방위 갑종사태는 대통령이, 을종·병종사태는 시·도지사가 선포한다.

04 「경찰비상업무규칙」에 대한 설명으로 가장 옳지 않은 것은? 11. 승진

① 同 규칙은 비상근무, 비상소집, 비상연락체계의 유지, 지휘본부의 운영 등을 규정하고 있다.
② 비상근무는 상황의 유형에 따라 경비·작전비상, 정보비상, 수사비상, 교통비상으로 구분하여 발령한다.
③ 기능별 상황의 긴급성 및 중요도에 따라 갑호·을호·병호비상 및 경계강화로 구분하여 실시한다.
④ 비상상황에서 경찰지휘본부는 현장 인근에 설치함을 원칙으로 하되, 각종 상황의 효율적인 관리를 위해 치안상황실에 지휘본부를 설치할 수 있다.

해설

경찰지휘본부는 당해 지휘본부장이 필요하다고 인정할 때에 설치하며 경찰청 및 지방경찰청은 치안상황실에 설치함을 원칙으로 한다. 다만, 각종상황발생시 상황의 효율적인 관리를 위해 필요한 경우 현장 인근에 현장지휘본부를 설치할 수 있다.

07

Answer 3. ① 4. ④

제11절 외국의 경비경찰

01 **일본경찰의 경호활동 업무에 대한 설명으로 옳지 않은 것은?** 03. 승진

① 일반경호원은 행선지경호원과 연도경호원으로 구분한다.
② 요인의 최측권에는 신변경호원(SP)이라 불리는 경찰관이 배치된다.
③ 경호활동을 경호와 경위로 구분하고 있는데, 경위는 정부요인이나 외국요인에 대한 신변보호로서 경찰청에서 담당하고 있다.
④ 현재의 요인 경호업무에는 경찰청이나 전국 도(道)・부(府)・현(縣) 경찰이 맡고 있다.

해설

경위(警衛)는 일왕 등 왕족에 대한 보호활동으로서 황궁경찰본부가 전담하고 있다.

02 **각국의 경비경찰에 대한 설명으로 옳지 않은 것은?** 02. 승진

① 영국 내무부에서는 전체 경찰의 업무를 조정・협력하고 있는데, 경비업무를 조정・협력하는 기구는 공공질서과이다.
② 미국은 우리의 경찰청 경비국과 같이 독립적으로 경비업무를 수행하는 총괄부서가 없다.
③ 미국 헌법상 치안유지의 최종책임은 연방정부에 있다.
④ 프랑스에서의 경비관련 업무는 경비국(DCSP)에서 담당하고 있다.

해설

헌법상 치안유지의 최종적인 책임은 **주정부**에게 있다.

Answer 1. ③ 2. ③

03 다음 각국의 경비경찰에 관한 설명으로 틀린 것은? 03. 채용

① 미국은 독립적으로 경비업무를 담당하는 총괄부서가 없다.
② 독일은 시위진압 업무를 주경찰기동대가 담당한다.
③ 프랑스는 경비 전담부서의 역할을 수행하는 국가경찰기동대가 있다.
④ 일본에서 일왕과 왕족에 대한 보호활동을 경호라 한다.

해설

일본에서 일왕과 왕족에 대한 보호활동은 **경위**라고 한다.

제12절 인위적 · 자연적 혼잡활동

01 삼풍백화점 붕괴사고와 같은 대형구조물 붕괴사고 시 경찰의 각 기능별 현장활동의 내용으로 가장 옳지 않은 것은? 11. 경간

① 정보기능에서는 재난과 관련된 정보를 수집 · 보고하고 수집된 정보를 언론에 사실대로 제공한다.
② 경비기능에서는 폴리스라인을 설치하고 현장 질서를 유지한다.
③ 생활안전기능에서는 유류품을 접수하여 가족에게 전달하고 구조물 내 고가품 도난을 방지한다.
④ 수사기능에서는 사상자의 신원을 확인하고, 사고에 편승한 절도범 등을 검거한다.

해설

공보기능에서는 재난과 관련된 정보를 수집 · 보고하고 수집된 정보를 언론에 사실대로 제공한다.

Answer 3. ④ / 1. ①

02 **대형백화점이 붕괴되어 현장지휘본부가 설치되자 관할경찰서장 甲은 각 기능별 임무에 대하여 지시하고 있다. 甲의 지시 중 가장 옳지 않은 것은?** 11. 경감 승진

① 생활안전기능에서는 유류품의 접수 및 인계, 사상자 소지품의 약탈방지 등의 임무를 수행하도록 지시하였다.

② 경비기능에서는 동원경력・장비의 확보, 비상소집, 비상출동로의 사전지정 및 관리를 수행하도록 지시하였다.

③ 수사기능에서는 피해자의 신원확인, 사고원인 및 범죄관련 여부의 수사 등을 수행하도록 지시하였다.

④ 정보기능에서는 피해자 가족의 동향 파악 등을 수행하도록 지시하였다.

해설

비상출동로의 사전지정 및 관리는 **교통기능**에서 수행한다.

03 **행사안전경비대책을 설명한 것으로 가장 적절하지 못한 것은?** 04. 경찰 2차

① 수익성 행사의 경우 경찰은 우발사태대비 개념으로 운용한다.

② 경찰상황본부(경찰CP)는 행사장 전체를 조망・관리할 수 있는 장소에 설치한다.

③ 관중석에 배치되는 예비대는 통로주변에 배치하여 긴급투입이 가능하도록 하여야 한다.

④ 행사장에 배치되는 경력은 안전을 위해 충분히 배치하여야 한다.

해설

행사안전경비시에는 균형 있는 경력운영으로 상황에 따라 주력부대와 예비대를 활용하여 한정된 경력으로 최대의 성과를 올려야 한다.

Answer 2. ② 3. ④

04 다음 재해경비에 관한 설명이다. 틀린 것은? 07. 경찰 1차

㉠ 경찰통제선은 주민을 보호하고 구조작업의 효율성을 높이기 위해 설치한다.
㉡ 경찰통제선은 보통 제1통제선과 제2통제선으로 구분하여 운영되는데 제1통제선은 경찰, 제2통제선은 소방이 담당한다.
㉢ 경찰통제선의 출입구는 원칙적으로 출구와 입구 두 개를 설치한다.
㉣ 현장 지휘본부 설치에 대한 판단은 지방경찰청장 또는 경찰서장이 피해의 규모, 범위 등을 고려하여 결정하며, 경찰청장은 현장지휘본부 설치가 필요하다고 인정되는 경우 소속 지휘관에게 지시할 수 있다.

① ㉠, ㉡
② ㉡, ㉢
③ ㉢, ㉣
④ ㉡, ㉢, ㉣

해설

㉡ 경찰통제선은 보통 1통제선과 2통제선으로 구분하여 운영되는데 **제1통제선은 소방, 제2통제선은 경찰**이 담당한다. ㉢ 경찰통제선의 출입구는 1개를 원칙으로 한다. 필요하면 반대편에 1개를 추가할 수 있다.

07

05 재난현장에 설치하는 경찰통제선에 대한 설명으로 틀린 것은? 08. 경간

① 위험으로부터 주민을 보호하고 구조 등 작업에 장애를 주는 요소를 제거하여 차량, 장비의 효과적인 투입을 지원하기 위해 설치한다.
② 설치범위는 구조 및 복구 작업에 지장이 없도록 초기단계에는 좁게 설정하고 상황의 진전에 따라 축소 또는 확대하도록 한다.
③ 출입구 통제구역 안으로 들어가는 입구 1개를 원칙으로 하되 필요시 반대편에 1개를 추가할 수 있다.
④ 통제구역 안으로는 구조활동에 직접 참가하는 인원·장비 이외에는 출입을 통제한다. 다만, 출입이 필요하다고 인정되는 자는 적당한 표시를 하여 출입을 허용한다.

해설

설치범위는 구조 및 복구 작업에 지장이 없도록 초기단계에는 넓게 설정하고 상황의 진전에 따라 축소 또는 확대하도록 한다.

Answer 4. ② 5. ②

제 13 절 청원경찰법, 군중심리학

01 「청원경찰법」 및 동법 시행령에 관한 사항 중 옳지 않은 것은? 09. 경위승진

① 지방경찰청장은 청원경찰이 직무수행을 위하여 필요하다고 인정할 때는 청원주의 신청에 의하여 관할서장으로 하여금 무기를 대여하여 휴대하게 할 수 있다.
② 청원경찰의 직무감독자는 청원주와 경찰서장이다.
③ 청원경찰에 대한 징계는 파면, 정직, 감봉이다.
④ 청원경찰은 경비구역 내에서 「경찰관 직무집행법」에 의하여 직무를 수행한다.

해설

청원경찰에 대한 징계는 **파면, 해임, 정직, 감봉, 견책**이다(2010년 7월 1일 적용).

02 다음 청원경찰에 대한 설명으로 잘못된 것은? 08. 경찰 2차

㉠ 불심검문, 예방과 제지, 수사활동과 같이 「경찰관 직무집행법」에 의한 직무를 수행한다.
㉡ 청원경찰의 임용권한은 청원주, 승인권자는 지방경찰청장이다.
㉢ 청원경찰의 징계 종류로는 파면, 정직, 견책이 있다.
㉣ 임용자격은 18세 이상 50세 미만으로 뽑는다(군복무를 필하였거나 면제된 자에 한함).

① ㉠, ㉡　　② ㉡, ㉢
③ ㉠, ㉢　　④ ㉡, ㉣

해설

㉠ 청원경찰은 「경찰관 직무집행법」에 의한 직무를 수행하되 **수사활동은 할 수 없다.** ㉢ 「청원경찰법」은 제5조의 2(청원경찰의 징계): 청원경찰에 대한 징계의 종류는 **파면, 해임, 정직, 감봉, 견책이다.**

Answer 1. ③ 2. ③

박선영 경찰학

Police Science

CHAPTER

교통경찰

Chapter 08 Police Science

교통경찰

제1절 교통경찰 일반론

1 교통의 의의

(1) 의 의

교통은 사람, 화물의 **공간적 장소의 변화 또는 장소적 이동**을 의미한다. 지역의 범위를 확대시키고, 지역에 통일성을 부여한다. 또한 체계적 교통기관에 의한 이동이다.

(2) 교통의 4E 원칙

1) 개 념

교통의 안전과 원활을 도모하는 필수적인 4가지 원칙으로 교통경찰의 운용에 기본이 되고 교통경찰의 행동지침이 된다.

2) 종 류

Education (교통교육)	교통안전에 관한 훈련, 홍보, 계몽을 통해 안전의식을 높이고 실천하도록 하는 활동
Engineering 기출 (교통공학)	교통에 공학적 개념을 적용한 것으로 도로환경 정비, 안전시설, 차량과 같은 물리적 요소로 교통사고 방지, 교통체증 해소에 기여하는 활동
Enforcement (교통단속)	교통규제, 면허제도, 교통지도 단속 등 교통법규를 준수하지 않은 자에 대한 단속으로 도로교통의 질서를 유지하는 것
Environment (교통환경)	교통과 관련된 사물의 실태로 불량한 환경을 개선함으로써 교통안전을 실현하고자 하는 것

2 교통경찰의 의의

(1) 개 념

교통경찰은 교통에서 발생하는 위해를 방지하고, 제거하여 교통의 안전과 원활한 소통을 도모함을 목적으로 하는 경찰활동이다.

(2) 특 징

모든 계층의 사람이 교통경찰의 대상이 되며, 기술적 분야에 속하고 행정적인 분야에 속한다. 교통환경은 변화하고, 경찰활동의 평가의 창구가 된다.

제2절 교통경찰 활동

1 교통규제

(1) 의 의

도로의 위험을 방지하고 안전과 원활을 도모하여 도로교통으로 인한 장해를 방지하기 위해 신호기나 안전표지를 설치하는 등 도로에서 통행규칙을 설정하는 활동이다.

(2) 교통안전시설

1) 신호기

① 신호기란 도로교통에서 문자·기호 또는 등화(燈火)를 사용하여 진행·정지·방향전환· 주의 등의 신호를 표시하기 위하여 사람이나 전기의 힘으로 조작하는 장치를 말한다.

② 특별시장·광역시장·제주특별자치도지사 또는 시장·군수는 도로에서의 위험을 방지하고 교통의 안전과 원활한 소통을 확보하기 위하여 필요하다고 인정하는 경우에는 신호기 및 안전표지를 설치·관리하여야 한다. 다만, 유료도로에서는 시장등의 지시에 따라 그 도로관리자가 교통안전시설을 설치·관리하여야 한다.

2) 신호, 지시를 따를 의무

① 도로를 통행하는 보행자와 차마의 운전자는 교통안전시설이 표시하는 신호 또는 지시와 다음 각 호의 어느 하나에 해당하는 사람이 하는 신호 또는 지시를 따라야 한다.

㉠ 교통정리를 하는 **국가경찰공무원** 및 제주특별자치도의 **자치경찰공무원**

㉡ 국가경찰공무원 및 자치경찰공무원을 보조하는 사람으로서 대통령령으로 정하는 사람

② 도로를 통행하는 보행자와 모든 차마의 운전자는 교통안전시설이 표시하는 신호 또는 지시와 교통정리를 하는 국가경찰공무원·자치경찰공무원 또는 경찰보조자의 신호 또는 지시가 서로 다른 경우에는 **경찰공무원 등의 신호 또는 지시에 따라야 한다.**

3) 교통안전표지 기출

의 의	교통안전에 필요한 주의, 규제, 지시 등을 표지판이나 도로의 바닥에 표시하는 기호, 문자 또는 선 등을 의미
주의표지	도로상태가 위험하거나 도로 또는 그 부근에 위험물이 있는 경우에 필요한 안전조치를 할 수 있도록 이를 도로사용자에게 알리는 표지
규제표지	도로교통의 안전을 위하여 각종 제한·금지 등의 규제를 하는 경우에 이를 도로사용자에게 알리는 표지
지시표지	도로의 통행방법·통행구분 등 도로교통의 안전을 위하여 필요한 지시를 하는 경우에 도로사용자가 이에 따르도록 알리는 표지
보조표지	주의표지·규제표지 또는 지시표지의 주기능을 보충하여 도로사용자에게 알리는 표지
노면표시	도로교통의 안전을 위하여 각종 주의·규제·지시 등의 내용을 노면에 기호·문자 또는 선으로 도로사용자에게 알리는 표지

4) 횡단보도 설치기준

① **설치권자** : **지방경찰청장**은 보행자의 안전기준에 따라 설치한다.

② **설치기준**

㉠ 횡단보도에는 횡단보도표시와 횡단보도표지판을 설치한다.

㉡ 횡단보도를 설치하고자 하는 장소에 횡단보행자용 신호기가 설치되어 있는 경우에는 횡단보도표시를 설치할 것

ⓒ 횡단보도를 설치하고자 하는 도로의 표면이 포장이 되지 아니하여 횡단보도 표시를 할 수 없는 때에는 횡단보도표지판을 설치할 것. 이 경우 그 **횡단보도표지판**에 횡단보도의 너비를 표시하는 보조표지를 설치하여야 한다.

ⓔ 횡단보도는 육교·지하도 및 다른 횡단보도로부터 **200미터 이내**에는 설치하지 아니할 것. 다만, 어린이 보호구역, 노인 보호구역 또는 장애인 보호구역으로 지정된 구간인 경우 또는 보행자의 안전이나 통행을 위하여 특히 필요하다고 인정되는 경우에는 그러하지 아니하다.

5) 어린이, 노인 및 장애인 보호구역

① **어린이 보호구역** 기출: **시장등**은 교통사고의 위험으로부터 어린이를 보호하기 위하여 필요하다고 인정하는 경우에는 다음 각 호의 어느 하나에 해당하는 시설의 주변도로 가운데 일정 구간(출입문 반경 **300미터 이내** 단 효과성 검토 후 **500미터 이내**도 설치가능)을 어린이 보호구역으로 지정하여 자동차 등의 통행속도를 시속 **30킬로**미터 이내로 제한할 수 있다.

② **노인 및 장애인 보호구역**: 시장등은 교통사고의 위험으로부터 노인 또는 장애인을 보호하기 위하여 필요하다고 인정하는 경우에는 시설의 주변도로 가운데 일정 구간을 노인 보호구역으로, 시설의 주변도로 가운데 일정 구간을 장애인 보호구역으로 각각 지정하여 차마의 통행을 제한하거나 금지하는 등 필요한 조치를 할 수 있다.

③ **보호구역에서의 필요조치**

㉠ 자동차의 통행을 금지하거나 제한하는 것

㉡ 자동차의 정차나 주차를 금지하는 것

ⓒ 이면도로를 일방통행으로 지정, 운행하는 것

ⓔ 운행속도를 매시 30킬로미터 이내로 제한하는 것

④ **보호구역 내의 가중처벌**(오전 8시부터 오후 8시까지) 기출

㉠ 범칙금, 과태로, 벌점 가중처벌

㉡ **벌금 2배가중처벌- 신호, 지시위반, 속도위반, 보행자보호의무불이행**

ⓒ 20km/h 이내 속도위반- 일반도로는 벌점부과 안 됨, 어린이 보호구역 벌점 15점

ⓔ 신호위반: 승용(범칙금 12만원, 벌점 30점), 승합(범칙금 13만원, 벌점 30점)

08

2 교통지도단속

(1) 의 의

도로의 위험을 방지하고 교통의 안전과 원활을 도모하기 위해 교통위반자의 감시, 예방, 경고, 주의, 검거하는 경찰활동이다.

(2) 단속대상

「교통사고처리법」상의 11항(신호위반, 중앙선침범, 과속, 앞지르기위반, 금지위반, 건널목 통과방법위반, 횡단보도 보행자보호의무위반, 무면허, 음주운전, 보도침범, 승객추락방지 의무위반, 어린이보호구역안전운전의무위반)을 주요 단속대상이라고 한다.

(3) 음주운전단속

1) 구성요건

주취상태	혈중알코올농도 0.05% **이상**을 말하고, 만취상태는 0.1% **이상**을 의미한다.
자동차등	자동차등은 자동차와 원동기장치자전거를 포함하고 배기량과 관계없으며 건설기계는 단속대상이나, **경운기, 트렉터 운전의 경우 주취운전에 해당하지 않는다**.
도로에서 운전	도로 이외의 곳에서 운전도 단속대상이다. **대학교정이나 역구내**에서 술에 취한 상태에서 운전하는 것도 단속대상이다.

2) 처 벌 기출

① 음주운전 **2회 이상** 위반한 사람으로 다시 술에 취한 상태에서 자동차등을 운전한 사람(1년 이상 3년 이하의 징역이나 500만원 이상 천만원 이하의 벌금)

② 혈중알코올농도가 **0.2% 이상**(1년 이상 3년 이하의 징역이나 500만원 이상 천만원 이하의 벌금)

③ 혈중알코올농도가 **0.1% 이상 0.2% 미만**(6개월 이상 1년 이하의 징역이나 300만원 이상 500만원 이하의 벌금)

④ 혈중알코올농도가 **0.05% 이상 0.1% 미만**(6개월 이하의 징역이나 300만원 이하의 벌금)

3) 주취운전 판례 기출

① 음주운전에서 운전직후에 운전자의 혈액이나 호흡 등 표본을 검사하여 혈중 알코올 농도를 측정할 수 있는 경우가 아니라면 위드마크 공식을 사용하여 수학적 방법에 따른 결과로 운전 당시 혈중 알코올 농도를 측정할 수 있고 이때 위드마크 공식에 의한 역추적 방식을 이용하여 특정 운전시점으로부터 일정한 시간이 지난 후 측정한 혈중 알코올 농도를 기초로 시간당 혈중 알코올 분해 소멸에 따른 감소치에 따라 계산된 운전시점 이후의 혈중 알코올 분해량을 가산하여 운전시점의 혈중 알코올 농도를 추정하는 데는 피검사의 평소 음주정도, 체질, 음주속도, 음주후 신체활동 등 다양한 요소가 감소치에 영향을 미칠 수 있다. 하지만 **시간당 0.008%는 피고인에게 가장 유리한 수치**이므로 특정한 사정이 없는 한 이 수치를 적용하여 산출된 결과는 운전당시 혈중 알코올 농도를 증명하는 증명력 있는 자료로 활용된다(대판 2005.2.25. 2004도 8387). 기출

② 특별한 이유없이 호흡측정기에 의한 불응하는 운전자에게 경찰공무원이 **혈액채취에 의한 측정방법이 있음을 고지하고 선택여부를 물어야할 의무는 없다**(대판 2002.10.25. 2002도 4220). 기출

③ 호흡측정기에 의한 음주측정을 요구하기 전에 사용되는 음주감지기 시험에서 음주반응이 나왔다고 할지라도 현재 사용되는 음주감지기가 혈중 알코올 농도 0.02%인 상태에서 반응하게 되어있는 점을 감안하더라도 그것만으로 **바로 혈중 알코올 농도 0.05% 이상의 음주상태에 있었다고 간주할 수 없다**(대판 2003.1.24, 2002도 6632). 기출

④ 물로 입을 헹굴 기회를 달라는 피고인의 요구를 무시한 채 호흡측정기로 측정한 혈중알코올 농도 수치가 0.05%로 나타난 사항에서 피고인이 당시 **혈중 알코올 농도를 0.05% 이상의 술에 취한 상태에서 운전하였다고 단정할 수 없다**(대판 2006.11.23. 2005도 7034).

제3절 도로교통법

1 도로교통법 용어정리

(1) 도 로 기출

1) 개 념

「도로법」에 의하면 일반인의 교통을 위하여 제공되는 도로로 고속국도, 일반국도, 특별시도, 광역시도, 지방도, 시도, 군도, 구도로 노선이 지정 또는 인정된 도로를 의미한다(「유료도로법」과 「농어촌도로 정비법」의 도로를 포함한다).

2) 도로와 구별개념

도로에 해당하는 경우	도로에 해당하지 않는 경우
아파트 단지내 도로는 외부도로와 직접 연결되어 있어 도로로 본다(단, 경비원이 일반인의 출입을 통제하는 곳은 도로가 아님).	**학교구내, 역구내, 노상주차장**

(2) 차 마 기출

1) 차

자동차, 건설기계, 원동기장치자전거, 자전거, 사람 또는 가축의 힘이나 그 밖의 동력으로 도로에서 운전되는 것이다(단, **철길, 가설된 선을 이용하여 운전되는 것, 유모차, 보행보조용 의자차는 제외**한다).

2) 우 마

교통이나 운수에 사용되는 가축

(3) 자동차 기출

1) 개 념

철길이나 가설된 선을 이용하지 아니하고 원동기를 사용하여 운전되는 차(견인되는 자동차도 자동차의 일부로 본다)를 말한다.

2) 종 류

① 「자동차관리법」 제3조에 따른 다음의 자동차. 다만, 원동기장치자전거는 제외한다.

승용자동차, **승합**자동차, **화물**자동차, **특수**자동차, **이륜**자동차

② 「**건설기계관리법」 제26조 제1항 단서에 따른 건설기계**: 덤프트럭, 아스팔트 살포기, 노상안정기, 콘크리트믹서트럭, 콘크리트 펌프, 천공기, 콘크리트트레일러, 아스팔트콘크리트 재생기, 도로보수트럭, 3톤 미만의 지게차

(3) 원동기장치자전거 기출

1) 개 념

① 「자동차관리법」에 따른 이륜자동차 가운데 배기량 125cc **이하**의 이륜자동차

② 배기량 50cc **미만**(전기를 동력으로 하는 경우에는 정격출력 0.59킬로와트 미만)의 원동기를 단 차

2) 특 징

① 원동기장치자전거를 운전할 수 있는 운전면허는 제1종, 제2종 모든 면허이다.

② 연습면허로는 원동기장치자전거를 운전할 수 없다.

2 보행자 통행방법

(1) 보행자

1) 개 념

도로 위를 걷는 사람으로 유모차나 보행보조용 의자도 보행자에 해당한다. 손수레는 차에 해당하지만 **손수레를 끌고 도로를 횡단하는 사람은 보행자**이다.

2) 보행자의 통행구분

① 보행자는 보도와 차도가 구분된 도로에서는 언제나 **보도로 통행**하여야 한다. 다만, 차도를 횡단하는 경우, 도로공사 등으로 보도의 통행이 금지된 경우나 그 밖의 부득이한 경우에는 그러하지 아니하다.

② 보행자는 보도와 차도가 구분되지 아니한 도로에서는 **차마와 마주보는 방향**의 길 또는 길가장자리구역으로 통행하여야 한다. 다만, 도로의 통행방향이 일방통행인 경우에는 차마를 마주보지 아니하고 통행할 수 있다.

③ 보행자는 보도에서는 **우측통행을 원칙**으로 한다.

3) 도로의 횡단

① 지방경찰청장은 도로를 횡단하는 보행자의 안전을 위하여 행정안전부령으로 정하는 기준에 따라 횡단보도를 설치할 수 있다.

② 보행자는 제1항에 따른 횡단보도, 지하도, 육교나 그 밖의 도로 횡단시설이 설치되어 있는 도로에서는 그곳으로 횡단하여야 한다. 다만, 지하도나 육교 등의 도로 횡단시설을 이용할 수 없는 지체장애인의 경우에는 다른 교통에 방해가 되지 아니하는 방법으로 도로 횡단시설을 이용하지 아니하고 도로를 횡단할 수 있다.

③ 보행자는 제1항에 따른 횡단보도가 설치되어 있지 아니한 도로에서는 가장 짧은 거리로 횡단하여야 한다.

④ 보행자는 모든 차의 바로 앞이나 뒤로 횡단하여서는 아니 된다. 다만, 횡단보도를 횡단하거나 신호기 또는 경찰공무원등의 신호나 지시에 따라 도로를 횡단하는 경우에는 그러하지 아니하다.

⑤ 보행자는 안전표지 등에 의하여 횡단이 금지되어 있는 도로의 부분에서는 그 도로를 횡단하여서는 아니 된다.

(2) 자전거

1) 자전거 통행방법 기출

① 자전거의 운전자는 자전거도로가 따로 있는 곳에서는 그 자전거도로로 통행하여야 한다.

② 자전거의 운전자는 자전거도로가 설치되지 아니한 곳에서는 **도로 우측 가장자리**에 붙어서 통행하여야 한다.

③ 자전거의 운전자는 길가장자리구역을 통행할 수 있다. 이 경우 자전거의 운전자는 보행자의 통행에 방해가 될 때에는 서행하거나 일시정지하여야 한다.

④ 자전거의 운전자는 제1항 및 제13조 제1항에도 불구하고 다음 각 호의 어느 하나에 해당하는 경우에는 보도를 통행할 수 있다. 이 경우 자전거의 운전자는 보도 중앙으로부터 차도 쪽 또는 안전표지로 지정된 곳으로 서행하여야 하며, 보행자의 통행에 방해가 될 때에는 일시정지하여야 한다.

㉠ 어린이, 노인, 그 밖에 행정안전부령으로 정하는 신체장애인이 자전거를 운전하는 경우

㉡ 안전표지로 자전거 통행이 허용된 경우

㉢ 도로의 파손, 도로공사나 그 밖의 장애 등으로 도로를 통행할 수 없는 경우

⑤ 자전거의 운전자는 안전표지로 통행이 허용된 경우를 제외하고는 **2대 이상이 나란히 차도를 통행하여서는 아니 된다**.

⑥ 자전거의 운전자가 횡단보도를 이용하여 **도로를 횡단할 때에는 자전거에서 내려서 자전거를 끌고 보행하여야 한다**.

2) 자전거횡단보도의 설치

① **지방경찰청장**은 도로를 횡단하는 자전거 운전자의 안전을 위하여 행정안전부령으로 정하는 기준에 따라 자전거횡단도를 설치할 수 있다.

② 자전거 운전자가 자전거를 타고 자전거횡단도가 따로 있는 도로를 횡단할 때에는 자전거횡단도를 이용하여야 한다.

③ 차마의 운전자는 자전거가 자전거횡단도를 통행하고 있을 때에는 자전거의 횡단을 방해하거나 위험하게 하지 아니하도록 그 자전거횡단도 앞에서 **일시정지**하여야 한다.

3 차마의 통행방법

(1) 자동차 통행속도

1) 고속도로에서의 속도

일반도로	① 4차로 미만– 매시 60킬로미터 이내 속도 ② 4차로 이상– 매시 60킬로미터 이내 속도
자동차전용도로	최고속도 매시 90킬로미터, 최저속도 매시 30킬로미터
고속도로	① 편도 1차로– 매시 80킬로미터 이내, 최저속도는 매시 50킬로미터 ② 편도 2차로 이상– 매시 100킬로미터 이내

2) 이상기후에서의 운행속도

① **최고속도의 20/100을 감속**: 비가 내려 노면이 젖어 있는 경우 눈이 20밀리미터 미만 쌓인 경우

② **최고속도의 50/100을 감속**: 폭우, 폭설, 안개등으로 가시거리가 100센티인 경우 노면이 얼어붙은 경우, 눈이 20밀리미터 이상 쌓인 경우

3) 안전거리 확보(제19조 제1항)

① 모든 차의 운전자는 같은 방향으로 가고 있는 앞차의 뒤를 따르는 경우에는 앞차가 갑자기 정지하게 되는 경우 그 앞차와의 **충돌을 피할 수 있는 필요한 거리를 확보**하여야 한다.

② 자동차등의 운전자는 같은 방향으로 가고 있는 자전거 옆을 지날 때에는 그 자전거와의 충돌을 피할 수 있는 **필요한 거리를 확보**하여야 한다.

③ 모든 차의 운전자는 차의 진로를 변경하려는 경우에 그 변경하려는 방향으로 오고 있는 다른 차의 정상적인 통행에 장애를 줄 우려가 있을 때에는 진로를 변경하여서는 아니 된다.

④ 모든 차의 운전자는 위험방지를 위한 경우와 그 밖의 부득이한 경우가 아니면 운전하는 차를 갑자기 정지시키거나 속도를 줄이는 등의 **급제동을 하여서는 아니 된다.**

4) 자동차 견인할 때의 속도

견인자동차가 아닌 자동차로 다른 자동차를 견인하여 도로를 통행하는 때의 속도는 다음 각 호 정하는 바에 의한다.

① 총중량 2천킬로그램 미만인 자동차를 총중량이 그의 3배 이상인 자동차로 견인하는 경우에는 매시 **30킬로**미터 이내

② 제1호 외의 경우 및 이륜자동차가 견인하는 경우에는 **매시 25킬로미터** 이내

(2) 자동차의 통행방법

1) 교차로 통행방법(도로교통법 제25조)

① **교차로의 개념**: 교차로는 십자 혹은 둘 이상의 도로가 교차되는 부분으로 보도와 차도의 구분이 있는 도로에서는 차도가 교차하는 부분을 뜻한다.

② **교차로 통행방법**(제25조)

㉠ 모든 차의 운전자는 교차로에서 우회전을 하려는 경우에는 미리 도로의 우측 가장자리를 서행하면서 우회전하여야 한다. 이 경우 우회전하는 차의 운전자는 신호에 따라 정지하거나 진행하는 보행자 또는 자전거에 주의하여야 한다.

㉡ 모든 차의 운전자는 교차로에서 좌회전을 하려는 경우에는 미리 도로의 중앙선을 따라 서행하면서 교차로의 중심 안쪽을 이용하여 좌회전하여야 한다. 다만, 지방경찰청장이 교차로의 상황에 따라 특히 필요하다고 인정하여 지정한 곳에서는 교차로의 중심 바깥쪽을 통과할 수 있다.

㉢ 제2항에도 불구하고 자전거의 운전자는 교차로에서 좌회전하려는 경우에는 미리 도로의 우측 가장자리로 붙어 서행하면서 교차로의 가장자리 부분을 이용하여 좌회전하여야 한다.

㉣ 제1항부터 제3항까지의 규정에 따라 우회전이나 좌회전을 하기 위하여 손이나 방향지시기 또는 등화로써 신호를 하는 차가 있는 경우에 그 뒤차의 운전자는 신호를 한 앞차의 진행을 방해하여서는 아니 된다.

㉤ 모든 차 또는 노면전차의 운전자는 신호기로 교통정리를 하고 있는 교차로에 들어가려는 경우에는 진행하려는 진로의 앞쪽에 있는 차 또는 노면전차의 상황에 따라 교차로(정지선이 설치되어 있는 경우에는 그 정지선을 넘은 부분을 말한다)에 정지하게 되어 다른 차 또는 노면전차의 통행에 방해가 될 우려가 있는 경우에는 그 교차로에 들어가서는 아니 된다.

ⓑ 모든 차의 운전자는 교통정리를 하고 있지 아니하고 일시정지나 양보를 표시하는 안전표지가 설치되어 있는 교차로에 들어가려고 할 때에는 다른 차의 진행을 방해하지 아니하도록 일시정지하거나 양보하여야 한다.

③ **교차로 양보운전**(제26조)

㉠ 교통정리를 하고 있지 아니하는 교차로에 들어가려고 하는 차의 운전자는 **이미 교차로에 들어가 있는 다른 차가 있을 때에는 그 차에 진로를 양보하여야 한다.**

㉡ 교통정리를 하고 있지 아니하는 교차로에 들어가려고 하는 차의 운전자는 그 차가 통행하고 있는 도로의 폭보다 교차하는 도로의 폭이 넓은 경우에는 서행하여야 하며, **폭이 넓은 도로로부터 교차로**에 들어가려고 하는 다른 차가 있을 때에는 그 차에 진로를 양보하여야 한다.

㉢ 교통정리를 하고 있지 아니하는 교차로에 동시에 들어가려고 하는 차의 운전자는 **우측도로의 차**에 진로를 양보하여야 한다.

㉣ 교통정리를 하고 있지 아니하는 교차로에서 좌회전하려고 하는 차의 운전자는 그 교차로에서 **직진하거나 우회전하려는 다른 차가 있을 때에는 그 차에 진로를 양보**하여야 한다.

④ **신호등 없는 교차로** : 신호등 없는 교차로는 교차로 진입 전 일시정지 또는 서행한다. 통행우선순위에 따라 진입하고 안전하게 통행한다.

2) 서행 및 일시정지 기출

① **서행의 개념** : 서행은 즉시 정지시킬 수 있는 정도의 느린 속도로 진행하는 것이고 일시정지는 차의 바퀴를 일시적으로 완전히 정지시키는 것이다.

② **서행장소**(제31조 제1항)

㉠ **교통정리를 하고 있지 아니하는 교차로**

㉡ **도로**가 구부러진 부근

㉢ 비탈길의 **고갯마루** 부근

㉣ 가파른 비탈길의 **내리막**

㉤ 지방경찰청장이 도로에서의 위험을 방지하고 교통의 안전과 원활한 소통을 확보하기 위하여 필요하다고 인정하여 안전표지로 지정한 곳

③ **일시정지장소**(제31조 제2항)

㉠ **교통정리를 하고 있지 아니하고 좌우를 확인할 수 없거나 교통이 빈번한 교차로**

㉡ 지방경찰청장이 도로에서의 위험을 방지하고 교통의 안전과 원활한 소통을 확보하기 위하여 필요하다고 인정하여 안전표지로 지정한 곳

3) 앞지르기 기출

① **방법**(제21조)

㉠ 모든 차의 운전자는 다른 차를 앞지르려면 앞차의 **좌측으로 통행**하여야 한다.

㉡ 자전거의 운전자는 서행하거나 정지한 다른 차를 앞지르려면 제1항에도 불구하고 앞차의 **우측으로 통행**할 수 있다. 이 경우 자전거의 운전자는 정지한 차에서 승차하거나 하차하는 사람의 안전에 유의하여 서행하거나 필요한 경우 일시정지하여야 한다.

㉢ 제1항과 제2항의 경우 앞지르려고 하는 모든 차의 운전자는 반대방향의 교통과 앞차 앞쪽의 교통에도 주의를 충분히 기울여야 하며, 앞차의 속도・진로와 그 밖의 도로상황에 따라 방향지시기・등화 또는 경음기(警音機)를 사용하는 등 안전한 속도와 방법으로 앞지르기를 하여야 한다.

㉣ 모든 차의 운전자는 제1항부터 제3항까지 또는 제60조 제2항에 따른 방법으로 앞지르기를 하는 차가 있을 때에는 속도를 높여 경쟁하거나 그 차의 앞을 가로막는 등의 방법으로 앞지르기를 방해하여서는 아니 된다.

② **앞지르기 금지시기**(제22조)

㉠ 앞차의 좌측에 다른 차가 앞차와 나란히 가고 있는 경우

㉡ 앞차가 다른 차를 앞지르고 있거나 앞지르려고 하는 경우

㉢ 이 법이나 이 법에 따른 명령에 따라 정지하거나 서행하고 있는 차

㉣ 경찰공무원의 지시에 따라 정지하거나 서행하고 있는 차

㉤ 위험을 방지하기 위하여 정지하거나 서행하고 있는 차

③ **앞지르기 금지장소**: **교차로, 터널 안, 다리 위, 도로의 구부러진 곳, 비탈길의 고갯마루 부근 또는 가파른 비탈길의 내리막 등** 지방경찰청장이 도로에서의 위험을 방지하고 교통의 안전과 원활한 확보하기 위하여 필요하다고 인정하는 곳으로서 안전표지로 지정한 곳

4) 승차와 적재

① **승차와 적재**: 모든 차의 운전자는 승차 인원, 적재중량 및 적재용량에 관하여 대통령령으로 정하는 운행상의 안전기준을 넘어서 승차시키거나 적재한 상태로 운전하여서는 아니 된다. 다만, **출발지를 관할하는 경찰서장의 허가**를 받은 경우에는 그러하지 아니하다.

② **안전기준**(시행령 제22조)

㉠ 자동차(고속버스 운송사업용 자동차 및 화물자동차는 제외한다)의 **승차인원은 승차정원의 110퍼센트 이내일 것**. 다만, 고속도로에서는 승차정원을 넘어서 운행할 수 없다.

㉡ 고속버스 운송사업용 자동차 및 화물자동차의 승차인원은 승차정원 이내일 것

㉢ 화물자동차의 적재중량은 구조 및 성능에 따르는 적재중량의 110퍼센트 이내일 것

㉣ 자동차(화물자동차, 이륜자동차 및 소형 3륜자동차만 해당한다)의 적재용량은 다음 각 목의 구분에 따른 기준을 넘지 아니할 것

ⓐ 길이: 자동차 길이에 그 길이의 10분의 1을 더한 길이. 다만, 이륜자동차는 그 승차장치의 길이 또는 적재장치의 길이에 30센티미터를 더한 길이를 말한다.

ⓑ 너비: 자동차의 후사경(後寫鏡)으로 뒤쪽을 확인할 수 있는 범위(후사경의 높이보다 화물을 낮게 적재한 경우에는 그 화물을, 후사경의 높이보다 화물을 높게 적재한 경우에는 뒤쪽을 확인할 수 있는 범위를 말한다)의 너비

ⓒ 높이: 화물자동차는 지상으로부터 4미터(도로구조의 보전과 통행의 안전에 지장이 없다고 인정하여 고시한 도로노선의 경우에는 4미터 20센티미터), 소형 3륜자동차는 지상으로부터 2미터 50센티미터, 이륜자동차는 지상으로부터 2미터의 높이

5) 주차 및 정차 기출

① **의 의**

㉠ 주차는 운전자가 승객을 기다리거나 화물을 싣거나 차가 고장나거나 그 외의 사유로 차를 계속해서 정지상태에 두는 것 또는 운전자가 차를 떠나서 즉시 차를 운전할 수 없는 상태에 두는 것

㉡ 정차는 운전자가 **5분을 초과하지 아니하고** 정지시키는 것

② **정차 및 주차의 금지**

㉠ 교차로 · 횡단보도 · 건널목이나 보도와 차도가 구분된 도로의 보도(「주차장법」에 따라 차도와 보도에 걸쳐서 설치된 노상주차장은 제외한다)

㉡ 교차로의 가장자리나 도로의 모퉁이로부터 **5미터 이내**인 곳

㉢ 안전지대가 설치된 도로에서는 그 안전지대의 사방으로부터 각각 **10미터 이내**인 곳

㉣ 버스여객자동차의 정류지(停留地)임을 표시하는 기둥이나 표지판 또는 선이 설치된 곳으로부터 **10미터 이내**인 곳. 다만, 버스여객자동차의 운전자가 그 버스여객자동차의 운행시간 중에 운행노선에 따르는 정류장에서 승객을 태우거나 내리기 위하여 차를 정차하거나 주차하는 경우에는 그러하지 아니하다.

㉤ 건널목의 가장자리 또는 횡단보도로부터 **10미터 이내**인 곳

㉥ 지방경찰청장이 도로에서의 위험을 방지하고 교통의 안전과 원활한 소통을 확보하기 위하여 필요하다고 인정하여 지정한 곳

③ **주차금지장소**(제33조)

㉠ 터널 안 및 다리 위

㉡ 화재경보기로부터 **3미터 이내**인 곳

㉢ 다음 각 목의 곳으로부터 **5미터 이내**인 곳

ⓐ 소방용 기계·기구가 설치된 곳

ⓑ 소방용 방화(防火) 물통

ⓒ 소화전(消火栓) 또는 소화용 방화 물통의 흡수구나 흡수관(吸水管)을 넣는 구멍

ⓓ 도로공사를 하고 있는 경우에는 그 공사 구역의 양쪽 가장자리

㉣ 지방경찰청장이 도로에서의 위험을 방지하고 교통의 안전과 원활한 소통을 확보하기 위하여 필요하다고 인정하여 지정한 곳

6) 긴급자동차

① **종류** 기출

㉠ 소방차, 구급차, 혈액 공급차량, 그 밖에 대통령령으로 정하는 자동차

㉡ 법정긴급자동차

ⓐ 경찰용 자동차 중 **범죄수사**, **교통단속**, 그 밖의 긴급한 경찰업무 수행에 사용되는 자동차

ⓑ 국군 및 주한 국제연합군용 자동차 중 **군 내부의 질서 유지나 부대의 질서**있는 이동을 유도(誘導)하는 데 사용되는 자동차

ⓒ 수사기관의 자동차 중 **범죄수사**를 위하여 사용되는 자동차

ⓓ 다음 각 목의 어느 하나에 해당하는 시설 또는 기관의 자동차 중 도주자의 체포 또는 수용자, 보호관찰 대상자의 호송·경비를 위하여 사용되는 자동차

- **교도소**·소년교도소 또는 구치소
- **소년원** 또는 소년분류심사원

• **보호관찰소**

ⓔ 국내외 요인(要人)에 대한 경호업무 수행에 공무(公務)로 사용되는 자동차

㉢ 지정긴급자동차 기출

ⓐ **전기사업, 가스사업**, 그 밖의 공익사업을 하는 기관에서 위험 방지를 위한 응급작업에 사용되는 자동차

ⓑ **민방위**업무를 수행하는 기관에서 긴급예방 또는 복구를 위한 출동에 사용되는 자동차

ⓒ 도로관리를 위하여 사용되는 자동차 중 **도로상의 위험을 방지**하기 위한 응급작업에 사용되거나 운행이 제한되는 자동차를 단속하기 위하여 사용되는 자동차

ⓓ **전신·전화의 수리**공사 등 응급작업에 사용되는 자동차

ⓔ **긴급한 우편물**의 운송에 사용되는 자동차

ⓕ **전파감시업무**에 사용되는 자동차

㉣ 긴급자동차로 간주하는 자동차

ⓐ **경찰용** 긴급자동차에 의하여 유도되고 있는 자동차

ⓑ 국군 및 주한 국제연합군용의 긴급자동차에 의하여 유도되고 있는 국군 및 주한 국제연합군의 자동차

ⓒ 생명이 위급한 환자 또는 부상자나 수혈을 위한 **혈액**을 운송 중인 자동차

② **긴급자동차의 우선통행** 기출

㉠ 긴급자동차는 긴급하고 부득이한 경우에는 **도로의 중앙이나 좌측 부분**을 통행할 수 있다.

㉡ 긴급자동차는 이 법이나 이 법에 따른 명령에 따라 정지하여야 하는 경우에도 불구하고 긴급하고 부득이한 경우에는 정지하지 아니할 수 있다.

㉢ 긴급자동차의 운전자는 제1항이나 제2항의 경우에 교통안전에 특히 주의하면서 통행하여야 한다.

㉣ 모든 차의 운전자는 교차로나 그 부근에서 긴급자동차가 접근하는 경우에는 교차로를 피하여 **도로의 우측 가장자리에 일시정지**하여야 한다. 다만, 일방통행으로 된 도로에서 우측 가장자리로 피하여 정지하는 것이 긴급자동차의 통행에 지장을 주는 경우에는 **좌측 가장자리로 피하여 정지**할 수 있다.

㉤ 모든 차의 운전자는 제4항에 따른 곳 외의 곳에서 긴급자동차가 접근한 경우에는 도로의 우측 가장자리로 피하여 진로를 양보하여야 한다. 다만, 일방통행으로 된 도로에서 우측 가장자리로 피하는 것이 긴급자동차의 통행에 지장을 주는 경우에는 좌측 가장자리로 피하여 양보할 수 있다.

③ **특례 및 사고시 처리** : **자동차등의 속도 제한, 앞지르기의 금지, 끼어들기의 금지**의 규정을 적용하지 않는다.

제4절 운전면허

1 운전면허 기출

(1) 개 념

운전면허는 자동차등을 운전하면서 발생할 수 있는 도로의 위험을 방지하기 위해 금지하고 있는 운전행위를 자격이 있는 사람에 한하여 적법하게 할 수 있도록 허가하는 것이다. 운전면허증은 지방경찰청장으로부터 받아야 하고 운전면허의 효력은 **본인 또는 대리인이 운전면허증을 발급받은 때부터 발생**한다(경찰허가).

(2) 종 류 기출

제1종 면허	**대형, 보통, 소형, 특수**면허
제2종 면허	**보통, 소형, 원동기장치자전거**
연습운전면허	제1종 보통연습면허, 제2종 보통연습면허

2 운전면허종류별 운전차량

제1종 면허	대형면허	① 승용자동차, 승합자동차, 화물자동차 ② **건설기계** -**덤**프트럭, **아**스팔트살포기, **노**상안정기 -**콘**크리트믹서트럭, **콘**크리트 펌프, **천**공기(트럭적재식) -콘크리트믹서트레일러, 아스팔트콘크리트재생기 -도로보수트럭, 3톤 미만의 지게차 ③ **특수자동차**(대형견인차, 소형견인차 및 구난차는 제외) ④ 원동기장치자전거

	보통면허		① 승용자동차 ② 승차정원 **15명** 이하의 승합자동차 ③ 적재중량 **12톤 미만**의 화물자동차 ④ 건설기계(도로를 운행하는 3톤 미만의 지게차에 한한다) ⑤ 원동기장치자전거
	소형면허		① 3륜화물자동차 ② 3륜승용자동차 ③ 원동기장치자전거
	특수면허	대형 견인차	① 견인형 특수자동차 ② 제2종 보통면허로 운전할 수 있는 차량
		소형 견인차	① 총중량 3.5톤 이하의 특수자동차 ② 제2종 보통면허로 운전할 수 있는 차량
		구난차	① 구난형 특수자동차 ② 제2종 보통면허로 운전할 수 있는 차량
제2종 면허	보통면허		① 승용자동차(승차정원 **10명 이하**의 승합자동차를 포함한다) ② 적재중량 **4톤** 이하의 화물자동차 ③ 총중량 3.5톤 이하의 특수자동차(구난차 등은 제외한다) ④ 원동기장치자전거
	소형면허		① 이륜자동차(측차부를 포함한다) (125cc 초과) ② 원동기장치자전거(125cc 초과)
	원동기장치 자전거면허		원동기장치자전거
연습면허	제1종 보통		① 승용자동차 ② 승차정원 **15명** 이하의 승합자동차 ③ 적재중량 12톤 미만의 화물자동차
	제2종 보통		① 승용자동차(승차정원 10명 이하의 승합자동차 포함) ② 적재중량 4톤 이하의 화물자동차

3 **운전면허 결격사유**(제82조 제1항, 제83조 제3항)

(1) **18세 미만**(원동기장치자전거의 경우에는 16세 미만)인 사람

(2) 교통상의 위험과 장해를 일으킬 수 있는 정신질환자 또는 뇌전증 환자로서 대통령령으로 정하는 사람

(3) **듣지 못하는 사람**(제1종 운전면허 중 대형면허・특수면허만 해당한다), 앞을 보지 못하는 사람이나 그 밖에 대통령령으로 정하는 신체장애인

(4) 양쪽 팔의 팔꿈치관절 이상을 잃은 사람이나 양쪽 팔을 전혀 쓸 수 없는 사람. 다만, 본인의 신체장애 정도에 적합하게 제작된 자동차를 이용하여 정상적인 운전을 할 수 있는 경우에는 그러하지 아니하다.

(5) 교통상의 위험과 장해를 일으킬 수 있는 마약・대마・향정신성의약품 또는 알코올 중독자로서 대통령령으로 정하는 사람

(6) 제1종 대형면허 또는 제1종 특수면허를 받으려는 경우로서 **19세 미만이거나 자동차(이륜자동차는 제외한다)의 운전경험이 1년 미만인 사람**

4 운전면허 응시제한기간(제82조 제2항)

5년간 제한	**무면허**운전, **음주**운전, **약물**복용운전, **과로**운전, 공동위험행위 운전 중 사람을 사상한 후 구호조치 및 신고 없이 도주한 경우 기출
4년간 제한	무면허운전, 음주운전, 약물복용운전, 과로운전, 공동위험행위 **운전 외의 사유로** 사람을 사상한 후 구호조치 및 신고 없이 도주한 경우 기출
3년간 제한	① 음주운전을 하다가 **3회 이상 교통사고**를 야기한자 기출 ② 자동차를 이용하여 **범죄**를 한자가 무면허 운전을 한 경우 기출 ③ 자동차를 **강, 절도한 자**가 무면허 운전한 경우 기출
2년 제한	① **무면허운전**, 운전면허정지기간 중 운전 또는 운전면허발급제한기간 중 국제운전면허증으로 운전금지규정을 **3회 이상** 위반하여 자동차등을 운전한 경우 기출 ② 음주운전, 측정거부의 규정을 **3회 이상** 위반하여 자동차등을 운전한 경우 기출 ③ **2회 이상**의 공동위험행위로 운전면허가 취소된 경우 기출 ④ **운전면허를 받을 수 없는 사람**이 운전면허를 받거나 허위 그 밖의 부정한 수단으로 운전면허를 받은 때 또는 운전면허 효력의 정지기간 중 운전면허증 또는 운전면허증에 갈음하는 증면서를 교부받은 사실이 드러난 때기출 ⑤ 다른 사람의 자동차를 훔치거나 빼앗은 사람 기출 ⑥ 운전면허시험을 대신 응시한 경우 기출
1년 제한	① 무면허 또는 면허정지기간 중 자동차등을 운전한 자, 운전면허 발급제한기간 중에 국제 운전면허증으로 자동차등을 운전한 자 ② **2~5년의 제한 사유 이외의 사유로 운전면허가 취소된 자** 기출 ③ 공동위험행위로 운전면허가 취소된 경우
6개월 제한	2~5년의 제한 사유 이외의 사유로 운전면허가 취소되어 원동기장치자전거 면허를 받으려는 경우

정지 처분기간	운전면허 효력 정지처분을 받고 있는 경우
바로 응시 가능한	적성검사기간 경과로 면허가 취소되거나 제1종 적성기준 불합격으로 제2종 면허를 받고자 하는 경우 기출

5 연습운전면허

종 류	**1종 보통** 연습면허와 **2종 보통** 연습면허 2종류만 있다. 기출
효 력	연습운전면허는 그 면허를 받은 날부터 **1년 동안** 효력을 가진다. 다만, 연습운전면허를 받은 날부터 1년 이전이라도 연습운전면허를 받은 사람이 제1종 보통면허 또는 제2종 보통면허를 받은 경우 연습운전면허는 그 효력을 잃는다. 기출
취 소	**지방경찰청장**은 연습운전면허를 발급받은 사람이 운전 중 고의 또는 과실로 교통사고를 일으키거나 「도로교통법」이나 「도로교통법」에 따른 명령 또는 처분을 위반한 경우에는 연습운전면허를 취소해야 한다. 단 본인에게 귀책사유가 없는 다음의 경우는 제외한다. ① 도로주행시험을 담당하는 사람 **자동차 운전학원의 강사, 기능검정원의 지시에 따라 운전하던 중 교통사고**를 일으킨 경우 ② **도로가 아닌 곳**에서 교통사고를 일으킨 경우 ③ 교통사고를 일으켰으나 **물적피해만** 발생한 경우

6 임시운전면허(제91조) 기출

발급사유	① **지방경찰청장은** 다음 각 호의 어느 하나의 경우에 해당하는 사람이 임시운전증명서 발급을 신청하면 행정안전부령으로 정하는 바에 따라 임시운전증명서를 발급할 수 있다. 다만, 제2호의 경우에는 소지하고 있는 운전면허증에 행정안전부령으로 정하는 사항을 기재하여 발급함으로써 임시운전증명서 발급을 갈음할 수 있다. 1. 운전면허증을 잃어버렸거나 헐어 못쓰게 되어 신청을 한 경우 2. 정기 적성검사 또는 운전면허증 갱신 발급 신청을 하거나 수시 적성검사를 신청한 경우 3. 운전면허의 취소처분 또는 정지처분 대상자가 운전면허증을 제출한 경우 ② 임시운전증명서는 그 유효기간 중에는 운전면허증과 같은 효력이 있다.
유효기간	임시운전면허증의 **유효기간은 20일**로 하되, 운전면허의 취소 또는 정지처분 대상자의 경우에는 **40일 이내**로 할 수 있다. 다만, 경찰서장이 필요하다고 인정하는 경우에는 그 유효기간을 **1회에 한하여 20일의 범위에서 연장할 수 있다.** 기출

7 국제운전면허증(제96조) 기출

의 의	① 외국의 권한 있는 기관에서 다음 각 호의 어느 하나에 해당하는 협약에 따른 운전면허증을 발급받은 사람은 **국내에 입국한 날부터 1년** 동안만 그 국제운전면허증으로 자동차등을 운전할 수 있다. ② 국제운전면허증을 외국에서 발급받은 사람은 「여객자동차 운수사업법」 또는 「화물자동차 운수사업법」에 따른 **사업용 자동차를 운전할 수 없다.** 다만, 「여객자동차 운수사업법」에 따른 대여사업용 자동차를 임차(賃借)하여 운전하는 경우에는 그러하지 아니하다.
발 급 (제98조) 기출	① 운전면허를 받은 사람이 국외에서 운전을 하기 위하여 「도로교통에 관한 협약」에 따른 국제운전면허증을 발급받으려면 **지방경찰청장**에게 신청하여야 한다. ② 국제운전면허증의 유효기간은 발급받은 날부터 **1년**으로 한다. ③ 국제운전면허증은 이를 발급받은 사람의 국내운전면허의 효력이 없어지거나 취소된 때에는 그 효력을 잃는다. ④ 국제운전면허증을 발급받은 사람의 국내운전면허의 효력이 정지된 때에는 그 정지기간 동안 그 효력이 정지된다.
취소, 정지	국제운전면허는 취소, 정지 처분이 인정되지 않고, **운전금지처분**이 인정된다.
통고처분	통고처분이 가능함, 범칙금을 납부하지 않으면 **즉결심판**에 해당한다.
미소지운전	운전시 국제운전면허증을 소지하여야 하며, 미소지시 **무면허 운전**으로 처벌된다.

제5절 운전면허 행정처분

1 개 념

운전면허 행정처분이란 면허를 발급받고 운전행위를 하던 자가 도로교통법규를 위반하거나 교통사고를 야기한 경우 지방경찰청장이 운전면허의 효력을 **일시 정지시키거나 취소**하는 행위를 의미한다.

2 용어 정의

(1) 벌 점

행정처분의 기초자료로 활용하기 위하여 법규위반 또는 사고야기에 대하여 그 위반의 경중, 피해의 정도 등에 따라 배점되는 점수를 말한다.

(2) 누산점수

1) 위반 · 사고시의 벌점을 누적하여 합산한 점수에서 상계치(무위반 · 무사고기간 경과시에 부여되는 점수 등)를 뺀 점수를 말한다. 다만, 제3호 가목의 7란에 의한 벌점은 누산점수에 이를 산입하지 아니하되, 범칙금 미납 벌점을 받은 날을 기준으로 과거 **3년간 2회 이상 범칙금**을 납부하지 아니하여 벌점을 받은 사실이 있는 경우에는 누산점수에 산입한다.

2) **누산점수**=매 위반 · 사고 시 벌점의 누적 합산치−상계치

(3) 처벌벌점

1) 구체적인 법규위반 · 사고야기에 대하여 앞으로 정지처분기준을 적용하는데 필요한 벌점으로서, 이미 정지처분이 집행된 벌점의 합계치를 뺀 점수를 말한다.

2) **처분벌점**=누산점수−이미 처분이 집행된 벌점의 합계치=매 위반 · 사고 시 벌점의 누적 합산치−상계치−이미 처분이 집행된 벌점의 합계치

(4) 누산점수의 관리

법규위반 또는 교통사고로 인한 벌점은 행정처분기준을 적용하고자 하는 당해 위반 또는 사고가 있었던 날을 기준으로 하여 과거 **3년간의 모든 벌점**을 누산하여 관리한다.

(5) 무위반 · 무사고기간 경과로 인한 벌점 소멸

처분벌점이 **40점 미만**인 경우에, 최종의 위반일 또는 사고일로부터 위반 및 사고 없이 **1년**이 경과한 때에는 그 처분벌점은 소멸한다.

(6) 벌점 공제

1) 인적 피해 있는 교통사고를 야기하고 도주한 차량의 운전자를 검거하거나 신고하여 검거하게 한 운전자(교통사고의 피해자가 아닌 경우로 한정한다)에게는 검거 또는 신고할 때마다 **40점의 특혜점수**를 부여하여 기간에 관계없이 그 운전자가 정지 또는 취소처분을 받게 될 경우 누산점수에서 이를 공제한다. 이 경우 공제되는 점수는 40점 단위로 한다.

2) 경찰청장이 정하여 고시하는 바에 따라 무위반·무사고 서약을 하고 1년간 이를 실천한 운전자에게는 실천할 때마다 **10점의 특혜점수**를 부여하여 기간에 관계없이 그 운전자가 정지처분을 받게 될 경우 누산점수에서 이를 공제한다. 이 경우 공제되는 점수는 10점 단위로 한다.

3 벌점, 누산점수 초과로 인한 면허취소

(1) **취소처분 개별기준**(시행규칙 제91조)

일련 번호	위반사항	적용법조 (도로교통법)	내 용
1	교통사고를 일으키고 구호조치를 하지아니한 때	제93조	교통사고로 사람을 죽게 하거나 다치게 하고, 구호조치를 하지 아니한 때
2	술에 취한 상태에서 운전한 때	제93조	① 술에 취한 상태의 기준(혈중알코올농도 0.05퍼센트 이상)을 넘어서 운전을 하다가 교통사고로 사람을 죽게 하거나 다치게 한 때 ② 술에 만취한 상태(혈중알코올농도 0.1퍼센트 이상)에서 운전한 때 ③ 2회 이상 술에 취한 상태의 기준을 넘어 운전하거나 술에 취한 상태의 측정에 불응한 사람이 다시 술에 취한 상태(혈중알코올농도 0.05퍼센트 이상)에서 운전한 때
3	술에 취한 상태의 측정에 불응한 때	제93조	술에 취한 상태에서 운전하거나 술에 취한 상태에서 운전하였다고 인정할 만한 상당한 이유가 있음에도 불구하고 경찰공무원의 측정 요구에 불응한 때
4	다른 사람에게 운전면허증 대여(도난, 분실 제외)	제93조	① 면허증 소지자가 다른 사람에게 면허증을 대여하여 운전하게 한 때 ② 면허 취득자가 다른 사람의 면허증을 대여 받거나 그 밖에 부정한 방법으로 입수한 면허증으로 운전한 때

5	결격사유에 해당	제93조	① 교통상의 위험과 장해를 일으킬 수 있는 정신질환자 또는 뇌전증환자로서 영 제42조 제1항에 해당하는 사람 ② 앞을 보지 못하는 사람, 듣지 못하는 사람(제1종 면허에 한한다) ③ 양 팔의 팔꿈치 관절 이상을 잃은 사람, 또는 양팔을 전혀 쓸 수 없는 사람. 다만, 본인의 신체장애 정도에 적합하게 제작된 자동차를 이용하여 정상적으로 운전할 수 있는 경우에는 그러하지 아니하다. ④ 다리, 머리, 척추 그 밖의 신체장애로 인하여 앉아 있을 수 없는 사람 ⑤ 교통상의 위험과 장해를 일으킬 수 있는 마약, 대마, 향정신성 의약품 또는 알코올 중독자로서 영 제42조 제3항에 해당하는 사람
6	약물을 사용한 상태에서 자동차 등을 운전한 때	제93조	약물(마약・대마・향정신성 의약품 및 「유해화학물질 관리법 시행령」 제25조에 따른 환각물질)의 투약・흡연・섭취・주사 등으로 정상적인 운전을 하지 못할 염려가 있는 상태에서 자동차 등을 운전한 때
6의 2	공동위험행위	제93조	법 제46조 제1항을 위반하여 공동위험행위로 구속된 때
6의 3	난폭운전	제93조	법 제46조의 3을 위반하여 난폭운전으로 구속된 때
7	정기적성검사 불합격 또는 정기적성검사 기간 1년 경과	제93조	정기적성검사에 불합격하거나 적성검사기간 만료일 다음 날부터 적성검사를 받지 아니하고 **1년을 초과한 때**
8	수시적성검사 불합격 또는 수시적성검사 기간 경과	제93조	수시적성검사에 불합격하거나 수시적성검사 기간을 초과한 때
9	삭제 〈2011.12.9〉		
10	운전면허 행정처분기간 중 운전행위	제93조	운전면허 행정처분 기간중에 운전한 때

11	허위 또는 부정한 수단으로 운전면허를 받은 경우	제93조	① 허위·부정한 수단으로 운전면허를 받은 때 ② 법 제82조에 따른 결격사유에 해당하여 운전면허를 받을 자격이 없는 사람이 운전면허를 받은 때 ③ 운전면허 효력의 정지기간중에 면허증 또는 운전면허증에 갈음하는 증명서를 교부받은 사실이 드러난 때
12	등록 또는 임시운행 허가를 받지 아니한 자동차를 운전한 때	제93조	「자동차관리법」에 따라 등록되지 아니하거나 임시운행 허가를 받지 아니한 자동차(이륜자동차를 제외한다)를 운전한 때
12의 2	자동차 등을 이용하여 형법상 특수상해 등을 행한 때	제93조	자동차 등을 이용하여 형법상 특수상해, 특수폭행, 특수협박, 특수손괴를 행하여 구속된 때
13	삭제 〈2018.9.28〉		
14	삭제 〈2018.9.28〉		
15	다른 사람을 위하여 운전면허시험에 응시한 때	제93조	운전면허를 가진 사람이 다른 사람을 부정하게 합격시키기 위하여 운전면허 시험에 응시한 때
16	운전자가 단속 경찰공무원 등에 대한 폭행	제93조	단속하는 경찰공무원 등 및 시·군·구 공무원을 폭행하여 형사입건된 때
17	연습면허 취소사유가 있었던 경우	제93조	제1종 보통 및 제2종 보통면허를 받기 이전에 연습면허의 취소사유가 있었던 때(연습면허에 대한 취소절차 진행중 제1종 보통 및 제2종 보통면허를 받은 경우를 포함한다)

(2) 누산점수로 인한 취소처분

기간	벌점 또는 누산점수
1년간	**121점**
2년간	**201점**
3년간	**271점**

1회의 위반·사고로 인한 벌점 또는 연간 누산점수가 다음 표의 벌점 또는 누산점수에 도달한 때에는 그 운전면허를 취소한다.

4 벌점 · 처분벌점 초과로 인한 면허 정지

운전면허 정지처분은 1회의 위반 · 사고로 인한 벌점 또는 처분벌점이 **40점 이상**이 된 때부터 결정하여 집행하되, 원칙적으로 1점을 1일로 계산하여 집행한다.

(1) **정지 처분 개별기준**(시행규칙 제91조)

1) 도로교통법의 명령을 위반한 때 기출

위반사항	적용법조 (도로교통법)	벌 점
1. 삭제 〈2011.12.9〉		
2. 술에 취한 상태의 기준을 넘어서 운전한 때 **(혈중알코올 농도 0.05퍼센트 이상 0.1퍼센트 미만)**	제44조 제1항	100
3. 속도위반**(60km/h 초과)**	제17조 제3항	60
4. 정차 · 주차위반에 대한 조치불응(단체에 소속되거나 다수인에 포함되어 경찰공무원의 3회 이상의 이동명령에 따르지 아니하고 교통을 방해한 경우에 한한다) 4의2. 공동위험행위로 형사입건된 때 4의3. 난폭운전으로 형사입건된 때	제35조 제1항 제46조 제1항 제46조의 3	40
5. 안전운전의무위반(단체에 소속되거나 다수인에 포함되어 경찰공무원의 3회 이상의 안전운전 지시에 따르지 아니하고 타인에게 위험과 장해를 주는 속도나 방법으로 운전한 경우에 한한다) 6. 승객의 차내 소란행위 방치운전 7. 출석기간 또는 범칙금 납부기간 만료일부터 60일이 경과될 때까지 즉결심판을 받지 아니한 때	제48조 제49조 제1항 제9호 제138조 및 제165조	
8. 통행구분 위반(중앙선 침범에 한함) 9. 속도위반(40km/h 초과 60km/h 이하) 10. 철길건널목 통과방법위반 10의2. 어린이통학버스 특별보호 위반 10의3. 어린이통학버스 운전자의 의무위반(좌석안전띠를 매도록 하지 아니한 운전자는 제외한다) 11. 고속도로 · 자동차전용도로 갓길통행 12. 고속도로 버스전용차로 · 다인승전용차로 통행위반 13. 운전면허증 등의 제시의무위반 또는 운전자 신원확인을 위한 경찰공무원의 질문에 불응	제13조 제3항 제17조 제3항 제24조 제51조 제53조 제1항 · 제2항 및 제4항 제60조 제1항 제61조 제2항 제92조 제2항	30

14. 신호·지시위반 15. 속도위반(20km/h 초과 40km/h 이하) 15의2. 속도위반(어린이보호구역 안에서 오전 8시부터 오후 8시까지 사이에 제한속도를 20km/h 이내에서 초과한 경우에 한정한다) 16. 앞지르기 금지시기·장소위반 16의 2. 적재 제한 위반 또는 적재물 추락 방지 위반 17. 운전 중 휴대용 전화 사용 17의2. 운전 중 운전자가 볼 수 있는 위치에 영상 표시 17의3. 운전 중 영상표시장치 조작 18. 운행기록계 미설치 자동차 운전금지 등의 위반 19. 삭제 〈2014.12.31.〉	제5조 제17조 제3항 제17조 제3항 제22조 제39조 제1항·제4항 제49조 제1항 제10호 제49조 제1항 제11호 제49조 제1항 제11호의2 제50조 제5항	15
20. 통행구분 위반(보도침범, 보도 횡단방법 위반) 21. 지정차로 통행위반(진로변경 금지장소에서의 진로변경 포함) 22. 일반도로 전용차로 통행위반 23. 안전거리 미확보(진로변경 방법위반 포함) 24. 앞지르기 방법위반 25. 보행자 보호 불이행(정지선위반 포함) 26. 승객 또는 승하차자 추락방지조치위반 27. 안전운전 의무 위반 28. 노상 시비·다툼 등으로 차마의 통행 방해행위 29. 삭제 〈2014.12.31.〉 30. 돌·유리병·쇳조각이나 그 밖에 도로에 있는 사람이나 차마를 손상시킬 우려가 있는 물건을 던지거나 발사하는 행위 31. 도로를 통행하고 있는 차마에서 밖으로 물건을 던지는 행위	제13조 제1항·제2항 제14조 제2항·제4항, 제60조 제1항 제15조 제3항 제19조 제1항·제3항·제4항 제21조 제1항·제3항, 제60조 제2항 제27조 제39조 제2항 제48조 제49조 제1항 제5호 제68조 제3항 제4호 제68조 제3항 제5호	10

(주)

1. 삭제 〈2011.12.9〉
2. 범칙금 납부기간 만료일부터 **60일이 경과**될 때까지 즉결심판을 받지 아니하여 정지처분 대상자가 되었거나, 정지처분을 받고 정지처분 기간중에 있는 사람이 위반 당시 통고받은 범칙금액에 그 **100분의 50**을 더한 금액을 납부하고 증빙서류를 제출한 때에는 정지처분을 하지 아니하거나 그 잔여기간의 집행을 면제한다. 다만, 다른 위반행위로 인한 벌점이 합산되어 정지처분을 받은 경우 그 다른 위반행위로 인한 정지처분 기간에 대하여는 집행을 면제하지 아니한다.
3. 제7호, 제8호, 제10호, 제12호, 제14호, 제16호, 제20호부터 제27호까지 및 제29호부터 제31호까지의 위반행위에 대한 벌점은 자동차등을 운전한 경우에 한하여 부과한다.
4. 어린이보호구역 및 노인·장애인보호구역 안에서 **오전 8시부터 오후 8시**까지 사이에 제3호, 제9호, 제14호, 제15호 또는 제25호의 어느 하나에 해당하는 위반행위를 한 운전자에 대해서는 위 표에 따른 벌점의 **2배**에 해당하는 벌점을 부과한다.

2) 자동차등의 운전 중 교통사고를 일으킨 때

① 사고결과에 따른 벌점기준 기출

구 분		벌 점	내 용
인적 피해 교통사고	사망 1명마다	90	사고발생 시부터 **72시간** 이내에 사망한 때
	중상 1명마다	15	**3주** 이상의 치료를 요하는 의사의 진단이 있는 사고
	경상 1명마다	5	**3주 미만 5일 이상**의 치료를 요하는 의사의 진단이 있는 사고
	부상신고 1명마다	2	**5일** 미만의 치료를 요하는 의사의 진단이 있는 사고

(비고)

1. 교통사고 발생 원인이 불가항력이거나 피해자의 **명백한 과실**인 때에는 행정처분을 하지 아니한다.
2. 자동차등 대 사람 교통사고의 경우 **쌍방과실**인 때에는 그 벌점을 **2분의 1로 감경**한다.
3. 자동차등 대 자동차등 교통사고의 경우에는 그 사고원인 중 중한 위반행위를 한 운전자만 적용한다.
4. 교통사고로 인한 벌점산정에 있어서 처분 받을 운전자 본인의 피해에 대하여는 벌점을 산정하지 아니한다.

② 조치 등 불이행에 따른 벌점기준 기출

불이행사항	적용법조 (도로교통법)	벌 점	내 용
교통사고 야기시 조치 불이행	제54조 제1항	15	① 물적 피해가 발생한 교통사고를 일으킨 후 도주한 때
			② 교통사고를 일으킨 즉시(그때, 그 자리에서 곧) 사상자를 구호하는 등의 조치를 하지 아니하였으나 그 후 자진신고를 한 때
		30	가. 고속도로, 특별시・광역시 및 시의 관할구역과 군(광역시의 군을 제외한다)의 관할구역 중 경찰관서가 위치하는 리 또는 동 지역에서 3시간(그 밖의 지역에서는 12시간) 이내에 자진신고를 한 때
		60	나. 가목에 따른 시간 후 48시간 이내에 자진신고를 한 때

5 통고처분 기출

(1) 의 의

통고처분이란 경미한 교통법규 위반자에 대해 경찰관이 직접 위반장소에서 범칙금을 납부할 것을 통고하여 범칙금을 납부하도록 하고 **운전을 계속하게 하는 제도**이다. 범칙금 납부 통고를 받은 사람이 범칙금을 이행하면 확정판결과 동일한 효력이 발생한다. 기출

(2) 범칙행위

"범칙행위"란 제156조 각 호 또는 제157조 각 호의 죄에 해당하는 위반 행위를 말하며, 그 구체적인 범위는 대통령령으로 정한다.

(3) 범칙자

범칙자란 범칙행위를 한 사람으로서 다음 각 호의 어느 하나에 해당하지 아니하는 사람을 말한다. 기출

1) 범칙행위 당시 운전면허증등 또는 이를 갈음하는 **증명서를 제시하지 못하거나** 경찰공무원의 운전자 신원 및 운전면허 확인을 위한 질문에 응하지 아니한 운전자

2) 범칙행위로 **교통사고를 일으킨 사람**. 다만, 업무상과실치상죄·중과실치상죄 또는 이 법 제151조의 죄에 대한 벌을 받지 아니하게 된 사람은 제외한다.

(4) 범칙금

범칙금이란 범칙자가 제163조에 따른 통고처분에 따라 국고 또는 제주특별자치도의 금고에 내야 할 금전을 말하며, 범칙금의 액수는 범칙행위의 종류 및 차종 등에 따라 대통령령으로 정한다.

(5) 통고처분 기출

경찰서장은 범칙자로 인정하는 사람에 대하여는 이유를 분명하게 밝힌 범칙금 납부통고서로 범칙금을 낼 것을 통고할 수 있다. 다만, 다음 각 호의 어느 하나에 해당하는 사람에 대하여는 그러하지 아니하다.

1. **성명이나 주소가 확실하지 아니한 사람**
2. **달아날 우려**가 있는 사람
3. **범칙금 납부통고서 받기를 거부**한 사람

(6) 범칙금의 납부

1) 범칙금 납부통고서를 받은 사람은 **10일 이내**에 경찰청장이 지정하는 국고은행, 지점, 대리점, 우체국 또는 제주특별자치도지사가 지정하는 금융회사 등이나 그 지점에 범칙금을 내야 한다. 다만, 천재지변이나 그 밖의 부득이한 사유로 말미암아 그 기간에 범칙금을 낼 수 없는 경우에는 부득이한 사유가 없어지게 된 날부터 **5일** 이내에 내야 한다.

2) 납부기간에 범칙금을 내지 아니한 사람은 납부기간이 끝나는 날의 다음 날부터 20일 이내에 통고받은 범칙금에 **100분의 20을 더한 금액**을 내야 한다.

3) 범칙금을 낸 사람은 범칙행위에 대하여 다시 벌 받지 아니한다.

(7) 불이행자의 처리

1) 경찰서장은 다음 각 호의 어느 하나에 해당하는 사람에 대하여는 지체 없이 즉결심판을 청구하여야 한다. 다만, 제2호에 해당하는 사람으로서 즉결심판이 청구되기 전까지 통고받은 범칙금액에 **100분의 50을 더한 금액**을 납부한 사람에 대하여는 그러하지 아니하다.

2) 즉결심판이 청구된 피고인이 즉결심판의 선고 전까지 통고받은 범칙금액에 100**분의** 50을 더한 금액을 내고 납부를 증명하는 서류를 제출하면 경찰서장은 피고인에 대한 즉결심판 청구를 취소하여야 한다.

3) 범칙금을 납부한 사람은 그 범칙행위에 대하여 다시 벌 받지 아니한다.

(8) 통고처분 불이행자 즉결심판청구

1) 경찰서장은 통고처분불이행자에게 범칙금 납부기간 만료일부터 **30일 이내**에 다음 각 호의 사항을 적은 즉결심판 출석통지서를 범칙금등 영수증 및 범칙금등 납부고지서와 함께 발송하여야 한다. 이 경우 즉결심판을 위한 출석일은 범칙금 납부기간 만료일부터 40일이 초과되어서는 아니 된다.

2) 지방경찰청장은 즉결심판 출석 최고에도 불구하고 운전자인 통고처분 불이행자가 범칙금등을 내지 아니하고 즉결심판기일에 출석하지도 아니하여 즉결심판 절차가 진행되지 못한 경우에는 통고처분불이행자의 **운전면허의 효력을 일시 정지**시킬 수 있다.

6 과태료 부과

(1) 의 의

벌금이나 과표와 달리 형벌의 성질은 없으나 법령위반에 대해 가해지는 금전벌이다.

(2) 부과 징수권자

① 지방청장은 **경찰서장**에게 위임(시행령 제86조 제3항)
② 제주특별자치도지사
③ 시장등은 **구청장 및 군수**에게 위임(시행령 제86조 제2항)

(3) 처분제외 대상 기출

① 차를 도난당하였거나 그 밖의 부득이한 사유가 있는 경우
② 운전자가 해당 위반행위로 20만원 이하의 벌금이나 구류 또는 과료로 처벌된 경우
③ 「질서위반행위규제법」에 따른 의견 제출 또는 이의제기의 결과 위반행위를 한 운전자가 밝혀진 경우
④ 자동차가 「여객자동차 운수사업법」에 따른 자동차대여사업자 또는 「여신전문금융업법」에 따른 시설대여업자가 대여한 자동차로서 그 자동차만 임대한 것이 명백한 경우

(4) 과태료 납부방법

① 과태료 납부금액이 대통령령으로 정하는 금액 이하인 경우에는 대통령령으로 정하는 과태료 납부대행기관을 통하여 신용카드, 직불카드 등으로 낼 수 있다.
② 제1항에 따라 신용카드 등으로 내는 경우에는 과태료 납부대행기관의 승인일을 납부일로 본다.

(5) 속도 위반시 과태료

기 준	과태료	범칙금	벌 점
60km/h 초과	13만원	12만원	60점
40km/h 초과－60km/h 이하	10만원	9만원	30점
20km/h 초과－40km/h 이하	7만원	6만원	15점
20km/h 이하	4만원	3만원	

제6절 교통사고

1 개 념

(1) 도로교통법(제2조)

도로에서의 차의 운전등으로 인해 사람을 사상하거나 물건을 손괴하는 것

(2) 교통사고 처리특례법

차의 교통으로 인해 사람을 사상하거나 물건을 손괴하는 것이고 교통사고 처리특례법상의 교통사고는 반드시 도로에서 사고나는 것외에 **도로 이외의 장소**에서 일어난 경우도 교통사고에 해당한다.

2 구성요건 기출

(1) 차에 의한 사고

1) **기차, 전동차, 항공기, 선박**에 의한 사고는 교통사고에 포함되지 않는다.

2) 자전거, 손수레, 경운기 등의 사고는 교통사고에 해당한다.

3) **케이블카, 소아용자건거, 유모차, 보행보조용 의자차** 등은 포함되지 않는다.

(2) 차의 교통으로 인한 사고

1) 도로에서 차마를 그 본래의 사용방법에 따라 사용하는 것(조종을 포함한다)을 말한다(도로교통법 제2조).

2) 차의 운행과 밀접하게 관련된 부수적 행위를 포함한다. 운행과 밀접하게 관련된 **주정차 중의 사고도 교통사고에 해당**한다.

3) **판 례** 기출

화물차를 주차된 토마토 상자를 운반하던 사자 일부가 떨어지면서 지나가던 사람에게 상해를 입힌 경우, 「교통사고 처리특례법」상의 교통사고에 해당하지 않고 **업무상과실치상죄**가 성립한다(대판 2009.7.9. 2009도 2390).

(3) 피해의 결과 발생

1) 차의 운행 중 충돌, 접촉 등으로 인한 것이라고 해도 피해가 없는 경우 교통사고에 해당하지 않는다.

2) 피해는 타인의 피해를 말하고 자신의 피해는 해당하지 않는다.

(4) 업무상 과실 기출

교통사고는 **과실범이자 결과범**으로 교통사고 조사를 할 때는 과실을 명백히 해야 한다. 단, 「특정범죄가중처벌 등에 관한 법률」 위반은 과실과 고의가 결합되어 있다.

(5) 교통사고 해당 여부

구분	내용
교통사고에 해당	① 정차 중인 버스 택시의 승하차시의 사고 ② **운행 중 화물**이 떨어져 발생한 사고 ③ 공장 안에서 지게차를 운전하여 피해자를 들이받아 상해를 일으킨 경우
교통사고에 해당하지 않음	① 도로변에 세워둔 자동차에 실수로 부딪힌 경우 ② 주행 중인 버스 안에서 짐이 떨어져 승객의 머리를 부상케한 경우 ③ 도로가 아닌 곳의 **단순 물적 피해사고**는 교통사고에 해당하지 않는다.

3 교통사고 발생시 조치

(1) 구호조치

① 차의 운전 등 교통으로 인하여 사람을 사상하거나 물건을 손괴한 경우에는 그 차의 운전자나 그 밖의 승무원은 즉시 정차하여 사상자를 구호하는 등 필요한 조치를 하여야 한다.

② 구호조치는 **도로가 아닌 곳의 사고운전자에게도 인정**된다.

(2) 신고의무

1) 그 차의 운전자등은 경찰공무원이 현장에 있을 때에는 그 경찰공무원에게, 경찰공무원이 현장에 없을 때에는 가장 가까운 국가경찰관서에 다음 각 호의 사항을 지체 없이 신고하여야 한다.

① 사고가 일어난 곳

② 사상자 수 및 부상 정도

③ 손괴한 물건 및 손괴 정도

④ 그 밖의 조치사항 등

2) 신고를 받은 국가경찰관서의 경찰공무원은 부상자의 구호와 그 밖의 교통위험 방지를 위하여 필요하다고 인정하면 경찰공무원이 현장에 도착할 때까지 신고한 운전자등에게 현장에서 대기할 것을 명할 수 있다.

3) 경찰공무원은 교통사고를 낸 차의 운전자등에 대하여 그 현장에서 부상자의 구호와 교통안전을 위하여 필요한 지시를 명할 수 있다.

4) 판 례

① 귀책사유 없는 차량의 운전자도 「도로교통법」상 **구호조치의무와 신고의무**가 있다.

② 교통사고로 인해 피해차량의 물적 피해가 경미하고 파편이 도로에 비산되지 않을 정도로 경미하더라도 가해차량이 즉시 정차하는 등 필요한 조치를 취하지 않고 도주한 경우 신고의무위반이다.

4 교통사고 처리

(1) 적용 법률

1) 고의에 의한 경우

살인죄, 상해죄, 손괴죄 등이 적용될 수 있고, 경미한 경우 「도로교통법」 의율가능

2) 과실에 의한 경우

업무상 과실치사상죄가 적용되고, 「교통사고 처리특례법」이 우선 적용되며 경미한 경우는 「도로교통법」이 적용된다.

(2) 처리기준

1) 치사사고 기출

교통사고로 치사사고를 일으킨 경우 「교통사고처리 특례법」에 따라 5년 이하의 금고 2천만원 이하의 벌금에 처한다.

2) 치상사고

① 합의 유무

구분	내용
합의 성립시	• 「교통사고 처리특례법」 제3조 제2항을 적용하여 **공소권없음**으로 처리한다. • 피해자의 명시한 의사표시는 제1심판결 선고 전까지 해야 한다.
합의 불성립시	「교통사고 처리특례법」 제3조 제1항을 적용하여 **공소권있음**으로 처리한다.
공소권있음 (합의 불문)	• 사고운전자가 피해자를 구조하지 않고 도주하거나 피해자를 사고 장소로부터 **유기하고 도주**한 경우 • 사고운전자가 음주측정요구에 따르지 아니한 경우 • **특례조항 12개** 항목에 해당하는 행위로 치상사고를 일으킨 경우

② **종합보험 가입된 경우** 기출

원 칙	**종합보험** 또는 **공제**에 가입된 경우 운전자에 대해 공소제기 어려움
예 외 (공소제기)	• 구호조치를 하지 않고 도주하거나 피해자를 사고 장소로부터 옮겨 **유기하고 도주**한 경우 • 음주측정요구에 불응한 경우 • 특례 12개 항목으로 인해 치상사고를 일으킨 경우 • 피해자가 신체의 상해로 인해 생명에 대한 위험이 발생하거나 불구가 되거나 **불치 또는 난치의 질병**이 생긴 경우

3) 물피사고(반의사 불벌죄) 기출

① **피해자와 합의 성립**: 피해액에 관계없이 교통사고처리대장에 등재해서 처리절차를 종결하고 **형사입건은 하지 않는다.** 단 원인행위가 명백한 경우 **통고처분가능**

② **피해자와 합의 불성립**: 합의가 성립되지 않으면 **형사입건**한다. 피해액이 20만원 미만은 **즉심**에 회부한다.

4) 교통사고 야기 후 도주사건

① **인명피해 사고 야기 후 도주**: **「특정경제 가중처벌 등에 관한 법률**(제5조 제3항)」을 적용하여 형사입건한다.

② 물적피해 사고 야기 후 도주 기출: **「도로교통법(제148조)」**을 적용하여 형사입건한다.

③ **신고하지 않았을 경우**: **「도로교통법(제154조)」**을 적용하여 형사입건한다.

(3) 유형별 처리

1) 신호, 지시위반사고(제1조)

① 적색등화 점멸시 일시정지를 무시하고 진행한 사고

② 직진 또는 정지신호시 좌회전한 경우 사고

③ 진입금지 표지판이 있는 곳에서 진입 중 사고

④ **보행자 신호기 위반은 신호위반에 해당하지 않는다.** 기출

2) 중앙선 침범사고(제2조)

① 중앙선 침범행위와 사고 사이의 인과관계를 요한다.

② 불가항력이나 부득이한 사유로 중앙선을 침범한 경우 중앙선 침범사고의 책임을 물을 수 없다.

③ 추월진행하고자 중앙선을 침범하여 진행하다가 대향차를 보고 자기차로로 들어가 자기차로 앞차량을 충돌한 경우 중앙선 침범의 과실책임이 있다.

④ 교통사고발생지점이 중앙선을 넘어선 **모든 경우가 중앙선 침범사고에 해당하는 것은 아니다.**

⑤ **차체의 일부**라도 중앙선을 침범하면 중앙선 침범에 해당한다.

⑥ 일반도로를 후진하여 역주행한 과실로 도로를 횡단하던 피해자에게 상해를 입게하였다고 하더라도 「교통사고 처리특례법」 제3조 제2항(중앙선침범, 고속도로등 횡단유턴 후진위반)이 아니므로 피해자의 명시한 의사에 반하여 공소제기를 할 수 없다.

3) 제한속도 시속 20킬로미터 초과하여 운전한 경우(제3호)

신호위반차와 충돌한 차량이 신호를 준수한 경우 당시 일부 과속이 있었다 하더라도 사고 책임이 있다 할 수 없다(대판 1990.2.9.).

4) 앞지르기 방법, 금지시기, 금지장소, 끼어들기 금지 등 위반(제4호)

커브길에서 대향차가 앞지르기하여 중앙선침범 진행해 올 때 반대 방향 차는 이에 대처할 **주의의무는 없다**(대판 1989.9.6).

5) 철길 건널목 통과방법 위반(제5호)

모든 차는 건널목의 차단기가 내려져 있거나 내려지려고 하는 경우 건널목의 경보기가 울리고 있는 동안 건널목에 들어가서는 안 된다.

6) 횡단보도에서 보행자 보호의무 위반(제6호)

① 횡단보도 통행 중 신호가 변경되어 도로에서 **멈추어 서있는 상황**에서 사고가 발생되었다면 보행자 보호의무 위반의 **잘못이 없다.**

② 보행자가 횡단 중 **녹색등화가 적색등화로 바뀌었다 하더라도** 횡단보도를 다 건너갈 때까지는 운전자의 보행자 보호의무가 적용된다(판례).

③ **택시를 잡기 위한 사람, 횡단보도에서 자고 있는 사람, 화물을 적재 중인 사람, 싸우고 있는 사람**은 보행자에 해당하지 않는다(판례). 기출

7) 운전면허 또는 건설기계 조종사 면허를 받지 아니하거나 국제운전면허증을 소지하지 아니하고 운전한 경우(제7호)

① 운전면허 취소 처분 이후 **적법한 통지 또는 공고가 없는 동안** 자동차 운전은 무면허 운전이라고 할 수 없다(대판 1991.11.8).

② 주소변경하였으나 행정착오로 미정되어 종전주소로 통지 **반송되어 공고조치** 후 면허취소한 것은 부적법하고 구두로 알렸다 하여도 적법한 송달이 아니므로 **효력이 발생되지 않는다**(대판 1994.1.11).

8) 술이나 약물의 영향으로 정상적인 운전을 하지 못할 우려가 있는 상태에서 운전한 경우 (제8호)

음주 만취 후 운전을 하다가 교통사고를 일으킨 경우 음주시 교통사고를 예견하였는데도 자의로 심신장애를 야기한 경우로 형법 제10조 제3항의 **심신장애로 인한 감경을 할 수 없다**(대판 2007.7.27).

9) 보도를 침범하거나 보도횡단방법에 위반하여 운전한 경우(제9호)

시내버스 정차를 위해 진입시 인도에 있던 사람이 갑자기 차도로 쓰러질 것을 예상할 주의의무는 없다(판례).

10) 개문사고

택시운전기사가 정차요구로 정차하였으나 요금계산하던 중 승객 1명이 왼쪽 개패장치를 풀고 왼쪽 문을 여는 순간 진행하던 차량과 충돌한 사고는 택시운전자에게 과실이 있다고 볼 수 없다(판례).

11) 신호등 없는 교차로 사고 기출

폭이 넓은 도로로부터 그 교차로로 들어가려는 다른 차가 있으면 그 차에게 진로를 양보해야 하고 **먼저 교차에 도착하였다 하더라도 넓은 도로에서 교차로로 들어가려고 하는 차보다 우선하여 통행할 수 없다.**

12) 긴급자동차

신호를 준수하지 아니하고 진행하여도 무방하나 **사고 발생시에는 그에 대한 책임을 져야 한다.**

(4) 신뢰의 원칙

1) 의 의

과실범의 주의의무의 한계를 정하는 원칙으로 교통규칙을 준수하는 운전자는 다른 운전자나 보행자도 교통규칙을 잘 지킬 것을 신뢰하였다면 **사전에 미리 위반을 예견하고 회피할 주의의무까지 요구되지 않는다**는 원칙이다. **과실범의 처벌을 완화**하기 위한 원칙이다.

2) 고속도로상의 신뢰원칙

① 특별한 사정이 없는 한 고속도로를 운전하는 자동차 운전자에게 고속도로상에서 도로를 횡단하는 보행인 등 장애물이 나타날 것을 예견하여 제한속도 이하로 감속 서행할 주의의무는 없다. 기출

② 도로를 횡단하는 보행자를 그 차의 제동거리 밖에서 발견하였다면 보행자가 반대 차선의 교행 차량 때문에 도로를 완전히 횡단하지 못하고 진행차선 쪽에서 멈추거나 되돌아가는 것이 예견되므로 구체적인 위험이 전개된 이상 고속도로 위라 할지라도 신뢰의 원칙이 배제된다. 기출

3) 교차로상의 신뢰원칙

① 녹색신호에 따라 통과할 무렵 제한속도를 초과하였다 할지라도 신호를 위반하고 직진한 상대방 차량에 대비할 주의의무는 없다(판례).

② 통행 우선순위를 무시하고 교차로 왼쪽에서 과속으로 교행해 오는 것에 대한 주의의무는 없다(판례). 기출

4) 반대차로 차량에 대한 신뢰원칙

운전자에게 특별한 사정이 있는 경우를 제외하고는 반대차로를 운행하는 차가 갑자기 중앙선을 넘어올 것까지 예견하여 감속하는 등 미리 충돌을 방지할 태세를 갖추어 차를 운전하여야 할 주의의무는 없다. 기출

5) 횡단보도상의 신뢰원칙 기출

신호에 따라 좌회전 하는 차량의 뒤를 따라 직진하는 차량의 운전자로서는 횡단보도의 신호가 적색인 상태에서 보행자가 횡단보도를 건너오지 않을 것을 신뢰하는 것은 당연하고, 건너올 것이라는 예상하여 주의의무를 다해야 한다고 볼 수 없다.

6) 기 타

① 교차로에서 녹색신호를 따라 직진하는 경우 반대차선의 차량이 신호를 위반하여 앞을 가로질러 좌회전할 경우까지 예상하여 조치를 취할 의무는 없다(판례).

② 버스운전자는 전날 주차해둔 버스를 아침에 출발하기 전에 차 밑에 장애물이 있는지 여부를 확인하여야 할 주의의무가 있다.

③ 차량의 운전자는 횡단보도의 신호가 적색인 상태에서 반대차선상에 정지해 있는 차량의 뒤로 보행자가 건너오지 않을 것이라고 신뢰하는 것은 당연하고 그렇지 않은 사태까지 예상하여 주의의무를 다할 필요는 없다(판례).

④ 차량을 추월하기 위해 중앙선을 침범하여 마주오는 차량과 충돌한 경우, 맞은편에서 진행한 차량에게 과실이 있다고 할 수 없다.

⑤ 도로공사로 노폭이 줄어들어 자동차가 한 대 통과할 수 있는 협소한 곳이라면 다른 자동차가 피고인이 운행하는 화물자동차를 추월하리라고 예견할 수 없으므로 후사경으로 확인할 의무는 없다.

7) 적용한계

상대방의 규칙위반을 이미 인식한 경우에는 신뢰원칙이 적용되지 않는다. 기출

정지거리

① **정**지거리=**공주**거리+**제**동거리
② **공주**거리: 운전자가 운전 중 위험을 감지하고 실제로 제동 페달을 밟아 제동 효과가 나타날 때까지 주행한 거리
③ 제동거리: 제동효과가 발생한 때부터 정지할 때까지 주행한 거리

Police Science

교통경찰

제1절 교통경찰의 의의

01 교통경찰의 특징에 대한 설명으로 맞지 않은 것은? 99 · 01 · 02 승진

① 모든 계층의 사람이 교통경찰의 대상이다.
② 기술적 분야에 속하는 사항이 많다.
③ 사법적(司法的) 분야에 속하는 사항이 많다.
④ 사회생활에 중대한 영향을 미친다

해설

교통경찰은 도로의 시공, 관리, 안전시설의 설치 등과 관련하여 공물관리청인 일반행정청과 협조를 요하는 **행정적(行政的)분야**에 속하는 사항이 많다.

08

제2절 도로교통법 관련 주요 용어정리

01 「도로교통법」상 '차'의 범위로 맞는 것은? 03. 승진

① 자동차 · 건설기계 · 원동기장치자전거 · 자전거 또는 사람이나 가축의 힘 그 밖의 동력에 의하여 도로에서 운전되는 것
② 자동차, 건설기계, 기차, 전동차 등
③ 자동차, 건설기계, 전동차, 항공기, 선박 등
④ 자동차, 건설기계, 우마차, 기차, 전동차, 항공기, 선박 등

Answer 1. ③ / 1. ①

해설

차란 자동차 · 건설기계 · 원동기장치자전거 · 자전거 또는 사람이나 가축의 힘이나 그 밖의 동력에 의하여 도로에서 운전되는 것으로서, 철길 또는 가설된 선을 이용하여 운전되는 것과 유모차 및 보행보조용 의자차 외의 것을 의미한다.

02 다음은 차량이 고속도로상에서 고장발생 시의 조치를 나열한 것이다. 가장 옳은 것은?

11. 승진

> 고장차량의 표지는 당해 차의 뒤쪽 ㉠ (　)m 이상의 지점에 설치하고, 야간에는 사방의 ㉡ (　)m 지점에서 식별할 수 있도록 적색의 섬광신호, 전기제등 또는 불꽃신호를 그 자동차로부터 ㉢ (　)m 이상의 뒤쪽 도로상에 각각 설치하여야 한다.

① ㉠ 100 ㉡ 200 ㉢ 200　② ㉠ 100 ㉡ 200 ㉢ 100
③ ㉠ 100 ㉡ 500 ㉢ 300　④ ㉠ 100 ㉡ 500 ㉢ 200

해설

(1) 고장자동차의 표지는 그 자동차로부터 **100m** 이상의 뒤쪽 도로상에 설치하여야 한다.
(2) 밤에는 고장자동차의 표지와 함께 사방 **500m** 지점에서 식별할 수 있는 적색의 섬광신호 · 전기제등 또는 불꽃신호를 추가로 자동차로부터 **200m** 이상의 뒤쪽 도로상에 설치하여야 한다.

03 횡단보도 설치기준으로 잘못된 것은?

03 · 08. 승진

① 횡단보도를 설치하고자 하는 장소에 횡단보행자용 신호기가 설치되어 있는 경우에는 횡단보도표시만 설치한다.
② 횡단보도를 설치하고자 하는 도로의 표면이 포장되지 아니하여 횡단보도표시를 할 수 없는 때에는 횡단보도표지판과 보조표지를 설치한다.
③ 횡단보도는 육교 · 지하도 및 다른 횡단보도로부터 500미터 이내에는 설치하여서는 아니된다.
④ 어린이 보호구역이나 노인 보호구역으로 지정된 구간인 경우 또는 보행자의 안전이나 통행을 위하여 특히 필요하다고 인정되는 경우에는 거리제한을 받지 않고 설치할 수 있다.

해설

횡단보도는 육교 · 지하도 및 다른 횡단보도로부터 **200m 이내**에는 설치하여서는 아니 된다.

Answer 2. ④ 3. ③

04 **다음은 「도로교통법」상 용어의 정의이다. 타당하지 않는 것은?** 05. 승진

① 고속도로라 함은 자동차의 고속교통에만 사용하기 위하여 지정된 도로를 말한다.

② 자동차전용도로라 함은 자동차 등이 다닐 수 있도록 설치된 도로를 말한다.

③ 차도라 함은 연석선·안전표지 그 밖의 이와 비슷한 공작물로써 그 경계를 표시하여 모든 차의 교통에 사용하도록 된 도로의 부분을 말한다.

④ 차선이란 차로와 차로를 구분하기 위하여 그 경계지점을 안전표지에 의하여 표시한 선을 말한다.

해설

자동차전용도로라 함은 자동차만이 다닐 수 있도록 설치된 도로를 말한다.

05 **「도로교통법」상 일시 정지할 장소에 해당하지 않는 것은?** 11. 승진

① 교통정리가 행하여지고 있지 아니하고 일시정지 또는 양보를 표시하는 안전표지가 설치되어 있는 교차로

② 철길 건널목을 통과하고자 할 때

③ 횡단보도상에 보행자가 통행하고 있을 때

④ 비탈길의 고갯마루 부근

해설

비탈길의 고갯마루 부근은 **서행**해야 할 장소이다.

06 **「도로교통법」상 주차금지 장소에 해당하는 곳으로 틀린 것은?** 01 · 10. 승진

① 터널 안 및 다리 위

② 화재경보기로부터 3m 이내의 곳

③ 소방용 기계·기구가 설치된 곳으로부터 5m 이내의 곳

④ 도로공사를 하고 있는 경우에는 그 공사구역의 양쪽 가장자리로부터 10m 이내의 곳

해설

도로공사를 하고 있는 경우에는 그 공사구역의 양쪽 가장자리로부터 **5m 이내의 곳**이 주차금지장소이다.

Answer 4. ② 5. ④ 6. ④

07 **교통경찰활동에 대한 아래의 설명 중 틀린 것은 몇 개인가?** 10. 경간

㉠ 교통안전 표지의 종류로는 주의, 규제, 경고, 보조, 노면표지가 있다.
㉡ 터널표지는 주의표지이다.
㉢ 「도로교통법」상 신호기 및 안전표지의 설치·관리권자는 특별시장·광역시장 또는 시장·군수이다.
㉣ 모든 차의 운전자는 어린이 또는 유아를 태우고 있다는 표시를 하고 도로를 통행하는 어린이통학버스를 앞지르지 못한다.
㉤ 횡단보도는 육교, 지하도 및 다른 횡단보도로부터 100m 이내에 설치하여서는 아니된다.

① 1개 ② 2개 ③ 3개 ④ 4개

해설

㉠ 교통안전 표지의 종류는 **주의, 규제, 지시, 보조, 노면**표지가 있다.
㉤ 횡단보도는 육교, 지하도 및 다른 횡단보도로부터 **200m 이내**에 설치하여서는 아니 된다.

08 **「도로교통법」 제2조에는 동법에서 사용되는 용어에 대한 정의를 하고 있다. 다음 중 정의가 틀린 것은?** 03. 승진

① 긴급자동차-소방자동차, 구급자동차, 혈액공급차량 그 밖의 국토교통부장관이 정하는 차로서 그 본래의 긴급한 용도로 사용되고 있는 중인 자동차를 말한다.
② 정차-차가 5분을 초과하지 아니하고 정지하는 것으로서 주차외의 정지상태를 말한다.
③ 원동기장치자전거-「자동차관리법」 제3조의 규정에 의한 이륜자동차 중 배기량 125cc 이하의 이륜자동차와 50cc 미만의 원동기를 단 차를 말한다.
④ 도로-'도로법에 의한 도로', '유로도로법에 의한 유로도로', '농어촌도로정비법에 따른 농어촌 도로', '그 밖의 일반교통에 사용되는 모든 곳'을 말한다.

해설

긴급자동차-**소방자동차, 구급차, 혈액 공급차량** 그 밖에 대통령령으로 정하는 자동차로서 그 본래의 긴급한 용도로 사용되고 있는 자동차를 말한다.

Answer 7. ② / ㉠㉤ 8. ①

09 다음 설명 중 옳지 않은 것은?

09. 경위 승진

① 적색등화 점멸시 진행하는 것이 반드시 신호위반은 아니다.
② 교통안전시설등 설치·관리지침상 고속도로상의 교통안전시설물은 사전에 고속도로관리자와 협의 후 경찰청장이 설치·관리한다.
③ 긴급자동차는 자동차의 속도, 앞지르기 금지시기, 앞지르기 금지장소, 끼어들기의 금지에 관한 규정에 대한 특례가 인정된다.
④ 의무전투경찰순경은 치안업무를 보조하는 업무의 일환으로서 「경찰공무원법」의 규정에 의한 경찰공무원과 마찬가지로 단독으로 교통정리를 위한 지시 또는 신호를 할 수 있다.

해설

고속도로관리자는 교통안전시설을 설치·관리하여야 한다. 이 경우 고속도로관리자가 교통안전시설을 설치하고자 하는 때에는 **경찰청장과 협의**하여야 한다.

10 다음 중 교통안전표지의 종류로 옳은 것은?

09. 경찰 1차

① 보조표지, 주의표지, 규제표지, 노면표지, 지시표지
② 주의표지, 규제표지, 안내표지, 경고표지, 보조표지
③ 규제표지, 지시표지, 안내표지, 보조표지, 노면표지
④ 노면표지, 규제표지, 안전표지, 지시표지, 보조표지

해설

안전표지판의 종류에는 보조표지, 주의표지, 규제표지, 노면표지, 지시표지가 있다.

주의표지	도로상태가 위험하거나 도로 또는 그 부근에 위험물이 있는 경우에는 필요한 안전조치를 할 수 있도록 이를 도로사용자에게 알리는 표지(도로공사중/비행기/터널/야생동물보호/내리막 경사/철길건널목/어린이보호/횡단보도)
규제표지	도로교통의 안전을 위하여 각종 제한·금지 등의 규제를 하는 경우에 이를 도로사용자에게 알리는 표지(통행금지/앞지르기금지/일시정지/최고속도제한/주차금지)
지시표지	도로의 통행방법·통행구분 등 도로교통의 안전을 위하여 필요한 지시를 하는 경우에 도로사용자가 이에 따르도록 알리는 표지(횡단보도/일방통행)
보조표지	주의표지·규제표지 또는 지시표지의 주기능을 보충하여 도로사용자에게 알리는 표지(거리/안전속도/견인지역/어린이보호구역)
노면표지	도로교통의 안전을 위하여 각종 주의·규제·지시 등의 내용을 노면에 기호·문자 또는 선으로 도로사용자에게 알리는 표지(중앙선표시/버스전용차로표시)

Answer 9. ④ 10. ①

11 다음 중 주차만 금지하는 장소에 해당하는 것은 몇 개인가? 07. 남기동대

㉠ 교차로, 횡단보도
㉡ 터널 안 및 다리 위
㉢ 화재경보기로부터 3미터 이내의 곳
㉣ 건널목의 가장자리 또는 횡단보도로부터 10미터 이내의 곳
㉤ 소방용 기계·기구가 설치된 곳으로부터 5미터 이내의 곳
㉥ 도로공사를 하고 있는 경우에는 그 공사 구역의 양쪽 가장자리로부터 5미터 이내의 곳
㉦ 안전지대가 설치된 도로에서는 그 안전지대의 사방으로부터 각각 10미터 이내의 곳

① 2개 ② 3개 ③ 4개 ④ 5개

해설

㉠, ㉣, ㉦은 주·정차 금지 장소이다.

제 3 절 긴급자동차

01 긴급자동차에 대한 아래의 설명 중 틀린 것은? 02. 채용

① 전기·전화의 긴급보수공사 차량은 당연히 긴급자동차에 포함된다.
② 경찰관의 지시에 따라 서행하고 있는 자동차 앞에 끼어드는 행위가 허용이 된다.
③ 도로위험방지 차량은 신청에 의해 지방경찰청장의 지정을 받아야 한다.
④ 응급차가 중앙선을 침범해서 사고를 일으킨 경우에는 일반차와 동등하게 취급한다.

해설

전기·전화의 긴급보수공사 차량 중 신청에 의해 지방경찰청장의 지정을 받은 차만이 긴급자동차에 해당한다.

Answer 11. ③ / ㉡㉢㉤㉥ / 1. ①

02 **신청에 의하지 않더라도 긴급자동차로 인정되는 긴급자동차가 아닌 것은?** 02. 승진

① 국군 및 주한 국제연합군용 자동차 중 군대의 질서유지 및 부대의 질서 있는 이동을 유도하는 데 사용되는 자동차
② 도로의 관리를 위하여 사용되는 자동차 중 도로의 위험을 방지하기 위한 응급작업에 사용되는 자동차
③ 교도소 또는 교도기관의 자동차 중 도주자의 체포 또는 피수용자의 호송, 경비를 위하여 사용되는 자동차
④ 수사기관의 자동차 중 범죄수사를 위하여 사용되는 자동차

해설

도로 응급 작업차는 **신청에 의한 지정**에 의해서 긴급자동차로 인정된다.

03 **다음 긴급자동차 중에서 지방경찰청장의 지정을 받아야만 긴급자동차로 인정되는 자동차는?** 09. 채용

① 경찰용 자동차 중 긴급한 경찰임무 수행에 사용되고 있는 자동차
② 교도소의 자동차 중 도주자의 체포 또는 피수용자의 호송, 경비를 위하여 사용하는 자동차
③ 우편물의 운송에 사용되는 자동차 중 긴급배달우편물의 운송에 사용되는 자동차
④ 국군용 자동차 중 부대이동을 유도하는 데 사용되는 자동차

해설

지방경찰청장의 지정에 의한 긴급자동차는
(1) 공익사업기관에서 응급작업 (2) 민방위업무 (3) 도로상 위험방지, 자동차 단속
(4) 응급작업, 긴급배달우편물, 전파감시업무
〈주의〉 소음 및 공해방지용 차량은 제외

08

Answer 2. ② 3. ③

04 교통경찰활동에 대한 다음의 설명 중 옳지 않은 것은? 05. 채용

① 통행우선순위 위반은 「교통사고특례법」상 예외 12개항에 해당하지 않는다.
② 인적피해를 야기한 후에 도주한 자동차 운전자에 대해서는 「특정범죄 가중처벌 등에 관한 법률」이 적용된다.
③ 도로의 중앙선을 넘어서 앞지르기를 하다가 사고를 야기한 경우 긴급자동차라 할지라도 책임을 지게 된다.
④ 경찰용자동차 중 범죄수사에 사용되는 차는 신청에 의하여 지방경찰청장이 긴급자동자로 지정한다.

해설

경찰용자동차 중 범죄수사에 사용되는 차는 **법정(당연)긴급자동차**이다.

05 긴급자동차에 대한 설명 중 틀린 것은? 04 · 10. 승진

① 긴급자동차는 소방자동차 · 구급자동차 · 혈액공급차량 그 밖의 대통령령이 정하는 자동차로서 그 본래의 긴급한 용도로 사용되고 있는 자동차를 말한다.
② 긴급자동차에 준하는 자동차에는 경찰용 긴급자동차에 의하여 유도되고 있는 자동차, 국군 등 군부대의 질서 있는 이동유도용 자동차, 생명이 위급한 환자나 부상자를 운반 중인 자동차를 들 수 있다.
③ 긴급자동차는 긴급하고 부득이한 때에는 도로의 중앙 좌측부분을 통행할 수 있고, 교차로에서 긴급자동차가 접근한 때에는 모든 차는 도로의 우측 가장자리로 일시정지해야 한다.
④ 긴급자동차가 긴급한 용도로 사용되는 중에 교통사고가 발생하면 다른 일반 승용차와 같이 위반내용을 적용하여 책임을 진다.

해설

② '국군 등 군부대의 질서 있는 이동유도용 자동차'는 긴급자동차에 준하는 자동차가 아니라 긴급자동차에 해당한다.

Answer 4. ④ 5. ②

06 **긴급자동차의 종류에 대한 설명으로 성질이 다른 것은?** 09. 경간

① 수사기관의 자동차 중 범죄수사를 위하여 사용되는 자동차
② 군용차량으로 군내부의 질서유지 및 부대의 질서 있는 이동을 유도하는 데 사용되는 자동차
③ 도주자의 체포 또는 피수용자의 호송을 위하여 사용되는 자동차
④ 경찰용 긴급자동차에 의하여 유도되고 있는 자동차

해설

경찰용 긴급자동차에 의하여 유도되고 있는 자동차는 **준긴급자동차**에 해당한다.

07 **다음 중 지방경찰청장의 지정에 관계없이 인정되는 법정긴급자동차인 것은?** 07. 여기동대

① 전기사업·가스사업 그밖에 공익사업기관에서 위험방지를 위한 응급작업에 사용되는 자동차
② 민방위업무를 수행하는 기관에서 긴급예방 또는 복구를 위한 출동에 사용되는 자동차
③ 도로관리를 위하여 사용되는 자동차 중 도로상의 위험을 방지하기 위한 응급작업에 사용되는 자동차
④ 국내외 요인에 대한 경호업무수행에 공무로서 사용되는 자동차

해설

국내외 요인에 대한 경호업무수행에 공무로서 사용되는 자동차는 법정긴급자동차이다.

08 **다음 긴급자동차에 대한 설명으로 틀린 것은?** 09. 경찰 1차

① 긴급하고 부득이한 경우에는 도로좌측 통행이 가능하다.
② 앞지르기 금지시기나 장소, 앞지르기 방법 위반, 끼어들기 적용을 받지 않는다.
③ 민방위업무를 수행하는 기관에서 긴급 예방 또는 복구를 위한 출동이나 사용 신청시 지방청장이 지정한 경우 긴급자동차 특례 가능하다.
④ 지방청장은 긴급자동차 색칠 사이렌, 경광등 기타 「도로교통법」 시행령 제3조 제1항에 따른 자동차 안전 기준에 규정된 긴급자동차에 관한 구조에 적합하지 아니한 경우 지정을 취소할 수 있다.

Answer 6. ④ 7. ④ 8. ②

해설

자동차의 제한속도, 앞지르기 금지시기 및 앞지르기 금지장소, 끼어들기 금지를 적용하지 않는 등의 특례가 있다. 다만, 긴급자동차의 속도를 따로 정한 경우에는 속도제한규정을 적용한다. 그러나 "앞지르기 방법" 및 "신호위반과 중앙선침범에 의한 사고"의 경우에는 긴급자동차의 특례가 인정되지 않는다.

제 4 절 교통규제

01 **어린이보호구역 안에서 지방경찰청장 또는 경찰서장이 어린이보호구역의 보호를 위해 취할 수 있는 조치가 아닌 것은?** 05. 승진

① 자동차의 통행을 금지하거나 제한하는 것
② 자동차의 정차나 주차를 금지하는 것
③ 운행속도를 매시 20km 이내로 제한하는 것
④ 이면도로를 일방통행로 지정・운영하는 것

해설

자동차를 운행속도 매시 30km 이내로 제한할 수 있다.

02 **어린이보호구역에 대한 설명으로 틀린 것은?** 10. 승진

① 어린이보호구역 내에서 지방경찰청장 또는 경찰서장은 자동차의 통행을 금지하거나 제한할 수 있다.
② 어린이보호구역 내에서 지방경찰청장 또는 경찰서장은 자동차의 정차나 주차를 금지할 수 있다.
③ 어린이보호구역으로 설정할 수 있는 구간은 초등학교 등의 주 출입문을 중심으로 반경 300m 이내의 도로 중 일정구간이다.
④ 시장・군수 및 구청장은 보호구역으로 지정된 초등학교 등의 주 출입문과 직접 연결되어 있는 도로에는 노상주차장을 설치할 수 있다.

해설

시장・군수 및 구청장(자치구의 구청장)은 보호구역으로 지정된 초등학교 등의 주 **출입문과 직접 연결되어 있는 도로에는 노상 주차장을 설치하여서는 아니 된다.** ③ 다만, 필요한 경우 보호구역 지정대상 시설의 주 출입문을 중심으로 반경 **500m 이내**의 도로에 대해서도 보호구역으로 지정할 수 있다.

Answer 1. ③ 2. ④

03 **경찰관 甲은 교차로에서 교통지도 단속근무 중이다. 甲이 신호위반으로 단속할 수 없는 것은?** 01. 승진

① 황색의 등화시 우회전하는 차마
② 황색의 등화시 교차로에 진입하고 있는 운전자
③ 보행등이 녹색점멸시 보행을 시작하는 보행자
④ 적색등화에 주의하면서 횡단하는 보행자

해설

교차로에서 우회전은 신호에 상관없이 다른 차량에 주의하며 진행할 수 있다.

제5절 교통지도단속

01 **자동차 등을 운전하려고 하는 자는 술에 취한 상태에서 운전할 수 없다. 다음 중에서 음주운전에 해당하지 아니한 경우는?** 01. 채용

① 혈중알코올농도 0.07% 상태에서 덤프트럭을 운전하는 경우
② 혈중알코올농도 0.14% 상태에서 건설기계인 포크레인을 운전하는 경우
③ 혈중알코올농도 0.10% 상태에서 49cc 원동기장치자전거를 운전하는 경우
④ 혈중알코올농도 0.12% 상태에서 경운기를 운전하는 경우

해설

「도로교통법」상의 자동차 등에서 제외되는 **경운기 · 우마차 · 트랙터 · 자전거 등은 음주운전의 단속대상이 아니다.**

02 **다음 주취운전에 관한 설명 중 타당한 것은?** 02. 승진

① 혈중알코올농도와 구중알코올농도는 같다.
② 술에 취한 상태의 기준은 혈중알코올농도 0.05% 이상이다.
③ 여관 주차장 내에서 차량의 위치이동은 주취운전에 해당하지 않는다.
④ 주취한 상태에서 경운기 운전은 주취운전이다.

해설

① 구중알코올농도는 **호흡알코올농도**를 의미하며, 혈중알코올농도와는 구별되는 개념이다.
③ 음주운전은 도로의 여부와 관계없이 성립된다.
④ 경운기는 자동차 등에 포함되지 아니한다.

Answer 3. ① / 1. ④ 2. ②

08

03 다음은 주취운전에 관한 처벌기준이다. 틀린 것은?

03 · 08. 승진

① 혈중알코올농도 0.05% 상태에서 운전하다가 인피사고 야기시 면허취소이다.
② 술에 취한 상태에 있다고 인정되는 자동차의 운전자가 경찰공무원의 측정에 불응시는 3년 이하의 징역이나 1000만원 이하의 벌금에 처한다.
③ 구강 내의 잔류알코올에 의한 과대 측정을 피하기 위해 최종 음주시간 및 유사 알코올 사용여부를 확인하여 음주 후 20분이 경과한 후에 음주측정을 해야 한다.
④ 지게차는 자동차가 아닌 건설기계에 해당되므로 이를 술에 취한 상태에서 운전하여도 주취운전으로 처벌이 불가능하다.

해설

음주운전의 단속대상에는 도로를 운행하는 **모든 건설기계가 포함**되므로, 지게차도 자동차 등에 포함되어 주취운전으로 처벌이 가능하다.

04 교통경찰활동에 대한 설명 중 틀린 것은?

10. 승진

① 궤도에 의한 철도교통이나 항공교통은 해당 전문기관에서 취급하므로 교통경찰의 영역에서 제외된다.
② 도로의 표면이 포장되지 않아 횡단보도를 표시할 수 없는 때에는 횡단보도표지판을 설치한다. 이 경우 그 횡단보도표지판에 횡단보도의 너비를 표시하는 보조표지를 설치하여야 한다.
③ 어린이보호구역 안에서 지방경찰청장 또는 경찰서장이 취할 수 있는 조치사항으로 자동차의 통행을 금지하거나 제한하는 것, 자동차의 정차나 주차를 금지하는 것, 자동차의 운행속도를 매시 30km 이내로 제한하는 것 등이 있다.
④ 고속도로에서 버스전용차로를 통행하였을 때 6인이 승차한 9인승 승합자동차는 단속할 수 있는 차량에 해당한다.

해설

6인이 승차한 9인승 승합자동차는 고속도로 버스전용차로를 통행할 수가 있고, 단속의 대상이 아니다.

Answer 3. ④ 4. ④

05 「자동차관리법」상 자동차를 강제처리할 수 있는 요건에 해당하지 않는 것은? 10. 경간

① 자동차를 일정한 장소에 고정시켜 운행 외의 용도로 사용하는 경우
② 자동차를 도로에 계속하여 방치하는 경우
③ 자동차안전기준에 적합하지 아니하거나 안전운행에 지장이 있다고 인정되는 경우
④ 정당한 사유 없이 자동차를 타인의 토지에 방치하는 경우

해설

「자동차관리법」상 자동차를 강제 처리할 수 있는 경우로는 (고정 · 방치)가 있다.

06 다음 중 통행의 우선순위에 관한 설명 중 틀린 것은? 04. 승진

① 비탈진 좁은 도로에서 자동차가 서로 마주보고 진행하는 경우에는 내려가는 자동차보다는 올라가는 자동차가 우선권이 있다.
② 모든 차(긴급자동차를 제외)의 운전자는 뒤에서 따라오는 차보다 느린 속도로 가고자 하는 경우에는 도로의 우측 가장자리로 피하여 진로를 양보하여야 한다.
③ 통행구분이 설치된 도로의 경우에는 진로양보의무가 없다.
④ 비탈진 좁은 도로 외의 좁은 도로에서 사람을 태웠거나 물건을 실은 자동차와 빈 자동차가 서로 마주보고 진행하는 경우에는 빈 자동차보다는 사람이나 물건을 실은 차가 우선권이 있다.

해설

비탈진 좁은 도로에서 자동차가 서로 마주보고 진행하는 경우에는 올라가는 자동차보다는 **내려가는 자동차**가 우선권이 있다.

Answer 5. ③ 6. ①

제 6 절 운전면허

01 **다음 중 제1종 대형면허를 받을 수 있는 사람은?** 02 · 04. 승진

① 제2종 소형면허를 받은 후 3년이 경과된 자

② 듣지 못하는 자

③ 19세인 자가 원동기장치자전거의 운전경력이 1년 있을 때

④ 70세인 자가 제2종 보통의 운전경력이 1년 있을 때

해설

제1종 대형면허에서 요구되는 운전경력에는 제2종 소형면허로 운전되는 **'이륜자동차'**와 **'원동기장치 자전거'의 운전경력은 포함되지 않는다.**

02 **다음은 운전면허의 결격사유에 대한 설명이다. 타당하지 않은 것은?** 04 · 05. 승진

① 19세 미만이거나 자동차(이륜자동차와 원동기장치자전거 제외)의 운전경험이 1년 미만인 사람은 제1종 대형면허 또는 제1종 특수면허를 받을 수 없다.

② 제1종 보통운전면허를 받을 수 있는 연령은 18세 이상이다.

③ 듣지 못하는 사람은 제2종 운전면허를 받을 수 없다.

④ 한쪽 팔이 없는 사람도 운전면허를 받을 수 있다.

해설

농자(귀머거리)의 경우에도 **제2종 면허는 발급이 가능**하다.

03 **경찰관 甲이 운전자 乙을 무면허운전으로 적발할 수 없는 경우는?** 03. 승진

① 제2종 보통면허로 긴급자동차를 운전

② 면허정지기간 중 운전

③ 제1종 보통면허로 레커를 운전

④ 면허증을 휴대하지 않고 자동차를 운전

해설

면허증을 휴대하지 않고 자동차를 운전한 경우에는 무면허운전이 아니라 **면허증휴대의무 위반**으로 처리한다.

Answer 1. ④ 2. ③ 3. ④

04

「도로교통법」상 운전면허의 종류와 구분에 대한 설명 중 맞는 것은? 03. 승진

① 제1종 면허는 보통 · 특수 · 원동기장치자전거면허로 구분

② 제2종 면허는 대형 · 중형 · 소형 · 특수면허로 구분

③ 연습면허는 대형 · 제1종 보통 · 제2종 보통면허로 구분

④ 제2종 면허는 보통 · 소형 · 원동기장치자전거면허로 구분

해설

① 제1종 면허는 **대형** · **특수** · **보통** · **소형**으로 구분된다.

③ 연습면허는 제1종 보통 · 제2종 보통면허로 구분

05

운전면허에 관한 설명으로 가장 적절하지 않은 것은? 11. 채용

① 운전면허는 크게 제1종 운전면허와 제2종 운전면허로 구분된다.

② 제1종 면허는 대형면허, 보통면허, 소형면허, 특수면허로 구분된다.

③ 제1종 대형과 특수면허는 20세 이상으로 자동차(이륜자동차 제외)의 운전경험이 1년 이상인 사람만이 취득 할 수 있고, 제1종 보통과 소형면허는 18세 이상, 원동기장치자전거면허는 16세 이상의 사람이 취득할 수 있다.

④ 연습운전면허는 장내 기능점검 합격자에 대해 교부되는 제1종 보통연습면허와 제2종 보통연습면허가 있고, 면허를 받은 날로부터 2년간의 효력을 가진다.

해설

③ 1종 대형과 특수면허는 **19세 이상**으로 자동차 (이륜자동차 제외)의 운전경험이 1년 이상인 사람만이 취득할 수 있다(도교법 제82조 제1항 제6호).

④ 연습운전면허는 그 면허를 받은 날부터 **1년 동안** 효력을 가진다(도교법 제81조).

08

Answer 4. ④ 5. ③④

06

다음 중 도로교통에 관한 법령에 따른 제1종 보통면허로 운전이 가능한 차량은 모두 몇 개인가? 05. 승진, 04 · 11. 채용

㉠ 도로를 운행하는 3톤의 지게차
㉡ 승차정원 15인승의 승합자동차
㉢ 적재중량 12톤의 화물자동차
㉣ 승차정원 12인승의 긴급자동차(승용 및 승합차에 한한다)

① 1개 ② 2개 ③ 3개 ④ 4개

해설

㉠ **3톤 지게차**는 「도로교통법」상의 자동차에 포함되지 않는 건설기계로서 「건설기계관리법」상 건설기계 조종사 면허가 있어야 도로에서 운전이 가능하다.
㉢ 제1종 보통면허로 적재중량 **12톤 미만의 화물자동차**를 운전할 수 있다.

07

제1종 보통면허로 운전할 수 있는 승합차의 승차정원 기준은? 08. 채용

① 일반승합자동차-15인승 이하, 긴급승합자동차-12인승 이하
② 일반승합자동차-12인승 이하, 긴급승합자동차-15인승 이하
③ 일반승합자동차-12인승 이하, 긴급승합자동차-10인승 이하
④ 일반승합자동차-10인승 이하, 긴급승합자동차-12인승 이하

해설

구 분	승 합	화 물	특수(구난차등은 제외)
제1종 보통	15명 이하	적재중량 12톤 미만	총중량 10톤 미만
제2종 보통	10명 이하	적재중량 4톤 이하	총중량 3.5톤 이하

Answer 6. ② / ㉡㉣ 7. ①

08 운전면허에 관한 설명 중 틀린 것은? 10. 승진

① 제1종 특수면허로 운전할 수 있는 차량은 레커, 트레일러, 적재중량 4톤 이하의 화물자동차이다.
② 제1종 보통면허로 승차정원 15명 이하의 승합자동차와 적재중량 12톤 미만의 화물자동차를 운전할 수 있다.
③ 제2종 보통면허로 승차정원 10명 이하의 승합자동차를 운전할 수 있다.
④ 제1종 소형면허로 3륜 화물자동차, 3륜 승용자동차, 배기량 125cc를 초과하는 오토바이를 운전할 수 있다.

해설

배기량 125cc를 초과하는 이륜자동차의 운전에는 반드시 **제2종 소형면허**가 있어야 한다.

09 자동차의 형식이 변경승인되거나 자동차의 구조 또는 장치가 변경승인된 경우의 운전면허 적용기준에 대한 설명이다. 잘못된 것은? 04 · 08. 승진

① 차종의 형식이 변경되어 차종이 변경된 경우 변경 후의 차종을 기준으로 한다.
② 자동차의 구조 또는 장치가 변경된 경우 변경 후의 승차정원 또는 적재중량을 기준으로 한다.
③ 형식이 변경되어 승차정원 또는 적재중량이 증가한 경우 변경승인 후의 승차정원 또는 적재중량을 기준으로 한다.
④ 차종변경 없이 형식이 변경되어 승차정원 또는 적재중량이 감소한 경우 변경승인 전의 승차정원 또는 적재중량을 기준으로 한다.

해설

구조 또는 장치가 변경된 경우에는 **변경 전의 내용을 기준**으로 한다.

Answer 8. ④ 9. ②

10 다음은 운전할 수 있는 자동차 등의 종류에 관한 설명이다 옳은 것은? 04. 승진

① 12인승 승합자동차를 개조하여 5인승 특수자동차로 형식변경한 경우 승차정원이 감소했으므로 변경승인 전의 기준을 적용하여 제1종 보통운전면허로 운전하여야 한다.

② 제1종 보통운전면허를 가지고 3톤 이하 지게차를 운전할 수 있다.

③ 10톤 화물자동차를 6톤 카고 트레일러로 연결하여 견인하는 경우에는 제1종 특수 운전면허 외에 제1종 대형(또는 보통) 운전면허가 있어야 한다.

④ 제1종 보통연습운전면허를 가진 사람이 49cc 오토바이를 운전한 경우 무면허운전으로 처벌되는 것이 아니라 운행조건 위반으로 처벌된다.

해설

① 차종이 변경된 경우에는 변경승인 후의 차종을 적용되어 **제1종 대형면허**가 있어야 운전이 가능하다.
② **3톤 미만**의 지게차를 운전할 수 있다.
④ 면허증 교부 전에 운전하는 행위로서 **무면허운전**으로 처벌된다.

11 운전면허 취소처분 후 운전면허시험 응시제한 내용 중 틀린 것은? 01. 승진

① 5년-과로운전 중 사상사고 야기 후 구호조치 및 신고없이 도주한 때

② 3년-주취운전으로 3회 이상 교통사고를 야기하였을 때

③ 2년-다른 사람의 자동차 등을 훔치거나 빼앗은 때

④ 2년-다른 사람을 위하여 운전면허시험에 대리응시한 때

해설

다른 사람을 위하여 운전면허시험에 대리응시한 때에는 **1년간**, **대리응시**를 시켜서 운전면허를 취득한 사람은 2년간 운전면허시험 응시기간을 제한한다.

Answer 10. ③ 11. ④

12 **운전면허의 결격사유에 관한 설명이다. 틀린 것은?** 04. 승진

① 과로하여 정상적으로 운전을 하기 곤란한 상태에서 운전 중 교통사고로 사람을 사상케 하고 도구한 경우에는 5년간 운전면허를 취득할 수 없다.
② 전혀 듣지 못하는 사람도 일정한 운전면허는 취득할 수 있다.
③ 면허정지기간 중 운전(원동기장치자전거는 제외한다)을 한 경우에는 위반한 날부터 2년간 운전면허를 취득할 수 없다.
④ 자동차 등을 이용하여 살인 또는 강간 등 행정안전부령이 정하는 범죄행위를 하여 운전면허가 취소된 경우 2년간 운전면허를 취득할 수 없다.

해설

운전면허를 가지고 있는 자의 경우에는 '취소된 날'을 기준으로 하기 때문에 이 경우에는 취소된 날부터 1년(원동기장치자전거면허를 받고자 하는 경우에는 6월)간 운전면허를 취득할 수 없다.

13 **종전 음주운전으로 2회 단속된 전력이 있는 운전자 乙은 자동차를 운전하다가 경찰관 甲을 발견하고 차에서 내려 도주를 하였으나 이를 보고 추격하는 경찰 甲에게 검거되어 음주 측정한 바 혈중알코올농도 0.07%가 나왔다. 이때 운전자 乙에게 취해지는 면허행정처분으로 가장 타당한 것은?** 11. 승진

① 운전면허취소와 운전면허결격 1년 ② 운전면허취소와 운전면허결격 2년
③ 운전면허취소와 운전면허결격 3년 ④ 운전면허정지 100일

해설

3회 이상의 음주운전으로 운전면허가 취소된 경우는 **2년 제한사유**에 해당한다.

14 **「도로교통법」상 운전면허발급 제한기간이 2년에 해당하는 것은 모두 몇 개인가?** 05. 채용

㉠ 무면허운전을 한 자가 원동기장치자전거면허를 취득하고자 하는 경우
㉡ 운전면허를 받은 사람이 자동차등을 이용하여 범죄행위를 한 때
㉢ 자동차 이용범죄를 범하거나 자동차를 강·절도한 자가 무면허로 운전한 경우
㉣ 3회 이상 음주운전으로 운전면허가 취소된 자

① 1개 ② 2개 ③ 3개 ④ 4개

해설

㉠ 6월 ㉡ 2년 ㉢ 3년 ㉣ 2년

Answer 12. ③ 13. ② 14. ② / ㉡㉣

15 다음 중에서 운전면허취소 후 2년간 발급이 제한되는 사유의 개수는? 05. 승진, 08. 채용

㉠ 무면허운전으로 자동차 등을 운전한 자 ㉡ 음주운전 중에 사람을 사상한 후 구호조치 및 신고 없이 도주한 경우 ㉢ 무면허 운전을 한 자가 원동기장치자전거 면허를 취득하고자 하는 경우 ㉣ 음주운전을 하다가 3회 이상 교통사고를 야기한 자 ㉤ 운전면허시험에 대리 응시한 자

① 1개 ② 2개 ③ 3개 ④ 없음

해설

㉠ 1년 ㉡ 5년 ㉢ 6월 ㉣ 3년 ㉤ 1년

16 다음 중 운전면허 행정처분 결과에 따른 면허발급 제한기간이 다른 하나는? 08 · 09. 승진

① 음주운전으로 3회 이상 교통사고를 야기한 경우
② 운전면허소시자가 자동차 등을 이용하여 강간을 한 경우
③ 운전면허 결격자가 운전면허를 받은 경우
④ 다른 사람의 자동차를 훔치거나 빼앗은 때

해설

① 3년 제한 / ②, ③, ④－2년 제한

Answer 15. ④ 16. ①

17 **다음 중 운전면허에 대한 설명 중 틀린 것은 모두 몇 개인가?** 09. 채용

> ㉠ 3회 이상 음주운전으로 운전면허가 취소된 경우 운전면허발급 제한기간은 취소된 날로부터 3년이다.
> ㉡ 다른 사람의 자동차 등을 훔치거나 빼앗은 사람이 무면허로 그 자동차 등을 운전한 경우 운전면허 발급제한기간은 위반한 날로부터 2년이다.
> ㉢ 운전면허를 받은 사람이 자동차 등을 이용하여 살인 또는 강간죄를 범하여 면허가 취소된 경우 운전면허 발급제한 기간은 취소된 날로부터 3년이다.
> ㉣ 국제운전면허를 외국에서 발급받은 사람은 「여객자동차운수사업법」 또는 「화물자동차 운수사업법」에 의한 모든 사업용자동차를 운전할 수 없다.
> ㉤ 지방경찰청장은 연습운전면허를 교부받은 사람이 운전 중 고의 또는 과실로 교통사고를 일으키더라도 물적피해만 발생한 경우에는 운전면허를 취소할 수 없다.
> ㉥ 제1종 대형면허를 취득한 자는 콘크리트 믹서트럭을 운전할 수 없다.

① 3개 ② 4개 ③ 5개 ④ 6개

해설

㉠ **2년** 제한사유이다. ㉡ **3년** 제한사유이다.
㉢ **2년** 제한사유이다.
㉣ 대여사업용자동차(**렌터카**)의 임차 운전은 가능하다.
㉥ 콘크리트 믹서트럭은 **제1종 대형으로 도로**에서 운전이 가능하다.

18 **다음 (　)에 들어갈 3가지의 수치를 모두 합치면?**(도로교통법 · 시행령 · 시행규칙에 따름) 11. 승진

> ㉠ 제1종 대형면허로는 도로를 운행하는 (　)톤 미만의 지게차를 운전할 수 있다.
> ㉡ 운전자 A는 적성검사를 신청하고 서울지방경찰청장으로부터 임시운전증명서를 교부받았다. 이때 임시 운전증명서의 유효기간은 (　)일이다.(연장은 고려치 않음)
> ㉢ 운전면허 소지자가 자동차 등을 이용하여 살인을 하여 면허가 취소된 경우, 취소한 날부터 (　)년간 면허시험 응시자격을 제한받는다.

① 24 ② 25 ③ 26 ④ 27

해설

㉠ 3 ㉡ 20 ㉢ 2

Answer 17. ③ / ㉠㉡㉢㉣㉥ 18. ②

19 **「도로교통법」상 운전면허에 대한 설명이다. 괄호 안 숫자의 합계는?** 05 · 11. 승진

> ㉠ 기준치를 초과한 주취운전으로 단속된 운전자에게 발부할 수 있는 임시운전 증명서의 유효기간은 최대 (　) 일이다(단, 기간연장은 없는 것으로 봄).
> ㉡ 제1종 보통면허로 승차정원 (　)명 이하의 승합자동차를 운전할 수 있다.
> ㉢ 연습운전면허의 유효기간은 (　)년이다.
> ㉣ 제2종 보통면허로 적재중량 (　)톤 이하의 화물자동차를 운전할 수 있다.

① 57　② 60　③ 61　④ 67

해설

㉠ 40 ㉡ 15 ㉢ 1 ㉣ 4

20 **국제운전면허증에 관한 설명 중 틀린 것은?** 03 · 05. 경간

① 국제운전면허증을 외국에서 발급받은 사람이 국내에서 운전할 수 있는 차종은 그 면허증에 기재된 것에 한한다.
② 외국에서 발행한 국내운전면허증은 입국한 날로부터 1년간 유효하다.
③ 국제운전면허증으로 국내에서 사업용자동차(대여용 제외)를 운전할 수 없다.
④ 도로교통에 관한 국제협약에 의거 가입국 간에 통용된다.

해설

외국의 권한 있는 기관에서 '도로교통에 관한 협약'에 의거하여 운전면허증을 발급받은 사람은 입국한 날로부터 **1년의 기간**에 한하여 그 국제운전면허증에 기재된 차종을 운전할 수 있다.

Answer 19. ② 20. ②

21 운전면허에 대한 설명 중 틀린 것은? 10. 승진

① 「도로교통법」상 운전면허의 효력은 운전면허 시험에 합격한 자가 운전면허증을 본인 또는 그 대리인이 교부받은 때부터 발생한다.
② 임시운전증명서의 유효기간은 20일 이내이며, 취소 또는 정지 대상자의 경우에는 40일 이내로 할 수 있다. 또한 1회에 한하여 20일 간의 범위 내에서 기간연장이 가능하다.
③ 국제운전면허증을 발급받은 자라도 운전 시 이를 소지하지 않으면 무면허운전으로 처벌된다.
④ 다른 사람을 위하여 운전면허시험에 대리응시한 때에는 운전면허가 취소된 날부터 2년간 면허시험을 볼 수 있는 기간을 제한한다.

해설

③ 「도로교통법」의 개정으로 경찰공무원의 운전자 신원 및 운전면허 확인을 위한 질문을 통해 국제운전면허 소지자의 신원확인이 가능한 경우에는 무면허운전으로 처리하지 않고, 계도 또는 면허증 미소지 운전으로 통고처분을 할 수 있다.
④ 다른 사람을 위하여 운전면허시험에 대리 응시한 때에는 **1년간 면허시험 응시기간이 제한**된다.

22 다음 중 교통관련 면허정지 · 취소에 대한 설명 중 틀린 것은? 07. 경찰 2차

① 정치처분은 처분벌점의 합계가 40점 이상이어야 한다.
② 운전면허 정지처분의 집행은 관할경찰서장이 한다.
③ 3년간 누산점수가 201점 이상이 되면 운전면허가 취소된다.
④ 정지처분을 하는 데 처분시 그 기준은 1점을 1일로 한다.

해설

1년간 **121**점, 2년간 **201**점, 3년간 누산점수가 **271**점 이상이 되면 운전면허가 취소된다.

23 다음 위반행위 중 벌점이 다른 하나는? 06. 경찰 2차

① 철길건널목 통과방법위반
② 운전면허증 제시의무위반
③ 속도위반(40km/h) 초과
④ 통행구분위반(보도침범)

해설

① · ③은 벌점 30점이다.
② 운전면허증 제시의무를 위반하면 즉결심판에 벌점 30점이 부과된다.
④ 통행구분위반(보도침범: 승용차 6만원, 10점)은 벌점 10점

Answer 21. ③④ 22. ③ 23. ④

08

제7절 운전면허 행정처분

01 다음 운전면허 정지처분에 대한 설명으로 틀린 것은? 01 · 02 · 07. 채용

① 정지처분은 처분벌점의 합계가 40점 이상부터 집행한다.
② 운전면허 정지처분의 집행은 관할경찰서장이 행한다.
③ 3년간 누산점수가 201점 이상이 되면 운전면허가 취소된다.
④ 정지처분을 하는 데 있어서 그 기준은 1점을 1일로 한다.

해설

3년간 누산점수가 **271점** 이상이 되면 운전면허가 취소된다.

02 다음 중 반드시 운전면허를 취소해야 하는 경우가 아닌 것은? 05. 승진

① 운전자가 단속경찰관을 폭행하여 형사입건된 때
② 음주운전자가 경찰관의 음주측정요구에 불응한 때
③ 다른 사람에게 운전면허증을 대여하여 운전하게 한 때
④ 수시적성검사 불합격한 때

해설

폭행의 경우 형사입건 시에는 면허정지가 되고, **구속 시에는 면허취소**가 된다.

03 다음 중 운전면허취소의 개별사유에 해당하는 것은 모두 몇 개인가? 08. 승진

㉠ 사용 신고를 하지 않은 이륜자동차 운전
㉡ 타인의 차를 훔치거나 빼앗아 이를 운전한 때
㉢ 운전면허시험에 대리응시한 때
㉣ 단속 경찰공무원 등에 대한 폭행으로 구속
㉤ 술에 취한 상태에서 측정 불응
㉥ 타인에게 면허증 대여
㉦ 출석기간 만료일로부터 60일 경과 시까지 즉결심판 불응
㉧ 적성검사 불합격 또는 적성검사 기간 1년 경과

① 5개 ② 6개 ③ 7개 ④ 8개

Answer 1. ③ 2. ① 3. ② / ㉡ ㉢ ㉣ ㉤ ㉥ ㉧

해설

㉠ 「자동차관리법」 규정에 의하여 등록되지 아니하거나 임시운행허가를 받지 아니한 자동차를 운전한 때에는 취소기준에 해당하나, **이륜자동차는 제외**된다.
㉦ **벌점 40점** 부과대상으로 면허정지사유에 해당된다.

04 교통사고 처리요령에 대한 설명 중 틀린 것은? 05. 채용

① 물적피해가 있는 도주사고의 경우 자수하더라도 벌점이 감경되지 않는다.
② 물적피해가 있는 도주사고의 경우 벌점은 30점이다.
③ 인적피해가 있는 도주사고의 경우 면허 취소된다.
④ 중앙선 침범으로 치상사고를 발생시킨 경우, 종합보험에 가입해 있거나 피해자와 합의가 되었더라도 기소의견으로 송치해야 된다.

해설

물피사고 자체로는 벌점이 부과되지 않지만, 물피 도주의 경우에는 벌점이 **15점**이다.

05 교통경찰인 A는 교통단속을 하였다. 다음 위반사항 중 차종별 처분으로 옳지 않은 것은? 03. 승진, 08. 경간

① 국제운전면허소지자가 범칙행위를 한 때에는 범칙금통고서를 발부하지 않고 즉결심판에 회부한다.
② 내국인이 관용차량을 운전하는 경우 통고서를 발부한다.
③ 군인이 군용차량 운전 중 범칙행위를 한 때에는 통고서를 발부하지 아니하고, 위반사항과 운전자의 인적사항 등 적발보고서를 작성한다.
④ 국제운전면허를 가지고 있는 외국인은 국내운전면허를 소지한 외국인과 동일한 처분을 한다.

해설

국제면허증을 소지하고 범칙행위를 한 외국인도 **통고처분의 대상**이 된다.

Answer 4. ② 5. ③

06

무인교통단속장비로 단속된 법규위반차량에 대해 과태료를 부과할 경우에 운전자의 이의신청에 의한 과태료처분 제외대항에 해당하지 않는 것은? 05. 승진

① 수해 등의 구난작업을 위한 경우
② 응급환자의 수송을 위한 앰뷸런스의 경우
③ 대상자가 이사하여 과태료납부고지서가 반송된 경우
④ 대상차량이 도난차량인 경우

해설

과태료납부고지서가 반송된 경우에는 채용으로는 소재수사 후 재발송하게 되고, 다시 반송된 경우에는 2차로 강제징수 절차를 취하게 된다.

07

「도로교통법」상 과태료 부과시 부득이한 경우에는 과태료 처분을 하지 아니한다. 동법 시행규칙에서 정한 부득이한 사유에 해당하지 않는 것은? 08. 승진

① 도로공사 또는 교통지도・단속을 위한 경우
② 우편물 운송에 사용되는 경우
③ 응급환자 수송 또는 치료를 위한 경우
④ 장애인의 승・하차를 돕는 경우

해설

「도로교통법」상 과태료 부과 제외대상인 부득이한 사유는 다음과 같다.
① 범죄의 예방・진압 기타 긴급한 사건・사고의 조사
② 도로공사 또는 교통지도단속
③ 응급환자
④ 화재・수해・재해 등의 구난작업
⑤ 장애인의 승・하차
⑥ 그 밖에 상당한 이유

Answer 6. ③ 7. ②

제 8 절 교통사고처리

01 **다음 교통사고와 관련된 용어에 대한 설명 중 가장 적절한 것은?** 04. 승진

① 교통사고라 함은 도로상에서 차의 교통으로 인하여 사람을 사상하거나 물건을 손괴한 것을 말한다.

② 교통이라 함은 도로상 및 도로 이외의 장소에서 사람의 왕래나 화물의 운반을 위한 차의 운행을 말한다.

③ 대형교통사고라 함은 사망 5명 이상 또는 사상자 20명 이상인 사고와 기타 사회물의를 야기한 사고를 말한다.

④ 교통사고에 있어서 사망은 교통사고 발생일로부터 30일 이내에 사망하는 것을 말한다.

해설

① 교통사고의 발생장소가 **반드시 도로상일 것은 요하지 않는다.**
② 교통사고에 있어서 교통의 개념에는 차량의 직접적 운행은 물론 부수적 행위와 차량과 밀접한 연결부위에 의한 사고까지 모두 포함된다.
③ 대형교통사고란 **사망 3명 또는 사상 20명 이상의 사고**와 기타 사회물의를 야기한 사고이다.

02 **다음 ( )안에 들어갈 말을 순서대로 옳게 나열한 것은?** 01 · 10. 승진

㉠ 우리나라에서 통계기준상 교통사고 사망자의 정의는 교통사고가 주원인이 되어 ( ) 내에 사망하는 것을 말한다.
㉡ 운전자 A는 혈중알코올농도 0.05%의 상태로 운전하다 단속되었다. 이 때 운전자 A에게 발부될 수 있는 임시운전증명서의 유효기간은 최대 ( )이다.
㉢ 범칙행위라 함은 도로교통법 제156조, 제157조 각 호의 죄에 해당하는 위반행위를 말하며, 운전자나 보행자 등이 도로교통법령을 위반하여 ( )이하의 벌금이나 구류, 과료에 처할 수 있는 구성요건에 해당하는 위법 · 유책한 행위이다.

① 30일, 60일, 20만원
② 72시간, 60일, 20만원
③ 30일, 40일, 10만원
④ 72시간, 40일, 10만원

Answer 1. ④ 2. ①

08

03 교통사고처리에 대한 다음의 설명 중 타당하지 않는 것은? 01. 승진

① 확정적 고의에 의하여 타인을 사상하거나 물건을 손괴한 때에는 교통사고로 처리하지 아니하고 업무 주관부서로 인계하여 처리토록 한다.

② 사람이 건물·육교 등에서 추락하여 진행 중인 차량과 충돌 또는 접촉하여 사상하였을 때에는 교통사고로 처리한다.

③ 치사사고 시에는 「교통사고 처리특례법」 제3조 제1항에 의거하여 형사입건한다.

④ 물적피해사고로서 피해자의 불벌의사가 없는 경우(합의 불성립)에는 「도로교통법」 제108조를 적용 및 형사입건하여 공소권 있음 처리한다.(피해액 20만원 미만은 즉심회부)

해설

사람이 건물·육교 등에서 추락하여 진행 중인 차량과 충돌 또는 접촉하여 사상하는 경우 교통으로 발생한 사고가 아니기 때문에 교통사고로 보지 않는다.

04 교통사고조사 업무를 담당하고 있는 경찰관 A가 아래와 같은 사고를 접수하였을 때 사고처리로 가장 타당한 것은? 02. 승진

> 택시운전자 B는 도로상에서 피해자 C를 충격한 후 C를 의료기관에 후송은 하였으나 차량번호·운전자 인적사항 등을 의료기관이나 C에게 알리지 아니하고 경찰관서에도 신고하지 않은 채 도주하였다가 경찰관 D가 수사하여 B를 검거하였다.

① 특가법위반으로 입건

② 신고지연으로 처리

③ 신고불이행으로 형사입건

④ 의료기관에 후송하였으므로 일반 교통사고로 보아 합의 또는 종합보험에 가입되었다면 공소권 없음 의견으로 송치

해설

설문에서 B의 행위는 교통사고시 구호조치의무 불이행에 해당하는 행위로서 특가법상의 도주로 처리해야 한다.

Answer 3. ② 4. ①

05 「도로교통법」에서 규정한 교통사고를 야기한 자의 신고의무에 대한 설명으로 알맞은 것은?

04. 승진

① 운전자 등은 모든 교통사고를 신고하여야만 신고조치 불이행으로부터 자유로울 수 있다.

② 도로에서 일어난 사고에 한하여 신고의무가 발생한다.

③ 교통사고를 일으킨 자의 신고의무는 교통사고를 일으킨 모든 경우에 항상 요구된다.

④ 사고운전자의 사고발생의 객관적인 사실 이외의 사고발생 경위까지(예컨대 사고 운전자의 과실) 신고하여야 한다.

해설

① 도로에서 일어난 사고에 한하여 사고운전자의 신고의무가 발생한다.
③ 운행 중인 차만이 손괴된 것이 분명하고 도로에서의 위험방지와 원활한 소통을 위하여 필요한 조치를 한 때에는 신고의무가 발생하지 아니한다.
④ 신고의 내용은 사고발생의 객관적인 사실에 한정된다.

06 특가법위반(뺑소니사고)의 '구호조치여부'에 대한 설명으로 틀린 것은?

05. 승진

① 사고운전자가 교통사고를 신고하기 이전에 이미 경찰관이 출동하여 현장조사를 하고 있었고 피해자의 일행이 피해자를 병원에 후송하는 조치를 이미 취한 상태에서 이름과 전화번호를 피해자의 일행에게 가르쳐 주었다면 현장이탈만으로 도주라고 할 수 없다.

② 사고운전자의 관여 없이 구호가 이루어졌다고 하려면 현장을 이탈하기 전에 이미 현장에서 즉시 필요한 구호조치가 더 이상 요구되지 않은 정도는 되어야 한다.

③ 반드시 사고운전자가 직접 구호조치를 하여야만 하는 것은 아니나, 다른 사람에 의하여 구호조치가 이루어지는 경우 피해자를 구호하는 사람들이 사고운전자의 지배하에 있거나 최소한 피해자가 구호되는 것이 명백하다는 것을 확인하여야 한다.

④ 어린아이를 충격 후 약국에서 간단히 치료하고 이상이 없냐고 물은 후 이상이 없다고 하자 길가에 하차시킨 것만으로는 구호조치를 다 했다고 볼 수 없다.

해설

사고운전자가 2세 남짓한 피해자에게 … 별일 없을 것이라 생각하고 약국에서 간단히 치료하고 집으로 혼자 돌아갈 수 있느냐고 질문하여 "예"라고 대답하였다는 이유로 아무런 보호조치도 없는 상태에서 피해자를 길가에 하차시켰다면 … **사고 야기자가 누구인지를 쉽게 알 수 없도록 하였으므로 도주**에 해당한다(대판 1994.10.14. 94도 1651).

Answer 5. ② 6. ①

08

07 다음의 안전거리에 대한 설명 중 잘못된 것은? 01. 승진

① 같은 방향으로 진행하고 있는 앞자의 뒤를 따르는 경우 앞차가 갑자기 정지하게 되는 경우에 그 앞차와의 추돌을 피할 수 있을 정도의 거리를 안전거리라 한다.

② 운전자가 위험을 느끼고 차량을 정차시키는 데 지각시간과 공주시간이라는 2중의 지연시간이 소용된다.

③ 운전자가 위험을 느끼고 브레이크를 밟아 듣기 시작하기까지의 주행거리와 브레이크가 듣기 시작하여 정지하기까지의 주행거리를 공주거리라 한다.

④ 운전자가 시야에서 위험을 발견하고 발견한 정보를 분석하여 위험하다고 판단하기까지의 일정시간이 필요한데 이를 지각시간이라고 한다.

해설

공주거리란 운전자가 위험을 느끼고 브레이크를 밟은 후 자동차가 제동되기 시작하기까지의 사이에 주행하는 거리이다.

08 다음 설명 중 틀린 것은 모두 몇 개인가? 10. 승진

㉠ 「도로교통법」상 '자동차등'에는 원동기장치자전거도 포함된다.
㉡ 「도로교통법」상 '원동지장치자전거'에는 배기량 125cc 초과 이륜자동차도 포함된다.
㉢ 「도로교통법」상 노상안정기, 아스팔트살포기, 트럭적재식 천공기는 '자동차'에 해당한다.
㉣ 제동거리는 운전자가 위협을 느껴 브레이크를 밟아 브레이크가 실제로 가동되기 시작할 때까지의 주행되는 거리를 말한다.

① 1개 ② 2개 ③ 3개 ④ 없음

해설

㉡ 원동기장치자전거는 배기량 125cc **이하의 이륜자동차**를 의미한다.
㉣ 이는 **공주거리**에 대한 설명이다.

Answer 7. ③ 8. ②/㉡㉣

09 다음 중 교통사고 처리요령으로 틀린 것은? 03. 채용

① 도로가 아닌 곳에서 발생한 단순 물피사고는 교통사고의 범주에 포함되지 아니한다.
② 교통사고의 경우에는 일반적으로 「교통사고 처리특례법」이 적용된다.
③ 도로가 아닌 곳에서 인피사고를 야기하고 도주한 경우에는 「교통사고 처리특례법」으로 처벌한다.
④ 도로에서 물피사고를 야기하고 도주한 경우에는 「도로교통법」으로 처리한다.

해설

인피 도주의 경우에는 「**특가법**」이 적용된다.

10 다음 중 교통사고의 처리요령에 대하여 틀린 것은? 02. 채용

① 치사사고의 경우에는 「교통사고 처리특례법」을 적용한다.
② 중앙선 침범으로 치상사고를 발생하게 하였으나, 종합보험에 가입하여 있고 피해자와 합의가 된 경우라면 '공소권 없음' 의견으로 송치하여야 한다.
③ 인피사고의 경우 도주하면 「특정범죄가중처벌법」의 적용을 받는다.
④ 단순 물피사고를 야기하고 도주한 경우 「도로교통법」을 적용한다.

해설

예외 12개항 사고(중앙선 침범)이므로 보험가입이나 합의 성립여부와 관계없이 '공소권 있음'의견으로 **형사입건**해야 한다.

08

Answer 9. ③ 10. ②

11 **A경찰서 교통사고조사계장 甲은 소속 직원들에게 교통사고 처리기준에 관한 교양을 하고 있다. 다음 중 甲의 교양 내용으로 가장 옳지 않은 것은?**(단, 현재 시행중인 법령 및 "교통사고처리지침"에 의함) 11. 승진

① 교통사고가 발생하여 치상의 결과가 야기되었더라도 「교통사고 처리특례법」 제3조 제2항의 단서조항에 해당하지 않을 경우 합의가 되었다면 「교통사고 처리특례법」 위반 행위에 대하여는 공소권 없음으로 처리하되, 그 원인행위에 대하여는 「도로교통법」 해당법조를 적용하도록 하였다.

② 음주 또는 약물의 영향으로 정상적인 운전이 곤란한 상태에서 자동차(원동기장치자전거를포함한다)를 운전하여 사람을 상해에 이르게 한 사람에게는 「특정범죄가중처벌 등에 관한 법률」을 적용하도록 하였다.

③ 학교 구내(담장 및 차단기가 있고, 경비원이 통제하는 곳)에서 단순 물적피해를 야기한 교통사고를 낸 경우에는 「교통사고 처리특례법」을 적용하지 아니하고, 「도로교통법」 제151조를 적용하여 형사입건하도록 하였다.

④ 단순 물적피해 사고일 경우 피해자의 불벌의사가 있을 때는 「교통사고 처리특례법」 제3조 제2항과 "교통사고처리지침"을 적용하여 '내사종결'로 처리하되, 그 원인행위가 명확한 경우에는 「도로교통법」 해당법조를 적용하여 통고처분을 하도록 하였다.

해설

학교 구내(담장 및 차단기가 있고, 경비원이 통제하는 곳)는 「도로교통법」상의 도로가 아니고, 도로에서 발생하지 않은 단순 물피사고의 경우는 「도로교통법」의 적용을 받지 않아 단순 민사관계에 해당하기 때문에 경찰이 개입하지 않는다.

12 **다음 교통사고 중 피해자와 합의 또는 보험에 가입되었다고 하더라도 공소를 제기할 수 있는 경우는?** 01 · 03. 승진

① 난폭운전으로 중상 1명 사고

② 비보호좌회전 도중 반대차로에서 직진하는 차량과 출동하여 경상 1명 사고

③ 이면도로의 가상중앙선을 넘어 진행하다가 야기한 사고

④ 제한속도보다 매시 15km를 초과하여 운행 중 중상 2명 사고

해설

비보호좌회전표지 또는 비보호좌회전표시가 있는 곳에서는 직진신호(녹색)가 작동 중일 때 좌회전을 할 수 있으며, 차마가 비보호좌회전을 하는 과정에서 다른 교통에 방해가 된 경우에도 **신호위반의 책임**을 지지 않는다.

Answer 11. ③ 12. 없음

13 다음 중 「교통사고 처리특례법」상 12개의 예외 사유가 아닌 하나는? 01. 경간

① 신호위반을 한 경우
② 연령미달을 숨기고 운전면허시험에 합격한 면허증으로 운전한 경우
③ 속도위반을 한 경우
④ 중앙선 침범을 한 경우

해설

연령미달을 숨기고 운전면허시험에 합격한 후 발급 받은 면허증은 면허취소의 사유가 될 수 있음은 별론으로 하고, 면허취소가 되기 전이라면 **무면허운전으로 볼수는 없다**(大判).

14 다음 중 「교통사고 처리특례법」상 피해자의 의사에 관계없이 공소를 제기해야 하는 경우는? 01. 승진

① 승객이 스스로 문을 열어 하차하다가 일어난 사고
② 고속도로에서의 후진으로 치상사고를 야기한 경우
③ 횡단보도 보행신호가 점멸신호일 때 보행자가 횡단보도에 진입하여 신호의 변경으로 도로의 중앙에 서있는 것을 충격하여 다치게 한 경우
④ 제한속도 80km/h 도로에서 시속 95km/h의 속도로 주행하던 중 사람을 다치게 한 경우

해설

① 승객의 추락방지의무 위반에 해당되지 않는다.
② 자동차전용도로에서의 **횡단 · 유턴 · 후진**의 경우에 해당된다.
③ 판례는 이를 횡단보도 보행자로 보지 않았다.
④ 매시 **20km를 초과**하여 운전한 경우만이 예외 11개항 사고에 해당한다.

Answer 13. ④ 14. ②

15 운전자가 종합보험에 가입하였거나 피해자와 합의하였더라도 형사처벌이 되는 경우는?

02. 승진

① 난폭하게 운전하다가 보행자 3명 중상을 입힌 사고
② 시내버스가 문을 연 채 운전 중 승객 1명이 차에서 떨어져 부상한 사고
③ 앞서가는 자전거를 피하여 중앙선을 넘어가다가 자전거가 좌회전하는 것을 충격하여 부상 1명을 발생시킨 사고
④ 제한속도보다 매시 10km를 초과하여 운행하다가 중상 3명 사고

해설

예외 12개항을 찾는 문제로서 이 경우는 '**승객추락방지의무 위반**'에 해당한다.
③ 중앙선침범 사고만은 인과관계를 따져 인과관계가 있을 경우에만 중앙선침범 사고가 성립한다. 따라서 장애물을 피하기 위한 경우 운전자가 최대한의 의무와 조치를 했다면 중앙선 침범에 해당하지 아니한다.

16 다음 중 틀린 설명은 모두 몇 개인가?

05. 채용

㉠ 소방용기계기구가 설치된 곳으로부터 5미터 이내의 곳은 주차금지장소이다.
㉡ 듣지 못하는 사람은 제1종 운전면허(대형·특수에 한함)의 결격 사유가 된다.
㉢ 범칙금 납부통지서 받기를 거부하는 자에 대해서는 통고처분을 할 수 없다.
㉣ 주취운전을 하다가 3회 이상 교통사고를 일으킨 경우에는 운전면허가 취소된 날로부터 2년간 운전면허를 받을 자격이 없다.
㉤ 철길건널목 통과방법위반은 「교통사고 처리특례법」에서 정한 예외 12개항에 해당한다.

① 없다 ② 1개 ③ 2개 ④ 3개

해설

㉣ 3회 음주교통사고는 **3년간** 면허발급 제한대상이다.

Answer 15. ② 16. ② / ㉣

17 **다음 사례들 중 「교통사고처리특례법」 제3조 제2항 단서의 중앙선 침범사고 규정을 적용할 수 있는 경우는?** 01. 승진

① 좌회전 중 뒷바퀴만 중앙선 침범
② 빗길 과속운행 중 중앙선 침범
③ 내리막길 브레이크 파열로 중앙선 침범
④ 급차로 변경 끼어드는 택시를 피하기 위해 중앙선 침범

해설

빗길에 미끄러져서 중앙선을 침범한 경우에 운전자가 최대한의 의무와 조치를 했다면 중앙선 침범에 해당하지 아니하지만, 과속운행을 했다면 **중앙선 침범규정**을 적용할 수 있다.

18 **다음 중 중앙선 침범사고로 처리할 수 없는 것은?** 03. 승진

① 황색실선에서 회전하다가 반대차로의 차와 충돌한 경우
② 동일방향으로 진행하던 앞・뒤차가 중앙선을 침범하여 추돌사고를 야기한 경우
③ 커브 길에서 원심력으로 중앙선을 침범하여 사고를 야기한 경우
④ 중앙분리대 공간 사이로 유턴하다가 반대차로의 차와 충돌한 경우

해설

동일방향으로 진행하던 앞차가 먼저 중앙선을 침범한 후 뒤에서 오던 차량과 추돌하여 사고가 발생한 경우에는 반대차로의 교통을 방해한 것은 아니기 때문에 **중앙선을 침범한 사고로 볼 수 없다.**

08

19 **교통사고와 관련된 다음의 판례 중 틀린 것은?** 04. 승진

① 차로의 넓이가 규격에 미달한 도로에서 황색 중앙선이 끊겨진 지점에서 사고가 야기된 경우 중앙선 침범을 적용할 수 있다.
② 고속도로에서 차량이 앞차를 추월하고자 추월선으로 진입하여 진행 중 사고를 야기한 경우 추월한 차량에 잘못이 있다.
③ 횡단보도에 바닥페인트가 도로의 중간까지 있고 나머지는 보이지 않는 상태에서 교통사고가 난 경우에는 교통사고가 횡단보도상에서 일어난 것으로 인정된다.
④ 횡단보도에서 신호에 따라 횡단을 시작한 보행자가 중간에 파란불에서 빨간불로 신호가 바뀌어 도로의 중앙선 부분에서 차량통행을 기다리며 서있는 상황에서 진행하던 차량이 충격시 보행자 보호의무위반이 아니다.

Answer 17. ② 18. ② 19. ①

해설

① 차로의 넓이가 규격에 미달한 도로에서 황색 **중앙선이 끊긴 지점**에서 사고가 야기된 경우라면 중앙선 침범을 적용할 수 없다.
② 앞지르기를 할 때에는 앞차의 속도 그 밖의 도로상황에 따라 방향지시 · 등화 또는 경음기 울리는 등 안전한 속도와 방법으로 앞지르기를 하여야 하므로 추월자의 책임으로 보아야 한다.

20

운전자가 자동차전용도로에서 떨어진 물건을 줍기 위하여 자동차를 후진하다가 정상 진행하는 자동차와 충돌하여 치상사고를 야기하였는데, 이 경우 교통사고를 접수한 경찰관의 올바른 처리요령은? 02. 승진

① 종합보험 가입과 합의 여하를 불문하고 기소의견으로 처리한다.
② 종합보험에 가입하고 합의가 되면 공소권 없음 의견으로 처리한다.
③ 종합보험에 가입하고 합의가 되면 즉결심판을 청구한다.
④ 종합보험에만 가입되어 있으면 공소권 없음 의견으로 처리한다.

해설

자동차전용도로에서 후진하다가 사고를 야기하면 「교통사고 처리특례법」상의 중앙선 침범과 동일하게 취급하여 종합보험에 가입 또는 합의 여하를 불문하고 **기소의견**으로 송치하여야 한다.

21

경찰의 교통사고 조사에 관한 설명으로 틀린 것은? 09. 경찰2차

① 「교통사고처리 특례법」에 의하면 교통사고란 차의 교통으로 인하여 사람을 사상하거나 물건을 손괴하는 것을 말한다.
② 「교통사고처리 특례법」에서는 교통사고가 반드시 도로에서 발생하여야 할 것을 요건으로 하지 않는다.
③ 「도로교통법」에서 운전은 도로에서 차마를 그 본래의 사용방법에 따라 사용하는 것을 말한다.
④ 「도로교통법」에 의하면 견인되는 자동차를 자동차의 일부로 보지 않는다.

해설

「도로교통법」에 의하면 견인되는 자동차도 자동차의 일부로 본다.

Answer 20. ① 21. ④

22 **다음 교통사고 관련 내용 중 법률적용이 잘못된 것은?** 09. 경감 승진

① 휴게소 주차장에 주차해 두었던 차의 브레이크가 풀리면서 행인에게 2주의 부상을 입혔다. －「교통사고처리 특례법」

② 공장 안에서 지게차를 운전하여 물건을 나르던 중 피해자를 들이받아 상해를 입혔다. －「교통사고처리 특례법」

③ 경비원이 있는 아파트단지 내 지하주차장에서 후진 중 부주의로 지나가던 여자에게 부상을 입히고 도주하였다. －「특정범죄 가중처벌 등에 관한 법률」

④ 인적 피해 없이 물적 피해만 있는 접촉사고를 야기하고 도주하였다. －「특정범죄 가중처벌 등에 관한 법률」

해설

인적피해 없이 물적피해만 있는 접촉사고를 야기하고 도주한 경우에는 「도로교통법」을 적용한다.

제 9 절 신뢰의 원칙

01 **도로교통에 참여하는 운전자는 「도로교통법」상 다른 운전자들도 스스로 도로교통법규를 준수하리라는 것을 신뢰할 수 있고 교통규칙에 위반되는 돌발 사태까지 예상하여 주의할 필요가 없다는 원칙에 관하여 다음 내용 중 적절하지 않은 것은 모두 몇 개인가?** 11. 채용

㉠ 신뢰의 원칙이라고 하며 과실범과 관련이 있다.
㉡ 현대사회에서 도로교통의 사회적 중요성에 기인하여 과실범 처벌을 완화하자는 원칙이다.
㉢ 이 원칙은 독일의 판례가 채택한 이래 스위스, 오스트리아, 일본, 우리나라의 판례에 영향을 주었다.
㉣ 고속도로에서 상대방 차량이 중앙선을 침범하지 않을 것이라는 것을 믿어도 된다는 원칙이다.
㉤ 다른 차량이 무모하게 앞지르지 않을 것을 믿어도 된다는 원칙이다.
㉥ 교차로에 들어서서 통행후순위 차량이 앞질러 진입하지 않을 것을 믿어도 된다.
㉦ 도로교통에서 상대방의 규칙위반을 이미 인식한 경우에도 동 원칙이 적용된다.

① 1개 ② 2개 ③ 3개 ④ 4개

해설

㉦ 상대방의 규칙위반을 이미 인식한 경우에는 신뢰의 원칙의 적용이 제한되어 주의의무가 발생한다.

Answer 22. ④ / 1. ① / ㉦

08

02 다음의 교통사고 관련 대법원 판례 중 옳은 것은 무엇인가? 02. 채용

① 횡단보도 보행자 신호가 녹색에서 예비신호 점멸로 바뀌는 경우에는 녹색에서 적색으로 바뀔 때와 달리 횡단보도에 통행인이 있는지 주의하여야 할 의무는 없다.

② 대도시 육교 아래에서 자동차 앞을 무단횡단하려는 사람이 있을 것을 예상하여 운전해야 한다.

③ 아파트 단지의 도로 여부에 대해 경비원이 일반인의 출입을 통제하는 곳은 「도로교통법」상 도로가 아니다.

④ 일반도로 주행 중에는 반대방향 차선에서 주행 중인 차량이 중앙선을 침범할 것까지 예견하여 주의운전을 하여야 한다.

해설

아파트 단지 내 도로의 인정기준은 '일반인의 출입을 통제하는가' 여부에 의하는 것이 우리 판례의 일관적인 태도이다. ① 신뢰의 원칙을 부적용 ② 신뢰의 원칙을 적용 ④ 신뢰의 원칙을 적용

03 판례상 신뢰의 원칙을 적용하여 운전자에게 과실이 있다고 판시된 경우는? 03. 승진

① 자동차전용도로에서 제한시속 이하로 운행하는 자동차의 운전자로서 특별한 사정이 없는 한 무단횡단하는 보행자를 예상하여 감속 서행하지 않은 경우

② 보행자신호가 녹색신호로 바뀔 무렵 전후에 통과하는 자동차의 운전자로서 좌우에서 이미 횡단보도에 진입한 보행자가 있는지 여부를 살펴보지 않은 경우

③ 심야 도로교통이 빈번한 육교 아래에서의 자동차 운전자가 무단횡단자가 없을 것으로 믿고 운전한 경우

④ 후방주시를 하여 후행차량을 발견하고 일시 정지하거나 속도를 낮추어, 앞지르려는 후행차량을 선행하도록 하지 않은 경우

해설

횡단보도의 보행자 신호가 녹색신호에서 적색신호로 바뀌는 예비신호 점멸 중에도 그 횡단보도를 건너가는 보행자가 흔히 있고 또 횡단 도중에 녹색신호가 적색신호로 바뀐 경우에도 그 교통신호에 따라 정지함이 없이 나머지 횡단보도를 그대로 횡단하는 보행자도 있으므로 보행자 신호가 녹색신호에서 정지신호로 바뀔 무렵 전후에 횡단보도를 통과하는 자동차 운전자는 보행자가 교통 신호를 철저히 준수할 것이라는 신뢰만으로 자동차를 운전할 것이 아니라 좌우에서 이미 횡단보도에 진입한 보행자가 있는지 여부를 살펴보고 또한 그 동태를 두루 살피면서 서행하는 등 하여 그와 같은 상황에 있는 보행자의 안전을 위해 어느 때라도 정지할 수 있는 태세를 갖추고 자동차를 운전하여야 할 업무상의 주의의무가 있다(대판 1986.5.27. 86도 549).

Answer 2. ③ 3. ②

04 다음 중 판례의 태도와 다른 것은? 03. 승진

① 자전거가 비탈길을 내려오다 중앙선 침범사고를 야기한 경우 대향차에 책임을 지울 수 없다.

② 결빙과 안개가 낀 고속도로상을 운행하는 운전자는 제한시속에 상관없이 감속과 즉시 정지할 수 있는 등의 조치를 취할 주의의무가 없다.

③ 고속도로상을 제한속도 이하로 운행하다가 도로를 횡단하는 피해자를 충격해 사망케 한 사실에 대하여 무죄를 선고한 것은 타당하다.

④ 고속도로상이라 하더라도 제동거리 밖의 무단횡단자를 발견했을 경우 사고를 미연에 방지할 의무가 있다고 본다.

해설

① 대판 1984.4.24. 84.도 240
③ 대판 1981.12.8. 81도 1808
④ 대판 1981.3.24. 80도 3305
② 고속도로의 노면이 결빙되고 짙은 안개로 시계가 20m 정도 이내였다면 차량운전자는 제한시속에 관계없이 속도를 줄이는 등의 조치를 취하였어야 할 것이므로 단순히 제한속도를 준수하였다는 사실만으로는 **주의의무를 다하였다 할 수 없다**(대판 1990.12.26. 89도 2589).

05 다음 중 판례의 태도와 다른 것은? 03. 승진

① 횡단보도 통행 중 신호가 변경되어 도로 중앙선부분에서 차량통행을 기다리며 멈춰서 있는 상황에서 사고가 발생하였다면 보행자 보호의무위반의 잘못이 있었다고 해야 한다.

② 사고 장소는 횡단보도 내이지만 보행신호가 적색등화이면 횡단보도 기능이 상실되어 운전자에게 보행자 보호의무가 있다고 볼 수 없다.

③ 사고 당시 신호가 차량진행 신호였다면 횡단보도 앞에서 감속하거나 일시정지하지 않았다 하여 횡단보도에서의 보행자 보호의무위반이라고도 할 수 없다.

④ 간선도로에서 횡단보도 보행등이 적색인 경우 이를 무시하고 갑자기 보행자가 뛰어나오리라는 것까지 예견하여 운전하여야 할 주의의무까지는 없다고 본다.

해설

횡단보도 통행 중 신호가 변경되어 도로 중앙선부분에서 차량통행을 기다리며 멈춰서 있는 상황에서 사고가 발생하였다면 보행자 보호의무위반의 잘못이 있었다고 할 수 없다(대판 1983.12.13. 83도 2676).

Answer 4. ② 5. ①

06 **판례의 입장으로 가장 옳은 것은?** 11. 승진

① 교통사고 발생 시 구호조치 의무는 교통사고를 발생시킨 당해 차량의 운전자에게 그 사고 발생에 있어서 고의·과실 혹은 유책·위법의 유무에 관계없이 부과된 의무라고 해석함이 상당하다.

② 일반도로 주행 중 반대방향 차선에서 주행 중인 차량이 중앙선을 침범할 것까지 미리 예견할 의무는 없으므로 부득이한 사정으로 중앙선을 침범하여 교통사고를 야기한다고 하여도 중앙선을 침범에 해당한다.

③ 고속도로를 운행하는 자동차 운전자는 고속도로를 무단횡단하는 보행자가 있을 것을 예견하여 운전할 주의의무는 없지만 감속 서행할 의무는 있다.

④ 술에 취한 피고인이 자동차 안에서 잠을 자다가 추위를 느껴 히터를 가동하기 위하여 시동을 걸었고, 실수로 제동장치 등을 건드렸다고 하더라도 자동차가 움직였으면 음주운전에 해당한다.

해설

② **부득이한 사정**으로 할 수 없이 중앙선을 침범한 경우에는 「교통사고 처리특례법」상의 중앙선 침범에는 해당하지 아니한다 할 것이다(대판 1991.1.15. 90도 1918).

③ 일반적으로 고속도로를 운전하는 자동차운전자에게 도로상에 장애물이 나타날 것을 예견하여 제한속도 이하로 **감속 서행할 주의의무가 없다**(대판 1981.12.8. 81도 1808).

④ 어떤 사람이 자동차를 움직이게 할 의도없이 다른 목적을 위하여 자동차 원동기(모터)의 시동을 걸었는데, 실수로 기어 등 자동차의 발진에 필요한 장치를 건드려 원동기의 추진력에 의하여 자동차가 움직이거나 또는 불안전한 주차상태나 도로여건 등으로 인하여 자동차가 움직이게 된 경우는 자동차의 운전에 해당하지 아니한다(대판 2004.4.23. 2004도 1109).

Answer 6. ①

07 교통경찰의 활동에 대한 다음의 설명 중 옳은 것은 모두 몇 개인가? 11. 경간

㉠ 교통정리가 행하여지고 있지 아니하는 교차로에 동시에 들어가고자 하는 차의 운전자는 우측도로의 차에 진로를 양보하여야 한다.
㉡ 앞지르기 금지장소 위반차량을 단속하여 통고처분을 하였는데 이후 그 운전자가 소지하고 있던 면허증이 음주운전으로 취소된 면허증인 것으로 확인된 경우 무면허운전으로 입건하고 통고처분도 전산상 입력하여 처리하면 된다.
㉢ 위드마크 공식을 적용하여 혈중알코올농도의 시간당 감소치를 선정함에 있어 시간당 감소치를 0.08%/h를 적용하여 사건 처리함이 바람직하다.
㉣ 「특정범죄 가중처벌 등에 관한 법률」 제 5조의 3소정의 도주차량죄는 「도로교통법」상 도로에 한정되지 않는다.
㉤ 소위 꺾기 번호판과 같이 번호판이 훼손이 구체적인 공무집행방해에 해당된다면 위계에 의한 공무집행방해죄도 가능할 것이나, 단순히 번호판을 고의적으로 훼손한 사실만을 가지고는 「자동차관리법」 위반으로 의율하면 될 것이다.

① 1개 ② 2개 ③ 3개 ④ 4개

해설

㉡ 무면허운전자 (경찰의 신원질문에 응하지 아니한 운전자)는 범칙자 제외대상으로 통고처분이 불가능하므로 형사입건해야하고, 통고처분은 불가변력을 가지므로 통고처분이 일단 행해지면 처분행정청도 이를 임의로 취소·변경할 수가 없다.
㉢ 위드마크 공식을 적용할 때는 **시간당 감소치를 0.008%/h를 적용**하여 사건처리를 하여야 한다.

08

08 굴러가는 자동차 바퀴에 갑자기 정지될 정도로 강하게 브레이크가 조작되어, 노면상에 굴러갈 수 없게 된 경우 타이어에 의해 나타나는 노면흔적은? 08. 경찰2차

① 스크래치 ② 스키드마크
③ 가속스카프 ④ 타이어에 새겨진 흔적

해설

스키드마크에 대한 설명이다.

Answer 7. ③ / ㉠ ㉣ ㉤ 8. ②

스키드마크	굴러가는 타이어가 갑자기 정지할 정도로 강하게 브레이크가 조작된다면 노면상에 굴러갈 수 없게 된 타이어에 의해 흔적이 남게되는데 이때 발생한 타이어의 흔적을 말한다.
요마크	바퀴가 돌면서 다소 차축과 평행하게 옆으로 미끄러진 타이어의 마찰흔적이다.
스크래치	큰 압력없이 미끄러진 금속물체에 의해 단단한 포장노면에 가볍게 불규칙적으로 좁게 나타나는 긁힌 자국으로 차량의 전복위치 및 충동 진행방향을 알 수 있는 중요한 흔적이다.
가속스카프	충분한 동력이 구르는 바퀴에 전달되어 도로표면에 적어도 한 번의 스핀이나 슬립이 발생되어 나타나는 흔적으로 정지된 차량에서 기어가 들어가 있는 채로 엔진이 고속으로 회전하다가 클러치 페달을 갑자기 놓아 급가속이 될 때 순간적으로 발생하는 현상이다.
타이어에 새겨진 흔적	눈, 모래, 자갈, 진흙 및 잔디와 같이 느슨한 노면 위를 타이어가 미끄러짐 없이 굴러가면서 노면상에 타이어의 접지면의 무늬모양을 그대로 새겨 놓은 흔적이다.
칩	마치 호미로 노면을 판 것같이 짧고 깊게 파인 가우지마크, 차량충돌시 충돌의 힘에 의해서 금속부분이 노면과 부딪칠 때 발생하므로 차량간의 최대접촉 시 만들어진다.
찹	마치 도끼로 노면을 깍아낸 것같이 넓고 얕은 가우지마크, 찹은 최대 접촉시 발생할 가능성이 높은데, 흔적이 발생하는 방향성은 깊고 날카로운 쪽에서 얕고 거친 쪽으로 만들어진다.
그루브	길고 좁은 홈자국으로 직선일 수도 있고 곡선일 수도 있다,

09 다음은 공주거리와 제동거리에 대한 설명으로 틀린 것은 몇 개인가? 09. 경간

㉠ 공주거리란 제동거리와 정지거리를 합한 것이다.
㉡ 공주거리란 운전자가 운전 중에 위험을 감지하고 브레이크를 밟아 실제로 제동효과가 나타날 때까지의 차가 주행되는 거리를 말한다.
㉢ 공주거리는 주취운전이나 졸음운전, 피로운전 시에 짧아진다.
㉣ 제동거리란 브레이크를 밟은 후 자동차가 정지할 때까지 진행한 거리를 말한다.
㉤ 제동거리는 노면이 미끄러울 때, 타이어의 공기압이 지나치게 높은 때, 타이어의 마모 및 무거운 짐을 실었을 때 길어진다.

① 없다 ② 1개 ③ 2개 ④ 3개

해설

㉠ 공주거리란 정지거리에서 제동거리를 제외시킨 거리를 말한다.
㉢ 공주거리는 주취운전이나 졸음운전, 피로운전 시에 길어진다.

Answer 9. ③ / ㉠ ㉢

10 **다음 중 교통경찰과 관련하여 옳지 않은 것은?** 05. 경찰 2차

① 통행우선순위 위반은 「교통사고처리 특례법」상 중요 법규 위반 12개항에 해당하지 않는다.

② 인적피해 야기 후 도주자동차 운전자에 대해서는 「특정범죄 가중처벌 등에 관한 법률」이 적용된다.

③ 도로의 중앙선을 넘어서 앞지르기를 하다가 사고를 야기한 경우 긴급자동차라 할지라도 위반된다.

④ 경찰용자동차 중 범죄수사에 사용되는 차는 신청에 의하여 지방경찰청장이 긴급자동차로 지정한다.

해설

경찰용자동차 중 범죄수사에 사용되는 차는 대통령령으로 정한 **법정긴급자동차**이다.

11 **「교통사고처리 특례법」상 상호간의 합의가 있다면 공소제기를 할 수 없는 경우?** 07. 경간

① 비보호좌회전 구역에서 적색신호 시 직진으로 오던 차량과 접촉사고로 피해자가 경미한 부상을 당한 경우

② 시내버스 기사가 문을 연 채로 주행 중 승객 2명이 다친 경우

③ 중앙선을 침범하여 사람을 다치게 한 경우

④ 난폭운전 중 2명에게 중상을 입힌 경우

해설

난폭운전은 특례 12개 항목에 해당하지 않아 합의 또는 **종합보험 가입시 처벌을 면제**한다.

08

Answer 10. ④ 11. ④

박선영 경찰학

Police Science

CHAPTER

정보경찰

Police Science

정보경찰

제1절 정보경찰 일반론

1 의 의

(1) 정보의 개념

정보는 '**적국의 동정에 관하여 알린다**'라는 의미로 **프랑스**군에 사용하던 군사용어를 번역하여 만든 것이다. 기출 경찰정보는 **사회갈등, 안전사고, 범죄 등 제반 사회위험요소를 사전에 파악하고 대비하기 위해 체계화되고 정선된 지식**이라고 정의한다.

제프리 리첼슨	외국이나 국외지역과 관련된 제반 첩보자료들을 수집, 평가, 분석, 종합, 판단의 과정을 거쳐 만들어진 산출물 기출
에이브럼 슐스키	**국가안보** 이익을 극대화하고, 실제적·잠재적 적대 세력의 위협을 취급하는 정부의 정책수립과 관련된 자료 기출
마크 로웬탈	**정책결정자의 필요**에 부응하는 지식으로 이를 위해 수집, 가공된 것 기출
마이클 워너	**악영향**을 끼칠 수 있는 세력의 영향을 완화하거나, 세력에 영향을 주거나 세력을 이해하기 위한 비밀스러운 것 기출
셔먼 켄트	국가 **정책운용**을 위한 지식, 조직, 활동 기출
마이클 허먼	정부 내에서 조직된 지식
데이비스	받아들이는 사람에게 필요한 형태로 처리된 **데이터**이고, 정책 의사결정에 있어서 가치를 인정받은 것
위 너	외계에 적응하려고 행동하고, 조절행동의 결과를 감지할 때 교환하는 내용으로 **환경에 적응함에 있어 필수적인** 요소
클라우제비츠	적과 적국에 관한 지식의 총체이고 전쟁에서 계획 및 행동의 기초가 되는 것(군사학적 정의)

(2) 정보, 첩보의 비교

정보(Information)	**첩보**(Intelligence)
목적성을 가지고 의도적으로 수집한 자료	특정 상황에서 가치가 평가되고 체계화된 지식으로 '2차정보'
부정확한 견문지식 포함	객관적으로 평가된 정확한 지식
기초적, 단편적, 불규칙적, 미확인 상태	목적에 맞도록 평가, 분석, 종합, 해석하여 만든 지식
과거와 현재(시간불문)	정보사용자의 필요시 제공(**적시성** 요구)
사용자의 목적에 맞지 않음	사용자의 **목적에 맞도록** 작성된 지식
처리절차 불문	처리절차 중요

▸ 자료(data)는 목적의식에 의해 수집된 것이 아닌 단순 사실, 신문자료, 서적, 광고 등

(3) 정보의 특성 기출

비이전성	정보는 타인에게 전달되어도 **본인에게 남는다.** 기출
변화성	동일한 정보라도 **사용자에 따라 중요도의 차이**가 있다.
무한가치성	정보는 한가지라도 **필요한 사람이면 누구에게나 가치가 있다.** 기출
신용가치성	출처의 **신뢰도가 높을수록** 정보의 가치가 높다. 기출
누적효과성	정보는 생산, 축척되면 될수록 가치가 커진다.

2 정보의 가치

(1) 평가요소 기출

적실성	정보사용자의 **사용목적**과 관련된 것이어야 한다.
정확성	정보는 객관적으로 평가된 **정확한 지식**이다.
적시성	정보는 사용자가 **필요한 시기**에 제공될 때 가치가 높아진다.
완전성	정보는 주제에 맞는 내용이면서 주제와 관련된 **모든 사항이 필요**하다.
객관성	사용자의 의도에 따라 주관적으로 왜곡되면 선호정책의 합리화도구로 전락할 수 있다.
필요성	정보는 사용자에게 **필요한 지식**이어야 한다.

(2) 정보의 효용

정보의 효용은 질적 요건을 갖춘 정보가 **정책결정과정에 기여할 수 있는가**에 대한 기준

형식 효용	① 정보사용자의 요구에 맞는 **형식에 부합**해야 한다. 기출 정보사용자의 수준에 따라 정보 형태가 달리 결정된다. 최고결정자에 대한 정보보고서는 **'1면주의'** 원칙이 요구된다. 기출 ② **전략정보**는 최고결정자가 사용하는 만큼 축약(1면주의)한 형태가 필요하나, **전술정보**는 정책결정자나 실무자에게 제공되므로, 상세하고 구체적이어야 한다. 기출
시간 효용	정보는 정보사용자가 필요로 하는 시점에 제공될 때 시간효용이 높다(**적시성**). 정보생산자가 판단하여 적절한 시간에 필요한 정보를 제공할 수 있어야 한다. 기출
접근 효용	사용자가 쉽게 접근할 수 있어야 하나 정보 비밀성을 유지해야 할 필요성에 유의해야 한다. 기출
소유 효용	상대적으로 많이 소유할수록 집적의 효과가 있어야 한다(정보는 국력이다). 기출
통제 효용	① 정보는 필요로 하는 사람에게 필요한 만큼 제공되어야 한다. 기출 ② (차단의 원칙)방첩활동과 밀접한 관련이 있다. 기출

3 정보의 분류

(1) 사용수준에 따른 분류 기출

전략정보 (국가정보)	① 정책지도자들이 종합적인 **국가정책과 국가안전보장** 문제에 관하여 필요로 하는 국내 상황과 타국의 능력, 취약성, 가능한 행동방책에 관한 정보를 의미한다. ② 국가정책과 안전보장에 **막대한 영향을 주는 상황**에 대하여 정보기관에서 작성한 정보를 토대로 평상시에는 국가의 안전과 관련된 정책 결정의 기초가 되고 전시에는 군사작전 계획의 기초가 되는 정보이다.
전술정보 (부문정보)	① 전략정보의 기본적인 방침에서 이를 구체적으로 수행하기 위한 **세부적이고 전문적인 정보** ② 부서별 정보, 정치적 정보라고 하며 국가정책의 실현을 위한 세부적 계획의 수립, 추진에 필요한 지식

(2) 정보기능에 따른 분류 기출

기본정보	① 모든 사상의 **정적인 상태**를 기술한 정보로, 과거의 사례에 대한 기본적, 서술적 일반 자료 유형의 정보 ② 정태적이고, 기초적인 사항을 내용으로 하고 있고, 이미 **경험**했거나 **경험 중**에 있는 사항(현용정보 또는 판단정보의 작성자가 사용할 정보)
현용정보 (시사, 현행정보)	① 모든 사상의 **동태를 현재**의 시점에서 객관적으로 기술한 정보로 의사결정자에게 그때 그때의 동향을 알리기 위한 정보이다. ② 실무상 **속보**와의 관련성이 높은 정보
판단정보 (기획정보)	① 특정 문제를 체계적이고, 실증적으로 연구하고 미래에 있을 어떤 상태를 **추리, 평가**한 정보 ② 장래에 있을 어떤 상태에 관란 **예측적, 평가적, 보고적 유형의 정보**로 정보생산자의 능력과 재능을 가장 많이 필요로 한다.

(3) 사용목적에 따른 분류 기출

적극정보	**경찰기능에 필요한 정보 이외**의 모든 정보로 국가이익을 증대하기 위한 정책입안, 계획수립에 필요한 정보
보안정도	국가의 경찰기능을 위한 정보로 국가안보를 위태롭게 하는 국가적 취약점의 분석과 판단에 관한 정보

제2절 정보의 순환

1 의 의

(1) 의 의

정보의 순환이란 정보를 산출하기 위해 소요되는 정보요구를 충족하고 첩보를 수집, 보고하여 평가, 분석, 종합, 해석하고 정보를 생산하여 배포하는 과정이다. 정보순환의 과정은 연속성을 가지고, 각 과정이 **동시에 진행**된다. 기출

(2) 순환과정

정보요구	정보사용자가 필요성에 따라 첩보의 수집활동을 지시하는 단계(첩보 기본요소 결정－첩보 수집계획서 작성－명령,하달－사후검토)
첩보요구	수집지시 및 수집요구에 의해 첩보를 수집하고 이를 지시・요구한 사용자에게 제공하는 단계(출처의 개척－첩보의 수집－첩보의 전달)
정보생산	수집된 첩보를 기록, 평가, 조사, 분석, 결론 도출과정을 통해 정보로 전환하여 처리하는 단계(**선택**－**기록**－**평가**－**분석**－**종합**－**해석**)
정보배포	정보의 사용자에게 유용한 형태(구두, 서면, 도식)로 배포되는 단계

2 순환과정

(1) 정보요구단계(1단계)

① 정보사용자가 필요로 하는 정보를 파악하여 정확한 정보가 제공될 수 있도록 운용계획을 수립하여 첩보를 입수하고 처리 분석하여 작성된 정보를 적시에 배포할 수 있게 하는 단계

② **정보요구형태** : 국가지도자 및 정책입안자의 요구(종적요구), 횡적관계에 있는 요구(횡적요구), 정보생산자의 자체 판단에서 오는 요구(내적요구)로 나누어진다.

③ **정보요구의 순환과정** 기출

첩보기본요소결정	요구내용을 한정하고 구체적인 요구가 가능하기 위해 **어느 부문의 정보를 요구할 것인가를 결정**한다.
첩보수집계획서 작성	누가, 언제, 어떤 방법으로 수집보고할 것인지 계획서를 작성하여 첩보수집을 지시해야 수집기관이 요구내용에 따라 수집할 수 있다.
명령, 하달	적합한 수집시기와 요구방법에 따라 구두 또는 서면으로 수집기관에 명령하달하여 수집기관에 수집 책임을 부여한다.
사후검토	수집기관의 활동에 대해 지속적인 조정과 감독이 필요하다.

④ 정보요구의 순환과정 기출: 정보의 성질에 따라 **일시적**으로 끝나는 것인가 아니면 **계속적, 반복적** 수집이 필요한 것인가에 따라 PNIO, EEI, SRI, OIR로 구분된다.

국가정보목표 우선순위(PNIO)	① PNIO(Priority of National Intelligence Objective)는 국가 안전보장이나 정책에 관련되는 국가정보목표의 우선순위로 **정부의 기본 정책**을 수행하는 데 필요로 하는 자료 ② 국가정책 수립자와 수행자의 질문에 응답하기 위해 선정된 우선적 정보목표이고 국가의 정보기관 활동의 기본방침이다. ③ **경찰청에서 정보활동 계획을 수립할 때 가장 중요한 지침**
첩보기본 요소 (EEI)	① EEI(Essential Elements of Information)는 정부의 각 부서에서 맡고 있는 정책계획을 수행함에 있어 **우선적으로 필요로 하는 첩보 요소**이다. ② **계속적・반복적**으로 요구되고, **전체적** 지역에 걸쳐 수립되어야 하는 첩보수집 요구에 있어 가장 기본이 되는 지침이다. ③ **EEI는 SRI와 상대적 개념**이다.
특별첩보요구(SRI) 기출	① SRI(Special Requirements for Information)는 특정 지역의 특별한 **돌발상황**에 대한 **단기적 해결**을 위해 필요한 범위 내에서 임시적이고 단편적인 첩보를 요구하는 것이다. ② 수집계획서가 필요치 않고 수시로 단편적 사항에 대하여 명령되는 것으로 **즉흥적인 첩보요구방법**이다.
기타정보요구(OIR)	① OIR(Other Intelligence Requirement)는 정세의 변화에 따라 불가피하게 정책상 수정이 요구되거나 이를 위한 자료가 요구될 때 PNIO에 우선하여 이를 충족시키기 위한 정보요구이다. ② OIR이 PNIO에 포함되어 있지 않거나 포함되어 있더라도 우선순위가 늦게 책정되어 있어도 OIR은 **PNIO에 우선**하여 작성한다.

(2) **정보요구단계**(2단계)

① **의의**: 첩보수집기관이 출처를 확보하여 첩보를 입수, 획득하고 정보작성기관에 전달하는 과정(가장 중요)으로 첩보수집**계획**－**출처**의 개척－첩보의 **획득**－첩보 **전달**

<table>
<tr><td>첩보수집계획</td><td colspan="3">첩보수집계획에는 첩보 획득에 사용할 기관, 방법, 수집활동의 진행상황, 성과 등을 포함해야 한다.</td></tr>
<tr><td>첩보출처개척</td><td colspan="3">첩보출처는 단일출처보다 이중출처를 활용하면 출처의 신뢰성이 높아짐</td></tr>
<tr><td rowspan="5">첩보수집활동</td><td rowspan="3">국내수집</td><td>인간정보</td><td>인간에 의하지 않으면 수집되지 않는 첩보가 있다.</td></tr>
<tr><td>영상정보</td><td>레이더, 적외선 센서 등 기술적 수단을 이용해서 사진이나 영상을 수집하고 분석하여 얻어지는 정보 기출</td></tr>
<tr><td>신호정보</td><td>상대방으로부터 전파 및 전자적 신호를 탐지, 수집하여 얻은 정보</td></tr>
<tr><td rowspan="2">국외수집</td><td>백색정보</td><td>합법적 신분의 외교관 수집정보(적발될 경우 외교특권이 인정되어 처벌되지 않고 국외로 추방된다)</td></tr>
<tr><td>흑색정보</td><td>상사원, 언론기자 등의 수집정보(신분노출이 되지 않으나 간첩활동이 적발되면 간첩죄로 형사처벌된다)</td></tr>
<tr><td>첩보전달</td><td colspan="3">첩보 전달시 첩보의 사용자, 보고시기, 보고형태, 전달수단을 고려한다.</td></tr>
</table>

② **첩보의 출처 분류**: 첩보가 얻어지는 원천으로 정보의 진실성을 점검할 수 있도록 이중출처를 개척하여 활용한다.

<table>
<tr><td rowspan="2">입수단계</td><td>근본출처</td><td>첩보존재 근원에서 중간기관 변형 없이 첩보를 제공받는 출처</td></tr>
<tr><td>부차적출처</td><td>정보작성기관에 의해 부분적으로 평가, 요약, 변형된 것을 제공받는 출처</td></tr>
<tr><td rowspan="2">공개여부</td><td>공개출처</td><td>첩보가 공개되어 합법적으로 이용이 가능한 출처(대부분의 출처). 비밀출처보다 첩보의 가치가 떨어지는 것은 아님 기출
① 장점: 접근용이, 시간비용절감, 출처보안대책 불요
② 단점: 중요도가 떨어짐, 과장, 허위정보일 가능성</td></tr>
<tr><td>비공개출처</td><td>출처가 보안 상태로 유지되어 자유로운 접근이 어려운 출처로 특별하고 신중한 관리가 필요하다. 기출
① 장점: 조작되지 않은 첩보 획득가능
② 단점: 자유로운 접근 곤란으로 법적 문제 제기 가능성 높음</td></tr>
<tr><td rowspan="2">주기성 여부</td><td>정기출처</td><td>정기적으로 첩보를 획득할 수 있는 출처(정기간행물, 방송, 신문 등)</td></tr>
<tr><td>우연출처</td><td>우연히 첩보가 제공되는 출처(인적관계 등)</td></tr>
</table>

③ 첩보수집 우선순위

고이용정보 우선원칙	가치가 높은 정보부터 수집하는 것이 시간, 비용 절감
참신성 원칙	알려지지 않은 정보를 우선적으로 수집해서 가치를 높임
수집가능성의 원칙	중요하고 필요한 정보라도 수집가능성이 희박하다면 곤란함
긴급성의 원칙	긴급한 정보를 우선적으로 수집한다.
경제성의 원칙	수집에 필요한 경비, 시간, 노력이 얼마나 소요되는지를 고려하여 우선순위를 정해 낭비를 방지한다.

(3) 정보생산단계(3단계)

① **의의**: 정보생산기관에 전달되어 정보 사용자의 요구에 맞도록 평가, 분석, 종합, 해석의 과정을 거쳐 정보보고서를 작성하는 과정(학문적 성격이 가장 많이 지배되는 단계) 기출

② 정보 생산의 소순환 과정 기출: **첩보의 선택 − 첩보의 기록 − 첩보의 평가 − 첩보의 분석 − 첩보의 종합 − 첩보의 해석**

㉠ 첩보의 선택: 수집된 첩보 중에서 **긴급성**, **유용성**을 기준으로 필요한 정보를 가려내는 제1차 평가과정

㉡ **첩보의 기록**: 첩보 중 당장 사용하지 않은 첩보이거나 사용한 첩보를 기록, 관리한다.

통합의 원칙	첩보 분류시 다른 것과의 관계를 고려해야 한다.
점진의 원칙	순차적으로 분류한다는 원칙으로 **간단한 것에서 복잡한 것**으로 일반적인 것에서 특수한 것으로 분류한다. 기출
일관성의 원칙	분류의 목적을 정하고 어떤 기준으로 분류할 것인가 정하고 일관성 있게 해야 한다. 이 원칙에 **위배된 분류를 크로스 구분**(Cross Division)**이라 하며 분류방법에서 제외**된다.
상호배제의 원칙	분류의 세분항목은 중복이 없도록 해야 한다.
병치의 원칙	유사한 것이나 관계되는 자료는 가깝게 위치할 수 있도록 분류

㉢ 첩보의 평가: 첩보의 출처, 내용에 관하여 그 신뢰성, 사실성 등 타당성을 판정하는 과정으로 첩보의 **적절성**, 출처기관에 대한 **신뢰성**, 내용에 대한 **가망성**을 검토해야 한다. 기출

첩보의 적절성	현재나 장래에 그 첩보가 어느 정도로 유용한 것인지 검토
출처의 신뢰성	적당한 시기에 입수되었고, 유용한 자료라고 판단될 때 자료제공 출처 또는 기관에 대한 신뢰성을 검토해야 함
내용의 정확성	진실성, 상세성, 타당성, 일치성

㉣ 첩보의 분석 : 첩보를 가지고 정보요구를 해결하기 위해 가설들을 논리적으로 검증하는 일련의 과정으로 **재평가 과정**이다. 기출

㉤ 첩보의 종합 : 주제에 대한 정보를 생산하기 위해 동류의 것끼리 분류된 사실을 하나의 통일체로 결합하는 과정을 의미한다. 기출

㉥ 첩보의 해석 : 평가, 분석, 종합된 정보에 대해 **의미와 중요성**을 결정하고 결론을 도출하는 것 기출

(4) 정보생산단계(4단계)

① **의의** 기출: 생산된 정보가 정보를 필요로 하는 기관에 유용한 형태를 갖추고 적당한 시기에 분배되는 것으로 마지막 단계이다.

② **정보배포의 원칙**

필요성	• **알아야 할 필요가 있는 대상자에게만** 알려야 한다. • 배포기관은 누가 어떤 정보를 언제, 어떻게 사용할 것인지 파악하고 있어야 한다.
적시성	**적시**에 필요로 하는 대상에게 배포되어야 한다. 기출
적당성	사용자의 능력과 상황에 맞추어 적당한 양을 조절하여 필요한 만큼만 전달하여야 한다.
보안성	작성된 정보연구와 판단이 누설됨으로 발생할 결과를 예방하기 위해 보안대책이 필요하다. 기출
계속성	정보가 필요한 기관에 배포되었다면 그 주제와 관련된 정보는 그 기관에 계속 배포해 주어야 한다. 기출

③ 정보 배포의 수단

보고서	일반적으로 많이 활용되는 방법으로, 정보의 내용을 서류형태로 보고서화하여 정보 수요자에게 배포하는 방법 기출
브리핑	정보담당관이 정보내용을 요약하여 구두로 설명하는 것
메 모	긴급한 정보(현용정보)를 전달하는 데 주로 사용되며 신속성이 중요시됨 기출
메시지	정보사용자가 **물리적인 접촉이 용이하지 않은 경우** 사실 확인 차원의 단순보고에 활용하는 방식으로 활용도가 높아지고 있다. 기출
일일정보 보고서	24시간에 걸친 제반 정세의 변화를 중점적으로 망라한 보고서로 대부분이 **현용정보**이다.
정기 간행물	광범위한 배포를 위해 주기적으로 발행되며, 방대한 정보를 수록한다. 기출
특별보고서	누적된 정보가 다수의 사람이나 기관에게 이해관계가 있거나 가치가 있을 때 사용

3 정보의 기능

(1) 정보와 정책 기출

정보와 정책의 관계에 관하여 1947년부터 1955년까지는 정보와 정책의 분리를 강조하는 **전통주의적** 시각이 강했고, 1950년대 후반에는 정보가 정책결정에 미치는 영향이 미진하다는 문제점이 제기되면서 **행동주의**를 채택하게 되었다.

1) 전통주의

의 의	정보와 정책은 **일정수준의 분리**가 필요하다(로웬탈). 기출
특 징 기출	① 정보는 **정책에 의존**하기도 하지만 정책의 정보의 지지 없이도 존재한다. ② 정보생산자는 정보제공과 정보의 조작을 구분하고 **정보사용자의 자료나 분석 요구에 부응**해야 한다. ③ 고위정책결정자 등은 고위정보관에게 자문을 구할 수 있다. ④ 정보가 **정책결정에 조언**을 주는 방향으로 분리가 가능해야 한다.

2) 행동주의 기출

의 의	정보와 정책은 공생관계에 있기 때문에 상호간 **밀접히 연결**되어야 한다(힐스만).
특 징	① 정보생산자는 정책과정에 대해 연구하고 이해해야 한다. ② 정보사용자에게 의미 있는 사안들에 역량을 동원해야 한다. ③ 정보와 정책간의 **환류**가 필요하다.

(2) 정보생산자와 사용자의 관계 기출

1) 정보사용자의 제약요인

정책결정자의 시간적 제약성	설명자료, 언론보도 등 수많은 문서와 보고로 **시간이 제한**되어 있다.
정책결정자의 선호정보	정책결정자는 **선호정책을 뒷받침**할 수 있는 정보를 원한다.
정책결정자의 자존심	정책결정자는 자기분야의 최고라는 자신감으로 반대하는 견해는 비현실적이고 잘 알지 못한 데 따른 것이라고 **무시**한다.
과도한 기대	정보가 문제에 대한 대답과 지침을 주기를 바란다. 기대가 충족되지 못할 경우 정보불신을 한다.
판단정보의 소외 기출	정책결정자들은 **현용정보를 가장 선호**하고 판단정보는 낮게 평가한다.

2) 정보생산자로부터 장애요인 기출

다른 정보와 경쟁	신문, 방송, 인터넷 등 많은 정보가 실시간으로 전파되고, 기업, 증권가 등의 사설 정보지와도 경쟁이 있다.
편향적 분석 문제	객관적 분석의 결여, 집단적 편견으로 정보분석에 실패한다.
적시성의 문제	수요에 맞추어 적시에 정보보고서를 제출할 수 있어야 한다. 완벽한 보고서를 만들기 위해 시간을 맞추어야 한다.
적합성의 문제	정보분석이 깊고 광범위해도 결정자의 **수요 요청에 부합**되지 않으면 정책수립에 도움이 되지 않는다.
판단의 불명확성	정보기관의 흥정을 통해 정보를 왜곡시키기도 하고, 여러 가능성을 언급하기도 한다.

참고

정보통제

의 의	정보기구에 대한 통제 주체들이 정보기구의 활동이 조직목표에서 일탈하는 것을 방지하기 위해 통제기준을 설정하고 다양한 통제수단과 자원을 동원하여 **정보기구를 평가, 시정조치**를 해나가는 활동
필요성	정보는 독점·은밀하여 대통령 등 국가수반이 국가 정보기관을 자의적으로 오남용할 가능성이 높다.
통제방법	① 행정부, 의회, 언론에 의한 통제 ② 정부 자체 내의 조직이나 정보기관 자체 내의 통제체제가 우선적으로 운영되다가, 1970년대 의회차원의 강력한 정보의 통제체제가 갖추어지기 시작하였다. ③ **국가정보원장**은 국회의 인사청문을 거쳐 대통령이 임명한다.
언론에 의한 통제	① 정보기관의 권력남용 폭로는 정보기관을 통제하는 수단이다. ② 언론기관의 보도는 국회조사활동이나 청문회를 할 수 있다. ③ 정보기관은 은밀성을 유지하려 하고 언론은 공개를 통해 국민의 알권리를 충족시키는 것이 국가이익에 부합한다고 본다.

제3절 정보경찰활동

1 정보경찰의 의의

(1) 의 의

정보경찰은 공공의 안녕과 질서에 대한 위험을 제거하기 위한 경찰활동으로 **치안정보** 및 정치, 경제, 사회, 문화 등의 **일반정보**까지 수집, 분석, 작성, 배포하는 경찰활동이다. 궁극적인 목적은 사회 안보의 확보이다.

정보활동은 국민의 자유와 권리를 침해하는 권력적 작용이 아니고 임의수단에 의한 **비권력 작용**으로 **구체적 법적근거 없이도 정보수집활동**이 가능하다.

(2) 특 징

구 분	정보경찰	일반경찰
1차 목적	국가의 안전보장	국민의 생명, 신체, 재산보호
활동지침	예방적, 사전적	예방적, 사후교정적
대상범죄	**위태성** 범죄	**침해성** 범죄
보호법익	국가안전	개인적 법익
업무수행시	신분 비공개	신분 공개

(3) 정보경찰활동 한계 기출

실정법적 한계	① 헌법과 법률이 허용하는 범위 내의 활동이 필요하다. ② 헌법 제10조 인간의 존엄성과 행복추구권, 제17조 사생활의 비밀과 자유가 존중되어야 한다.
초법규적 한계	① **필요성**: 행정목적을 달성하기 위해 어느 정도 필요한가 ② **상당성**: 수단의 필요성 면에서 상당한 정도인가 ③ **타당성**: 수단이 사회 통념상 타당한 것인가

(4) 관련 판례

1) 헌법 제10조는 '모든 국민은 인간으로서 존엄과 가치를 가지고 행복을 추구할 권리를 가진다. 국가는 개인이 가지는 불가침의 인권을 확인하고 이를 보장할 의무를 진다'고 규정하고 헌법 제17조는 '모든 국민은 사생활의 비밀과 자유를 침해받지 아니한다'고 규정하고 있는바, 헌법규정은 개인의 사생활이 타인으로부터 침해되거나 사생활이 함부로 공개되지 아니할 **소극적인 권리**는 물론 고도로 정보화된 현대사회에서 자신에 대한 정보를 자율적으로 통제할 수 있는 **적극적인 권리까지 보장**한다.

2) 국군 기무사령부 수사관들이 경찰청과 공조수사를 하는 경우 직접 민간에 대한 첩보 수집은 직무범위를 일탈한 것으로 위법하다(**손해배상책임** 인정).

3) 국군보안사령부가 군과 관련된 첩보, 특정한 군사법원 관할 범죄의 수사 등 법령에 규정된 직무범위를 벗어나 민간인을 대상으로 평소의 동향을 감시, 파악할 목적으로 지속적으로 개인의 집회, 결사에 관한 활동이나 사생활에 관한 정보를 미행, 망원경 활용 등의 방법으로 비밀리에 수집, 관리하는 경우는 헌법에 보장된 기본권을 침해한 것으로 불법행위를 구성한다.

2 견문수집 의의

(1) 의 의

정보경찰이 국내외의 정치, 경제, 사회, 문화 등 제 분야에 대한 견문을 수집하고 처리하는 것을 의미한다.

(2) 정보보고서 종류 기출

견문보고서	오관의 작용을 통해서 근무 중 획득한 국내외의 정치, 경제, 사회, 문화 등 각 분야의 자료를 기술한 보고서로 간단하고 함축성이 있는 용어 사용이 필요하다.
정책보고서	정부의 정책 및 치안행정 시행과정에 나타나는 **문제점, 정책** 관련 여론 등을 수집, 분석하는 보고서
정보상황보고서	**속보**라고도 하며, 사회갈등이나 집단시위 상황 등에 대해 전파하는 보고서이다.
정보판단서	타 견문 자료를 **종합, 분석**하여 작성한 보고서로 경력동원 등 상황에 대한 조치를 요하는 보고서이다.

(3) 내용에 따른 정보의 종류 기출

상황정보	종합적 판단이 아니라, 현 상태에 관한 **일시적**인 것으로 현실에 관한 정보를 보고하는 것으로 **현용정보**의 일종이다.
민심정보	중요정책이나 현안사항에 대해 **국민여론**을 파악, 보고하여 정책조정, 조치 등에 반영하는 것
정책정보	**정부시책의 효과, 타당성, 문제점** 등을 파악하여 개선방안을 보고하는 정보
범죄정보	수사의 단서로 활용할 수 있는 정보
치안정보 기출	치안정책의 수립, 집행, 치안행정에 걸친 문제점, 개선방안에 관한 정보(내부시책보고)로 **경찰청장**이 사용자이다.

(4) 정보보고서 용어

판단됨	어떤 징후가 나타나거나 상황이 전개될 것이 **거의 확실**시되는 근거가 있는 경우
예상됨	첩보 등을 분석한 결과 단기적으로 어떤 상황이 전개될 것이 **비교적 확실**한 경우
전망됨	과거의 움직임이나 현재, 미래 동향으로 장기적으로 활동의 **윤곽을 예측**하는 경우
추정됨	**구체적 근거 없이** 나타난 동향의 원인 배경등을 막연히 추측할 경우
우려됨	구체적 징후는 없으나 가능성을 배제하기 어려워 최소한의 대비가 필요한 경우

3 채증활동

개 념	집회 및 치안 위해 사태가 발생하였을 경우 정황을 촬영, 녹화 또는 녹음하여 **상황파악 및 사법처리를 위한 자료를 확보**하는 정보경찰활동으로 정보활동과 수사활동으로서 성격을 가진다.
목 적	관련자 사후처리와 유사상황 발생시 대책수립으로 활용 ① 집회 및 시위등 상황파악 ② 사법처리의 증거확보 ③ 치안자료의 수집등을 위함
법적근거	「경찰법」 제3조, 「경찰관 직무집행법」 제2조, 「채증활동규칙」, 「형사소송법」 제216조
유의사항	초상권 침해의 논란이 우려되므로 불법, 합법 구별 없는 채증은 지양되어야 함

4 신원조사

(1) 의 의

국가안전에 관련되는 임무에 종사하거나 이에 관련된 업무를 하는 자 및 예정자에 대하여 국가에 대한 **충성심, 성실성, 신뢰성**을 조사·확인하는 대인정보자료 수집 활동 기출

(2) 법적근거

① 「국가정보원법」 제3조

② 「보안업무규정」

③ 「보안업무규정 시행규칙」

④ 「정보 및 보안업무기획, 조정규정」
⑤ 「신원조사업무처리규칙」
⑥ 「여권발급신청자 신원조사업무처리규칙」

(3) 신원조사 대상자(보안업무규정 제33조) 기출

① **공무원 임용 예정자**
② **비밀취급 인가 예정자**
③ **해외여행**을 위하여 「여권법」에 따른 여권이나 「선원법」에 따른 선원수첩 등 신분증서 또는 「출입국관리법」에 따른 사증(査證) 등을 발급받으려는 사람
④ 국가보안시설 · 보호장비를 관리하는 기관 등의 장
⑤ 임직원을 임명할 때 정부의 승인이나 동의가 필요한 공공기관의 임직원
⑥ 그 밖에 다른 법령에서 정하는 사람이나 각급기관의 장이 국가보안상 필요하다고 인정하는 사람

(4) 신원조사기관

① 국가정보원장이 직권 또는 관계기관의 요청에 의해 실시
② 국가정보원장은 신원조사에 관한 권한의 일부를 **경찰청장과 국방부장관에게 위임**할 수 있다(**「국가정보원법」이 아닌 「보안업무규정」에 의함**). 기출
③ 국방부장관에 대한 위임은 군인, 군무원, 「방위사업법」에 규정된 방위사업체 및 연구기관 종사자와 군사보안에 관련된 인원에 대하여만 실시

(5) 결과의 처리

조사기관의 장은 신원조사의 결과 국가 안전보장상 유해한 정보가 발견된 자는 관계기관의 장에게 그 사실을 통보해야 하며, 통보받은 관계기관의 장은 신원조사 결과에 따라 필요한 보안대책을 강구해야 한다.

5 집회 및 시위에 관한 업무처리

(1) 의 의

적법한 집회 및 시위를 최대한 보장하고 위법한 시위로부터 국민을 보호함으로써 집회 및 시위의 권리 보장과 공공의 안녕질서가 적절히 조화를 이루도록 하는 것을 목적으로 한다.

(2) 용어의 정의

1) 집 회

① **특정 또는 불특정 다수인**이 공동의 의견을 형성하여 대외적으로 표명할 목적으로 일정한 장소에 일시적으로 모여 토의나 사실의 고지 등 공적인 의사형성을 하는 것을 의미한다.

② 2인이 모인 집회도 「집회 및 시위에 관한 법률」의 규제대상이 된다.

③ **집회는 모이는 장소나 사람의 많고 적음에 제한이 있을 수 없다**.

2) 옥외집회 기출

① 천정이 없거나 사방이 폐쇄되지 않는 장소에서의 집회를 의미한다.

② **건물현관 앞 계단과 도로**에서의 집회나 시위도 「집시법」상의 시위에 해당한다(판례).

3) 시 위 기출

① 여러 사람이 공동의 목적을 가지고 도로, 광장, 공원 등 일반인이 자유로이 통행할 수 있는 장소를 **행진하거나 위력 또는 기세**를 보여, 불특정한 여러 사람의 의견에 영향을 주거나 제압을 가하는 행위

② 순수한 1인 시위, 차량 등 시위는 「집회 및 시위에 관한 법률」상 집회, 시위가 아니다.

③ **가두서명, 플래시몹**(Flash Mob: 휴대전화나 SNS 등으로 정해진 시간에 현장에 모여 시위 후 바로 해산하는 형태)은 「집시법」상의 시위에 해당한다.

4) 주최자 기출

① 자기 책임 아래 집회나 시위를 여는 사람이나 단체를 말한다. 주최자는 주관자를 따로 두어 집회 또는 시위의 실행을 맡아 관리하도록 위임할 수 있다. 이 경우 주관자는 그 위임의 범위 안에서 주최자로 본다.

② 주최자의 자격에는 **아무런 제한이 없다**.

③ 단체인 경우 **법인격 유무를 불문**한다.

5) 질서유지인 기출

① 주최자가 자신을 보좌하여 집회 또는 시위의 질서를 유지하게 할 목적으로 임명한 자를 말한다.

② 언어능력, 전문성에 대한 규정은 없으나 단 **18세 이상의 사람**을 질서유지인으로 임명할 수 있다.

6) 질서유지선

관할 경찰서장이나 지방경찰청장이 적법한 집회 및 시위를 보호하고 질서유지나 원활한 교통 소통을 위하여 집회 또는 시위의 장소나 행진 구간을 일정하게 구획하여 설정한 띠, 방책, 차선 등의 경계 표지를 말한다.

(3) 신고절차와 처리요령

1) 신 고

신고서제출	옥외집회나 시위를 주최하려는 자는 신고서를 옥외집회나 시위를 시작하기 **720시간 전부터 48시간 전**에 제출하여야 한다. 기출
제출기관	시위장소가 하나인 경우(**경찰서장**), 둘 이상인 경우(**지방경찰청장**), 둘 이상의 지방경찰청장(**주최지를 관할하는 지방경찰청장**) 기출
접수처리	① 관한 경찰관서장은 신고서를 접수하면 신고자에게 접수 일시를 적은 접수증을 **즉시** 발급해야 한다. 기출 ② 신고한 옥외집회 또는 시위를 하지 아니하게 된 경우는 신고서에 적힌 일시 전에 관할 경찰서장에게 그 사실을 알려야 한다. 기출
신고서 기재사항	목적, 일시, 장소, 주최자, **참가예정단체와 인원** 기출, **시위의 방법**
관련판례	① 옥외집회 또는 시위가 개최될 것이라는 것을 경찰서가 알고 있었다거나 그 집회 또는 시위가 평화롭게 이루어진다 하여도 신고의무가 면제되는 것이라 할 수 없으므로 **신고서 제출 없이 이루어진 옥외집회 또는 시위를 사회상규에 반하지 아니하는 정당한 행위라고 할 수 없다.** 기출 ② 집회장소 사용 승낙을 하지 않은 갑 대학교 측의 집회 저지 협조요청에 따라 경찰관이 갑 대학교 출입문에서 신고된 갑 대학교에서의 집회에 참가하려는 자의 출입을 저지한 것은 주거침입행위에 대한 사전 제지조치로 볼 수 있고, **신고 없이 을 대학교로 장소를 옮겨서 집회를 하였다 해도 신고 없이 한 집회가 긴급피난에 해당한다고 할 수 없다.** 기출

2) 신고를 요하지 않는 집회, 시위 기출

신고를 요하는 집회	① 옥내입회, 일반인이 자유롭게 통행할 수 없는 장소에서 행진 ② **해상시위, 공중시위** ③ **학문, 예술, 체육, 의식, 친목, 오락, 관혼상제 및 국경행사에 관한 옥외집회** ④ 자동차, 건설기계, 농기계 등을 동원하여 도로 등 공공장소를 행진 또는 시위하는 차량시위

신고를 요하지 않는 집회	① **군작전관할구역내**의 옥외집회는 군부대장의 허가로 개최 ② 지하철역사내의 대합실에서의 집회는 시설이 일반인에게 개방된 시간에는 옥외집회에 해당 ③ **공공장소**에서의 가두서명, 유인물 배포 등의 집단행위는 신고대상이다. ④ 양심수를 시민들에게 알리기 위한 것이라는 시위목적에 비추어, **시위자들이 죄수복 형태의 옷을 집단적으로 착용하고 포승으로 신체를 결박한 채 행진하려는 것은 사전신고대상**

3) 보완통고 및 보완 기출

① 관할경찰관서장은 신고서의 기재사항에 미비한 점을 발견하면 접수증을 교부한 때부터 **12시간 이내**에 주최자에게 **24시간을 기한**으로 그 기재사항을 보완할 것을 통고할 수 있다.

② 주최자가 보완통고서 **수령시**로부터 **24시간 이내**에 기재사항을 보완하지 아니할 경우 당해 집회, 시위에 대한 금지통고를 할 수 있다.

4) 제한통고

① 제한통고의 **기한 규정은 없으므로**, 집회 개최 직전까지 통고서를 전달하면 된다.

② 제한통고서는 상대방에 도달되어야 효력이 발생한다.

5) 금지통고

① **원칙**: 신고서를 접수한 관할경찰관서장은 신고된 옥외집회 또는 시위가 다음 각 호의 어느 하나에 해당하는 때에는 **신고서를 접수한 때부터 48시간 이내**에 집회 또는 시위를 금지할 것을 주최자에게 통고할 수 있다. 기출

② **예외**: 집회 또는 시위가 집단적인 폭행, 협박, 손괴, 방화 등으로 공공의 안녕 질서에 직접적인 위험을 초래한 경우에는 남은 기간의 해당 집회 또는 시위에 대하여 신고서를 접수한 때부터 **48시간이 지난 경우**에도 금지통고를 할 수 있다.

③ **절대적 금지사유** 기출

㉠ 헌법재판소 결정에 의해 해산된 정당의 목적을 달성시키기 위한 집회, 시위

㉡ 집단적 폭행이나 협박, 방화, 손괴 등으로 공공의 안녕, 질서에 위해를 가할 것이 명백한 집회, 시위

㉢ 누구든지 다음 각 호의 어느 하나에 해당하는 청사 또는 저택의 경계지점으로부터 100미터 이내의 장소에서는 옥외집회 또는 시위를 하여서는 아니 된다.

ⓐ **국회의사당, 각급 법원, 헌법재판소**

ⓑ **대통령 관저(官邸), 국회의장 공관, 대법원장 공관, 헌법재판소장 공관**

ⓒ **국무총리 공관.** 다만, 행진의 경우에는 해당하지 아니한다.

④ **상대적 금지사유**

㉠ 국내주재 외국의 외교사절의 숙소로부터 100미터 이내 옥외집회, 시위
－예외

ⓐ 외교기관 또는 외교사절의 숙소를 대상으로 아니하는 경우

ⓑ 대규모집회 또는 시위로 확산될 우려가 없는 경우

ⓒ 외교기관의 업무가 없는 휴일에 개최하는 경우는 시위 가능

㉡ 야간에 옥외집회, 시위금지조항은 헌법불합치 결정

㉢ 신고서의 기재사항을 보완할 것을 통보받고도 이를 기한 내에 이행하지 않는 경우

㉣ 거주자 또는 관리자가 시설이나 장소의 보호를 요청하는 때 다음의 경우로 그 거주자나 관리자가 시설이나 장소의 보호를 요청하는 경우에는 집회나 시위의 **금지 또는 제한을 통고**할 수 있다. 기출

ⓐ **타인의 주거지역이나 이와 유사한 장소**로 집회 또는 시위로 인하여 재산 또는 시설에 심각한 피해가 발생하거나 사생활의 평온에 현저한 해를 입힐 우려가 있는 경우(가정보육시설, 지역아동센터, 기숙사와 준주택)

ⓑ 신고장소가 「초중등 교육법」 제2조에 따른 **학교의 주변지역**으로 집회 또는 시위로 학습권을 현저히 침해할 우려가 있는 경우 기출

ⓒ **군사시설의 주변지역**으로 집회, 시위로 인하여 시설이나 군작전의 수행에 심각한 피해가 발생할 우려가 있는 경우 기출

㉤ 집회, 시위의 시간과 장소가 경합되는 2건 이상의 신고가 있는 경우 **나중에 접수된 집회, 시위**

6) **이의신청과 재결** 기출

① **이의신청**: 금지통고에 불복하는 경우 금지통고를 받은 때로부터 **10일 이내** 금지통고를 한 경찰관서의 **직근 상급경찰관서의 장**에게 이의를 신청할 수 있다. 기출

② **재 결**

㉠ 주최자로부터 이의신청을 받은 경찰관서의 장은 일시를 적은 접수증을 이의신청인에게 즉시 내주고 이의신청 접수시로부터 **24시간 내에 재결**해야 한다. 이 경우 접수한 때부터 24시간 이내에 재결서를 발송하지 아니하면 관할경찰서장의 금지통고는 소급하여 그 효력을 잃는다.

㉡ 이의신청은 금지통고가 위법하거나 부당한 것으로 재결되거나 그 효력을 잃게된 경우 처음 신고한 대로 집회 또는 시위를 개최할 수 있다. 다만 금지통고 등으로 시기를 놓친 경우에는 일시를 새로 정하여 집회 또는 시위를 시작하기 **24시간 전**에 관할**경찰서장**에게 신고함으로써 집회 또는 시위를 개최할 수 있다.

7) 행정소송

이의신청이 각하, 기각된 경우에는 금지통고가 유효하며, 이에 불복하는 이의신청인은 행정소송 제기가 가능하다(**이의신청 없이 행정소송이 가능**하다).

(4) 교통 소통을 위한 제한

① 관할경찰관서장은 대통령령으로 정하는 주요 도시의 주요 도로에서의 집회 또는 시위에 대하여 교통 소통을 위하여 필요하다고 인정하면 이를 **금지**하거나 교통질서 유지를 위한 조건을 붙여 **제한**할 수 있다.

② 집회 또는 시위의 주최자가 질서유지인을 두고 도로를 행진하는 경우에는 제1항에 따른 금지를 할 수 없다. 다만, 해당 도로와 주변 도로의 교통 소통에 장애를 발생시켜 심각한 교통 불편을 줄 우려가 있으면 ①에 따른 **금지를 할 수 있다**. 기출

(5) 질서유지선의 설정

① **신고를 받은 관할경찰관서장**은 집회 및 시위의 보호와 공공의 질서 유지를 위하여 필요하다고 인정하면 최소한의 범위를 정하여 질서유지선을 설정할 수 있다.

② 경찰관서장이 질서유지선을 설정할 때에는 **주최자 또는 연락책임자**에게 이를 알려야 한다.

③ **신고를 받은 경찰서장이 설정한 질서유지선**을 경찰관의 경고에도 불구하고 정당한 사유 없이 상당시간 침범하거나 손괴, 은닉, 이동 또는 제거하거나 그 밖의 방법으로 효용을 해한 자는 **6월 이하의 징역 또는 50만원 이하의 벌금, 구류, 과료에 처한다**. 기출

(6) 확성기 등 사용의 제한

① 집회 또는 시위의 주최자는 확성기, 북, 징, 꽹과리 등의 기계·기구를 사용하여 타인에게 심각한 피해를 주는 소음으로서 대통령령으로 정하는 기준을 위반하는 소음을 발생시켜서는 아니 된다. 기출

② 관할경찰관서장은 집회 또는 시위의 주최자가 ①에 따른 기준을 초과하는 소음을 발생시켜 타인에게 피해를 주는 경우에는 그 기준 이하의 소음 유지 또는 확성기 등의 사용 중지를 명하거나 확성기 등의 일시보관 등 필요한 조치를 할 수 있다. 기출

③ **소음기준 및 측정방법** 기출

확성기 소음기준 [단위: Leq dB(A)]	• 주거지역, 학교, 종합병원(**주간 65 이하, 야간 60 이하**) • 그 밖의 지역(**75 이하, 65 이하**)
소음측정 방법	• **관할경찰서장** 측정, 소음측정장소는 집회현장에서 구두로 신고하거나 112로 신고하는 등 경찰관이 인지할 수 있으면 충분하다. • 소음측정장소는 피해자가 위치한 건물의 외벽에서 소음원 방향으로 **1~3.5미터 떨어진 지점**으로 하되, 소음도가 높을 것으로 예상되는 지점의 지면 위 1.2~1.5미터 높이에서 측정한다.

(7) 경찰관의 출입과 평화적 집회 및 시위 보호 기출

① 경찰관은 집회 또는 시위의 주최자에게 알리고 그 집회 또는 시위의 장소에 **정복을 입고** 출입할 수 있다. 다만, 옥내집회 장소에 출입하는 것은 직무집행을 위하여 긴급한 경우에만 할 수 있다.

② 집회나 시위의 주최자, 질서유지인 또는 장소관리자는 질서를 유지하기 위한 경찰관의 직무집행에 협조하여야 한다. 기출

③ 「집회 및 시위에 관한 법률」은 경찰관의 집회, 시위장소에 출입은 정복착용만을 규정하고 있으나, **범죄수사 및 치안정보수집활동**을 규정하고 있으므로 정보활동 및 범인검거활동 위해서 **사복**착용 출입이 가능하다.

④ 평화적 집회 시위를 방해하면 3년 이하의 징역 또는 300만원 이하의 벌금에 처한다. 다만 군인, 검사, 경찰관이 방해하면 5년 이하의 징역에 처한다(군인, 검사, 경찰의 경우 가중처벌).

(8) 특정인의 참가배제 기출

① **집회 또는 시위의 주최자 및 질서유지인**은 특정한 사람이나 단체가 집회나 시위에 참가하는 것을 막을 수 있다. 다만, 언론사의 기자는 출입이 보장되어야 하며, 이 경우 기자는 신분증을 제시하고 기자임을 표시한 **완장을 착용**하여야 한다.

② 언론사의 기자라고 하더라도 신분증의 제시, 기자완장 등의 조치 없이 집회, 시위 장소에 출입하는 것은 제한될 수 있다.

(9) 집회 또는 시위의 해산

① 절대적 금지사유에 해당하는 집회, 시위
② 금지시간, 금지장소에 해당하는 옥외집회, 시위
③ 질서유지가 불가능하여 주최자가 **종결을 선언한 집회, 시위**
④ **미신고집회 또는 시위**
⑤ 상대적 금지사유에 해당되어 금지통고된 집회, 시위
⑥ 질서유지 조건을 위반하여 교통 소통 등 질서유지에 **직접적인 위험을 명백하게 초래**하는 집회, 시위
⑦ 금지행위로 인하여 질서유지를 할 수 없는 집회, 시위

(10) 관련판례

① **신고하지 아니하였다는 이유**로 옥외집회 또는 시위를 헌법의 보호범위를 벗어나 개최가 허용되지 않는 집회 내지 시위라고 단정할 수 없다. 미신고 옥외집회 또는 시위를 해산명령 대상으로 하면서 별도의 해산요건을 정하고 있지 않았더라도 그 옥외집회 또는 시위로 인하여 타인의 법익이나 공공의 안녕질서에 대한 직접적인 위험이 명백하게 초래된 경우에 한하여 위 조항에 기한 해산명령을 할 수 있다.
② 전국민주노동조합총연맹 준비위원회가 주관한 도로행진시위가 사전에 구「집시법」에 따라 옥외집회신고를 마쳤어도 신고의 범위와 위 법률 제2조에 따른 제한을 현저히 일탈하여 주요 도로 전차선을 점거하여 행진 등을 함으로써 **교통 소통에 현저한 장해를 일으켰다면, 일반교통방해죄를 구성**한다.

제4절 정치정보

1 압력단체

(1) 의 의

압력단체는 여러 사회집단이 특수이익을 옹호하여 존립목적을 달성하기 위해 **거대한 조직력을 가지고 정치세력에 대하여 배후에서 여러 가지 방법으로 압력**을 가하는 단체를 의미한다. 선거로 공직획득을 위해 투쟁하지 않으므로 정당과 다르다.

(2) 활동수단 기출

① **로비스트**: 정부의 정책이 유리하게 전개되도록 활동하는 것으로 가장 대표적인 압력행위의 방법이다. **매수를 목적으로 하는 로비는 소시얼 로비**라 한다.
② **대중선전**: 압력단체가 로비활동으로 효과를 거두지 못하면 대중선전활동으로 목적을 관철시키기도 한다.
③ **선거운동지원**: 자신들에게 유리한 입후보자를 지명하여 자금과 운동원을 제공하여 당선시켜 단체에 유리한 법안을 통과시킨다.
④ **파업**: 정책결정에 영향을 주기 위해 파업을 이용하기도 한다.

2 선거권과 피선거권 기출

(1) 선거권

① **19세 이상의 국민**은 대통령 및 국회의원의 선거권이 있다. 다만, 지역구국회의원의 선거권은 19세 이상의 국민으로서 「공직선거법」 제37조 제1항에 따른 선거인명부작성기준일 현재 다음의 어느 하나에 해당하는 사람에 한하여 인정된다.
1. 해당 국회의원지역선거구 안에 주민등록이 되어 있는 사람
2. 주민등록표에 3개월 이상 계속하여 올라 있고 해당 국회의원지역선거구 안에 주민등록이 되어 있는 사람

② **19세 이상**으로서 선거인명부작성기준일 현재 다음의 어느 하나에 해당하는 사람은 그 구역에서 선거하는 지방자치단체의 의회의원 및 장의 선거권이 있다.
1. 해당 지방자치단체의 관할구역에 주민등록이 되어 있는 사람
2. 주민등록표에 3개월 이상 계속하여 올라 있고 해당 지방자치단체의 관할구역에 주민등록이 되어 있는 사람
3. 영주의 체류자격 취득일 후 3년이 경과한 외국인으로서 지방자치단체의 외국인등록 대장에 올라 있는 사람

(2) 피선거권

① 선거일 현재 **5년** 이상 국내에 거주하고 있는 **40세 이상의 국민**은 대통령의 피선거권이 있다.
② **25세 이상**의 국민은 국회의원의 피선거권이 있다.

③ 선거일 현재 계속하여 60일 이상 해당 지방자치단체의 관할구역에 주민등록이 되어 있는 주민으로서 25세 이상의 국민은 그 지방의회의원 및 지방자치단체의 장의 피선거권이 있다.

3 선거기간과 선거일 기출

(1) 선거기간

① 대통령선거는 **23일**(후보자등록마감일의 다음 날부터 선거일까지)

② 국회의원선거와 지방자치단체의 의회의원 및 장의 선거는 **14일**(후보자등록마감일 후 6일부터 선거일까지)

(2) 선거일

① 대통령선거는 그 임기만료일 전 **70일** 이후 첫번째 수요일

② 국회의원선거는 그 임기만료일 전 **50일** 이후 첫번째 수요일

③ 지방의회의원 및 지방자치단체의 장의 선거는 임기만료일 전 **30일** 이후 첫번째 수요일

④ 선거일이 국민생활과 밀접한 관련이 있는 민속절 또는 공휴일인 때와 선거일 전일이나 그 다음 날이 공휴일인 때에는 그 다음 주의 수요일로 한다.

4 후보자

(1) 공무원의 입후보

후보자가 되려는 사람은 **선거일 전 90일까지** 그 직을 그만두어야 한다. 다만, 대통령선거와 국회의원선거에 있어서 국회의원이 그 직을 가지고 입후보하는 경우와 지방의회의원선거와 지방자치단체의 장의 선거에 있어서 당해 지방자치단체의 의회의원이나 장이 그 직을 가지고 입후보하는 경우에는 그러하지 아니하다.

(2) 후보자의 신분보장

① 대통령선거의 후보자는 **후보자의 등록이 끝난 때부터 개표종료시까지** 사형·무기 또는 장기 7년 이상의 징역이나 금고에 해당하는 죄를 범한 경우를 제외하고는 현행범인이 아니면 체포 또는 구속되지 아니하며, 병역소집의 유예를 받는다.

② 국회의원선거, 지방의회의원 및 지방자치단체의 장의 선거의 후보자는 **후보자의 등록이 끝난 때부터 개표 종료시까지** 사형·무기 또는 장기 5년 이상의 징역이나 금고에 해당하는 죄를 범하였거나 「공직선거법」 제16장 벌칙에 규정된 죄를 범한 경우를 제외하고는 현행범인이 아니면 체포 또는 구속되지 아니하며, 병역소집의 유예를 받는다.

③ 선거사무장·선거연락소장·선거사무원·회계책임자·투표참관인·사전투표참관인과 개표참관인은 해당 신분을 취득한 때부터 개표 종료시까지 사형·무기 또는 장기 3년 이상의 징역이나 금고에 해당하는 죄를 범하였거나 현행범인이 아니면 체포 또는 구속되지 아니하며, 병역소집의 유예를 받는다.

5 선거운동

(1) 의 의 기출

선거운동은 당선되거나 되게 하거나 되지 못하게 하기 위한 행위를 말한다. 선거운동은 **선거기간 개시일**로부터 **선거일 전일**까지에 가능하다. 다음의 어느 하나에 해당하는 행위는 선거운동으로 보지 않는다.

① 선거에 관한 단순한 의견개진 및 의사표시
② 입후보와 선거운동을 위한 준비행위
③ 정당의 후보자 추천에 관한 단순한 지지·반대의 의견개진 및 의사표시
④ 통상적인 정당활동
⑤ 설날·추석 등 명절 및 석가탄신일·기독탄신일 등에 하는 의례적인 인사말을 문자메시지로 전송하는 행위

(2) 선거운동 주체 기출

선거운동은 누구든지 할 수 있다. **그러나 다음의 어느 하나에 해당하는 사람은 선거운동을 할 수 없다.**

① 대한민국 국민이 아닌 자
② 미성년자(**19세 미만**의 자)
③ 선거권이 없는 자
④ 국가공무원과 지방공무원. 단 정당의 당원이 될 수 있는 공무원은 그렇지 아니하다.
⑤ 향토예비군 중대장급 이상의 간부
⑥ 통·리·반의 장 및 읍·면·동 주민자치센터에 설치된 주민자치위원회 위원

⑦ 특별법에 의하여 설립된 국민운동단체로서 국가 또는 지방자치단체의 출연 또는 보조를 받는 단체(바르게살기운동협의회 · 새마을운동협의회 · 한국자유총연맹을 말한다)의 상근 임· 직원 및 이들 단체 등의 대표자
⑧ 선상투표신고를 한 선원이 승선하고 있는 선박의 선장

(3) 예비후보자 등록 및 활동 기출

① **대통령선거**: 선거일 전 240일
② **지역구국회의원선거 및 시 · 도지사선거**: 선거일 전 120일
③ **지역구시 · 도의회의원선거, 자치구 · 시의 지역구의회의원 및 장의 선거**: 선거기간 개시일 전 90일
④ **군의 지역구의회의원 및 장의 선거**: 선거기간 개시일 전 60일
⑤ 예비후보자는 다음의 어느 하나에 해당하는 방법으로 선거운동을 할 수 있다.
㉠ 선거사무소를 설치하거나 그 선거사무소에 간판 · 현판 또는 현수막을 설치 · 게시하는 행위: 자신의 성명 · 사진 · 전화번호 · 학력 · 경력, 그 밖에 홍보에 필요한 사항을 게재한 길이 9센티미터 너비 5센티미터 이내의 명함을 직접 주거나 지지를 호소하는 행위. 다만, 지하철역 구내 그 밖에 중앙선거관리위원회 규칙으로 정하는 다수인이 왕래하거나 집합하는 공개된 장소에서 주거나 지지를 호소하는 행위는 그러하지 아니하다.
㉡ 선거운동을 위하여 어깨띠 또는 예비후보자임을 나타내는 표지물을 착용하는 행위
㉢ 전화를 이용하여 송 · 수화자 간 직접 통화하는 방식으로 지지를 호소하는 행위

(4) 당선무효 및 공소시효

① 선거비용제한액의 200**분의 1 이상**을 초과지출한 이유로 선거사무장, 선거사무소의 회계책임자가 징역형 또는 300**만원 이상**의 벌금형의 선고를 받은 때에는 그 후보자의 당선은 무효로 한다.
② 당선인이 당해 선거에 있어 이 법에 규정된 죄 또는 「정치자금법」 제49조의 죄를 범함으로 인하여 징역 또는 100**만원 이상**의 벌금형의 선고를 받은 때에는 그 당선은 무효로 한다.

③ 선거사무장·선거사무소의 회계책임자 또는 후보자의 직계존비속 및 배우자가 해당 선거에 있어서 「공직선거법」 제230조부터 제234조까지, 제257조 제1항 중 기부행위를 한 죄 또는 「정치자금법」 제45조 제1항의 정치자금 부정수수죄를 범함으로 인하여 징역형 또는 **300만원 이상**의 벌금형의 선고를 받은 때에는 그 선거구 후보자의 당선은 무효로 한다.

제5절 경제정보

1 용어정리

워크아웃	부실기업 정리를 위해 채권자와 기업을 중재하면서 단기간내 회생가능한 기업을 골라내어 회생시키는 절차
모라토리엄	전쟁이나 공황 등으로 경제가 혼란하여 채무이행이 곤란한 경우 국가의 공권력으로 일정기간 채무이행을 연기 또는 유예하는 것
환해지	투자 대상국의 통화 가치가 하락하면 생기는 환차손을 막기 위해 환매시 환율을 현재시점의 환율로 고정해 두는 것
역외펀드	주식투자 대상국이 아닌 제**3국에서 조성**된 펀드
공매도	주식을 빌려 **비싸게 판 뒤** 나중에 주가가 떨어지면 **싸게 사서** 되갚아 차익을 얻는 투자
서킷 브레이커	종합주가지수가 전일대비 3단계(8, 15, 20%) 이상 등락상태로 1분 이상 지속되는 경우 모든 주식거래를 20분간 정지시켜 시장을 진정시키는 제도
사이드 카	선물시장의 급등락에 대한 거래중지제도

2 실업 형태 기출

구 분	발생원인	대 책
마찰적 실업	한 직업에서 다른 직업으로 옮기거나 다른 직업을 구하기 위해 자발적으로 일하지 않는 경우	정보의 원할한 유통

계절적 실업	특수한 **계절적 요인**으로 인해 일시적으로 일하지 못하는 경우	적자재정으로 통화량을 증가시키는 정책
수요적 실업	특정 분야의 생산품에 대한 수요가 감소하여 관련 산업의 침해로 인해 발생하는 것	적자재정을 실시하여 통화량을 증가시킴으로 총수요를 증가시키는 정책
구조적 실업	**저학력이나 장애** 또는 취업에 필요한 기술습득이 부족하여 취업을 하지 못하는 경우	교육훈련을 통한 인력개발

제6절 사회정보

1 용어정리 기출

님비현상 (NIMBY)	① 'Not In My Back Yard'로 유해시설설치를 기피하는 현상 ② 범죄자, 마약중독자, AIDS 등, 산업폐기물 등 각종 사회 병폐를 수용하거나 처리할 혐오시설의 설치를 반대하는 것
임피현상 (IMFY)	① 'In My Front Yard'로 자신의 지역에 **이득이 되는 시설을 유지**하거나 관할권을 차지하는 현상 ② 지역발전에 영향을 미치는 행정구역조정, 정수장관리, 청사유치 등을 위해 적극적으로 노력하는 것
바나나 현상	'Build Absolutely Nothing Anywhere Near my Anybody'에서 나온 말로 어디에든 아무것도 짓지 말라는 이기주의로 **유해시설 자체를 반대**하는 현상
노비즘 (Nobysm)	① 이웃이나 사회에 피해가 가더라도 **자신에게 손해가 되지 않는 일에 무관심**한 현상 ② 도로나 공공장소에 쓰레기를 버리는 것은 상관없지만, 자신의 집 앞에 버리는 것은 용납하지 못하는 것
스프롤 현상 (Sprawl)	도시의 팽창에 따라 도시의 **교외지역이 무질서하게 주택화**하는 현상
U턴 현상	대도시에 취직한 시골 출신의 사람이 **고향으로 돌아가는 현상**
도넛현상	대도시의 거주지역이나 업무가 외곽으로 집중되며, 도심에는 공공기관, 상업기관이 남아 도넛모양으로 비어버리는 현상

2 단결권

(1) 의 의

근로자가 작업환경의 유지, 개선을 위해 단체를 조직할 수 있는 권리

(2) 노동조합 기출

① **의의** : 노동조합은 근로자가 주체가 되어 자주적으로 단결하여 근로조건의 유지·개선 기타 근로자의 경제적·사회적 지위의 향상을 도모함을 목적으로 조직하는 단체 또는 그 연합단체를 말한다.

② **노동조합이 아닌 경우**

㉠ 사용자 또는 항상 그의 이익을 대표하여 행동하는 자의 참가를 허용하는 경우

㉡ 경비의 주된 부분을 사용자로부터 원조받는 경우

㉢ 공제·수양 기타 복리사업만을 목적으로 하는 경우

㉣ 근로자가 아닌 자의 가입을 허용하는 경우. 다만, 해고된 자가 노동위원회에 부당노동행위의 구제신청을 한 경우에는 중앙노동위원회의 재심판정이 있을 때까지는 근로자가 아닌 자로 해석하여서는 아니 된다.

㉤ 주로 정치운동을 목적으로 하는 경우

③ **설립**(제10조) : 노동조합을 설립하고자 하는 자는 다음 각 호의 사항을 기재한 신고서에 연합단체인 노동조합과 2 이상의 특별시·광역시·특별자치시·도·특별자치도에 걸치는 단위노동조합은 **고용노동부장관**에게, 2 이상의 시·군·구에 걸치는 단위 노동조합은 **특별시장·광역시장·도지사에게, 그 외의 노동조합은 특별자치시장·특별자치도지사·시장·군수·구청장**에게 제출해야 한다.

④ **해산**(제28조)

㉠ 규약에서 정한 해산사유가 발생한 경우

㉡ 합병 또는 분할로 소멸한 경우

㉢ 총회 또는 대의원회의 해산결의가 있는 경우

㉣ 노동조합의 임원이 없고 노동조합으로서의 활동을 **1년 이상** 하지 아니한 것으로 인정되는 경우로서 행정관청이 노동위원회의 의결을 얻은 경우

⑤ 노동조합이 해산한 때에는 그 대표자는 해산한 날부터 **15일 이내**에 행정관청에게 이를 신고하여야 한다.

3 단체교섭

노동자의 대표자는 노동조합 또는 조합원을 위하여 사용자나 사용자단체와 교섭하고 단체협약을 체결할 권한을 가진다. 단체교섭의 **주체**는 원칙적으로 **노동조합**이므로 근로자가 단체교섭권을 행사할 수 없다.

4 단체협약

① 단체협약은 서면으로 작성하여 당사자 쌍방이 서명 또는 날인하여야 한다.
② 단체협약의 당사자는 단체협약의 체결일부터 **15일 이내**에 이를 행정관청에게 신고하여야 한다.
③ 행정관청은 단체협약 중 위법한 내용이 있는 경우에는 **노동위원회**의 의결을 얻어 그 시정을 명할 수 있다

5 단체행동권

(1) 의 의 기출

단체행동권은 근로자가 작업환경의 유지, 개선하기 위해 **집단적으로 시위행동**을 함으로써 업무의 정상적인 운영을 저해할 수도 있는 최후수단적 권리이다.

(2) 방 법

태 업	**작업은 계속**하나 의도적으로 작업능률을 저하시키고 사용자에게 경영상의 고통을 주어 요구를 관철시키려는 쟁의행위
사보타주	태업과 비슷하지만 사보타주는 능동적으로 생산 또는 사무를 방해하거나 생산시설 등을 **파괴하는 것까지** 포함한다.
동맹파업	노동력 제공을 거부하는 것으로 **가장 강력**한 쟁의행위
보이콧	사용자 또는 그와 거래관계가 있는 제3자의 상품구입 기타 시설의 사용을 거절한다든가 그와 거래 관계에 있는 제3자와의 근로계약의 체결을 거절할 것을 호소하는 투쟁행위이다.

6 노동쟁의 조정법 기출

(1) 조 정

① **개시요건**(제53조) : 노동위원회는 관계 당사자의 일방이 노동쟁의의 조정을 신청한 때에는 **지체 없이** 조정을 개시하여야 하며 관계 당사자 쌍방은 이에 성실히 임하여야 한다.

② **조정기간**(제54조) : 조정의 신청이 있은 날부터 일반사업에 있어서는 **10일**, 공익사업에 있어서는 **15일** 이내에 종료하여야 한다. 조정기간은 관계 당사자간의 합의로 일반사업에 있어서는 10일, 공익사업에 있어서는 15일 이내에서 연장할 수 있다.

③ **효력**(제61조) : 조정안이 관계 당사자에 의하여 수락된 때에는 조정위원 전원 또는 단독조정인은 조정서를 작성하고 관계 당사자와 함께 서명날인하여야 한다.

(2) 중 재

① **개시요건** : 관계 당사자의 일방 또는 쌍방이 함께 **중재를 신청**한 때 또는 필수공익사업에 있어서 노동위원회 위원장이 특별조정위원회의 **권고**에 의하여 중재에 회부한다는 결정을 한 때

② **중재기간** : 노동쟁의가 중재에 회부된 때에는 그날부터 **15일간**은 쟁의행위를 할 수 없다.

③ **불복절차**

재심신청	관계 당사자는 지방노동위원회 또는 특별노동위원회의 중재재정이 위법이거나 월권에 의한 것이라고 인정하는 경우에는 그 중재재정서의 송달을 받은 날부터 **10일 이내**에 중앙노동위원회에 그 재심을 신청할 수 있다.
행정소송	관계 당사자는 중앙노동위원회의 중재재정이나 재심결정이 위법이거나 월권에 의한 것이라고 인정하는 경우에는 그 중재재정서 또는 재심결정서의 송달을 받은 날부터 **15일 이내**에 행정소송을 제기할 수 있다.
확 정	규정된 기간 내에 재심을 신청하지 아니하거나 행정소송을 제기하지 아니한 때에는 그 중재재정 또는 재심결정은 확정된다.

④ **중재재정 효력** : 중재재정은 서면으로 작성하여 이를 행하며 그 서면에는 효력발생 기일을 명시하여야 한다. 중재재정의 내용은 단체협약과 같은 효력을 가진다.

7 공무원의 노동조합 설립 및 운영 등에 관한 법률 기출

(1) 설립(제5조)

① 공무원이 노동조합을 설립하려는 경우에는 국회·법원·헌법재판소·선거관리위원회·행정부·특별시·광역시·특별자치시·도·특별자치도·시·군·구 및 특별시·광역시·특별자치시·도·특별자치도의 교육청을 최소 단위로 한다.

② 노동조합을 설립하려는 사람은 고용노동부장관에게 설립신고서를 제출하여야 한다.

(2) 가입범위

① **가입가능**

㉠ **6급 이하**의 일반직공무원 및 이에 상당하는 일반직공무원

㉡ 특정직공무원 중 6급 이하의 일반직공무원에 상당하는 외무행정·외교정보관리직 공무원

㉢ **6급 이하**의 일반직공무원에 상당하는 별정직공무원

② **가입불가** 기출

㉠ 다른 공무원에 대하여 지휘·감독권을 행사하거나 다른 공무원의 업무를 총괄하는 업무에 종사하는 공무원

㉡ **인사·보수에 관한 업무**를 수행하는 공무원 등 노동조합과의 관계에서 행정기관의 입장에서 업무를 수행하는 공무원

예 군청총무, 예산업무 담당

㉢ **교정·수사** 또는 그 밖에 이와 유사한 업무에 종사하는 공무원

예 경찰관, 소방공무원

㉣ 업무의 주된 내용이 노동관계의 조정·감독 등 노동조합의 조합원 지위를 가지고 수행하기에 적절하지 아니하다고 인정되는 업무에 종사하는 공무원

(3) 노동조합 전임자의 지위(제7조)

① 공무원은 임용권자의 동의를 받아 **노동조합의 업무에만 종사**할 수 있다. 기출

② ①에 따른 동의를 받아 노동조합의 업무에만 종사하는 사람에 대하여는 그 기간 중 휴직명령을 하여야 한다.

③ 국가와 지방자치단체는 전임자에게 그 전임기간 중 보수를 지급하여서는 아니 된다.

④ 국가와 지방자치단체는 공무원이 전임자임을 이유로 승급이나 그 밖에 신분과 관련하여 불리한 처우를 하여서는 아니 된다.

제7절 문화정보

1 엑세스권 기출

(1) 의 의

엑세스권은 매스미디어에 접근해서 이용할 수 있는 **보도매체이용권**과 자기에 대한 반론이나 **해명의 기회를 요구**할 수 있는 반론권을 의미한다. 엑세스권은 개인을 주체로 하고, 언론매체를 객체로 하는 권리이다(언론, 출판의 제3자적 효력).

(2) 종 류

1) **정정보도청구권**(언론중재 및 피해구제 등에 관한 법률 제14조) 기출

① 사실적 주장에 관한 언론보도등이 진실하지 아니함으로 인하여 피해를 입은 자는 해당 언론보도등이 있음을 **안 날부터 3개월** 이내에 언론사, 인터넷뉴스 서비스사업자 및 인터넷 멀티미디어 방송사업자에게 그 언론보도 등의 내용에 관한 정정보도를 청구할 수 있다. 다만, 해당 언론보도 등이 있은 후 **6개월**이 지났을 때에는 그러하지 아니하다.

② ①의 청구에는 언론사등의 고의·과실이나 위법성을 필요로 하지 아니한다.

2) **정정보도청구권의 행사**(동법 제15조) 기출

① 정정보도청구는 언론사등의 대표자에게 서면으로 하여야 한다.

② ①의 청구를 받은 언론사등의 대표자는 **3일 이내**에 그 수용 여부에 대한 통지를 청구인에게 발송하여야 한다.

③ 언론사등이 ①의 청구를 수용할 때에는 지체 없이 피해자 또는 그 대리인과 정정보도의 내용·크기 등에 관하여 협의한 후, 그 청구를 받은 날부터 **7일 내**에 정정보도문을 방송하거나 게재하여야 한다(**고의과실, 위법성 불필요**).

④ 다음의 어느 하나에 해당하는 사유가 있는 경우에는 언론사등은 정정보도청구를 거부할 수 있다.

㉠ 피해자가 정정보도청구권을 행사할 정당한 이익이 없는 경우

㉡ 청구된 정정보도의 내용이 명백히 **사실과 다른** 경우

㉢ 청구된 정정보도의 내용이 명백히 **위법**한 내용인 경우

㉣ 정정보도의 청구가 상업적인 광고만을 목적으로 하는 경우

㉤ 청구된 정정보도의 내용이 국가·지방자치단체 또는 공공단체의 공개회의와 법원의 공개재판절차의 사실보도에 관한 것인 경우

3) 반론보도청구권(동법 제16조)

① 사실적 주장에 관한 언론보도등으로 인하여 피해를 입은 자는 그 보도 내용에 관한 반론보도를 언론사등에 청구할 수 있다.

② ①의 청구에는 언론사등의 고의·과실이나 위법성을 필요로 하지 아니하며, **보도 내용의 진실 여부와 상관없이 그 청구를 할 수 있다.**

③ 반론보도청구에 관하여는 따로 규정된 것을 제외하고는 정정보도청구에 관한 이 법의 규정을 준용한다.

4) 추후보도청구권(동법 제17조)

① 언론등에 의하여 범죄혐의가 있거나 형사상의 조치를 받았다고 보도 또는 공표된 자는 그에 대한 형사절차가 무죄판결 또는 이와 동등한 형태로 종결되었을 때에는 그 사실을 **안 날부터 3개월** 이내에 언론사등에 이 사실에 관한 추후보도의 게재를 청구할 수 있다.

② ①에 따른 추후보도에는 청구인의 명예나 권리 회복에 필요한 설명 또는 해명이 포함되어야 한다.

③ 추후보도청구권에 관하여는 ① 및 ②에 규정된 것을 제외하고는 정정보도청구권에 관한 이 법의 규정을 준용한다.

5) 언론중재위원회 기출

설 치	언론등의 보도 또는 매개로 인한 분쟁의 조정, 중재 및 침해사항을 심의하기 위해 설치
구 성	40명 이상 90명 이내의 중재위원으로 구성되고, 문화체육관광부장관이 위촉한다.
임 기	위원장, 부위원장, 감사 및 주재위원의 임기는 각각 **3년**으로 하여, 한차례만 **연임**할 수 있다.
의결정족수	**재적위원 과반수의 출석과 출석위원 과반수의 찬성**으로 의결한다.

Police Science

정보경찰

제1절 정보경찰의 의의

01 **정보과에 근무하는 甲 형사가 정보활동을 하면서 활동의 한계기준으로 삼고 있는 다음 내용 중 타당하지 않은 것은?** 01 · 03. 승진

① 정보활동에 대한 명확한 개별적 근거규정이 필요하다.
② 법령에 근거가 있는 동향파악 및 보호관찰은 정당하다.
③ 개인의 인격이 적극적으로 침해되는 활동을 하여서는 아니 된다.
④ 구체적인 정보활동을 수행할 때는 현장상황 등을 고려하여 가장 상당하고 타당한 방법을 찾아야 한다.

해설

정보활동은 구체적 조치를 수반치 않기 때문에 **구체적 수권(개별적 법적 근거) 없이** 직무(임무)에 관한 일반조항(조직법적 근거)만으로도 활동이 가능하다.

02 **정보의 개념에 대한 설명으로 틀린 것은 모두 몇 개인가?** 10. 승진

㉠ '적과 적국에 관한 지식의 총체이다.'라고 정의한 학자는 클라우제비츠(Clausewits)이다.
㉡ 우리가 사용하는 정보라는 용어는 독일이 사용하던 군사용어를 번역한 것이다.
㉢ 모든 정보가 첩보는 아니지만, 모든 첩보는 정보라는 말은 성립한다.
㉣ 정보는 특정한 목적에 의해 평가되어 있지 않은 단순한 사실이나 기호를 의미한다.

① 없음 ② 1개 ③ 2개 ④ 3개

Answer 1. ① 2. ④ / ㉡㉢㉣

09

해설

㉡ 우리가 사용하는 정보라는 용어는 **프랑스군**이 사용하던 군사용어를 번역한 것이다.
㉢ 모든 첩보가 정보는 아니지만, 모든 정보는 첩보에 해당한다(**첩보 〉 정보**).
㉣ 정보는 특정한 상황에서 가치가 평가되고 체계화된 지식이다.

03

다음 중 첩보와 정보에 대한 비교 중 잘못 설명한 것은? 96 · 98. 승진

① 첩보는 부정확한 견문 · 지식을 포함하나, 정보는 주관적으로 평가된 정확한 지식이다.
② 첩보는 단편적 · 불규칙적인 지식임에 비하여, 정보는 특정의 주제에 맞게 결합된 지식이다.
③ 정보는 적시성을 요구하는 반면, 첩보는 시간의 구애를 받지 않는다.
④ 정보는 목적성이 있는 반면, 첩보는 목적성이 없다.

해설

정보는 객관적으로 평가된 정확하고도 완전한 지식을 적시성 있게 사용목적에 부합하도록 만들어진 **정책적 산물**이다.

04

다음은 '정보가치에 대한 평가기준'을 설명한 것이다. ㉠~㉣에 해당하는 정보의 질적 요건을 순서대로 옳게 나열한 것은? 11. 승진

㉠ 정보는 사용자가 필요한 때에 사용할 수 있도록 제공되어야 한다.
㉡ 정보가 생산자나 사용자의 의도에 따라 주관적으로 왜곡되면 선호 정책의 합리화 도구로 전락될 수 있다.
㉢ 정보는 가능한 주제와 관련된 사항을 모두 망라하여 작성되어야 하며, 부분적 단편적인 정보는 사용자가 의사결정을 하는 데 도움을 주지 못한다.
㉣ 정보는 정보사용자의 사용목적과 관련된 것이어야 한다.

① 적시성－완전성－객관성－정확성 ② 완전성－적시성－객관성－적실성
③ 적시성－객관성－완전성－적실성 ④ 적시성－객관성－정확성－적실성

해설

적시성(필요한 때)－객관성(합리화도구)－완전성(모두 망라해야 함)－적실성(사용목적 적절)

Answer 3. ① 4. ③

05 정보경찰과 관련한 것으로 틀린 것은 몇 개인가?

07. 채용

㉠ 정보가 정보사용자의 사용목적과 관련된 것이어야 한다는 것은 정보가치의 평가요소 중에서 '적실성'에 대한 기술이다. ㉡ 정보배포시기의 결정이 되는 원칙은 '적시성'에 대한 기술이다. ㉢ 동일한 정보는 사용자가 상이하더라도 동일한 가치를 발휘하는 특징이 있다. ㉣ 정보경찰의 제1차적 목적은 국민의 생명, 신체 및 재산의 보호이다. ㉤ 정보경찰의 활동범위는 법률로써 명확하게 규정되어 있어야 한다. ㉥ 정보경찰은 임무의 특성상 침해성 범죄를 주로 대상으로 한다.

① 2개 ② 3개 ③ 4개 ④ 5개

해설

㉢ 정보는 **선별적 가치성**을 가지기 때문에 동일한 정보라도 사용자에 따라 중요도의 차이가 있다.
㉣ 정보경찰은 **국가안전과 공공의 안녕질서 유지**를 1차적 목적으로 한다.
㉤ 정보활동은 비권력적 사실행위로서 **구체적 수권 없이** 조직법적 근거만으로도 활동이 가능하다.
㉥ 정보경찰은 범죄발생 이전에 그 원인의 제거를 대상으로 하므로 **위태성 범죄**가 대상이 된다.

06 정보의 효용에 대한 설명 중 가장 옳지 않은 것은?

11. 승진

① 국가 간의 정보역량의 차이는 어떤 국가가 특정 상황에 대해 얼마나 많은 정보를 가지고 있는지에 따라 결정된다고 할 수 있다. '정보는 국력이다'라는 표현은 정보의 통제효용을 잘 나타내고 있다.
② 정보는 정보사용자의 요구에 맞는 형식에 부합할 때 형식효용이 높다는 평가를 받게 된다.
③ 정보의 효용이란 질적 요건을 갖춘 정보를 어떻게 사용하면 정책결정과정에 기여할 수 있는가에 대한 기준이다.
④ 정보는 정보사용자가 정보를 필요로 하는 시점에 제공될 때 시간효용이 높다는 평가를 받는다.

해설

'정보는 국력이다'라는 표현은 정보의 **소유효용**과 관련이 있다.

09

Answer 5. ③ / ㉢㉣㉤㉥ 6. ①

07 정보의 성질에 의한 분류의 내용으로서 틀린 것은? 04. 채용

① 전략정보는 국가정책과 안전보장에 중대한 영향을 주는 정보이다.
② 판단정보는 구체적으로 기본적인 방침을 수행하기 위한 세부적이고 부분적인 정보이다.
③ 방첩정보란 적대국가의 간첩·태업·전복 등을 무력화하기 위한 정보이다.
④ 국가가 전쟁수행을 위해 필요한 정보는 전략정보이다.

해설

전략정보의 기본적인 방침 하에서 이를 구체적으로 수행하기 위한 세부적이고 부분적인 정보는 **전술정보**(부문정보)이다.

08 정보과 甲경사는 관내 골프장 건설 반대시위 관련 정보를 얻기 위하여 평소 알고 지내던 대책위 임원 A를 만나 시위준비 상황을 들었다. 다음 중 맞는 것은? 01. 승진

㉠ 근본출처	㉡ 부차적 출처
㉢ 정기출처	㉣ 우연출처
㉤ 비밀출처	㉥ 공개출처

① ㉠-㉣-㉤ ② ㉠-㉢-㉤ ③ ㉡-㉣-㉥ ④ ㉡-㉢-㉥

해설

甲이 A로부터 직접, 원형 그대로 정보를 입수해서 '근본출처'이고, A로부터 우연히 1회에 정보를 제공받은 것이어서 '우연출처'이고, A라는 출처가 외부에 노출될 경우 출처로서의 기능이 상실되고 문제가 발생하기 때문에 '비밀출처'에 해당한다.

09 출처에 따른 정보 분류에 대한 설명으로 가장 옳지 않은 것은? 10. 승진

① 국가정보기관의 존재 이유는 비밀출처정보의 수집이라 할 수 있다.
② 부차적 출처에서 얻은 정보는 중간기관에 의하여 부분적으로 평가되거나 요약 또는 변형되어 전달되는 속성이 있다.
③ 공개출처에서 얻은 모든 첩보는 비밀출처에서 얻은 첩보보다 가치가 떨어진다.
④ 정기출처란 정기적으로 정보를 얻을 수 있는 출처를 말하는데 정기간행물·방송·신문 등이 이에 해당한다.

Answer 7. ② 8. ① 9. ③

해설

공개출처에서 얻어지는 정보는 객관도와 신뢰도가 높고 활용에 있어 법적 문제가 발생하지 않기 때문에, 공개출처는 원칙적인 첩보수집의 출처가 되며 첩보의 가치가 비밀출처에 비해 떨어지지 않는다.

10 **정보의 분류에 대한 설명 중 가장 옳지 않은 것은?** 11. 승진

① 국가정책지도자가 종합적인 국가정책의 국가안전보장문제에 관하여 필요로 하는 국내의 상황과 타국의 능력, 취약성, 가능한 행동방책에 관한 지식이 전략정보이다.

② 입수형태에 따라 분류할 때 직접정보, 간접정보로 나뉜다.

③ 어떤 사실 또는 사상(事象)에 대한 장래를 예고하는 책임 있는 사용자에게 적당한 사전지식을 주는 것이 주목적인 정보는 기본정보이다.

④ 특별한 보호조치가 요구되지 않은 출처로서 일상적인 방법으로 첩보를 수집하는 출처는 공개출처이다.

해설

사용자에게 적당한 지식을 전달해 주는 것은 **판단정보**에 대한 설명이다.

11 **필요한 사람에게 필요한 만큼, 차단의 법칙이라는 말과 가장 관련성이 높은 정보의 효용은?** 09. 경감 승진

① 소유효용　② 형식효용
③ 통제효용　④ 접근효용

해설

통제의 효용에 대한 내용이다.

정보 효용 개념	정보의 효용이란 정보의 질적 요건을 갖춘 정보를 어떻게 사용하면 정책결정과정에 기여할 수 있는가에 대한 기준을 말한다.
형식 효용	① 정보는 정보사용자의 요구에 맞는 형식(형태)과 겉모양에 부합할 때 형식효용이 높다는 평가를 받게 된다. ② 높은 수준의 정책결정자일수록 쉽고 읽기 좋게 1장의 보고서에 알리고자 하는 정보내용이 축약되어 있어야 할 것이다. 보고서 1면주의와 관련성이 높다. ③ 전략정보와 전술정보는 형식효용에 있어 차이가 있을 수 있다.

Answer 10. ③ 11. ③

시간 효용	① 정보는 필요한 시기에 적절히 공급되어야 그 효과를 발휘할 수 있다. ② 정보의 적시성과 가장 밀접하게 관련된 것은 시간효용이다.
접근 효용	① 정보는 정보사용자가 쉽게 접근할 수 있어야 한다. ② 통제효용과 충돌가능성을 가지고 있다.
소유 효용	① 정보는 상대적으로 많이 소유할수록 집적의 효과를 발휘할 수 있다. ② '정보는 국력이다'라는 말은 정보의 소유효용과 관련성이 높다.
통제 효용	① 정보는 정보를 필요로 하는 사람들에게 필요한 만큼 제공되도록 통제되어야 한다. ② '차단의 원칙'은 통제효용과 관련성이 높다. ③ 방첩활동과 가장 밀접하게 관련된 것은 통제효용이다.

12 **William L. Prosser에 의하면 특정인을 책 · 잡지의 표지인물로 게재하거나 특정인의 사진을 현상수배자리스트에 넣는 행위 등 일반인의 눈에 해당인이 진실과 다르게 보이도록 하여 해당 개인에게 정신적 고통을 주는 행위는 프라이버시 침해유형 중 어떤 것인가?**

09. 경감 승진

① 사생활에 관한 판단의 오도
② 사적인 일에의 침입
③ 사적인 사실의 공개
④ 사적인 일의 영리적 이용

해설

프라이버시 침해유형 중 사생활에 관한 **판단의 오도**와 관련된 내용이다.

사적인 일에의 침입	개인의 일상적이고 정상적인 사생활을 침해하여 **불안**이나 **불쾌감**들을 유발하는 행위
사적인 사실의 공개	공개를 원치 않는 사적인 사실을 일반에게 공개하는 행위
사생활에 관한 판단의 오도	내용의 본질을 왜곡시켜 대중의 판단을 그릇되게 하여 해당 개인의 신상에 침해를 주는 행위
사적인 일의 영리적 이용	특정 개인의 인격적 이익을 침해하여 경제상의 이익을 취하는 행위

Answer 12. ①

13 **다음 정보의 분류에 관한 내용 중 잘못된 것은?** 04. 경찰 1차

① 국가안전과 국가정책수립을 위하여 필요한 정보를 전략정보라고 한다.
② 판단정보는 국가정책의 실현을 위한 세부계획의 수립·추진 등에 필요한 정보이다.
③ 적극정보는 국가의 경찰기능에 필요한 정보 이외의 모든 정보이다.
④ 직접정보는 정보입수과정에서 어떠한 매체도 통하지 않고 직접 입수하는 형태의 정보이다.

해설

전술정보에 대한 설명이다. 판단정보는 특정 문제를 체계적이고 실증적으로 연구하여 미래에 있을 어떤 상태를 추리·평가한 정보이다.

14 **다음 정보의 효용에 대한 설명 중 틀린 것은?** 09. 경찰 1차

① '정보는 국력이다'라는 말은 정보의 소유효용과 관련성이 높다.
② 정보의 적시성과 가장 밀접하게 관련된 것은 시간효용이다.
③ 차단의 원칙은 접근효용과 관련된다.
④ 형식효용은 보고서 1면주의고, 전략정보와 전술정보는 차이가 있다.

해설

차단의 원칙은 **통제효용**과 관련된다.

09

제2절 정보의 순환과정

01 **다음 중 정보의 순환과정을 바르게 배열한 것은?** 08. 승진, 01. 채용

① 정보의 요구 → 정보의 수집 → 정보의 생산 → 정보의 배포
② 정보의 요구 → 첩보의 수집 → 정보의 생산 → 정보의 배포
③ 첩보의 요구 → 첩보의 수집 → 정보의 생산 → 정보의 배포
④ 첩보의 요구 → 정보의 수집 → 정보의 생산 → 정보의 배포

해설

정보는 정보요구 → 첩보수집 → 정보생산 → 정보배포의 순환과정을 거친다.

Answer 13. ② 14. ③ / 1. ②

02 **다음 중 PNIO(국가정보목표우선순위)에 관한 설명으로 타당하지 않는 것은?** 03. 승진

① 국가의 전 정보기관 활동의 기본방침이 된다.
② 해당부서의 정보활동을 위한 일반지침이다.
③ 국가안전보장과 정책에 관련되는 국가정보목표이다.
④ 정부에서 기획된 연간기본정책을 수행함에 있어 필요로 하는 자료를 목표로 하여 선정된다.

해설

해당부서의 정보활동을 위한 **일반지침은** EEI에 대한 설명이다.

03 **EEI(첩보기본요소)에 대한 설명으로 틀린 것은?** 01. 채용

① 계속적 · 반복적 · 전국적 사항의 첩보요구이다.
② 요구형식은 서면이 원칙이다.
③ 사건첩보수집계획서가 불필요하다.
④ 첩보수집요구의 기본적 지침이다.

해설

EEI(첩보기본요소)에는 사전에 반드시 첩보수집계획서가 필요하며, 통상 **첩보수집계획서는 EEI계획서**라고 할 수가 있다.

04 **다음 중 정보요구의 방법에 대한 설명 중 SRI에 대한 설명이 아닌 것은?** 09. 경간

① 임시적이고 단편적인 문제해결을 위한 첩보요구이다.
② 비교적 구체성과 전문성이 요구된다.
③ 사전첩보수집계획서를 요하지 않고, 주로 구두로 하는 경우가 많다.
④ 대부분 공개적인 것이 많고, 문서화되어 있고, 사회연구기관에서 주로 담당한다.

해설

공개적 · 문서화 · 사회연구기관에서 담당은 EEI의 주된 속성이다.

Answer 2. ② 3. ③ 4. ④

05 **한총련에서 8.15 통일투쟁을 위해 서울 모(某)대학에 집결한다는 첩보에 따라 경찰청에서 각 지방청에 한총련 소속 대학생들의 상경인원을 파악하라는 지시를 내렸다. 이는 무엇에 해당하는가?** 08. 승진

① 첩보기본요소(EEI) ② 기타정보요구(OIR)
③ 국가정보목표우선순위(PNIO) ④ 특별첩보요구(SRI)

해설

특별한 돌발사항에 대한 **단기**적인 문제해결을 위하여 필요한 범위 내에서 임시적이고 단편적인 첩보를 요구하는 것이다.

06 **다음의 내용은 정보의 요구 방법 중 무엇에 해당되는가?** 11. 승진, 01. 채용

> 북한의 연평도 기습포격과 관련하여 전쟁에 대한 우려 심리로 인천지역의 생필품 사재기 등 민심이 동요하고 있다. 이에 대해 경찰청에서는 인천지방경찰청에 인천지역의 생필품 판매업소의 재고현황, 생필품 판매업소 및 시민여론 등의 첩보를 요구하였다.

① 첩보기본요소(EEI) ② 국가정보목표우선순위(PNIO)
③ 기타정보요구(OIR) ④ 특별첩보요구(SRI)

해설

특정지역의 특별한 돌발사항에 대한 단기적인 문제해결을 위하여 필요한 범위 내에서 **임시적이고 단편적인** 첩보를 요구하는 특별첩보요구(SRI)에 해당한다.

09

07 **다음 중 EEI와 SRI의 비교 설명으로 옳지 않은 것은?** 01. 승진, 01. 채용

① SRI는 치밀한 사전수집계획서가 반드시 요구된다.
② SRI는 수시로 단편적 사항에 대하여 명령되는 것이 원칙이다.
③ EEI는 요구형식에 있어서 서면이 원칙이다.
④ EEI는 요구사항 중에서도 일반적인 내용으로서 포괄적 의미를 지니는 것이다.

해설

SRI의 요구형식은 **서면과 구두**가 모두 가능하고, 사전에 첩보수집계획서가 필요하지 않다.

Answer 5. ④ 6. ④ 7. ①

08 정보요구의 방법에 대한 설명이 올바르게 연결된 것은? 10. 경간

(ㄱ) 댐을 건설하는 문제와 관련하여 이에 반대하는 환경단체의 현장을 파악하여 보고하라는 정보요구가 이에 해당한다.
(ㄴ) 경찰청에서는 국민연금제도 실시에 대한 국민여론이 악화되자 정책수정을 위한 자료를 제공하고자 국민여론 및 연금납부실적 등에 대한 정보를 각 지방청별로 수집 보고하도록 지시하였다.

① (ㄱ) 특별첩보요구-(ㄴ) 기타정보요구 ② (ㄱ) 특별첩보요구-(ㄴ) 첩보기본요소
③ (ㄱ) 첩보기본요소-(ㄴ) 특별첩보요구 ④ (ㄱ) 기타정보요구-(ㄴ) 기타정보요구

09 다음 중 정보생산 단계의 소순환 과정이 순서대로 연결된 것은? 04. 승진, 11. 경간, 06. 채용

㉠ 첩보의 출처 및 내용에 관하여 그 신뢰성과 사실성, 즉 타당성을 판정하는 과정
㉡ 평가된 첩보를 기본요소별로 분류하고 기존 자료에 있는 것과 비교하여 유사한 것끼리 재분류하는 과정
㉢ 수집된 첩보 중에서 긴급성·유효성 등을 기준으로 필요한 것을 걸러내는 과정
㉣ 즉각 사용되지 않거나 이미 사용된 첩보를 기록하여 관리하는 과정
㉤ 부여된 주제에 대한 정보를 생산하기 위하여 동류의 것끼리 분류된 사실을 하나의 통일체로 결합하는 과정
㉥ 정보의 의미와 중요성을 결정하여 건전한 결론도출을 가능하게 하는 과정

① ㉠-㉡-㉢-㉣-㉤-㉥ ② ㉢-㉣-㉡-㉠-㉥-㉤
③ ㉢-㉣-㉠-㉡-㉤-㉥ ④ ㉢-㉣-㉡-㉠-㉤-㉥

해설

정보는 ㉢ 선택-㉣ 기록-㉠ 평가-㉡ 분석-㉤ 종합-㉥ 해석의 소순환과정을 통해 생산된다.

Answer 8. ① 9. ③

10 다음은 어떤 첩보 수집을 적극적으로 활용한 사례로 볼 수 있는가? 09. 경사 승진

> "걸프전 당시 미국은 레이더 정찰위성을 통하여 이라크군의 장비와 지하벙커의 위치를 탐지하였고, 이를 토대로 전략목표를 무력화시켰다."

① 영상정보 ② 신호정보
③ 특수인간정보 ④ 공개정보

해설

영상정보를 활용한 사례로 볼 수 있다. 반면 "소련이 대한항공기의 격추사실을 시인한 것은 일본 자위대가 레이더와 전파도청으로 소련요격기와 지상과의 교신기록을 확보하고 있었기 때문이다." 사례는 **신호정보**를 활용한 사례로 볼 수 있다.

11 정보의 배포란 정보를 필요로 하는 개인이나 기관에게 적합한 형태와 내용을 갖추어서 적당한 시기에 제공하는 과정이다. 아무리 중요하고 정확한 정보를 생산했다 하더라도 그 정보가 필요한 사람에게 적절히 전달되지 않는다면 정보의 가치는 상실되고 만다. 다음 정보 배포의 원칙에 대한 설명 중 옳지 않은 것은 모두 몇 개인가? 11. 경찰 2차

> ㉠ 필요성－정확하고 완전한 정보라 할지라도 배포과정에서 지연되어 사용 시기를 놓치거나 너무 일찍 전달되면 정보의 가치는 상실된다.
> ㉡ 적시성－배포기관은 누가 어떤 정보를 언제, 어떻게 사용할 것인가를 파악하고 있어야 한다.
> ㉢ 적당성－정보는 사용자의 능력과 상황에 맞추어서 적당한 양을 조절하여 필요한 만큼만 적절한 전파 수단을 통해 전달되어야 한다.
> ㉣ 보안성－완성된 정보연구 및 판단이 누설되면 정보로서의 가치를 상실할 수 있다.
> ㉤ 계속성－배포된 정보와 관련성을 가진 새로운 정보를 조직적이고 계속적으로 배포해야 한다.

① 1개 ② 2개 ③ 3개 ④ 4개

해설

㉠ 적시성－정확하고 완전한 정보라 할지라도 배포과정에서 지연되어 사용 시기를 놓치거나 너무 일찍 전달되면 정보의 가치는 상실된다.
㉡ 필요성－배포기관은 누가 어떤 정보를 언제, 어떻게 사용할 것인가를 파악하고 있어야 한다.

Answer 10. ① 11. ② / ㉠㉡

09

제3절 정보의 종류

01 정보와 정책에 대한 일정 수준의 분리 필요성을 강조하는 입장에 대한 설명은 모두 몇 개인가? 10. 승진

㉠ 대표적인 학자는 Mark M. Lowenthal이다.
㉡ 정보는 정책에 의존하여 존재하지만, 정책은 정보의 지지 없이도 존재할 수 있는 것이다.
㉢ 고위정책결정자들은 고위정보관에게 자문을 구할 수 있어야 한다.
㉣ 정보생산자는 정보사용자에게 의미가 있는 사안들에 정보역량을 동원해야 한다.
㉤ 정보생산자는 정보의 제공과 정보의 조작을 구분해야 한다.

① 2개 ② 3개 ③ 4개 ④ 5개

해설

㉣ 정보와 정책의 밀접한 연결성을 강조하는 행동주의의 견해이다.

02 경찰정보에 관한 설명 중 옳지 않은 것은 모두 몇 개인가? 11. 승진

㉠ 기본정보, 현용정보, 판단정보는 정보의 기능에 따른 분류이다.
㉡ 전략정보와 전술정보는 형식효용 측면에서 차이가 있을 수 없다.
㉢ 판단의 불명확성은 정보사용자로부터의 장애요인이다.
㉣ 정책과 정보의 관계에 대하여 행동주의를 따를 경우 현용정보에 치중하게 된다.

① 1개 ② 2개 ③ 3개 ④ 4개

해설

㉡ 전술정보는 낮은 수준의 정책결정자나 실무자에게 제공되므로 비교적 상세하고 구체적인 형태가 바람직하지만, 전략정보는 정책결정자에게 제공되므로 주요한 요소만 축약해 놓은 형태가 바람직하며, 따라서 **형식효용은 전략정보에 유용**하다.
㉢ 판단의 불명확성은 정보생산자로부터의 장애요인이다.
㉣ 정책과 정보의 관계에 대하여 행동주의를 따르면 **판단정보를 중시**하게 된다.

Answer 1. ③ / ㉠㉡㉢㉤ 2. ③ / ㉡㉢㉣

03 정보생산자와 정보사용자의 관계에 관한 설명 중 맞는 것은? 10. 승진

① 판단의 불명확성은 정보사용자의 장애요인으로서 정보속성상 정보는 애매하고 불명확한 사안을 다루고 있어 여러 가능성을 언급하는 경우가 많다.

② 정보와 정책에 대해 일정 수준의 분리 필요성을 강조한 전통주의의 대표적 학자인 Mark M. Lowenthal은 "정책은 정보에 의존하여 존재하지만, 정보는 정책의 지지 없이도 존재할 수 있다."고 주장한다.

③ 정책결정자들은 판단정보를 가장 높이 평가하며, 현용정보는 그보다 낮게 평가한다.

④ 행동주의의 대표적인 학자인 Roger Hilsman은 "정보생산자는 정책과정에 대해 연구하고 이해해야 한다."고 주장한다.

해설

① 판단의 불명확성은 **정보생산자**의 장애요인이다.
② Mark M. Lowenthal은 "정보는 정책에 의존하여 존재하지만, 정책은 정보의 지지 없이도 존재할 수 있는 것"이라고 주장한다.
③ 정책결정자들은 현용정보를 가장 높게 평가하며, 판단정보는 그보다 낮게 평가한다.

제 4 절 견문수집 및 처리/채증활동

01 정보의 내용을 기준으로 분류한 정보보고의 종류 중 틀린 것은? 01 · 03 · 06 · 07. 승진

① 상황정보 – 어떤 사상의 현 상태에 관한 정보를 보고하는 것으로 특별한 사안에 대한 일시적인 상황이나 진행과정을 신속하게 보고하는 정보

② 치안정보 – 치안정책의 수립 · 집행, 치안행정 전반에 걸친 문제점 및 제도개선 사항에 관한 정보

③ 정책정보 – 주요정책이나 현안사항에 대한 국민여론을 지역별 · 계층별 등으로 다양하게 파악하여 정책조정이나 후속조치 등에 반영할 수 있도록 하는 정보

④ 범죄정보 – 공직비리, 마약, 조직폭력범죄 등 각종 범죄관련 수사의 단서로 사용될 수 있는 정보

해설

③은 민심정보에 대한 설명이고, 정책정보란 주요 정부시책의 효과 및 현실적 타당성 등을 판단하고 시행과정에서 발생하는 **문제점을 파악**, **개선방안**을 제시하는 정보를 말한다.

Answer 3. ④ / 1. ③

02 정보의 내용을 기준으로 분류할 때 다음 설명 중 틀린 것은? 08. 승진

① 상황정보에는 상황속보와 정보판단서가 있다.
② 민심정보는 주요정책이나 현안사항에 대한 국민여론을 파악하여 보고하는 정보이다.
③ 정책정보는 치안정책의 수립·집행, 치안행정 전반에 걸친 문제점 및 제도개선 사항에 관한 정보로서, 사용자는 행정안전부장관 또는 대통령이라 할 수 있다.
④ 범죄정보는 각종 범죄관련 수사의 단서로 사용될 수 있는 정보이다.

해설

치안정책의 수립·집행, 치안행정 전반에 걸친 문제점 및 제도개선 사항에 관한 정보는 **치안정보**이고, 경찰청장이 정보사용자이다.

03 다음 정보보고서의 판단을 나타내는 용어를 바르게 연결하지 못한 것은?

09. 경사 승진, 경간

㉠ 예상됨－첩보 등을 분석한 결과 단기적으로 어떤 상황이 전개될 것이 비교적 확실한 경우
㉡ 전망됨－구체적 근거는 없이 현재 나타난 동향의 원인·배경 등을 다소 막연히 추측할 때
㉢ 추정됨－구체적 징후는 없으나 전혀 그 가능성을 배제하기 곤란하여 최소한의 대비가 필요한 때
㉣ 판단됨－어떤 징후가 나타나거나 상황이 전개될 것이 거의 확실시되는 근거가 있는 경우
㉤ 우려됨－과거의 움직임이나 현재동향, 미래의 계획 등으로 미루어 장기적으로 활동의 윤곽이 어떠하리라는 예측을 할 경우

① 1개　② 2개　③ 3개　④ 4개

해설

㉡ 추정됨: 구체적 근거 없이 현재 나타난 동향의 원인·배경 등을 다소 **막연히 추측**할 때
㉢ 우려됨: 구체적 징후는 없으나 전혀 그 가능성을 배제하기 곤란하여 **최소한의 대비**가 필요한 때
㉤ 전망됨: 과거의 움직임이나 현재동향, 미래의 계획 등으로 미루어 장기적으로 활동의 윤곽이 어떠하리라는 예측을 한 경우

Answer 2. ③ 3. ③ / ㉡㉢㉤

제5절 신원조사

01 신원조사에 대한 설명으로 가장 옳은 것은? 10. 승진

① 국가보안을 위하여 국가에 대한 충성심·성실성·신뢰성을 조사하기 위하여 신원조사를 행한다.

② 경찰의 신원조사는 「국가정보원법」에 명시된 국정원장 위임사무이다.

③ 신원조사의 법률적 근거에 대해서는 논란이 없다.

④ 국공립대학교 총장, 학장은 국가정보원장이 실시하는 신원조사 대상이 아니다.

해설

② 경찰의 신원조사는 「**보안업무규정(대통령령)**」에 의한 위임사무이다.
③ 신원조사의 법률적 근거인 「국가정보원법」은 '인물'에 대한 내용이 없기 때문에 신원조사의 법적 근거가 될 수 없다는 견해가 있다.
④ 국공립대학교 총장, 학장 등 공무원은 신원조사의 대상이다.

02 신원조사에 대한 설명 중 가장 옳지 않은 것은? 11. 승진

① 신원조사란 보안의 대상이 되는 인원, 즉 국가안전에 관련되는 임무에 종사하거나 이에 관련되는 행위를 하는 자 및 그 예정자에 대하여 실시하는 대인정보활동을 말한다.

② 신원조사는 보안의 대상이 되는 인원의 국가에 대한 충성심, 신뢰성, 성실성을 조사하여 국가의 안전보장을 확보하는 데 그 목적이 있다.

③ 신원조사는 국가정보원장이 직권 또는 관계기관의 요청에 의해 실시하고, 국가정보원장이 신원조사에 관한 권한의 일부를 경찰청장과 국방부장관에게 위임할 수 있다.

④ 신원조사 결과 국가안전보장상 유해로운 정보가 있음이 확인된 자는 관계기관의 장에게 그 사실을 통지할 수 있으며, 통보받은 관계기관의 장은 필요한 보안대책을 강구하여야 한다.

해설

신원조사 결과 국가안전보장상 유해로운 정보가 있음이 확인된 자는 관계기관의 장에게 그 **사실을 통지해야 한다.**

Answer 1. ① 2. ④

09

제6절 집회 및 시위에 관한 업무

01 **다음 중 「집회 및 시위에 관한 법률」상의 용어의 정의로 타당하지 않은 것은?** 02. 승진

① '옥외집회'라 함은 천장이 없거나 사방이 폐쇄되지 않은 장소에서의 집회를 의미한다.

② '시위'라 함은 다수인이 공동목적을 가지고 도로·광장·공원 등 공중이 자유로이 통행할 수 있는 장소를 진행하거나 위력 또는 기세를 보여 불특정다수인의 의견에 영향을 주거나 제압을 가하는 행위를 말한다.

③ '주관자'라 함은 자기 명의로 자기 책임 아래 집해 또는 시위를 개최하는 사람 또는 단체를 의미한다.

④ '질서유지선'이라 함은 적법한 집회 및 시위를 보호하고 질서유지 또는 교통소통을 위하여 집회 또는 시위 장소나 행진구간에 일정한 구획을 정하여 관할경찰서장 또는 지방경찰청장이 설정한 띠·방책·차선 등의 경계표지를 말한다.

해설

자기 명의로 자기 책임 아래 집회 또는 시위를 개최하는 사람 또는 단체를 **주최자**라 부른다.

02 **다음은 「집회 및 시위에 관한 법률」상 어떤 용어에 대한 설명이다. ㉠과 ㉡에 적당한 말은?** 11. 승진

(㉠)라 함은 자기 명의로 자기 책임 아래 집회 또는 시위를 개최하는 사람 또는 단체를 말한다. (㉠)는 (㉡)를(을) 따로 두어 집회 또는 시위의 실행을 맡아 관리하도록 위임할 수 있다. 이 경우 (㉡)는(은) 그 위임의 범위 안에서 (㉠)로 본다.

① ㉠ 주관자 ㉡ 주최자　　② ㉠ 주최자 ㉡ 질서유지인
③ ㉠ 주관자 ㉡ 질서유지인　　④ ㉠ 주최자 ㉡ 주관자

Answer 1. ③ 2. ④

03

「집회 및 시위에 관한 법률」에 규정된 각종 시간제한에 대한 설명으로 틀린 것은?

01. 승진, 03. 채용

① 옥외집회 및 시위의 신고기간: 집회 및 시위 개최 720시간 전부터 48시간 전
② 집회 및 시위의 금지통고시간: 신고서를 접수한 때부터 48시간 이내
③ 금지통고에 대한 이의신청기간: 금지통고를 받은 때부터 72시간 이내
④ 이의신청에 대한 재결시간: 재결신청서를 접수한 때부터 24시간 이내에 재결서 발송

해설

금지통고를 받은 날로부터 **10일 이내**에 당해 경찰관서의 직근 상급경찰관서의 장에게 이의를 신청해야 한다.

04

「집회 및 시위에 관한 법률」의 내용 중 틀린 것은? 09. 채용

① 참가예정단체 및 참가예정인원과 시위방법 등을 기재한 신고서를 옥외집회 또는 시위를 시작하기 720시간 전부터 48시간 전에 개최지 관할경찰관서장에게 제출해야 한다.
② 관할경찰관서장은 신고서의 기재사항에 미비한 점이 있다는 것을 안 경우에는 접수증을 교부한 때부터 10시간 이내에 주최자에게 기재사항을 보완할 것을 통고할 수 있다.
③ 집회·시위의 주최자는 금지통고를 받은 날부터 10일 이내에 해당 경찰관서의 직근 상급경찰관서의 장에게 이의를 신청할 수 있다.
④ 재결청이 24시간 이내에 재결서를 발송하지 아니하면 주최자는 최초에 신고한 대로 집회·시위를 개최할 수 있다.

해설

신고서 보완통고는 접수증을 교부한 때부터 12시간 이내에 하여야 하고, 24시간을 기한으로 주어야 한다.

Answer 3. ③ 4. ②

05 「집회 및 시위에 관한 법률」상의 이의신청에 관한 설명으로 잘못된 것은?

06. 승진, 02 · 03. 채용

① 처분청으로부터 금지통고를 받은 때로부터 10일 이내에 이의신청을 해야 한다.
② 재결청은 금지통고를 한 경찰관서의 직근 상급관서이다.
③ 재결은 이의신청 접수시로부터 24시간 이내에 하여야 한다.
④ 재결청이 24시간 이내에 재결서를 발송하지 아니하면, 주최자는 새로이 집회·시위의 신고를 하고 집회·시위를 개최할 수 있다.

해설

접수시부터 **24시간 이내에 재결서를 발송**하지 아니한 때에는 관할 경찰관서장의 금지통고는 소급하여 그 효력을 상실하기 때문에 이의신청인은 다시 신고할 필요 없이 최초에 신고한 대로 집회·시위를 개최할 수 있다.

06 「집회 및 시위에 관한 법률」상 집회 또는 시위의 금지통고의 이의신청에 대한 재결의 효과를 설명한 것으로 타당하지 않은 것은?

03 · 05. 승진

① 이의신청이 각하 또는 기각된 경우에는 금지통고는 유효하다.
② 이의신청이 각하 또는 기각된 경우에 이를 불복하는 이의신청인은 행정소송을 제기할 수 있다.
③ 금지통고가 위법 또는 부당한 것으로 재결되거나 그 효력을 잃게 된 경우에는 이의신청인은 최초 신고한 대로 집회 또는 시위를 개최할 수 있다.
④ ③의 경우 금지통고 등으로 시기를 놓친 경우에는 일시를 새로이 정하여 집회 또는 시위의 12시간 전에 관할 경찰서장에게 신고함으로써 집회 또는 시위를 개최할 수 있다.

해설

금지통고 등으로 시기를 놓친 경우에는 일시를 새로이 정하여 집회·시위의 **24시간 전**에 관할 경찰관서장에게 신고함으로써 집회·시위를 개최할 수 있다.

Answer 5. ④ 6. ④

07

다음 집회 및 시위에 관한 법률상의 절차와 각종 시간제한과 관련하여 올바르게 연결된 것은? 06. 채용

> 관할경찰서장은 접수증을 교부한 때로부터 ( )시간 이내에 주최자에게 ( )시간을 기한으로 그 기재사항을 보완할 것을 통고할 수 있고, 이 기한까지 보완하지 아니하면 집회나 시위를 금지할 수 있다. 관할경찰관서장은 신고서를 접수한 때로부터 ( )시간 이내에 금지통고를 할 수 있다.

① 12－48 －24 ② 12－24－24
③ 12－24－48 ④ 24－24－48

보완통고－**12시간 이내에 24시간을 기한**으로 하고, 금지통고－**48시간 이내**에 해야 한다.

08

집회 및 시위에 관한 설명으로 틀린 것은? 09. 채용

① 옥외집회 및 시위는 720시간 전부터 48시간 전에 관할경찰서장에게 신고서를 제출하여야 한다.
② 신고서의 기재사항에 미비한 점이 있는 경우 접수증을 교부한 때로부터 24시간 이내에 그 기재사항을 보완할 것을 통고하여야 한다.
③ 주최자의 자격에는 아무런 제한이 없으며, 단체인 경우에는 법인격의 유무를 불문한다.
④ 금지통고에 대한 이의신청은 금지통고를 한 경찰관서의 직근 상급경찰관서의 장에게 금지통고를 받은 날로부터 10일 이내에 하여야 한다.

해설

신고서의 보완통고는 접수증을 교부한 때부터 **12시간 이내**에 하여야 한다. 다만 보완할 수 있는 시간은 **24시간을 기한**으로 한다.

Answer 7. ③ 8. ②

09

「집회 및 시위에 관한 법률」의 내용으로 옳지 않은 것은? 09. 승진

① 국회의사당, 각급병원, 대통령 관저, 국회의장 공관, 대법원장 공관, 국무총리 공관으로부터 100미터 이내에서는 집회를 개최할 수 없다.

② 외교기관의 업무가 없는 휴일에 개최되는 경우로서 당해 외교기관의 기능이나 안녕을 침해할 우려가 없다고 인정되는 경우에는 집회·시위를 허용할 수 있다.

③ 주최자로부터 이의신청을 접수한 재결청은 접수시부터 24시간 이내에 재결하여야 한다.

④ 재결청이 48시간 이내에 재결서를 발송하지 아니하면 금지통고는 소급하여 그 효력을 잃게 되고, 주최자는 최초에 신고한 대로 집회·시위를 개최할 수 있다.

해설

재결청이 **24시간 이내**에 재결서를 발송하지 아니할 경우에 금지통고는 소급하여 그 효력을 잃게 된다.

10

구제역 문제가 심각해지자 축산업자들은 2011년 1월 초순경 A단체를 구성하고 2011. 1. 15(토) 13:00에 경기도 과천시에 소재한 과천정부종합청사(농림수산식품부)**앞 운동장에서 대책 마련을 촉구하는 집회를 개최하고자 한다. 다음 설명 중 가장 옳지 않은 것은?**(오직 「집회 및 시위에 관한 법률」만을 고려하며, 각 문항들은 서로 상관관계가 없음) 11. 승진

① A단체는 집회장소를 관할하는 과천경찰서장에게 2011.1.13.(목)13:00 이전까지 집회신고서를 제출해야 한다.

② 1.10(월) 13:00경에 A단체의 집회 신고를 접수한 과천경찰서장은 그 자리에서 접수증을 교부하였고, 신고서를 검토한 결과, 기재사항에 미비한 점이 있다고 판단되는 경우, 1.11(화) 01:00까지 보완통고를 해야 한다.

③ 1.15(토) 11:00부터 같은 장소에서 B노동조합의 신고된 집회가 예정되어 있다면, 과천경찰서장은 먼저 신고한 B노동조합 집회의 평화적 개최보장을 위하여 뒤에 접수된 A단체의 집회신고에 대해 금지통고를 할 수 있다.

④ A단체가 과천경찰서장으로부터 1.12(수)에 금지통고를 받았다면, 경기지방경찰청장에게 이의를 신청할 수 있는 때는 1.19(수)까지다.

해설

금지통고를 받은 날로부터 **10일 이내**에 당해 경찰관서의 직근 상급경찰관서의 장에게 이의를 신청해야 하므로, 1월 24일(월)까지 이의를 신청해야 한다.

Answer 9. ④ 10. ④

11 **A노조가 회사 측의 일방적인 노조원 해고에 반발하여 규탄집회를 개최하기로 하고 신고하였다가 노조원의 호응이 적어 규탄집회를 개최하지 않기로 하였다. 이에 대한 현행법상의 조치로 타당하지 않은 것은?** 05. 승진

① 먼저 신고된 집회・시위의 주최자가 신고한 옥외집회 또는 시위를 하지 아니할 경우에는 신고서에 기재된 집회일시 48시간 전에 관할경찰관서장에게 그 사실을 통지하여야 한다.

② 먼저 신고된 집회의 미개최 통지를 받은 관할경찰관서장은 목적충돌로 금지통고를 받은 뒤에 신고된 집회・시위의 주최자에게 그 사실을 즉시 통지하여야 한다.

③ 통지를 받은 주최자는 그 금지통고된 집회 또는 시위를 최초에 신고한 대로 개최할 수 있다.

④ 이 경우 금지통고 등으로 시기를 놓친 경우에는 집회 또는 시위의 24시간 전에 관할경찰관서장에게 신고서를 제출하고 집회 또는 시위를 개최할 수 있다.

해설

먼저 신고된 집회・시위의 주최자가 신고한 옥외집회 또는 시위를 하지 아니할 경우에는 신고서에 기재된 **집회일시 전**에 관할경찰관서장에게 그 사실을 통지하여야 한다.

12 **다음 중 「집회 및 시위에 관한 법률」상 '옥외집회'를 설명한 것으로 타당하지 않는 것은?** 01. 승진

① 옥외집회란 천장이 없거나 사방이 폐쇄되지 않은 장소에서의 집회를 말한다.

② 공공용물로서 건설된 지하철 대합실은 그 시설이 일반인에게 개방된 시간에는 옥외집회에 해당한다.

③ 대학구내・종교시설 구내에서의 집회는 옥외집회로 볼 수 없으며, 신고대상도 아니다.

④ 학문・예술・체육・의식・친목・오락・관혼상제 및 국경행사에 관한 옥외집회는 신고하지 않아도 된다.

해설

대학구내・회사구내・종교시설 구내 등에서의 옥외집회도 역시 옥외집회이다.

Answer 11. ① 12. ③

13 **A단체는 평화적인 집회를 계획하고 있으나 B대학의 학생 일부가 동 집회에 참가, 폭력행위를 하려고 한다는 첩보가 있어 대학생들의 집회참가를 막고자 한다. 이에 대한 설명으로 타당한 것은?** 04. 승진

① 헌법상 보장된 집회・시위의 자유이므로 학생들의 참가를 막을 수 없다.
② 주최자 및 질서유지인은 학생들의 집회 참가를 배제할 수 있다.
③ 현행법에 따르면 주최자가 사전에 참가 배제 통보를 했음에도 불구하고 학생들이 참가하는 경우 이들에 대해 처벌할 수 없다.
④ 주최자는 서면으로만 학생들의 집회 참가를 배제할 수 있다.

해설

주최자와 질서유지인은 특정인이나 특정 단체가 집회・시위에 참가하는 것을 배제할 수 있다.

14 **다음 중 절대적으로 금지되는 집회・시위가 아닌 것은?** 09. 채용

① 헌법재판소의 결정에 의하여 해산된 정당의 목적을 달성하기 위한 집회・시위
② 집단적인 폭행・협박・손괴・방화 등으로 공공의 안녕과 질서에 직접적인 위협을 가할 것이 명백한 집회・시위
③ 국회의사당, 각급 법원, 헌법재판소로부터 100m이내의 장소에서의 옥외집회
④ 국무총리공관으로부터 100m이내의 장소에서의 행진

해설

국무총리 공관으로부터 100m 이내의 장소에서의 옥외집회 및 시위는 금지되지만, **행진은 가능**하다.

15 **「집회 및 시위에 관한 법률」상 질서유지인에 대한 설명으로 타당하지 않은 것은?** 01. 승진

① 20세 이상의 자만이 질서유지인이 될 수 있다.
② 질서유지인은 주최자의 지시에 따라 집회 또는 시위의 질서유지를 임무로 한다.
③ 완장・모자・어깨띠 또는 상의 등을 착용하여 질서유지인임을 나타낸다.
④ 질서유지인의 수는 관할경찰서장이 주최자와 협의하여 적정 수로 조정할 수 있다.

해설

집회 또는 시위의 주최자는 집회 또는 시위의 질서유지에 관하여 자신을 보좌하게 하기 위하여 18세 이상의 자를 질서유지인으로 임명할 수 있다.

Answer 13. ② 14. ④ 15. ①

16 **주거지역에서 개최되는 야간집회의 경우에 「집회 및 시위에 관한 법률」 시행령에서 규정한 확성기 등의 소음기준은 얼마인가?** 06. 승진

① 60dB 이하 ② 65dB 이하
③ 70dB 이하 ④ 80dB 이하

해설

확성기 등의 소음기준은 주간에는 **65(75)**dB 이하, 야간에는 **60(65)**dB 이하이다.

17 **불법집회나 시위를 해산하는 4단계의 절차순서가 바른 것은?** 07. 채용

① 주최자에게 종결선언요청 – 자진해산요청 – 직접해산 – 3회 이상 해산명령
② 주최자에게 종결선언요청 – 직접해산 – 3회 이상 해산명령 – 자진해산요청
③ 주최자에게 종결선언요청 – 3회 이상 해산명령 – 자진해산요청 – 직접해산
④ 주최자에게 종결선언요청 – 자진해산요청 – 3회 이상 해산명령 – 직접해산

해설

집회 또는 시위의 해산절차는 **종결선언요청 → 자진해산요청 → 해산명령 → 직접해산**으로 진행되며, 집회 또는 시위를 해산시키려는 때에는 반드시 이러한 순서에 따라야 한다.

18 **「집회 및 시위에 관한 법률」상 절대적 집회금지장소는 모두 몇 개인가?** 11. 승진

㉠ 국무총리 공관 경계지점으로부터 100미터 이내 장소를 행진하는 경우 ㉡ 헌법재판소 경계지점으로부터 100미터 이내의 장소에서의 집회 ㉢ 국회의사당 경계지점으로부터 100미터 이내의 장소에서의 집회 ㉣ 미국대사관 정문 앞에서 개최되지만, 그 기능을 침해하지 않는 업무가 없는 휴일집회

① 1개 ② 2개 ③ 3개 ④ 4개

해설

㉠ 예외적 허용 ㉡ 절대적 금지 ㉢ 절대적 금지 ㉣ 예외적 허용
절대적 금지장소로는 국회의사당 · 각급 법원 · 헌법재판소, 대통령 관저 · 국회의장 공관 · 대법원장 공관 · 헌법재판소장 공관, 국무총리 공관 등이 있다.

Answer 16. ① 17. ④ 18. ②/㉡㉢

09

19 현행 「집회 및 시위에 관한 법률」에 관한 설명으로 잘못된 것은? 04. 승진

① 판례는 위력 또는 기세를 보인 장소가 공중이 자유로이 통행할 수 있는 장소가 아니라면 시위에 해당하지 않는다고 한다.
② 주요도로에서 질서 유지인을 두고 행진하는 경우에도 심각한 교통 불편을 줄 우려가 있는 경우에는 도로행진을 금지할 수 있다.
③ 일출 전·일몰 후의 옥외집회는 주간 집회와 마찬가지로 허용이 된다.
④ 완장을 착용한 언론기관의 기자는 집회 또는 시위의 장소에 그 출입을 보장한다.

해설

공중이 자유로이 통행할 수 있는 장소를 진행하는 경우와는 달리 위력 또는 기세를 보여 불특정다수인의 의견에 영향을 주거나 제압을 가하는 행위의 경우에는 **장소적 제한이 없다**는 것이 헌법재판소의 태도이다.

20 다음 중 절대적으로 금지되는 집회·시위는 모두 몇 개인가? 05·07. 승진

㉠ 주한미군부대 인근(거리 70m) 공터에서의 집회
㉡ 국회의장 공관 옆을 지나가는 행진
㉢ 국회의사당 앞(거리 80m)에서의 집단시위
㉣ 서울지방법원 인근(거리80m) 빌딩 내에서의 집회
㉤ 미국대사관 정문 앞에서 개최되지만, 그 기능을 침해하지 않는 휴일집회

① 1개 ② 2개 ③ 3개 ④ 4개

해설

㉠ 주한미군부대는 대상이 아니다.
㉣ 옥내집회로서 내용상 금지규정에 해당하지 않는 한 자유로이 개최할 수 있다.
㉤ 예외적 허용사유에 해당한다.

Answer 19. ① 20. ② / ㉡ ㉢

21 「집회 및 시위에 관한 법률」에 관한 설명으로 옳은 것은 모두 몇 개인가? 11. 경간

㉠ 옥외집회 또는 시위 장소가 두 곳 이상의 지방경찰청 관할에 속하는 경우에는 상급기관인 경찰청장에게 신고서를 제출하여야 한다. ㉡ 집회신고서에 미비점이 있으면 보완서류를 받은 후 접수증을 교부하여야 한다. ㉢ 집회신고 장소가 「군사기지 및 군사시설 보호법」 제2조 제2호에 따른 군사시설의 주변지역인 경우 집회의 금지 또는 제한을 통고해야 한다. ㉣ 참가예정단체는 집회신고서의 '시위방법'에 기재할 사항이 아니다. ㉤ 집회 또는 시위의 주최자는 금지통고를 받은 날부터 10일 이내에 금지통고를 한 해당 경찰관서의 바로 위의 상급 경찰관서의 장에게 이의신청을 할 수 있다. ㉥ 질서유지선의 효용을 해친 자에 대해서는 6월 이하의 징역 또는 50만원 이하의 벌금형으로만 처벌이 가능하다.

① 0개 ② 1개 ③ 2개 ④ 3개

해설

㉠ 옥외집회 또는 시위 장소가 두 곳 이상의 지방경찰청 관할에 속하는 경우에는 주최지를 관할하는 **지방 경찰청장**에게 제출하여야 한다.
㉡ 신고서의 기재사항에 미비한 점을 발견하면 접수증을 교부한 때부터 **12시간 이내에 주최자에게 24시간을 기한**으로 그 기재사항을 보완할 것을 통고할 수 있다.
㉢ 이 경우에는 집회의 금지 또는 제한을 통고할 수 있다.
㉥ 질서유지선의 효용을 해친 자는 6개월 이하의 징역 또는 **50만원 이하의 벌금 · 구류 또는 과료**에 처할 수 있다.

09

Answer 21. ③ / ㉣㉤

22 집회 및 시위의 금지와 관련한 다음 설명 중 옳은 것은 모두 몇 개인가? 11. 경찰 2차

㉠ 헌법재판소의 결정에 따라 해산된 정당의 목적을 달성하기 위한 집회 또는 시위는 금지된다.
㉡ 집회 및 시위의 신고 장소가 학교의 주변지역으로서 집회 또는 시위로 학습권을 뚜렷이 침해할 우려가 있는 경우는 금지될 수 있다.
㉢ 집회 및 시위의 신고 장소가 군사시설의 주변지역으로서 집회 또는 시위로 시설이나 군작전의 수행에 심각한 피해가 발생할 우려가 있는 경우는 금지될 수 있다.
㉣ 집회 및 시위의 주최자가 질서유지인을 두고 도로를 행진하는 경우에는 심각한 교통 불편을 초래할 우려가 있지 않은 한 이를 금지할 수 없다.
㉤ 국무총리의 공관으로부터 100미터 이내의 장소에서는 행진을 할 수 없다.

① 2개 ② 3개 ③ 4개 ④ 5개

해설

국무총리의 공관으로부터 **100미터 이내**의 장소에서는 행진의 경우 예외적으로 할 수 있다.

23 다음 중 「집회 및 시위에 관한 법률」상 집회 또는 시위금지통고의 이의신청에 대한 재결의 효과를 설명한 것으로 타당하지 않은 것은? 08. 경간

① 금지통고가 위법 또는 부당한 것으로 재결되거나 그 효력을 잃게 된 경우에는 이의신청인은 최초 신고한 대로 집회 또는 시위를 개최할 수 있다.
② 이의신청이 각하 또는 기각된 경우에는 금지통고는 무효이다.
③ ①의 경우 금지통고 등으로 시기를 놓친 경우에는 일시를 새로이 정하여 집회 또는 시위를 개최할 수 있다.
④ 이의신청이 각하 또는 기각된 경우에는 이를 불복하는 이의신청인은 행정소송을 제기할 수 있다.

해설

이의신청이 각하 또는 기각된 경우 **금지통고는 유효**하다.

Answer 22. ③ / ㉠㉡㉢㉣ 23. ②

24 다음 판례내용과 일치하지 않는 것은? 07. 남기동대

① 피고인도 속에 끼인 단체 다중인데 모 대원이 던진 돌에 의해 공무집행 중이던 경찰에게 상해를 입힌 경우 피고인이 던진 돌이냐 아니냐를 가리지 않고 특수공무집행방해치상이 성립한다.

② 대학생들에 의해 납치, 감금된 전경을 구출하기 위해서 경찰이 압수수색영장 없이 대학교 도서관에 진입한 것은 적법한 공무집행에 해당하지 않는다.

③ KBS 본관 현관 앞 계단과 도로는 천장이 없거나 사방이 폐쇄되지 않은 장소로 이곳에서의 집회나 시위는 바로 「집회 및 시위에 관한 법률」 제2조 제1호에 규정된 옥외집회 또는 시위에 해당한다.

④ 자진해산 요청 후 약 40분 후에 해산명령을 10분간 걸쳐 3회 이상 발령 후 검거한 것은 적법하다.

해설

대학생들에 의해 납치, 감금된 전경을 구출하기 위해서 경찰이 압수수색영장 없이 대학교 도서관에 진입한 것은 **현행범체포**에 해당하는 적법한 공무집행에 해당한다.

제7절 정치정보

01 현행 「정당법」에 있어서 당해 선거관리위원회가 정당의 등록을 취소하는 사유에 해당하지 않는 것은? 03 · 06. 승진

① 5 이상의 시 · 도당을 갖추지 못했을 때

② 최근 4년간 임기만료에 의한 국회의원선거 또는 임기만료에 의한 지방자치단체의 장 선거나 시 · 도의회의원선거에 참여하지 아니한 때

③ 시 · 도당이 1,500인 이상의 당원을 갖지 못했을 때

④ 임기만료에 의한 국회의원선거에 참여하여 의석을 얻지 못하고 유효투표총수의 100분의 2 이상을 득표하지 못한 때

해설

정당이 등록요건[법정 시 · 도 당수(5개) 및 당원 수(1천인)]을 구비하지 못하게 된 때 **등록취소의 대상**이 된다.

Answer 24. ② / 1. ③

02 다음 중 압력단체에 대한 설명으로 타당하지 않는 것은? 01. 승진

① 압력단체란 정치에 대하여 어떤 형태로든 압력을 가하는 조직화된 특수한 이익집단이라고 할 수 있다.
② 압력단체의 발생요인으로는 대중민주주의 발전, 이익의 다원화 등을 들 수 있다.
③ 압력단체는 이익내용에 따라 기능별·분야별 집단과 원인·촉진집단으로 분류할 수 있다.
④ 연좌시위·동맹파업·가두행진 등은 근로자의 이익추구를 위한 비정치적인 행위로서 압력단체의 활동수단은 아니다.

해설

압력단체의 정상적인 영향력 행사방법이 난관에 부딪치게 되면, 연좌시위·동맹파업·가두행진·불매운동 등을 사용하게 된다.

03 현행법은 임기만료에 의한 선거인 경우 선거의 종류에 따라 선거기간과 선거일을 특정하여 규정하고 있다. 다음 중 타당하지 않은 것은? 05·07. 승진

① 대통령선거 ⇒ 23일, 임기만료일 전 70일 이후 첫 번째 수요일
② 국회의원선거 ⇒ 14일, 임기만료일 전 50일 이후 첫 번째 수요일
③ 지방자치단체장선거 ⇒ 14일, 임기만료일 전 30일 이후 첫 번째 수요일
④ 지방의회의원선거 ⇒ 11일, 임기만료일 전 30일 이후 첫 번째 수요일

해설

지방의회의원선거의 선거기간은 **14일간**이다.

04 「공직선거법」상 ( ) 안에 들어갈 시간 및 나이를 순서대로 옳게 나열한 것은? 10. 승진

㉠ 야간연설은 오후 ( )부터 다음날 오전 ( )까지는 금지된다. ㉡ 전화를 이용한 선거운동은 오후 ( )부터 다음날 오전 ( )까지는 금지된다. ㉢ 국회의원의 피선거권이 있는 자는 ( )이상이어야 한다.

① 10시－7시－10시－6시－26세
② 11시－6시－11시－6시－25세
③ 11시－7시－10시－7시－26세
④ 10시－6시－10시－7시－25세

해설

「공직선거법」상 야간이란 **오후 11시부터 오전 6시**까지를 말한다.

Answer 2. ④ 3. ④ 4. ②

05 다음 설명 중 옳은 것은 몇 개인가?

08. 경간

㉠ 정치에 대하여 어떤 모양으로 압력을 가하는 조직화된 특수이익집단은 압력단체이다.
㉡ 누구든지 선거일 전 90일부터 선거일까지 후보자와 관련 있는 저서의 출판기념회를 개최할 수 없다.
㉢ 정당의 후보자 추천에 관한 적극적 의견개진은 「공직선거법」상 선거운동으로 보지 않는 행위에 해당한다.
㉣ 대통령선거와 지방자치단체의 장의 피선거권이 있는 자의 연령은 대통령은 40세 이상, 지방자치단체의 장은 25세 이상이다.
㉤ 대통령 및 국회의원선거의 선거권 있는 자의 연령은 19세 이상 국민이다.
㉥ 영주의 체류자격 취득일 후 5년이 경과한 19세 이상의 외국인으로서 외국인등록대장에 등재된 자는 지방자치단체의 의회의원 및 장의 선거권이 있다.
㉦ 현역의원은 선거기간 중에만 의정활동보고가 금지된다.

① 1개 ② 2개 ③ 3개 ④ 4개

해설

㉢ 적극적 의견개진은 「공직선거법」상 선거운동에 해당한다.
㉥ 영주의 체류자격 취득일 후 **3년**이 경과하여야 한다.
㉦ 의정활동 보고금지는 선거일 전 **90일**부터 선거일까지 적용된다.

06 「공직선거법」과 관련된 설명으로 틀린 것은 모두 몇 개인가?

09. 채용

㉠ 대통령선거의 선거운동기간은 선거운동은 선거기간 개시일부터 선거일 전일까지이다.
㉡ 군의 지역구의회의원 및 장 선거의 예비후보자 등록 신청기간은 선거일 전 60일부터이다.
㉢ 관할 선거관리위원회에 등록한 국회의원 선거의 예비후보자는 지하철역 구내에서 자신의 명함을 직접 배포할 수 있다.
㉣ 당선인이 「공직선거법」에 규정된 죄를 범함으로 인해 징역 또는 100만원 이상의 벌금형의 선고를 받은 때에는 그 당선을 무효로 한다.
㉤ 선거에 관한 단순한 의사표시도 선거운동으로 본다.

① 1개 ② 2개 ③ 3개 ④ 4개

Answer 5. ④ / ㉠㉡㉣㉤ 6. ③ / ㉡㉢㉤

해설

㉡ 군의 지역구의회의원 및 장 선거의 예비후보자 등록 신청기간은 '선거일 전'이 아니라 '선거기간 개시일 전' **60일**부터이다.

㉢ 지하철역 구내 기타 중앙선거관리위원회규칙으로 정하는 다수인이 왕래하거나 집합하는 공개된 장소에서 명함을 주면서 지지를 호소하는 행위는 금지된다.

㉤ ① 선거에 관한 단순한 의견개진 및 의사표시
② 입후보와 선거운동을 위한 준비행위
③ 정당의 후보자 추천에 관한 단순한 지지·반대의 의견개진 및 의사표시
④ 통상적인 정당활동은 선거운동으로 보지 아니한다.

07

「공직선거법」에 의해 지역구국회의원선거에 출마하고자 하는 자가 선거관리위원회에 예비후보자로 등록할 수 있는 시기는? 06. 승진

① 선거일 전 120일
② 선거기간 개시일 전 120일
③ 선거일 전 60일
④ 선거기간 개시일 전 60일

해설

대통령－선거일 전 **240일** , 국회의원 및 시·도지사－선거일 전 **120일**
군 외의 지방선거－선거기간 개시일 전 **90일** , 군 관련 지방선거－선거기간 개시일 전 **60일**

08

「공직선거법」과 관련된 설명으로 맞는 것은? 10. 채용

① 「공직선거법」상 선거운동이란 당선되거나 되게 하거나 되지 못하게 하기 위한 행위로 정당의 후보자 추천에 관한 단순한 지지·반대의 의견개진 및 의사표시, 입후보와 선거운동을 위한 준비행위는 선거운동으로 보지 아니한다.
② 「공직선거법」에 규정된 죄의 공소시효는 당해 범죄행위가 종료한 때로부터 1년이 경과함으로써 완성되나 범인이 도피한 때에는 그 기간을 3년으로 한다.
③ 대한민국 국민이 아닌 자와 미성년자, 국회의원 등 「국가공무원법」상 공무원은 선거운동을 할 수 없다.
④ 지방자치단체의 장의 선거의 예비후보자는 예비후보자의 등록이 끝난 때부터 개표종료시까지 사형·무기 또는 장기 5년 이상의 징역이나 금고에 해당하는 죄를 범한 경우를 제외하고는 현행범인이 아니면 체포 또는 구속되지 아니한다.

해설

② 선거사범의 공소시효는 선거일 후 6월이고, 범인이 도피한 때나 범인이 공범 또는 범죄의 증명에 필요한 참고인을 도피시킨 때에는 3년이다.

Answer 7. ① 8. ①

③ 「국가공무원법」상 공무원 중 「정당법」의 규정에 의하여 정당의 당원이 될 수 있는 공무원(국회의원 등)은 선거운동을 할 수 있다.
④ 후보자의 신분보장 및 불체포특권은 **후보자 등록이 끝난 선거후보자**에게만 인정이 되고, 예비후보자는 인정받지 못한다.

제8절 기타 정보

01 경제전의 수단에 대한 설명으로 틀린 것은? 10. 승진

① '예방적 구매'는 평시에 또는 전시초기에 미리 중립국이 보유한 중요 자원과 군수품을 매점하여 적으로 하여금 구입할 수 없게 하는 수단이다.
② 선박통제의 방법으로는 봉쇄해역통과증의 발급, 선박면허증의 발급, 자유지역출입증의 발급등이 있다.
③ '무기대여'는 전쟁 중에 우방에 대하여 무기나 장비를 대여해 줌으로써 우방의 승리를 돕는 방법이다.
④ '적국자산의 동결'은 국내에 보유되어 있는 적국의 자산을 적국이 자기의 군사 및 경제증가 용도에 활용하지 못하게 동결하는 것이다.

해설

선박통제의 방법으로는 **봉쇄해역통과증**의 발급, **선박해역통과증** 발급, 선박면허증의 발급이 있다.

02 노사분규 사업장에 대한 경찰력 투입기준에 대한 설명 중 잘못된 것은? 09. 승진

① 폭력 · 파괴 · 점거 · 출입방해 등 방법상의 심각한 불법 쟁의행위에 대해서는 목적 · 절차상 합 · 불법을 따져 목적 · 절차 · 방법상 모두 불법파업인 경우에만 신속하게 경찰력을 투입한다.
② 목적 · 절차상 불법파업이더라도 소극적 업무거부 형태인 경우는 경찰력 투입은 자제한다.
③ 임금체불, 부당노동행위 등 그 원인이 사용자에게 있는 경우 사용자측 불법행위와 노조측 불법행위를 함께 조치한다.
④ 목적 · 절차 · 방법 모두 합법적인 파업의 경우 자율교섭을 통한 해결을 지원한다.

해설

목적 · 절차상 합법파업이더라도 방법상의 심각한 불법 쟁의행위에 대해서는 사전경고 후 불응시 경찰력 투입을 통해 불법행위를 신속하게 제거하여야 한다.

Answer 1. ② 2. ①

03 「노동조합 및 노동관계조정법」에 대한 설명 중 가장 옳지 않은 것은? 04 · 11. 승진

① '조정'은 조정의 신청이 있는 날부터 일반사업에 있어서는 10일, 공익사업에 있어서는 15일 내에 종료하여야 하며, 이 기간은 관계당사자 간의 합의로 일반사업에 있어서는 10일, 공익사업에 있어서는 15일 이내에서 연장할 수 있다.
② 노동쟁의가 중재에 회부된 때에는 일반사업 · 공익사업 · 구분 없이 15일간은 쟁의행위를 할 수 없다.
③ 고용노동부장관은 쟁의행위가 공익사업에 관한 것이거나 규모가 크거나 성질이 특별한 것으로 현저히 국민경제를 해하거나 국민의 일상생활을 위태롭게 할 위험이 현존하는 때에는 긴급조정의 결정을 할 수 있다.
④ 필수공익사업장에 있어서는 노동위원회 위원장이 특별조정위원회의 권고에 의해 중재회부결정을 하면, 중재에 회부된 때로부터 15일간 쟁의행위를 할 수 없다.

해설

'필수공익사업에 있어서 노동위원회 위원장이 특별조정위원회의 권고에 의하여 중재에 회부한다는 결정을 한 때'는 중재에 회부하는 필수공익사업장에 대한 직권중재제도는 **2008년부터 폐지**되었다.

04 「노동조합 및 노동관계 조정법」에 관한 설명으로 맞는 것은 몇 개인가? 08. 채용

> ㉠ 정치운동을 목적으로 하는 경우에는 노동조합으로 보지 않는다.
> ㉡ 노동조합 설립신고의 관할권자는 지방노동청장이다.
> ㉢ 노동쟁의가 중재에 회부되면 일반사업은 10일간, 공익사업은 15일간 쟁의행위를 할 수 없다.
> ㉣ 노동조합의 임원이 없고 노동조합으로서의 활동을 1년 이상 하지 아니한 것으로 인정되는 경우로서 노사정협의회의 직권 결정이 있으면 해산할 수 있다.

① 1개 ② 2개 ③ 3개 ④ 4개

해설

㉡ 노동조합설립 신고의 관할권자는 고용노동부장관, 특별시장 · 광역시장 · 도지사, 특별자치도지사 · 시장 · 군수 · 구청장(자치구의 구청장을 말함)이다.
㉢ 노동쟁의가 중재에 회부되면 일반사업 · 공익사업의 **구분 없이 15일간** 쟁의행위를 할 수 없다.
㉣ '노사정협의회의 직권 결정'은 노동조합의 해산사유가 아니다.

Answer 3. ④ 4. ① / ㉠

05 공무원노동조합에 대한 설명으로 옳은 것은 모두 몇 개인가? 11. 승진

㉠ 지방경찰청 생활안전계에 근무하는 A경감은 공무원노동조합에 가입할 수 있다.
㉡ 군청 총무과 예산업무 담당자인 B(6급)는 공무원노동조합에 가입할 수 있다.
㉢ 노동조합과 그 조합원은 정치활동을 할 수 없다.
㉣ 노조전임자는 기간 중 휴직을 명하여야 하고, 보수가 지급된다.
㉤ 보수·복지 등 근무조건에 대한 사항, 정책결정사항, 임용권 행사 등은 교섭 대상에 해당한다.

① 1개 ② 2개 ③ 3개 ④ 4개

해설

㉠ 경찰관과 같은 **특정직공무원**은 원칙적으로 공무원노조를 만들 수 없다.
㉣ 노조전임자에 대하여는 그 전임기간 중 보수를 지급하여서는 아니 된다.
㉤ 법령 등에 따라 행하는 정책결정에 관한 사항, 임용권의 행사 등 근무조건과 직접 관련되지 아니하는 사항은 교섭의 대상이 될 수 없다.

06 경제 및 문화 정보에 대한 설명 중 틀린 것은 모두 몇 개인가? 10. 승진

㉠ 경제블럭의 유형 중 관세동맹이란 회원국 상호간에 재화뿐만 아니라 노동·자본과 같은 생산요소의 자유이동이 보장되며 역외 비가맹국에 대해서는 각국의 공동의 관세제도를 채택하고 있는 형태의 통합이다.
㉡ 구조적 실업의 경우 취업정보를 원활히 유통시키는 것이 대책이 될 수 있다.
㉢ 경제적의 수단 중 선박해역통과증이란 우방의 선박은 항구의 출입을 자유롭게 할 수 있게 허용하고 비우방 선박은 통제하는 방법을 말한다.
㉣ Daniel Bell은 학생운동의 원인을 청년들의 심리적인 요인과 특수사회의 사회적인 요인의 이원적 요인 간의 상호작용의 결과로 보았다.
㉤ Richard Flacks는 학생운동의 원인을 새로운 문화적 가치와 기존의 문화적 가치 사이의 갈등에서 찾았다.

① 2개 ② 3개 ③ 4개 ④ 5개

09

Answer 5. ② / ㉡㉢ 6. ④

해설

㉠ **공동시장**에 대한 설명이다.
㉡ 이는 **마찰적** 실업에 대한 대책이고, 구조적 실업의 경우에는 교육훈련을 통한 인력개발정책을 써야 한다.
㉢ 이는 선박면허증에 대한 설명이고, 선박해역통과증이란 일정항로만을 이용하게 하는 방법이다.
㉣ 이원적 요인을 주장한 자는 K. Mannheim이고, Daniel Bell은 변화 거부나 사회적 부적응을 학생운동의 원인으로 본다.
㉤ 갈등을 강조한 것은 Philip Slater이고, Richard Flacks는 가치관의 혼란을 학생운동의 원인으로 본다.

제 9 절 외국의 정보활동

01 다음 중 미국의 정보경찰기관이 아닌 것은? 02. 승진

① SIS(비밀정보국) ② NSA(국가안보국)
③ CIA(중앙정보국) ④ NRO(국가정찰국)

해설

SIS(비밀정보국)는 **영국**의 정보기관이다.

02 MI－5라는 명칭으로 유명하며 영국 내의 간첩 · 태업 및 정부전복 음모를 사전에 탐지하여 예방하는 것을 주 임무로 하고 있는 정보기관은? 02. 승진

① 정보통신본부(GCHQ) ② 비밀정보부(SIS)
③ 국방정모참모부(DIS) ④ 보안부(SS)

해설

특별정보국(MI－5)은 내무부의 SS(보안부: Security Service)의 전신이었다.

Answer 1. ① 2. ④

03 다음 중 미국의 정보기관에 대한 설명으로 타당하지 않은 것은?
03 · 05. 승진

① 중앙정보국(CIA)의 모든 직무와 임무는 국가안전보장법, CIA법, 기타 대통령 행정명령에 의거하여 수행된다.

② 국가안보국(NSA)은 행정적 · 업무적으로 국방정보국(DIA)의 관할을 받고 있는 하위기구이다.

③ 국가정찰국(NRO)은 우주정찰에 대한 미국의 정책을 검토하기 위하여 케네디 대통령에 의하여 설립되었다.

④ 연방수사국(FBI)은 발생한 범죄행위에 대한 수사뿐만 아니라 범죄예방을 위한 첩보수집활동도 수행하고 있다.

해설

NSA는 행정적으로는 국방정보국(DIA)의 관할을 받고 있으나, 업무적으로는 독립되어 있다.

04 각국 정보기관에 대한 설명으로 틀린 것은?
10. 승진

① 국가정찰국(NRO) – 미국정보공동체 전체의 위성정찰 계획관리

② 비밀정보국(SIS) – 주로 해외정보 수집업무를 담당하는 독일의 정보기관

③ 국토감시국(DST) – 국내보안과 첩보활동을 담당하는 프랑스의 정보기관

④ 모사드(Mossad) – 이스라엘 해외정보기관

해설

비밀정보국(SIS)은 국외정보의 수집 · 분석과 공작활동을 담당하는 **영국**의 정보기관이다.

05 미국의 국가안보국(NSA)과 비슷한 역할을 수행하는 영국의 정보기관은?
04. 경장 승진

① 비밀정보국　② 보안부

③ 국방정보참모부　④ 정보통신본부

해설

미국의 **국가안보국**과 영국의 **정보통신본부**는 해외에 여러 개의 합동 기지를 운영하면서 통신과 관련되는 각종 정보업무를 수행하고 있다.

Answer 3. ② 4. ② 5. ④

06 다음 중 해당하는 국가가 다른 하나는? 09. 경감 승진

① BND ② DST

③ 통신감청국 ④ 연방헌법보호청

DST는 **프랑스**의 정보기관이며, ①, ③, ④는 **독일**의 정보기관이다.

Answer 6. ②

박선영 경찰학

Police Science

CHAPTER

보안경찰

Chapter 10

Police Science

보안경찰

제1절 보안경찰 일반

1 의 의

(1) 보안경찰 기출

국가 안보를 위태롭게 하는 간첩, 좌익운동 등을 포함, 북한의 군사적 위협, 공산주의에서 발생하는 위해를 제거하기 위한 활동을 하는 경찰로 **첩보수집, 분석, 판단, 보안사범 수사**를 전담한다.

(2) 특 징

1) 목 적 기출

국가안전과 질서유지를 목적으로 하므로 국민의 생명, 신체, 재산을 보호하는 것을 목적으로 하는 일반경찰과 다르다.

2) 비공개

보안경찰은 국가안보와 관련되는 범죄를 대상으로 하므로 **비공개**가 필수적이다.

3) 업 무

보안, 외사, 정보 등은 국가정보원의 조정, 통제를 받는다. 주요 업무는 간첩 등 중요 **방첩** 공작수사, **좌익사범**수사, 반국가적 **안보 위해** 문서 수집, 분석, 보안관찰, 북한이탈주민, 남북교류에 관한 업무이다.

(3) 국가안전보장기관

통일부	남북대화, 통일에 대한 국내외의 정세 분석
국가정보원	국가정보, 보안업무에 대한 정책수립, 기획, 조정
외교부	국외정보수집
법무부	출입국자 보안, 정보사범의 보도, 교도, 공소보류된 자의 신병처리
행정안전부(경찰청)	국내정보수집, 보안사범수사, 신원조사 등
국방부	군관련 정보수집에 관한 사항

제2절 공산주의 이론 기출

1 공산주의 철학

(1) 변증법 기출

양(量)의 질(質)화 그 역의 법칙	액체가 기체로 변하는 과학현상을 사회현상에 적응시킨 과학만능시대 사조가 낳은 산물
대립물 통일의 법칙	• 광명, 암흑, 양과 음은 서로 대립하는 것이 아니고 다른 것이다. • 서로를 부정하거나 대립한다기보다 **보완**관계로 있다.
부정의 부정법칙	영원한 것은 없다고 보았으며, 공산주의는 왜 다른 사회로 변화하지 않는지는 설명하지 못하였다(정은 반과 합으로 발전한다).

(2) 유물사관

생산양식	역사발전은 인간의 의지나 욕망과 관계없이 **경제관계에 의해서 좌우**된다. 하지만 인간의 사고방식과 인간관의 관계는 경제적 조건의 영향만을 받는 것이 아니다.
상, 하부구조	상부구조는 하부구조에 의해서 결정된다는 이론이나 같은 생산조건에서 사람들이 다른 문화를 발전시켰는가를 설명하지 못한다.
계급투쟁론	생산수단의 소유여부에 따라 착취계급과 피착취계급으로 나뉘고 두 계급은 적대관계를 이룬다. 계급이 없는 사회가 형성될 때까지 투쟁한다.
국가사멸론	국가는 자본가계급의 방패물로 발생했기 때문에 사멸해야 한다.

(3) 유물론 기출

실재하는 것은 물질이고, **정신은 물질에서 비롯**된다. 인간의 정신적인 면을 지나치게 소극적으로 인식하였다.

2 공산주의 경제이론

노동가치설	상품의 가치는 수요와 공급에 의해 결정되는 것이 아니고 **노동의 양**에 의해 결정된다고 본다.
잉여가치설	필요노동에 의해 생산되는 가치는 임금으로 지불되지만, 잉여노동에 의해 생산한 가치는 노동자에게 지불되지 않고 자본가의 이윤의 원천이 된다.
자본주의 붕괴론 기출	① **자본축적**의 법칙: 대규모 기계설비를 통한 생산형태를 취하게 되며, 이에 소요되는 대자본은 자본을 축적하는 데서 얻어진다. ② **자본집중**의 법칙: 자본을 축적하지 못한 중소자본가는 경쟁에서 밀려나 대자본가에 흡수되고, 자본이 집중된다. ③ **빈곤증대**의 법칙: 자본축적으로 노동계급과 실업자가 늘어나 빈곤 또한 끊임없이 증가한다.

3 공산주의 정치이론

폭력혁명론	자본주의하에서의 혁명은 **자본주의가 고도로 발전하여 완전히 성숙**할 때 발생한다. 기출
프롤레타리아 독재론	폭력혁명으로 프롤레타리아 계급이 국가권력을 장악하고 지배계급으로 계급을 높여 부활과 복수 및 그 잔재를 근절할 수 있도록 과도기가 필요하다.

제3절 대남전략노선

1 전략과 전술

전 략	전 술
• 기본목표 • 역사적 단계에 따라 행동하는 정치노선 • 거시적 • 불변의 목적	• **단기간**에 적용되는 **세부적인 행동지침** • 전략에 종속된 구체적 방법 • 미시적 • 정세에 따라 수시로 변화

2 대남전략노선

(1) 대중투쟁전술 기출

합법, 비합법, 반한법 투쟁의 배합	합법투쟁	법의 테두리에서 행하는 투쟁
	비합법투쟁	비밀조직이 결성되어 하는 불법투쟁
	반합법투쟁	법적으로 금지되어 있으나 대인관계, 사회적 관습 측면에서 용인되어 온 투쟁방식
경제투쟁, 정치투쟁 배합	임금인상 등의 경제투쟁을 바탕으로 무장봉기 등의 정치투쟁으로 발전되어 가야한다는 이론(레닌)	
폭력투쟁, 비폭력투쟁 배합	폭력투쟁(테러, 파괴, 무장봉기 등)과 비폭력투쟁을 배합하여 투쟁효과를 높이는 것이다.	

(2) 대남공작기구 기출

225부	공작원 교육, 남파, 지하당 구축, 해외공작	
통일전선부	조국평화통일위원회	북한의 **위장 평화통일정책**을 선전하는 기구
	반제민족민주전선	**흑색선전**과 관련되어 있고, 반미자주화 투쟁중 주한 미군철수를 주장
	재북통일촉진 협의회	북한의 위장평화통일단체로 남한의 정당, 인사들에게 북한의 통일정책 등을 선전하는 활동
	조국통일 민주주의 전선	북한의 사회단체가 망라되어 있는 북한의 **위장평화통일전선의 총괄체**

10

정찰총국	1국	공작원 교육, 침투공작원 호송, 복귀, 테러공작 등을 주요 임무로 하며 1998년 **속초지역으로 침투**한 바 있음
	2국 기출	무장공비 양성, 남파, 요인암살, 파괴, 남파 등 게릴라 활동, **아웅산암살폭파, 강릉무장공비사건 담당**
	3국	해킹, 도청 등 통신관련 업무
	5국	대외, 대남 정보수집, 해외 간첩 공작, 테러공작 전담 **KAL기 공중폭파테러** 관여

3 남한의 좌익운동

(1) 좌익운동

자유민주주의체제를 부정하고, **마르크스, 레닌, 주체사상**에 입각해 계급투쟁에 의한 폭력혁명으로 사회주의를 건설하려는 활동을 의미한다.

(2) 좌익운동분파

NL주사파	① 민족**해방민중**민주주의 혁명론으로 주체사상을 신봉하고 남한사회의 사회주의 혁명을 성취하려는 세력을 의미한다. ② 한국은 미국의 군사적 강점에 있는 식민지 사회로 간주 ③ **반미자주화, 반파쇼민주화, 조국통일**을 주장한다. ④ NL 계열의 단체는 **한총련, 범청학련** 등이 있다.
NDR파 (National-Democracy-Revolution)	① **민족민주주의**를 주장 ② **레닌주의**로 통일전선체제를 구축하여 미제국주의를 타도한 후 민족자주정권을 수립하고 사회주의 국가로 혁명을 완수해야 한다고 본다. ③ 현재는 조직이 와해되어 세력분포 미비 기출 ④ NDR 계열의 단체는 **남한사회주의 노동자동맹**이 있다.
PDR파 (People's-Democracy-Revolution)	① **민중민주**주의 혁명론을 주장 ② **레닌주의**로 통일전선체제를 구축하여 미제국주의를 타도한 후 민족자주정권을 수립하고 사회주의 국가로 혁명을 완수해야 한다고 본다. ③ 노동자계급을 주력으로 도시빈민과 빈농을 동맹한 후 부르주아를 전략적 동맹군으로 독점자본과 파쇼정권, 미제국주의를 동시에 타도하여 사회주의 혁명을 완수해야 한다.
ISR파	**트로츠키**의 영구혁명론을 기반으로 남한의 정권을 타도하고 사회주의를 완성한 후 북한정권 타도, **노동자정권 건설**을 주장

제4절 보안경찰 활동

1 방첩일반

(1) 의 의

방첩은 **기밀유지, 보안유지**를 위해 상대로 하여금 의도를 파악하지 못하게 하고 어떤 상황도 상대에게 알려지지 않게 하는 활동이다. 적국을 위한 간첩, 태업, 전복 등 외세 또는 국내의 불순세력의 국가위해 행위로부터 **국가안전과 질서를 보장**하기 위한 활동을 의미한다.

(2) 기본원칙 기출

완전협조의 원칙	방첩기관만으로는 사명을 완수할 수 없으므로 전담기관, 보조기관, 국민이 긴밀히 협조해야 한다는 원칙
치밀의 원칙	정보판단과 전술·전략으로 완전한 분석 등 치밀한 계획과 준비로 방첩활동을 수행해야 한다는 원칙
계속접촉의 원칙 기출	간첩용의자가 발견되면 조직망 전체가 완전히 파악될 때까지 계속해서 유무형의 접촉을 해야 한다는 원칙(**탐지－판명－주시－이용－검거**) 기출

(3) 방첩의 수단 기출

적극적 수단	① 적의 공작망을 분쇄하기 위한 공격적 수단으로 대간첩행위, 대태업행위, 대전복행위를 들 수 있다. ② 첩보수집, 첩보공작분석, 인물감시, 침투공작전개, 역용공작, 간첩신문 등을 활용한다.
소극적 수단	① **정보자재 보안**: 비밀사항에 대한 표시, 보호방법 강구 ② **인원보안**: 비밀취급인가제도 ③ **시설보안**: 시설에 대한 경비, 출입자 통제 ④ **보안업무 규정화**: 정보, 자재보안, 인원, 시설보안 등 소극적 방첩수단을 통일성 있게 통제할 수 있는 방법 기출
기만적 수단 기출	**허위정보 유포, 유언비어 유포, 양동간계시위**(거짓행동으로 오인하게 함)

10

2 방첩대상

(1) 간 첩

타국에 대한 첩보수집행위, 내부혼란을 목적으로 잠입한 자, 이를 지원·동조하거나 협조하는 자를 의미한다. 대상국의 **기밀수집, 태업, 전복활동**을 하는 조직적 구성분자이다.

1) 분 류

① **활동방법에 의한 분류** 기출

고정간첩	**일정지역 내**에서 정해진 공작기간 없이 합법적으로 보장된 신분이나 보장될 수 있는 조건을 구비하고 활동하는 간첩
배회간첩	일정한 기간 내에 정해진 주거 없이 **전국을 배회**하며 임무를 수행하는 간첩
공행간첩 기출	상사주재원, 외교관과 같이 **합법적 신분**을 가지고 입국하여 각종정보를 수집하는 간첩

② **사명에 의한 분류**

일반간첩	기밀탐지, 수집 등 전형적인 형태
보급간첩	간첩을 침투시키거나 이미 침투한 간첩에게 필요한 활동자재를 보급, 지원하는 간첩 기출
증원간첩	이미 구성된 간첩망을 보강하기 위해 파견된 간첩, 간첩으로 이용할 양민의 납치 등 월북을 목표로 하는 간첩
무장간첩	요인암살, 일반간첩의 호송을 주된 임무로 하는 간첩

③ **인원수에 의한 분류**

대량형 간첩	다수의 인원이 대상국가에 밀파되어 지목대상 없이 광범위한 분야의 정보를 입수하는 간첩 기출
지명형 간첩	특수한 임무와 목표를 부여받아 특수한 정보를 수집하도록 지명되어 파견되는 간첩

④ **손자에 의한 분류** 기출

향간(鄕間)	적국의 **시민**을 이용하여 정보활동을 하는 것
내간(內間)	적의 **관리**를 매수하여 정보활동을 하는 것
반간(反間)	적의 **간첩**을 역이용하여 아군을 위해 활동하게 하는 것
사간(死間)	**배반할 염려가 있는 아군의 간첩**에게 고의로 조작된 사실을 주고 적에게 누설하게 하는 것
생간(生間)	적국내 잠입하여 정보활동을 하고 돌아와 보고하는 간첩

2) 간첩망

단일형	① 간첩상호간의 종적·횡적으로 개별적인 연락을 하지 않고, 단독으로 활동하는 **점조직(대남간첩이 가장 많이 사용)** ② 장점: 보안유지 용이, 신속 ③ 단점: 활동범위가 좁고, 성과가 낮음
써클형	① 합법적 신분을 이용하여 침투한 후 적국의 경제사회문제를 이용하여 동조 세력을 형성하고 공작목표를 달성하기 위한 형태로 **전선조직**에 이용 ② 장점: 간첩활동이 자유롭고, 대중적 조직 동원가능 ③ 단점: 간첩의 정체가 노출되었을 때 **외교문제 야기** 기출
삼각형	① 지하당 조직에서 사용하는 망 형태로, 3명을 초과하지 않는 범위에서 행동공작원을 포섭, 횡적연락 차단 ② 장점: **횡적연락이 차단**되어 **보안유지**가 되고, 일망타진 가능성이 낮음 ③ 단점: 활동범위가 좁고, 공작원 검거시 간첩 정체 노출되기 쉬움
피라미드형	① 간첩 아래 주공작원 2~3인을 두고, 주공작원 아래는 2~3인의 행동공작원을 두는 형태 ② 장점: 일시에 많은 공작을 입체적으로 수행해 활동범위가 넓음 ③ 단점: **행동노출**이 쉽고, **일망타진** 가능성이 높음
레포형	피라미드형 조직에서 간첩과 주공작원 또는 주공작원 상호간 연락원을 두고 종횡으로 연결(**현재는 사용 안 됨**)

3) 잠복전술

간첩들이 남한지역에 체류하는 동안 정보수사기관을 피해 활동거점을 마련하고 은신하는 기술과 활동을 의미한다.

비합법 기술잠복	**기본적 잠복전술**로 침투지점부터 공작지역까지 체류하는 전 기간 은거하는 잠복
비합법 자연잠복	비트를 만들 시간이 없거나 제작이 어려운 경우 **자연지리적 조건**과 지형지물을 이용하여 하는 잠복
반합법 기술잠복	**유흥접객업소 종사자와 동거**하는 등 신분확인이 어려운 점을 이용하여 합법적 인물로 위장하는 잠복
반합법 엄호잠복	간첩들이 포섭된 대상의 엄호를 받으며 주거지나 영업소에 은거하며 합법적 인물로 가장하여 잠복

(2) 태 업

1) 의 의

대상국가의 전쟁수행능력, 방위력을 약화시키기 위해 **직간접적으로 행해지는 모든 손상**과 파괴행위를 의미한다. 기출

2) 대 상

전략 전술적 가치가 있고, 필요한 기구를 용이하게 입수할 수 있어야 한다. 파괴되면 수리하거나 대처하기 어려울 것이 요구된다.

3) 종 류

물리적 태업	방화태업	사고로 위장이 용이한 태업으로 가장 **파괴력이 강하다.**
	폭파태업	**전체적이고 즉각**적인 방법으로 폭발물을 사용하여 목표물을 파괴하는 태업
	기계태업	범행이 용이하고 사용자가 사전에 결함 발견이 곤란한 방법으로 철물, 황산, 기계투입, 열차탈선 등의 손실을 초래하는 태업
심리적 태업	선전태업	유언비어 유포, 반국가적 여론 조성으로 사회불안이나 사기 저하를 유도
	경제태업	화폐위조, 악성노동쟁의 등으로 경제질서의 혼란을 초래하는 방법
	정치태업	정치적 갈등, 물의를 일으켜 일체감을 약화시키는 방법

(3) 전 복

의 의	폭력수단을 동원하는 등 국가기관을 강압에 의해 변혁시키거나 기능을 저하시키기 위해 취해지는 실력행위
형 태	① 국가전복: 피지배자가 지배자를 타도하여 정권을 탈취하는 것 ② **정부전복: 동일 지배계급 내의 세력**이 집권세력을 제압하여 권력을 차지하는 것 기출
수 단	당조직, 통일전선, 선전, 선동, 테러, 파업, 폭동, 게릴라 전술

3 공 작

(1) 의 의

비밀공작은 **일정한 목적하에 주어진 목표를 계획적으로 수행하는 비밀활동**으로 첩보수집, 파괴공작, 선전, 선동을 포함한다. 국가안전보장과 직결되는 활동은 적법절차의 준수가 필요하며, 법률의 근거 없이 본질적인 기본권 침해가 가능한 것은 아니다.

(2) 구성요소 기출

공작목표	공작목적을 달성하기 위해 지정하는 대상으로 **특정 인물, 장소, 물건**이 이에 해당한다.
주관자	상부의 지령을 계획, 준비, 수행하는 집단
공작금	공작목표 달성을 위해 필요한 자금
공작원	공작관을 대신하여 비밀을 탐지하고, 공작임무를 수행하는 사람 ① **주공작원**: 공작망의 책임자로 공작관의 명령에 의해 산하 공작원에 대한 지휘와 책임을 담당 기출 ② 행동공작원: 실제 첩보수집과 기타 공작임무를 직접 수행 ③ 지원공작원: 공작에 필요한 기술, 물자 등을 지원하는 역할

10

(3) 공작의 분류

구별기준	분 류	내 용
공작운영기구 기출	통합공작	둘 이상 정보기관이 상호간의 이익을 위하여 **협동**으로 비밀공작을 수행하는 것(연락공작, 연합공작)
	합동공작	우방국가 정보기관들이 상호간의 이익을 위하여 **개별적인 공작**을 사안별로 협력하여 진행시키는 형태의 공작
공작대상지역	대북공작, 대공산권공작, 대우방국공작	
공작목적	첩보수집 공작	정보분석 활동에 필요한 첩보를 수집하는 활동으로서 주로 **비공개출처**로부터 첩보를 입수
	태업공작	비우호적인 국가나 집단에 대하여 물자·물건·시설·생산공정이나 자연자원을 일시적 또는 항구적으로 사용하지 못하도록 적극적인 행동을 기도하는 공작
	지원공작	자국의 정책을 해당국 정부나 국민에게 이해시키고, 적국의 정책을 폭로·규탄하여 국제사회의 지지를 얻도록 하는 활동
	와해모략 공작	대상자가 자기의 진정한 목적과 신분을 노출하게 하여, 자신을 불명예스럽게 폭로, 행동하도록 상대방을 유도하는 활동(심리전 공작)
	역용공작	검거된 간첩을 전향시키거나 자수한 간첩을 활용하여 적의 첩보를 수집, 다른 간첩을 검거하는 데 이용하는 공작

(4) 비밀공작(항구적인 보전성과 헌신성 필요)의 순환

1) 순환과정 기출

지령 → 계획 → 모집 · 훈련 → 브리핑 → 파견 · 귀환 → 디브리핑 → 보고서 작성 → 해고

2) 용 어

지 령	상부가 비밀공작의 추진을 공작관에게 지령하여 공작을 수행한다. 상부에는 공작관의 보고서에 의하여 공작의 계속성 여부 및 공작방향을 결정하여 지령한다.
계 획	공작관이 지령을 수행하기 위한 수단과 방법을 조직화하는 것
모 집	공작계획에 따라 공작을 진행할 사람을 채용하는 것 (**물색, 조사, 선정, 채용**의 4단계 거침)
훈 련	임무수행에 필요한 지식과 기술을 습득하게 하는 과정

브리핑	파견 전에 공작원에게 구체적인 공작임무에 대한 상세한 지시를 하는 최종 설명 과정
디브리핑	귀환한 공작원이 공작관에게 공작상황을 보고하는 과정으로서 공작원이 귀환하는 즉시 시작한다. 기출
해 고	공작임무가 끝났거나 공작활동을 계속할 필요가 없을 때 공작원을 공작에서 이탈시키는 단계(보안 및 비밀유지)

(5) 공작활동

1) 연락(連絡)

① **의의** : 비밀공작에 있어서 상하 조직원이나 기관 간에 비밀을 은폐하려는 방법으로 물자와 문서 등을 전달하기 위하여 설치한 수단·방법의 유지 및 운용을 말한다.

② **연락선** 기출: 변화하는 상황 하에서도 비밀조직 내의 인원이나 기관 간에 상호 연락할 수 있도록 체계를 구성하는 것

정상선	정상적인 공작 상황에서 조직원이나 상하기관 간 연락이 원활히 유지되도록 조직되는 연락선
예비선	조직원 교체, 확장, 부활, 변동에 대비하여 서로 알지 못하는 조직원의 **최초 접촉을 위해 조직**된 연락선
비상선	공작활동을 계속할 수 없는 위급한 상황에서 공작의 중단을 알리기 위해 조직되는 연락선

③ **연락의 수단**

개인 회합	비밀조직내의 두 구성원 간에 접촉의 유지, 첩보보고, 지령, 공작자료를 전달 또는 연락하기 위하여 상면하는 연락수단을 말한다.
차단	개인회합과 같은 직접적인 위험을 덜기 위한 수단으로서, 구성원의 직접적인 접촉없이 연락하는 수단을 말한다.

10

참고

차단의 유형

유인포스트 (수수자)	조직구성원간의 접촉이 없이 문서, 물건 등의 전달을 매개하여 주는 제3자인 중간연락자
무인포스트 (수수소)	직접 접촉 없이 조직의 양자간에 전달될 수 있도록 문서나 물품을 은닉·비장하는 장소·시설물·물체
편의주소 관리인	일반우편을 이용하여 필요한 물건이나 통신문을 보내거나 받는 데 있어서 편의상 선정한 주소관리인
연락원	물자나 문서를 전달하는 공작원으로서 장거리 왕래가 가능하고, 대량의 물건을 전달할 수 있으며, 위급시 증거물을 긴급처분할 수 있다.

2) 가 장

① 정보활동에 관계되는 모든 요소 인원, 시설, 물자, 활동 등의 제요소의 정체가 **외부(공작대상 및 공작상 무관계자)에 노출되지 않도록 꾸며지는 내·외적 제형태**를 말한다.

② 가장은 **내외적 요소**가 노출되지 않도록 꾸미는 것으로 외관만을 다르게 꾸미는 위장과 구별된다.

3) 감 시

공작대상인 인물, 시설, 물자 및 지역 등에 대한 정보를 획득할 목적으로 시각이나 청각으로 관찰하는 행동을 말한다. 감시는 신문의 자료수집, 입수된 첩보의 확인, 제보자의 신뢰성 검토, 중요인물의 신변보호 등을 위해서 이용된다. 법적 근거는 **「대통령 경호 등에 관한 법률」, 「국가정보원법」, 「정보 및 보안업무기획·조정규정」** 등이다.

유 형	신중 감시	① 대상자가 감지하지 못하도록 하는 감시 ② 신중감시 도중 대상자가 접선 등 어떤 용의사실이 발견되면 근접감시의 형태로 전환된다.
	근접 감시	① 대상자가 **감시당하고 있음을 감지**하여도 계속 감시하는 것(직접감시) ② 대상자를 놓쳐서는 안 될 경우, 대상자의 공작을 방해하기 위한 경우에 사용된다.
	완만 감시	① 대상자가 이미 알려져 있는 자로서 계속감시를 필요로 하지 않는 자에 대하여 필요한 시간·장소를 정하여 실시한다. ② **적은 인원으로 많은 효과**를 올리고자 할 때 적합하다.

4) 신 호 기출

비밀공작활동에서 공작원 상호간에 의사를 전달하기 위하여 사전에 약정해 놓은 표시

종 류		
종 류	인식신호	인원이나 시설·지역·물자 등을 사전에 약정된 방법으로 표시 또는 행동함으로써 **처음 만나는 양자가 상호식별**하기 위하여 사용하는 신호
	확인신호	인식신호로서 대상자임을 인식하고 접근한 후, **다시 확인**하기 위해 약속된 신호
	안전·위험신호	공작활동에 있어서 인원·시설·지역 또는 단체의 현재상태가 안전 또는 위험하다는 것을 알리기 위한 신호
	행동신호	계획상의 행동수행이나 변경, 공작활동 가능 여부를 연락하기 위한 신호

5) 관찰·묘사

일정한 목적하에 사물의 현상 및 사건 전말을 감시하는 과정을 **관찰**이라 하고, 관찰한 경험을 재생·표현하는 것을 **묘사**라 한다.

6) 사전 경찰

구분	내용
의 의	장래의 공작활동을 위하여 공작목표나 공작지역에 대하여 예비지식을 수집하는 사전 조사활동
절 차	계획서 작성 → 공작원 선정 → 안전대책점검 → 정찰실시 → 보고서 작성 기출

4 심리전

(1) 심리전의 의의 기출

심리전이란 비무력적인 선전·선동·모략 등의 수단에 의해 직접 상대국(적국)의 국민 또는 군대에 자극을 주어 사상의 혼란과 국론의 분열을 유발시키는 전술이다.

(2) 심리전의 종류 기출

1) 운용에 따른 구분

구분	내용
전략 심리전	**광범위하고 장기적인 목표**하에 대상국의 전국민을 대상으로 실시하는 심리전 예 자유진영국가가 공산진영국가를 대상으로 하는 대공산권방송
전술 심리전	**단기적인 목표**하에 즉각적인 효과를 기대하고 하는 심리전 예 간첩을 체포했을 때 공개

10

2) 목적에 따른 구분

선무심리전 (타협심리전)	자국 후방지역의 사기를 앙양시키거나 수복지역 주민들의 **협조**를 얻고 질서를 유지하는 심리전 기출
공격적 심리전	적국에 대해 특정의 목적을 달성하기 위해 공격적으로 행하는 심리전
방어적 심리전	적국이 가해오는 공격을 와해·축소시키기 위해 방어적으로 행하는 심리전

3) 주체에 따른 분류

공연성 심리전 (백색선전)	**출처를 명시**하는 심리전으로 공식방송, 전단, 출판물 등
비공연성 심리전 (회색선전, 흑색선전)	출처를 명시하지 않는 심리전으로 상대국의 시책을 모략, 비방하여 내부혼란을 조장

(3) 심리전의 방법

1) 선 전 기출

특정 집단을 심리적 작용으로 자극하여 감정이나 견해 등을 자기 측에 유리한 방향으로 유도하기 위하여 계획적으로 특정한 주장과 지식 등을 전파하는 기술

백색선전	① 출처를 공개하고 행하는 선전으로 국가 또는 공인된 기관이 공식적인 보도기관을 통하는 방법이다. ② 백색선전은 신뢰도가 높으나 기출 주제의 선정과 용어사용에 제한이 있다.
흑색선전 기출	① 출처를 위장하여 행사하는 선전(**한민전의 구국의 소리방송**)으로 적국 내에서도 행할 수 있고 특정한 목표에 대해 **즉각적이고 집중적인 선전**을 할 수 있다. 기출 ② 단점은 출처 노출을 피하기 위해 많은 주의가 요구되며, 정상적인 통신망을 이용할 수 없다.
회색선전	① 출처를 밝히지 않고 행하는 선전으로 선전이라는 선입관을 주지 않고 효과를 얻을 수 있다. 기출 ② 회색선전이라는 것을 감지하고 역선전을 할 경우 대항이 어렵고 출처 은폐 시 선전의 효과를 거두기가 곤란하다. 기출

2) 선 동

대중의 심리를 자극, 감정을 폭발하게 하여 그들의 이성·판단력을 마비시켜 폭력을 유발하게 하는 심리전

3) 모 략

상대측의 특정 개인·단체에 누명을 씌워 사회적으로 몰락·매장시키거나 상대국 세력을 약화 또는 단결력을 파괴시키는 심리전

4) 전 단

심리전 주체가 의도한 선전내용을 문자·그림·사진 등으로 수록한 유인물을 말한다.

5) 유언비어

국가불안이나 국론분열 등 공작목표에 따라 확실한 근거가 없고 출처가 불분명한 풍설을 전파하는 심리전

6) 불온선전물

북한의 대남 심리전의 일환으로 대한민국의 정치·경제·사회·문화·군사 및 외교 등의 문제를 왜곡·선전하는 내용을 담은 각종 삐라·책자·신문·화보 전단 등의 선전물

제5절 보안수사

1 의 의

보안수사는 보안사범(정보사범)을 인지·색출·검거·심문하는 일련의 활동이다. 보안사범은 **확신범**인 경우가 많고 보안성, 비노출적 범행, 비인도적 범행, 조직적 범죄, 동족간의 범행인 경우가 대부분이다. 또한 **추상적 위험범**이다.

2 국가보안법 기출

(1) 국가보안법의 목적과 법적 성격

1) 목 적

국가의 안전을 위태롭게 하는 반국가활동을 규제함으로써 '국가안전보장'과 '국민의 생존 및 자유의 확보'를 목적으로 한다. 기출

10

2) 법적 성격

「국가보안법」은 '**반국가활동**'이라는 행위에 대하여 특별한 처벌규정과 절차를 두고 있으므로 일반 「형법」과 「형사소송법」에 대한 **특별법**으로서의 성격이다.

(2) 국가보안법의 특성

1) 형법에 대한 특례

고의범만 처벌 기출	「국가보안법」은 고의범만 처벌하고 과실범은 처벌하지 않는다. 기출 ① 예비음모 처벌: 반국가단체구성 · 가입죄(가입권유죄는 예비 · 음모 처벌하지 않음) 수행, 자진지원, 잠입탈출, 이적단체구성, 무기류 등의 편의제공 ② 예비음모 미처벌: 금품수수, 찬양고무, 회합통신, 단순편의제공, 불고지죄, 특수직무유기죄, 무고 등의 죄 ③ 「국가보안법」의 특성상 **미수 · 예비 · 음모죄가 원칙적으로 처벌**된다. 기출
범죄의 선전 · 선동 및 권유	「형법」에서는 선전 · 선동은 교사나 방조가 되는데, 「국가보안법」은 별도의 **정범**으로 규정하고 있다.
편의제공	형법에서는 범인에게 편의를 제공하는 것은 종범에 해당하나, 「국가보안법」은 종범이 아니라 **별도의 독립된 정범**으로 규정하고 있다.
자격정지의 병과	국가보안법위반범죄에 대하여 유기징역형을 선고할 때는 그 형의 **장기 이하의 자격정지를 병과할** 수 있다. 기출
특수가중	「국가보안법」, 「군형법」, 「형법」에 규정된 반국가적 범죄로 금고 이상의 형을 선고받고 그 형의 집행을 종료되지 아니한 자 또는 그 집행을 종료하거나 집행을 받지 않기로 확정된 후 **5년이 경과하지 않은 자**가 재차 특정 범죄를 범하였을 때는 최고형을 사형으로 정하고 있다. 기출
불고지죄의 규정	**반국가단체구성등의 죄(제3조), 목적수행(제4조), 자진지원(제5조)**을 알면서도 수사기관에 신고하지 않으면 불고지죄로 처벌한다. 기출
형의 특별감면	「국가보안법」의 **죄를 범한 후 자수**하거나 다른 「국가보안법」상 죄를 범한 타인을 **고발**하거나 타인이 「국가보안법」상 죄를 범하는 것을 **방해**한 때에는 그 형을 감경 또는 면제한다(필요적 감면). 기출 예 국가보안법의 **죄를 범한 자**가 동법의 죄를 범한 타인을 고발하거나 타인이 동법의 죄를 범하는 것을 방해한 때에는 그 형을 감경 또는 면제할 수 있다. 기출

2) 형사소송법에 대한 특례 기출

① **참고인의 구인과 소환**(법 제18조)

㉠ 검사 또는 사법경찰관으로부터 본법에 규정된 죄의 참고인으로 소환을 받은 자가 정당한 이유 없이 **2회 이상 소환에 불응**할 때에는 관할법원 판사의 구속영장을 받아 구인할 수 있다. 기출

㉡ 구속영장의 집행을 받은 참고인을 구인하는 경우에 필요할 때에는 가장 근접한 경찰서나 기타 적당한 장소에 임시로 유치할 수 있다고 규정하고 있다.

② **피의자 구속기간의 연장**(법 제19조) 기출

㉠ 지방법원판사는 제3조 내지 제10조의 죄로서 수사를 계속함에 상당한 이유가 있다고 인정한 때에는 사법경찰관의 구속기간(10일)의 연장을 1차에 한하여(10일 이내) 허가할 수 있다. – 사법경찰의 피의자 구속기간 **최대 20일**

㉡ 지방법원판사는 제3조 내지 제10조의 죄로서 수사를 계속함에 상당한 이유가 있다고 인정한 때에는 검사의 구속기간(10일)의 연장을 **2차**에 한하여(20일 이내) 허가할 수 있다. – 검사의 피의자 구속기간 **최대 30일** 기출

㉢ 특수직무유기(법 제11조)와 무고날조죄(법 제12조)는 법조문상으로 연장이 불가능하다.(**특수직무유기죄와 무고날조죄는 형사소송법에 의해 피의자 구속기간– 최대 30일**)

㉣ 「국가보안법」 제7조(**찬양 · 고무** 등), 제10조(**불고지**)의 경우는 위헌으로 **연장이 불가능**하다(헌재결 1992.4.14. 90헌마82). 기출

③ **공소보류**(법 제20조) 기출

㉠ 검사는 본법의 죄를 범한 자에 대하여 「형법」 제51조의 사항을 참작하여 공소제기를 보류할 수 있다. 기출

㉡ 공소보류를 받은 자가 공소의 제기 없이 **2년을 경과**한 때에는 소추할 수 없다. 기출

㉢ 공소보류기간은 해당 범죄에 대한 **공소시효에 따른 차이가 없다**.

㉣ 공소보류를 받은 자가 법무부장관이 정한 감시 · 보도에 관한 규칙에 위반한 때에는 공소보류를 취소할 수 있다.

㉤ 공소보류가 취소된 경우에는 「형사소송법」 제208조(재구속의 제한)의 규정에도 불구하고 동일한 범죄사실로 **재차 구속할 수 있다**. 기출

④ **몰수 · 추징 및 압수물의 처분**

㉠ 「국가보안법」의 죄를 범하고 그 보수를 받은 때에는 이를 몰수한다(**필요적 몰수**). 다만, 이를 몰수할 수 없을 때에는 그 가액을 추징한다.

10

㉡ 검사는 「국가보안법」의 죄를 범한 자에 대하여 **소추를 하지 아니할 때에는 압수물의 폐기 또는 국고귀속을 명할 수 있다.** 기출

3 반국가단체 구성 · 가입 · 가입권유죄(국가보안법 제3조)

(1) 반국가단체의 의의(동법 제2조)

반국가단체라 함은 **정부를 참칭하거나 국가를 변란**할 것을 목적으로 하는 국내외의 결사 또는 집단으로서 지휘통솔체계를 갖춘 단체를 말한다. 기출 반국가단체의 성립요건은 판례를 통하여 인정된 것이 아니라 「국가보안법」 제2조에 규정되어 있다.

(2) 반국가단체의 성립요건

정부참칭 · 국가반란의 목적	합법적인 절차가 아니고 임의로 정부를 조직하여 정부인 양 사칭하는 것을 말한다. 정부와 동일한 명칭을 사용할 필요까지는 없고, 일반인이 **정부로 오인할 정도**이면 충분하다.
	① 정부전복이란 정부를 구성하고 있는 자연인(대통령이나 대법원장 등)의 사임이나 교체만으로는 부족하고, **정부조직이나 제도 그 자체를 파괴하는 것**을 말한다. ② 「형법」 제91조(내란죄)의 국헌문란은 "헌법 또는 법률에 정한 절차에 의하지 아니하고 헌법 또는 법률의 기능을 소멸시키는 것, 헌법에 의하여 설치된 국가기관을 강압에 의하여 전복 또는 권능행사를 불가능하게 하는 것"을 말한다. 따라서 **국헌문란이 국가변란보다는 넓은 개념**이다. 기출
국내외의 결사 또는 집단	① 공동목적을 수행하기 위하여 조직된 특정 다수인의 계속적인 결합체로 영구히 존속하거나 사실상 계속하여 존속할 것을 요하지 아니하며, **일정기간 존속케 할 의도하에 조직**된 것이면 충분하다. ② 주된 결사의 산하단체라 할지라도 요건을 갖추고 있을 경우에는 별개의 결사로 인정될 수 있다. **집단은 일시적인 집합체**이다.
지휘통솔체제를 갖출 것	2인 이상의 특정 다수인 사이에 단체의 내부질서를 유지하고 그 단체를 주도하기 위하여 일정한 위계 및 분담 등의 체계를 갖춘 결합체를 의미한다(대판 1995.7.28. 95도1121).

(3) 반국가단체 가입권유

1) 타인에게 반국가단체에 가입할 것을 새롭게 결의하게 하거나 기존의 가입의사를 더욱 확고하게 하는 것으로, 수단에 제한이 없다. 피권유자가 실제로 반국가단체에 가입하지 않더라도 권유죄가 성립한다.

2) 벌 칙

① 반국가단체 구성 · 가입죄는 행위자의 지위와 관여한 정도에 따라 법정형에 차등이 있다(수괴의 임무에 종사하는 자는 사형 또는 무기징역, 간부 기타 지도적 임무에 종사한 자는 사형 무기 또는 5년 이상의 징역).

② 반국가단체의 구성 · 가입죄 및 가입권유죄의 **미수범은 처벌**한다.

③ 반국가단체의 구성 · 가입죄의 예비 · 음모를 처벌한다(**가입권유죄는 예비 · 음모를 처벌하지 않는다**).

4 **목적수행죄**(국가보안법 제4조)

(1) 의 의

반국가단체의 구성원 또는 그 지령을 받은 자가 그 **결사 · 집단의 목적수행**을 위하여 자행하는 간첩 · 인명살상 · 시설파괴행위 등을 함으로써 성립된다. 기출

(2) 행위태양 기출

제1호	외환의 죄, 존속살해, 강도살인, 강도치사
제2호	간첩죄, 간첩방조죄, 국가기밀탐지 · 수집 · 누설 등의 범죄
제3호	소요, 폭발물사용, 방화, 살인 등
제4호	중요시설파괴, 약취유인, 항공기 · 무기 등의 이동 · 취거 등의 범죄
제5호	유가증권위조, 상해, 국가기밀서류 · 물품의 손괴 · 은닉 등의 범죄
제6호	선전 · 선동, 허위사실 날조 · 유포 등의 범죄

1) **간첩죄**(국가보안법 제4조 제1항 제2호)

의 의	반국가단체의 구성원이나 그 지령을 받은 자가 목적수행의 의사로 대한민국의 군사상 기밀사항을 탐지 · 수집함으로써 성립한다. 기출
대 상	① 군사상 기밀이란 순수한 군사에 관한 사항뿐만 아니라 정치 · 경제 · 사회 · 문화 등 각 방면에 걸쳐 적국에 알리지 아니하거나 확인되지 아니함이 우리나라의 국익 내지 국방정책상 필요한 모든 기밀사항을 포함한다. ② 일반인에게 널리 알려진 **공지의 사실은 군사상 기밀에 해당하지 않는다.** 기출 기밀로서 보호할 **실질적 가치**가 있어야 한다(군사기밀로 분류된 것에 한하는 것은 아니다). 기출

10

실행의 착수시기	① 북한 남파간첩의 경우에는 간첩목적으로 대한민국 영역에 **잠입**한 때 실행의 착수가 있다고 본다. ② 국내에서 기밀수집지령을 받은 경우에는 기밀탐지, 수집의 행위로 나아가야 실행의 착수가 있다. 국내간첩이 무인포스트를 설치하거나 암호책자를 해독하는 것은 준비행위로 실행의 착수가 없다.
처 벌	① 군사상 기밀 또는 국가 기밀의 중요도에 따라 법정형에 차이가 있다. ② **미수범과 예비·음모는 처벌**한다.

2) 간첩방조죄

간첩이라는 정을 알면서 간첩의 임무수행과 관련하여 간첩행위자의 범위를 강화시키거나 또는 간첩의 범의에 의한 실행행위를 용이하게 하는 일체의 행위를 함으로써 성립하고, **수단방법에는 제한이 없다**.

5 **자진지원죄**(국가보안법 제5조 제1항)

반국가단체나 그 구성원 또는 그 지령을 받은 자를 지원할 목적으로 자진하여 제4조 제1항 각 호에 규정된 행위를 한 자는 제4조 제1항의 예에 의하여 처벌한다(법 제5조 제1항).

주 체	① 반국가단체의 구성원 또는 그 지령을 받은 자를 제외한 모든 사람 ② 반국가단체의 구성원 또는 그 지령을 받은 자는 본죄의 주체가 될 수 없다.
행 위	구성원 또는 그 지령을 받은 자와 사전 의사연락 없이 반국가단체나 그 구성원 또는 지령을 받은 자 등을 위해 반국가적인 행위를 한 경우를 말한다.
처 벌	① **목적수행죄와 동일**하게 처벌한다. ② **미수범과 예비·음모를 처벌**한다.

6 **금품 수수죄**(국가보안법 제5조 제2항)

주 체	자진지원죄와는 달리 주체에 제한이 없다.
구성요건	① 국가의 존립·안전이나 자유민주적 기본질서를 위태롭게 한다는 정을 알았다면, 수수가액이나 가치는 물론 그 목적도 따지지 않는다. ② 금품수수가 대한민국을 해할 의도가 있어야 하는 것은 **아니다**. 기출 ③ 지령-지휘와 명령으로 상명하복의 지배관계가 있을 것을 필요로 하지 아니하고 형식에도 제한이 없다.

처 벌	미수범은 처벌하지만, 예비·음모의 처벌규정이 없다.
판 례	「국가보안법」 제5조 제2항의 금품수수죄는 반국가단체의 구성원이나 그 지령을 받은 자라는 정을 알면서 또는 국가의 존립, 안전이나 자유민주적 기본질서를 위태롭게 한다는 정을 알면서 반국가단체의 구성원이나 그 지령을 받은 자로부터 금품을 수수함에 의하여 성립하는 것으로서, 그 수수가액이나 가치는 물론 그 목적도 가리지 아니하고, 그 금품수수가 대한민국을 해할 의도가 있는 경우에 한하는 것도 아니다(대판 1995.9.26. 95도1624).

7 잠입·탈출죄(국가보안법 제6조)

국가의 존립·안전이나 자유민주적 기본질서를 위태롭게 한다는 정을 알면서 반국가단체의 지배하게 있는 지역으로 탈출(한국→북한)하거나 그 지역으로부터 잠입(북한→한국)한 자는 10년 이하의 징역에 처한다.

처 벌	반국가단체나 그 구성원의 지령을 받거나 받기 위하여 또는 그 목적수행을 협의하거나 협의하기 위하여 잠입하거나 탈출한 자는 사형·무기 또는 5년 이상의 징역에 처한다. -가중처벌
미수범처벌	미수범과 예비·음모를 처벌한다.
예 시	대한민국 국민이 외국에 거주하다가 반국가단체의 지배에 있는 지역으로 들어간 행위-'탈출'에 해당 ○ 예 외국인이 외국에 거주하다가 반국가단체의 지배하에 있는 지역으로 들어간 행위-'탈출'에 해당 ×

8 찬양고무죄등(국가보안법 제7조)

(1) 찬양·고무죄(법 제7조 제1항)

의 의	반국가단체나 그 구성원 또는 그 지령을 받은 자의 활동을 찬양·고무·선전·동조하거나 국가변란을 선전·선동함으로써 성립
구성요건	① 반국가단체를 이롭게 할 목적의식 또는 의욕을 요하지 않고 그와 같은 **사실에 대한 인식**만 있으면 족하다. ② '반국가단체의 지령을 받은 자'라 함은 반국가단체로부터 직접 지령을 받은 자뿐만 아니라 위 지령을 받은 자로부터 다시 받은 자도 포함
처 벌	① 미수범을 처벌한다. ② 예비·음모는 처벌하지 않는다.

10

(2) 이적단체 구성 · 가입죄(법 제7조 제3항)

의 의	이적단체는 별개의 반국가단체의 존재를 전제로 하여 반국가단체나 그 구성원 또는 지령을 받은 자의 활동을 **찬양, 고무, 선전, 동조**하는 것을 목적으로 하는 단체를 말한다. 이러한 단체를 구성하거나 이에 가입함으로써 성립한다.
구 성 요 건	① 국가의 존립 · 안전이나 **자유민주적 기본질서를 위태롭게 한다는 인식**이 필요하다. ② 단체성과 이적행위의 목적성이 있어야 한다.
범 죄 성 립	이적성이 표출된 때가 아니라 그러한 목적으로 그 단체가 통솔체제를 갖춘 계속적 결합체로 결성된 때
처 벌	① 법정형이 1년 이상의 유기징역으로 찬양 · 고무(법 제7조 제1항)보다 중하다. ② 본죄는 필요적 공범의 일종으로 반국가단체의 구성 · 가입죄와는 달리 행위자의 지위와 역할의 차이에 따른 법정형의 구별을 두고 있지 않다. ③ 미수범은 처벌하며, 예비 · 음모도 처벌한다.
판 례	「국가보안법」상 반국가단체와 이적단체를 구별하기 위하여는 그 단체가 그 활동을 통하여 직접 달성하려고 하는 목적을 기준으로 하여, 그 단체가 **정부 참칭이나 국가의 변란 그 자체를 직접적이고도 1차적인 목적으로 삼고 있는 때**에는 반국가단체에 해당하고, 별개의 반국가단체의 존재를 전제로 하여 그 반국가단체의 활동에 동조하는 것을 직접적, 1차적 목적으로 하는 경우에는 이적단체에 해당한다(대판 1999.9.3. 99도2317).

(3) 안보위해문건 제작 등 죄(법 제7조 제5항)

의 의	「국가보안법」 제7조 제1항 · 제3항 또는 제4항의 행위를 할 목적으로 문서 · 도화 기타의 표현물을 제작 · 수입 · 복사 · 소지 · 운반 · 반포 · 판매 또는 취득함으로써 성립한다. 기출
문 서 등 의 내 용	① 형법상 문서와 달리 문서의 **명의유무를 불문**한다. 기출 ② 초고 · 초안 · 사본도 사람의 **의사나 관념**을 표시한 것이면 해당한다. ③ 컴퓨터 디스켓, 영화나 자신의 필름, 음반 등도 해당한다.
처 벌	① 미수범을 처벌한다. ② 예비 · 음모는 처벌하지 않는다.
판 례	① 북한의 대남적화통일전략에 따른 선전 · 선동내용을 그대로 전파 · 선전하는 경우-본죄 성립 ② 「국가보안법」 제7조 제5항에 정한 같은 조 제1항 등의 행위를 할 목적은 객관적으로 반국가단체나 그 활동을 이롭게 하거나 **이익이 될 수 있는 표현물임을 인식하면서도 이를 복사 또는 소지함**을 말하고 반드시 반국가단체에 이익이 되게 할 목적이 있어야 한다거나 이익이 되는 결과를 가져오게 함을 요구하는 것은 아니다(89도251).

9 회합 · 통신죄(국가보안법 제8조)

의 의	① 국가의 존립 · 안전이나 자유민주적 기본질서를 위태롭게 한다는 정을 알면서 반국가단체의 구성원 또는 그 지령을 받은 자와 회합 · 통신 기타의 방법으로 연락함으로서 성립 ② 연락행위를 차단하여 반국가단체의 조직유지 · 확대 · 목적수행활동을 봉쇄하고자 함에 목적
주 체	주체에는 제한이 없다.
행 위	① 회합은 2인 이상이 일정한 장소에서 만나는 것 ② 통신은 우편 · 전신 · 전화 등을 통하여 서로의 **의사를 전달**하는 것 ③ 기타방법은 회합, 통신외의 방법으로 의사를 전달하는 일체의 행위 ④ 반국가단체 구성원 상호간의 회합은 반국가단체 구성죄에 포괄되지 않고 별도의회합통신죄가 성립한다.
구 성 요 건	① 국가의 존립안전이나 자유민주적 기본질서를 위태롭게 한다는 정을 알아야 한다. ② 목적수행활동과 관련이 없는 경우에는 본죄가 성립하지 않는다. ③ 상대방이 반국가단체의 구성원 또는 지령을 받은 자라는 점을 알아야 한다. ④ 반국가단체의 구성원 등과 회합통신 등 연락한다는 점에 대한 인식이 있어야 한다.
처 벌	미수범을 처벌하나 예비 · 음모의 처벌규정은 없다.

10 편의제공죄(국가보안법 제9조)

① 이 법 제3조 내지 제8조의 죄를 범하거나 범하려는 자라는 정을 알면서 총포 · 탄약 · 화약 기타 무기를 제공한 자는 5년 이상의 유기징역에 처한다.

② 이 법 제3조 내지 제8조의 죄를 범하거나 범하려는 자라는 정을 알면서 금품 기타 재산상의 이익을 제공하거나 잠복 · 회합 · 통신 · 연락을 위한 장소를 제공하거나 기타의 방법으로 편의를 제공한 자는 10년 이하의 징역에 처한다. 다만, 본범과 친족관계가 있는 때에는 그 형을 감경 또는 면제할 수 있다.

③ 제1항 및 제2항의 **미수범은 처벌**한다.

④ 제1항의 죄를 범할 목적으로 예비 또는 음모한 자는 1년 이상의 유기징역에 처한다.

10

11 **불고지죄**(국가보안법 제10조) 기출

제3조, 제4조, 제5조 제1항 · 제3항(제1항의 미수범에 한한다) · 제4항의 죄를 범한 자라는 정을 알면서 수사기관 또는 정보기관에 고지하지 아니한 자는 5년 이하의 징역 또는 200만원 이하의 벌금에 처한다. 다만, 본범과 친족관계가 있는 때에는 그 형을 감경 또는 면제한다.

불고지의 대상범죄	① **반국가단체구성**, **목적수행**, **자진지원**, 자진지원 미수 · 예비 · 음모 기출 ② 위의 범죄 외의 불고지행위에 대한 일반적 처벌규정은 없다.
처 벌	① 5년 이하의 징역 또는 **200만원 이하의 벌금**에 처한다(국가보안법 중 유일하게 벌금형을 규정). ② 미수범과 예비 · 음모를 처벌하는 규정이 **없다.** 기출 ③ 본범과 **친족관계**가 있는 때에는 형을 감경 또는 면제한다(필요적 감면). 기출

12 **특수직무유기죄**(국가보안법 제11조)

범죄수사 또는 정보의 직무에 종사하는 공무원이 이 법의 죄를 범한 자라는 정을 알면서 그 직무를 유기한 때에는 10년 이하의 징역에 처한다. 다만, 본범과 친족관계가 있는 때에는 그 형을 감경 또는 면제할 수 있다(미수범과 예비 · 음모를 처벌하는 규정은 없다).

13 **무고 · 날조죄**(국가보안법 제12조) 기출

① 타인으로 하여금 형사처분을 받게 할 목적으로 이 법의 죄에 대하여 무고 또는 위증을 하거나 증거를 날조 · 인멸 · 은닉한 자는 그 각조에 정한 형에 처한다(**미수범처벌 없음**). 기출

② 범죄수사 또는 정보의 직무에 종사하는 공무원이나 이를 보조하는 자 또는 이를 지휘하는 자가 직권을 남용하여 제1항의 행위를 한 때에도 제1항의 형과 같다. 다만, 그 법정형의 최저가 2년 미만일 때에는 이를 2년으로 한다.

(1) **주체 제한이 있는 범죄** 기출

① 목적수행죄－반국가단체의 구성원 또는 그 지령을 받은 자만 주체가 될 수 있음

② 자진지원죄－반국가단체의 구성원 또는 그 지령을 받은 자만 주체가 될 수 없음

③ 특수직무유기－범죄수사 또는 정보의 직무에 종사하는 공무원

④ 직권남용무고날조－범죄수사 또는 정보의 직무에 종사하는 공무원이나 이를 보조하는 자 또는 이를 지휘하는 자

(2) **미수범 처벌** 기출

처 벌	반국가단체 구성·가입·가입권유죄, 목적수행죄, 자진지원죄, 금품수수죄, 잠입탈출죄, 찬양고무죄, 이적단체구성가입죄, 안보위해문건 제작 등 죄, 회합통신죄, 편의제공죄
불처벌	불고지죄, 특수직무유기죄, 무고날조죄

(3) **본범과 친족관계시 감면** 기출

① 임의적 감면: 기타 편의제공 ·특수직무유기

② 필요적 감면: 불고지죄

(4) **예비음모 처벌** 기출

반국가단체구성·**목**적수행 ·**자**진지원·**잠**입탈출·**이**적단체구성·**무**기류 등의 편의제공

제6절 보안관찰

1 의 의 기출

반국가사범에 대하여 관찰, 지도, 경고 등의 조치를 취하여 대상자의 자유를 제한하는 대인적 보안처분의 일종이다. 반국가사범에 대하여 **재범의 위험성을 예방**하고 **건전한 사회복귀**를 촉진하기 위하여 보안관찰 처분을 함으로써 국가의 안전과 사회의 안녕을 유지하고자 한다. 기출

2 보안관찰처분의 요건

(1) 보안관찰 해당범죄(보안관찰법 제2조) 기출

형 법	① 내란목적살인죄 ② 외환유치죄 ③ 여적죄 ④ 모병이적죄 ⑤ 시설제공이적죄 ⑥ 시설파괴이적죄 ⑦ 물건제공이적죄 ⑧ 간첩죄 (**내란죄, 일반이적죄, 전시군수계약불이행죄 제외**) 기출
군형법	① 반란죄 ② 반란목적의 군용물탈취죄 ③ 반란불보고죄 ④ 군대 및 군용시설제공죄 ⑤ 군용시설등 파괴죄 ⑥ 간첩죄 ⑦ 일반이적죄(**단순반란불보고죄 제외**) 기출
국가보안법	① 목적수행죄(제4조) ② 자진지원죄, 금품수수죄(제5조) ③ 잠입 · 탈출죄(제6조) ④ 총포 · 탄약 · 무기 등 편의제공죄(제9조 제1항) ⑤ **반**국가단체 구성 · 가입 · 권유(제3조) ⑥ **찬**양 · 고무죄(제7조) ⑦ **회**합통신죄(제8조) ⑧ 기타편의제공죄(제9조 제2항) ⑨ **불**고지죄(제10조) ⑩ **특**수직무유기죄(제11조)[**무**고날조죄(제12조)는 제외]

(2) 대상자(보안관찰법 제3조) 기출

보안관찰해당범죄 또는 이와 경합된 범죄로 금고 이상의 형의 선고를 받고 그 형기합계가 **3년 이상**인 자로서 형의 전부 또는 **일부의 집행을 받은 사실**이 있는 자를 말한다.

(3) 재범의 위험성(보안관찰법 제4조 제1항)

보안관찰처분대상자 중 보안관찰해당범죄를 다시 범할 위험성이 있다고 인정할 충분한 이유가 있어 재범의 방지를 위한 관찰이 필요한 자에 대하여는 보안관찰처분을 한다.

3 보안관찰처분(보안관찰법 제4조)

① 보안관찰처분대상자 중 보안관찰해당범죄를 다시 범할 위험성이 있다고 인정할 충분한 이유가 있어 재범의 방지를 위한 관찰이 필요한 자에 대하여는 보안관찰처분을 한다.

② 보안관찰처분을 받은 자는 「보안관찰법」이 정하는 바에 따라 소정의 사항을 **주거지 관할 경찰서장에게 신고**하고, 재범방지에 필요한 범위 안에서 그 지시에 따라 보안관찰을 받아야 한다. 기출

4 보안관찰처분의 절차

대상자신고－검사(사법경찰관리)의 보안관찰처분 사안의 조사－사법경찰관리의 보안관찰처부사안의 송치－검사의 보안관찰처분의 청구－법무부장관의 보안관찰처분의 결정－기간갱신

(1) **조사**(보안관찰법 제9조)

1) 의 의

① 검사는 보안관찰처분청구를 위한 보안관찰처분대상자. 청구의 원인이 되는 사실과 보안관찰처분을 필요로 하는 자료를 조사할 수 있다.

② **사법경찰관리는 검사의 지휘를 받아 조사**할 수 있다. 기출

③ 검사 또는 사법경찰관은 용의자 또는 관계인과 친족 기타 특별한 관계로 인하여 조사의 공정성을 잃거나 의심을 받을 염려가 있다고 인정되는 사안에 대하여는 소속 관서장의 허가를 받아 그 조사를 회피 하여야 한다(보안관찰법 시행규칙 제14조).

(2) **송치**(동법 시행규칙 제27조)

① 사법경찰관리는 조사를 종결한 때에는 지체 없이 사안을 관할검사장에게 송치하여야 한다.

② 사법경찰관리는 **사안을 송치하는 때에는 소속관서의 장의 명의**로 하여야 한다(동법 시행규칙 제27조 제2항).

③ 사법경찰관리는 사안송치 후 조사를 계속하고자 하는 때에는 미리 주임검사의 지휘를 받아야 한다(동법 시행규칙 제30조 제1항).

④ 사법경찰관리는 사안송치 후 당해사안에 속하는 용의자의 다른 재범의 위험성을 발견할 때에는 즉시 주임검사에게 보고하고 그 지휘를 받아야 한다(동법 시행규칙 제30조 제2항).

(3) **청구**(동법 제8조)

① 보안관찰처분의 청구는 **검사가 처분청구서를 법무부장관에게 제출**함으로써 행한다.
② 검사가 처분청구서를 제출할 때에는 청구의 원인이 되는 사실을 증명할 수 있는 자료와 의견서를 첨부하여야 한다. 기출
③ 검사는 보안관찰처분청구를 한 때에는 지체 없이 **처분청구서등본**을 피청구자에게 송달하여야 한다. 이 경우 송달에 관하여는 「민사소송법」 중 송달에 관한 규정을 준용한다. 기출

(4) **심사**(동법 제10조)

① 법무부장관은 처분청구서와 자료에 의하여 청구된 사안을 심사한다.
② 법무부장관은 심사를 위하여 필요한 때에는 법무부소속 공무원으로 하여금 조사하게 할 수 있다.

(5) **결정**(동법 제15조) 기출

① 보안관찰처분에 관한 결정은 **보안관찰처분심의위원회의 의결을 거쳐 법무부장관**이 행한다.
② 법무부장관은 **위원회의 의결과 다른 결정을 할 수 없다**. 다만, 보안관찰처분대상자에 대하여 위원회의 의결보다 유리한 결정을 하는 때에는 그러하지 아니하다.

(6) **보안관찰처분의 면제** 기출

면제신청 등 (동법 시행령 제14조)	① 보안관찰처분 대상자는 관할 **경찰서장**에게 면제결정신청서를 제출하여야 한다. ② 경찰서장은 **20일** 이내에 전과관계를 증명할 수 있는 서류와 의견서를 첨부하여 검사에게 송부한다. ③ 검사는 신청서와 관계서류를 송부 받은 때에는 20일 이내에 의견서를 첨부하여 법무부장관에게 송부하여야 한다.
면제여부결정 (법 제11조 제2항)	법무부장관은 면제요건을 갖춘 보안관찰처분대상자의 신청이 있을 때에는 부득이한 사유가 있는 경우를 제외하고는 **3월 내**에 보안관찰처분 면제여부를 결정하여야 한다. 기출
면제결정의 효과 (법 제11조 제6항)	면제결정을 받은 자는 그때부터 보안관찰처분 대상자 또는 피보안관찰자로서의 의무를 면하게 된다.
면제결정 취소 (법 제11조 제4항)	면제결정을 받은 자가 그 면제결정요건에 해당하지 아니하게 된 때에는 **검사의 청구에 의하여 법무부장관은 면제결정을 취소**할 수 있다.

참고

보안관찰처분심의위원회(법 제12조)

① 보안관찰처분에 관한 사안을 심의·의결하기 위하여 법무부에 보안관찰처분심의위원회를 둔다. 기출
② 위원회는 위원장 **1인과 6인**의 위원으로 구성한다.
③ 위원장은 **법무부차관** 기출
④ 위원은 법무부장관의 제청으로 대통령이 임명 또는 위촉한다.
⑤ 위촉된 위원의 암기는 **2년**으로 한다. 다만, 공무원인 위원은 그 직을 면한 때에는 위원의 자격을 상실한다.
⑧ 위원회는 다음 각 호의 사안을 심의·의결한다. 기출
  ㉠ **보안관찰처분 또는 그 기각의 결정**
  ㉡ **면제 또는 그 취소결정**
  ㉢ **보안관찰처분의 취소 또는 기간의 갱신결정**
⑨ 위원회의 회의는 위원장을 포함한 **재적위원 과반수 출석으로 개의하고 출석위원 과반수의 찬성**으로 의결한다.

5 보안관찰처분기간

(1) 보안관찰처분기간(보안관찰법 제25조)

① 보안관찰처분의 기간은 보안관찰처분결정을 집행하는 날부터 계산한다(기간 2년). 이 경우 **초일은 산입**한다. 기출
② 보안관찰처분의 집행중지결정이 있거나 징역·금고·구류·노역장유치 중에 있는 때, 「치료감호법」에 의한 **치료감호의 집행 중**에 있는 때에는 보안관찰처분의 기간은 그 진행이 정지된다.

(2) 기간의 갱신

① 검사는 보안관찰처분기간 **만료 2월 전**까지 법무부장관에게 보안관찰처분 기간 갱신을 청구하여야 한다. 다만, 기간갱신 청구의 필요가 없다고 인정하는 경우에는 그 청구를 하지 아니하는 조치를 할 수 있다. 기출
② 법무부장관은 **검사의 청구**가 있는 때에는 보안관찰처분심사위원회 의결을 거쳐 그 기간을 갱신할 수 있다(법 제5조 제2항). 기출
③ 갱신된 기간도 **2년**이며, **갱신횟수에 대하여는 제한이 없다**. 따라서 재범의 위험성이 있다면 계속 갱신할 수 있다. 기출

10

6 보안관찰처분 집행

(1) 집 행

① 처분의 집행은 검사가 결정서등본을 첨부한 서면으로 **관할경찰서장**에게 지휘하게 하여 실시한다.

② 관할경찰서장은 피보안관찰자에게 결정서 등본을 교부하고 그때부터 집행이 개시된다.

③ 피보안관찰자의 결정서 등본의 수령 거부시 구두로 고지하고 보고서를 작성, 사안기록에 편철한다.

(2) 집행중지 기출

1) 사 유

① 피보안관찰자가 도주한 경우

② 피보안관찰자가 **1월 이상 소재가 불명**한 경우 기출

2) 절 차

① 관할경찰**서장이 검사에게 집행중지를 신청**한다. 기출

② 검사는 사유가 발생하면 **보안관찰처분의 집행중지결정**을 할 수 있다. 기출

③ 검사는 사유가 발생하면 보안관찰처분의 집행중지결정을 한 때에는 지체 없이 이를 법무부장관에게 보고하여야 한다. 기출

7 보안관찰의 수단

(1) 지 도

① 피보안관찰자와 긴밀한 접촉을 가지고 항상 그 향동 및 환경 등을 관찰

② 피보안관찰자에 대하여 신고사항을 이행함에 적절한 지시

③ 기타 피보안관찰자가 사회의 선량한 일원이 되는 데 필요한 조치

(2) 보 호

① 주거 또는 취업을 알선하는 것

② 직업훈련의 기회를 제공하는 것

③ 환경을 개선하는 것

④ 기타 본인의 건전한 사회복귀를 위하여 필요한 원조를 하는 것

⑤ 법무부장관은 보안관찰처분대상자 또는 피보안관찰자 중 **국내에 가족이 없거나 가족이 있어도 인수를 거절하는 자에 대하여는 대통령령이 정하는 바에 의하여 거소를 제공할** 수 있다.

8 신 고

(1) 보안관찰처분대상자의 신고(보안관찰법 제6조)

대상자 신고	① 보안관찰처분대상자는 대통령령이 정하는 바에 따라 그 형의 집행을 받고 있는 교도소 등에서 출소 전에 거주예정지 기타 대통령령으로 정하는 사항을 교도소 등의 장을 경유하여 거주예정지 **관할경찰서장**에게 신고하여야 한다. 기출 ② 교도소등의 장은 보안관찰처분대상자가 생길 때에는 지체 없이 보안관찰처분심의위원회와 거주예정지를 관할하는 **검사 및 경찰서장**에게 통고하여야 한다.
출소사실 신고	출소 후 **7일** 이내에 거주예정지 관할경찰서장에게 출소사실을 신고하여야 한다(출소사실 신고는 **보안관찰처분대상자 신고사항**이지, 피보안관찰자 신고사항이 아니다). 기출
변동사항 신고	보안관찰처분대상자는 교도소등에서 출소한 후 신고사항에 변동이 있을 때에는 변동이 있는 날로부터 7일 이내에 그 변동된 사항을 관할경찰서장에게 신고하여야 한다.

(2) 피보안관찰자의 신고

피보안관찰자 신고	피보안관찰자는 보안관찰처분 결정고지를 받은 날로부터 7일 이내에 일정한 사항을 주거지를 관할하는 **지구대·파출소장**을 거쳐 관할경찰서장에게 신고하여야 한다. 기출
정기신고	피보안관찰자는 보안관찰처분결정고지를 받은 날이 속한 달로부터 매 3월이 되는 달의 말일까지 **3월간**의 주요활동사항 등을 지구대·파출소장을 거쳐 관할경찰서장에게 신고하여야 한다.
변동사항신고	① 피보안관찰자는 신고사항에 변동이 있을 때에는 7일 이내에 지구대·파출소장을 거쳐 관할경찰서장에게 신고하여야 한다. ② 피보안관찰자가 신고를 한 후 **거소**제공을 받거나 거소가 변경된 때에는 제공 또는 변경된 거소로 이전한 후 7일 이내에 지구대·파출소장을 거쳐 관할경찰서장에게 신고하여야 한다.
주거지이전·여행신고	피보안관찰자가 주거지를 이전하거나 국외여행 또는 **10일 이상 주거**를 이탈하여 여행하고자 할 때에는 미리 거주예정지, 여행 예정지 등을 지구대·파출소장을 거쳐 관할경찰서장에게 신고하여야 한다. 기출

10

9 **불복절차**(보안관찰법 제23조)

(1) 법무부장관의 결정에 대한 불복

「보안관찰법」에 의한 법무부장관의 결정을 받은 자가 이의가 있을 때에는 「행정소송법」이 정하는 바에 따라 그 결정이 집행된 날부터 **60일 이내**에 서울고등법원에 소를 제기할 수 있다.

(2) 법무부장관의 면제 · 기각 결정에 대한 불복

면제결정신청에 대한 기각결정을 받은 자가 그 결정에 이의가 있을 때에는 그 결정이 있는 날로부터 **60일 이내**에 서울고등법원에 소를 제기할 수 있다.

10 벌칙

① 보안관찰처분대상자 또는 피보안관찰자가 보안관찰처분 또는 보안관찰을 면탈할 목적으로 은신 또는 도주한 때에는 3년 이하의 징역에 처한다(보안관찰법 제27조 제1항).

② 보안관찰처분대상자 또는 피보안관찰자를 은닉하거나 도주하게 한 자는 2년 이하의 징역에 처한다. 다만, **친족이 본인을 위하여 본문의 죄를 범한 때에는 벌하지 아니한다**.

제7절 남북교류협력

1 남북교류협력에 관한 법률

군사분계선 이남지역과 그 이북지역 간의 상호 교류와 협력을 촉진하기 위하여 필요한 사항을 규정함으로써 한반도의 평화와 통일에 이바지하는 것을 목적으로 한다. 남북간 왕래 및 교역 등에 대해서는 **「국가보안법」**, **「여권법」**, **「대외무역법」 등 관련 법률보다 우선 적용**된다.

(1) 개 념

출입장소	군사분계선 이북지역으로 가거나 북한으로부터 들어올 수 있는 군사분계선 이남지역의 항구, 비행장, 그 밖의 장소로서 대통령령으로 정하는 곳
교 역	남한과 북한 간의 물품, 대통령령으로 정하는 용역 및 전자적 형태의 무체물의 반출·반입
반출·반입	매매, 교환, 임대차, 사용대차, 증여, 사용 등을 목적으로 하는 남한과 북한 간의 물품 등의 이동
협력사업	남한과 북한의 주민(법인·단체를 포함)이 공동으로 하는 문화, 관광, 보건의료, 체육, 학술, 경제 등에 관한 모든 활동

(2) 남북한의 교류·협력

1) 남·북한 왕래(법 제9조)

남한의 주민이 북한을 방문하려면 **통일부장관의 방문승인**을 받아야 하며, 통일부장관이 발급한 증명서를 소지하여야 한다. 기출

① 1회에 한하여 방문할 수 있는 증명서와 통일부장관이 정하는 유효기간의 만료일까지 횟수에 제한 없이 방문할 수 있는 증명서(복수방문증명서)로 나눈다.

② **복수방문증명서의 유효기간**: 복수방문증명서의 유효기간은 **5년 이내**로 하며, 5년의 범위에서 연장할 수 있다.

방문 승인 취소	취소권자	**통일부장관**
	필수적 취소	거짓이나 그 밖의 부정한 방법으로 방문승인을 받은 경우
	임의적 취소	① 방문조건을 위반한 경우 ② 남북교류·협력을 해칠 명백한 우려가 있는 경우 ③ 국가안전보장, 질서유지 또는 공공복리를 해칠 명백한 우려가 있는 경우

2) 남·북한 주민접촉

원 칙	① 남한이 주민이 북한의 주민과 회합·통신, 그 밖의 방법으로 접촉하려면 **통일부장관**에게 미리 신고하여야 한다(승인 ×). **예외** 국제행사에 참가한 남한주민이 동 행사에서 북한주민과 접촉 기타 부득이한 사유로 사전승인 없이 북한주민과 접촉하는 경우에는 일단 접촉한 후 **7일** 이내에 사후신고를 하면 된다.

10

	② 남북교류 · 협력을 해칠 명백한 우려가 있거나 국가안전보장 · 질서유지 또는 공공복리를 해칠 명백한 우려가 있는 경우에만 신고의 수리를 거부할 수 있다.
유효기간	① 통일부장관은 **3년 이내**의 유효기간을 정하여 수리할 수 있다. 다만, 대통령령으로 정하는 가족인 북한주민과의 접촉을 목적으로 하는 경우에는 **5년 이내**의 유효기간을 정할 수 있다. ② 통일부장관은 필요하다고 인정할 경우 유효기간을 **3년의 범위에서 연장**할 수 있다.

3) 해외동포 등의 출입보장

외국 국적을 보유하지 아니하고 대한민국의 여권을 소지하지 아니한 외국 거주 동포가 남한을 왕래하려면 **여행증명서**를 소지하여야 한다.

4) 형의 감면(법 제29조)

「남북교류협력에 관한 법률」상 죄를 범한 자가 **자수**하면 그 형을 감경하거나 면제할 수 있다(임의적 감면).

(3) 국가보안법과의 법리문제

① 남북교류와 협력을 목적으로 하는 행위 중 왕래 등 교류는 「국가보안법」 제6조 제1항(잠입 · 탈출)에, 물품거래는 「국보법」 제5조 제2항(금품수수)에, 북한주민과의 회합 · 통신은 「국보법」 제8조(회합 · 통신)에 각각 저촉될 수 있다. 기출

② 「남북교류협력에 관한 법률」이 정하는 절차에 따라 남북한 왕래 · 물품거래 등 행위를 하더라도 **국가의 안전 · 존립이나 자유민주주의적 기본질서를 위태롭게 한다는 인식**하에 정당성이 없이 한 행위일 경우에는 「국가보안법」이 적용된다.

③ 주관적 요건이 구증되지 않고 단순히 증명서를 발급받지 않고 남북을 왕래하거나, 승인 없이 회합 · 통신 · 금품을 수수한 사실만 인정되는 경우에는 **「남북교류협력에 관한 법률」 제27조** 제1항에 의하여 처벌이 가능하다(**국가보안법으로는 처벌 못함**).

④ **단순히** 증명서를 발급받지 않고 남북을 왕래하거나, 재외국민이 재외공관장에게 단순히 신고하지 않고 북한을 왕래한 경우, **신고 없이** 회합하면 국가보안법의 적용을 받지 않는다. 기출

⑤ 「남북교류협력에 관한 법률」에 의해 남북을 왕래하면서 **승인 없이** 금품을 수수하면 「국가보안법」이 적용되지 않는다. 기출

「국가보안법」과 「남북교류협력에 관한 법률」의 관계에 대한 판례

1. 「남북교류협력에 관한 법률」은 남북한 간의 왕래, 교역, 협력사업 및 통신역무의 제공 등 남북교류와 협력을 목적으로 하는 행위에 관하여 **정당하다고 인정되는 범위 안**에서 다른 법률에 우선하여 적용하도록 되어 있어 이 요건을 충족하지 아니하는 경우에는 동법의 적용은 배제된다고 보아야 할 것이므로 「국가보안법」이 위 법률과 상충되는 것이라 할 수 없다. 기출
2. 남한과 북한을 왕래하는 행위가 「국가보안법」의 적용이 배제되기 위해서는 우선 그 왕래행위가 **남북교류와 협력을 목적**으로 하는 것이라야 한다.
3. 「남북교류협력에 관한 법률」은 **남북교류와 협력을 목적**으로 하는 행위에 관하여 정당하다고 인정되는 범위 안에서 다른 법률에 우선하여 적용하도록 되어 있으므로 이 **요건을 충족하지 아니하는 북한에의 왕래(탈출 · 잠입), 회합행위**에 대하여는 「남북교류협력에 관한 법률」을 적용할 수 없고, 따라서 이러한 탈출 · 잠입 · 회합 등 행위에 대하여는 형의 폐지나 변경이 있다고 할 수 없다(대판 1990.9.25. 90도1613). 기출

2 북한이탈주민 정책(북한이탈주민의보호 및 정착지원에 관한 법률) 기출

(1) 목 적

군사분계선 이북지역에서 벗어나 대한민국의 보호를 받으려는 군사분계선 이북지역의 주민이 정치, 경제, 사회, 문화 등 모든 생활 영역에서 신속히 **적응 · 정착**하는 데 필요한 **보호 및 지원**에 관한 사항을 규정하고자 한다.

(2) 개 념 기출

북한이탈주민	군사분계선 이북지역에 주소, 직계가족, 배우자, 직장 등을 두고 있는 사람으로서 북한을 벗어난 후 외국 국적을 취득하지 아니한 사람
보호대상자	이 법에 따라 보호 및 지원을 받는 북한이탈주민
정착지원시설	보호대상자의 보호 및 정착지원을 위하여 법 제10조 제1항에 따라 설치 · 운영하는 시설
보호금품	이 법에 따라 보호대상자에게 지급하거나 빌려주는 금전 또는 물품

(3) 기본원칙(법 제4조) 기출

① 대한민국은 보호대상자를 인도주의에 입각하여 특별히 보호한다.
② 대한민국은 외국에 체류하고 있는 북한이탈주민의 보호 및 지원 등을 위하여 외교적 노력을 다하여야 한다.

③ 보호대상자는 대한민국의 자유민주적 법질서에 적응하여 건강하고 문화적인 생활을 할 수 있도록 노력하여야 한다.

④ 통일부장관은 북한이탈주민에 대한 보호 및 지원 등을 위하여 북한이탈주민의 실태를 파악하고, 그 결과를 정책에 반영하여야 한다.

(4) 보호신청 및 보호결정

1) **보호신청**(법 제7조)

① 북한이탈주민으로서 이 법에 의한 보호를 받고자 하는 자는 재외공관이나 그 밖의 행정기관의 장(각급 군부대의 장 포함)에게 보호를 **직접 신청**하여야 한다. 다만, 보호를 직접 신청하지 아니할 수 있는 대통령령으로 정하는 사유가 있는 경우에는 그러하지 아니하다. 기출

② 보호신청을 받은 재외공관장 등은 지체 없이 그 사실을 소속 중앙행정기관의 장을 거쳐 **통일부장관**과 **국가정보원장**에게 통보하여야 한다.

③ 통보를 받은 국가정보원장은 임시보호나 그 밖의 필요한 조치를 한 후 지체 없이 그 결과를 **통일부장관**에게 통보하여야 한다.

2) **보호결정**(법 제8조)

통일부장관은 통보를 받은 때에는 **통보를 받은 날로부터 30일 이내에** 북한이탈주민대책협의회의 심의를 거쳐 보호 여부를 결정한다. 다만, **국가안전보장에 현저한 영향을** 끼칠 우려가 있는 자의 경우에는 **국가정보원장이 그 보호 여부를 결정**하고, 그 결과를 지체 없이 통일부장관과 보호신청자에게 통보 또는 통지하여야 한다. 기출

3) **보호결정의 기준**(법 제9조)

① 다음에 해당하는 자에 대하여는 보호대상자로 결정하지 아니할 수 있다. 기출

㉠ **항**공기납치, 마약거래, 테러, 집단살해 등 국제형사범죄자

㉡ **살**인 등 중대한 비정치적 범죄자

㉢ **위**장탈출혐의자

㉣ 체류국에서 10년 이상 생활근거지를 두고 있는 사람

㉤ 국내 입국 후 1년이 경과하여 보호신청한 사람

㉥ 그 밖에 보호대상자로 정하는 것이 부적당하다고 대통령령으로 정하는 사람

② 통일부장관은 북한이탈주민으로서 **보호대상자로 결정되지 아니한 자에 대하여 필요한 경우** 일정한 보호 및 지원을 할 수 있다. 기출

4) **국내입국교섭**(동법 시행령 제19조)

① 해외에 있는 보호대상자의 국내 입국을 위한 해당 주재국과의 교섭 및 그의 신병이송 등에 필요한 사항은 외교부장관이 국가정보원장과 협의하여 정한다.

② 외교부장관과 국가정보원장은 해외에 있는 보호대상자의 신병이송 시기·방법 등을 결정한 때에는 지체 없이 이를 통일부장관에게 통보하여야 한다. 다만, 보호대상자의 신변안전에 중대한 위해요소가 현존하고도 명백한 때에는 국내 입국 즉시 통보할 수 있다.

(5) 주거지원

통일부장관은 보호대상자에게 대통령령으로 정하는 바에 따라 **주거지원을 할 수 있다.** 기출

(6) 정착금 등 지급(법 제21조)

① 통일부장관은 보호대상자의 정착 여건 및 생계유지 능력 등을 고려하여 정착금이나 그에 상응하는 가액의 물품을 지급할 수 있다. 기출

② 통일부장관은 보호대상자가 제공한 정보나 가지고 온 장비(재화를 포함한다)의 활용가치에 따라 등급을 정하여 보로금(報勞金)을 지급할 수 있다.

(7) 학력 및 자격인정

① 보호대상자는 대통령령으로 정하는 바에 의하여 북한이나 외국에서 이수한 학교교육의 과정에 상응하는 **학력을 인정받을 수 있다.** 기출

② 보호대상자는 관계법령에서 정하는 바에 따라 북한이나 외국에서 취득한 자격에 상응하는 자격 또는 그 자격의 일부를 인정받을 수 있다.

③ 통일부장관은 자격인정 신청자에게 대통령령으로 정하는 바에 따라 자격인정을 위하여 필요한 보수교육 또는 재교육을 실시할 수 있다. 기출

(8) 특별임용(법 제18조)

① 북한에서의 자격이나 경력이 있는 사람 등 북한이탈주민으로서 공무원으로 채용하는 것이 필요하다고 인정되는 사람에 대하여는 북한을 벗어나기 전의 자격·경력 등을 고려하여 국가공무원 또는 지방공무원으로 **특별임용할 수 있다.**

② 북한의 군인이었던 보호대상자가 국군에 편입되기를 희망하면 북한을 벗어나기 전의 계급, 직책 및 경력 등을 고려하여 국군으로 **특별임용할 수 있다.** 기출

(9) 거주지에서의 신변보호(동법 시행령 제42조)

① 통일부장관은 법 제22조에 따라 보호대상자가 거주지로 전입한 후 그의 신변안전을 위하여 **국방부장관이나 경찰청장**에게 협조를 요청할 수 있으며, 협조 요청을 받은 국방부장관이나 경찰청장은 이에 협조한다.

② 신변보호에 필요한 사항은 **통일부장관**이 **국방부장관, 국가정보원장 및 경찰청장**과 협의하여 정한다. 이 경우 해외여행에 따른 신변보호에 관한 사항은 **외교부장관과 법무부장관**의 의견을 들을 수 있다.

Police Science

Chapter 10 보안경찰

제1절 보안경찰 활동

01 **보안경찰의 특징에 관한 설명으로 타당하지 않은 것은?** 07. 경간

① 일반(보통)경찰처럼 국민의 생명 · 신체 · 재산의 보호를 목적으로 한다.

② 국가안전과 사회공공의 안녕질서유지를 목적으로 하는 점에서 정보경찰과 같은 특색이다.

③ 보안경찰은 직접 국가안전보장에 관련되는 범죄를 대상을 하기 때문에 고도의 보안을 요하는 비공개 활동을 특징으로 한다.

④ 국가적 · 사회적 법익의 침해범죄를 그 대상으로 하는 점에서 정보경찰과 같으나 주 대상은 대공에 관한 사항이다.

해설

보안경찰은 국민의 생명 · 신체 · 재산의 보호가 아니라 **국가안전과 공공의 안녕질서 유지**를 1차적 목적으로 한다.

Answer 1. ①

10

02 다음 보안경찰의 개념 설명 중 틀린 것은? 08. 경간

① 국가안전보장을 위태롭게 하는 간첩활동 및 국가적 대공 취약점에 대한 첩보 수집과 분석, 보안사범 수사를 임무로 한다.

② 「경찰법」 제3조와 「경찰관 직무집행법」 제2조가 보안경찰활동의 근거가 된다.

③ 국가안전과 사회공공의 안녕과 질서유지를 목적으로 한다는 점에서 정보경찰과 동일하다.

④ 국민의 생명 · 신체 · 재산의 보호를 1차적인 목적으로 한다.

해설

보안경찰도 정보경찰과 마찬가지로 **국가안전과 사회공공의 안녕 · 질서유지**를 주된 목적으로 한다. 따라서 국민의 생명 · 신체 · 재산의 보호를 주된 목적으로 하는 일반경찰과 다르다. 또한 보안경찰의 주된 대상은 대공에 관한 사항이며, 고도의 보안을 요하는 비공개활동이다.

03 보안경찰에 대한 설명으로 옳은 것은 몇 개인가? 07. 채용

㉠ 방첩활동을 보안유지 또는 기밀유지라고도 한다.
㉡ 방첩의 기본원칙에는 완전협조의 원칙, 치밀의 원칙, 계속접촉의 원칙이 있다.
㉢ 방첩활동은 보안사범의 재범우려 등에 대비하여 지속적으로 관찰하기 위한 것이다.
㉣ 적극적 방첩수단으로는 대상인물 감시, 침투공작, 적의 첩보공작 분석, 시설보안의 확립이 있다.
㉤ 경찰서 보안과장이 조선족을 가장한 우회침투 간첩을 색출하기 위하여 "불법입국자가 발견되더라도 즉시 검거하지 말고 배후조직을 파악한 후 검거하라." 고 지시한 것은 방첩의 기본원칙 중 계속접촉의 원칙에 해당한다.

① 1개 ② 2개 ③ 3개 ④ 4개

해설

㉢ **보안관찰**에 대한 설명이다.
㉣ 시설보안의 확립은 **소극적 방첩수단**에 해당한다.

Answer 2. ④ 3. ③ / ㉠㉡㉤

04 **방첩활동에 대한 설명 중 틀린 것은?** 10. 승진

① 방첩의 수단 중 적극적 수단으로는 허위정보 유포, 유언비어 유포 등을 들 수 있다.
② 계속접촉의 유지는 탐지－판명－주시－이용－타진의 단계로 이루어진다.
③ 방첩의 기본원칙으로 완전협조의 원칙, 치밀의 원칙, 계속접촉의 원칙을 들 수 있다.
④ 정보・자재보안, 인원・시설보안 등 소극적 방첩수단을 통일성 있게 통제할 수 있는 가장 효과적인 방법은 보안업무의 규정화이다.

해설

허위정보 유포, 양동간계시위, 유언비어 유포는 적극적 수단이 아니라 **기만적 수단**에 속한다.

05 **다음의 태업에 대한 설명 중 틀린 것은?** 08. 승진

① 방화태업은 가장 파괴력이 강하고 우연한 사고로 위장이 용이하다.
② 폭파태업은 범행이 용이하며 사용자가 사전에 결함을 발견하기가 곤란하다.
③ 서클형 간첩망이 유언비어를 유포하고 반정부 여론을 조정하는 등으로 국민의 심리적 불안과 사기저하를 유도하여 방위력을 약화시키고자 하는 것은 선전태업이다.
④ 태업의 대상으로는 파괴 후 수리되거나 대체하기 어렵고 많은 시간이 소요되는 것을 선정한다.

해설

범행이 용이하며 사용자가 사전에 결함을 발견하기가 곤란한 태업은 **기계태업**이다.

10

Answer 4. ① 5. ②

06 다음 설명 중 틀린 것은? 03. 승진

① 일반간첩은 일반적인 정보를 수집하거나 전복공작 등을 전개하는 간첩이다.
② 공행간첩의 특징은 대상국가에 입국할 때 합법적인 신분을 보장받는 데 있다.
③ 대량형 간첩은 평상시에 파견되어 대상의 지목 없이 광범위한 분야에서 정보를 수집하는 간첩이다.
④ 보급간첩은 공작활동에 필요한 금품·장비 등 물적 지원의 임무를 가지고 남파되는 간첩이다.

해설

대량형 간첩으로 교육을 받은 다수의 인원이 대상국가에 밀파되어 특수한 대상의 지목이 없이 광범위한 분야에서 정보를 입수하는 간첩으로서, **전시에 많이 파견**되며 색출이 용이하다.

07 간첩에 대한 설명 중 틀린 것은? 10. 승진

① 간첩은 대상국의 기밀을 수집하거나 태업, 전복활동을 하는 모든 조직적 구성분자를 말한다.
② 간첩을 임무에 따라 구분할 때 간첩을 침투시키거나 이미 침투한 간첩에게 필요한 활동자재를 보급·지원하는 간첩을 증원간첩이라고 한다.
③ 간첩을 활동방법에 따라 구분할 때 타국에 공용의 명목 하에 입국하여 합법적인 신분을 갖고 이를 기화로 상대국에 대한 각종 정보를 수집하는 것을 목적으로 하는 간첩을 공행간첩이라고 한다.
④ 간첩망의 형태 중 보안유지가 잘 되고 일망타진 가능성은 적지만, 활동범위가 좁고 공작원 검거 시 간첩 정체가 쉽게 노출되는 것은 삼각형이다.

해설

필요한 활동자재를 보급·지원 등 물적 지원을 수행하는 간첩은 **보급간첩**이다.

08 간첩망의 형태 중 횡적 연락이 안 되므로 비교적 보안유지가 잘되어 일망타진이 어려운 간첩망은? 98. 승진

① 삼각형 ② 서클형 ③ 피라미드형 ④ 레포형

해설

횡적연락이 차단되어 보안유지에 유리하고, 일망타진의 가능성이 적은 간첩망은 **삼각형**이다.

Answer 6. ③ 7. ② 8. ①

09 **다음 중 서클형 간첩망의 장점은?** 96 · 99. 승진

① 대중조직이 가능하고 동원이 용이하다.
② 보안이 유지되고 신속한 활동을 할 수 있다.
③ 일시에 많은 공작을 할 수 있다.
④ 비교적 보안유지가 잘 되고 일망타진의 가능성이 적다.

해설

서클형은 유일한 합법적 신분을 이용하므로 **간첩활동이 자유**롭고 대중적 조직과 동원이 가능하다.

10 **간첩망의 형태 중 피라미드형에 대한 설명으로 옳지 않은 것은?** 03. 승진

① 간첩 밑에 주공작원 2~3명을 두고, 주공작원 밑에 행동공작원 2~3명을 둔다.
② 일시에 많은 공작을 입체적으로 수행할 수 있고 활동범위가 넓다.
③ 단시간 내에 조직을 구성할 수 있다.
④ 행동의 노출이 쉽고 일망타진 가능성이 높다.

해설

피라미드형은 조직구성에 시간이 많이 걸리고, 노출이 쉬워 일망타진 가능성이 높은 단점이 있다.

11 **간첩망에 대해 올바르지 않은 것은?** 06. 채용

① 단일형은 단독활동으로 보안유지 및 신속한 활동이 가능한 반면, 활동범위가 좁아 공작성과가 비교적 낮은 형태이다.
② 레포형은 피라미드형 조직에 있어서 간첩과 주공작원간, 행동공작원 상호간에 연락원을 두고 종횡으로 연결하는 방식이다.
③ 피라미드형은 간첩 밑에 주공작원 2~3명을 두고, 주공작원 밑에 행동공작원 2~3명을 두는 형태이다.
④ 서클형은 간첩이 3명 이내의 공작원을 포섭하여 지휘·포섭된 공작원 간 횡적 연락을 차단하는 형태이다.

해설

간첩이 3명 이내의 공작원을 포섭하여 포섭된 공작원간 횡적 연락을 차단하는 형태는 삼각형이다.

Answer 9. ① 10. ③ 11. ④

12 손자(孫子)가 간첩을 쓰는 방법에 따라 분류한 것으로서 틀린 내용은 몇 개인가?

07. 채용

㉠ 향간(鄕間) - 적의 관리를 매수하여 정보활동을 시키는 것
㉡ 내간(內間) - 적국의 시민을 이용하여 정보활동을 하는 것
㉢ 반간(反間) - 적의 간첩을 역으로 이용하여 아군을 위해 활동하게 하는 것
㉣ 사간(死間) - 배반할 염려가 있는 아군의 간첩에게 고의로 조작된 사실을 주어 적에게 또는 누설하게 하는 것
㉤ 생간(生間) - 적국 내에 잠입하여 정보활동을 하고 돌아와 보고하는 간첩

① 2개 ② 3개 ③ 4개 ④ 5개

해설

㉠ 내간에 대한 내용이다. ㉡ 향간에 대한 내용이다.

13 간첩이 유흥접객업소 종사자와 동거 · 동숙하는 등 신분확인이 곤란한 점을 이용하여 합법적인 인물처럼 공개적으로 하는 잠복은?

03. 승진, 07. 채용

① 비합법 기술잠복 ② 비합법 자연잠복
③ 반합법 엄호잠복 ④ 반합법 기술잠복

해설

자연적 지형 · 지물을 이용하면 **비합법**, 인간관계를 이용해 엄폐를 받으면 **반합법**이라 한다.
" 합법 엄호잠복"이란 침투간첩들이 포섭된 대상의 엄호를 받으며 그의 거주지나 영업소에 은거하여 합법적인 인물로 가장하여 잠복하는 방법이다.

14 간첩들이 사용하는 비밀회합장소, 비밀연락장소를 말하며, 최근에는 일반적으로 땅을 파고 들어가 은신하는 비합법활동의 잠복거점을 의미하는 것은?

07. 승진

① 드보크 ② 비트
③ 수수소 ④ 무인포스트

해설

비트에 대한 설명이다. 공작지역까지 침투과정에서 만드는 것을 임시비트, 공작지에서 활동거점으로 만드는 것을 **영구비트**라 한다.

Answer 12. ① / ㉠ ㉡ 13. ④ 14. ②

15 **방첩활동의 대상이 되는 태업의 설명이 옳은 것은?** 08. 경찰 2차

① 태업이란 대상국과의 전쟁수행능력 방위력을 약화시키기 위해 행해지는 직·간접은 모든 손상·파괴행위이다.

② 방화태업은 심리적인 태업 중 가장 파괴력이 강하다.

③ 태업의 대상조건은 전술적 가치가 없고 일단 파괴되면 복구하기 어려운 것이어야 한다.

④ 태업은 심리적 태업과 경제적 태업으로 나눌 수 있다.

해설

② 방화태업은 **물리적인** 태업 중 가장 파괴력이 강하다.
③ 태업의 대상조건은 **전술적 가치**가 있고 일단 파괴되면 복구나 대체에 많은 시간이 소요되는 것이어야 한다.
④ 태업은 심리적 태업과 물리적 태업으로 나눌 수 있다.

제2절 공 작

01 **공작에 대한 설명 중 가장 옳지 않은 것은?** 11. 승진

① 공작운영기구에 따라 대북공작, 대공산권공작, 대우방국공작으로 나뉜다.

② 주공작원은 공작망의 책임자이다.

③ 공작의 4대 요소는 주관자, 공작목표, 공작금, 공작원이다.

④ 공작임무를 마치고 귀환한 공작관에게 공작상황을 보고하는 과정을 '디브리핑'이라고 한다.

해설

이는 공작의 대상지역에 따른 분류이고, 공작 운영 기구에 따라 **통합공작과 합동공작**으로 나뉜다.

10

Answer 15. ① / 1. ①

02 주공작원망은 공작관으로부터 공작임무를 직접 위임받은 주공작원(현지 채용)이 일선에서 공작원을 조성 · 통제하는 공작망 형태이다. 이에 대한 장 · 단점으로 타당하지 않은 것은?

01 · 02 · 03. 승진

① 공작원에 대한 테스트 등 가치평가가 용이하다.
② 국외공작인 경우 주공작원과 일선 공작원과의 언어 장벽이 해소된다.
③ 많은 공작원을 간접적으로 조종할 수 있다.
④ 공작관의 노출염려는 적지만 공작비가 많이 든다.

해설

주공작원망은 직접 공작원에 대한 **테스트나 가치평가가 어려운 단점**이 있다.

03 다음 중 연락선 조직에 대한 설명으로 타당하지 않은 것은?

04 · 06 · 07. 승진

① 연락선은 정상선 · 예비선 · 긴급선으로 구분할 수 있다.
② 정상선은 정상적인 공작상황하의 연락선으로 기본선 · 보조선 · 긴급선이 있다.
③ 예비선은 조직원의 교체 또는 조직의 확장 · 부활 · 변동 시에 대비한 것이다.
④ 비상선은 공작활동을 계속할 수 없을 만큼 위급한 상황하의 연락선으로 경고선이라고도 한다.

해설

연락선은 **정장선** · **예비선** · **비상선**으로 구분된다.

04 다음 중 심리전에 대한 설명으로 옳지 않은 것은?

09. 승진

① 심리전은 목적에 따라 전략심리전과 전술심리전으로 분류한다.
② 심리전이란 비무력적인 수단에 의해 직접 상대국의 국민 또는 군대에 정신적 자극을 주어 사상의 혼란과 국론의 분열을 가져오게 하는 전술이다.
③ 전략심리전은 광범위하고 장기적인 목표 하에 대상국의 전 국민을 대상으로 실시하는 심리전으로, 자유진영국가들이 공산진영국가의 국민을 대상으로 전개하는 대공산권 방송이 그 예이다.
④ 전술심리전은 단기적인 목표 하에 즉각적인 효과를 기대하고 실시되는 것으로 간첩을 체포했을 때 널리 공개하는 것이 그 예이다.

Answer 2. ① 3. ① 4. ①

해설

심리전은 목적에 따라 **선무 · 공격적 · 방어적** 심리전으로 나누고, 운용에 따라 전략 · 전술 심리전으로 나눈다.

05 **출처를 위장하면서 암암리에 행사하는 선전에 해당하는 내용이 아닌 것은?** 04. 승진

① 흑색선전에 관한 설명으로 특별한 출처를 명확하게 밝히지 않는 선전활동을 말한다.
② 북한의 한국민족민주전선방송, 북한의 구국의 소리방송, 영국의 대독일비밀송신호 제1호 등이 대표적인 예이다.
③ 적국 내에서도 수행이 가능하며, 특수목표를 대상으로 특정한 계층에 대해 즉각적으로 집중적인 선전을 할 수 있다.
④ 정상적인 통신망을 이용할 수 없다.

해설

특별한 출처를 명확하게 밝히지 않는 선전활동은 **회색선전**이다.

06 **선전의 종류에 대한 설명 중 틀린 것은?** 10. 승진

① 선전은 특정 집단을 자극하여 감정이나 견해 등을 자기 측에 유리한 방향으로 유도하기 위한 계획된 심리전의 일종이다.
② 백색선전은 출처를 공개하고 행하는 선전으로, 주제의 선정과 용어 사용에 제한을 받지만 신뢰도가 높다.
③ 회색선전은 출처를 밝히지 않고 행하는 선전으로, 선전이라는 선입관을 주지 않고 효과를 얻을 수 있지만 출처를 은폐하면서 선전의 효과를 거두기가 곤란하다는 단점이 있다.
④ 흑색선전은 출처를 위장하고 행하는 선전으로, 적국 내에서도 행할 수 있고 특정한 목표에 대해 즉각적이고 집중적인 선전을 할 수 있지만 적이 역선전을 할 경우 대항이 어렵다.

해설

적의 역선전에 대항이 어려운 것은 **회색선전**이다.

10

Answer 5. ① 6. ④

07 선전에 대한 다음의 설명 중 틀린 것은 몇 개인가? 10. 경간

> ㉠ 출처를 위장하고 하는 선전은 흑색선전이다.
> ㉡ 즉각적이고 집중적인 선전을 할 수 있는 것은 흑색선전이다.
> ㉢ 선전의 신뢰도가 가장 높은 것은 백색선전이다.
> ㉣ 흑색선전은 정상적인 통신망을 이용할 수 없다.
> ㉤ 흑색선전은 적이 감지하여 역선전을 할 경우에 대항이 어렵다.
> ㉥ 회색선전은 선전이라는 선입감을 주지 않고 효과를 얻을 수 있다.

① 1개 ② 2개 ③ 3개 ④ 4개

해설

㉤ **회색선전**의 단점에 대한 설명이다.

08 공작활동의 유형분류가 성격상 같은 것끼리 연결되지 않은 것은? 05. 경찰 2차

① 통합공작－합동공작
② 대북공작－대공산권공작
③ 연합공작－지원공작
④ 첩보수집공작－태업공작

해설

통합(연합)공작은 공작운영기구에, 지원공작은 공작목적에 해당한다.

공작운영기구	통합공작(연락공작, 연합공작), 합동공작
공작대상지역	대북공작, 대공산권공작, 대우방국공작
공작목적	첩보수집공작, 태업공작, 지원공작, 와해모략공작(심리적공작), 역용공작 등

Answer 7. ① / ㉤ 8. ③

09 북한의 대남공작기구에 대한 설명으로 바르게 연결된 것은? 07. 경찰 1차

㉠ 남북대화 주관 및 대남심리전, 해외교포공작 ㉡ 공작원밀봉교육, 남한 내 지하당조직공작 ㉢ 해외간첩공작 및 테러공작, KAL기 폭발 ㉣ 침투공작원 호송 및 안내, 잠수정 속초침투 ㉤ 무장공비양성, 잠수함 침투 등 군사정찰담당

① ㉠ 통일전선부 ㉡ 225국 ㉢ 정찰5국 ㉣ 정찰1국 ㉤ 정찰2국
② ㉠ 통일전선부 ㉡ 정찰5국 ㉢ 225국 ㉣ 정찰2국 ㉤ 정찰1국
③ ㉠ 정찰5국 ㉡ 225국 ㉢ 정찰1국 ㉣ 정찰2국 ㉤ 통일전선부
④ ㉠ 225국 ㉡ 정찰2국 ㉢ 통일전선부 ㉣ 정찰5국 ㉤ 정찰1국

해설

북한의 대남공작기구는 노동당, 내각, 인민무력부 계열로 구분된다.

노동당	통일 전선부	남북대화 주관 및 대남심리전과 경협사업, 해외교포공작, 통일전선공작, 반제민전 활동을 담당하는 핵심적 대남공작부서이다.	
내 각	225국	① 당계통의 간첩업무 및 남한내 지하당조직 공작으로 혁명토대 구축과 우회침투를 위한 해외공작을 담당하고 있다. ② 1995년 부여간첩 김동식의 소속	
인민 무력부	정찰총국 (신설)	정찰1국 (작전국)	① 남파공작원과 전투원에 대한 정규 기본훈련 및 호송·안내를 담당하며, 남파공작원 파견기지인 해상연락소를 청진·원산·남포·해주 등에 보유하고 있다. 1998년 속초지역 유고급 잠수정이 침투하였다. ② 위조지폐 및 마약제조와 거래, 무기수출 등 불법행위를 통해 자금을 확보하였다.
		정찰2국 (정찰국)	① 448부대·907부대·남포해상특수부대 등을 관장하며 특공부대의 후방 침입과 잠수함 침투·유격활동 등 군사정찰 임무를 담당하고 있다. ② 공비양성·남파, 요인암살·파괴, 납치등 게릴라활동, 대남군사 정보수집 등을 주 임무로 하며, 1983년 미얀마 아웅산 암살폭파사건, 1996년 강릉 무장공비사건 등을 자행하였다(요인암살, 대남정찰).
		정찰5국 (35호실)	공작원 남파 및 정보수집을 수행하는 부서와 해외공작 및 테러를 전담하는 부서로 나누어진다.(KAL폭파 김현희 소속), (일명: 조사부)

① 종래 노동당 계열의 '작전부'와 '35호실'을 인민무력부 계열의 정찰국과 통합하여 인민무력부 소속의 정찰총국으로 확대 개편되었다.
② 정찰총국은 인민무력부 소속이지만, 국무위원회 부위원장의 지휘를 받는다.

Answer 9. ①

10

제3절 공산주의 이데올로기

01 **전술과 전략에 대한 설명으로 옳은 것은?** 07. 채용

① 전략은 역사적 · 정치적으로 단기적인 것이다.
② 전술은 기본목표이자 큰 행동지침이고, 전략은 전술에 종속된 구체적 방법이다.
③ 전술은 정세변화에 수시로 변하지 않으나, 전략은 변화한다.
④ 역사가 봉건사회라면 전략은 봉건사회 타파이고, 전술은 봉건사회 타파를 위해 어느 편과 연합하는가 하는 것이다.

해설

① 전략이 역사적 단계에 따라 행동하는 **장기적** 정치노선이다.
② 전략은 기본목표이자 큰 행동지침이고, 전술은 전략에 종속된 **구체적인 방법**이다.
③ 전략은 정세변화에 수시로 변하지 않으나, 전술은 변화한다.

02 **북한의 대남전략노선 중 통일전술전략에 대한 설명으로 틀린 것은?** 10. 승진

① 대남적화혁명을 위한 연합 · 동맹전략이다.
② 통일 · 민주화 등 민족적 대명제를 내세워 동조세력과 주한미군철수 등 공동투쟁을 전개하는 것도 이와 관련된다.
③ 불확실하고 조건적인 세력과는 타협하지 않는다.
④ 일시 제휴하였던 비공산세력을 제거하는 것은 혁명수행과정의 마지막 단계인 혁명완결단계에서 이루어진다.

해설

통일전술전략의 가장 중요한 포인트는 심지어 **반대노선과도 연합하여 혁명세력을 집결**하여 궁극적으로 적화통일을 이루려고 한다는 것이다.

Answer 1. ④ 2. ③

03 북한의 대남공작체계에 대한 다음 설명 중 타당하지 않은 것은? 07 승진, 04. 채용

① 225국(구 대외연락부)은 당계통의 간첩남파 조종 및 공작사명 부여, 남한 내 지하당조직공작으로 혁명토대 구축, 우회침투를 위한 해외공작 전개

② 정찰국은 448군부대, 907군부대, 남포해상특수부대 등을 관장하며 특공부대의 후방침입과 유격활동을 수행

③ 정찰총국 1국(잔전국)은 KAL858기 공중폭파, 공작원 남파 등 해외공작 및 테러를 전담

④ 통일전선부는 남북대화 주관, 대남심리전 등을 전담

해설

KAL858기 공중폭파, 공작원 남파 등 해외공작 및 테러를 전담하는 곳은 **대외정보국**이다.

04 대남공작기구에 대한 설명 중 틀린 것은? 10. 승진

① 인민무력부 정보국(35호실)은 해외간첩공작 및 테러공작을 전담하는 부서로 1987년 KAL858기 공중폭파테러를 자행하였다.

② 인민무력부 작전국은 공작원들에 대한 기본교육훈련, 침투공작원 호송·안내·복귀 및 대남 침투로 개척 등을 주 임무로 하고 있다.

③ 통일전선부는 공작원의 밀봉교육 및 남한 내 지하당 구축공작을 담당하고 있다.

④ 인민무력부 정찰국은 무장공비를 양성·남파하여 게릴라 활동 및 군사정보를 수집하며 1996년 강릉무장 공비사건을 자행하였다.

해설

공작원의 밀봉교육 및 남한 내 지하당 구축공작을 담당하는 기구는 내각계열의 **225국(구 대외연락부)**이다.

Answer 3. ③ 4. ④

05 **좌익폭력세력의 분파 중 NL주사파에 대한 설명으로 가장 옳지 않은 것은?** 10. 승진

① 북한의 대남혁명론인 민족해방 인민민주주의혁명에 입각하여 남한의 공산화 혁명을 성취하려는 세력이다.

② NL주사파의 민족해방 민중민주주의혁명론에서는 반미자주화, 반파쇼민주화, 조국통일을 주장하고 있다.

③ NL주사파는 마르크스－레닌주의를 추종하는 세력이다.

④ 선 미제축출, 후 현정권 타도를 외치고 있다.

NL주사파는 마르크스 레닌주의가 아니라, 북한의 주체사상을 추종한다.

제 4 절 국가보안법

01 **「국가보안법」상 반국가단체(제2조)에 관한 설명 중 틀린 것은?** 03. 승진, 10. 채용

① 반국가단체라 함은 정부를 참칭하거나 국가를 변란할 것을 목적으로 하는 국내외의 결사 또는 집단으로서 지휘통솔체제를 갖춘 단체를 말한다.

② 정부를 참칭한다는 것은 함부로 단체를 조직하여 정부를 사칭하는 것으로 정부와 동일한 명칭을 사용할 필요는 없고 일반인이 정부로 오인할 정도면 충분하다.

③ 국가변란이란 정부를 전복하여 새로운 정부를 조직하는 것을 의미하며 정부전복이란 정부를 구성하고 있는 자연인의 사임이나 교체만으로는 부족하고 정부 조직이나 제도 그 자체를 파괴하는 것을 의미한다.

④ 「형법」상 내란죄에서의 국헌문란이란 헌법 또는 법률의 기능을 소멸시키거나 「헌법」에 의하여 설치된 국가기관을 전복 또는 그 권능행사를 불가능하게 하는 것으로 「국가보안법」상 국가변란이 국헌문란보다 더 넓은 개념이다.

해설

「국가보안법」상 '국가변란'이 「형법」상의 '국헌문란'보다 **좁은 개념**이다.

Answer 5. ③ / 1. ④

02 **「국가보안법」 제7조 제5항**(안보위해문건 제작 등 죄)**은 이적동조, 이적단체구성 · 가입, 허위사실 날조 · 유포를 목적으로 이적표현물을 제작하는 경우를 규정하고 있다. 이에 대한 설명으로 옳지 않은 것은?** 01. 승진

① 행위의 목적을 필요로 하는 목적범이다.
② 본죄에서 문서는 형법의 문서와 같이 명의인이 있어야 한다.
③ 본죄의 객체는 문서, 도화 기타의 표현물이다.
④ 행위주체에는 제한이 없다.

해설

본죄의 객체는 문서, 도화 기타의 표현물로서 형법상 문서 개념과 달리 **명의의 유무를 불문**한다. 따라서 초안 · 초고 · 사본 등도 사람의 의사나 관념을 표시한 것이면 이에 해당한다.

03 **「국가보안법」 제8조**(회합 · 통신)**에 대한 판례의 입장과 다른 것은?** 10. 승진

① '회합 · 통신 기타의 방법으로 연락'이라고 함은 반국가단체의 구성원 또는 그 지령을 받은 자를 직접 상대방으로 하는 경우는 물론이고 제3자를 이용하여 통신 기타의 방법으로 연락하는 것을 말한다.
② 동 규정이 국민의 거주이전의 자유, 신체의 자유, 통신의 자유, 행복추구권 및 인간의 본질적 가치를 침해하는지에 대해서 헌법재판소는 적극적 입장이다.
③ 동 조항은 회합자 상호간에 사전 공동의사가 있어야 하는 것도 아니고, 반드시 일정사항을 논의하거나 결정하여야 하는 것도 아니다.
④ 북한의 지령을 받은 자와 화합해도 동죄가 곧바로 성립되는 것은 아니다.

해설

헌법재판소는 「국가보안법」 제8조(회합 · 통신 등)가 국민의 거주이전의 자유, 신체의 자유, 통신의 자유, 행복추구권 및 인간의 본질적 가치를 침해하지 않는다고 보았다.

10

Answer 2. ② 3. ②

04 다음 중 「국가보안법」과 관련하여 옳지 않은 설명은? 02. 채용

① 「국가보안법」상의 무고날조죄는 「형법」상 무고죄와는 달리 형사처분을 받게 할 목적을 요하지 않는다.

② 「형법」상 일반이적죄는 보안관찰 대상범죄가 아니다.

③ 잠입탈출죄는 국가의 존립이나 자유민주적 기본질서를 위태롭게 한다는 정을 알면서 반국가단체의 지배하로 탈출함으로서 성립한다.

④ 참고인 등이 정당한 이유 없이 2회 이상 출석에 불응한 경우 구속영장을 발부받아 구인할 수 있다.

해설

국가보안법상 무고날조죄는 타인으로 하여금 형사처분을 받게 할 목적으로 「국가보안법」에 규정된 죄에 대하여 무고 또는 위증을 하거나 증거를 날조·인멸·은닉하는 행위로 **목적범**에 해당한다.

05 다음은 「국가보안법」상의 죄명이다. 이 중 '행위주체에 아무런 제한이 없는 것'은 모두 몇 개인가? 11. 승진

> ㉠ 금품수수죄(제5조 제2항)
> ㉡ 목적수행죄(제4조 제1항)
> ㉢ 특수 잠입·탈출죄(제6조 제2항)
> ㉣ 직권남용 무고·날조죄(제12조 제2항)
> ㉤ 이적단체 구성·가입죄(제7조 제3항)

① 2개 ② 3개

③ 4개 ④ 5개

해설

㉡ 목적수행죄－반국가단체의 구성원 또는 지령을 받은 자

㉣ 직권남용 무고·날조죄－범죄수사 또는 정보의 직무에 종사하는 공무원이나 이를 보조하는 자

Answer 4. ① 5. ② / ㉠㉢㉤

06 **다음 중 「국가보안법」상 예비 · 음모를 처벌하는 범죄와 불고지죄의 대상이 되는 범죄로 공통된 것은?** 11. 승진

㉠ 반국가단체구성죄(제3조)	㉡ 잠입 · 탈출죄(제6조)
㉢ 자진지원죄(제5조 제1항)	㉣ 회합 · 통신죄(제8조)

① ㉠-㉢ ② ㉡-㉣ ③ ㉢-㉣ ④ ㉠-㉡

해설

「국가보안법」상 예비 · 음모를 처벌하는 범죄로는 반국가단체구성죄, 목적수행죄, 자진지원죄, 잠입 · 탈출죄, 편의제공죄(제9조 제1항), 이적단체구성죄가 있고, 불고지죄의 대상범죄로는 반국가단체구성죄, 목적수행죄, 자진지원죄가 있다. 따라서 양자의 공통범죄로는 **반국가단체구성죄, 목적수행죄, 자진지원죄**가 있다.

07 **「국가보안법」상의 불고지죄 및 공소보류에 관한 설명으로 타당하지 않은 것은?** 96. 승진

① 법정형이 징역 또는 벌금형으로 되어 있으며 구속기간은 연장할 수 없다.

② 불고지죄의 대상이 되는 범죄는 반국가단체구성죄 · 목적수행죄 · 자진지원죄 뿐이다.

③ 공소보류 후 2년을 경과하면 소추가 불가능하며, 공소보류가 취소되어도 동일한 범죄사실로 재구속할 수 없다.

④ 법무부장관이 정한 규칙에 위반한 경우 공소보류를 취소할 수 있다.

해설

공소보류가 취소된 경우에는 '재구속의 제한(형소법 제208조)'규정에도 불구하고 동일한 범죄사실로 재구속 · 소추를 할 수 있다.

08 **'국가보안법 위반사범에 대한 경찰의 최장 구속기간은 ( )이고, 검사의 최장 구속기간은 ( )이다.'에서 ( )에 알맞게 연결된 것은?** 99. 승진

① 10일－20일 ② 20일－30일
③ 20일－25일 ④ 10일－15일

해설

국가보안법에 의해 사법경찰관의 구속기간은 **1차**, 검사의 구속기간은 **2차**에 한하여 각각 10일씩 구속기간의 연장이 가능하다.

Answer 6. ① 7. ③ 8. ②

09 **피의자 甲은 연구소 형태의 단체에 연구부, 대외사업부 등 각종 부서를 두고 이적찬양·고무행위를 하여 「국가보안법」(제7조)을 위반하였다. 甲이 자수하는 경우 어떻게 처벌되는가?** 01. 승진

① 임의적 감경 ② 필요적 감경
③ 임의적 감면 ④ 필요적 감면

해설

「국가보안법」상의 **필요적 감면사유**는 불고지죄(제10조)에서 본범과 친족관계에 있을 때, 자수한 때(제16조 제1호) 방해한 때(제16조 제2호)이다.

10 **다음은 「국가보안법」의 일반적 특성에 대한 기술이다. 사실과 다른 것은?** 01. 승진

① 거의 모든 범죄의 미수·예비·음모를 처벌하여 범죄의 성립범위가 확장되었다.
② 잠복·회합 등 장소제공은 「형법」상 종범으로서 정범의 실행행위에 종속되거나, 「국가보안법」은 독립된 편의제공죄로 처벌한다.
③ 「국가보안법」상 선동·선전죄는 교사 또는 방조의 수단·방법에 불과하므로, 형법상 교사 및 방조의 예에 따라 처벌된다.
④ 범죄수사는 국가의 임무이나 「국가보안법」에 의해 보호되는 법익은 매우 중대하여 불고지를 범죄로 규정하고 있다.

해설

「국가보안법」은 반국가적 행위의 다양화 및 조직화·집단화에 효율적으로 대처하기 위하여 범인에게 각종 편의를 제공하거나 범죄를 선동·선전 및 권유한 경우를 교사·방조가 아니라 별도의 처벌규정을 두어 정범으로서 처벌하고 있다. 「국가보안법」상 선동·선전·권유는 「국가보안법」 제7조 제1항의 독립된 구성요건으로 처벌에 있어서도 독립된 법정형을 두고 있다.

Answer 9. ④ 10. ③

11

다음 「국가보안법」에 대한 설명으로 틀린 것은? 02 · 03. 채용

① 정당한 이유 없이 참고인이 2회 이상 출석요구에 불응한 경우 구속영장을 발부받아 구인·유치할 수 있다.

② 단기간에 사안을 정확하게 파악할 수 없으므로 사법경찰관에게 1회, 검사에게 2회까지 구속기간을 연장할 수 있게 하고 있다.

③ 내란죄 등 반국가적 범죄로 금고 이상의 형의 집행을 종료한 자가 10년 이내에 재범한 경우 법정최고형을 사형으로 하고 있다.

④ 불기소처분 시에도 압수물을 환부하지 아니하고 폐기 또는 국고에 귀속을 명할 수 있다.

해설

재범자 특정가중은 10년 이내가 아니라, **5년 이내**에 재범을 한 경우에 적용된다.

12

다음 사례에서 「국가보안법」상 검사와 사법경찰관이 구속기간을 최대한 연장할 경우 그 구속기간은 언제까지인가? 04. 승진

> 종로경찰서 보안과 甲경사가 「국가보안법(불고지죄)」 위반 혐의로 乙을 1999년 7월 1일 긴급체포하여, 1999년 7월 2일 판사가 영장을 발부했을 경우

① 1999년 7월 10일

② 1999년 8월 19일

③ 1999년 8월 20일

④ 1999년 7월 30일

해설

「국가보안법」 제19조에 의한 구속기간 연장에 의하여 **최대 구속 가능일수는 50일**로 위 사례의 경우 8월 19일이 될 것이나, **「국가보안법」 제7조(찬양 · 고무), 제9조(불고지)에 대해서는 헌법재판소의 위헌결정에 따라 구속기간의 연장이 불가능**하다. 따라서 구속기간을 연장할 수 없으므로 일반 형사사범과 동일하게 30일 동안만 구속이 가능하다.

Answer 11. ③ 12. ④

13 「국가보안법」에 대한 설명으로 틀린 것은? 07. 경간

① 반국가적 범죄를 범하여 금고 이상의 형을 선고받고 그 형의 집행을 종료하지 아니하거나 또는 그 집행을 종료하거나 집행을 받지 않기로 확정된 후 5년 이내에 재범을 하면 최고형인 사형에 처한다.
② 자진지원죄는 예비·음모를 처벌하지 않는다.
③ 공소보류를 받은 자가 공소제기 없이 2년이 경과하면 그를 소추하지 못한다.
④ 「국가보안법」에 의해 사법경찰관은 최장 20일, 검사는 최장 30일간 구속 수사할 수 있다.

해설

반국가단체구성죄, 목적수행죄, 자진지원죄, 잠입·탈출죄, 편의제공죄, 이적단체구성죄 등의 예비·음모·미수를 처벌한다.

14 다음 중 「국가보안법」의 특징으로 보기 어려운 것은? 08. 경간

① 범인에게 금품·재산적 이익을 제공한 경우에도 정범에 종속되어 처벌되는 형법과는 달리 별도의 범죄를 규정하여 정범으로 처벌한다.
② 범죄를 선동·선전·권유하는 경우 교사범 또는 방조범으로 처벌되는 것이 아니고 별도의 범죄를 규정하여 처벌한다.
③ 예비·음모·미수를 원칙적으로 처벌하고, 불고지죄나 목적수행죄 등 일부 죄만 적용되지 않는다.
④ 불기소처분시에도 압수물을 환부하지 않고 폐기 또는 국고귀속을 명할 수 있다.

해설

목적수행죄의 예비·음모·미수는 처벌의 대상이다. 「국가보안법」은 불고지죄·특수직무유기죄와 같이 부진정부작위범으로 그 미수 및 예비·음모가 예상되지 않는 경우와 무고죄와 같이 침해법익이 경미한 경우를 제외하고는 **거의 모든 반국가적 범죄에 대하여 미수·예비·음모를 처벌**하고 있다.

Answer 13. ② 14. ③

15 「국가보안법」에 대한 설명 중 틀린 것은 몇 개인가? 09. 승진

㉠ 참고인이 정당한 이유 없이 2회 이상 출석요구에 불응하는 경우 구속영장을 발부받아 구인·유치할 수 있다.
㉡ 단기간에 사안을 정확히 파악하기 어렵기 때문에 사법경찰관에게 1회, 검사에게 2회까지 구속기간 연장을 할 수 있도록 하고 있다.
㉢ 내란죄 등 반국가적 범죄로 금고 이상의 형의 집행을 종료한 자가 10년 이내에 재범한 경우 법정 최고형을 사형으로 규정하고 있다.
㉣ 불기소처분시에도 압수물을 환부하지 않고 폐기 또는 국고귀속을 명할 수 있다.
㉤ 모든 범죄의 예비·음모·미수죄에 대하여 원칙적으로 처벌한다.
㉥ 특정인이 아닌 모든 국민에게 범죄에 대한 고지의무를 부과하고 이를 어길 경우 처벌한다.

① 0개 ② 1개 ③ 2개 ④ 3개

해설

㉢ 재범자 특수가중의 대상은 **5년 이내**에 재범한 경우에 적용된다.
㉤ 반국가단체구성죄, 목적수행죄, 자진지원죄, 잠입·탈출죄, 편의제공죄(제9조 제1항 무기 등 제공), 이적단체 구성죄 등의 거의 모든 범죄에 대하여 예비·음모·미수를 처벌하고 있다.

16 「국가보안법」의 일반적인 특성에 대한 기술이다. 틀린 것은 모두 몇 개인가? 10. 승진

㉠ 미수·예비·음모죄를 통해 범죄의 성립 범위가 확장되었다.
㉡ 잠복·회합 등 장소제공은 형법상 종범으로서 정범의 실행행위에 종속되나 「국가보안법」은 독립된 편의제공죄로 처벌한다.
㉢ 「국가보안법」상 선동·선전죄는 교사 또는 방조의 수단·방법에 불과하므로, 「형법」상 교사 및 방조의 예에 따라 처벌된다.
㉣ 형법의 누범가중은 형의 장기의 2배까지이나 「국가보안법」에서는 일정범죄의 재범자는 법정최고형을 사형으로 정하고 있다.
㉤ 출석불응 참고인에 대한 구인·유치규정은 없다.
㉥ 불기소처분시 압수물은 제출인이나 소유자에게 환부함이 원칙이나 검사가 폐기 또는 국고귀속을 명할 수 있도록 하였다.

① 1개 ② 2개 ③ 3개 ④ 4개

Answer 15. ③ / ㉢㉤ 16. ② / ㉢㉤

10

해설

㉢ 범인에게 각종 편의를 제공하거나 범죄를 선동 · 선전 및 권유한 경우에 교사 · 방조가 아닌 별도의 처벌규정을 두어 정범으로서 처벌하고 있다.
㉤ 참고인으로 출석을 요구받은 자가 정당한 이유 없이 **2회 이상** 출석요구에 불응한 때에는 **참고인을 구인 · 유치할 수 있다.**

17 「국가보안법」에 대한 설명으로 적절하지 않은 것은? 09. 경찰 2차

① 「국가보안법」은 고의범만을 처벌한다.
② 공소보류를 받은 자가 공소제기 없이 2년을 경과한 때에는 소추되지 아니한다.
③ 참고인으로 출석요구를 받은 자가 정당한 이유 없이 2회 이상 출석요구에 불응한 때에는 구인할 수 있다.
④ 수사를 계속함에 상당한 이유가 있다고 인정될 때에는 사법경찰관과 검사는 각 1차에 한하여 구속기간을 연장할 수 있다.

해설

사법경찰관(1차)과 검사(2차)에게 각각 일반형사범의 구속기간보다 **1회씩 더 연장**할 수 있도록 규정하고 있다.

18 「국가보안법」과 관련된 사례 중 그 설명이 가장 옳지 않은 것은? 11. 경감 승진

① A는 자신의 사업을 방해하는 B에게 앙심을 품고 형사처분을 받게 할 목적으로 B가 「국가보안법」상 이적행위를 하였다고 무고하려던 중 잘못된 행위임을 깨닫고 그 행위를 중단하였다. 이 경우 A는 「국가보안법」상의 죄책을 지지 않는다.
② 검사 A는 「국가보안법」상 이적행위를 한 B와 관련된 사건의 중요참고인인 C가 정당한 이유 없이 2회 이상 출석요구에 불응하자 관할법원 판사로부터 C에 대한 구속영장을 발부받아 C를 구인하였다. 이 경우 A의 구인행위는 적법하다.
③ A는 자신과 친족관계에 있는 B로부터 「국가보안법」상 반국가단체로 확정판결이 난 단체에 가입할 것을 권유받고 이에 불응하였으나, B가 자신의 친족이기 때문에 수사기관 또는 정보기관에 이를 고지하지 않았다. 이 경우 A는 형이 감경 또는 면제된다.
④ A는 「국가보안법」 제11조(특수직무유기)를 위반한 B에게 B가 동 범죄를 저질렀음을 알면서도 금품을 제공하였다. 이 경우 A는 「국가보안법」상의 죄책을 진다.

Answer 17. ④ 18. ④

해설

「국가보안법」상 편의제공죄는 제3조(반국가단체 구성 · 가입), 제4조(목적수행), 제5조(자진지원 · 금품수수), 제6조(잠입 · 탈출), 제7조(이적행위), 제8조(회합 · 통신) 위반의 죄를 범하거나 범하려고 하는 자에게 유형 · 무형의 편의를 제공함으로써 그들의 목적수행을 위한 활동을 용이하게 하는 행위를 처벌하기 위한 조항이다. 따라서 위의 경우 특수직무유기는 편의제공죄의 객체가 아니므로 죄책이 성립되지 않는다.

19 **「국가보안법」에 대한 설명으로 가장 옳은 것은?**(다툼이 있는 경우 판례에 따름)

11. 경위 승진

① 「국가보안법」 위반의 죄를 범한 후 자수한 때에는 그 형을 감경 또는 면제한다.

② 형사정책적 견지에서 검사가 「국가보안법」 위반사범에 대해 「형법」 제51조의 양형조건을 참작하여 공소제기를 보류할 수 있는 제도를 '공소유예'라 한다.

③ 「국가보안법」 제5조 제2항(금품수수죄)는 금품수수의 목적이나 의도가 대한민국을 해할 의도가 있어야 한다.

④ 목적수행죄는 반국가단체의 구성원 또는 그 지령을 받은 자가 범죄의 주체가 될 수 없다.

해설

② 형사정책적 견지에서 검사가 「국가보안법」 위반 사범에 대해 「형법」 제51조의 양형조건을 참작하여 공소제기를 보류할 수 있는 제도를 '공소보류'라 한다.

③ 「국가보안법」 제5조 제2항 (금품수수죄)는 금품수수의 목적이나 의도가 **대한민국을 해할 의도가 있어야 하는 것은 아니다.**

④ 목적수행죄는 반국가단체의 구성원 또는 그 지령을 받은 자가 범죄의 주체가 될 수 있다.

10

Answer 19. ①

제5절 남북교류협력에 관한 법률

01 **남북교류협력 절차에 관한 설명으로 옳지 않은 것은?** 01 · 02. 채용

① 남북한 주민이 상대지역을 왕래하고자 할 때에는 통일부장관이 발급한 방문증명서를 소지하여야 한다.
② 가족의 생사 확인을 위하여 북한주민과 접촉한 경우에는 사후 당국에 신고를 하면 된다.
③ 남북한 교역당사자는 국가기관 · 지방자치단체 · 정부투자기관 · 대외무역법에 의한 무역을 하는 자 또는 통일부장관이 협의회의 의결을 거쳐 필요하다고 인정하는 자로 제한된다.
④ 남북교류과정에서 발생하는 반국가적인 경우에 해당하지 않는 법정절차 위반은 「국가보안법」이 적용되지 아니한다.

해설

종래에는 남북한 교역당사자를 일정한 자로 제한하였지만, 현재의 「남북교류협력에 관한 법률」은 남북한 간 교역을 행하기 위한 당사자가 될 수 있는 자격에 대한 제한을 두고 있지 않다.

02 **「남북교류 · 협력에 관한 법률」과 「국가보안법」과의 관계에 대한 설명으로 옳은 것은?**
09. 승진

① 통일부장관이 발급한 증명서를 소지하고 북한을 왕래하면 언제나 「국가보안법」 적용이 배제된다.
② 단순히 증명서를 발급받지 않고 남북을 왕래하거나 신고 없이 회합하면 「국가보안법」이 적용된다.
③ 「남북교류협력에 관한 법률」에 의해 남북을 왕래하면서 승인 없이 금품을 수수한 경우 「국가보안법」에 의해 처벌된다.
④ 재외국민이 재외공관장에 단순히 신고하지 않고 북한을 왕래하더라도 「국가보안법」의 적용을 받지 않는다.

해설

① 문제되는 행위가 국가의 안전 · 존립이나 자유민주적 기본질서를 위태롭게 한다면 「국가보안법」이 적용된다.
② 이러한 경우에는 「남북교류에 관한 법률」이 적용된다.
③ 이러한 경우에는 「남북교류에 관한 법률」이 적용된다.

Answer 1. ③ 2. ④

03 **북한이탈주민에 대한 설명으로 가장 옳지 않은 것은?** 11. 승진

① 보호대상자는 관계 법령에서 정하는 바에 따라 북한이나 외국에서 취득한 자격에 상응하는 자격 또는 그 자격의 일부를 인정받을 수 있다.

② 북한이탈주민의 경우 난민여건인 정치적 의견과 박해의 존재를 입증할 수 있어야 하는데 이의수용 여부는 접수국의 정책에 달려 있다.

③ 통일부장관은 보호대상에 대하여 직업훈련을 실시할 수 있고 희망하는 자에게 직업을 알선해야 한다.

④ 보호대상자 중 북한의 공무원이었던 자 가운데 임용・편입을 원하는 경우에는 경력 등을 고려하여 특별임용할 수 있다.

해설

통일부장관은 보호대상자에게 각종 지원을 제공할 수 있는 것이고, 이러한 지원사항이 의무사항은 아니다.

제6절 보안관찰법

01 **다음 중 보안관찰에 대한 설명으로 틀린 것은?** 03. 채용

① 법무부장관의 보안관찰처분의 결정에 대해 이의가 있을 때 「행정소송법」이 정하는 바에 따라 행정소송을 제기할 수 있다.

② 보안관찰기간은 2년이고 갱신할 수 있다.

③ 보안관찰처분은 주거제한적인 요소가 있다.

④ 내란죄도 보안관찰 대상범죄이다.

해설

내란죄, 일반이적죄, 단순반란불고지죄, 전시군수계약불이행죄, 반국가단체구성죄, 찬양・고무죄, 회합・통신죄는 **보안관찰 제외범죄**이다.

Answer 3. ③/ 1. ④

02 보안관찰에 대한 설명 중 틀린 것은? 10. 승진

① 보안관찰처분에 관한 결정은 보안관찰심의위원회의 의결을 거쳐 법무부장관이 행한다.

② 보안관찰처분의 요건은 보안관찰 해당범죄 또는 이와 경합된 범죄로 벌금 이상의 형의 선고를 받고, 그 형기의 합계가 3년 이상인 자로서 형의 전부 또는 일부의 집행을 받은 사실이 있는 자이다.

③ 「국가보안법」상의 보안관찰 해당범죄로는 자진지원죄, 편의제공죄, 잠입탈출죄 등이 있다.

④ 보안관찰처분의 기간은 2년이며, 그 기간을 갱신할 수 있다.

해설

벌금 이상이 아니라 **금고 이상의 형**의 선고를 받은 자이다.

03 「보안관찰법」상 보안관찰 해당범죄가 아닌 것은 모두 몇 개인가? 03. 채용, 03 · 10. 승진

ㄱ 「국가보안법」상 목적수행죄
ㄴ 「형법」상 내란목적살인죄
ㄷ 「국가보안법」상 잠입탈출죄
ㄹ 「형법」상 간첩죄
ㅁ 「국가보안법」상 찬양고무죄

① 없음
② 1개
③ 2개
④ 3개

해설

내 일 단 전 반 찬 회 / 불 특 무

Answer 2. ② 3. ② / ㅁ

04 보안관찰처분의 면제결정에 대한 설명으로 틀린 것은?

10. 승진

① 본인의 신청 또는 검사의 청구에 의하여 보안관찰처분심의위원회의 심의 · 의결을 거쳐 법무부장관이 결정한다.
② 면제결정을 위한 검사의 직권청구가 불가능하다.
③ '준법정신이 확립되어 있을 것'은 면제결정의 요건 중 하나이다.
④ 보안관찰처분 대상자는 관할경찰서장에게 면제결정신청서를 제출하여야 한다.

해설

검사는 보안관찰처분대상자의 정상을 참작하여 위험성이 없다고 인정되는 때에는 **법무부장관에게 면제** 결정을 청구할 수 있다.

05 피보안관찰자의 신고는 최초신고, 정기신고, 수시신고가 있다. 다음 중 옳지 않은 것은?

01 · 04. 승진

① 피보안관찰자는 최초 신고사항에 변동이 있는 때에는 7일 이내에 파출소장(지구대장)을 거쳐 관할경찰서장에게 변동사항을 신고하여야 한다.
② 피보안관찰자는 주거지를 이전하거나 국외여행, 10일 이상의 국내여행을 하고자 할 때에는 미리 파출소장(지구대장)을 거쳐 관할경찰서장에게 신고하여야 한다.
③ 보안관찰처분결정서 등본을 받은 날부터 10일 이내에 주거지 관할파출소장(지구대장)을 거쳐 관할경찰서장에게 피보안관찰자신고를 하여야 한다.
④ 주거지 이전 또는 국내여행 신고를 받은 경찰서장은 그 사실을 이전 예정지 또는 여행목적지 관할경찰서장에게 통보하여야 한다.

해설

피보안관찰자신고는 보안관찰처분을 받은 날부터 **7일 이내**에 소정사항을 신고하여야 한다.

10

Answer 4. ② 5. ③

06

보안관찰처분의 집행에 대한 설명으로 틀린 것은? 02 · 03 · 10. 승진

① 집행은 결정서 등본을 첨부하여 검사가 서면으로 관할경찰서장에게 지휘하여 실시한다.

② 피보안관찰자가 도주, 1월 이상 소재불명인 경우에 보안관찰처분 집행중지의 요건이 된다.

③ 집행중지는 검사가 법무부장관에게 신청한다.

④ 집행중지 결정일로부터 집행중지 결정이 취소될 때까지 보안관찰처분기간의 진행이 정지되는데, 보안관찰처분의 집행을 위하여 검사는 집행중지 결정취소와 동시에 잔여기간에 대한 집행지위를 하여야 한다.

해설

보안관찰처분의 집행중지는 관할경찰서장이 **검사에게 신청**하고, 검사가 집행중지의 결정을 한다.

07

「국가보안법」과 「보안관찰법」에 대한 설명으로 잘못된 것은 모두 몇 개인가? 05. 채용

㉠ 검사는 「국가보안법」 위반사범에 대하여 공소제기를 보류할 수 있다.
㉡ 공소보류 결정을 받은 자가 공소제기 없이 2년이 경과한 때에는 소추할 수 없다.
㉢ 보안관찰처분의 집행중지결정은 관할경찰서장이 한다.
㉣ 「형법」상 일반이적죄는 보안관찰 해당범죄이다.
㉤ 공소보류가 취소된 때에는 「형사소송법」 제208조의 규정에도 불구하고 동일한 범죄사실로 재구속할 수 있다.

① 1개 ② 2개
③ 3개 ④ 4개

해설

㉢ 집행중지결정은 검사가 한다.
㉣ 「군형법」상 일반이적죄와는 달리 「형법」상 일반이적죄는 보안관찰 해당범죄가 아니다.

Answer 6. ③ 7. ② / ㉢㉣

08 **다음 괄호 안에 들어갈 내용이 바르게 연결된 것은?** 09. 승진

> 보안관찰처분대상이 되는 자는 보안관찰처분대상자 신고와 교도소 등의 출소 후 출소사실신고 및 변동사항이 있는 경우 ( )일 이내에 관할경찰서에 신고하여야 하며, 보안관찰처분을 받은 자(피보안관찰자)는 보안관찰처분을 받은 날로부터( )일 이내에 관할 경찰서에 신고서를 제출하여야 하며, 추후 매 ( )개월마다 정기신고와 국외여행 혹은 국내( )일 이상 여행하거나 신고사항의 변경이 있는 경우에는 수시 신고하여야 한다.

① 7－10－2－10　　② 7－7－3－10
③ 10－7－2－7　　④ 7－7－2－10

해설

출소 후에 7일 이내에 신고하고, 변동사항이 있을 경우에는 7일 이내에 신고
최초신고－**7일 이내**에 신고, 정기신고－매 3월마다 신고
변동신고－**7일 이내**에 신고, 이전신고－10일 이상 여행하고자 할 때 신고

09 **보안관찰에 대한 다음 설명 중 가장 옳지 않은 것은?** 10. 채용

① 「형법」상 보안관찰 해당범죄는 내란목적살인죄, 간첩죄, 외환유치죄, 물건제공이적죄 등이 있다.
② 보안관찰처분 대상자는 보안관찰 해당범죄 또는 이와 경합된 범죄로 벌금 이상의 형의 선고를 받고 그 형기 합계가 3년 이상인 자로서 형의 전부 또는 일부의 집행을 받은 사실이 있는 자를 말한다.
③ 보안관찰처분의 기간은 2년이며, 법무부장관은 검사의 청구가 있는 때에는 보안관찰처분심의위원회의 의결을 거쳐 그 기간을 갱신할 수 있다.
④ 「보안관찰법」에 의한 법무부장관의 결정을 받은 자가 그 결정에 이의가 있을 때에는 「행정소송법」이 정하는 바에 따라 그 결정이 집행된 날부터 60일 이내에 서울고등법원에 소를 제기할 수 있다.

해설

보안관찰 해당범죄 또는 이와 경합된 범죄로 '**금고' 이상**의 형의 선고를 받은 자가 보안관찰처분 대상자에 해당한다.

Answer 8. ② 9. ②

10 보안관찰처분에 대한 설명으로 옳지 않은 것은 모두 몇 개인가? 11. 경간

㉠ 보안관찰처분에 대해 불복할 때에는 그 결정이 집행된 날로부터 30일 이내에 서울고등법원에 행정소송을 제기할 수 있다.
㉡ 보안관찰처분대상자는 보안관찰 해당범죄 또는 이와 경합된 범죄로 금고 이상의 형의 선고를 받고 그 형기 합계가 3년 이상인 자로서 형의 전부 또는 일부의 집행을 받은 사실이 있는 자이다.
㉢ 보안관찰처분의 기간은 2년이고, 그 기간은 갱신할 수 있다.
㉣ 보안관찰처분심의위원회 위원장 1인과 6인의 위원으로 구성한다.
㉤ '피보안관찰자가 도주'하거나 '1월 이상 소재불명'인 경우에는 검사는 보안관찰처분의 집행중지의 결정을 청구할 수 있다.

① 1개 ② 2개 ③ 3개 ④ 4개

해설

㉠ 보안관찰처분에 대해 불복할 때에는 그 결정이 집행된 날로부터 **60일 이내**에 서울고등법원에 행정소송을 제기할 수 있다.
㉤ 보안관찰처분의 집행중지의 결정은 **검사**가 직접 한다.

11 다음 중 「보안관찰법」의 내용으로 가장 적절하지 않은 것은? 11. 경찰 2차

① 「보안관찰법」은 특정 범죄를 범한 자에 대하여 재범의 위험성을 예방하고 건전한 사회복귀를 촉진하기 위하여 보안관찰처분을 함으로써 국가의 안전과 사회의 안녕을 유지하는 데 법 제정의 목적이 있다.
② 보안관찰처분대상자란 보안관찰 해당범죄 또는 이와 경합된 범죄로 금고 이상의 형의 선고를 받고 그 형기 합계가 1년 이상인 자로서 형의 전부의 집행을 받은 사실이 있는 자를 말한다.
③ 보안관찰처분의 기간은 2년으로 한다. 또한 법무부장관은 검사의 청구가 있는 때에는 보안관찰처분심의위원회의 의결을 거쳐 그 기간을 갱신할 수 있다.
④ 보안관찰처분에 관한 사안을 심의·의결하기 위하여 법무부에 보안관찰처분심의위원회를 두고 있다.

해설

보안관찰처분대상자란 보안관찰해당범죄 또는 이와 경합된 범죄로 금고 이상의 형의 선고를 받고 그 형기 합계가 **3년 이상**인 자로서 형의 전부의 집행을 받은 사실이 있는 자를 말한다.

Answer 10. ② / ㉠㉤ 11. ②

12 **다음 중 보안관찰에 대한 설명 중 맞는 것은?** 05. 경찰1차

① 보안관찰처분의 기간은 3년이며, 법무부장관은 검사의 청구가 있고 보안관찰처분심의위원회의 의결을 거쳐 그 기간을 갱신할 수 있다.

② 보안관찰 해당범죄 또는 이와 경합한 범죄로 금고 이상의 형의 선고를 받고 그 형기 합계가 2년 이상인 자로서 형의 전부 또는 일부의 집행을 받은 사실이 있는 자가 여기에 해당한다.

③ 「보안관찰법」에 의한 법무부장관의 결정을 받은 자가 그 결정에 이의가 있을 때에는 그 결정이 집행된 날로부터 60일 이내에 서울 고등법원에 행정소송을 제기하여야 한다.

④ 보안관찰처분을 받은 자는 출소사실신고, 정기신고, 수시신고 등을 해야 한다.

해설

① 보안관찰처분의 기간은 2년이며, 법무부장관은 검사의 청구가 있고 보안관찰처분심의위원회의 의결을 거쳐 그 기간을 갱신할 수 있다.

② 보안관찰 해당범죄 또는 이와 경합한 범죄로 금고 이상의 형의 선고를 받고 그 형기 합계가 **3년 이상**인 자로서 형의 전부 또는 일부의 집행을 받은 사실이 있는 자가 여기에 해당한다.

④ 출소사실신고는 보안관찰 처분을 받은 자가 아니라, **보안관찰처분대상자**에 해당한다.

10

Answer 12. ③

박선영 경찰학

Police Science

CHAPTER

외사경찰

PoliceScience

외사경찰

제1절 국제화와 외사경찰

1 외사경찰

국가안전, 질서유지를 위해 **외국인, 교포, 외국과 관련된 기관, 단체를 대상**으로 동향파악과 관련된 범죄를 예방, 단속하는 것을 임무로 하는 경찰활동을 의미한다. 이는 국가의 안전과 국익의 보호를 목적으로 한다.

2 국제질서에 관한 견해 기출

Hobbes	자연상태의 인간은 '**만인에 대한 만인의 투쟁**'이라는 견해를 국제정세에도 적용하였고, **국가는 생존을 위해 투쟁**하고 있으며 전쟁은 생존을 위한 전략으로 도덕적·법적 구속을 받을 필요가 없다고 본다.
Kant	국제정치는 분쟁보다는 국가간의 **초국가적 유대감**이 중요하고 도덕성을 바탕으로 국가라는 제도를 종식시키고 **인류공동체**를 이루기 위하여 노력하는 것이라고 주장
Grotius	국가간의 관계는 투쟁만이 아니라 공동의 규율과 **국제기구**에 의한 제한을 받아야 하며, **국제정치**는 한 국가가 다른 국가와 조화로운 경제, 사회적 관계의 정립이라고 본다.

3 국제질서에 대한 사상들의 변천순서 기출

18세기	이상주의	국가도 이성적인 존재로서 '**최대다수의 최대 행복**'을 구현
19세기	자유방임주의	국제관계도 '**보이지 않는 손**'의 원리에 의해 세계적 이익에 기여
19세기 말	제국주의	**보호무역**, 열강들의 식민지 쟁탈전
1차 대전 이후	이데올로기적 패권주의	자유주의와 공산주의의 **이데올로기** 대립
1980년 이후	경제패권주의	냉전종식, WTO체제, 자국의 경제적 이익추구

4 관련용어

노동라운드 (Blue Round)	모든 나라들이 준수해야 할 일정한 기준의 **노동기준**이 있어야 한다는 것
기술라운드 (Technology-Round)	선진국 과학기술을 개발도상국이 힘을 들이지 않고 이용하고 있다는 인식에서 비롯된 **선진국의 연대움직임**으로, 주로 **지적재산권** 보호에 중점
환경라운드 (Green Round)	**환경규제기준**을 마련하고 이를 위반한 제품은 수입을 금하며, 국제환경협약을 이행하지 않았을 경우에는 무역제재를 가해야 한다는 내용
경쟁라운드 (Competition-Round)	규제와 정책 차이가 무역장애로 이어짐에 따라 개방과 내국인 대우를 통한 **경제조건의 평균화** 추진

제2절 외사 일반론

1 의 의

국가안전과 공공의 안녕 질서를 유지하기 위하여 외국인·해외교포 또는 외국과 관련된 기관·단체 등 외사대상에 대하여 동정을 파악하고 관련된 범죄를 예방·단속하는 것을 주된 임무로 하는 경찰활동을 의미한다.

2 특 성

대상의 특성	**외국인 · 해외동포 · 외교관** 등을 대상으로 하므로, 일반내국인이 관련된 범죄의 예방과 단속을 주 업무로 하는 일반경찰활동과 구별된다.
활동범위의 광범성	외사정보 · 외사보안 · 외사범죄수사 · 국제협력활동 등 국제사회를 무대로 전개된다는 특성이 있다.
전문성	국제관계, 외국의 정치 · 경제 · 사회 · 문화 등에 관한 충분한 이해와 어휘 능력 등 고도의 지식과 능력이 요구된다.
국가법익의 보호	개인의 이익보다는 **국가의 안전과 국익의 보호를 우선 목적**으로 한다.

3 외사경찰의 대상

(1) 외국인

1) 외국인의 의의 기출

대한민국의 국적을 가지지 않은 모든 자를 말하며, **무국적자와 외국국적을 가진 자**를 포함한다. 자국국적과 외국국적을 동시에 가지고 있는 **복수국적자는 내국인**으로 취급한다.

2) 국적의 취득

① **출생에 의한 국적 취득**(국적법 제2조)

㉠ 출생 당시에 부(父) 또는 모(母)가 대한민국의 국민인 자

㉡ 출생하기 전에 부가 사망한 경우에는 그 사망 당시에 부가 대한민국의 국민이었던 자

㉢ 부모가 모두 분명하지 아니한 경우나 국적이 없는 경우에는 대한민국에서 출생한 자

* 대한민국에서 발견된 **기아(棄兒)는 대한민국에서 출생한 것으로 추정**한다.

② **인지에 의한 국적 취득**(동법 제3조) : 외국인으로서 대한민국의 국민인 부 또는 모에 의하여 인지된 자가 다음 요건을 모두 갖추면 **법무부장관에게 신고**함으로써 대한민국 국적을 취득할 수 있다.

㉠ 대한민국의 민법상 미성년일 것

㉡ 출생 당시에 부 또는 모가 대한민국의 국민이었을 것

③ **귀화에 의한 국적 취득**(동법 제4조) 기출: 대한민국 국적을 취득한 사실이 없는 외국인은 법무부장관의 귀화허가를 받아 대한민국 국적을 취득할 수 있다.

일반귀화 요건	㉠ **5년 이상 계속하여 대한민국에 주소가 있을 것** ㉡ 대한민국의 「민법」상 **성년일 것** ㉢ 품행이 단정할 것 ㉣ 자신의 자산이나 기능에 의하거나 생계를 같이하는 가족에 의존하여 생계를 유지할 능력이 있을 것 ㉤ 국어 능력과 대한민국의 풍습에 대한 이해 등 대한민국 국민으로서의 기본 소양을 갖추고 있을 것
간이귀화 요건	㉠ 다음에 해당하는 외국인으로서 대한민국에 **3년 이상 계속하여 주소가 있는 자**는 귀화허가를 받을 수 있다. ⓐ 부 또는 모가 대한민국의 국민이었던 자 ⓑ 대한민국에서 출생한 자로서 부 또는 모가 대한민국에서 출생한 자 ⓒ 대한민국 국민의 양자로서 입양 당시 대한민국의 민법상 성년이었던 자 ㉡ 배우자가 대한민국의 국민인 외국인으로서 다음에 해당하는 자는 귀화허가를 받을 수 있다. ⓐ 그 배우자와 혼인한 상태로 대한민국에 **2년 이상** 계속하여 주소가 있는 자 ⓑ 그 배우자와 혼인한 후 **3년**이 지나고 혼인한 상태로 대한민국에 1년 이상 계속하여 주소가 있는 자
특별귀화 요건	다음에 해당하는 외국인으로서 **대한민국에 주소가 있는 자**는 일반귀화요건이나 간이귀화요건을 갖추지 아니하여도 귀화허가를 받을 수 있다. 기출 ㉠ 부 또는 모가 대한민국의 국민인 자. 다만, 양자로서 대한민국의 「민법」상 성년이 된 후에 입양된 자는 제외한다. ㉡ 대한민국에 특별한 공로가 있는 자 ㉢ 과학·경제·문화·체육 등 특정 분야에서 매우 우수한 능력을 보유한 자로서 대한민국의 국익에 기여할 것으로 인정되는 자

3) 국적 취득자의 외국국적 포기 의무(동법 제10조)

① 대한민국 국적을 취득한 외국인으로서 외국 국적을 가지고 있는 자는 **대한민국 국적을 취득한 날로부터 1년 내**에 그 외국 국적을 포기하여야 한다.

② ①에도 불구하고 일정한 자는 대한민국 국적을 취득한 날부터 1년 내에 외국 국적을 포기하거나 법무부장관이 정하는 바에 따라 **대한민국에서 외국 국적을 행사하지 아니하겠다**는 뜻을 법무부장관에게 서약하여야 한다.

③ ①과 ②를 이행하지 아니한 자는 그 **기간이 지난 때에 대한민국 국적을 상실**한다.

4) 복수국적자의 국적선택의무(동법 제12조)

만 20세가 되기 전에 복수국적자가 된 자는 **만 22세**가 되기 전까지, 만 20세가 된 후에 복수국적자가 된 자는 그때부터 2년 내에 하나의 국적을 선택하여야 한다. 다만, 제10조 제2항에 따라 법무부장관에게 대한민국에서 **외국 국적을 행사하지 아니하겠다**는 뜻을 서약한 복수국적자는 제외한다.

5) 법적 지위

① **외국인의 일반적 지위**: 우리 헌법은 국제법과 조약이 정하는 바에 의하여 외국인의 지위를 보장한다고 규정

상호주의	외국이 그 외국에 있는 자국민에게 인정하는 것과 동일한 정도의 권리·의무를 자국에 있는 외국인에게 인정하는 것을 의미한다.
평등주의	자국에 있는 외국인에게 자국민과 동일한 정도의 권리·의무를 인정하는 것을 의미한다.

② **외국인의 권리와 의무** 기출

㉠ 권리

인정되는 권리	인격권(생명권, 성명권, 정조권), 자유권, 재산권(물권, 채권, 무체재산권), 재판청구권 등
인정되지 않는 권리 기출	ⓐ 선거권, 피선거권, 공무담임권 등 참정권, 수익권(생활보장청구권) 기출 ⓑ 단, 영주체류자격 취득일 후 **3년이 경과한 19세 이상의 외국인**으로 당해 지방자치단체의 외국인등록대장에 등재된 자는 **지방자치단체장 선거권과 지방의회의원 선거권이 인정된다(대통령과 국회의원 선거권은 부정)**. ⓒ **19세 이상** 외국인으로서 대한민국에 계속 거주할 자격을 갖춘 자로서 지방자치단체의 조례가 정하는 자는 주민투표권을 가진다. 기출 ⓓ 근로의 권리, 교육을 받을 권리

㉡ 외국인의 의무

ⓐ 원칙: 특권을 인정받은 외교사절 등을 제외하고는 **원칙적으로 내국인과 동일**하다. 즉, 외국인도 내국인처럼 **경찰권·과세권·재판권**에 복종할 의무가 있다. 기출 **병역의무, 교육의 의무, 사회보장가입의무 등은 부담하지 않는다.**

ⓑ 외국인만이 부담하는 의무: 지방적 구제의 원칙에 대한 의무, 추방의 원인이 되는 행위를 하지 않을 의무, 외국인등록을 할 의무가 있다.

ⓒ 외국인등록 의무: **체류지를 관할하는 지방출입국·외국인 관서의 장에게 외국인등록** 기출

③ **외국인등록 의무**

등록대상자	㉠ 외국인이 입국한 날부터 **90일을 초과**하여 대한민국에 체류하려면 **입국한 날로부터 90일 이내**에 외국인등록을 하여야 한다. 기출 「출입국관리법」제23조에 따라 체류자격을 받는 사람으로서 **그날로부터 90일을 초과**하여 체류하게 되는 사람은 체류자격을 받는 때에 외국인등록을 하여야 한다. ㉡ 제24조에 따라 체류자격 변경허가를 받는 사람으로서 **입국한 날부터 90일을 초과**하여 체류하게 되는 사람은 체류자격 변경허가를 받는 때에 외국인등록을 하여야 한다. 기출
등록제외대상	㉠ **주한 외국공관(대사관과 영사관포함)과 국제기구의 직원** 및 그 가족 대한민국정부와의 협정에 따라 **외교관 또는 영사와 유사한 특권 및 면제를 누리는 사람**과 그의 가족 ㉡ 대한민국정부가 초청한 사람 등으로서 **법무부령**으로 정하는 사람 기출
등록증 발급	㉠ 외국인등록을 마친 외국인에게는 외국인등록증을 발급하여야 하나, 그 외국인이 **17세 미만**인 때에는 이를 발급하지 아니할 수 있다. ㉡ 외국인등록증을 발급받지 아니한 외국인이 17세가 된 때에는 90일 이내에 체류지 관할 사무소장이나 출장소장에게 외국인등록증 발급신청을 하여야 한다.

④ **체류자격 부여**(출입국관리법 제23조) : 대한민국에서 출생하여 제10조에 따른 체류자격을 가지지 못하고 체류하게 되는 외국인은 그가 **출생한 날부터 90일 이내**에, 대한민국에서 체류 중 대한민국의 국적을 상실하거나 이탈하는 등 그 밖의 사유로 제10조에 따른 체류자격을 가지지 못하고 체류하게 되는 외국인은 **그 사유가 발생한 날부터 30일 이내**에 대통령령으로 정하는 바에 따라 체류자격을 받아야 한다.

⑤ **체류자격 변경허가** : 대한민국에 체류하는 외국인이 그 체류자격과 다른 체류자격에 해당하는 활동을 하려면 미리 **법무부장관의 체류자격 변경허가**를 받아야 한다. 그 신분이 변경되어 체류자격을 변경하려는 사람은 신분이 **변경된 날부터 30일 이내**에 법무부장관의 체류자격 변경허가를 받아야 한다.

11

(2) 내·외국인의 입국

1) 의 의

외국인이 우리나라에 입국하기 위해서는 유효한 여권과 여행하고자 하는 국가에서 발급하는 사증이 있어야 한다.

대륙법계	외국인 입국은 국가의 교통권으로 인정하므로 원칙적으로 **금지할 수 없다.**
영미법계	외국인 입국은 국내문제로 원칙적으로 외국인 입국을 **금지할 수 있다.** 기출
통 설	영미법계 입장으로 국가가 국제법상으로 외국인 입국을 허가할 의무는 없으며, 입국을 허가하는 경우에도 **제한을 가할 수 있다고 본다.**

2) 여 권

여권은 내국인의 출국을 증명하는 문서로 여권은 국외여행을 할 수 있음을 증명하는 **본국의 일방적인 증명서**이다. 기출 외국인의 신분을 국제적으로 확인하는 증서로서 입국하려는 국가의 당국에 제출하여 입국허가를 받아야 한다. 기출

발급권자	외교부장관은 여권 등의 발급, 재발급과 기재사항 변경에 관한 사무의 일부를 대통령령으로 정하는 바에 따라 **영사나 지방자치단체의 장에게 대행하게 할 수 있다.** 기출	
종 류	㉠ 일반여권·관용여권과 외교관여권 ㉡ 단수여권(1회에 한하여 외국여행을 할 수 있는 여권), 복수여권(유효기간 만료일까지 횟수에 제한 없이 외국여행을 할 수 있는 여권)	
유효기간	일반여권	**10년**(단, 18세 미만은 5년)
	관용여권	**5년**
	외교관여권	**5년**
발급거부	외교부장관은 다음에 해당하는 사람에 대하여는 여권의 발급 또는 재발급을 거부할 수 있다. –**장기 2년 이상의 형**에 해당하는 죄를 범하고 기소되어 있는 사람 또는 **장기 3년 이상의 형**에 해당하는 죄를 범하고 국외로 도피하여 **기소중지**된 사람 –「여권법」 제24조부터 제26조까지 규정된 죄를 범하여 형을 선고받고 그 집행이 종료되지 아니하거나 집행을 받지 아니하기로 확정되지 아니한 사람 –「여권법」 제24조부터 제26조 외의 죄를 범하여 금고 이상의 형을 선고받고 그 집행이 종료되지 아니하거나 집행을 받지 아니하기로 확정되지 아니한 사람	
여권을 대신하는 증명서	㉠ 국제연합이 그 직원들에게 발급하는 **국제연합통행증** 기출 ㉡ 무국적자에게 발급해주는 **여행증명서** ㉢ **난민여행증명서**	

3) 사 증

입국하려는 국가에서 발급하는 입국 및 체류허가서로 **법무부장관**이 발급권자이나, 그 권한을 재외공관장에게 위임할 수 있다. 기출

구분		내용
종 류		단수사증(1회 사용), 복수사증(2회 이상) 기출 ㉠ 단수사증－**발급일부터 3월** 기출 ㉡ 복수사증의 유효기간 ⓐ 외교(A－1), 공무(A－2), 협정(A－3)에 해당하는 자의 경우 발급일로부터 **3년간** 유효하다(출입국관리법 시행규칙 제12조 제2항 제1호). 기출 ⓑ 방문취업(H－2)에 해당하는 자의 복수사증은 **5년** 이내
무사증 입국 기출		㉠ **재입국허가**를 받은 자 또는 재입국허가가 면제된 자로서 그 허가 또는 면제받은 기간이 만료되기 전에 입국하는 자 ㉡ 대한민국과 사증면제협정을 체결한 국가의 국민으로서 그 협정에 의하여 면제의 대상이 되는 자 ㉢ **국제친선 · 관광** 또는 **대한민국의 이익** 등을 위하여 입국하는 자로서 대통령령이 정하는 바에 따라 입국허가를 받는 자 ⓐ 외국정부 또는 국제기구의 업무를 수행하는 자로서 부득이한 사유로 사증을 가지지 아니하고 입국하고자 하는 자 ⓑ **30일 이내의 기간** 내에 대한민국을 관광 또는 통과할 목적으로 입국하고자 하는 자 기출 ⓒ 기타 법무부장관이 대한민국의 이익 등을 위하여 그 입국이 필요하다고 인정하는 자 ㉣ **난민여행증명서**를 발급받고 출국하여 그 유효기간이 만료되기 전에 입국하는 자 기출
체류 자격	공무 (A－2)	대한민국정부가 승인한 외국정부 또는 국제기구의 공무를 수행하는 사람과 그 가족
	유학 (D－2)	전문대학 이상의 교육기관 또는 학술연구기관에서 정규과정의 교육을 받거나 특정 연구를 하려는 사람
	회화 지도 (E－2)	법무부장관이 정하는 자격요건을 갖춘 외국인으로서 외국어전문학원, 초등학교 이상의 교육기관 및 부설어학연구소, 방송사 및 기업체 부설 어학연수원, 그 밖에 이에 준하는 기관 또는 단체에서 외국어 회화지도에 종사하려는 사람 기출
	예술 흥행 (E－6)	수익이 따르는 음악, 미술, 문학 등의 예술활동과 수익을 목적으로 하는 연예, 연주, 연극, 운동경기, 광고 · 패션 모델, 그 밖에 이에 준하는 활동을 하려는 사람 기출
	비전문취업 (E－9)	「외국인근로자의 고용 등에 관한 법률」에 따른 국내 취업요건을 갖춘 사람(일정 자격이나 경력 등이 필요한 전문 직종에 종사하려는 사람은 제외)

체류 자격	결혼 이민 (F－6)	㉠ 국민의 배우자 ㉡ 국민과 혼인관계(사실상 혼인관계를 포함)에서 출생한 자녀를 양육하고 있는 부 또는 모로서 법무부장관이 인정하는 사람 ㉢ 국민인 배우자와 혼인한 상태로 국내에 체류하던 중 그 배우자의 사망이나 실종, 그 밖에 자신에게 책임이 없는 사유로 정상적인 혼인관계를 유지할 수 없는 사람으로서 법무부장관이 인정하는 사람

4) 여행증명서를 발급받을 수 있는 대상자(여권법 시행령 제16조)

① **출국하는 무국적자** 기출

② 국외에 체류하거나 거주하고 있는 사람으로서 여권을 잃어버리거나 유효기간이 만료되는 경우에 여권 발급을 기다릴 시간적 여유가 없어 긴급히 귀국하거나 제3국에 여행할 필요가 있는 사람

③ 국외에 거주하고 있는 사람으로서 일시 귀국한 후 여권을 잃어버리거나 유효기간이 만료되는 등의 경우에 여권 발급을 기다릴 시간적 여유가 없어 긴급히 거주지 국가로 출국하여야 할 필요가 있는 사람

④ **해외입양자** 기출

⑤「남북교류협력에 관한 법률」제10조에 따라 여행증명서를 소지하여야 하는 사람으로서 여행증명서를 발급할 필요가 있다고 외교부장관이 인정하는 사람

⑥「출입국관리법」제46조에 따라 대한민국 밖으로 강제퇴거되는 외국인으로서 그가 국적을 가지는 국가의 여권 또는 여권을 갈음하는 증명서를 발급받을 수 없는 사람

⑦ ①부터 ⑥까지의 규정에 준하는 사람으로서 긴급하게 여행증명서를 발급할 필요가 있다고 외교부장관이 인정하는 사람

5) 입국시 지문 및 얼굴에 관한 정보의 제공(출입국관리법 제12조의2)

① 입국하려는 외국인은 입국심사를 받을 때 지문 및 얼굴에 관한 정보를 제공하고 본인임을 확인하는 절차에 응하여야 한다.

② 다음에 해당하는 사람은 지문 및 얼굴에 관한 정보제공이 **면제**된다.

㉠ **17세 미만인 사람**

㉡ 외국정부 또는 국제기구의 업무를 수행하기 위하여 입국하는 사람과 그 동반 가족

㉢ 외국과의 우호 및 문화교류 증진, 경제활동 촉진 또는 대한민국의 이익 등을 고려하여 지문 및 얼굴에 관한 정보의 제공을 면제하는 것이 필요하다고 대통령령으로 정하는 사람

③ 출입국관리공무원은 외국인이 지문 및 얼굴에 관한 정보를 제공하지 아니하는 경우에는 그의 입국을 허가하지 아니할 수 있다.

6) 외국인의 입국금지(이의신청절차 없음) 기출

① **감염병환자·마약중독자**, 그 밖에 공중위생상 위해를 끼칠 염려가 있다고 인정되는 사람

② **총포·도검·화약류 등을 위법하게 가지고 입국**하려는 사람

③ **대한민국의 이익이나 공공의 안전을** 해하는 행동을 할 염려가 있다고 인정할만한 상당한 이유가 있는 사람

④ 경제질서 또는 사회질서를 해치거나 선량한 풍속을 해치는 행동을 할 염려가 있다고 인정할 만한 상당한 이유가 있는 사람

⑤ 사리분별 능력이 없고 국내에서 체류활동을 보조할 사람이 없는 정신장애인, 국내체류비용을 부담할 능력이 없는 사람, 그 밖에 구호가 필요한 사람

⑥ **강제퇴거명령을 받고 출국한 후 5년**이 경과되지 아니한 사람

⑦ 1910년 8월 29일부터 1945년 8월 15일까지 일본정부, 일본정부와 동맹관계에 있던 정부, 일본정부의 우월한 힘이 미치던 정부의 지시 또는 연계 하에 인종, 민족, 종교, 국적, 정치적 견해 등을 이유로 사람을 학살·학대하는 일에 관여한 사람

⑧ 이상의 규정에 준하는 자로서 법무부장관이 그 입국이 적당하지 아니하다고 인정하는 사람

참고

여행경보 기출

1단계 (여행유의)	여행유의는 특정 국가나 지역으로의 여행·체류에 있어 **신변안전에 유의가 필요하다**는 것을 나타내며, 위험요소를 피하도록 권고하는 단계
2단계 (여행자제)	여행자제는 해외여행·체류에 있어 여행의 필요성을 신중하게 검토하고, 여행을 하는 경우에는 **신변안전에 특별한 안전조치를 강구**하도록 권고하는 단계
3단계 (여행제한)	여행제한은 특정 국가나 지역으로의 여행은 어떠한 목적이건 **가급적 여행을 삼가고**, 현지체류 중인 국민들에게는 긴급한 용무가 아닌 한 귀국할 것을 권고하는 단계
4단계 (여행금지)	여행금지는 특정 국가나 지역으로 여행을 금지하고, 체류 중인 국민들에게는 즉시 안전한 국가나 지역(귀국 포함)으로 대피 및 철수토록 명령하는 단계

경찰기관 소속공무원의 공무국외여행 업무처리규칙

허가권자는 다음 각 호의 어느 하나에 해당하는 공무국외여행의 경우에는 소속공무원으로 구성되는 공무국외여행 심사위원회를 통해 그 타당성을 심사하여야 한다.

1. 업무수행 성격의 공무국외여행 중 여행경비의 전부 또는 일부를 경찰기관 외의 기관·단체(외국의 법집행기관, 국제기구는 제외) 또는 개인이 부담하는 경우
2. 포상·격려 또는 각종 시찰·견학·참관·자료수집 등 해외연찬성격의 공무국외여행과 그 연간 운영계획
3. 경찰기관이 주관하는 10명 이상의 단체 공무국외여행
4. 허가권자가 심사위원회의 심사를 거칠 필요가 있다고 인정하는 경우

참고

C.I.Q 과정 기출

과 정	통관절차(Customs)	세관공무원의 세관검열
	출입국심사(Immigration)	출입국관리공무원의 출입국심사
	감역조사(Quarantine)	검역관리공무원의 검역조사

출입국항에서 출입국에 필요한 통관절차·출입국심사·검역조사를 받게 되는데, 이러한 절차를 통상 C.I.Q 과정이라고 한다.

참고

출입국관리법에 규정된 상륙의 종류 기출

사증 없이 출입국 공항이나 만에서 출입국관리공무원이나 지방출입국·외국인관서의 장의 허가를 받아 일시 상륙하는 것으로 승무원상륙, 관광상륙, 긴급상륙허가(출입국관리공무원)와 재난상륙, 난민임시상륙허가(지방출입국·외국인관서의 장)가 있다.

승무원 상륙	① 승선 중인 선박 등이 대한민국의 출입국항에 정박하고 있는 동안 휴양 등의 목적으로 상륙하려는 외국인 승무원 기출 ② 대한민국의 출입국항에 예정이거나 정박 중인 선박 등으로 옮겨 타려는 외국인 승무원 ③ **15일 이내**(15일 범위 내에서 연장가능)
관광 상륙	① 관광을 목적으로 대한민국과 외국 해상을 국제적으로 순회하여 운항하는 여객운송선박 중 법무부령으로 정하는 선박에 승선한 외국인 승객 ② **3일 이내**(3일 범위 내에서 연장가능)

긴급 상륙	① 선박 등에 타고 있는 외국인이 질병 기타의 사고로 인하여 긴급히 상륙이 필요할 때 기출 ② **30일 이내**(30일 범위 내에서 연장가능)
재난 상륙 기출	① 조난한 선박 등에 타고 있는 외국인(승무원 포함)을 긴급히 구조할 필요가 있다고 인정할 때 ② 30일 이내(30일 범위 내에서 연장가능)
난민 임시 상륙	① 선박 등에 타고 있는 외국인이 생명 또는 신체의 자유를 침해받은 공포가 있는 영역으로부터 도피하여 곧바로 한국에 비호를 신청하는 경우 ② **90일 이내**(90일 범위 내에서 연장가능) ③ 난민임시상륙은 **법무부장관의 승인**을 받아 상륙허가를 할 수 있다. 이 경우 법무부장관은 외교부장관과 협의하여야 한다. 기출

7) 외국인의 출국

출국의 자유	외국인의 출국은 외국인이 체류하는 국가의 영역 밖으로 퇴거하거나 여행하는 것을 의미하고 자발적 출국은 자유이며 원칙적으로 이를 **금지할 수 없다.** 기출
강제적 출국	① 추방은 주권의 행사로 인정되지만, 정당한 이유 없이 추방하는 것은 권리남용이며 비우호적 행위로 취급한다. ② 외국인의 강제적 출국(추방이나 범죄인 인도)은 형벌이 아니라, 행정처분(행정행위)이다. 기출
출국 정지 기출	**법무부장관**은 다음에 해당하는 외국인에 대하여 그 출국을 정지할 수 있다. ① **범죄수사**를 위하여 그 출국이 부적당하다고 인정되는 사람 ② **형사재판에 계속 중**인 사람 ③ **징역형 또는 금고형**의 집행이 종료되지 아니한 사람 ④ 대통령령이 정하는 금액(**1천만원**) 이상의 벌금 또는 추징금(**2천만원**)을 납부하지 아니한 사람 ⑤ 대통령령이 정하는 금액(**5천만원**) 이상의 **국세 · 관세 또는 지방세**를 정당한 사유 없이 그 납부기한까지 납부하지 아니한 자 ⑥ 대한민국의 이익이나 공공의 안전 또는 경제질서를 해할 우려가 있어 그 출국이 부적당하다고 **법무부령**으로 정하는 자

(3) 내국인의 출국금지 기출

1) **법무부장관**은 다음에 해당하는 국민에 대하여는 **6개월 이내**의 기간을 정하여 출국을 금지할 수 있다.

① 형사재판에 계속 중인 사람 기출

② 징역형이나 금고형의 집행이 끝나지 아니한 사람 기출
③ **1천만원 이상**의 벌금 또는 추징금(2천만원)을 납부하지 아니한 사람
④ **5천만원 이상**의 국세 · 관세 또는 지방세를 정당한 사유 없이 납부기한까지 납부하지 아니한 자
⑤ 대한민국의 이익이나 공공의 안전 또는 경제질서를 해칠 우려가 있어 그 출국이 적당하지 아니하다고 법무부령으로 정하는 사람

2) 법무부장관은 범죄 수사를 위하여 출국이 적당하지 아니하다고 인정되는 사람에 대하여는 **1개월** 이내의 기간을 정하여 출국을 금지할 수 있다. 기출
① 소재를 알수 없어 기소중지결정이 된 사람 또는 도주 등 특별한 사유가 있어 수사진행이 어려운 사람은 **3개월** 이내 기출 출국을 금지
② 기소중지결정이 된 경우로서 체포영장 또는 구속영장이 발부된 사람은 **영장 유효기간** 이내 출국을 금지

3) **출국금지기간의 연장**
① **법무부장관**은 출국금지기간을 초과하여 계속 출국을 금지할 필요가 있다고 인정하는 경우에는 그 기간을 연장할 수 있다.
② 출국금지를 요청한 기관의 장은 출국금지기간을 초과하여 계속 출국을 금지할 필요가 있을 때에는 출국금지기간이 끝나기 **3일 전**까지 법무부장관에게 출국금지기간을 연장하여 줄 것을 요청하여야 한다.

(4) 외국인의 체류 및 활동 범위

① 외국인은 그 **체류자격과 체류기간의 범위** 내에서 대한민국에 체류할 수 있다.
② 대한민국에 체류하는 외국인은 이 법 또는 다른 법률이 정하는 경우를 제외하고는 **정치활동을 하여서는 아니 된다.**
③ 법무부장관은 대한민국에 체류하는 외국인이 정치활동을 한 때에는 그 외국인에 대하여 선면으로 그 활동의 중지 기타 필요한 명령을 할 수 있다.
④ 대한민국에 체류하는 외국인이 그 체류자격에 해당하는 활동과 함께 다른 체류자격에 해당하는 활동을 하려면 미리 **법무부장관의 체류자격 외 활동허가를 받아야 한다.** 기출

(5) 외국인을 고용한 자 등의 신고의무(출입국관리법 제19조)

취업활동을 할 수 있는 체류자격을 가지고 있는 외국인을 고용한 자는 다음에 해당하는 사유가 발생한 때에는 그 사실을 안 날부터 **15일 이내** 이를 지방출입국·외국인관서의 장에게 신고하여야 한다.

① 외국인을 해고하거나 외국인이 퇴직 또는 **사망**한 때
② 고용된 외국인의 **소재**를 알 수 없게 된 때
③ 고용**계약**의 중요한 내용을 변경한 때

(6) 외국인의 강제퇴거(출입국관리법 제46조)

1) 강제퇴거 대상

① **유효한 여권 또는 사증이 없이** 입국한 자
② 허위초청 등의 행위에 의하여 입국한 외국인
③ **입국금지 해당사유**가 입국 후에 발견되거나 발생한 자
④ 입출국심사규정에 위반한 자
⑤ 상륙허가 없이 상륙하였거나 상륙허가 조건을 위반한 자
⑥ 조건부입국허가시 출입국사무소장 또는 출장소장이 붙인 조건에 위반한 자
⑦ 법무부장관이 정한 거소 또는 활동범위의 제한 기타 준수사항을 위반한 자
⑧ 출국심사규정에 위반하여 출국하려고 한 자
⑨ **체류자격 외의 활동**을 하거나 체류기간**연장허가를 받지 않은** 자 기출
⑩ 외국인등록, 거소 또는 활동범위의 제한 기타 준수사항을 위반한 자 기출
⑪ **금고 이상의 형**을 선고를 받고 석방된 자 기출
⑫ 그 밖에 위에 준하는 사람으로서 **법무부령**으로 정하는 사람

2) 강제퇴거 절차

① 출입국관리공무원은 강제퇴거 대상자에 해당된다고 의심되는 외국인에 대하여는 그 사실을 조사할 수 있다.
② 출입국관리공무원은 외국인이 강제퇴거사유에 해당된다고 의심할 만한 상당한 이유가 있고 도주하거나 도주할 염려가 있는 경우 지방출입국·외국인관서의 장으로부터 보호명령서를 발부받아 그 외국인을 보호할 수 있다(보호기간은 **10일 이내**, 부득이한 사유가 있는 때에는 1차에 한하여 **10일 범위 내에서 연장 가능**).
③ 지방출입국·외국인관서의 장의 심사 및 강제퇴거대상자로 인정된 경우 강제퇴거명령서를 발부할 수 있다.

④ 강제퇴거명령서는 출입국관리공무원이 이를 집행한다(**의뢰에 의해 사법경찰관리**가 집행가능).

⑤ 강제퇴거사유가 동시에 형사처분사유가 된다면 병행 처벌가능

(7) 외국인근로자의 취업과 고용 기출

1) 근로계약(외국인근로자의 고용 등에 관한 법률 제9조)

① 사용자가 외국인근로자를 고용하고자 하는 경우에는 고용노동부령이 정하는 표준근로계약서를 사용하여 근로계약을 체결하여야 한다.

② 고용허가를 받은 사용자와 외국인근로자는 **3년 내**에서 당사자 간의 합의에 따라 근로계약을 체결하거나 갱신할 수 있다.

2) 취업의 제한(동법 제18조)

① 외국인근로자는 입국한 날부터 **3년의 범위 내**에서 취업활동을 할 수 있다(법 제18조).

② 고용허가를 받은 사용자에게 고용된 외국인근로자로서 취업활동기간 3년이 만료되어 출국하기 전에 사용자가 **고용노동부장관에게 재고용 허가**를 요청한 근로자. 특례고용가능확인을 받은 사용자에게 고용된 외국인근로자로서 취업활동기간 3년이 만료되어 출국하기 전에 사용자가 고용노동부장관에게 재고용 허가를 요청한 근로자는 **1회에 한하여 2년 미만**의 범위에서 취업활동기간을 연장받을 수 있다(동법 제18조의 2).

③ 국내에서 취업한 후 출국한 외국인근로자는 출국한 날부터 **6개월**이 지나지 아니하면 이 법에 따라 다시 취업할 수 없다(법 제18조의 3). 기출

④ 일정한 요건을 갖춘 외국인근로자로서 연장된 취업활동기간이 만료되어 출국하기 전에 사용자가 재입국 후의 고용허가를 신청하면 고용노동부장관은 그 외국인근로자에 대하여 출국한 날부터 **3개월**이 지나면 이 법에 따라 취업하도록 할 수 있다(법 제18조의4).

3) 사업 또는 사업장 변경의 허용(동법 제25조)

다른 사업 또는 사업장으로 변경을 신청한 날부터 **3월 이내**에 근무처 변경허가를 받지 못하거나 사용자와 근로계약 종료 후 **1월 이내**에 다른 사업 또는 사업장으로의 변경을 신청하지 아니한 외국인 근로자는 출국하여야 한다.

4 외교사절

(1) 의 의

외교사절은 외교교섭 기타의 직무를 수행하기 위하여 외국에 파견되는 국가의 대외적 대표기관을 말한다. 외교사절에는 상주사절과 임시사절이 있으며, **대사·공사** 등이 외교사절에 해당한다(영사 제외).

(2) 외교사절의 파견 기출

아그레망의 요청	파견 전에 접수국에게 특정인의 임명과 파견에 관해 문의하는 것
아그레망의 부여	① 아그레망 요청에 이의가 없다는 의사표시를 하는 것 ② 비우호적이라고 인정되는 경우 아그레망을 거절할 수 있고, 거절의 이유를 파견국에 통지할 필요는 없음
신임장 부여	특정인을 외교사절로 신임, 파견한다는 공문서
신임장 접수	외교사절이 접수국에 도착하면 신임장을 접수국의 외무당국에 제출

(3) 외교사절의 특권

1) 내 용

① 불가침권 기출

신체 불가침	외교사절은 어떠한 형태의 **체포 또는 구금도 당하지 않는다**. 다만, 긴급사태 시에는 **일시적인** 신체의 구금은 가능하다.
공관 불가침 기출	외교사절의 공관 및 외교관의 개인주택(부속건물, 정원, 차고 등 포함), 외교사절이 타는 자동차·비행기·보트도 불가침이다. 따라서 외교사절의 **동의 없이는** 출입·수색·강제집행 등을 할 수 없다. **(화재나 감염병 발생시는 동의 없이도** 출입할 수 있다)
문서 불가침	㉠ **공문서 및 사문서를 불문**하고 불가침권이 인정된다. 외교공관의 문서는 언제, 어디서나 불가침이므로, 수색·검열·압수되거나 그 제시가 요구되지 아니한다. 즉, 접수국의 관헌은 문서를 검열하거나 압수할 수 없다. **외교가 단절된 경우**에도 불가침권이 **인정**된다. ㉡ 문서가 간첩행위의 서증인 경우나 외교사절과 동일한 국적의 간첩이 주재국에서 절취 또는 복사한 문서는 불가침권을 상실한다.

11

② 치외법권

형사재판권 면제	㉠ 외교사절에 대해 형사재판권을 행사할 수 없으므로, 소추·체포·감금, 처벌할 수 없다. 중대한 범죄로 인정될 경우에도 면제권이 인정되며, **개인자격으로 행한 범죄도 면제권이 인정**된다. ㉡ 예외적으로는 외교사절의 소환을 요구하거나 퇴거를 요구할 수 있으며, **긴급시에는 일시적으로 신체의 자유를 구속**하는 등 제재조치 가능
민사재판권 면제	㉠ 원칙적으로 외교사절을 상대로 **민사소송을 제기할 수 없을 뿐만** 아니라 수리할 수도 없으며, 강제집행이나 손해배상청구 등도 일체 허용되지 않는다. 기출 ㉡ 예외적으로 외교사절이 자진출소·응소하는 경우 또는 외교사절 개인의 부동산 소유·영업·상속재산·손해배상 등에 관한 소송의 경우에는 재판에 응할 수 있다.
경찰권 면제	㉠ 원칙적으로 경찰의 명령이나 규칙은 외교사절을 **구속하지 않지만**, 외교사절이라도 주재국의 법질서를 존중할 의무로부터 해방되는 것은 아니므로 대사관 차량이라도 일상적 교통과 관련하여서는 교차로에서 적색신호에 정지하여야 한다. ㉡ 외교사절에 대한 **운전면허 행정처분은 가능**하며, 외교사절이 교통법규에 위반한 경우 일반범칙자와 같이 범칙금납부고지서를 발부할 수 있다(다만, 이를 공권력으로 관철할 수 없다). 기출 예외적으로 긴급시 긴급방어나 경찰강제가 허용된다.
과세권 면제 기출	㉠ 원칙적으로 외교사절은 접수국의 과세권으로부터 면제된다. ㉡ **간접세**, 외교사절이 개인적으로 접수국에서 **부동산** 등을 소유하거나 **영업**에 종사하거나 접수국에서 개시되는 상속에 의해 재산을 취득하는 경우 등에는 세금을 부과할 수 있다.

2) 외교특권의 향유범위

① 외교사절의 특권이 인정되는 시기와 종료시기

인정 시기	아그레망이 부여된 후 신임장을 휴대하고 **입국**한 때
종료 시기	외교사절이 접수국의 영토를 출국할 때 또는 출국하는 데 소요되는 상당한 기간이 경과했음에도 떠나지 않았을 때에는 그 기간이 종료한 때

② **외교특권의 인적 범위**

외교직원	㉠ 외교관의 직급을 가진 공관의 직원으로 **공사, 참사관, 서기관, 주재관** 등 ㉡ 외교직원 및 그 가족은 접수국 국민이 아닌 한, 공관장과 같은 특권과 면제 향유
행정 · 기능직원	㉠ 공관의 행정 및 기능업무에 고용된 공관직원으로 **개인 비서, 속기사, 타자수 등과** 외교 직원과 같은 특권과 면제 인정 ㉡ 민사 및 행정재판관할권은 **직무 중 행위에 한하여** 특권 인정 기출
노무직원	㉠ 공관의 관내업무에 종사하는 공관직원으로 **요리사, 운전사, 사환** 등 ㉡ 접수국 국민이나 영주권자가 아닌 한, **직무대상 중의 행위**에 한하여 면제 인정. 기출 보수에 대한 부과금이나 조세로부터 면제되고 사회보장 규정으로부터 면제
개인사용인	공관직원의 가사에 종사하며 파견국의 피고용인이 아닌 자로 보수에 대한 부과금이나 조세로부터 면제

5 영 사

(1) 의 의

영사는 임명국의 통상 · 산업 · 교통 · 항해 기타의 국가 경제적 목적수행과 자국민 보호를 위해 외국에 주재하는 국가기관이다. 영사는 국가를 대표해서 외교교섭을 할 권한은 없다. 영사 파견시에는 아그레망이나 신임장은 필요하지 않으며, 국가원수나 외교부장관 명의의 **위임장**을 부여한다. 영사는 외교사절과 같은 일반적인 외교특권을 가지지 않지만, **제한적인** 특권과 면제가 인정된다.

(2) 직 무

① 자국민보호, ② 우호관계촉진, ③ 정보수집, ④ 여권 및 사증발급, ⑤ 선박 및 항공기의 감독, ⑥ 기타 공관업무

(3) 영사 등에 관한 특칙(범죄수사규칙 제238조)

① 경찰관은 임명국의 국적을 가진 대한민국 주재의 총영사, 영사 또는 부영사에 대한 사건에 관하여 구속 또는 조사할 필요가 있다고 인정될 때에는 미리 **경찰청장**에게 보고하여 그 지시를 받아야 한다.

② 경찰관은 총영사, 영사 또는 부영사의 사무소는 당해 영사의 청구나 동의가 있는 경우 외에는 이에 출입해서는 아니 된다. 기출

11

③ 경찰관은 총영사, 영사 또는 부영사의 사택이나 명예영사의 사무소 혹은 사택에서 수사할 필요가 인정될 때에는 미리 경찰청장에게 보고하여 그 지시를 받아야 한다,

④ 경찰관은 총영사, 영사 또는 부영사나 명예영사의 사무소 안에 있는 기록문서에 관하여는 이를 열람하거나 압수하여서는 아니 된다.

외교사절과 영사의 비교

구 분	외교사절	영 사
성 질	정치적 기관(정치목적)	통상기관(경제목적)
외교교섭	가 능	불가능
아그레망	필 요	불 요
임무개시	신임장제출시	접수국의 인가장 부여시
신체 불가침	포괄적 신체 불가침 (단, 안전한 일시적 구속 가능)	공무에 한하여 (체포 · 구속 가능)
공관 불가침	공관뿐만 아니라 사저 포함	공관만 향유
문서 불가침	공문서 · 사문서	공문서만 불가침
면제권	포괄적 면제권 향유	공무상 행위만
규제법규	국제관습, 일반적인 협약	개별적 조약

6 외국군대 및 군함

(1) 외국군대

외국군대의 구성원은 군인 · 군속 · 그 부양가족을 포함하나, 무관은 외교특권 향유자이므로 외국군대에서 제외된다.

1) 주둔과 점령의 비교

구 분	주 둔	점 령
근 거	파견국과 접수국의 합의	파견국의 일방적행위
상 태	평상시	전쟁시
법적 지위	**조약**에 의해 정해짐	전시 **국제법**에 의함(점령국의 법이 아님)
주둔지역 영유권	우호관계에 기한 것으로 주둔지역의 영유권 귀속과 무관	점령지역 영유권은 평화조약에 의해 귀속관계를 결정

2) 외국군대의 지위

출입국관리	일반적으로 출입국절차를 간소화 해준다.
통관 및 관세	① 외국 군인은 원칙적으로 **접수국의 관세법**을 적용받는다. ② 일반적으로 공용 또는 사용으로 직접 사용하기 위해 외국군대 당국의 공인된 기관을 통하여 수입되는 물건은 **관세를 면제**하고 소득에 조세를 면제한다.
형사재판 관할권	외국군대 구성원은 외교특권이 인정되지 아니하며, 영토국인 접수국의 관할권에 종속된다.

(2) 외국군함

1) 군함 자체의 지위

불가침권	함장의 **동의를 얻어 들어가거나 인도를 요청**하여야 하며, 함장이 인도를 거부할 때에는 외교경로로 인도를 요구해야 한다.
비호권	범죄인을 연안국에 인도해야 할 의무가 있고 인도요청에 응하지 않는 군함에 대하여 연안국은 자국의 영해에서 퇴거할 것을 요구할 수 있다.
치외법권	**군함 내 민·형사사건, 군함자체에 관한 사건**은 연안국의 재판관할권으로부터 면제된다. 기출 항해·위생·경찰 등 연안국의 행정규칙을 준수해야 하며, 위반시 퇴거요구가 가능하다.

2) 군함승무원의 지위

공무상 외국의 영토에 상륙한 승무원	육상에서 공무수행 중 범죄는 관할권이 면제되고, 일시적 신체구속은 가능하나 처벌할 수는 없으며 함장의 인도 요구가 있으면 응해야 한다.
공무외 외국의 영토에 상륙한 승무원	연안국의 관할권이 인정되나, 관례상 범인을 군함에 인도한다.
탈주 승무원	**함장은 육상에서 직접 체포할 수 없고** 본국의 영사를 통해 연안국 관계기관에 체포를 요청해야 하며, 통상 탈주자는 군함의 관할 하에 있다고 간주하여 군함에 인도하는 것이 일반적이다.

3) 경찰관의 외국군함에의 출입

당해 군함의 **함장의 승낙이나 청구**가 있는 경우 외에는 출입할 수 없다. 범죄인 체포 등 수사에 있어 급속을 요할 경우에도 그 **신병의 인도나 수사상 협조를 요구**할 수 있을 뿐이다.

11

제3절 외사경찰활동

1 외사수사활동

(1) 의 의

외국인 또는 외국과 관련된 범죄 및 범죄자에 대해 공소를 제기하고 이를 유지하기 위한 준비절차로서 범죄사실을 탐지하고, 범인을 검거·조사하여, 증거를 수집·보전하는 활동을 말한다.

(2) 외사범죄수사

1) 외사범죄의 처리방법

① 외국인 범죄는 **경찰서장·지방경찰청장**에게 **즉보**하여야 한다.

② **수사의 착수** : 중요한 범죄에 관하여서는 **경찰청장에게 보고**하여 그 지시를 받아 수사에 착수, 다만 신속을 요하는 경우에는 필요한 처분을 한 후 신속히 경찰청장의 지시를 받아야 한다.

③ **영사기관에의 통보**

체포·구속 시	변호인 선임권, 진술거부권 등 일반적인 고지사항 외에 ㉠ 해당 영사기관에 **신병구속사실의 통보**를 요청할 수 있다는 점 ㉡ 한국 법령에 위반되지 않는 한도 내에 해당 영사기관원과 **접견·교통을 요청**할 수 있다는 점을 고지해야 한다.
통보 및 접견요청	피의자가 영사기관 통보 및 접견을 요청한 경우에는 해당 영사기관에 **지체 없이 통보**하여야 한다.
통보 및 접견거부	통보할 의무는 없으나 **통보해도 무방하고**, 해당 영사기관의 접견신청에 대해서 응할 필요는 없다(러시아의 경우 외국과의 조약에 따라 피의자 의사와 관계없이 반드시 통보).
외국인의 피의자 조사	공정성 확보를 위해 **조사관이 외국어에 능통하더라도 통역에 참여**

2) 출입국위반사범의 수사

① 수사기관이 출입국사범을 입건한 때에는 지체 없이 관할 **지방출입국·외국인관서의 장**에게 사건을 인계하여야 한다.

② 「출입국관리법」상 출입국관리사범에 관한 사건은 지방출입국·외국관서의 장의 **고발이 없이는 공소를 제기할 수 없다.**

③ 형사사건과 「출입국관리법」 위반이 병합된 경우: **일반형사사건 절차를 종료한 후**에 출입국관리사무소에 인계한다.

3) **국제범죄조직수사**

① 3개 이상 권력체제가 있고 배타적, 제한적이다.

② 조직원의 담당임무와 활동영역이 전문화・분업화되어 있다.

③ 금전과 권력획득이 목적이고 비이념적・비정치적이다.

제4절 주한미군지위협정(Status Of Forces Agreement)

1 의의

(1) 주한미군지위협정

SOFA(Status Of Forces Agreement)는 1966년 7월 9일에 대한민국과 미합중국간의 상호방위조약에 의거 시설과 구역 및 대한민국에서 미합중국군대의 지위에 관한협정을 한・미 양국이 체결한 것을 의미한다. 주한미군지위협정은 다른 주둔군 지위협정과 마찬가지로 영토주권의 원칙에 의하여 '**접수국 법령 존중의 원칙**'을 규정하고 있다. 기출

(2) 변천과정

1) **대전협정**

SOFA 체결 전에는 대전협정(1950년)과 마이어협정(1952년)에 의하여 주한미군의 지위 인정 기출

2) **주한미군지위협정**

1966년 체결하여 1967년 발효되었으며 합의의사록, 양해사항, 교환서한으로 구성되어 기출 한국의 재판권을 과도하게 제한

3) **1차 개정**(1991. 1. 4)

한국이 재판권행사 의사를 표하지 않는 한 미국이 재판권행사를 한다는 교환각서와 살인, 강간 등 중요범죄에 한하여 한국은 재판권을 행사한다는 조항을 파기함

4) **2차 개정**(2001. 1. 18)

중요범죄의 미군피의자 신병인도시기를 **재판 후에서 기소 후**로 앞당기고, 환경조항 등이 신설

2 협정의 적용대상자(협정 제1조) 기출

(1) 미합중국 군대의 구성원

대한민국 영역 안에 주둔하고 있는 미국의 육·해·공군에 속하는 현역 군인으로 한정하고 주한미대사관에 부속된 합중국군대의 인원, 주한미대사관에 근무하는 **무관과 주한미군사고문단원은 대상자에서 제외**된다. 기출

(2) 군속(軍屬)

① 미국의 국적(또는 대한민국 외의 국적)을 가진 민간인으로서 대한민국에 있는 미군에 고용되거나 동 군대에 근무하거나 또는 동반하는 자를 말한다.

② 한미양국의 국적을 모두 가진 **복수국적자인 군속**의 경우에도 그가 주한 미군사령부의 지휘통제를 받는 자라면 주한미군지위협정의 적용대상이 된다.

(3) 가 족

① 미합중국 군대의 구성원 또는 군속의 가족 중 **배우자**(미국 시민권자만) 및 **21세 미만**의 자녀

② 부모 및 21세 이상의 자녀 또는 기타 친척으로서 그 생계비의 반액 이상을 미군의 구성원 또는 군속에 의하는 자

(4) 초청계약자

미국의 법률에 따라 조직된 법인이나 미합중국 내에 **통상적으로 거주하는 자와 고용원** 및 그의 가족으로서 주한미군 등의 군대를 위하여 특정한 조건하에 미국정부의 지정에 의한 수의계약을 맺고 대한민국에서 근무하는 자

3 형사재판권

(1) 재판관할권

주둔군에 대한 접수국의 형사재판권에 관한 국제관례는 주둔군은 접수국으로부터 국가 면제를 누리지 못하고 **접수국의 관할권에 속하는 것이 원칙**이다. 다만, 주둔의 이유 등을 고려하여 접수국과 파견국간의 협정에 의해 일정한 배분을 규정하고 있다.

(2) 전속권 재판권

미군 당국의 전속권 재판권	미국의 안전에 관한 범죄, 구성원이나 군속 및 그들의 가족에 대하여 미국 법령에 의하여 처벌할 수 있으나 **대한민국 법령에 의해서는 처벌할 수 없는 범죄**
대한민국 전속적 재판권	대한민국의 안전에 관한 범죄, 한국 법령에 의하여 처벌할 수 있으나, **미국 법령에 의하여는 처벌할 수 없는 범죄**

(3) 제1차적 재판권(재판권의 경합)

대한민국과 미군당국이 각각 자국의 법률에 의하여 재판하여 처벌할 수 있는 경우 어느 나라 재판권이 우선하는지의 문제

1) 미군당국의 제1차적 재판권

① 오로지 미국의 재산이나 안전에 관한 범죄

예 부대 내에서 관물절도, 미군이 주한미대사관 시설 파괴

② 오로지 미국군대의 타구성원이나 군속 또는 그들 가족의 신체나 재산에 대한 범죄

예 미군 상호간의 폭행(미군과 카투사 간의 상호폭행 포함)

③ 공무집행 중의 작위 또는 부작위에 의한 범죄

예 공무수행에 부수된 행위도 공무개념에 포함 기출

2) 대한민국의 제1차적 재판권

미국당국의 제1차적 재판권 행사의 대상에 속하지 않는 모든 범죄에 관하여 한국에 1차적 재판권이 있다.

3) 재판포기권

제1차적 권리를 가지는 국가는 상대국으로부터 권리포기의 요청이 있으면, 재판권 행사가 특히 중요하다고 결정한 경우를 제외하고는 요청에 대하여 재판권 포기를 고려 하여야 한다.

4 사건처리

(1) 경찰서의 처리

① 경찰서로 동행 후 대조하여 SOFA 대상자 여부 재차 확인 후 **기초사실조사서**를 작성한다.
② 소속부대 헌병대에 전화 등으로 **지체 없이** 체포사실을 통고한다.
③ 사건접수 후 **24시간 내** 지방검찰청에 주한미군지위협정사건 발생보고를 한다.
④ 미헌병대의 신병요청시 책임장교 서명과 신병인수증 접수 후 미군당국에 신병 인도한다.

(2) 피의자조사 및 송치

수사담당관서는 48시간 전 피의자 출석요구를 하고 피의자 신문조서를 작성한다. 피의자 서명치 않고 **미국정부 대표자가 입회 후 서명**한다(서명 없는 경우 그 효력을 상실한다).

(3) 재판 전 피의자 체포 및 구금

1) 피의자 체포

협정 대상자에 대한 '체포와 인도에 있어서 상호 조력하여야 한다'고 상호 협력의무를 명시하고 있다. 또한 협정대상자를 체포한 경우 **지체 없이 알려야 한다는 상호 통지**의무를 명시하고 있다.

① 대한민국은 전속적 또는 1차적 재판권 유무를 불문하고 미군당국에 통고한다.
② 미군당국은 대한민국이 **1차적 재판권을 가지는 경우에만 통고**한다.

2) 피의자의 구금 및 인도

① 미군당국이 체포한 경우

㉠ 대한민국의 구금인도 요청에 대해 미군당국은 **호의적 고려**를 해야 한다고 규정하고 있다. 재판절차가 종결되어 대한민국 당국이 구금을 요청할 때까지 **미군당국이 계속 구금할 수 있다.**

㉡ 대한민국이 1차적 재판권을 가지고 기소시 또는 그 이후 구금인도를 요청한 범죄가 구금을 필요로 하기에 충분한 중대성을 지니는 **12개의 중요범죄에 해당**하고, 구금의 **상당한 이유와 필요**가 있는 경우 미군당국이 대한민국에 인도한다.

② **대한민국이 체포한 경우**

㉠ 미군당국의 요청이 있으면 대한민국에 의한 수사와 재판이 가능할 것을 전제로 '인도되어야 한다'는 **강제성을 내포**하고 있다. 기출

㉡ 인도 후 미군이 구금하고, 우리나라 재판이 종결된 후 미군당국에 인도요청을 하게 되면 한국이 신병을 인도받게 된다.

㉢ '**살인 또는 강간죄**'를 저지른 미군 피의자를 한국 수사기관이 체포하거나 피의자를 구금해야 할 필요성이 있을 경우에는 미군 측에 신병을 인도하지 않고 **계속 구금이 가능하다**.

㉣ 살인·강간 이외에 중요 12개 범죄유형에 해당하고 구속의 필요성이 있으면 미군 측에 신병인도 요청을 자제할 것

5 시설 및 구역 내의 경찰권

시설 및 구역 내부의 경찰권	① 미군 경찰은 시설 및 구역 내의 질서 및 안전보장을 위하여 구역 내에서 범죄자를 체포할 수 있다. 대한민국도 미군이 **동의한 경우**와 중대한 범죄의 **현행범인**을 추적하는 경우에는 미군당국의 시설 및 구역 내에서 범인을 체포할 수 있다. 기출 ② 주한미군지위협정의 대상자가 아닌 범죄자를 미군이 시설 내에서 체포했을 경우 한국이 요청하면 그 자를 **즉시 인도**하여야 한다.
시설 및 구역주변 경찰권	미군사경찰은 시설 및 구역 주변에서 국적여하를 불문하고 **현행범인을 체포·유치**할 수 있으며, 그러한 자가 주한미군지위협정 대상자가 아닌 경우에는 즉시 대한민국에 인도해야 한다.
압수·수색·검증	대한민국은 미군당국의 동의가 없으면 시설 또는 구역 내에서 사람이나 재산에 관하여 또는 시설 및 구역내외를 불문하고 미군 재산에 관하여 **압수·수색 또는 검증을 할 수 없다.**

6 국가배상

(1) 공무 중 발생한 손해

공무수행 중 발생한 손해에 대해서는 「국가배상법」에 의해 대한민국이 1차적으로 배상을 한 뒤 미국에 대해 구상권을 행사한다. 전적으로 미군의 책임인 경우는 **미국이** 75%, **한국정부가** 25%를 배상한다. 기출

(2) 공무 이외에 발생한 손해

공무집행 중 이외에 발생한 손해에 대해서는 국가배상심의회가 그 배상금을 산정하여 미군에 통보하면, 미국당국이 보상액을 최종결정한다. 피해자가 미군당국이 결정한 보상금 지급에 전적으로 동의할 경우 100%를 **미군이 부담**한다.

(3) 배상신청

① **공무 중** 사건의 경우 배상신청의 기한은 피해행위가 있었던 날부터 **5년 이내**이며, 배상신청과 별도로 국가를 상대로 손해배상소송이 가능하다.

② **비공무 중** 사건의 경우 배상신청의 기한은 피해행위가 있었던 날로부터 **2년 이내**이며, 배상신청과 별도로 미군 개인을 상대로 손해배상소송이 가능하다.

7 주한미군지위협정(SOFA)의 문제점

① 미군, 군속 및 그들의 가족과 함께 초청계약자까지 대상으로 포함하고 있어 그 범위가 지나치게 넓고, 한국정부가 1차적 재판권을 가지고 있는 경우에도 특히 중요하다고 인정되는 경우 외에는 **1차적 재판권을 포기하는 경우가 많다**.

② 미군이 미군 피의자 신병인도 요청을 하는 경우 살인 등 12개 범죄유형 외에는 **즉시 신병을 인도**하게 되어 있다.

③ '육체적 · 정신적으로 자신의 변호에 부적당한 때'에는 심판에 출석을 요청받지 않을 권리, '미군의 위신과 합당하는 조건이 아닌 경우'에는 죄수복을 입지 않을 수도 있고, 수갑을 채우지 아니할 수 있는 권리가 있다고 규정되어 있어 **사실상 재판을 거부할 권리**를 부여하는 결과가 된다.

제5절 국제경찰공조

1 국제경찰기구(ICPO: The International Criminal Police Organization)

(1) 의 의

회원국 상호간 각종 정보와 자료를 교환하고, 또한 범인체포 및 인도에 있어서 원활한 협조관계를 유지하는 형사경찰의 정부간 국제공조기구이다. 기출 인터폴헌장은 국제적 공조기구의 헌장일 뿐이므로 외교적 서명이나 정부의 비준을 필요로 하지 않는다.

(2) 발전과정

① 1914년 모나코에서 제1차 국제형사경찰회의 개최
② 1923년 비엔나에서 제2차 국제형사경찰회의 개최, '국제형사경찰위원회(ICPC)' 창설
③ 1956년 제25차 비엔나 ICPC총회에서 '국제형사경찰기구(ICPO)' 발족(회원수－55개국)
④ 1971년 국제연합에서 정부간 국제기구로 인정
⑤ 1996년 국제연합총회에서 옵저버 지위를 부여받음
⑥ 2008년 현재 회원국 186개국의 범세계적 국제기구로 발전함

(3) 목 적

국제형사경찰기구는 범죄의 예방과 진압을 위해 각 회원국간의 현행법 범위 내에서 회원국 간의 가능한 다방면에 걸쳐 상호 협력을 증진시키는 것을 목적으로 **범죄정보와 자료를 교환**한다. 기출 인터폴은 국제공조기구이지 **국제수사기관이 아니다**. 따라서 인터폴은 국제수사관을 두어 각국의 법과 국경에 관계없이 자유롭게 왕래하면서 범인을 추적, 수사하는 기관이 아니다. 따라서 체포나 구속 등에 대한 권한이 없다. 기출

(4) 조 직

총 회	최고의결기관으로 매년 한 번씩 개최(총재, 임기 4년)
국가 중앙 사무국	모든 회원국에 설치된 상설기구로서 타국으로부터 수신되는 각종공조요구에 응할 수 있도록 설치된 기구 기출 우리나라는 경찰청 외사국 외사수사과 인터폴계가 수행한다.
집행위원회	총회에서 선출되는 13명의 위원으로 구성되며, 헌장개정, 재정에 관한 규칙을 채택, 재정분담금 연체에 대한 제재방안 등 결정
사무총국	상설행정기관으로 총회와 집행위원회에서 결정된 사항을 집행하며, 회원국간 협조, 국제범죄에 대한 정보를 교환함으로써 국제경찰협력에 있어 충추적 역할을 수행한다(국제수배서도 발행).

(5) 인터폴 공조절차(외국에 대한 공조요청) 기출

경찰서 → 지방경찰청 외사과(계) → 경찰청 외사수사과 인터폴계 → **인터폴 사무총국** → **피요청국 인터폴 국가중앙사무국** → 상대국 일선 경찰관서

(6) 국제수배서

1) 국제수배서 종류 기출

적색수배서	국제**체포**수배서로 일반형법을 위반하여 체포영장이 발부되고 범죄인 인도를 목적으로 하는 경우에 한하여 발행 기출 ① 살인, 강도, 강간 등 강력범죄 관련사범 ② 다액(**50억원 이상**) 경제사범 기출 ③ 폭력조직원 중간보스 이상 조직폭력사범 ④ 기타 수사관서에서 특별히 적색수배를 요청하는 중요사범
청색수배서	피수배자의 신원과 소재확인을 목적으로 발행되며, 일반형법위반자료로 범인 인도를 요청할 가능성이 있는 자에게 발행(**국제정보**조회수배서)
녹색수배서	**상습적**으로 범행하였거나 범행할 우려가 있는 국제범죄자의 동향을 파악케 하여 그 범행을 방지할 목적으로 발행 기출 (**상습**국제범죄자수배서)
황색수배서	**가출인**의 소재확인, 기억상실자 등의 신원을 파악하기 위하여 발행 기출
흑색수배서	사망자의 신원을 확인할 수 없거나 또는 사망자가 가명을 사용하였을 경우 정확한 신원을 확인할 목적으로 발행 기출
장물수배서	도난당하거나 불법으로 취득한 것으로 보이는 물건이나 문화재에 대하여 상품적 가치를 고려하여 발행
자주색수배서	세계 각국에서 사용된 새로운 범죄수법을 사무총국에서 집중관리하고, 회원국에 배포하여 범죄예방과 수사자료에 활용케 할 목적으로 발행(범죄수법수배서)
오렌지수배서	**폭발물, 테러범**(위험인물) 등에 대하여 보안을 위하여 발행 기출

2) 국제수배자 발견시 조치사항

적백수배서를 긴급인도구속 청구서로 인정하는 국가	국제수배자 발견시 **즉시 체포**하고 범죄인 인도절차에 따라 범인의 신병을 인도할 수 있다.
적색수배서를 긴급인도구속 청구서로 인정하지 않는 국가	국제수배자 발견시 **즉시 체포하지 못하고** 소재확인 및 계속 동향을 감시하고 수배국에 입국사실을 통보해야 하며, 수배국에서 범죄인 인도를 청구할 수 있도록 적절히 조치하여야 한다.

참고

아세아나폴 (ASEANAPOL)	① 아세안 국가간 국제범죄 공동대응을 위한 범죄정보교환 및 법집행 관련 노하우 공유목적으로 1981년 설립된 치안총수협의체로 마약무기밀매, 신용카드 및 여권위·변조, 경제범죄분야 등 논의를 위해 3개의 특별위원회를 두고 있다. 인터폴이나 유로폴과는 달리 사무총국이 따로 설치되어 있지 않음 ② 말레이시아, 인도네시아, 싱가폴, 필리핀, 태국, 미얀마, 라오스, 캄보디아, 베트남, 브루나이 10개 회원국 외에 한국, 중국, 일본, 호주, 뉴질랜드 등 아세안 인접국과 인터폴, 유로폴 등 국제기구를 초정하고 있으며, 우리나라는 2005년부터 옵저버 자격으로 참석
유로폴 (EUROPOL)	유럽연합조약에 근거하여 테러예방과 진압, 마약거래, 돈세탁과 관련된 정보교환 등을 목적으로 하여 설치(네덜란드 헤이그에 본부)

2 국제형사사법공조

(1) 의 의

형사사건에 있어서의 수사·기소·재판절차와 관련하여 국가의 요청에 의하여 다른 국가가 행하는 형사사법상 협조를 의미한다. 기출

(2) 국제형사사법공조의 기본원칙

1) 상호주의

형사사법공조에 있어 외국이 사법공조를 행하여 주는 만큼 자국도 동일 또는 유사한 범위 내에서 당해 외국으로부터 공조요청에 응한다는 원칙 기출

2) 쌍방가벌성

공조의 대상이 되는 범죄는 요청국과 피요청국에서 모두 처벌가능한 범죄이어야 한다는 원칙

3) 특정성의 원칙

요청국이 공조에 따라 취득한 증거를 공조요청한 범죄 이외의 범죄에 관한 수사나 재판에 사용하여서는 아니 되며, 증인으로 출석시 피요청국 출발 이전 행위로 인한 구금·소추 등 자유의 제한을 받지 않는 원칙

(3) 국제형사사법공조법과 형사사법공조조약

1991년 3월 8일 국제형사사법공조법을 제정하여 형사사법공조조약 체결을 추진하고 있다. **호주(최초 체결) · 캐나다 · 프랑스** 등 다수의 국가와 형사사법공조조약이 발효 중이고 국제형사사법공조법과 공조조약이 상충되는 경우 공조조약이 우선한다.

(4) 공조의 범위 및 거절사유

공조범위 (법 제5조)	① 사람 · 물건의 소재수사 ② 서류기록의 제공 ③ 서류 등의 솔달 ④ 증거수집 · 압수 · 수색 · 검증 ⑤ 증거물 등 물건의 인도 ⑥ 진술청취 기타 요청국에서 증언하게 하거나 수사에 협조하게 하는 조치
공조 제한	① 대한민국의 주권, 국가안전보장, 안녕질서 또는 미풍양속을 해할 우려가 있는 경우(재산상 손실 제외) 기출 ② 인종 · 국적 · 성별 · 종교 · 사회적 신분 또는 **특정 사회단체**에 속한다는 사실이나 **정치적 견해**를 달리한다는 이유로 처벌받을 우려가 있는 경우 기출 ③ 공조범죄가 정치적 성격을 지닌 다른 범죄에 대한 수사 또는 재판을 할 목적으로 행하여진 것이라고 인정되는 경우 기출 ④ 공조범죄가 대한민국의 법률에 의하여 **범죄를 구성하지 아니하거나** 공소를 제기할 수 없는 범죄인 경우 기출 ⑤ 공조법에 요청국이 보증하도록 규정되어 있음에도 불구하고 요청국의 **보증이 없는 경우**
공조의 연기	외국의 공조요청이 대한민국에서 수사진행중이거나 재판에 계속된 범죄에 대한 경우에는 그 수사 또는 재판절차가 종료될 때까지 공조 연기 가능 기출

(5) 공조절차

1) 외국의 공조요청에 의한 경우

① 요청국의 수사공조요청 접수
② **외교부장관은 법무부장관**에게 공조요청서 송부
③ 법무부장관은 공조 여부 결정하여 관할 **지방검찰청 검사장**에게 공조명령
④ 지방검찰청 소속 검사가 공조자료수집

2) 외국에 대한 수사공조요청 기출

① 사법경찰관은 **검사에게 신청**하여 검사는 법무부장관에게 공조요청서를 송부 기출

② 법무부장관은 외국에 공조요청하는 것이 상당하다고 인정하는 경우에는 이를 **외교부장관**에게 송부

③ 외교부장관은 공조요청서를 외국에 송부

3 범죄인 인도 기출

(1) 의 의

외국에서 범죄를 저지르고 자국에 입국해 있는 피의자나 유죄판결자를 해당 국가의 요구에 따라 재판 및 처벌을 하도록 인도해 주는 것을 의미한다. 1988년 **「범죄인 인도법」**을 제정·공포하였고, 이의 시행을 위해 범죄인 인도법에 의한 심사 등의 절차에 관한 규칙을 제정하여 시행하고 있다. 범죄인 인도에 관하여 인도조약에 「범죄인 인도법」과 다른 규정이 있는 경우에는 그 규정에 따른다.

(2) 범죄인 인도의 원칙

1) 상호주의의 원칙(범죄인 인도법 제4조)

인도조약이 체결되어 있지 아니한 경우에도 범죄인의 인도를 청구하는 국가가 같은 종류 또는 유사한 인도범죄에 대한 대한민국의 범죄인 인도청구에 응한다는 보증을 하는 경우에는 **「범죄인 인도법」**을 적용한다.

2) 쌍방 가벌성의 원칙 기출

인도를 요구하는 국가의 형법과 요구받은 국가의 **형법상 모두 범죄가 성립**되는 사실의 경우에만 범죄인을 인도한다는 원칙이다. 기출 대한민국과 청구국의 법률에 따라 인도범죄가 **사형, 무기징역, 무기금고, 장기(長期) 1년 이상의 징역 또는 금고에 해당하는 경우에만** 범죄인을 인도할 수 있다(법 제6조).

3) 정치범 불인도의 원칙(동법 제8조) 기출

인도범죄가 정치적 성격을 지닌 범죄이거나 그와 관련된 범죄인 경우에는 범죄인을 인도하지 않는다는 원칙으로 정치범죄는 국제법상 불확정적인 개념으로서 정치범죄 해당 여부는 전적으로 피청구국의 판단에 의존한다. 인도청구가 범죄인이 범한 정치적 성격을 지닌 다른 범죄에 대하여 재판을 하거나 그러한 범죄에 대하여 이미 **확정된 형을 집행할 목적으로 행하여진 것이라고 인정되는 경우에는 범죄인을 인도하여서는 아니 된다.** 기출

인도범죄가 다음에 해당하는 경우에는 인도할 수 있다.

① 국가원수·정부수반 또는 그 가족의 생명·신체를 침해하거나 위협하는 범죄 기출

② 다자간 조약에 따라 대한민국이 범죄인에 대하여 재판권을 행사하거나 범죄인을 인도할 의무를 부담하고 있는 범죄
③ 여러 사람이 생명·신체를 침해·위협하거나 이에 대한 위험을 발생시키는 범죄

4) **자국민 불인도의 원칙**(법 제9조)

인도의 대상이 되는 범죄인은 **원칙적으로 외국인**에 한하며, 범죄인이 자국인일 때에는 인도하지 않는 것이다. 대륙법계 국가에서는 채택되고 있으나, 영미법계 국가는 채택하지 않고 있다. 즉, 보편적인 국제원칙은 아니다(임의적 인도거절사유). 기출

5) **특정성의 원칙**(법 제10조)

인도된 범죄인은 원칙적으로 인도요청 범죄로만 처벌해야지 **다른 항목의 범죄로 처벌할 수 없고,** 제3국에 인도되지 아니한다는 원칙이다. 다음의 경우에는 예외이다.
① 인도가 허용된 범죄사실의 범위에서 유죄로 인정될 수 있는 범죄 또는 인도된 후에 범한 범죄로 범죄인을 처벌하는 경우
② 범죄인이 인도된 후 청구국의 영역을 떠났다가 자발적으로 청구국에 재입국한 경우
③ 범죄인이 자유롭게 청구국을 떠날 수 있게 된 후 45일 이내에 청구국의 영역을 떠나지 아니한 경우
④ 대한민국이 동의하는 경우

6) **유형성의 원칙**(법 제7조 제1호)

범인인도가 범인을 실제로 처벌하기 위하여 필요해야 하고, 인도가 실제로 유용해야 한다는 원칙이다. 기출

7) **최소한의 중요성 원칙**(법 제6조) 기출

대한민국과 청구국의 법률에 따라 인도범죄가 **사형, 무기징역, 무기금고, 장기 1년 이상의 징역 또는 금고에 해당하는 경우에만 범죄인을 인도**할 수 있다. 최소한의 중요성이 있어야 한다.

8) **군사범 불인도 원칙**

탈영, 항명 등의 군사범죄는 인도하지 않는다는 원칙이다. 우리나라 범죄인 인도법에 명문규정을 두고 있지 않다. 기출

(3) 범죄인 인도법상 인도거절사유 기출

절대적 인도거절사유 (법 제7조)	① 대한민국 또는 청구국의 법률에 따라 인도범죄에 관한 **공소시효 또는 형의 시효가 완성된 경우** ② 인도범죄에 관하여 대한민국 법원에서 재판이 계속 중이거나 재판이 확정된 경우 ③ 범죄인이 인도범죄를 범하였다고 **의심할 만한 상당한 이유**가 있는 경우. 다만, 인도범죄에 관하여 청구국에서 유죄의 재판이 있는 경우는 제외한다. ④ 범죄인이 인종, 종교, 국적, 성별, 정치적 신념 또는 특정 사회단체에 속한 것 등을 이유로 처벌되거나 그 밖의 불리한 처분을 받을 염려가 있다고 인정되는 경우
임의적 인도거절사유 (법 제9조)	① 범죄인이 **대한민국 국민**인 경우 ② 인도범죄의 전부 또는 일부를 **대한민국 영역**에서 범한 것인 경우 기출 ③ 범죄인이 **인도범죄 외의 범죄**에 관하여 대한민국 법원에 재판이 계속 중인 경우 ④ 범죄인이 인도범죄에 관하여 **제3국**에서 재판을 받고 처벌되었거나 처벌받지 아니하기로 확정된 경우 ⑤ 인도범죄의 성격과 범죄인이 처한 환경 등에 비추어 범죄인을 인도하는 것이 비인도적이라고 인정되는 경우 기출

(4) 범죄인 인도의 절차

1) 외국의 인도청구가 있는 경우

인도청구서의 접수	조약체결국가는 **외교경로**를 통하여 청구하고, 계약미체결국가는 상호보증서를 첨부하여 진행한다.
외교부장관의 처리	외교부장관은 청구국으로부터 범죄인의 인도청구를 받은 때에는 인도청구서와 자료를 **법무부장관에게 송부**하여야 한다.
법무부장관의 인도심사청구 명령	법무부장관은 외교부장관으로부터 인도청구서 등을 받은 때에는 이를 **서울고등검찰청검사장에게 송부**하고 소속검사로 하여금 서울고등법원에 범죄인의 인도허가여부에 관한 심사를 청구하도록 명하여야 한다. 법무부장관은 인도조약 또는 「범죄인 인도법」 규정에 의하여 범죄인을 인도할 수 없거나 인도하지 아니하는 것이 상당하다고 인정되는 때에는 인도심사청구명령을 하지 않을 수 있다(외교부장관에게 통지). 기출
인도심사청구 기출	검사는 법무부장관의 인도심사청구명령이 있는 때에는 지체 없이 **법원에 인도심사를 청구**하여야 한다. 범죄인이 인도구속영장에 의하여 구속된 때에는 구속된 날로부터 **3일 이내**에 인도심사를 청구하여야 한다.

11

법원의 인도심사	서울고등법원은 인도심사의 청구를 받은 때에는 지체 없이 인도심사를 개시하여야 한다. 기출 범죄인이 인도구속영장에 의하여 구속 중인 때에는 구속된 날로부터 **2월 이내**에 인도심사에 관한 결정을 하여야 한다. 기출 서울고등법원은 범죄인 인도 심사 후 사안에 따라 결정, 청구각하 인도거절결정, 인도허가결정을 하며, 범죄인 인도에 관한 그 결정에 대하여는 **불복신청이 인정되지 않는다**.

2) 우리나라의 외국에 대한 인도청구

① **법무부장관의 인도청구** : 법무부장관은 대한민국 법률을 위반한 범죄인이 외국에 머무르는 경우 그 외국에 대하여 **범죄인 인도 또는 긴급인도구속을 청구**할 수 있다.

② **검사의 범죄인 인도청구**: 검사는 외국에 대한 범죄인 인도청구 또는 긴급인도구속청구 또는 긴급인도구속청구를 건의할 수 있다.

③ **법무부장관**은 외국으로부터 인도받은 범죄인을 인도가 허용된 범죄 외의 범죄로도 처벌할 필요가 있는 경우 외국에 대하여 처벌에 대한 **동의를 요청**할 수 있다.

④ 법무부장관은 범죄인 인도청구・동의요청 등을 결정한 경우에는 인도청구서 등과 관계자료를 **외교부장관에게 송부**하여야 한다.

⑤ 외교부장관은 법무부장관으로부터 인도청구서 등을 송부받은 때에는 해당 국가에 송부하여야 한다.

Chapter 11

외사경찰

P o l i c e S c i e n c e

제1절 외사경찰 일반

01 **다음 중 외사경찰의 특징이 아닌 것은?** 05. 채용

① 외사사범과 관련된 정보・보안・수사업무를 통합적으로 수행할 수 있다.
② 주로 외국인과 관련이 있는 일반 형사사건 관련범죄를 단속한다.
③ 외사경찰은 업무가 광범위하다.
④ 외국인과 관련된 전문적 지식이 필요하다.

해설

외사경찰은 일반 형사사건 보다는 **외사사범**에 관련된 사건을 주로 다룬다.

02 **다음 중 국제질서에 대한 사상들의 변화순서가 바르게 된 것은?** 01・06・07. 승진

① 이상주의 → 자유방임주의 → 이데올로기적 패권주의 → 제국주의 → 경제패권주의
② 이상주의 → 자유방임주의 → 제국주의 → 이데올로기적 패권주의 → 경제패권주의
③ 이상주의 → 제국주의 → 자유방임주의 → 이데올로기적 패권주의 → 경제패권주의
④ 이상주의 → 이데올로기적 패권주의 → 자유방임주의 → 제국주의 → 경제패권주의

Answer 1. ② 2. ②

03 외국인에 대한 설명으로 옳지 않은 것은 모두 몇 개인가? 11. 경간

㉠ 20세 이상의 외국인으로 대한민국에 계속 거주할 수 있는 자격을 갖춘 자로서 지방자치단체의 조례가 정하는 자는 주민투표권을 가진다.
㉡ 외국인은 체류국의 통치권에 복종할 의무를 지므로 체류국의 재판권・경찰권・납세권에 복종해야 한다.
㉢ 원칙적으로 참정권인 선거권・피선거권・공무담임권 등과 생활권인 근로의 권리, 교육을 받을 권리 등은 인정되지 않는다.
㉣ 복수국적자는 모두 외국인이다.

① 1개 ② 2개 ③ 3개 ④ 4개

해설

㉠ **19세 이상**의 외국인으로 대한민국에 계속 거주할 수 있는 자격을 갖춘 자로서 지방자치단체의 조례가 정하는 자는 주민투표권을 가진다.
㉣ 우리나라의 경우 복수국적자가 국민처우를 받으면 내국인으로 취급되고, 그렇지 않은 경우에는 외국인으로 취급된다.

04 「출입국관리법」상 외국인 등록과 관련하여 괄호 안에 들어가는 숫자를 모두 더하면 얼마인가? 11. 경간

외국인이 입국한 날로부터 (　)일을 초과하여 대한민국에 체류하게 되는 경우, 외국인이 체류자격을 부여받고 그날로부터 (　)일을 초과하여 체류하게 되는 경우, 외국인이 체류자격 변경허가를 받고 입국일로부터 (　)일을 초과하여 체류하게 되는 경우에는 출입국관리소장에게 외국인등록을 하여야 한다.

① 180 ② 210 ③ 240 ④ 270

해설

외국인등록의 기준은 항상 '**90일**'을 초과하여 체류하게 되는 경우임을 기억하면 편리하다.

Answer 3. ② / ㉠㉣ 4. ④

05 여권에 관한 설명으로 맞지 않는 것은?

02. 승진

① 여권은 외교부장관이 발급한다.
② 여권은 국외여행을 인정하는 본국의 일방적 증명서에 그친다.
③ 국외에서 필요한 경우 영사가 외교관여권을 발급할 수 있다.
④ 영사 또는 시·도지사는 여권발급 업무의 일부를 대행할 수 있다.

해설

현재는 영사 또는 지방자치단체의 장은 일반여권이나 외교관여권에 관계없이 여권사무의 일부를 대행할 수 있지만, 어디까지나 발급은 외교부장관 고유권한으로 보아야 한다.

06 「여권법」상 여권의 발급권이 있는 자는 누구인가?

04. 승진

① 외교부장관 ② 시카고 총영사
③ 출입국관리사무 ④ 서울특별시장

해설

여권의 발급권자는 **외교부장관**이며, 여권의 발급·재발급과 기재사항 변경에 관한 사무의 일부는 **영사나 지방자치단체의 장이 대행**할 수 있다.

07 다음 중 사증(Visa)에 관한 설명으로 타당하지 않은 것은?

02. 승진

① 입국과 체류가 적당하다고 확인하는 행위이다.
② 여행하고자 하는 국가에 출·입국할 때 사용한다.
③ 발급권한을 재외공관장에게 위임할 수 있다.
④ 여행목적지 국가에서 발급하는 입국허가서이다.

해설

사증은 일종의 **입국허가서**로서 여행하고자 하는 국가에의 입국 및 체류 시에는 필요하지만, 출국할 때는 필요가 없다.

11

Answer 5. ③ 6. ① 7. ②

08 다음 중 사증(Visa)에 대한 설명으로 옳은 것은? 04. 승진

① 사증의 발급권자는 외교부장관이며, 재외공관장에게 위임할 수 있다.
② 사증은 내국인의 출국을 증명하는 문서이다.
③ 30일 이내의 기간에 관광·통과할 목적으로 입국하는 외국인은 사증 없이 입국할 수 있다.
④ 대한민국의 이익 등과 관련하여 외교부장관이 인정한 자는 사증 없이 입국할 수 있다.

해설

① 사증의 발급권자는 **법무부장관**이며, 재외공관장에게 위임할 수 있다.
② 이는 사증이 아니라 여권에 대한 설명이다.
④ 법무부장관이 대한민국의 이익 등을 위하여 그 입국이 필요하다고 인정하는 자는 **무사증 입국**이 가능하다.

09 사증(Visa)에 대한 설명 중 괄호 안에 알맞은 것을 순서대로 나열한 것은? 11. 승진

㉠ 관광통과(B-2)체류자격을 가진 자는 ( )일의 범위 내에서 체류기간을 부여받아 사증 없이 입국할 수 있다.
㉡ 사증의 발급권자는 원칙적으로 ( )이지만, 그 권한을 ( )에게 위임할 수 있다.
㉢ 단수사증의 유효기간은 발급일로부터 ( )이다.

① 30-법무부장관-재외공관장-60일
② 30-외교부장관-재외공관장-3개월
③ 90-외교부장관-외교부차관-60일
④ 30-법무부장관-재외공관장-3개월

Answer 8. ③ 9. ④

10 외국인 출·입국과 관련된 설명 중 옳지 않은 것은 모두 몇 개인가? 11. 승진

㉠ 범죄인을 인도받기 위해 한국으로 입국한 영국 경찰관 로버트 경사가 복수사증을 발급받을 경우 유효기간은 3년이다.
㉡ 외국인 입국시 복수사증으로 2회 이상 입국할 수 있다.
㉢ 행선국 또는 경유국의 재입국허가서를 소지한 경우라도 도착국 또는 경유국 사증이 필요하다.
㉣ 외국인 강제출국은 행정행위가 아닌 형벌에 해당한다.
㉤ 외국인의 출국은 자유이며 원칙적으로 이를 금할 수 없다.

① 1개 ② 2개 ③ 3개 ④ 4개

해설

㉢ '행선국 또는 경유국의 **재입국허가서**를 소지한 경우', '행선국 또는 경유국가가 **도착 사증제도**를 실시하는 경우', '사증면제협정 체결국가'에는 도착국 또는 경유국의 사증(Visa)이 필요 없다.
㉣ 외국인의 강제출국의 성격은 형벌이 아닌 **행정행위(처분)**이다.

11 다음 중 외국인의 입국금지 사유에 해당하는 자는 몇 개인가? 08. 채용

㉠ 전염병환자·마약류중독자 기타 공중위생상 위해를 미칠 염려가 있다고 인정되는 자
㉡ 「총포·도검·화약류 등 단속법」에서 정하는 총포·도검·화약류 등을 위법하게 가지고 입국하려는 자
㉢ 법무부장관이 정한 거소 또는 활동범위의 제한 기타 준수사항을 위반한 자
㉣ 상륙허가 없이 상륙하였거나 상륙허가 조건을 위반한 자
㉤ 공공의 안전을 해하는 행동을 할 염려가 있다고 인정할 만한 상당한 이유가 있는 자
㉥ 경제질서 또는 사회질서를 해하거나 선량한 풍속을 해하는 행동을 할 염려가 있다고 인정할 만한 상당한 이유가 있는 자
㉦ 국내체류비용을 부담할 능력이 없는 자, 그 밖에 구호를 요하는 자

① 4개 ② 5개 ③ 6개 ④ 7개

11

Answer 10. ② / ㉢㉣ 11. ② / ㉠㉡㉤㉥㉦

해설

외국인의 입국금지 사유는 **공중위생**상 위해, **총포 · 도검 · 화약류**, 대한민국의 이익 · 공공의 안전 경제(사회)질서 · 선량한 풍속, 구호를 요하는 자, 강제퇴거명령을 받고 출국한 후 5년
㉢, ㉣은 외국인 강제퇴거의 대상이다.

12 외국인 입 · 출국에 대한 설명으로 틀린 것은 무엇인가? 09. 경간

① 국가 간에 통상조약을 체결하고 이 조약에 근거하여 체약당사국이 상호입국을 허용하는 경우가 일반적이다.
② 추방은 주권의 행사로 인정되지만 정당한 이유 없이 추방하는 것은 권리남용이며 비우호적행위로 취급된다.
③ 강제퇴거명령을 받고 출국한 후 7년이 경과되지 아니한 자는 입국금지사유에 해당한다.
④ 외국인이 입국한 날부터 90일을 초과하여 체류하게 되는 경우에는 출입국관리소장에게 외국인의 등록을 하여야 하며 이를 위반한 때에는 강제퇴거의 대상이 된다.

해설

강제퇴거명령을 받고 출국한 후 **5년이 경과되지 아니한 자**가 입국금지사유에 해당한다.

13 다음 중 「출입국관리법」상 외국인의 출국정지 사유에 해당하는 것은 몇 개인가? 10. 경간

㉠ 범죄의 수사를 위하여 그 출국이 부적당하다고 인정되는 사람
㉡ 형사재판에 계속 중인 사람
㉢ 대통령령이 정하는 금액 이상의 벌금 또는 추징금을 납부하지 아니한 자
㉣ 대통령령이 정하는 금액이상의 국세, 관세 또는 지방세를 정당한 사유 없이 그 납부기한까지 납부하지 아니한 자
㉤ 유효한 여권 또는 사증 없이 입국한 자
㉥ 상륙허가 없이 상륙하였거나 상륙허가 조건을 위반한 자
㉦ 징역형 또는 금고형의 집행이 끝나지 아니한 사람
㉧ 외국인등록 또는 거소, 활동범위의 제한, 기타 준수사항을 위반한 자

① 3개 ② 4개 ③ 5개 ④ 6개

Answer 12. ③ 13. ③ / ㉠㉡㉢㉣㉦

해설

㉤, ㉥, ㉧은 강제퇴거의 대상자이다.

14 **범죄를 범한 내국인에 대하여 수사목적상 출국금지 조치를 할 경우 그 절차에 관한 설명으로 틀린 것은?** 01 · 02 · 03. 승진

① 출국이 대한민국의 이익을 현저하게 해할 우려가 있다고 인정되는 자의 출국금지 예정기간은 6개월을 초과할 수 없다.

② 범죄수사를 위하여 그 출국이 부적당하다고 인정되는 자는 1개월을 초과할 수 없다(단, 기소중지나 도주 등 특별한 사유가 있는 경우 6개월).

③ 출국금지 예정기간은 확정기한으로 표시하여야 한다.

④ 출국금지기간을 연장하고자 하는 때에는 기간만료 3일 전까지 출국금지기간 연장요청서를 법무부장관에게 제출하여야 한다.

해설

기소중지나 도주 등 특별한 사유가 있는 경우에는 **3개월**을 초과할 수 없다.

15 **「출입국관리법」에 규정된 상륙의 종류에 관한 설명 중 옳지 않은 것은?** 09. 승진

① 승무원상륙은 외국인 승무원이 다른 선박에 옮겨 타거나 휴양 등의 목적으로 상륙하고자 할 때 상륙을 허가하는 것으로, 상륙허가기간은 15일이다.

② 긴급상륙은 선박 등에 타고 있는 외국인이 질병 기타의 사고로 인하여 긴급히 상륙이 필요할 때 상륙을 허가하는 것으로, 상륙허가기간은 30일이다.

③ 재난상륙은 조난한 선박 등에 타고 있는 외국인을 긴급히 구조할 필요가 있다고 인정할 때 상륙을 허가하는 것으로, 상륙허가기간은 30일이다.

④ 난민임시상륙은 선박 등에 타고 있던 외국인이 생명 · 신체 또는 신체의 자유를 침해받을 공포가 있는 영역으로부터 도피하여 곧바로 한국에 비호를 신청하는 경우 상륙을 허가하는 것으로, 상륙허가기간은 90일로 외교부장관의 승인이 필요하다.

해설

난민임시상륙은 외교부장관과 협의 후에 **법무부장관**의 승인이 필요하다.

Answer 14. ② 15. ④

16 출입국관리에 대한 설명 중 틀린 것은? 10. 승진

① 긴급상륙은 선박 등에 타고 있는 외국인이 질병 기타의 사고로 인하여 긴급히 상륙이 필요할 때 15일의 범위 내에서 상륙을 허가하는 것을 말한다.

② 주한미군의 여권 및 사증에 관한 권리는 「출입국관리법」의 적용대상이 아니다.

③ 한국에 입국하여 무자격으로 외국어 전문학원의 강사로 일하고 있는 필리핀인은 E-2 비자를 발급받아야 한다.

④ C.I.Q과정이란 출입국 항에서 받게 되는 절차로 출입국에 필요한 통관절차, 출입국심사, 검역조사가 이에 해당한다.

해설

긴급상륙의 기간은 **30일 이내**이다.

17 다음은 외국인의 강제퇴거 대상이다. 아닌 것은 모두 몇 개인가? 10. 승진

㉠ 대한민국 법률에 의하여 금고 이상의 형을 선고받은 자
㉡ 중지명령 등의 규정을 위반한 자
㉢ 체류자격 외에 활동을 하거나 체류기간이 경과한 자
㉣ 출국심사규정에 위반하여 출국하려고 한 자
㉤ 입국금지사유가 입국 후에 발견되거나 발생한 자
㉥ 유효한 여권 및 사증 없이 입국한 자

① 0개 ② 1개 ③ 2개 ④ 3개

해설

대한민국 법률에 의하여 금고 이상의 형의 선고를 받고 석방된 자가 강제퇴거 대상이다.

Answer 16. ① 17. ② / ㉠

18 다음 중 「출입국관리법」상 외국인등록에 관한 설명으로 가장 적절하지 않은 것은?

01 · 02 · 03. 승진

① 외국인은 원칙적으로 입국한 날로부터 90일을 초과하여 대한민국에 체류하는 경우 외국인등록을 하여야 한다.

② 체류자격 변경허가를 받은 자로서 그 변경허가일로부터 90일을 초과하여 체류하게 되는 외국인은 외국인등록을 하여야 한다.

③ 한국 정부가 초청한 자 등으로서 법무부령으로 정하는 외국인은 외국인등록 제외대상이다.

④ 「출입국관리법」상 외국인등록 의무를 위반한 자로서 대한민국에 영주할 수 있는 체류자격이 없는 외국인은 강제퇴거 대상이다.

해설

체류자격 변경허가를 받는 사람으로서 **입국한 날부터 90일**을 초과하여 체류하게 되는 사람은 외국인등록을 하여야 한다.

19 다음 중 「출입국관리법」상 외국인의 출국정지사유는 몇 개인가?

06. 경찰 2차

㉠ 출국이 국익, 공공의 안전 또는 경제질서를 해할 우려가 있는 자
㉡ 유효한 여권 또는 선원수첩과 사증없이 입국한자
㉢ 징역형 또는 금고형의 집행이 종료되지 아니한 자
㉣ 입국금지 해당사유가 입국 후에 발견되거나 발생된 자
㉤ 5년 이상의 징역 또는 금고의 형을 선고 받고 석방된 자 중 법무부령이 정하는 자
㉥ 5천만원 이상의 국세, 관세 또는 지방세를 정당한 사유 없이 그 납부기간까지 납부하지 아니한 자
㉦ 상륙허가 없이 상륙하였거나 상륙허가 조건을 위반한 자
㉧ 외국인등록 거소 또는 활동범의의 제한 기타 준수사항을 위반한 자

① 6개　② 5개　③ 4개　④ 3개

Answer 18. ② 19. ④ / ㉠㉢㉥

제 2 절 외교사절

01 국교가 수립되면 상호간에 외교사절을 파견한다. 다음 중 외교사절의 파견에 관한 설명으로 적당하지 않은 것은? 04 · 08. 승진

① 어느 계급의 외교사절을 파견하는가는 당사국간의 합의에 의하여 정한다.
② 외교사절의 파견은 아그레망 요청 → 임명 → 신임장 부여 → 파견의 순서로 한다.
③ 외교직원 중 무관은 외교부장관의 아그레망 요청이 필요하다.
④ 외교사절은 접수국민이나 제3국인으로 임명할 수 있으나, 이 경우 접수국의 동의를 받아야 한다.

해설

공관장 이외의 직원은 파견에 아그레망을 요하지 않는다. 단 무관의 경우에는 사전에 성명의 통지를 요구할 수 있다.

02 외교사절에 대한 설명 중 틀린 것은? 10. 승진

① 공관직원이란 외교직원과 행정 · 기능직원을 말하며 요리사, 사환, 하인 등 노무직원은 공관직원에 해당하지 않는다.
② 요리사는 노무직원으로 직무대상 중의 행위에 한하여 형사재판권이 면제된다.
③ 외교관은 공관장과 외교직원으로서 비엔나협약의 모든 특권을 향유한다.
④ 속기사, 타자수 등 행정 · 기능직원의 경우 민사, 행정재판권 면제는 직무 중의 행위에 한한다.

해설

공관직원에는 외교직원, 행정 · 기술직원, 업무(노무)직원이 있으며, 요리사 · 사환 · 하인 등 노무직원은 당연히 공관직원에 해당한다.

Answer 1. ③ 2. ①

03 외교사절과 영사의 구별에 관한 설명으로 가장 옳지 않은 것은? 03. 승진

① 외교사절의 파견・접수・직무・특권 등은 일반적으로 개별적 조약에 의한다.
② 영사는 국가를 대표해서 외교교섭을 할 권한이 없다.
③ 외교사절은 국제법상 외교교섭을 하는 국가의 대외적 대표기관이다.
④ 영사는 반드시 자국민일 필요는 없다.

해설

영사의 파견과 지위는 개별적 조약(영사조약 등)에 의하지만, 외교사절의 파견・접수・직무・특권 등은 포괄적으로 **비엔나협약**에 근거하고 있다.

04 외교사절의 특권향유 범위와 관련하여 옳지 않은 것은? 03. 승진

① 외교직원은 공관장과 동등한 특권과 면제가 인정된다.
② 외교직원의 가족이 접수국의 국민인 경우에도 외교특권이 미친다.
③ 접수국의 배타적 지배권이 행사되는 모든 영역에 미친다.
④ 외교사절의 문서가 간첩행위의 서증인 경우 불가침권을 상실한다.

해설

외교직원의 가족의 경우에는 **직원의 가족이 접수국의 국민이 아닐 때에만** 외교특권이 가족들에게 미치게 된다.

05 다음에 해당하는 자가 공무와 관계없이 사사로이 한국의 법률을 위반하였을 경우 한국법원에서 재판을 하여 처벌할 수 있는 자는? 07. 승진

① 주한 미국대사관 공보관
② 주한 캐나다 대사관 요리사
③ 주한 모나코 대사관 참사관
④ 주한 필리핀 대사관 무관

해설

요리사는 업무(노무)직원으로서 **공무 중의 행위에 한하여** 형사재판권이 면제된다.

11

Answer 3. ① 4. ② 5. ②

06 **외교사절이 범죄를 저지른 경우 조치로 적합하지 아니한 것은?** 02. 채용

① 중대한 범죄로 인정될 경우 접수국에서 구금할 수 있다.
② 개인자격으로 행한 행위에 대해서도 체포되지 아니한다.
③ 외교사절은 접수국의 행정권·과세권에 복종하지 아니한다.
④ 사안이 중대한 경우 소환요구 및 추방조치를 취할 수 있다.

해설

외교사절은 어떠한 경우에도 **체포·구금을 당하지 아니한다.**

07 **외교사절의 치외법권에 대한 설명으로 틀린 것은?** 10. 승진

① 당사자가 아닌 사건의 증인으로 소환되었을 때에는 증언의무가 없다.
② 공무수행 중 행하여진 행위는 형사재판권으로부터 면제된다.
③ 개인자격으로 한 행위는 형사재판권으로부터 면제받지 못한다.
④ 정부 전복음모에 가담하여도 형사소추되지 않는다.

해설

형사재판권의 면제는 공무뿐만 아니라 개인자격의 행위까지 **모두 완전히 면제**된다.

08 **외교사절의 특권과 면제에 대한 설명이다. 틀린 것은?** 08. 승진

① 외교사절은 어떠한 형태의 체포 또는 구금을 당하지 않는다.
② 접수국 관헌은 동의 없이 공관·관사·자동차·보트에 들어갈 수 없다.
③ 접수국의 경찰권이 면제되어 경찰의 명령 또는 규칙에 구속되지 않는다.
④ 일체의 조세가 면제되어 부동산 보유세·간접세도 면제된다.

해설

외교사절은 접수국의 과세권으로부터 면제되지만, 간접세·사유부동산세에 대한 조세·수수료 등은 면제되지 않는다.

Answer 6. ① 7. ③ 8. ④

09 **다음 설명 중 가장 옳지 않은 것은?** 11. 승진

① 난민여행증명서를 발급받고 출국하여 그 유효기간이 만료되기 전에 입국하는 외국인은 사증 없이 입국할 수 있다.

② 1961년 비엔나협약 기준으로 외교특권은 신체 · 관사 · 문서에 대한 불가침권과 접수국의 사법권 · 행정권 · 과세권으로부터 면제되는 치외법권을 말하나, 원칙적으로 접수국 통치권에는 복종하여야 한다.

③ 수사기관이 출입국사범을 입건한 때에는 지체 없이 관할 출입국관리사무소장 · 출장소장 또는 외국인보호소장에게 사건을 인계한다.

④ 외국인이 출입국항에서 출입국에 필요한 C.I.Q과정을 거치는데 이는 세관공무원의 통관절차(Customs), 출입국관리공무원의 출입국심사(Immigrations), 검역관리공무원의 검역조사(Quarantine)를 말한다.

해설

외교사절은 원칙적으로 접수국 통치권에 **복종하지 않는다.**

10 **다음 중 외교특권에 대한 설명으로 틀린 것은?** 04. 경찰 1차

① 아그레망 부여와 동시에 외교사절에 대한 특권이 인정된다.

② 신체 · 공관 · 문서 · 통신에 대한 불가침권을 인정한다.

③ 「헌법」 제6조에 따라 국제관습법에 의거하여 일반적으로 승인된 법규는 국내법과 동일한 효력을 갖는다.

④ '외교관계에 대한 비엔나협약'에는 외교관에 대한 신체의 불가침권이 명시적으로 규정되어 있다.

해설

특권은 아그레망이 부여된 후 신임장을 휴대하고 **주재국에 입국한 즉시 인정**된다. 그와 비교하여 직무개시 시기는 신임장을 제출하여 정식접수가 이루어졌을 때이다. 또한 외교특권 향유의 종기는 직무가 종료되거나 접수국의 영역에서 출국할 때이다.

11

Answer 9. ② 10. ①

제 3 절 외국군대

01 **다음 중 국제법상 군함의 일반적 지위에 관한 설명으로 틀린 것은?** 04. 승진

① 군함은 불가침권을 가지므로 연안국 경찰은 군함 내부로 들어갈 수 없다.
② 범인이 군함내로 들어간 경우에는 함장에 대해 인도를 요청해야 하며, 함장이 인도를 거부하면 외교경로를 통해 인도를 요구해야 한다.
③ 군함은 범죄인 비호권을 가지므로 범죄인을 연안국에 인도할 의무가 없다.
④ 범죄인 인도에 불응하는 경우에는 연안국은 외국군함에 대하여 자국의 영해에서 퇴거할 것을 요구할 수 있다.

해설

군함은 범죄인 비호권이 없기 때문에, 원칙적으로 **일반범죄인의 인도의무가 있다.**

02 **다음은 경찰관의 외국군함에의 출입에 관한 설명이다. 잘못된 것은?** 05. 채용

① 당해 군함의 함장의 승낙이나 청구가 있는 경우 외에는 출입할 수 없다.
② 중대한 범죄를 범한 자가 도주하여 대한민국 영역 안에 있는 외국군함으로 들어갔을 때는 신속히 경찰청장에게 보고하여 지시를 받아야 한다.
③ 급속을 요할 경우 신분을 밝히고 출입할 수 있다.
④ 급속을 요할 경우 당해 함장에 대하여 범죄인에 대한 임의의 인도를 요구할 수 있다.

해설

외국군함은 불가침권을 가지고 있어 범인이 군함 내부로 들어간 경우에 연안국 경찰은 **함장의 동의 없이는 군함 내부로 들어갈 수 없으며,** 함장에 대해 임의적 인도요구를 해야 한다.

Answer 1. ③ 2. ③

제 4 절 국제경찰

01 **다음 중 인터폴에서 할 수 있는 조치가 아닌 것은?** 01 · 10. 채용

① 범죄예방과 진압에 관한 자료 교환
② 국제범죄의 범죄인 체포 및 구속
③ 국제범죄에 관한 사실 확인 및 그에 관한 조사
④ 국제범죄인에 대한 소재 수사

해설

인터폴은 국제수사기관이 아닌 국제공조수사기구에 불과하기 때문에 인터폴은 **체포나 구속 등에 대한 권한을 가지지 않는다.**

02 **인터폴에 대한 다음의 설명 중 옳지 못한 것은?** 09. 경간

① 국제범죄의 범죄인 체포나 구속은 인터폴에서 할 수 없는 조치이다.
② 국제형사경찰위원회(ICPC)는 근본적으로 유럽대륙 위주의 기구였으며 지역적 한계성을 가지고 있다.
③ 인터폴의 조직 중 모든 회원국에 설치된 상설기구로서 타국으로부터 수신되는 각종 공조요구에 응할 수 있도록 설치된 것은 국가중앙사무국(NCB)이다.
④ 인터폴 사무총국은 프랑스 리옹에 있으며 회원국 간에는 정치 · 군사 · 종교 및 인종적 사항에 대한 광범위한 활동을 통한 공조업무를 주임무로 하고 있다.

해설

인터폴 협력의 기본원칙으로 '일반형법의 집행'이 적용되어 인터폴의 활동범위는 일반(형사)범죄와 관련된 업무에 국한하고, **정치 · 군사 · 종교 · 인종적** 성격을 가진 사항에 대한 관여나 활동은 엄격히 금지되고 있다.

11

Answer 1. ② 2. ④

03 국제형사경찰기구(INTERPOL)에 관한 설명으로 가장 적절하지 않은 것은? 11. 채용

① 국제형사경찰기구는 회원국 상호간 필요한 각종 정보와 자료를 교환하고, 또한 범인체포 및 인도에 있어서 상호 신속·원활한 협조관계를 유지하는 형사경찰의 정부간 국제공조수사기구이다.

② 국제형사경찰기구는 자체 내에 국제수사관을 두어 각국의 법과 국경에 구애됨이 없이 자유로이 왕래하면서 범인을 추적·수사하는 국제수사기관으로서의 역할을 한다.

③ 국제형사경찰기구의 협력은 범죄예방을 위한 협력과 범죄수사를 위한 협력으로 이루어진다.

④ 국제형사경찰기구는 범죄의 예방과 진압을 위해 각 회원국 간의 현행법 범위 내에서 세계인권선언의 정신에 입각하여 회원국 간 가능한 다방면에 걸쳐 상호 협력을 증진시키는 것을 목적으로 한다.

해설

인터폴 자체는 범죄수사권이 없으며, 인터폴은 국제수사기관이 아닌 국제공조수사기구에 불과하다. 또한 인터폴 내에는 자체적인 국제수사관이 없고, **인터폴은 체포나 구속 등에 대한 권한을 가지지 않는다.**

04 인터폴에 관한 설명으로 옳지 않은 것은 모두 몇 개인가? 11. 경간

㉠ 인터폴의 사무총국은 회원국 정부가 자국 내에 국제경찰 협력 상설 경찰부서를 지정하도록 하고 있는데 이것을 국가중앙사무국(NCB)이라 한다.
㉡ 국제수배서의 종류 중 오렌지수배서는 폭발물, 테러사용 도구에 관한 사실을 통보하기 위하여 발행하는 수배서이다.
㉢ 인터폴 회원국 간 협조의 기본원칙으로 모든 회원국은 재정부담의 정도에 구애됨이 없이 동등하게 협조와 지원을 받을 수 있는 보편성을 들 수 있다.
㉣ 일반형법을 위반하여 구속영장 또는 체포영장이 발부된 범죄인에 대하여 범죄인 인도를 목적으로 하는 경우에 한하여 발행하는 것은 흑색수배서이다.
㉤ 1914년 모나코에서 국제형사경찰회의가 개최되어 국제범죄 기록보관소 설립, 범죄인 인도절차의 표준화 등에 대하여 논의하였는데 이것이 국제경찰협력의 기초가 되었다.

① 1개 ② 2개 ③ 3개 ④ 4개

Answer 3. ② 4. ② / ㉢ ㉣

해설

㉢ 보편성이란 회원국은 지리・언어 등 요인에 방해받지 않고 타 회원국과 협력할 수 있다는 것이고, 위의 지문은 **평등성**에 대한 설명이다.
㉣ 흑색수배서는 사망자의 신원확인을 목적으로 발행되며, 설문은 **적색수배서**에 대한 것이다.

05

공조에 관하여 「국제형사사법공조법」의 규정과 공조조약의 규정이 다른 경우 그 규정의 적용에 관하여 옳게 설명한 것은? 01・03. 승진

① 「국제형사사법공조법」이 우선 적용된다.
② 공조조약이 우선 적용된다.
③ 규정이 서로 충돌하므로 어떤 규정도 적용할 수 없다.
④ 'in dubio pro reo'에 의해 판단한다.

해설

공조에 관하여 공조조약에 이 법과 **다른 규정이 있는 경우에는 그 규정에 따른다**(국제형사사법공조법 제3조).

06

다음 중 국제형사사법공조에 관한 설명으로 틀린 것은? 06. 승진

① 형사사건에 있어서의 수사・기소・재판절차와 관련하여 어느 한 국가의 요청에 의하여 다른 국가가 행하는 형사사법상 협조를 의미한다.
② 통상적인 의미의 국제형사사법공조란 협의의 형사공조에 범죄인 인도를 포함한 것이다.
③ 국제협력을 통한 범죄진압의 제조건을 개선하려는 목적으로 강제력을 수반하지 않고 공조범위가 넓다.
④ 형사사법공조는 원칙적으로 법무부장관의 권한과 책임 하에서 수행된다.

해설

통상적 의미의 국제형사사법공조는 협의의 개념으로 형사사건에 있어서의 수사・기소・재판절차와 관련하여 어느 한 국가의 요청에 의하여 다른 국가가 행하는 형사사법상의 협조를 의미한다.

Answer 5. ② 6. ②

07 「국제형사사법공조법」에 규정된 임의적 공조거절 사유에 해당하는 것은 모두 몇 개인가?

05 · 10. 승진

㉠ 인종 · 국적 · 성별 · 종교 · 사회적 신분 등의 이유로 처벌받을 우려가 있는 경우 ㉡ 공조범죄가 정치적 성격을 지닌 다른 범죄에 대한 수사 또는 재판을 할 목적으로 행하여진 것이라고 인정되는 경우 ㉢ 공조범죄가 대한민국의 법률에 의하여 범죄를 구성하지 아니하거나 공소를 제기할 수 없는 범죄인 경우 ㉣ 공조법에 요청국이 보증하도록 규정되어 있음에도 불구하고 요청국의 보증이 없는 경우 ㉤ 국민의 재산상 손실을 초래할 우려가 있는 경우

① 1개　　② 2개
③ 3개　　④ 4개

해설

임의적 공조제한 사유는 주권, 안전보장, 안녕질서, 미풍양속, 인종 · 국적 · 성별 · 종교 · 사회적 신분, 정치적 성격, 범죄 아닌, 요청국의 보증이 없는 경우가 해당한다.

08 다음 중 외국의 공조요청에 대해 「국제형사사법공조법」에 의하여 공조를 연기할 수 있는 사유는?

06. 승진

① 인종, 종교, 정치적 사유로 처벌받을 우려가 있는 경우
② 수사진행 중이거나 재판에 계류 중인 범죄인 경우
③ 공조범죄가 정치적 범죄이거나 정치적 목적으로 행해진 경우
④ 공조범죄가 대한민국 법률에 의해 범죄가 아닌 경우

해설

외국의 공조요청이 대한민국에서 수사진행 중이거나 재판에 계속된 범죄에 대하여 행하여진 경우에는 그 **수사 또는 재판절차가 종료될 때까지 공조를 연기**할 수 있다(국제형사사법공조법 제7조).

Answer 7. ④ / ㉠㉡㉢㉣ 8. ②

09 다음은 「국제형사사법공조법」상 공조절차이다. ( ) 안에 알맞은 것은? 08 · 10. 승진

경찰서 → 검사 → 대검찰청 → 법무부장관 → ( ) → 상대국 주재 한국대사관 → 상대국 외무부장관 → 상대국 경찰기관

① 외교부장관
② 출입국관리소장
③ 경찰청 외사수사과 인터폴계
④ 주한 상대국대사관

해설

법무부장관은 **외교부장관**을 경유하여 상대국 주재 한국대사관을 통해 피요청국에 공조요청을 한다.

10 국제형사사법공조에 관한 내용으로 틀린 것은 몇 개인가? 09. 채용

㉠ 국제형사사법공조란 형사사건에 있어서 수사·기소 재판절차와 관련하여 어느 한 국가의 요청에 의하여 다른 국가가 행하는 협조를 말한다.
㉡ 공조범죄가 정치적 성격을 지닌 범죄이거나 공조요청이 정치적 성격을 지닌 다른 범죄에 대한 수사 또는 재판을 할 목적으로 행하여진 것이라고 인정되는 경우에는 공조할 수 없다.
㉢ 외국에 대한 수사공조시 사법경찰관이 공조요청서를 법무부장관에게 송부한다.
㉣ 법무부장관은 인도조약 또는 「범죄인 인도법」의 규정에 의하여 범죄인을 인도할 수 없거나 인도하지 아니하는 것이 상당하다고 인정되는 때에는 인도심사청구명령을 하지 않고, 그 사실을 외교부장관에게 통지하여야 한다.

① 0개 ② 1개
③ 2개 ④ 3개

해설

㉡ 이는 임의적 공조제한사유로서 이러한 경우에는 **공조하지 아니할 수 있다.**
㉢ 외국에 대한 수사공조는 사법경찰관이 검사에게 신청하면, 검사가 대검을 경유하여 **법무부장관**에게 송부한다.

11

Answer 9. ① 10. ③ / ㉡㉢

11 **다음 설명 중 맞는 것은?** 10. 채용

① 「외국인근로자의 고용 등에 관한 법률」에 따라 국내에 취업한 후 출국한 외국인으로서 출국한 날부터 1년이 경과되지 아니한 자는 이 법에 따라 다시 취업할 수 없다.

② 우리나라의 「범죄인 인도법」상 군사범 불인도의 원칙은 명문으로 규정되어 있지 않다.

③ 「출입국관리법」에 따라 한국정부가 초청한 자 등으로 외교부장관이 정하는 자는 외국인등록 의무에서 제외된다.

④ 「국적법」상 특별귀화의 경우 대한민국에 주소를 가지고 있을 것을 요건으로 하지 않는다.

해설

① 재취업 제한기간은 출국한 날부터 1년이 아니라 6개월이다.
③ 대한민국정부가 초청한 자 등으로 외교부장관이 아니라 법무부장관이 정하는 자가 외국인 등록제외 대상이다.
④ 일반 · 간이 · 특별 등 모든 귀화는 대한민국에 주소가 있을 것을 요건으로 하고 있다.

12 **범죄인의 인도를 청구한 나라에서 '살인범'으로 청구해서 인도해 주었는데, 실제로는 '정치범'으로 처벌하였다면 범죄인 인도의 원칙 중 어떤 원칙에 위배되는가?** 07. 채용

① 정치범 불인도의 원칙

② 자국민 불인도의 원칙

③ 유효성의 원칙

④ 특정성의 원칙

해설

이는 인도된 범죄인은 인도의 **대상이 되었던 범죄항목에 대해서만 처벌**되어야 하고, 다른 명목의 범죄로 처벌하거나 제3국에 인도될 수는 없다는 특정성의 원칙을 위배한 것이다.

Answer 11. ② 12. ④

13 **우리나라의 「범죄인 인도법」에 관한 설명으로 옳지 않은 것은?** 03. 승진

① 상호주의를 채택하여 인도조약이 체결되어 있지 않을 경우에도 인도법이 적용된다.
② 자국민불인도의 원칙을 채택하여 내국민의 인도를 절대적 거절사유로 정하고 있다.
③ 정치적 성격을 지닌 범죄의 경우에는 범죄인을 인도하여서는 아니 된다.
④ 쌍방가벌성의 원칙을 명문으로 규정하고 있다.

해설

자국민 불인도 원칙은 「범죄인 인도법」상 임의적 거절사유이며, 국제적으로도 보편적인 국제원칙이 아니다. **대륙법계 국가에서는 채택**되고 있으나, 영미법계 국가에서는 채택하지 않고 있다.

14 **다음 중 「범죄인 인도법」상 절대적 인도거절 사유는 모두 몇 개인가?** 03. 승진, 07. 경간

㉠ 범죄인이 대한민국 국민인 경우
㉡ 인도범죄에 관하여 대한민국 법원에서 재판이 계속 중인 경우
㉢ 인도범죄에 관하여 청구국이 아닌 제3국에서 재판을 받고 처벌된 경우
㉣ 대한민국 법률에 의하여 공소시효가 완성된 경우
㉤ 인도범죄의 일부가 대한민국 영역 안에서 행하여진 경우

① 1개 ② 2개
③ 3개 ④ 4개

해설

㉡, ㉣은 절대적 거절사유, ㉠, ㉢, ㉤은 상대적 거절사유에 해당한다.
절대적 인도거절 사유 **시효(유용성의 원칙), 인도범죄에 관하여 재판, 이유, 평등원칙**

11

Answer 13. ② 14. ② / ㉡ ㉣

15 범죄인 인도절차에 대한 설명 중 틀린 것은?(단, 외국의 인도청구에 한함) 10. 승진

① 인도청구서의 경우 조약체결 국가는 외교경로를 통하여 청구하고, 조약미체결 국가는 상호보증서를 첨부하여 청구한다.

② 외교부장관은 범죄인인도조약의 존재 여부, 상호보증 유무, 인도 대상범죄 여부 등을 확인하고 관계서류를 첨부하여 법무부장관에게 송부한다.

③ 법무부장관은 서울고등검찰청 검사장에게 서류를 송부하고 소속검사에게 서울고등법원에 범죄인 인도허가 여부에 관한 심사를 청구하도록 명령한다.

④ 서울고등법원 판사는 청구에 관계된 범죄가 인도거절사유 및 임의적 거절사유에 해당되는 경우 상당성 여부를 판단한다.

해설

범죄인인도청구에 대한 실질적 심사, 즉 관련범죄의 인도거절사유 및 임의적 거절사유에의 해당 여부에 대한 상당성 여부를 판단하는 것은 **법무부장관**이다.

16 미국인 A는 미국에서 범죄를 저지르고 대한민국으로 도망하였다. 이후 미국 정부로부터 범죄인인도청구서가 접수되었다고 할 때 다음 설명 중 가장 옳지 않은 것은? 11. 승진

① A의 범행이 정치범에 해당하는 범죄라 할지라도 미국의 국가원수를 살해한 경우에는 인도거절 대상에 해당하지 않는다.

② 미국에서 범죄인인도청구서가 접수된 경우 A에 대한 인도심사청구와 심사결정은 각각 서울고등검찰청과 서울고등법원에 관할한다.

③ 만약 A가 대한민국 국민이라 할지라도 미국에서 범죄를 저질렀다면 속지주의 원칙상 미국 정부의 범죄인 인도청구가 있을 경우 인도를 거절할 수 없다.

④ 미국인 A가 인도구속영장에 의하여 구속 중인 경우에는 구속된 날부터 2개월 이내에 인도심사에 관한 결정을 해야 한다.

해설

자국민 불인도의 원칙상 자국민은 원칙적으로 인도의 대상이 아니기 때문에 인도를 거절할 수 있다. 다만, 이 원칙은 보편적인 국제원칙이 아니며, 대륙법계 국가에서는 채택되고 있으나 영미법계 국가에서는 채택하지 않고 있다.

Answer 15. ④ 16. ③

17 **우리나라에 외국인으로부터 범죄인인도청구가 접수되었을 경우의 절차를 설명한 것 중 괄호 안에 알맞은 말을 순서대로 나열한 것은?** 11. 승진

> (　)은 (　)으로부터 「범죄인 인도법」 제11조의 규정에 의한 인도청구에 관한 서류를 받은 때에는 이를 (　)에게 송부하고 소속검사로 하여금 (　)에 범죄인의 인도허가 여부에 관한 심사를 청구하도록 명하여야 한다.

① 법무부장관－외교부장관－서울고등검찰청 검사장－서울고등법원
② 외교부장관－법무부장관－대검찰청 검찰총장－대법원
③ 법무부장관－외교부장관－지방검찰청 검사장－서울지방법원
④ 외교부장관－법무부장관－서울고등검찰청 검사장－서울고등법원

해설

외국의 범죄인 인도청구에 대한 심사절차는 ① 인도청구서의 접수(외교부) ② 외교부장관의 조치 ③ 법무부장관의 인도심사청구명령 ④ 서울고등검찰청의 인도심사청구 ⑤ 서울고등법원의 심사・결정으로 이루어진다.

18 **인터폴에서 발행하는 국제수배서에 대한 설명 중 가장 옳지 않은 것은?**

02・03・11. 승진, 01・02・03・04・09. 채용

① Green Notice－국제정보조회수배서로서 피수배자의 신원과 소재확인을 목적으로 발행
② Black Notice－사망자의 신원을 알 수 없거나 또는 사망자가 가명을 사용하였을 경우 정확한 신원을 파악할 목적으로 발행
③ Yellow Notice－가출인의 소재확인 또는 기억상실자의 신원확인을 목적으로 발행
④ Orange Notice－폭발물, 테러범(위험인물) 등에 대하여 보안을 경보하기 위하여 발행

해설

Green Notice는 **상습적**으로 범행하였거나 범행할 우려가 있는 국제범죄자의 동향파악을 목적으로 발행된다.

11

Answer 17. ① 18. ①

19 인터폴에서 발행하는 국제수배서에 대한 설명으로 틀린 것은? 10. 승진

① 일반 형법을 위반하여 구속 또는 체포영장이 발부되고 범죄인 인도를 목적으로 발행되는 수배서는 적색수배서이다.

② 상습범이거나 재범 우려가 있는 국제범죄자의 동향을 파악하여 범죄를 예방하기 위하여 발행하는 수배서는 녹색수배서이다.

③ 폭발물·테러범 등에 대하여 보안을 경보하기 위하여 발행하는 수배서는 황색수배서이다.

④ 사망자의 신원을 확인할 목적으로 발행하는 수배서는 흑색수배서이다.

해설

폭발물·테러범 등에 대하여 보안을 경고하기 위하여 발행하는 것은 Orange Notice이다.

20 다음은 사법경찰관이 해외도주 지명수배자를 수사함에 있어서 인터폴 활용방법이다. 타당하지 않은 것은? 01. 승진

① 사전구속영장 발부자에게는 도주 예상국에만 인터폴에 적색수배 요청을 한다.

② 경찰청에서는 피의자 도주 예상국 인터폴에 피의자 소재수사 및 강제추방 요청을 한다.

③ 관할관서에서는 관련서류를 구비하여 각 지방청 외사과(계) 경유 경찰청 외사수사과 인터폴계로 피의자에 대한 국제공조수사 상신을 한다.

④ 해외주재관을 통한 주재국 관련 당국과의 협조조치를 한다.

해설

긴급한 경우 우선 인터폴 무선망을 이용하여 사무총국 및 각 회원국에 수배 의뢰한 후 소정의 양식으로 **사무총국에 국제수배서 발행을 요청**해야 한다.

21 국제수배자 및 장물 발견시 조치사항에 관한 설명으로 잘못된 것은? 06. 승진

① 적색수배서 – 국제수배자를 발견하면 즉시 체포한다.

② 청색수배서 – 수배자를 발견하여도 직접적인 경찰력을 행사하지는 않는다.

③ 녹색수배서 – 계속 동향을 감시하여 범죄행위를 사전에 예방조치할 필요가 있다.

④ 장물수배서 – 장물을 발견하였을 경우 사무총국 및 수배요청국에 통보하여 장물인도에 대한 외교적 절차를 밟는다.

Answer 19. ③ 20. ① 21. ①

해설

적색수배서의 경우 발견국과 요청국 간에 적색수배서를 긴급인도구속청구서로 인정하는 국가의 경우 즉시 체포해서 범죄인 인도절차에 따라 범인의 신병을 인도할 수가 있다. 그러나 **긴급인도구속청구서로 인정하지 않은 국가의 경우 즉시 체포하지 못하고 소재 및 동향을 감시하고 수배국에 입국사실을 통보**해야 한다.

22 **1980년대 이후 세계화, WTO 경제체제라는 새로운 국제질서 속에서 국제경찰공조활동은 더욱 중요해지고 있는바, 이러한 국제경찰공조활동에 대한 설명 중 가장 옳지 않은 것은?**

11. 승진

① 해외도주 지명수배자를 수사함에 있어 도주국이 불분명한 중요 수배자에 대하여는 인터폴 사무총국에 인터폴 적색수배요청을 한다.

② 「범죄인 인도법」에 따르면, 대한민국과 청구국의 법률에 따라 인도범죄가 사형, 무기징역, 무기금고, 장기 1년 이상의 징역 또는 금고에 해당하는 경우에 범죄인을 인도할 수 있다.

③ 「국제형사사법공조법」에 따르면, 국제형사경찰기구와의 협력사항으로 국제범죄의 정보 및 자료교환, 국제범죄의 동일증명 및 전과조회, 국제범죄에 관한 사실 확인 및 그 조사를 들 수 있다.

④ 적색수배서를 긴급인도구속청구서로 인정하지 않는 국가의 경우라도 사안이 중할 경우 즉시 체포 후 수배국이 범죄인 인도를 청구할 수 있도록 수배국에게 통보해 준다.

해설

적색수배서를 긴급인도구속청구서로 인정하지 않는 국가의 경우에는 **수배국에 입국사실을 통보**해야 하며, 수배국에서 범죄인 인도를 청구할 수 있도록 적절한 조치를 해야 한다.

Answer 22. ④

23 다음 범죄인 인도에 대한 설명 중 옳은 것은? 07. 여기동대

① 인도범죄 사형, 무기, 장기 1년 이상의 징역 또는 금고에 해당하는 경우에 한하여 범죄인을 인도할 수 있다.

② 범죄인인도조약을 체결하지 않았을 때에는 상호주의를 적용하여 인도할 수는 없다.

③ 자국민은 인도하지 않는다.

④ 정치범은 인도한다.

해설

① 「범죄인 인도법」 제6조

② 범죄인인도조약을 체결하지 않았을 때에는 **상호주의를 적용하여 인도**할 수 있다. 상호주의 원칙은 인도조약이 체결되지 않은 경우, 청구국이 동종의 인도범죄에 대한 한국의 범죄인 인도청구에 응한다는 보증이 있을 때 상응한 조치를 한다는 것을 의미한다.

③ 자국민은 인도하지 아니할 수 있다.

④ 정치적 성격을 지닌 범죄는 인도하지 않는다. 다만, 국가원수암살범, 집단살해, 전쟁범죄, 항공기납치 등은 예외이다.

24 다음 국제형사경찰기구(ICPD)에 대한 설명 중 틀린 것은 몇 개인가? 09. 경간

㉠ 범죄정보 및 자료의 교환을 주된 목적으로 하여 설립된 기구이다.
㉡ 인터폴 가입은 총회에서 출석위원 1/3 이상의 찬성을 얻어야 한다.
㉢ 회원국간의 협력기구이지 국제수사기관이 아니다.
㉣ 본부는 프랑스 리옹에 있다.
㉤ 회원국 간의 공조에는 범죄의 성격에 따른 차별이 있어서는 안 된다.

① 없다 ② 1개 ③ 2개 ④ 3개

해설

㉡ 인터폴 가입은 총회에서 **출석위원 2/3 이상의 찬성**을 얻어야 한다.

㉤ 인터폴은 일반범죄만 취급하고 **정치, 군사, 인종 또는 종교적** 문제와 관련된 사항에 대해서는 엄격히 관여가 제한된다.

Answer 23. ① 24. ③ / ㉡㉤

25 외사범죄의 특성이 아닌 것은 모두 몇 개인가? 10. 승진

㉠ 직접적 또는 개인적인 피해가 없는 경우가 많아 국민의 피해의식이 희박함
㉡ 조직적 · 계획적임
㉢ 일반범죄에 비하여 잠재적이며 잘 노출되지 않음
㉣ 광역적이며 사실파악이 곤란한 경우가 많음
㉤ 외교특권이 범죄에 이용되기도 함
㉥ 수사상 '국제범죄에 관한 특칙'이 적용됨

① 없음 ② 1개 ③ 2개 ④ 3개

26 다음 중 소속기관장의 고발이 있어야 수사할 수 있는 것은? 05. 승진

① 식품위생법위반 ② 자동차관리법위반
③ 병역법위반 ④ 출입국관리법위반

해설

출입국위반사범의 경우 경찰에게는 관할권이 없기 때문에 출입국관리사무소에 인계해야 하고, 출입국관리소장의 고발이 있어야 공소를 제기할 수 있다.

제 5 절 주한미군지위협정(SOFA)

01 다음 중 주한미군지위협정 적용대상자는 모두 몇 명인가? 02 · 03 · 04 · 07. 승진

㉠ 경제적으로 독립한 주한미군의 21세 아들
㉡ NATO에 근무 중 한국에 여행 중인 미군
㉢ 미 8군에 근무하는 한국인 근로자
㉣ 주한미군의 초청계약자
㉤ 주한미군 기술대표
㉥ 주한미군 군사고문단원

① 2명 ② 3명 ③ 4명 ④ 5명

해설

㉣ 초청계약자 ㉤ 주한미군 기술대표가 적용대상자에 해당된다.

Answer 25. ① 26. ④ / 1. ① / ㉣ ㉤

11

02 **B는 오산 공군비행장에 근무하는 미 공군조종사로 휴가를 받아 오산 시내에서 술을 마시던 한국인과 시비가 되어 한국인에게 3주의 폭행을 가하였다. 이 경우 한국 경찰의 수사는?**

03. 채용

① SOFA에 의하여 한국경찰은 피의자신문을 할 수 없다.
② 공무수행 중이 아니므로 경찰은 수사를 진행할 수 있다.
③ 피의자를 체포하였을 경우 미군의 신병요구를 거절할 수 있다.
④ 미국 정부의 대표는 한국경찰의 수사과정에 입회할 수 없다.

해설

(1) 오로지 합중국의 재산이나 안전 또는 합중국 군대의 객체의 신체나 재산에 관한 범죄
(2) **공무집행 중의 범죄외의 모든 범죄**에 대한 재판권은 한국이 1차적 재판권을 행사한다.

03 **SOFA협정 적용 대상자가 아닌 경우는 몇 개인가?** 07 · 09. 채용

㉠ 주한미군의 딸(25세, 경제적 독립을 했음)
㉡ 미 8군에 근무 중인 한국인 근로자
㉢ NATO에 근무 중 공무상 한국에 방문 중인 미군
㉣ 주한미군 초청계약자
㉤ 미 대사관에 근무하는 무관
㉥ 주한미군사고문단원
㉦ 한국에 근무하는 미군속에 의존하여 동거 중인 70세 부모
㉧ 미 8군 군속의 배우자
㉨ 한국에 근무하는 주한미군과 결혼 후 시민권을 취득한 한국인
㉩ 19세의 미 8군 자녀

① 5개 ② 6개 ③ 7개 ④ 8개

해설

주한미군사고문단원과 주한 미대사관에 근무하는 무관은 SOFA가 적용되지 않고 **준외교특권**을 향유한다.

Answer 2. ② 3. ① / ㉠㉡㉢㉤㉥

04 SOFA 규정상 주한미군 등의 형사재판 관할권에 대한 설명으로 옳지 않은 것은?

02 · 03. 승진

① 공무집행 중의 작위 또는 부작위에 의한 범죄는 미군당국이 1차적 재판권을 가진다.
② 대한민국의 안전에 관한 범죄는 한국이 전속적 재판권을 가진다.
③ 한국이 계엄령을 선포한 경우, 계엄령을 해제할 때까지 재판권은 한국당국이 행사한다.
④ 미군당국은 평화시에 군속 및 그 가족에 대한 형사재판권을 가지지 않는다.

해설

한국이 계엄령을 선포할 경우 계엄선포지역 내에서는 형사재판권의 모든 규정의 효력이 즉시 정지되고, 계엄이 해제될 때까지 **미군당국이 재판권을 행사**하게 된다.

05 다음 중 주한미군지위협정(SOFA)사건 범죄처리 요령으로 타당하지 않는 것은? 02. 승진

① 미헌병대의 신병인도 요청시 인도하고 반드시 신병인수증을 수령한다.
② 피의자가 공무 중에 일어난 사건임을 주장하면 미군 측에 1차적 재판관할권이 있으므로 지체 없이 미군 헌병대에 통보 · 인계한다.
③ 사건발생시 피의자를 가까운 경찰관서로 동행한 뒤 미군당국에 통보한다.
④ 미군정부대표자의 입회 없이 작성된 피의자신문조서는 효력이 인정되지 않는다.

해설

피의자 소속 부대장의 공무증명서에 따라 1차적인 재판관할권이 결정되며, 미군당국이 **공무증명서를 첨부해서 신병인도를 요구하면 책임장교 서명과 신병인수증을 받은 후** 미군당국에 인도하게 된다.

06 주한미군지위협정 사건에 대한 수사요령 중 틀린 것은?

96. 승진

① 미군당국(미헌병)의 신병인도 요청시 인도하고 신변인수증을 수령한다.
② 사건발생시 피의자를 가까운 경찰관서에 동행한 후 미군당국에 통보한다.
③ 피의자 신문조서는 입회인이 없더라도 증거채택이 가능하다.
④ 신병인도 전에 예비조사(신병인도 전 수사)를 할 수 있다.

해설

조서에 미정부대표의 서명은 반드시 있어야 하기 때문에, 피의자신문 시에는 **반드시 미정부대표가 참여**해야 한다.

Answer 4. ③ 5. ② 6. ③

07 **다음 중 경찰서에서의 SOFA사건 처리 순서로 맞는 것은?** 08. 승진

① 기초사실 조사→출석요구→피의자 조사→체포사실 통고→신병인도 전 조사와 미정부대표 출석요구→미군당국에 신병인도→사건송치
② 기초사실 조사→체포사실 통고→신병인도 전 조사와 미정부대표 출석요구→미군당국에 신병인도→출석요구→피의자 조사→사건송치
③ 체포사실 통고→기초사실 조사→출석요구→피의자 조사→신병인도 전 조사와 미정부대표 출석요구→사건송치
④ 체포사실 통고→출석요구→기초사실 조사→피의자 조사→신병인도 전 조사와 미정부대표 출석요구→미군당국에 신병인도→사건송치

해설

기초사실 조사→체포사실 통고→신병인도 전 조사와 미정부대표 출석요구→미군당국에 신병인도→출석요구→피의자 조사→사건송치(단, 사건접수 후 **24시간 이내**에 관할 지검에 SOFA사건 발생 보고를 해야 한다.)

08 **다음 중 미군시설 및 구역 내의 경찰권에 관한 기술로 잘못된 것은?** 04. 채용

① 미군당국은 그 시설 및 구역 내에서 범죄를 행한 모든 자를 체포할 수 있다.
② 대한민국 당국이 체포하려는 자로서 미군·군속 또는 그 가족이 아닌 자가 이러한 시설 및 구역 내에 있을 때에는 대한민국 당국이 요청하는 경우에는 미군당국은 그 자를 체포하여 즉시 대한민국 당국에 인도하여야 한다.
③ 중대한 죄를 범하고 도주하는 현행범인을 추적하는 때에는 대한민국 당국은 미군시설 및 구역 내에서 미군당국의 동의 없이는 범인을 체포할 수 없다.
④ 미군당국도 시설 및 구역 주변에서 국적여하를 불문하고 시설 및 구역의 안전에 대해 현행범을 체포 또는 유치할 수 있다.

해설

중대한 죄를 범하고 도주하는 현행범인을 추적하는 경우에는 대한민국 당국도 미군시설 및 구역 내에서 체포권이 인정된다.

Answer 7. ② 8. ③

09 **주한미군지위협정(SOFA)에 대한 설명으로 가장 옳지 않은 것은?** 11. 승진

① SOFA는 다른 주둔군 지위협정과 마찬가지로 영토주권의 원칙에 의하여 '접수국 법령 존중의 원칙'을 규정하고 있다.

② 피의자가 미군 당국의 수중에 있더라도 살인 등 12개 유형의 범죄에 해당하는 경우 미군당국은 대한민국 당국에 신병을 인도할 수 있다고 규정하여 문헌상 피의자 인도 여부를 재량으로 규정하고 있다.

③ 공무집행 중의 작위 또는 부작위에 의한 범죄에 대하여 미군당국이 1차적 재판권을 가지며, 공무집행의 범위에는 공무집행으로 인한 범죄뿐만 아니라 공무집행에 부수하여 발생한 범죄도 포함된다.

④ 주한미군이 훈련 중 우리나라 국민에게 피해를 입힌 경우, 피해 주민이 해당 지역 정부배상심의위원회에 신청하면 미군 또는 한·미 합동으로 피해조사 실시 후 전적으로 미군의 책임인 경우 미군이 75%, 한국 정부가 25%를 배상한다.

해설

체포시 계속구금이 가능한 12개의 범죄를 제외하고는 미군의 요청이 있으면 '피의자를 미군당국에 인도해야 한다.'라고 **기속으로 규정**하고 있다.

11

Answer 9. ②

10 **주한미군지위협정(SOFA)에 대한 설명으로 옳은 것은 모두 몇 개인가?** 11. 경간

㉠ 미합중국 군대의 구성원과 군속 및 그 가족만을 대상으로 한다.
㉡ 공무집행 중의 작위 또는 부작위에 의한 범죄는 미군당국이 1차적 재판권을 가지나, 공무집행에 부수하여 발생한 범죄는 대한민국 당국이 1차적 재판권을 행사한다.
㉢ 1966년 '주한미군지위협정'은 전문 및 31개조로 구성된 본 협정, 합의의사록, 양해사항, 노무 및 환경 보호에 관한 특별양해각서를 포함하여 체결되었다.
㉣ 미군이 한국 측에 제출하는 공무집행증명서는 미법무감이 발행한다.
㉤ 미군이 체포·구속되었을 때 미군대표는 광범위한 접견교통권을 가지며, 이 경우 음식, 침구, 의료 등을 제공할 수 있다.
㉥ 미군시설 및 구역에서는 중대한 죄를 범하고 도주하는 현행범인을 추적하는 경우라도 한국경찰의 경찰권이 미치지 못한다.

① 없다 ② 1개 ③ 2개 ④ 3개

해설

㉠ 미합중국 군대의 구성원과 군속 및 그 **가족, 초청계약자**를 대상으로 한다.
㉡ 공무집행 중의 작위 또는 부작위 또는 공무집행에 부수하여 발생한 범죄는 **미군당국이 1차적 재판권**을 가진다.
㉢ 1966년 '주한미군지위협정'은 전문 및 31개조로 구성된 본 협정, 합의의사록, 양해사항, 교환서한으로 구성되어 있었다. 노무 및 환경보호에 관해 양해각서는 2001년 개정된 내용에 포함되었다.
㉣ 미군이 한국 측에 제출하는 공무집행증명서는 **주한미군 장성급 이상 장교**가 발생한다.
㉥ 미군시설 및 구역에서는 중대한 죄를 범하고 도주하는 현행범인을 추적하는 때에는 대한민국 당국도 미군시설 및 구역 내에서 범인을 체포할 수 있다.

Answer 10. ② / ㉤

[저자 약력]

박선영

경찰대학교 행정학과 학사(1995)
고려대학교 대학원 행정학과 석사(1998)
일본국립정책 대학원 행정학과 석사(2003)
고려대학교 대학원 행정학과 박사(2008)
경력경찰청 인터폴, 경찰대학 외래강사, 지도교관, 경찰교육원 교수요원
서부서 생안계장, 관악서 조사계, 사이버반장, 동대문서 외사계장 등
한국 최초 여성인터폴요원
여성부 '한국 현대사를 수놓은 여성70인' 선정
대전지방경찰청 교통심의위원, 고객만족평가위원
대전광역시 안전위원, 갈등관리위원, 행정심판위원
경찰청 간부후보생 채용시험, 순경채용시험 출제위원, 여성가족부 여경채용자문위원
KBS, TJBC등 시사토론, 대전일보, 중도일보, 충청일보, 위클리디트 칼럼게재
경찰연구학회 총무이사, 편집위원, 여성위원
한국경찰학회 이사
Syracuse University Maxwell School visiting scholar
Cincinatti University Criminal Justice visiting scholar
International Association of Women Police 회원
American Society of Criminology 회원

現 목원대학교 경찰법학과 교수

박선영 경찰학

초판발행 2019년 2월 28일

지은이 박선영
펴낸이 안종만

편 집 이승현
기획·마케팅 이영조
표지디자인 박현정
제 작 우인도·고철민

펴낸곳 (주) 박영사
서울특별시 종로구 새문안로3길 36, 1601
등록 1959. 3. 11. 제300-1959-1호(倫)
전 화 02)733-6771
f a x 02)736-4818
e-mail pys@pybook.co.kr
homepage www.pybook.co.kr
ISBN 979-11-303-0758-9 13350

정 가 42,000원